Klaus Dörner/Ursula Plog · Irren ist menschlich

Klaus Dörner
Ursula Plog

IRREN IST MENSCHLICH

Lehrbuch der Psychiatrie/Psychotherapie

Psychiatrie Verlag

Bei Gebrauchsnamen, Handelsnamen, Warenbezeichnungen oder dergleichen, die in diesem Buch ohne besondere Kennzeichnung aufgeführt sind, kann es sich um gesetzlich geschützte Warenzeichen handeln, die nicht ohne weiteres benutzt werden dürfen.

CIP-Kurztitelaufnahme der Deutschen Bibliothek
Dörner, Klaus:
Irren ist menschlich oder Lehrbuch der Psychiatrie, Psychotherapie / Klaus Dörner; Ursula Plog. – Völlig neubearb. Ausg., 4. Aufl. – Bonn: Psychiatrie Verlag, 1987.
ISBN 3-88414-047-7 brosch.
ISBN 3-88414-048-5 Gewebe
NE: **Plog, Ursula:**

4., überarbeitete Auflage der Neuausgabe von 1984

Gesamtherstellung: Offizin Andersen Nexö, Leipzig
Umschlag: Klaus Meyer-Salzmann, Hannover

Inhalt

0 Gebrauchsanweisung

„Die Lektüre dieses Buches wird sich für diejenigen als leicht erweisen, die, mit einer scheinbar schwierigen Passage konfrontiert, nach innen schauen, um herauszufinden, was ihr Verständnis hemmt – so wie ich selbst beim Schreiben dieses Buches nach innen schauen mußte, um herauszufinden, was mein Verständnis hemmte."
(G. Devereux: Angst und Methode in den Verhaltenswissenschaften, S. 14)

„Das Geschöpf, das gegen seine Umgebung siegt, zerstört sich selbst."
(G. Bateson: Ökologie des Geistes, S. 632)

1 Absichten des Buches

Unser Buch war vielleicht glücklich, sicher erfolgreich: seit 1978 sind 100000 Exemplare verkauft. Das zeigt: wir haben – unsere persönlichen psychiatrischen Erfahrungen beschreibend – auch allgemeine Erfahrungen und Perspektiven berührt.

Wir haben nun das Buch grundlegend umgearbeitet. Wir fühlten uns dazu verpflichtet, weil wir und andere inzwischen neue Erfahrungen gemacht haben, weil die zahlreichen, sorgfältig gesammelten, kritischen Leser-Äußerungen uns dazu drängen mußten, und weil wir es bei zunehmender Bürokratisierung, ungleicher Verteilung der Arbeit und sozialen Sicherheit, rational begründeter tödlicher Ausbeutung der Natur und äußerster, auch atomarer Bedrohung des Menschen durch den Menschen für erforderlich halten, den Irrsinn zu kennzeichnen, den Menschen sich antun, und von den Problemlösungen zu berichten, die wir für wissenschaftlich begründet und für gesund halten.

Wenn wir die Richtung der Umarbeitung in einem Satz zusammenfassen, dann vielleicht so: Mit der 1. Auflage haben wir versucht, die Psychiatrie in einer Lehre vom Menschen, also anthropologisch zu begründen, wobei wir die Aufmerksamkeit vor allem nach innen gelenkt haben, auf die bisher wissenschaftlich vernachlässigte Subjektivität des Menschen. Mit der hier vorliegenden Umarbeitung bemühen wir uns, die Wahrnehmung der Psychiatrie nun auch nach außen zu erweitern, die Aufmerksamkeit darauf zu lenken, daß wir es nie nur mit einem isolierten Menschen zu tun haben, sondern stets mit der „Landschaft“ (Kapapa) der Not mehrerer Menschen, ihrem „Haushalt“ an Wohn- und Arbeitsbeziehungen, in deren Abhängigkeiten wir uns einzumischen haben. Mit anderen Worten: Wir versuchen nunmehr, die Psychiatrie nicht nur anthropologisch zu begründen, sondern auch ökologisch. Aber Vorsicht: wir bitten den Leser, unseren Begriff „ökologisch“ nicht in seiner aktuellen Verkürzung (Umweltschutz) zu denken, sondern so umfassend, wie gerade angegeben. Wir greifen damit eine alte, ebenfalls vernachlässigte Denktradition auf, die in diesem Jahrhundert wohl am besten durch G. Bateson verkörpert wird. Freilich ist dieser Versuch nicht durchgeführt, nur in Ansätzen erkennbar, wird hiermit dem Dialog mit den Lesern ausgesetzt.

Dabei sind die praktischen Absichten des Buches dieselben geblieben, nur daß wir inzwischen zuversichtlicher an den Erfolg glauben können. Das Buch soll den lernenden Leser befähigen, das Examen in Psychiatrie/Psychotherapie zu bestehen, egal, ob er sich in der Ausbildung zur Krankenpflege, zum Arzt, Sozialarbeiter, Psychologen oder Arbeits- und Beschäftigungstherapeuten befindet. Deshalb haben wir die Approbationsordnung für Ärzte und Prüfungsrichtlinien für die anderen Berufe berücksichtigt. Deshalb haben wir „handfestes“ Wissen und Fähigkeiten dargestellt, soweit sie zum gesicherten Bestand der Psychiatrie/Psychotherapie gehören, sie allerdings in einen umfassenderen Zusammenhang gestellt. Und deshalb haben wir uns um eine Sprache bemüht, die den Lernenden all dieser Berufe Verständnismöglichkeiten bietet.

Das Buch soll dem psychiatrisch tätigen Leser, egal ob als Arzt, Sozialarbeiter, Krankenschwester, Psychologe, Werktherapeut, Ökothrophologe oder Bewegungstherapeut/Krankengymnast befähigen, seine Alltagsarbeit nachdenklicher, mit mehr Verständnis für sich und andere, vollständiger, wahrhaftiger, leichter und mit mehr Freude zu tun. Es ist aber auch für Laien, Patienten und Angehörige lesbar, damit die Psychiatrie aufhört, eine Geheimwissenschaft zu sein, und in ihren Möglichkeiten einsichtig und öffentlich kontrollierbar wird. Deshalb die allgemeinverständliche Sprache, die sich also als Team-Sprache eignet, aber auch als Sprache zwischen psychiatrisch Tätigen und Patienten. Wir wollen damit eine Grundhaltung vermitteln, die den unsinnigen Unterschied zwischen Psychiatrie, Psychotherapie und Sozialpsychiatrie hinfällig macht, eine gemeinsame Grundausbildung, soweit ein Buch das kann. Mit ihr kann der eine darauf verzichten, eine weitere therapeutische Technik zu lernen. Er kann sich kompetent genug fühlen. Der andere kann eine weitere spezielle therapeutische Technik lernen, ohne fürchten zu müssen, daß die Technik ihn verdirbt, indem sie ihn zu weit von der psychiatrischen Alltagserfahrung entfernt.

Das Buch soll den Leser auch privat befähigen, mit sich und seinem Leben besser umzugehen. Das ist unvermeidlich. Denn wir gehen davon aus, daß wir als Person letztlich das einzige Mittel sind, das im psychiatrischen Arbeiten zählt. Deshalb lerne ich in jeder Begegnung mit einem Anderen zumindest etwas über mich und meine Landschaft – oder es ist keine Begegnung. Das hat den Nachteil, daß man das Buch nicht so schnell lesen kann. Vielmehr muß man beim Lesen immer wieder die Aufmerksamkeit nach innen richten, sich die Frage stellen: „Wie ist das bei mir?“ Oder: „Wie ist meine Stellung in der Welt?“ Wir haben jedoch erfahren, daß dieser zeitaufwendige Umweg sich lohnt.

2 Was soll der Titel: „Irren ist menschlich“?

Er soll uns daran erinnern, daß die Psychiatrie ein Ort ist, wo der Mensch besonders menschlich ist; d.h., wo die Widersprüchlichkeit des Menschen oft nicht auflösbar, die Spannung auszuleben ist: so das Unmenschliche und Übermenschliche, das Banale und Einmalige, Oberfläche und Abgrund, das Kranke und Böse, Weinen und Lachen, Leben und Tod, Schmerz und Glück, das Sich-Verstellen und Sich-Wahrmachen, das Sich-Verirren und Sich-Finden.

3 Aspekte der Umarbeitung von 1984

Die Arbeitslosigkeit hat eine neue Qualität bekommen, so daß man bereits vom „Ende der Arbeitsgesellschaft“ spricht. Wenn das so ist, dann muß Arbeitsfähigkeit als oberstes Rehabilitationsziel sich inhaltlich erweitern: Wir haben die organisierte (entfremdete) Lohnarbeit als immer kleiner werdenden Teil der Gesamtheit menschlicher Arbeit anzusehen – von der künstlerischen Tätigkeit über die Schwarz- und Tauscharbeit bis zum Sorgen für Andere. Unabweisbarer bleibt nur die anthropologische Norm, daß jeder Mensch jeden Tag etwas Sinnvolles tun muß, um gesund zu sein. Das hat unsre Phantasie zu strapazieren: Finanzielle Sicherheit könnte z.B. unabhängig vom Besitz eines Arbeitsplatzes garantiert werden.

Der Rüstungswettlauf zeigt, daß symmetrische Beziehungen nicht nur zwischen Menschen, sondern auch zwischen Gesellschaften bis zum Wahnsinn eskalieren können. Doch eben dies führt auch – z.B. über die Friedensbewegung – zur Orientierung an anderen Werten. Der Kirchentag 1981 in Hamburg brachte die Aufforderung „Fürchtet Euch!“, der Dresdener Kirchentag 1983 den Satz „Mut zur Angst“. Auch das kann uns psychiatrisch Tätige nicht unberührt lassen. Wir haben daher schäfer als bisher zur Annäherung an die Angst ermutigt. Angst als Signal für Gefahr zu nutzen, sie nicht wegzudrücken oder ihr wegzulaufen – das hilft, wieder handlungsfähig zu werden.

Die Zerstörung der Natur ist nicht mehr verdrängbar. Damit stehen die Werte des industriellen Zeitalters zur Versteigerung an, also auch Werte der bisherigen Psychiatrie. Es ist nicht mehr sentimental, sondern notwendig, von der Natur zu sprechen – von der äußeren und der inneren. Daher hat die Psychiatrie von der ökologischen Bewegung zu lernen. Beispiele: Im Gegensatz zum 19. Jh. ist es heute lächerlich, biologische und soziale Bedingungen – etwa einer Psychosenentstehung – für Gegensätze oder Alternativen zu halten. Damit bricht die klassische psychiatrische Krankheitslehre ein. Wir haben es nie mit einem Menschen zu tun, sondern mit einem System, einer Landschaft mehrerer, nach Raum und Zeit sich unterschiedlich entwickelnder Menschen und ihrer Beziehungen, sich wechselseitig, nicht linear, sondern kreisförmig beeinflussend. Für unser Handeln wird wichtig, wie ein Teil ein Ganzes verändert, wie ich aus einer Isolation zu einem Teil von etwas werde: der Kontext wird wichtiger als der Text oder beide sind eine Einheit (Bateson), was das Ende klassischer Psychotherapie-Ansätze bedeutet (Watzlawick 1978). Wenn aber der Kontext wichtiger, auch weil beeinflußbarer ist, rückt der Patient aus dem Mittelpunkt, kommen die Angehörigen, die Familie, die Beziehungen des Wohnens und Arbeitens mehr ins Zentrum, was allen – dem Patienten und den Anderen – zugute kommt.

Unter diesen Aspekten können wir erkennen, daß schon das Reformkonzept der Psychiatrie-Enquete von 1975 im Kern ein ökologisches Konzept war und ist: es legt nämlich mit dem Begriff der Gemeinde einen räumlichen Begriff, einen Landschaftsbegriff – gemeindepsychiatrisch – zugrunde. Das ist auch auf die Landschaft eines psychiatrischen Krankenhauses zu übertragen. Nehmen wir Gemeindepsychiatrie ökologisch ernst, bedeutet das z. B. für das beliebte Therapieziel der Selbsthilfe, daß es nicht nur für den Patienten, sondern auch für Angehörige, Arbeitskollegen, Nachbarn gilt.

Damit hängt zusammen, daß wir bei der Umarbeitung des Buches den Gewalt-Aspekt härter herausgearbeitet haben: Jede psychische Störung ist ein Lösungsversuch eines Lebensproblems, der vor allem deshalb langfristig schwer lebensfähig ist, weil er gewalttätig gegen sich und/oder Andere ist. Dem entsprechen die Gewalt-Anteile psychiatrischen Handelns. Nur wenn wir die Gewalt auf allen Seiten nicht leugnen, können wir verhindern, daß sie mißbraucht wird.

Das hat erkenntnistheoretische Folgen: Die „sentimentale Soße“ des Begegnens und Verstehens, die manche Leser in unserem Buch gestört hat, haben wir jetzt abzuschöpfen versucht: In der Begegnung begegnen sich *Gegner*, die von ihrer Unterschiedlichkeit leben, damit nicht Pseudo-Freunde enttäuscht zu vernichtenden Feinden werden. Die Aussage „Ich verstehe Dich“ ist affektlogisch unmöglich, erniedrigt „Dich“ zum Objekt. Stattdessen: eine Beziehung wird dadurch zur Begegnung, daß beide *sich selbst* aneinander besser verstehen. Dem entspricht die moderne Hirnforschung, die herausgefunden hat, daß im Regelfall die linke Großhirnhemisphäre das analytisch-definierend-benennende Denken und Handeln steuert, während die rechte Hemisphäre das synthetisch-ganzheitlich-bildhaft-ungerichtet-sinnbeziehende Denken und Handeln steuert. Die eine Seite ist für „die

Bäume", die andere Seite für den „Wald" zuständig. Beide Bewußtheiten stehen *nebeneinander*, was das Unterordnungsmodell der abendländischen Erkenntnistheorie infrage stellt. Es ist zugleich beschämend und tröstend, daß ausgerechnet die sogenannten exakten Naturwissenschaften der Psychiatrie vormachen (Prigogine), daß *jede* Wissenschaft aus Mathematik und Dichtung besteht, daß aus dem Monolog ein Dialog mit der Natur zu werden hat, daß der Gegensatz zwischen Natur- und Geisteswissenschaft aus dem 19. Jh. aufgehoben ist, da das in der klassischen Wissenschaft Ausgegrenzte (der Kontext von Etwas, die Randbereiche, das Ungeordnete, Nicht-Gerichtete, Unstabile, Schwankende, Störende, Verzweigende, Selbstorganisierende, Unkontrollierbare, Unerwartete, Entropie, Subjektivität, Freiheit, Geschichte, Zufall usw.) genauso zur Wirklichkeit gehört wie das, was man zuvor daraus isoliert und dadurch auf einfach-allzu-einfache Gesetzlichkeiten getrimmt hat. Vergangenheit, Gegenwart und Zukunft sind nicht dasselbe – weder für das Atom, noch für den Stein, für den Menschen, die Familie, die Gesellschaft, den Kosmos.

Damit wird klar, daß jede psychische Störung nur im Rahmen der Gesamtbiographie von Menschen zu verstehen ist. Es sind immer altersgemäß-lebensphasische Aufgaben, für die jemand eine taugliche oder eben untaugliche Problemlösung findet. Daher haben wir in dieser Auflage des Lehrbuches die psychischen Störungen entsprechend der Biographie und den unterschiedlichen Lebensaufgaben eines Menschen umgeordnet. Da wir den Sinn einer psychischen Störung vollständig erst im nachhinein begreifen und da alle schweren Störungen die gesamte Biographie eines Menschen berühren, ist der Regelfall in der Psychiatrie nicht der Kurzzeitpatient, sondern der Langzeitpatient – innerhalb oder außerhalb von Einrichtungen. Merke: „chronisch" heißt wörtlich „lebensgeschichtlich prägend" – sonst nichts! Deshalb hat es der Lernende leichter, wenn er zunächst Langzeitpatienten kennenlernt, bevor er z. B. auf einer Aufnahmestation arbeitet: Vom Längsschnitt aus kann ich den Querschnitt verstehen, aber nicht umgekehrt.

Überall in der Bundesrepublik beginnen wir jetzt endlich damit, über die Psychiatrie im Dritten Reich nachzudenken, die sich ausschließlich gegen Langzeitpatienten, gegen „Unheilbare" richtete – insofern in einer alten psychiatrischen Tradition stand, da bisher noch jede Psychiatriereform den Akut-Patienten, aber nicht den Langzeit-Patienten zugute kam. Hätte das Nachdenken über unsere psychiatrische Vergangenheit der Nazizeit vor der Psychiatrie-Enquête stattgefunden, wäre sie nicht so technokratisch ausgefallen, wäre sie durchgreifender erfolgreich gewesen. Jetzt müssen wir dies mühsam nachholen.

Aufgabe: Versuchen Sie durchzusetzen, daß im Team eines sozialpsychiatrischen Dienstes oder in einem Landeskrankenhaus wenigstens ein Mitarbeiter schwerpunktmäßig für Wohnbedürfnisse der Langzeitpatienten zuständig werden soll: es ist schwer, aber möglich.

Nach alledem ist auch klar und muß endlich einmal ausgesprochen werden:

Die Psychiatrie ist keine medizinische Wissenschaft, obwohl sie unendlich viele wichtige medizinische Aspekte hat. Ebenso sehr ist sie aber in ihrem Denken und Handeln pädagogische Wissenschaft, ja auch – „rechtshemisphärisch" – Literatur, Kunst. Als Psychopathologie ist sie Psychologie; denn es ist wissenschaftstheoretisch nicht erlaubt, Wissenschaftsterritorien so zurechtzuschneiden, daß das eine fürs Normale, das andere fürs Abnorme da ist. Es stimmt zudem hoffnungsvoll, daß vermehrt Philosophen Psychiatrisches wieder in ihr Denken einbeziehen, wie es für Philosophen bis zum ersten Drittel des 19. Jh. selbstverständlich war. – Die eigentliche Begründungsaufgabe der Psychiatrie ist jedoch anthropologisch-ökologisch. Nur so können die längst ideologisch gewordenen, erkenntnis- und handlungshemmenden Polarisierungen (z. B. hier Erblichkeit – da soziale Verursachung) aufgehoben werden, wie Bateson uns das in seiner „Ökologie des Geistes" richtungsweisend vorgemacht hat. Die Verfasser des Gegenstandskatalogs der Approbationsordnung für Ärzte waren weise, als sie die Psychiatrie in die Nähe der „ökologischen Fächergruppe" gerückt haben. Sie sollten gegenwärtig noch einen Schritt weitergehen und die Psychiatrie zu dieser Fächergruppe hinzuzählen.

Zum Schluß noch ein Aspekt der Umarbeitung, der die Weiterentwicklung unsrer ursprünglichen Betonung des Team-Gedankens betrifft: Um ein Bild von Paul Kapapa zu benutzen: Das Mini-Team besteht aus dem Patienten und den ihn umgebenden psychiatrisch Tätigen; es ist aber nur ein kleiner Bestandteil des Maxi-Teams, das die gesamte Lebenswelt des Patienten umfaßt.

So hoffen wir, daß wir zwar auch diesmal eigentlich nur unsere persönlichen Erfahrungen beschrieben haben, jetzt jedoch bewußter, theoretisch reflektierter und konsequenter. Gleichwohl finden Sie auch diesmal in diesem Buch wenig ausdrückliche Theorie. Daher wünschen wir uns ein theoretisches Bei-Buch zu diesem Lehrbuch.

4 Aufbau des Buches

Psychiatrie ist die Begegnung zweier Menschen, dem psychisch Kranken und dem psychiatrisch Tätigen, in ihren jeweiligen Landschaften.

Ein psychisch Kranker ist ein Mensch, der bei der Lösung einer altersgemäßen Lebensaufgabe in eine Sackgasse geraten ist. Das Ergebnis nennen wir Krankheit, Kränkung, Störung, Leiden, Abweichung. Es sind grundsätzlich allgemein-menschliche Möglichkeiten; d. h. sie sind für uns alle unter bestimmten inneren oder äußeren Kontext-Bedingungen Ausdrucksformen der Situation „so geht es nicht mehr weiter". Daher sind sie grundsätzlich uns allen innerlich zugänglich und bekannt.

Ein psychiatrisch Tätiger ist ein Mensch, der eine psychische Störung so zu stören hat, daß sie wieder zum Bestandteil des Ich der beteiligten Personen werden und zwischen deren Ich-Grenzen wieder Spannung entstehen kann.

Er hat so zu handeln, daß die beteiligten Personen einen angemesseneren Umgang mit ihren Schwierigkeiten finden.

Eine Begegnung zwischen Menschen findet immer auf zwei Ebenen statt. Zunächst ist sie ein Austausch zwischen handelnden Menschen (Subjekte) – sprachlich und nicht sprachlich. Insofern nur aus Unterschieden zwischen Menschen Gemeinsamkeiten entstehen können, begegnen sich in der Begegnung Gegner, die Unterschiedliches wollen. Das ist die Subjekt-Subjekt-Ebene, auf der jeder mit dem Anderen und mit sich selbst sich austauscht. Innerhalb dieses Rahmens macht aber auch jeder den Anderen zum Objekt, grenzt sich ab von ihm, macht ihn zum Gegenstand der Beobachtung, der Fremd-Wahrnehmung, beschreibt, erforscht und beeinflußt ihn, bildet Theorien über ihn. Das ist die Subjekt-Objekt-Ebene. Erst beides zusammen – also etwa Nähe und Distanz – macht die vollständige Ich-Du-Begegnung aus. Deshalb sprechen wir lieber davon, daß Menschen *handeln*. Daß sie *sich verhalten*, ist nur ein Teilaspekt davon. Das 1. Kapitel des Buches handelt daher vom helfenden Menschen, also von den psychiatrisch Tätigen. Denn wenn Psychiatrie Begegnung von Menschen ist, muß ein Lehrbuch der Psychiatrie gleichermaßen Patienten und Therapeuten sowie die Art ihres Umgangs miteinander behandeln.

Wir zeigen den Weg eines Menschen mit „sozialem Beruf" ins psychiatrische Arbeiten. Das ist für Lernende gerade auch dann wichtig, wenn sie ein anderes Berufsfeld als die Psychiatrie anstreben. Das Kapitel ist genauso gegliedert wie die Patienten-Kapitel. Das soll zeigen, daß der „Weg in die Psychiatrie" für werdende Patienten und für werdende psychiatrisch Tätige – neben Unterschieden – auch Gemeinsames hat. Es zeigt ferner, daß die Begegnungen eines psychiatrisch Tätigen mit einem Kollegen oder mit einem Patienten sich im Grundsatz nicht unterscheiden. Schon dies stellt ein Stück Normalisierung dar. Im übrigen wird die Aufmerksamkeit vor allem auf die Unterschiede der Beiträge der einzelnen Berufsgruppen gerichtet.

Kapitel 2 bis 12 sind die Patienten-Kapitel. Das 7. Kapitel („Depression") ist in einigen Aspekten vollständiger, vor allem was das vertrackte Problem angeht, daß man nicht einen Anderen, sondern nur sich selbst besser verstehen kann. Dies ist – exemplarisch – auf andere Patienten-Kapitel übertragbar. „Krank" ist von uns umfassend gemeint, etwa orientiert an der sozialen Wirklichkeit des Patienten, der „krank geschrieben" und dessen Therapie von der „Krankenkasse" getragen wird. Da „krank" in der Psychiatrie aber meist nicht „körperkrank" bedeutet, sprechen wir gern von *Kränkung*. Das kann man körperlich und seelisch auffassen. Vielseitig genug ist auch das Wort „Störung". Man kann sagen: jemand hat eine Störung, wird gestört, stört sich selbst, stört Andere, kann eine „Betriebsstörung" sein; auch Beziehungen und Entwicklungen können gestört sein.

Was die Krankheitssystematik (Nosologie) angeht, haben wir mit dieser Umarbeitung des Lehrbuchs eine andere Ordnung bevorzugt: Wer die Patienten-Kapitel der Reihe nach durchliest, verfolgt damit den Lebensweg, die

Biographie eines Menschen von der Geburt bis zum Tod, wobei er ihn (und sich selbst) durch die verschiedenen, aufeinanderfolgenden Altersstufen mit ihren altersspezifischen Lebensaufgaben und seinen unterschiedlichen tauglichen oder weniger tauglichen Problemlösungen begleitet. Logischerweise wird dadurch der „geistig behinderte Mensch" zum ersten Patienten-Kapitel, dann geht es durch die Kindheit und Jugend zu den Problemen der Liebe, der Ablösung von der Familie, den Autoritätskonflikten, dem Erwachsen-Werden, den vielfältigen Partner- und Abhängigkeitsproblemen bis zu den Lebensaufgaben des Trennens, Verlierens, Abschied-Nehmen bis zum Sterben.

Eine andere Möglichkeit der Einteilung der Störungstypen kann nach den unterschiedlichen Kontexten gewählt werden. Die klassische Psychiatrie sagte, daß eine Störung organisch (körperlich), endogen (genetisch) oder reaktiv (psychosozial) bedingt sein kann. Das Wort „endogen" (= von innen entstehend) mag man heute nicht mehr, da man gern alles auf möglichst eindeutige Bedingungen zurückführen möchte und die genetischen Anteile meist nicht exakt bestimmbar sind. Auch kann „endogen" als diagnostisches Etikett seine geschichtliche Hypothek nicht abschütteln, hat daher vielen Patienten geschadet, da es mit „hoffnungslos" und „lebenslanger Verurteilung" übersetzt wird. Zum Teil kann man psychische Störungen auf mehr organische, zum Teil auf mehr psychosoziale Kontexte zurückführen. An den „endogenen" schizophrenen und Zyklothymie-Patienten zerren die Vertreter beider Bedingungs-Lager mit mehr oder weniger Gewalt. Leider hat sich noch keine wissenschaftlich brauchbare Sprache durchgesetzt, wonach die biologischen und sozialen Anteile eines lebensgeschichtlichen Kontextes grundsätzlich eine – in jedem Einzelfall unterschiedliche – Einheit darstellen.

Wenn wir – etwas bescheidener – von der pathogenetisch-ätiologischen Bedingungsebene auf die phänomenologische Erlebens-Ebene zurückgehen und psychische Krankheiten grundsätzlich als allgemein-menschliche Ausdrucksmöglichkeiten für bestimmte Situationen ansehen, dann besteht Kränkbarkeit nicht nach zwei, sondern nach drei Richtungen: als Kränkung des Körpers, der Beziehungen und des Selbst. Diese drei Typen der Kränkbarkeit können wir aus dem Erleben des Patienten und aus unserem eigenen Leben gewinnen. Wichtig ist: alle drei Richtungen sind bei jedem einzelnen Patienten beteiligt, nur mit unterschiedlichen Schwerpunkten. Damit folgen wir am ehesten weniger der Denktradition Kraepelins, sondern mehr Kretschmers. Allen drei Typen kann man dann – als Erklärungsversuch – bestimmte Bedingungen zuordnen. So kommt folgende Einteilung zustande:

Selbstkränkung (Kapitel 5–7, z.T. 4):
Menschen mit zyklothymen und schizophrenen Methoden des Umgangs mit Schwierigkeiten, wobei sie anteilig in Gefahr sind, ihr Selbst zu verlieren. Damit hätte für diese Patienten der Begriff „endogene Psychose" einen Sinn. Vergleichbar mit dem endogenen Epilepsie-Patienten, der kaum äußere Bedingungen braucht, um in Selbstreizung/Selbstregulierung einen Anfall herzustellen.

Bedingungen: überwiegend innere, temperamentmäßige (was jemand mitbekommen hat, was er ist, was seine Natur ist), aber auch körperliche und psychosoziale.

Beziehungskränkung (Kapitel 8–10, z.T. 4):
Neurotische, psychosomatische, abhängige, suicidale, sexuell- oder persönlichkeitsgestörte Menschen, die bei der Lösung ihrer Lebensprobleme ihre Beziehungen zu sich und Anderen lebensunfähig gemacht haben.

Bedingungen: überwiegend psychosoziale, aber durchaus auch endogene und körperliche.

Körperkränkung (Kapitel 2 und 11):
Hirnorganisch kranke, aber auch ohne Hirnbeteiligung an ihrem Körper leidende sowie geistig behinderte Menschen, denen der angemessene Umgang mit ihren Schwierigkeiten mißlingt.

Bedingungen: überwiegend körperliche, aber zweifellos auch endogene und psychosoziale.

Lebensalterskränkung (Kapitel 3 und 12):
Junge bzw. alte Menschen, deren Umgang mit lebensalters-gemäßen Schwierigkeiten zu einer der drei Kränkungen A, B oder C führt.

Für schema-liebende Leser: Wenn Sie sich A, B und C als die Ecken eines Dreiecks vorstellen, können Sie auf dem Schenkel AB Persönlichkeitsstörungen, auf AC geistige Behinderung und auf BC psychosomatische Störungen lokalisieren.

Und noch ein Schema, aber, bitte, nur als Verständniskrücke gemeint: Erlebnismäßig könnte der beziehungskranke Mensch sagen: „Ich bin zwar ich selbst (habe mein Selbst), aber ich habe meine Beziehungen zu mir und Anderen eingeengt." Der depressive Mensch könnte ausdrücken: „Ich bin nicht ich selbst, sondern der unter mir." Der Manische: „Ich bin nicht ich selbst, sondern der über mir." Der schizophrene Mensch: „Ich bin nicht ich selbst, sondern der neben mir (schräg zu mir)." Der persönlichkeitsgestörte Mensch: „Ich bin nicht ich selbst, sondern nur ich." Der körperkranke Mensch: „Ich ringe um den Erhalt meines gefährdeten Selbst."

Die Kapitel 13–15 sind Beiträge zur Psychiatrie als Institution und Wissenschaft selbst. Der praktischen Psychiatrie liegt heute das territoriale Konzept der Gemeindepsychiatrie zugrunde. Wie dies umzusetzen ist, stellt Kapitel 13 dar. Dabei legen wir die Ergebnisse der Psychiatrie-Enquête zugrunde, kümmern uns jedoch insbesondere über die Ausgänge aus diesem System, um es zu einem offenen System zu machen. Kapitel 14 schildert die Entwicklung der Psychiatrie, sozusagen ihre Biographie als Einrichtung und Wissenschaft. Hier findet der Leser auch einen Verständnisrahmen für die Entfaltung der verschiedenen wissenschaftlichen Richtungen sowie den Bezug zur philosophischen Selbstbesinnung. Die Psychiatrie im Dritten Reich wird als ein Teil der Gesamtgeschichte ernstgenommen. Das ist die Voraussetzung dafür, daß wir für unsere heutigen Entscheidungen daraus lernen können. Kapitel 15 beleuchtet noch einmal – unter dem Leitgedanken *Recht und Gerechtigkeit* –

den sozialen Ort, den wir den psychisch kranken Menschen heute einräumen bzw. morgen einräumen sollten.

Während es in den Kap. 2–12 auf Seiten der psychiatrisch Tätigen um die jeweils angemessene Grundhaltung (s. u.) geht, werden in den Kap. 16 bis 18 die *Techniken* dargestellt, die die verschiedenen Berufsangehörigen des psychiatrischen Teams zusätzlich zur Grundhaltung einzubringen haben. Dabei ist Soziotherapie zugleich die Basis für die anderen Techniken. Und zwar in dem Maße, wie die Pflegeberufe das therapeutische Milieu gestalten, durch ihre Ausbildung spezialisiert für die Wahrnehmung menschlicher, besonders hautnaher Bedürfnisse sowie für die Herstellung privater und öffentlicher Bereiche. Für die weitere Ausformulierung der Soziotherapie sind Sozialarbeiter und Arbeits- und Beschäftigungstherapeuten vorgebildet. Für die körpertherapeutischen Techniken sind die ärztlichen Team-Angehörigen zuständig. Die psychotherapeutischen Techniken und ihre Anpassung an die jeweilige Grundhaltung sind Sache der Psychologen bzw. all der Team-Mitglieder, die sich entsprechend weiter- und fortgebildet haben. Hier ist auch der systematische Ort der Psychotherapie im Rahmen der Gesamtpsychiatrie. Wie die Pflegeberufe Sozio- und Körpertherapie verklammern, so die Bewegungstherapeuten/Krankengymnasten Körper- und Psychotherapie.

5 Gliederung der Patienten-Kapitel

Sie beginnen im Abschnitt I in der Regel mit einem Bild der Landschaft, in der die jeweilige Störung sich abspielt. Hier versuchen wir, für uns und die Leser den komplexen Sinn auszumalen, den die problematischen Lösungsmethoden der jeweiligen altersgemäßen Lebensaufgabe haben – im Rahmen einer Biographie, im Rahmen der familiären, kommunalen und gesellschaftlichen Konstellationen und im Zusammenhang mit der inneren und äußeren Natur des Menschen. Diese Versuche der Landschaftsgestaltung in Sprachbildern sind unvollkommen, da wir darin wenig geübt sind. Sie haben die Absicht, den Leser zu eigener Wahrnehmungserweiterung anzuregen. Der Abschnitt II liefert die Symptom-Diagnose, benennt, was zu beobachten sein muß, damit einem Menschen die Diagnose des jeweiligen Kapitels einigermaßen paßt. Er ist der Abschnitt der Fremdwahrnehmung, der Subjekt-Objekt-Ebene, der beschreibenden Psychopathologie der klassischen Lehrbücher, der Symptomsammlung, der Syndrom- und Diagnosenkonstruktion. – Erst mit Abschnitt III sind wir auf der Subjekt-Subjekt-Ebene, womit eigentlich jede Begegnung beginnt. In Begriffen der Hirnforschung: wir beginnen I. mit der ganzheitlich-bildhaft-analogen Wahrnehmung und lassen mit II. linkshemisphärisch die beobachtend-benennend-digitale Wahrnehmung folgen, um dann mit III. den Austausch zwischen den Subjekten möglichst vollständig erfassen zu können. Dies läßt sich Begegnungs-Psychopathologie nennen. Ziel unseres Handelns ist es, daß der Patient über die Selbstwahrnehmung zur

Selbst-Diagnose kommt und daß eine der Kränkung entsprechende Beziehung zustande kommt. Insofern beginnt die Therapie zugleich mit der Diagnose.

Kernstück einer solchen Begegnungs-Psychopathologie ist stets die Angst in der Begegnung zwischen Patient, Angehörigen und mir, die schmerzhafte Ersetzung des nicht möglichen Verstehens durch die Suchhaltung bei sich selbst und die Erarbeitung der der jeweiligen Kränkung angemessenen Grundhaltung. Hierfür hat sich in unserer Erfahrung die Unterscheidung dreier Aspekte bewährt:

Selbst-Wahrnehmung: hier geht es um das erste Erfordernis überhaupt: daß der Patient sich von mir ernstgenommen fühlt und sich selbst zu verstehen lernt. Vorleistung meinerseits ist die Suchhaltung bei mir, die sich – im Rahmen des Verstehens – auf den Patienten überträgt.

Vollständigkeit der Wahrnehmung: d.h. Wahrnehmung, daß ein psychisch Kranker stets Opfer und Täter seines Krankseins ist (selbst beim Delir), daß er sein Kranksein immer auch in Beziehung zu Anderen lebt, daß er die Bedingungen des Krankseins – innere und äußere – zu unterscheiden hat und daß seine Symptome stets von seinen Lebensproblemen ihren Sinn bekommen: als ihr Ausdruck, als Abwehr und Vermeidung, aber auch als – wenn auch mißlingender – Problemlösungsversuch.

Normalisierung der Beziehung: mit der Rückmeldung aller Gefühle, die der Patient in mir auslöst, als meiner Vorleistung beginnt die Aufhebung der immer vorhandenen Isolation des Patienten und damit die Herstellung von Offenheit, wechselseitigem Austausch, Achtung der grundsätzlichen Begrenztheit allen Verstehens, d.h. die Herstellung einer normalen Beziehung, in der ich die Symptome des Patienten weder ausblenden noch angreifen noch auf sie hereinfallen muß, einer Beziehung, in der wir gemeinsam daran arbeiten, daß sie sich erübrigen.

Abschnitt IV beschreibt Therapie, d.h. die Durchführung dieses Wahrnehmungs- und Handlungsansatzes. Es geht hierbei um die Beeinflussung der Kontext-Beziehungen und ihrer Bedeutung für den Patienten und den Angehörigen. Auf diesem Umweg ist immer Selbst-Therapie die angestrebte Richtung.

Wenn wir in der Begegnung mit dem Patienten so weit sind, kann der Untersuchungsbericht oder Aufnahmebericht geschrieben werden.

- Schilderung der Beschwerden im Rahmen der gegenwärtigen Lebensprobleme in körperlich-seelisch-sozialer Hinsicht. Je mehr Beispiele für das Handeln des Patienten und für Ansätze der Beziehungsnormalisierung aus dem aktuellen Gespräche zwischen ihm und mir, desto besser.
- Schilderung des Lebenslaufs (Anamnese), ebenfalls körperlich-seelisch-sozial, mit Schwerpunkten nach dem aktuellen Problem. Es ist wichtiger, die Fähigkeiten des Patienten kennenzulernen als seine Unfähigkeiten!
- Darstellung der Eigen-Bedeutung und Situation der Angehörigen.

- Schilderung des Eindrucks (psychischer Befund): Beschreibung des sprachlichen und nichtsprachlichen Austauschs, mit der Unterscheidung zwischen seinen und meinen Gefühlen. Der Anfänger geht dann systematisch weiter: äußere Erscheinung, Mimik, Gestik, Beziehungsgestaltung; Aufmerksamkeit und Wahrnehmung/Selbst-Wahrnehmung; Bewußtsein und Orientierung; Merkfähigkeit und Gedächtnis; Antrieb und Bedürfnisse; Stimmung und Gefühlsäußerungen; Denken, inhaltlich und formal; Umgang mit Angst und Symptomen; Ich-Erleben und Beziehung zum Selbst.
- Testpsychologischer Befund, selten erforderlich.
- Befunde der körperlichen Untersuchung (klinisch und technisch).
- Diagnose: vorläufige Zusammenfassung des Problems – körperlich-seelisch-sozial.
- Vorläufige Zielsetzung der Therapie, wie zwischen mir und dem Patienten vereinbart, mit Angabe der ersten Schritte. Dies ist am wichtigsten, wird fast stets unterschlagen!

Wir als Therapeuten können nur günstige Bedingungen für Selbst-Therapie schaffen. Mit dieser Aussage knüpfen wir wieder an Hippokrates an: „Der Patient selbst ist der Arzt. Der Arzt ist nur Helfer.“ Wie es bei der Diagnose um das Sich-Wahrnehmen ging, so bei der Therapie um das Sich-Wahrmachen des Patienten, ein Begriff, den wir der italienischen Psychiatrie verdanken (verifica). Ziel-Vereinbarung kann sein, daß jemand etwas ändern will, aber auch, daß jemand lernen will, sich so anzunehmen, wie er ist. Denn bei jedem Menschen ist der eine Teil seines äußeren und inneren Kontextes änderbar, der andere Teil aber steht fest, kann nur angenommen werden. Es folgen Hinweise für den Therapie-Verlauf, für anzuwendende sozio-, körper- und psychotherapeutische Techniken, z.T. auch für Schwerpunktaufgaben der einzelnen Berufsgruppen.

Der Abschnitt „Epidemiologie – Prävention“ beschließt jedes Patienten-Kapitel, meist als V. Manche Leser mögen den Begriff „Sozialpsychiatrie“ in diesem Buch vermissen. Wir halten ihn für überflüssig: Psychiatrie ist soziale Psychiatrie oder sie ist keine Psychiatrie. Was Sozialpsychiatrie sein könnte, glauben wir in unserem Konzept von Psychiatrie verwirklicht zu haben. Ein Teil davon in diesem Abschnitt V: Epidemiologie ist die Erforschung seelischer Krankheiten, a) nach ihrer Verbreitung, b) nach den körperlichen, endogenen und psychosozialen Bedingungen, unter denen sie auftreten oder nicht auftreten, und c) nach ihrer ökologischen, historischen und anthropologischen Bedeutung. Es ist kein Wunder, daß wir hier auch auf gesellschaftliche Probleme unserer Zeit zu sprechen kommen müssen: z.B. strukturelle Arbeitslosigkeit, Automatisierung, Umweltschutz, Isolation, Wachstumsorientierung der Wirtschaft, die Macht einiger Industrien. – Was beim einzelnen Patienten die Diagnose für die Therapie ist, ist auf der allgemeinen Ebene die Epidemiologie für die Prävention: jene liefert dieser die Daten für Maßnahmen, die das Auftreten einer Krankheit seltener machen, es bei gefährdeten Personen verhindern oder einem Rückfall vorbeugen. Es ist ein besonderes Anliegen dieses Buches, möglichst viele psychiatrisch Tätige und andere Bürger zu einer präventiven Ausrichtung ihrer Arbeit zu ermutigen. Das fängt schon bei der Arbeit mit dem einzelnen Patienten an, wo „Hilfe zur Selbsthilfe" unsere oberste Leitidee ist. Ein Teil der Arbeitszeit oder freien Zeit sollte aber zudem der Teilnahme an einer direkt präventiven Aktivität vorbehalten sein (z. B. PSAG). Das macht auch die oft entmutigende Alltagsarbeit erträglicher und ist langfristig wirksamer!

6 Produktion und Profit des Buches

Mit „Irren ist menschlich" wurde der Psychiatrie-Verlag gegründet, dessen Gesellschafter psychosoziale Verbände sind, z. B. der Dachverband psychosozialer Hilfsvereinigungen und die Deutsche Gesellschaft für Soziale Psychiatrie. Der Verlag ist ständig auf einer Gratwanderung, um mehrere Ziele möglichst gleichgewichtig zu erreichen: gute Bücher für wenig Geld für eine veränderte Praxis und Politik zu machen, Arbeitsplätze für psychisch Kranke im Verlag und dessen Umfeld zu fördern, den Autoren, Herstellern, Buchhändlern und Käufern gegenüber als „normaler" Partner aufzutreten und sich so bei aller Besonderheit am Markt zu behaupten. Der Profit dieses Buches dient diesen Zielen, die gerade angesichts engerer wirtschaftlicher Rahmenbedingungen einerseits wichtiger, andererseits aber schwerer zu erreichen sind.

7 Wie kommt dieses Buch zustande?

Die beiden Autoren – Psychologin und Psychiater – hatten das Glück, 8 Jahre lang fast ohne personelle Veränderung in dem beruflich gemischten Tagesklinik-Team der Psychiatrischen Universitätsklinik Hamburg-Eppendorf zu arbeiten, 5 Jahre mit Langzeitpatienten, 3 Jahre mit Akutpatienten aller Diagnosen. Unter den vielen dort gemachten Erfahrungen war eine vielleicht am wichtigsten: daß man nämlich mit psychiatrischen Patienten nicht arbeiten kann, wenn man nicht gleichzeitig auch – und zunächst mal getrennt davon – genauso intensiv mit ihren Angehörigen arbeitet. – Außerdem haben wir seit jetzt 13 Jahren an den grundsätzlich beruflich gemischten Arbeitsgruppen von DGSP-Tagungen bzw. „Mannheimer-Kreis-Tagungen" teilgenommen und die Erfahrung gemacht, daß dabei Psychiatrie vollständiger und normaler zu erfahren ist, als wir das von Diskussionen mit berufsgleichen Kollegen gewohnt waren. Durch beides entstand allmählich eine Sprache, die sich zwischen Team-Kollegen sowie zwischen psychiatrisch Tätigen, Angehörigen und Patienten bewährte. Damit wuchs die Lust, diese Selbst-Wahrnehmung und diese Sprache auch in Schrift-Sprache zu übersetzen.

Nun haben wir beide – zusammengenommen – noch etliche andere praktische Erfahrungen in der Psychiatrie: Arbeit auf geschlossenen und offenen Stationen jeden Typs, in der Poliklinik, ambulante Einzel- und Gruppentherapie (mit und ohne Psychotherapie-Ausbildung), Konsiliardienst in anderen Kliniken, Arbeit im Sozialpsychiatrischen Dienst des Gesundheitsamtes, in Clubs, im Übergangsheim, Jugend- und Altenarbeit, Aus-, Weiter- und Fortbildungstätigkeit mit allen psychiatrischen Berufsgruppen. – Weiter bestehen Forschungserfahrungen von der psychiatrischen Pharmakotherapie und der vergleichenden Psychotherapieforschung bis zu epidemiologischen, soziologischen und historischen Untersuchungen – auch haben wir unseren Weg der Selbst-Wahrnehmung in einem jahrelang laufenden Seminar zu vertiefen versucht.

Da unsere Erfahrungen sich in diesen anderen Tätigkeitsbereichen bewährten, haben wir in zwei Jahren dieses auf der Begegnung von Menschen aufbauende Lehrbuch der Psychiatrie/Psychotherapie zu Papier gebracht, so wie es 1978 erschienen ist. Wir konnten dabei auf den gleichsinnigen Ansätzen der Lehrbücher: M. Rave-Schwank/C. Winter – v. Lersner „Psychiatrische Krankenpflege" und M. Bauer/G. Bosch u.a. „Psychiatrie – Psychosomatik – Psychotherapie" aufbauen. Um unsere verschiedenen Absichten erreichbar zu machen, haben wir uns folgender Stil-Mittel bedient: Der Leser wird oft persönlich angesprochen. Viele Passagen sind in Ich-Form geschrieben. Es gibt seitenlange Gesprächsverläufe, viele Gesprächs- und Dialogfragmente; ferner viele ganze oder fragmentarische Fall- und Situationsbeispiele; endlich Übungen, die den Leser mit sich und Anderen ins Gespräch bringen sollen, z.T. mit Anleitung zu einem Rollenspiel.

Vor ein paar Jahren haben wir Autoren uns von Hamburg getrennt. U.P. hat seither in der Psychosozialen Kontaktstelle „Treffpunkt Waldstraße" in Berlin-Tiergarten gearbeitet. Sie hat dort unmittelbarer als vorher psychisch und sozial leidende Menschen in ihren Lebenswelten kennengelernt, die Härte der Bedingungen, auch die Härte der Beziehungen, auch die Gewalttätigkeit, mit der außerhalb von Einrichtungen viele Menschen in ihrer Hilflosigkeit ihre Problemlösungen suchen. K.D. dagegen ist in eine solche Einrichtung gegangen, ins Landeskrankenhaus Gütersloh, hat dort insbesondere erfahren, welches Selbsthilfe- und Entwicklungspotential selbst eine Langzeitstation mit 40 Patienten darstellt. Dieser Erfahrungsverbreitung in beide Richtungen verdanken wir viele der Akzente, die wir der Umarbeitung des Buches zugrunde gelegt haben. Hierzu noch eine Kleinigkeit, die vielleicht keine ist. Manche Leser fanden die erste Auflage des Buches zu „weich" geschrieben. Einige Leser, die das Manuskript der Umarbeitung gelesen haben, fanden es jetzt eher zu „hart". Vielleicht auch eine Auswirkung dieses Erfahrungszuwachses? Wir glauben, daß wir dazu stehen können; denn zum „Weichen" in den Begegnungen zwischen Menschen kann man ungestraft nur kommen, wenn man das „Harte" des psychischen Leidens einerseits und psychiatrischen Verstehens und Handelns andererseits nicht leugnet.

Unsere theoretischen Gewährsleute sind: P. Watzlawick und G. Bateson Kommunikationstheorie; E. Goffman Phänomenologie; M. Merleau-Ponty Wahrnehmungs-Philosophie; G. Devereux und J. Douglas Ethnomethologie; C. R. Rogers Psychotherapie; J. Habermas und Th. W. Adorno kritische Theorie; A. Gehlen und H. Plessner Anthropologie; A. Pirella und F. Basaglia italienische Psychiatrie; M. Buber Philosophie der Begegnung; M. Pörksen und M. Bauer Gemeindepsychiatrie; A. Finzen Psychiatrie als Lebensschule; G. Bateson Ökologie, L. Ciompi Affektlogik; I. Prigogine Wissenschaftstheorie (s. „grundlegende Literatur").

Nach wie vor verdanken wir besonders viele praktische und theoretische „Erfahrungen vom Menschen" den beiden Direktoren der Psychiatrischen Universitätsklinik Hamburg: H. Bürger-Prinz und J. Gross.

Wir haben auch Anleihen in der Literatur gemacht, haben einprägsame Titel und Redewendungen gebraucht, deren Ursprung uns gar nicht immer bewußt war. Beispiele dafür mögen „Der Idiot der Familie" von Sartre oder „Versuchte Nähe" von Schädlich sein – beide Formulierungen sind beinahe in die Alltagssprache eingegangen.

Auch die hier vorliegende Umarbeitung des Buches wurde kapitelweise von Fachleuten gegengelesen. Insbesondere danken wir dafür: M. Bauer, A. Finzen, Chr. Gaedt, M. Heinrich, D. Janz/P. Wolf, E. Schorsch, R. Seidel, R. Snethlage, M. Wolfersdorf/W. Kopittke, B. Schulte.

Danken möchten wir auch Alice Meyer-Jösting, Gütersloh und Herta Ducheyne-Heintze, Berlin, die sich ebenso mühsam wie erfolgreich durch das Gewirr von alten und neuen Texten durchgeschlagen haben.

Da das Buch – wie erwähnt – nach Selbst-Wahrnehmung und gemeinsamer Sprache ursprünglich eine Gemeinschaftsarbeit des Tagesklinik-Teams der Psychiatrischen Universitätsklinik Hamburg war, möchten wir es nach wie vor diesen unseren Team-Kollegen, aber auch allen Kollegen, mit denen wir jetzt zusammenarbeiten, widmen.

URSULA PLOG KLAUS DÖRNER

Abkürzungen

A	Alkohol
AA	Anonyme Alkoholiker
Ad	Antidepressiva
AOP	akut-organisches Psychosyndrom
AT	Arbeitstherapie
BGB	Bürgerliches Gesetzbuch
BSHG	Bundessozialhilfegesetz
BT	Beschäftigungstherapie
CT	Computer-Tomographie
COP	chronisch-organisches Psychosyndrom
DGSP	Deutsche Gesellschaft für Soziale Psychiatrie
EEG	Elektroenzephalographie
EKT	Elektrokrampftherapie
Enquête	Bericht der Sachverständigenkommission über die Lage der Psychiatrie in der BRD (im Auftrag des Bundestages)
GPZ	Gemeinde-Psychiatrisches Zentrum
GT	Gesprächspsychotherapie
ICD	Internationale Diagnosen-Klassifikation der WHO
IQ	Intelligenz-Quotient
JGG	Jugendgerichtsgesetz
KI	Krisenintervention
KID	Kriseninterventionsdienst
M	Medikament
Nl	Neuroleptika
PEG	Pneumenzephalographie
PKH	Psychiatrisches Krankenhaus
PsychKG	Gesetz über Hilfen und Schutzmaßnahmen für psychisch Kranke
R	Rauschmittel
Reha	Rehabilitation
RVO	Reichsversicherungsordnung
SchwBG	Schwerbehindertengesetz
SpD	Sozialpsychiatrischer Dienst (meist am Gesundheitsamt)

StGB	Strafgesetzbuch
StPO	Strafprozeßordnung
SVG	Standardversorgungsgebiet
TK	Tagesklinik
Tq	Tranquilizer
VT	Verhaltenstherapie
WfB	Werkstatt für Behinderte
WHO	World Health Organization (Weltgesundheitsorganisation)
ZNS	Zentralnervensystem

1 Der sich und Anderen helfende Mensch (der psychiatrisch Tätige)

I Die Landschaft der psychiatrisch Tätigen

1 Im gesellschaftlichen Zusammenhang

Mit der Entwicklung demokratischer Gesellschaftssysteme muß auch die Psychiatrie sich ändern.

Das Prinzip demokratischen Denkens muß nicht nur in die psychiatrischen Institutionen, sondern auch im alltäglichen Handeln psychiatrisch Tätiger wirken. Wo das nicht geschieht, findet eine Ausgrenzung statt und es entsteht ein Ausgangspunkt für Kritik an der Gesellschaft.

Im Dritten Reich war Psychiatrie weitgehend ein Spiegel des Totalitarismus. Der Umgang in vielen psychiatrischen Institutionen war gekennzeichnet durch Menschenverachtung. Das ging soweit, daß etwa 200000 psychisch Kranke der Euthanasie zum Opfer gefallen sind. Landeskrankenhäuser, hauptsächliche Orte der Behandlung, wurden Orte der Verwahrung, der völligen Entprivatisierung, der Vernichtung.

Dort, wo noch vorher viele Beziehungen zwischen Pflegepersonal und Kranken entstehen konnten, zog sich das Pflegepersonal zurück. Die Kränkung war zweifach, einmal übernahmen Ärzte die Bestimmung, zum anderen waren die vielen gewaltsamen und verordneten Trennungen nicht auszuhalten. Es bestand immer eine Überforderung, weil zu wenig Personal zu viele Kranke betreute.

Heute leben wir in einer Zeit des Umbruchs und der Unsicherheit. Mit der Veröffentlichung der Psychiatrie-Enquete des Deutschen Bundestages im Jahre 1975 wurden die Mißstände in der Psychiatrie öffentlich. Es wurde auch öffentlich, daß die Mißstände in vielen Landeskrankenhäusern menschenunwürdig waren. Es wurden Ideen entwickelt, die großen Anstalten zu verkleinern, von der Idee her aufzulösen, Hilfe in überschaubaren Institutionen anzubinden, dort, wo die Probleme der Menschen entstehen, in ihren Lebensbereichen, so daß sie und die Institutionen nicht in Vergessenheit geraten. Hilfe soll möglichst ambulant angeboten werden, stationäre Einheiten sollen ebenfalls gemeindenah und so klein wie irgendmöglich sein. Alle für die psychische Gesundheit Tätigen und die Betroffenen sollen gemeinsam über die Art der Versorgung entscheiden. Es ist für viele deutlich geworden, daß der Umgang mit psychisch Kranken und die Organisierung von Hilfen am vorrangigsten ein gesellschaftliches Problem ist. So erkannte man immer deutlicher, daß ärztliche Hilfe nur ein Aspekt des Helfens sein kann. Bewegungstherapie, Psychotherapie, Hilfen beim Arbeiten und Wohnen müssen den medizinischen Hilfen zugeordnet sein. Nicht nur dem Individuum ist zu helfen, sondern auch die Umgebung, das System, ist in die Wahrnehmung einzubeziehen. In den letzten 20 Jahren sind viele Versuche gemacht worden, neue psychiatrische Institutionen aufzubauen. Es ist vielfach versucht worden, einen neuen Umgang mit psychisch Kranken zu finden. Gleichzeitig jedoch wird von Verantwortlichen immer noch viel Geld ausgegeben, die alten Institutionen zu renovieren, immer noch werden Strukturen ökonomisch gefördert, die den Erhalt der autoritären Begegnungsweise fördern. Zum Beispiel gibt es nach wie vor nur wenig Arbeitsplätze für Krankenpflegepersonal im ambulanten Bereich, z. B. ist die Finanzierung vieler als sinnvoll erkannter Institutionen keineswegs gesichert. In dieser Zeit des Umbruchs müssen psychiatrisch Tätige sich ihres Handelns bewußt werden. Neben dem Wissen kommt gerade in der psychiatrischen und psychotherapeutischen Begegnung dem Menschenbild, nach dem der psychiatrisch Tätige handelt, besondere Bedeutung zu. Die Bewußtwerdung der Bedingungen der Begegnung in und mit der Psychiatrie kann über die Psychiatrie hinauswirken und zum Ansatzpunkt für Nachdenken über menschenwürdiges Umgehen mit Kranken werden. Darin liegt gleichzeitig die Auflösung der Psychiatrie. Das Besondere ist die Anwendung besonderen Wissens, das Allgemeine ist die Anwendung einer Suchhaltung, einer Grundhaltung, die mich und den Anderen in einem sozialen und ökologischen Zusammenhang weiß. Es kommt also nicht nur auf den Erwerb einer Grundhaltung und nicht nur auf die Anwendung eines bestimmten technischen Wissens an, sondern im Fall der Psychiatrie auch auf spezifisches Wissen um die Entwicklung, die Krisen, die Unterschiede von Menschen.

2 Die Begegnung mit der Psychiatrie aus der Nähe

Wie kann ich in der Psychiatrie arbeiten – egal ob als Schwester, Arzt, Psychologe, Pfleger, Sozialarbeiter usw. – und zwar so arbeiten, daß es für mich erträglich ist, einen Sinn hat, und daß nicht nur andere, sondern auch ich persönlich etwas davon habe?

Zur Beantwortung der Frage wollen wir in diesem Kapitel einen psychiatrisch Tätigen auf dem Weg in die Psychiatrie begleiten – und zwar speziell im Umgang mit Kollegen und mit sich selbst. Der Witz dabei ist, daß das genau so geschieht, wie wir in den „klinischen Kapiteln“ den Weg der jeweiligen psychisch Kranken und Angehörigen durch die Psychiatrie begleiten – speziell in ihrem Umgang mit uns (und unserem Umgang mit ihnen). Deshalb ist dieses erste Kapitel fast so gegliedert wie die klinischen Kapitel 2 bis 12. Die Untertitel geben das je entsprechende Element an.

Es genügt nicht, mir die Psychiatrie nur zum Objekt meiner Wahrnehmung zu machen. Denn gleichzeitig löst die Begegnung mit der Psychiatrie in mir etwas aus, nimmt mich gefangen. Wie jede Begegnung hat auch diese zwei Anteile: Einmal mache ich mir als Subjekt den anderen zum Gegenstand, zum Objekt, zum anderen trete ich als Subjekt mit dem Anderen als Subjekt in eine Wechselbeziehung, in einen Austausch. Im ersteren Fall lasse ich die Begegnungsangst nicht an mich heran, lasse mich innerlich nicht davon berühren, wehre ab. Im zweiten Fall lasse ich die Begegnungsangst in mich hinein, lasse mich vom Anderen anrühren, in Frage stellen, schwinge mit, lasse den Anderen mit mir etwas machen. Also habe ich nicht nur meine neue Umgebung wahrzunehmen, sondern auch mich in ihr. Zur Wahrnehmung kommt die Selbstwahrnehmung. In dem Maße, in dem ich das für mich und mein Handeln gelten lasse, kann ich es von den Patienten auch fordern: ich kann für sie Modell sein. Da jedes psychiatrische Handeln modellhaft wirkt, muß in ihm das sichtbar werden, was erreicht werden soll.

Arbeiten im Team

Teamarbeit ist nicht die einzige Möglichkeit psychiatrischen Arbeitens. Der niedergelassene Nervenarzt oder Psychotherapeut z.B. ist im Denken und Handeln überwiegend auf sich allein gestellt. Allerdings besteht auch für diesen Typ der Einzelkämpfer-Praxis in letzter Zeit eindeutig die Tendenz des Ausbaus zur Teamarbeit. Andererseits gibt es auch im Team immer Situationen, in denen besser einer allein denkt oder entscheidet. Teamarbeit soll dies auch nicht verhindern, sondern gerade verantwortlich absichern. Wir wollen den weiteren Ausbau der Möglichkeiten der Teamarbeit in der Psychiatrie begründen.

Wissens- und Erfahrungsaustausch

Weder der Arzt noch der Sozialarbeiter, die Krankenschwester, der Psychologe, der Beschäftigungstherapeut, der Bewegungstherapeut noch sonstwer kann heute als Einzelner die Wirklichkeit angemessen wahrnehmen oder verstehen. In dem, wie ich mich verstehe, ist enthalten, wie ich die umgebende soziale und physische Welt und ihre Spannungen in mich aufgenommen habe, zu Teilen von mir gemacht habe. Das führt dazu, daß Konflikte als *meine* Konflikte wieder auftauchen, wo neben meiner Färbung Anteile enthalten sind, die außerhalb von mir sind. Diese wahrzunehmen, ist für mich allein schwer. Ich kann Zugang dazu bekommen, wenn ich mit Anderen darüber spreche, versuche, mich zu öffnen und herauszufinden, wie ich mich und die Welt heute verstehen kann. Was für mich gilt, gilt auch für den Patienten. Therapeutischer und diagnostischer Alleingang auf einer Station schließt andere „Wissende" aus. Dies kann fahrlässig sein, weil dem Patienten das Wissen, das er braucht, um sich besser zu verstehen, nicht vollständig zur Verfügung gestellt wird. Ein ausschließliches Vorgehen verzerrt für den Patienten die Welt: Er sieht einige als Handlanger, andere als die, für die sich die richtige Information aufzubewahren lohnt. Nehmen die Patienten ihre Handlungspartner in dieser Weise wahr, entsteht die typische tödlich-passive Stationsatmosphäre: die meisten Patienten sitzen relativ schweigsam wartend herum, profitieren nicht von den Erfahrungen der Mitpatienten, sondern erleben jeder für sich seine Krankheit als absolut. Entsprechend ist die Krankenschwester für den Arzt kein Gesprächspartner, bestenfalls Zureicher von Information. Bewegungs-, Beschäftigungs- und Arbeitstherapie sind nicht anerkannt, sondern dienen der Ablenkung. Alle starren auf die „kranken Anteile“ eines Menschen, alles andere wird diesen untergeordnet. Teamarbeit macht es möglich, daß die unterschiedlichen Sichtweisen gleichberechtigt zusammengesehen werden. So ist ein abgerundeteres und differenzierteres Wahrnehmen und Handeln möglich.

Beispiel 1: In den letzten Jahren haben wir gelernt, wie sehr die Kenntnis der ökonomischen Situation für das Verständnis eines Menschen erforderlich ist. Nun kann man zwar als Akademiker viel über solche Zusammenhänge wissen, nichts ersetzt einem aber die *Erfahrung* der Sozialarbeit und die direkte Auseinandersetzung im Team. Als es einmal darum ging, ob die Arbeitsbelastung in der Klinik noch zumutbar sei, zunächst eine von Akademikern im Vergleich zu anderen Berufskollegen gestellte Frage, konnte zum einen die Sozialarbeiterin aus ihrer Praxis von anderen Berufen erzählen. Entscheidend war jedoch der Wutausbruch einer Krankenschwester, die unsere Arbeitssituation mit der ihres Mannes und seiner Kollegen verglich und uns vorwarf, daß wir keine Ahnung hätten von den Arbeitsbedingungen durchschnittlicher Arbeitnehmer. Die emotionale Beteiligung machte nicht nur die Klagen überflüssig, sondern trug auch dazu bei, daß wir auf die Arbeitssituation der Patienten besser eingehen konnten.

Übung: Tauschen Sie sich mit Anderen aus, wieviel *Erfahrung* Sie von unserem Land haben und wie Sie Wissen und Erfahrung vergrößern können.

Beispiel 2: Wir wissen auch, daß es in Abhängigkeit von der sozialen Schichtzugehörigkeit unterschiedliche aggressive Ausdrucksweisen gibt. Als einmal ein Patient angetrunken Mitpatienten und Teammitglieder mit einem Hammer bedrohte und gerade akademisch geschulte Kollegen schon angstvoll überlegten, wie er auf die geschlossene Station zu bringen sei, konnte wieder die Krankenschwester den richtigen Ton für den Patienten finden und die Lage durch Gespräche entspannen, während die Sozialarbeiterin aus ihrer Erfahrung bei der Einordnung des Geschehens half: diese Aggressivität nicht als den Ausdruck von Krankheit zu sehen, sondern als Ausdruck dieses Menschen, der sprachlich seine Wut und Spannung nicht äußern konnte.

Übung: Mit Anderen Gespräche führen, in denen man nicht nur unterschiedlicher *Meinung* ist, sondern zum gleichen Sachverhalt unterschiedliche *Gefühle* hat. Die Gespräche sollten zunehmend so werden, daß einer die Gefühle des Anderen als andere annehmen kann, merken kann, daß es gleichberechtigte Gefühle sind, daß nicht der eine Recht und der andere Unrecht hat, und daß Gespräche über solche Themen nicht zu Ringkämpfen ausarten müssen.

Modellwirkung der Beziehungsvielfalt und -offenheit

Neben dem fachlich-inhaltlichen Argument der besseren Informationsverarbeitung, des Erfahrungsaustausches und damit der besseren Nutzung der Kapazität ist etwas wichtig, was das Ziel des Handelns in der Psychiatrie betrifft. Wenn der Patient am eigenen Leibe spürt, wie gut Beziehungen zwischen Menschen sein können, kann er daran für sich profitieren. Das heißt aber, daß möglichst viel Bewegung in einer Behandlungseinheit gegeben sein muß, daß Begegnungen auf ihre Vielfalt hin überprüft sein müssen, daß der Patient nicht nur sehen, sondern auch teilnehmen kann, um die Erfahrungen, die für ihn nützlich sind, machen zu können. Also kann ein Team nicht nur dazu genutzt werden, den Patienten vielfältiger wahrzunehmen, sondern der Patient kann auch das Team nutzen, Begegnungsmöglichkeiten, Umgehensweisen besser wahrzunehmen. Somit wird nicht nur die Diagnostik von kranken Anteilen und deren Trägern, sondern umgekehrt auch die Diagnostik von Gesundheit und deren Trägern – nämlich für den Patienten – möglich.

Beispiel 1: Ein Besucher einer Beratungsstelle teilte schriftlich mit, daß er die Beratungsstelle künftig nicht mehr besuche, weil alle gegen ihn arbeiteten. Beim Nachdenken über diesen Brief kam heraus, daß zwar die einzelnen Team-Mitglieder gute Beziehungen zu dem Besucher unterhielten, daß er aber der war, der die unausgesprochenen Spannungen zwischen den Team-Mitgliedern aushalten mußte. So wurde größere Nachdenklichkeit und Offenheit zwischen den Team-Mitgliedern angeregt.

Eine solche Offenheit dient dem Patienten als Modell und hilft zugleich, die Arbeitssituation der Mitarbeiter selbstbestimmter und zufriedener zu gestalten.

Beispiel 2: Nicht nur das Widersprechen, auch das Loben und Anerkennen ist etwas, was Patienten, deren Beziehung zu Mitmenschen gestört ist, nicht mehr können, ohne zu befürchten, sie könnten sich was vergeben, der andere könnte sich auf sie stürzen oder Schlimmeres: Eine Schwester begegnet in einer Behandlungseinheit dem Sozialarbeiter und einer Patientin. Sie sagte: „Das freut mich, daß Sie noch Zeit gefunden haben, mit Frau X zu sprechen. Sie hatten es ihr für heute früh versprochen, und sie hatte schon Zweifel. Ich hatte sie getröstet. Jetzt sind wir beide wieder glaubwürdiger geworden, und Frau X wird möglicherweise ruhiger."

Hier wieder ist die Offenheit *nach zwei Seiten* wirksam: Zum einen ist sie ein gutes Modell für die Patientin, zum anderen festigt sie die Arbeitsbeziehung zwischen Sozialarbeiter und Schwester.

Übung: Beispiele ausdenken und im Rollenspiel durcharbeiten, die Handlungen umfassen, die gleichzeitig meiner Selbstbestimmung am Arbeitsplatz gerecht werden und Modell sein können.

Selbstverwirklichung und Gesundheit der Teammitglieder

Ein drittes Argument für Teamarbeit (es könnte auch das erste sein): Da sie gleichzeitig Originalität des Einzelnen und gemeinsames Entscheiden und Handeln fördert, macht sie Arbeit zu dem, was sie bestenfalls im Leben eines Menschen sein kann: Sie trägt entscheidend zur Selbstverwirklichung und damit Gesundheit der einzelnen Teammitglieder bei. Nur insofern dies gelingt, ist Teamarbeit berechtigt. Dann ist zugleich gewährleistet, daß auch der Patient ein sinnvolles Modell davon erhält, wie Teamarbeit Selbstverwirklichung sein kann. Teamarbeit kann nicht nur zur Verbesserung von Psychiatrie beitragen, sondern auch zum Wachstum der in der Psychiatrie Tätigen. Dann können von der Psychiatrie Impulse ausgehen, auch andere Arbeitsplätze menschenwürdiger zu gestalten.

Beispiel 1: Es taucht auf einer Station die Frage auf, wie man eigentlich das Körperbewußtsein von Menschen schulen könnte, ihnen ein Gefühl von Entspannung und Anspannung, Kraft und Schwäche geben könnte, ohne Gymnastik oder eine gezielte Art von Schulung haben zu müssen, sondern mit der Möglichkeit, spielerisch in Gruppen Bewegung und das Bewußtsein von Bewegung zu fördern. Eine der Schwestern sagt: „Das möchte ich machen. Ich find' das ganz toll, und da fällt mir jetzt schon viel zu ein. Ob ich das wohl lernen kann?" Durch Fortbildungskurse in Bewegungstherapie und durch die Möglichkeit, im Team ihre Erfahrungen kontrollieren zu lassen (denn wir haben alle einen Körper!) bildet sie ihre Fähigkeiten aus und übernimmt die Bewegungstherapie auf der Station.

Beispiel 2: Ein Sozialarbeiter in einer Beratungsstelle, der vorher als Zimmermann und Seemann gearbeitet hatte, wird plötzlich begeistert von der Idee, sein Schreinerwissen in seine Arbeit zu integrieren. Mit Besuchern baut er eine Schreinerwerkstatt auf, wo es mit der Zeit gelingt, so produktiv zu arbeiten, daß Geld verdient werden kann. Anfangs war der Sozialarbeiter unsicher, ob er das auch dürfe, was das denn mit Sozialarbeit zu tun habe.

II Notwendige Störungen

(Wahrnehmung der Auffälligkeiten)

Zu Anfang: Ein Einstellungsgespräch:
Der Leser wird aufgefordert, die Gedanken des Beispiels für sich selbst zu klären: wie sieht es bei mir und anderen damit aus? Die Unterhaltung findet zwischen zwei Teammitgliedern und einem Bewerber statt.

T1: Ist es Ihre erste Stelle in der Psychiatrie?
B: Ja, schon. Ich habe einmal ein Praktikum gemacht, aber ich interessiere mich schon lange für dieses Gebiet.

T1: Und was interessiert Sie?
B: Zum einen glaube ich, daß man in der Psychiatrie besonders gut helfen kann. Ursprünglich wollte ich mit Kindern arbeiten, aber dann hat mich mal jemand drauf gebracht, daß es auch notwendig ist, Erwachsenen zu helfen, daß denen niemand hilft. Bei Kindern ist das etwas anderes. Und dann finde ich das Thema spannend: Psychiatrie. Ich habe viele Filme gesehen und auch viel gelesen. Das muß schön sein, diesen Kranken zu helfen.
T2: Sie sagten, Sie möchten helfen. Was heißt das für Sie, helfen?
B: Ich weiß ja nicht genau, aber ich kann geduldig sein, ich kann auch andere ermuntern, ich bin auch verständnisvoll. Sie machen doch Therapie, oder? Ich möchte gerne Therapie lernen.
T1: Geben Sie gern?
B: Ja.
T1: Ist es Ihnen auch schon mal gekommen, daß es wichtiger sein kann, jemandem etwas wegzunehmen als ihm etwas zu geben?
B: Nein, eigentlich nicht, denn Wegnehmen ist ja meist etwas Unangenehmes und ich denke, es kommt darauf an, den Kranken zu zeigen, daß sie auch wer sind, es kommt darauf an, ihnen etwas zu geben.
T1: Und wenn ich sage, daß es häufig genug auch darauf ankommt, etwas wegzunehmen, was löst das in Ihnen aus?
B: Das habe ich noch nie gehört, können Sie mir ein Beispiel geben?
T2: Symptome zum Beispiel, oder Beschwerden, wir sind doch dazu da, diese Beschwerden wegzunehmen. Das ist vielleicht ein bißchen zu theoretisch. Aber jemand, der zwanghaft etwas sammelt, lauter Zeug, Dosen, Glasscherben, nichts liegen lassen kann, alles aufheben und bewahren muß, so einem Menschen müssen wir doch beibringen, daß er auch leben kann, ohne diesem Zwang nachzugehen.

Anmerkung: Aussagen wie „Das gibt mir was", „das gibt mir nichts" sind unsinnig.

Hier wird das Gespräch abgebrochen. Die zugrundeliegende Frage lautet: Welche Wunsch-, Meinungs- und Motiv-Anteile (Symptome) eines Menschen sind günstig für die Arbeit in der Psychiatrie?

Wer in der Psychiatrie arbeiten möchte, begegnet den gleichen Vorurteilen wie jemand, der in der Psychiatrie Hilfe sucht: „Du spinnst ja, ausgerechnet bei den Verrückten, da wirste ja selbst bekloppt". Es gibt auch so was wie mahnende Bewunderung: „Warum ausgerechnet da, kannst Du Dir nicht etwas Leichteres aussuchen, wie willst Du das bloß durchhalten, da muß man aber sehr gesund sein". Damit sind jedoch nicht nur Vorurteile angedeutet, sondern es wird auch danach gefragt, was ICH in der Psychiatrie will, wieweit ich dem, was mir in dem Rahmen begegnet, offen begegne, inwieweit die Psychiatrie mir fremd bleibt, inwieweit ich mich verschließe.

1 Krank, abweichend, verrückt, irre

Wer in der Psychiatrie arbeiten will, muß sich mit dem auseinandersetzen, was dort unter krank, abweichend, verrückt und irre verstanden wird. Ursprünglich hat die Bezeichnung der Menschen mit psychischen Problemen als „krank“ geholfen, sie besser zu behandeln. Man gewöhnte sich an, auch in der Psychiatrie etwa nach dem folgenden Krankheitsbegriff zu arbeiten: Krankheiten sind Störungen im Ablauf der Lebensvorgänge, die mit einer Herabsetzung der Leistungsfähigkeit einhergehen und meist mit wahrnehmbaren Veränderungen des Körpers verbunden sind. Die Krankheitsursachen sind äußere wie Hitze, Kälte, Nässe, krankheitserregende Lebewesen, mechanische und chemische Schädlichkeiten oder, innere, wie ererbte Krankheitsanlagen oder im Laufe des Lebens erworbene Bereitschaft zu bestimmten Krankheiten. Es werden akute (rasch ablaufende) und chronische (schleichend verlaufende) Erkrankungen unterschieden. Befragung und Untersuchung des Kranken dienen der Feststellung der Krankheit (Diagnose), die sich aus den verschiedenen Krankheitszeichen (Symptomen) ergibt. Sie ermöglicht eine wirksame Behandlung (Therapie) und eine einigermaßen sichere Voraussage des Krankheitsausganges (Prognose).

Dies führte zu einer feineren Einteilung psychischer Krankheitseinheiten (Nosologie), zu einem Umgang mit psychisch Kranken wie mit körperlich Kranken und zu der Sicht, daß der einzelne Mensch der Träger einer Krankheit ist, von der er geheilt werden muß. Im Laufe der letzten Jahrzehnte haben wir gelernt, einen anderen Aspekt psychischer Erkrankung zu sehen: daß ein Mensch, der krank, abweichend, irre, verrückt ist, in Beziehung zu Anderen, zu sich selbst, zu seinem Körper, den Anforderungen am Arbeitsplatz, zu seinen Gefühlen verfehlt handelt. Bei der Berücksichtigung der Beziehung ist es nicht mehr möglich, von einzelnen Krankheitsträgern auszugehen und nur diesen wahrzunehmen, vielmehr sind auch die anderen Teile des Geflechtes mitzusehen. Die Bedingungen des Handelns bzw. des gestörten Handelns sind dann zu erspüren und evtl. zu ändern. Eine solche Sichtweise ermöglicht, dem Begriff „krank“ eine breitere Bedeutung zu geben: *Die Suche nach den kranken Anteilen in einem Menschen wird zur Suche nach den derzeitigen Möglichkeiten und Unmöglichkeiten seiner Beziehungsaufnahme.* Eine solche Sichtweise erübrigt auch die leidige Diskussion darüber, wer krank, irre oder verrückt ist, der einzelne Mensch, die Gesellschaft, die Familie.

Ein Beispiel: Jemand kommt in die Praxis, weil er verzweifelt darüber ist, am Arbeitsplatz zu versagen. Das Versagen besteht vor allen Dingen darin, daß er zu langsam ist, da er häufig in Konflikt mit Kollegen und Vorgesetzten gerät, das Gefühl entwickelt, nicht zu genügen. Er bittet um Hilfe. Nehmen wir an, die Frage, was hindert den Menschen, mit dem Tempo zurechtzukommen, ließe drei Antworten zu: 1. Eine Analyse kann ergeben, daß dieser Mensch langsamer geworden ist, daß diese Verlangsamung nicht alterungsbedingt ist, auch in anderen Bereichen seines Handelns auftritt und daß Medikament helfen können, sein Tempo zu beschleunigen (die Verlangsamung wäre Symptom einer Krankheit). 2. kann sich ergeben, daß dieser Mensch ein langsamer Typ ist. Für ihn wäre es wichtig, sich und sein Tempo kennenzulernen und einen Ausbildungsplatz zu suchen, der weniger Tempo, sondern andere (günstigere) Eigenschaften von ihm fordert (die Beziehung zu sich selbst und der eigenen körperlichen Ausstattung herstellen). 3. ist denkbar, daß die Anforderungen an dem Arbeitsplatz für alle zu hoch sind, daß wir aber nur diesen Menschen zu sehen bekommen, weil seine Kollegen andere Lösungen für die Überforderung suchen und nicht verzweifelt mit selbstkritischen Minderwertigkeitsgefühlen reagieren. In diesem Fall wäre es unverantwortlich, dem Betreffenden Medikamente zu geben oder das Tempo zu seinem individuellen Problem allein zu machen (Beziehung zu anderen Menschen und zu sozialen Normen).

Übung: Suchen Sie ähnliche Beispiele aus Ihrer Erfahrung, damit Sie das Beispiel *für sich* verallgemeinern können. Versuchen Sie nach Problemlösungsanteil und Beziehungsanteil zu unterscheiden.

---

2 Helfen, Gutes tun, therapieren, versorgen, heilen

Aus dem „Einstellungsgespräch“ ergibt sich ein zweites Problem, das psychiatrisch Tätige wie Lernende immer wieder für sich klären müssen, das Problem des Helfens. Auch hier sind die allgemeinen und die individuellen Aspekte getrennt zu bearbeiten. Zum einen habe ich zu klären, (dies ist eine Aufforderung): Was verstehe ich unter Hilfe? Wie fühle ich mich, kurz bevor ich helfe – also: was in mir stiftet mich zum Helfen an? Wie fühle ich mich, wenn mir geholfen wird. Unter welchen Bedingungen mag ich Hilfe gern, unter welchen nicht? Tut mir Hilfe immer gut...? (Auch hier ist es erforderlich, sich mit Anderen auszutauschen, um Unterschiede und Gemeinsamkeiten festzustellen, um auch zu erfahren, wie sehen die Anderen mich).

Beispiel: Jemand, der schon eine ganze Weile in der Psychiatrie tätig war, wurde gefragt, welche emotionale Eigenschaft er an sich gut findet. Nach einigem Nachdenken kam: „schützend“, als ein Aspekt von helfend, als die Eigenschaft in Frage, die die Person selbst, aber auch die Primärgruppe (Familie), besonders akzeptierte und unterstützte. In der Team-Besprechung, für die das eine Aufgabe gewesen war, sagte der Leiter unmittelbar: „Das kann man ändern!“ Nach der ersten Betroffenheit kam die Nachdenklichkeit und dann das Lernen und dann die Einsicht: Daß Schützen in manchen Situationen für manche Menschen angemessen, in anderen Situationen bei anderen Menschen aber fatal sein kann. Also die Erkenntnis, daß nicht eine

Eigenschaft auf jeden Fall gut ist, sondern daß es darauf ankommt, im Einzelfall zu erfahren, wann ist sie gut, und für wen ist sie schlecht eingesetzt oder untauglich.

Nun zum allgemeinen Aspekt: Nenne ich jemanden „krank", gilt er auch als „hilfsbedürftig" und darf Hilfe fordern, ist dafür aber auch verpflichtet. Hilfe zu akzeptieren und den Helfer zu unterstützen. Es gibt aber auch Situationen, in denen ich hilfsbedürftig bin und nicht krank, z.B. wenn ich das erste Mal in der Psychiatrie arbeiten will, nicht recht weiß, was von mir erwartet wird, ob ich auch genug kann, mich unsicher und gehemmt fühle und recht orientierungslos bin. Es gibt zwei mögliche Wege aus dieser Unsicherheit heraus. Entweder ich lasse mich führen, bitte um Rat und Anweisung, profitiere davon, daß ich denke, die Anderen wüßten das alles schon besser als ich. Oder ich mache selbst Erfahrungen über die ich nachdenken und mit Anderen sprechen kann: z.B. „Welchen Sinn sehen Sie in dieser oder jener Aktivität? Mir ist aufgefallen, daß ich allmählich sicherer werde, wenn ich dieses oder jenes tue ... usw. ..." Es gilt also den Unterschied von „krank" und „hilfsbedürftig" wahrzunehmen. Die übliche Art, wie man aus Krankheit und Hilfsbedürftigkeit heraushilft, ist die erwähnte Führung, die mit Anweisung, Aufmunterung, Beratung einhergeht (hierzu gehört das Reichen von Tabletten, das Reichen von „Strohhalmen" z.B.). Diese Art der Begegnung verhindert etwas, was auch Ziel einer Begegnung in der Psychiatrie sein kann: daß jemand gerade unabhängig wird von Ratschlägen und Geführtwerden, vielmehr zu sich selbst findet und seine eigenen Möglichkeiten und Fähigkeiten kennenlernt. Die Art Hilfe, die dem letzteren Ziel dient, muß auf Ratschläge und Führung verzichten. Es ist „Hilfe bei der Selbsthilfe". Welche Art der Hilfe „besser" oder „effizienter" sei, darauf wurde bisher keine endgültige Antwort gefunden. Das liegt z.T. daran, daß nicht mitgesehen wurde, daß es auch vom Menschenbild des Handelnden und der Gesellschaft abhängt, nicht nur daß, sondern auch wie man hilft. Die Diskussion darüber ist erst jetzt möglich, wo Helfen etwas Öffentliches und nicht mehr nur auf den privaten (heimlichen) Bereich der Familie beschränkt ist, oder auf die Kirche, die zwischen „öffentlich" und „privat" angesiedelt und zwar jedem zugänglich ist, wo aber Hilfe uneinsehbar mit der Gnade Gottes verknüpft ist. Die Notwendigkeit, Helfen zum öffentlichen Interesse zu machen, unterwirft auch die „helfenden Berufe" und die Art ihres Handelns der öffentlichen Kontrolle und Diskussion wie dies auch für andere Bereiche der Öffentlichkeit gilt. Das Helfen wurde zwar öffentlich, jedoch ist das Ziel der Hilfe zu einem Teil der private Bereich geblieben. Dieser Widerspruch führt zu Spannungen und Mißverständnissen. Eines davon z.B. besagt, daß die Zweier-Situation der Arzt-Patient-Beziehung das Private mehr schützt als die Öffentlichkeit eines Teams. Deswegen sind die Aspekte dieses Widerspruchs und seiner Lösungsversuche nicht nur von Fall zu Fall, sondern auch von Zeit zu Zeit neu zu diskutieren.

3 Zwingen, drängen, manipulieren, erziehen, unterjochen, drohen

Ein drittes Problem, das jeder auf seinem Weg in die psychiatrische Arbeit für sich zu überlegen hat, ist die Anwendung von Zwang. Es hilft nicht, den Zwang zu leugnen. Man muß auch zwingen und drängen können. Eine einfache Frage, um sich der individuellen Seite zu nähern, ist die, ob man das, was man in der Psychiatrie tut und wie man es tut, auch mit sich selbst geschehen lassen möchte. Wir werden eine ganze Reihe von Handlungen entdecken, bei denen wir genau den Zwang ausüben, den wir für uns nicht gern hätten. Wir würden uns wehren, widersprechen, ärgerlich davongehen, was jedoch dem Patienten schwer möglich ist. Erst recht, wenn er (was in welchen Gruppen und Schichten dieser Gesellschaft leichter passiert?) wenig Übung im Umgang mit öffentlichen Institutionen, mit der akademischen Sprache oder mit Kranksein hat. Wenn ich Zwang ausübe, gegen den der Patient sich nicht wehren kann, besteht die Gefahr, daß unsere Beziehung sich verschlechtert, die Zusammenarbeit erschwert wird, so daß am Ende mehr Zwangsmaßnahmen nötig werden. Zudem wird der Patient sich leicht verschließen, so daß wir beide immer schwerer entscheiden können, welche Anteile unserer Beziehung durch die Situation des Zwangs bedingt sind und welche „kranke" und „gesunde" Anteile sind. Die umgekehrte Gefahr: Wenn ich keinen Zwang ausübe, können notwendige Grenzen und Strukturen nicht eindeutig werden. Wenn wir hier von Zwang sprechen, ist persönlicher Zwang gemeint, der sowohl sanft wie grob, laut wie leise, freundlich wie unwirsch daherkommen kann. Es ist schwer, bei mir selbst zu entdecken, wie ich Leute zwinge. Hier brauche ich immer einen Partner, der mir mitteilt, wann er sich gezwungen fühlt. Auch hier werden sich manche Menschen durch einen meiner Züge gezwungen fühlen, andere gerade nicht. Bin ich z.B. bemüht, immer freundlich und heiter zu sein, kann ich jemanden, der eine Mordswut hat, zwingen, diese zu unterdrücken und auch freundlich zu sein, was die Begegnung verzerrt und den Menschen von sich selbst entfremdet. Ich habe mich selbst also als zwängend kennen- und annehmen zu lernen, sowie auszuprobieren, wo ich mehr Rücksicht nehmen kann, ohne mir Schaden zu tun, und auch, wo ich auf keinen Fall Rücksicht nehmen kann, sondern zum Äußersten entschlossen bin.

Übung: Was tun Sie, wenn bei Ihnen ein Mensch ist, der sich – oder einen Anderen – töten will? Was tun Sie, wenn ein Gruppenmitglied andauernd – oder gar nicht – spricht?

Es entsteht Zwang daraus, daß der psychiatrisch Tätige zugleich für die Gesellschaft arbeitet und für das Individuum. Er muß immer wieder neu bestimmen, in wessen Namen er handelt. Er muß sich dem Kranken im Namen der Gesellschaft aufdrängen, ebenso muß er sich der Gesellschaft im Namen des Kranken aufdrängen. So muß er sich stets mit seinen eigenen Normen und Erwartungen, dem, was er für normal oder sinnvoll hält, auseinandersetzen, um jeweils zu einem handlungsfähigen Standpunkt zu kommen. Er kann nicht einfach die Kranken von der Gesellschaft aufnehmen und verwahren, denn das führt dazu, daß psychisch Kranke sozial unsichtbar werden. Er kann auch nicht unbefragt Normen übernehmen, an die er die Kranken anpaßt, denn das könnte ihre Verkrüppelung bewirken, da gerade die Wirklichkeit, an die ich anpasse, zur Aufrechterhaltung des Leidens beitragen kann.

Es ist die Illusion aufzugeben, die Psychiatrie habe gute Gefühle zu verbreiten: vielmehr bringen Zwang sowie die Härte ständiger Auseinandersetzung ebenso notwendig Spannungen mit sich.

4 Würdig, tolerant, Kontrolle

Wenn Psychiatrie schon unvermeidlich mit Zwang zu tun hat, kommt es entscheidend auf die Kontrolle seiner Ausübung an. Die eigenen Anteile, die es hier kennenzulernen gilt, sind Aspekte des eigenen Menschenbildes, der eigenen Moral: Was halte ich für würdig? Welche Aspekte meiner Erziehung haben mir gefallen? Was halte ich für gerecht – und worin bin ich mit anderen einig? Wie tolerant kann ich sein, und wie groß ist der Spielraum, den ich anderen lassen kann, ohne mich beengt zu fühlen? Zum allgemeinen Aspekt: Die Gerechtigkeit einer Gesellschaft läßt sich u.a. daran ablesen, welche Chancen sie ihren Randgruppen einräumt. Hier wieder spielt die Psychiatrie eine besondere Rolle: jede Gesellschaft produziert dadurch, daß sie Werte und Normen setzt, solche Menschen, die von den Normen nicht erfaßt werden, die darunter leiden und unter denen möglicherweise andere leiden. Daraus begründet sich eindeutig die Pflicht der Gesellschaft, auch diesen Menschen ein menschenwürdiges Leben zu ermöglichen.

III Arbeitshaltung in der Psychiatrie

Bisher haben wir die Bedingungen aufgeführt, die jeder schon auf dem Weg zur psychiatrischen Arbeit sehen und mit seinen Wunsch- und Motiv-Anteilen vergleichen muß. Auch darin besteht ein Zwang. Die Art der Auseinandersetzung ist vielfältig. Sicher aber werden in mir neue Fragen auftauchen, auch Unsicherheiten, die ich zu verstecken versuche. Ich werde mich zu meinen Gunsten verstellen. Es wird eine Weile dauern, bis ich bei mir das zulassen kann, was für die Psychiatrie insgesamt eine Bedingung ist: Offenheit. Darum geht es im folgenden.

Bei der Frage, „was ist die richtige Arbeitshaltung in der Psychiatrie?“, werden wir trotz der „Einzelkämpfer“ meist vom Team sprechen, weil dies der Regelfall ist. Es können sich nicht einfach ein paar Leute zusammensetzen und beschließen: wir *sind* jetzt ein Team. Man kann sich vornehmen, ein Team zu *werden*. Jedoch ist außer dem Vorsatz die Bereitschaft erforderlich, eine lange Zeit geduldig an mir und mit den Anderen zu arbeiten – im Sinne des gemeinsamen Ziels. Wer weiß, wieviel Hemmungen, Eifersucht, Neid, Konkurrenzgefühle, auch Gefühle des Besser-Seins, der Überlegenheit erlitten werden und immer wieder auftauchen, der ist gegen jede Vorsätzlichkeit mißtrauisch. Ich kann erreichen, daß über all diese Gefühle besser gesprochen wird, daß ich meinem Partner mitteile, was ich ihm gegenüber fühle, aber verhindern kann ich diese Gefühle nicht. Die Absicht, ein Team zu werden, kann nur als der Beginn eines fortwährenden Prozesses gewertet werden, in dem allmählich alle leichter Gefühle ansprechen können, sonst nicht viel. Dasselbe gilt für Ihren persönlichen Entwicklungsprozeß in der psychiatrischen Arbeit. Wir werden jetzt drei Aspekte einer für psychiatrisches Arbeiten angemessenen Grundhaltung vorschlagen, die Sie im Umgang mit sich und Ihren Kollegen (dem Team) erarbeiten und dann – in den klinischen Kapiteln – in Ihren Begegnungen mit Patienten verwirklichen können.

1 Wichtige Vorbemerkung

Jede Begegnung zwischen Menschen ist gekennzeichnet dadurch, daß der Partner bei mir Gefühle auslöst und daß ich bei ihm Gefühle auslöse. Diese Gefühle und gefühlsmäßigen Stellungnahmen sind nicht nur mit mir, sondern er behandelt mich auch wie andere *(Übertragung)*. Mit dem, wie er mir begegnet, löst er bei mir Gefühle aus, die dazu führen, daß ich ihn behandle wie andere Personen aus meinem Leben *(Gegenübertragung)*. – Unsere Absicht ist, beide Seiten zu verstehen und in unser Handeln einzubeziehen. Indem wir das tun, denken wir nicht nur über den Anderen nach und geraten in eine Beziehung zu ihm, sondern der Versuch der Wahrnehmung der eigenen subjektiven Anteile und der Gefühle, die durch den Anderen in mir ausgelöst sind, verändern zwangsläufig auch mich. In dem bisher Gesagten ist viel Platz gelassen für die Überlegung, was ich von dem Anderen (auch „der Psychiatrie“) wahrnehme und wie ich damit umgehe. Der Versuch geht dahin, die durch den Anderen ausgelösten Gefühle wahrzunehmen und ihm als durch ihn ausgelöste Gefühle mitzuteilen, so daß er versuchen kann, etwas damit anzufangen. Jedoch nur, wenn er mich zurückweisen kann, wenn ich zulasse, daß er mir auch über mich etwas sagen kann, wenn Äußerungen zu ihm teilbar sind in einen für ihn und einen für mich gültigen Anteil. Dann wird die Begegnung vollständig und hat die Möglichkeit zur Normalisierung. Wenn eine Handlungsweise eines Menschen (oder ein Aspekt der Psychiatrie) mich fasziniert oder wütend macht, so ist die Feststellung und die Mitteilung des Gefühls allein zwar bedeutungsvoll, jedoch wird die Begegnung nur dann normal sein, wenn nicht nur von dem Anderen erwartet wird, daß er mit meiner Wahrnehmung etwas macht, sondern wenn ich auch für mich etwas machen kann.

2 Selbstwahrnehmung: Suchen bei mir selbst (Gegenübertragung)

Beim Team in der Psychiatrie ist die Leistung und das Produkt anders als beim Team einer Marketing-Firma. Das Produkt in der Psychiatrie ist der Mensch, der – wie auch das Team-Mitglied selbst – besseren Kontakt zu sich, seinem Körper und seinen Sinnen, zu seinen Mitmenschen und zu seiner Umwelt gewinnen soll. Dies gelingt besser, wenn das Team ein gutes Modell nicht nur für Wissen, sondern vor allem für Gefühle ist. Bei solcher Zielsetzung sind Patienten gewissermaßen als Team-Mitglieder gegenwärtig: Denn jedes Gefühl, das in Patienten auftaucht, ist auch in jedem Teammitglied möglich, und so ist die Sensibilisierung für mich selbst gleich Sensibilisierung für den Patienten. Selbstwahrnehmung wird nicht durch eine Haltung erreicht, in der ich Erlebnisweisen beobachtend kategorisiere, also aus mir heraushalte, von mir weg, als Sache behandele. Vielmehr ist die Frage zu stellen: Kenne ich und kennen die Kollegen auch solche Gefühle, wie erleben die sie, wie bewerten die sie, was machen die damit, was hindert uns solche Gefühle zu haben?

Die Angst

Ein wichtiges Grundgefühl, das immer wieder auftaucht, vor vielen anderen Gefühlen (unerlaubten) steht, ist die Angst.

Als Angst verstehen wir die Besorgnis und Erregung in Situationen, die objektiv und/oder subjektiv als meist noch undeutliche Bedrohung zu sehen sind, z.B. Bedrohung der Selbstachtung, der Selbstwahrnehmung oder der körperlichen Unversehrtheit. Angst ist eine Energie, eine bestimmte Aufmerksamkeitsmenge für Gefahren, damit auch eine Aufforderung zum Handeln. Grundsätzlich gibt es zwei Möglichkeiten für dieses Handeln.

- Angst als Aufforderung zur Angstkontrolle (Angstabwehr),
- Angst als Aufforderung zur Gefahrenkontrolle, d.h. Entwicklung einer Gegenstrategie gegen diejenige Bedrohung, die durch Angst signalisiert wird.

Angst ist dafür da, die Sinne zu schärfen, ist also gesund. Angst und Furcht sind keine Gegensätze, sondern ein Kontinuum. An der Situation des Schaukelns oder der Begegnung mit einem Fremden wird deutlich, daß dabei ein Gemisch vorliegt aus Angst einerseits, Lust und Neugier andererseits. (In der Begegnung begegnen sich Gegner.) Wem es gelingt, die Angst vor dem Tod und dem Sterben nicht wegzumachen, sondern zu halten, dem wird diese Angst zu einem Signal mit der ihn begleitenden Frage, wofür er lebt. Ähnlich haben wir gelernt, dem Kind, das Angst hat, die Angst schnell wegzumachen, entweder es schnell zu trösten oder es schnell zu strafen; statt dessen kommt es darauf an, dem Kind erst einmal die Angst zu lassen, damit es lernt, sie als Teil seines Lebens zu akzeptieren, etwas aus der Angst zu machen.

Zwar zwingt Angst mich, etwas zu machen. Bloß sind wir durch falsche Erziehung dazu verführt, etwas gegen die Angst zu machen statt aus der Angst etwas zu machen. Gegen Angst kann man aber gar nichts machen, genauso wenig wie gegen andere Gefühle (z. B. Liebe). Wer versucht, gegen seine Angst etwas zu machen, der verdrängt bzw. steigert nur seine Angst, bis sie panisch wird. Der erste Schritt des seelisch gesunden Umgangs mit Angst besteht also darin, Angst zuzulassen, d. h. auch zuzugeben, daß man sich ohnmächtig und hilflos fühlt. Dies hat an die Stelle der Einstellung zu treten, aus der man gegen die Angst etwas machen will, sie bewältigen, sie überwinden will, sie knacken will. Dies wäre ein gewalttätiges Umgehen mit Angst, das sich rächt und ins Gegenteil ausschlägt. Genauso wenig, wie man gegen Angst etwas machen kann, kann man Angst verstehen. Umgekehrt kann Angst mir dazu verhelfen, daß ich mich selbst besser verstehe. Innerhalb einer Beziehung heißt das: Ich kann Dir Deine Angst nicht nehmen, kann sie auch nicht bekämpfen, aber ich kann da sein, damit Du darauf kommst, was Dir Deine Angst sagen will; denn Du mußt selbst darauf kommen, Deine Angst Dir aneignen, sie zu einem Teil von Dir selbst machen, von da heraus zu einem aktiven Leben kommen.

Statt also mit der Angst etwas zu machen, wie man mit einer Sache etwas macht, ist das seelisch gesunde und angemessene Sprachbild vielmehr der Um-gang mit der Angst: Um die Angst herumgehen, sie von allen Seiten angucken, ihr zuhören, um nicht gelebt zu werden, sondern aktiv zu leben, um die Gefahr, die Bedrohung zu kontrollieren – um nicht gegen die Angst, sondern für sein Leben etwas machen zu können. Der seelisch gesunde Umgang mit der Angst heißt also: Mit der Angst etwas anfangen, aus der Angst etwas machen.

Die ersten Schritte

Am besten fangen Sie bei einfachen Gefühlen an, z. B.: „Ich fürchte mich, zu versagen"; – denn es fällt Ihnen leicht, zu vermuten, daß auch andere diese Befürchtung haben. Also können Sie fragen, sich über Gemeinsamkeiten freuen und von Unterschieden lernen. Aber schon bei Fragen der Zuneigung, der Wut, der Selbstdarstellung, des Ekels, der Kritik wird die Schranke größer (das Tabu stabiler); die körperlichen Reaktionen erschweren das Sprechen, und Sie brauchen mehr Zeit und Geduld mit sich, um sich äußern zu können.

Wenn ich – als nächsten Lernschritt – verstehen lerne, daß der Satz: „Du bist blöd, nett, schwachsinnig, schizophren, kooperativ", weniger über mich und meine Einstellung zum Anderen aussagt als der Satz: „*Ich* lehne dich ab, fühle mich angezogen usw.", wird die Wendung zur Selbstwahrnehmung leichter. Häufig läßt sich nur im Gespräch klären, welche Anteile einer Aussage „zu mir gehören" und welche zum Anderen. Jedoch läßt sich die Fähigkeit zur Unterscheidung schärfen und damit auch die Möglichkeit meines Verstehens.

Übung: Davon ausgehend, daß die meisten Menschen mit sogenannten Du-Äußerungen aufgewachsen sind: „Du bist artig, ungezogen, böse, leichtsinnig, schlampig, ein guter Schüler", was fühlen Erziehungsberechtigte, wenn sie solche Äußerungen machen? Und weiterführend: Alle möglichen Du-Sätze, wie ich sie selber benutze, darauf überprüfen, was ich dabei fühle und in Ich-Sätze übersetzen.

Kann ich so besser mich selbst sehen, so wird es mir auch leichter gelingen, den Zugang zu den Quellen, Auslösern, Zusammenhängen meines Fühlens und Empfindens in mir zu suchen. Damit gewinne ich an Freiheit, den Anderen nicht nur als Objekt meines Handelns zu sehen, als jemanden, den ich betrachte: sondern bei allen Vorbehalten und aller Scheu werde ich den Anderen leichter als Partner sehen können, ihn nicht mehr nur z. B. als merkwürdiges Wesen, das nicht ganz normal ist, behandeln, sondern mich mit ihm auf eine Begegnung einlassen. Das hört sich, so gesagt, freundlicher an, als es ist.

Denn die eigene Scheu, Wut, Ermüdung, Gereiztheit, aber auch die des Anderen, bringen immer neue Spannungen, so daß ich immer neu herausgefordert werde. Ich kann mich nicht darauf verlassen, daß „irgendetwas gelaufen" ist, weder bei mir, noch beim Anderen, noch in unserer Begegnung. Das gilt für die Beziehung zum Kollegen wie zum Patienten. Ich muß wissen, daß ich immer neu befremdet sein werde, gleichzeitig auch, daß ich immer neu verschrecken kann.

Übung: Was erschreckt? Wenn andere wirr reden, wenn sie im Temperament ungezügelt sind, wenn ich sie nicht verstehe, weil sie mir klarzumachen versuchen, daß wir eigentlich alle grün sind (darüber lachen kann ein Teil von „befremdet" sein), wenn sie mit dem Kopf wackeln oder die einfachsten Sachen nicht wissen, von denen ich gelernt habe: das weiß doch jedes Kind (Empörung kann ein Teil von „befremdet" sein). – Herausfinden, womit ich erschrecken kann: Wenn jemand leidet und ich sage: das wird schon wieder, wenn jemand von einer Invasion durch die Marsmenschen erzählt und deutlich Angst hat, ich aber darüber lachen muß...

– Und: Warum ist das Modewort „etwas ist gelaufen" so verräterisch dumm?

Sowohl im Team als auch in der Begegnung mit dem Patienten ist es fahrlässig und verlogen, eine heile, sanfte, vor Schmerzen und Unbill schützende Welt herstellen zu wollen. Das wäre an allen Wirklichkeiten vorbei. Ich würde nicht nur für mich Teile der Wirklichkeit leugnen, sondern damit auch dem Anderen weismachen wollen, das es nur sein Fehler ist, wenn es in seinem Leben immer wieder Spannungen, Ängste, Zerwürfnisse gibt. Beschönigung gilt nicht. Daher gehört die Auseinandersetzung mit Kritik, mit Selbstzweifel, mit der Fähigkeit oder Unfähigkeit, den Anderen zu attackieren, ihm zu sagen, was er in mir auslöst, ihn herauszufordern, mich zur Verfügung zu stellen, in der Aufmerksamkeit nicht nachzulassen, zum Alltag. In einem Team sind diese Haltung, diese Aufmerksamkeit und dieses Suchen von jedem anzustreben. Natürlich ist eine solche Anstrengung nur möglich, wenn jeder auch Pause machen kann. Ein gutes Team zwingt auch mal jemanden dazu, Pause zu machen, wenn der das noch nicht so gut kann; es schickt auch mal jemanden, der sich im Team oder privat schwer tut, für einen oder ein paar Tage nach Hause (auch ohne offiziellen Urlaub), achtet nur darauf, daß auch solche Entspannungsmöglichkeiten einigermaßen gleich verteilt sind. Auch zur Pflege gehört Selbstpflege! Genauso ist dafür zu sorgen, daß „Schuld" und „Verantwortung" nicht die Bürde des einzelnen bleiben. Es wird qualvoll, wenn ich mich für alles verantwortlich fühle oder wenn ich mich allein fragen muß: Habe ich die Schuld, wenn sich jemand tötet, trage ich die Verantwortung für eine Scheidung? Diese Fragen tauchen als Vorwürfe, Zweifel, Selbstzweifel immer wieder auf. Ich kann aber nur überprüfen, welchen Anteil der Schuld oder Verantwortung ich habe, wenn das Team mir die Sicherheit gibt, daß ich nicht von vornherein alle habe.

Verantwortung zu haben, ist hauptsächlich nicht beladen und belastend, sondern mit dem positiven Gefühl verbunden, etwas Eigenes geleistet zu haben, sinnvoll tätig gewesen zu sein. Es gilt also zu lernen, die eigenen Anteile an einer Handlung besser wahrzunehmen, lernen, „bei mir zu suchen", eine Suchhaltung zu entwickeln.

Beispiel: Wenn ich jemanden frage: „Könnten auch Sie Fehler gemacht haben?" erhalte ich oft die Antwort: „Natürlich, wir machen alle Fehler. Ich habe auch meine Fehler, das gebe ich zu". Meist ist der Sinn solcher Antworten, daß ich mich bitte nicht weiter für die Fehler interessieren soll. Ich kann jedoch erst Zugang zu mir finden oder der Andere zu seinen Fehlern, wenn ich nicht nur weiß, daß ich Fehler mache, sondern wenn ich mich für sie interessiere, sie zu schätzen beginne, weil ich daraus lernen kann.

Ich habe ferner zu lernen, daß die Anwendung der Suchhaltung mich auch für den Anderen offener macht, mich das suchen läßt, was von dem Anderen in mir anklingt, so daß ein Gespräch möglich wird und der Andere offener zu sich werden kann. Wichtig daran ist, daß ich mich nicht nur um mich bemühe, sondern mit dem Anderen so umgehe, daß er von meiner Suchhaltung als von einem Bemühen um ihn erfährt. Ich habe also so zu handeln, daß der Andere (Kollege, Patient) etwa folgendes – auch in dieser Reihenfolge – erlebt:

- Ich fühle mich besser *verstanden.*
- Ich fühle mich *anders* wahrgenommen als bisher,
- das ermöglicht mir, *mich selbst* besser zu verstehen und auch anders wahrzunehmen als bisher.
- Ich kann daher sehen, daß meine Unzufriedenheit (Beschwerden, Symptome) mit meinen wirklichen Lebensproblemen in Beziehung stehen und zwar so, daß darin die bisherigen ungeeigneten Versuche stecken, meine Lebensprobleme zu lösen.
- Ich möchte mich ändern, d.h. die Lösung auf einem anderen Weg versuchen.
- Ich möchte die Änderung *selbst* zustande bringen. So wie ich unter Mühen allein laufen gelernt habe, will ich die Fähigkeit, die ich da auch unter Mühen allein gelernt habe, weiterentwickeln.
- Ich sehe, daß ich so weiterkomme und *besser leben* kann.

Bei jedem dieser Schritte kann es Schwierigkeiten geben, die das Handeln und damit die Beziehung unterbrechen, stören, verhindern, so daß es zum nächsten Schritt nicht kommt.

Übung 1: Machen Sie mit einem Partner ein Rollenspiel, in dem Sie jede der sieben Stufen erreichen möchten. Sie können entweder das Gespräch aus dem letzten Beispiel oder vom Anfang des Kapitels aufgreifen oder sich selbst eins ausdenken. Achtung: Im Rollenspiel muß auf jeden Fall ein Rollenwechsel vorgenommen werden.

Übung 2: Gesprächsverläufe ausdenken für jeden einzelnen Stufenübergang, dabei sich Zeit lassen, nicht alle Stufen auf einmal nehmen wollen, keine überspringen, d.h. technisch: in kleinen Rollenspieleinheiten herausfinden, wie ein möglicher Partner die Äußerungen machen könnte, wie sie von 1 bis 7 aufgeführt sind.

Für die Übung und allgemein gilt: Verstehen heißt nicht, sich erdrücken zu lassen, sondern auch den eigenen Druck wahrnehmen, Widerstand leisten, nicht freundlich sein bis zur Unterwürfigkeit, auch Grenzen setzen. Verstehen heißt auch nicht, daß der Andere so werden soll wie ich, sondern beinhaltet das Bemühen, ihn anders sein zu lassen; noch im vollsten Verständnis muß etwas von seinem Anderssein, seinem Druck spürbar sein.

Es ist zu lernen: Das hier beschriebene Vorgehen trennt nicht zwischen diagnostischem und therapeutischem Handeln. Vielmehr versuchen wir eine einheitliche Grundhaltung zu erarbeiten. Daß gelegentlich doch wieder über jemanden gesprochen wird und weniger Beziehungen bedacht werden, hindert uns nicht, uns zu bemühen, aus den Rollenvorstellungen, die den Patienten zum Objekt machen, herauszukommen.

Das ist zu lernen: Selbstwahrnehmung und Suchhaltung ermöglichen mir auch noch auf andere Weise die Arbeit in der Psychiatrie – etwa so:

- Die Suchhaltung macht mich freier, anzuerkennen, daß der Andere ein anderer Mensch ist, d.h. sie hilft mir, im Rahmen der Nähe der Begegnung Distanz zu bewahren.
- Suchhaltung schützt gegen die Gefahr „weggeschwemmt" zu werden, z.B. in Mitgefühl, in Hilflosigkeit und Verzweiflung oder in Ablehnung und Verachtung.
- Suchen bei mir selbst wirkt als Modell auf den Anderen, „steckt an": ich bestärke nicht die Abhängigkeit und die Hilfserwartung des Anderen, indem ich für ihn suche, sondern ich vermittle die Haltung: „Ich weiß selbst, wie schwer es ist, allein zu suchen, jedoch ich kann es dir nicht abnehmen, ich kann es nicht für dich tun. Ich kann dich bei deinen Bemühungen unterstützen, indem ich bei dir bin, dich nicht aufgebe und dich durch mein Beispiel ermutige, selbst weiter zu suchen (Übung und Selbsterfahrung: was ist Solidarität?)
- Suchen bei mir selbst schützt auch den Anderen vor mir, etwa daß ich ihm mein Bild überstülpe. Ich weiß, daß ich nichts *für ihn* tun kann. Dies Prinzip der Hilfe zur Selbsthilfe hilft mir, den Anderen nicht zu bevormunden, zu beherrschen, abhängig zu machen.

Ein weiterer Aspekt soll angedeutet werden. Wir haben uns oft gefragt, was der Unterschied zwischen therapeutischen und „normalen" Begegnungen vom Therapeuten her ist. Abgesehen davon, daß letztlich jeder dies für sich selbst klärt und abgesehen davon, daß wir mit den Überlegungen nicht am Ende sind, läßt sich sagen: Die Grundhaltung ist dann keine Rolle, sondern echt, nämlich ständiges Bemühen um Verständnis, wenn gilt: Menschen, denen ich außerhalb meiner Arbeit begegne, werde ich genauso begegnen, wenn ich sie verstehen will. In der psychiatrischen Arbeit kann ich weniger frei entscheiden, ob ich will, daß jemand sich besser versteht. Ich werde dafür bezahlt, meine Fähigkeit, zu verstehen, zu fördern. Das ist der Teil Zwang, dem der Berufstätige in der Psychiatrie ausgeliefert ist. Man soll nicht denken „es ist doch immer schön, einen anderen Menschen verstehen zu können". Wenn ich „draußen" bin, kann ich entscheiden, wie weit ich noch etwas verstehen will. Sicher ist jedoch, daß mit der Zunahme der beruflichen Verstehensfähigkeit auch meine Bereitschaft außerhalb größer wird.

Beispiel: Wieweit will ich über die Arbeitszeit hinaus mich mit Psychiatrie beschäftigen? Will ich noch Gruppen betreuen? Freizeitclubs? Wohngemeinschaften? Ferienreisen organisieren? Familienbesuche? Lasse ich mich abends bzw. außerhalb der Dienstzeit zu Hause anrufen? Gehe ich mit Patienten aus? Verbringe ich das Wochenende mit ihnen, lebe ich mit ihnen zusammen? Diese Fragen müssen individuell entschieden werden, individuell vom psychiatrisch Tätigen und individuell vom Patienten. Insofern ist eine Überprüfung der eigenen Wohn-, Freizeit- und Bindungswünsche wichtig auch auf dem Hintergrund des eigenen Gesamt-Lebensplans.

Abschließend muß dringend betont werden, daß es sich bei der „Selbstwahrnehmung" nicht um einen abzuschließenden Prozeß handelt. Jeder entwickelt sich weiter, bewegt sich in Zeit und Raum, andere Dinge werden wichtig, es treten Krisen auf, neue Erkenntnisse, Wissen und Informationen sind da. Insofern hört das Explorieren, das Nachdenken über Zusammenhänge, über mich, über die Bedeutung, die andere Menschen und Dinge für mich haben, nicht auf.
Beispiel: Eine sehr engagierte Ärztin in einem sozialpsychiatrischen Dienst entdeckte nach vielen Jahren Dienst allmählich ihre Unlust, zur Arbeit zu gehen. Erst schob sie es auf die Jahreszeit, auf den fehlenden Urlaub, auf die Belastung im Privatleben. Allmählich fand sie heraus, daß sie vorübergehend oder immer das Arbeitsfeld ändern müsse, gar nichts mit Psychiatrie zu tun haben dürfe. Das Gefühl, in all den Jahren nichts Entscheidendes geändert zu haben, die Einsicht, das nach Leid immer nur neues Leid kommt, die Einsicht, wie wenig änderbar der Mensch ist, es sei denn er will sich selbst ändern und gibt sich Mühe, die Erfahrung, daß ihre Arbeit nicht durch die angestrebte Verkleinerung der Großkrankenhäuser honoriert werde, hatten sie so mürbe gemacht, daß sie den Patienten vorwurfsvoll, kritisch, kühl, versachlichend begegnete. Noch einige Zeit vorher hatte sie eine ältere Sozialarbeiterin wegen deren Verbitterung heftig angeklagt und war sich sicher gewesen, daß ihr das nicht passieren könnte.

Der Schlüssel zum Verstehen liegt in mir. Nur indem ich versuche, mich selbst zu entschlüsseln, kann ich verstehen lernen. Um anderen Menschen zu helfen, ihre Identität zu finden, also auch ihren Platz in der Gesellschaft zu bestimmen, muß ich meinen Platz im gesellschaftlichen Leben bestimmen. Ich muß mich selbst, meinen Körper, die Dinge und Menschen um mich herum kennenlernen, um herausfinden zu können, wie ich Beziehungen aufnehme. Nur so kann ich lernen, dem Anderen die richtigen Fragen zu stellen. Es gibt eine große Spannbreite von Fragen, die ich mir und anderen zu beantworten habe: Was macht mein Körper, wenn ich traurig bin oder mich freue? Was bedeutet mir Herzklopfen? Was stelle ich mir gern vor, was träume ich gern, wie grüble ich? Was bedeutet mir Freundschaft, was bedeutet mir städtische Umgebung mit Hochhäusern, was bedeutet mir die kapitalistische Gesellschaft, was die sozialistische? Dabei ändern sich mit meinen Erfahrungen auch die Antworten. Aber die Bereitschaft, mich wie andere immer neu zu fragen, ist die Voraussetzung dafür, daß mir manche Dinge, Gedanken, Gefühle, Gespinste anderer weniger „verrückt" erscheinen, oder umgekehrt, daß ich etwas, was eben noch „normal" war, überdenken und anders sehen kann. Dabei muß ich wissen, daß ich mit mir zugleich bewahrend und verändernd, konservativ und revolutionär umgehen kann, um mir und meiner Eigenart gerecht zu werden. Was jetzt für mich schlecht ist, kann früher einmal gut gewesen sein. D. h., ich muß auch für mein Leben geschichtliches, perspektivisches Denken lernen. Sich die Frage zu stellen: „Wovor fürchte ich mich im Team, bei den Patienten, auf der Station oder in der Psychiatrie?" ist ein guter Anfang. Versagen, Konkurrenz, Anerkennung, Ehrgeiz, Neugier, Brutalität sind Begriffe, denen ich bei der Beantwortung begegne: „Was denke ich, wo mich die Anderen fürchten, was befürchte ich bei den Anderen, wovor muß ich mich bei mir selbst fürchten? Kann ich mich darüber mit den Anderen unterhalten?"

Wenn jemand beginnt zu suchen, ist die Art des Suchens wichtig. Jemand, der sagt: „Ich gebe das und das zu", fühlt sich noch in einer Atmosphäre, in der er nicht angstfrei suchen kann. Jemand, der zupacken, festhalten, nicht locker lassen will oder jemand, der einhaken, bohren, nachstoßen will, hat einen anderen Zugang zu sich selbst und anderen als jemand, der begreifen, erfassen, behandelt wissen will oder jemand, der anrühren, anstoßen, anregen möchte.

Übung: Welche Möglichkeiten der Abwehr, des Suchens und der Beziehungsaufnahme können einem noch einfallen? Entdecke ich sie bei mir wieder? In welchen Beziehungen sind welche Arten der Beziehungsaufnahme für mich günstig?

Wichtig ist auch die Selbstwahrnehmung des eigenen Tempos. Daß ich jemanden, der langsamer ist, ständig mitreißen möchte oder jemanden, der schneller ist, bremsen, besagt über mich soviel wie über den anderen. Auch die Fragen: „Kann ich mein mir gegebenes Tempo annehmen und das Beste daraus machen?" „Zu welchen Zeiten bin ich selbst langsamer oder schneller?" oder „Wie lerne ich meine eigenen Grundstimmungen kennen?" Und dann die sozialen Auswirkungen z. B. meines Tempos: Wenn ich jemanden mitreißen will und mich schwungvoll fühle, findet der Andere das angenehm oder fühlt er sich überrollt und überfahren? (ich kann nicht Bewegungstherapie machen, ohne meinen eigenen Körper erfahren zu haben).

Die Übersetzung lautet: Sowohl mein Körper als auch mein Temperament (meine Natur, mein Endogenes), mein Psychisches und mein Soziales sind von mir wahrzunehmen und anzunehmen; denn sonst kann ich dem anderen Menschen schwerlich so begegnen, daß er glauben kann, ich möchte ihn verstehen.

All dies gilt für alle gleich. Es gilt nicht für den Arzt mehr und für die Sozialarbeiterin weniger. Es gibt bei der Grundhaltung kein irgendwie geartetes Gefälle, auch in den Begegnungen mit den Patienten nicht. Dies garantiert Solidarität und demokratisches Handeln.

3 Vollständigkeit der Wahrnehmung – Meine Rolle als Ersatzspieler: Übertragung

In diesem Kapitel muß hier die Frage stehen: Was macht die Psychiatrie mit mir? Antwort: Das Gefühl, nie genug zu tun, das Gefühl, die Last der Welt zu tragen, eigentlich vor lauter aktuellen Nöten völlig aus der Ruhe zu kommen, weil jede mit gleichem Recht zuerst nach Linderung drängt. Wie leicht bin ich bereit, gerade diese Übertragung anzunehmen, jedoch: je mehr ich tue, desto mehr Not sehe ich (Eine Lösung von „Mehr desselben"). Wenn ich bereit bin, dies anzunehmen, werde ich bald lahm und spielunfähig. Neue Lösungen fallen mir nicht ein. Hier liegt die Chance für die Vollständigkeit der Wahrnehmung und dann auch für die Normalisierung. Daß man im Moment der Begegnung erkennt, daß eventuell auch Andere helfen können, da die ersten Partner die Angehörigen sind, daß Angehörige nicht Hilfshelfer sind, sondern selbst Betroffene, daß andere Institutionen, auch solche außerhalb des Systems Psychiatrie auch Hilfe leisten, daß Helfende scheitern können, daß das Anerkennen der eigenen Hilflosigkeit hilfreicher sein kann als die Übernahme des Druckes: Du mußt jetzt sofort helfen. Die Veränderung in der Psychiatrie kann nur erzielt werden, wenn die Übertragungs-Anteile genau erkannt werden, wenn man sich nicht zum Opfer macht. Denn indem man das tut, wird man zum Täter des „kranken" Anteils.

Beispiel: Das Krankenpflegepersonal und darüber hinaus alle in Großinstitutionen Arbeitenden werden oft für die miserablen Zustände in den Landeskrankenhäusern verantwortlich gemacht. Lange genug haben sie diesen Vorwurf angenommen, haben unter ihm gelitten. Sie haben nicht erkennen können, daß ja die Gesellschaft die Menschen an die Psychiatrie abgibt. Die psychiatrisch Tätigen sind also Ersatzspieler und der Konflikt müßte auf eine andere Weise ausgetragen werden. Die DGSP hat dies versucht, als sie in einer Aktion der Gesellschaft und den sie vertretenden Politikern ihre Verantwortung zeigte und sie wissen ließ: Nicht wir haben die Verantwortung, sondern ihr. Wenn ihr also die Versorgung in den Großkrankenhäusern für unwürdig haltet, dann ändert das System und schimpft nicht auf uns. Wir helfen Euch, denn wir sind selbst der Meinung, daß Änderung nötig ist.

Es ist nicht zu vergessen, daß psychiatrisch Tätige in der beschriebenen Weise Ersatzspieler sind. Sie haben die Aufgabe, herauszufinden, wie die eigentlichen Spieler zusammenspielen. Was vom einen kommt, was vom Anderen, und dann muß er mit den Betroffenen nach ihnen möglichen neuen Handlungsweisen und Spielräumen suchen.

4 Normalisierung der Begegnung

Wenn ich meinen Anteil an der Begegnung durch Wahrnehmung meiner Gefühle besser verstehe und wenn ich erkenne, welches die Bedingungen des bisherigen Problemlöseverhalten sind, habe ich die Voraussetzung für die Normalisierung der Beziehung geschaffen. Von dem ausgehend, was Aufgabe ist – Sorge um psychisch kranke Menschen in einem demokratischen Staat – und ausgehend von dem bisherigen Problemlöseverhalten, kann man neue Wege, neue Möglichkeiten der Lösung finden, und die gesunden Anteile bewahren. Das gilt für den Umgang mit dem einzelnen Patienten, für den Umgang mit Institutionen oder auch Systemen. Wichtig ist, daß ich mir dabei Zeit lasse und gründlich bin, daß ich nicht nur bekannte Wege gehe, sondern auch Trampelpfade und Schleichwege zulasse, daß ich mich nicht nur durch Vorschriften und Regeln beherrschen lasse, sondern mich auf einen Erkenntnisvorgang einlasse, der auch originelle Lösungen hervorbringen kann.

Normalisierung der Beziehung ist demnach der Entwurf neuer Handlungsmöglichkeiten und die Zuwendung zu der Angst, die es macht, neue Wege zu gehen.

Um nicht zu verzagen, sollte ich mich mit anderen zusammentun. Auch sollte ich über Möglichkeiten meiner Selbstkontrolle nachdenken.

Wenn ich anfange mit der Grundhaltung und mir meiner Beziehungen bewußter werde, brauche ich Gelegenheit für Korrekturen und Bestätigungen. Statt Selbstkontrolle können wir auch Selbstüberprüfung sagen.

Fortbildung

Sie ist wichtig, weil ich mein Wissen erweitern kann, vor allem aber, weil ich andere psychiatrisch Tätige aus meinem und aus anderen Berufen und Einrichtungen treffe, mit denen ich über gemeinsame Probleme aus der Arbeit sprechen kann. Ich kann erfahren, wie sie ihre Arbeit tun, welche Spannungen und Zufriedenheiten sie erfahren. Ich kann praktisch und theoretisch überprüfen, ob mein Tun mich und die Patienten weiterbringt.

Team

Es ist mein ertragreichster Kritiker und Bestärker. Dort machen sich kleine Änderungen am schnellsten bemerkbar. Die Kollegen wissen auch – denn schließlich machen sie die gleichen Erfahrungen – wie schwierig es ist, auch schon kleine Erfolge zu feiern, ohne sie für den ganz großen Sieg zu halten. Vor ihnen kann ich mich am schlechtesten verstecken, so daß sie mich aufmerksam machen können, wenn ein Punkt bei mir unklar ist.

Beispiel 1: So berichtet eine Kollegin nach der Gruppentherapie, daß sie deutlich spüre, wie angestrengt und bemüht sie ist. Das Team verweist sie auf ihre Strenge, und sie kann die Strenge als Teil ihre Bemühens verstehen.

Während einer Vollversammlung, bei der die Patienten überlegen, ob sie nicht einen anderen Tageslauf entwerfen können, unterbricht diese Kollegin nach einer Weile die Diskussion und sagt: So ginge es nicht, schließlich sei der Tageslauf festgelegt, die Patienten hätten an sich zu arbeiten, nicht den Tageslauf zu ändern. Die Zusammenschau der in dieser Äußerung enthaltenen Strenge und der vorher gemachten Selbstbeobachtung brachte sie dann im Team zu der Überlegung, daß in Wirklichkeit die Vorstellung einer Änderung sie ängstigte. Obwohl sie wußte, wie wichtig die Erfahrung von Änderung ist, wollte sie sie den Patienten nicht zubilligen, weil das Unordnung gebracht hätte. Am Beispiel von Bürgerinitiativen bekam sie Zugang zu dem Thema und konnte beweglicher mit Wünschen nach Änderung umgehen, Diskussionen anregen und nicht autoritär, sondern sachlich begründen, wenn sie den Tageslauf für sinnvoll hielt.

Das Team arbeitet auch daran, Mißgunst, Mißtrauen, Hohn und Schadenfreude, Hemmung und Feindseligkeit abzubauen und Solidarität herzustellen. Auch dies geht nicht vorsätzlich. Da das Kapitel hier nicht wieder von vorn anfangen kann.

Beispiel 2: Im Team ist der freie Austausch von Informationen und die Folge davon, nämlich die geringere soziale Distanz unter den Mitarbeitern und zu den Patienten, noch ungeübt. Die Mitarbeiter kommen z. T. frisch von Stationen, wo Rauchwaren unter Verschluß der Stationsschwester sind, die Patienten dienstags und donnerstags „durchrasiert“ werden und auch die Socken von der Stationsschwester ausgegeben werden. Eine „neue“ Schwester nun, die aus einer solchen Station kam, hatte sich bei den Patienten dieser neueingerichteten „modernen“ Suchtstation schnell unbeliebt gemacht. Die Patientinnen, z. T. anspruchsvoll, beschwerten sich bei der Stationsärztin vor allen Dingen über die „Arroganz“ der neuen Schwester, die sich so verhalte, als ob die Patientinnen „Deppen“ seien. Die Stationsärztin gab zwar die Beschwerden der Patienten an die neue Schwester weiter, aber bei der daraufhin einberufenen Stationsversammlung war sie nicht dabei. Sie meinte, das sei nicht nötig. Die beschuldigte Schwester fühlte sich allerdings dort wie vor Gericht und hatte den Eindruck, daß sie von ihrer Stationsärztin „im Stich gelassen“ wurde und keine „Rückendeckung“ hatte. Im Gespräch wurde deutlich, daß die neue Schwester durchaus bereit war, ihre Umgangsformen mit den Patienten zu überdenken und sich der Kritik zu stellen. Sie hatte selbst gemerkt, daß sie sich dem Stil ihrer bisherigen Station sehr angepaßt hatte und nur schwer in einen neuen Umgangsstil fand. So weit das Beispiel. Nun zur Lösung: Wie hätte man in diesem Fall Solidarität herstellen können?

Übung: Wir schlagen wieder ein Rollenspiel vor. Dabei soll es nicht darauf ankommen, zu klären, wer „Recht hat“, oder daß die Ärztin sich „hinter die Schwester stellt“. Sondern es soll gewährleistet sein, daß a) die Schwester eine

Möglichkeit bekommt, das zu lernen, was sie lernen möchte, nämlich ihren Umgangsstil ändern, daß b) die Patienten sehen, wie auf gute Weise Konflikte gelöst werden können und daß c) gleichzeitig deutlich wird, daß Ärztin und Schwester gemeinsam an der Lösung des Konfliktes interessiert sind, wobei die Lösung so aussehen kann, daß die Schwester ihre Scheu vor der Autorität abbauen kann, nicht aber ihre Angst vor Autorität bestätigt finden muß. Dies Rollenspiel kann mehrere Stufen haben: Es kann von der beschriebenen Situation ausgehen und alle Beteiligten können sich darüber unterhalten, wie sie sich in der Situation fühlen, was sie übereinander denken und was sie empfinden. Die angestrebte Lösung wird langsam erprobt, wobei ein Austausch der Meinungen nach jeder Erprobung erfolgt und mit der Übung erst aufgehört wird, wenn alle „Parteien" mit ihrer Art des Handelns zufrieden sind.

Die Neuen und die Besucher von außerhalb

Schließlich ist es ein Zeichen für die Bereitschaft eines Teams, sich immer neu zu überprüfen, wenn das Auftauchen eines „Neuen" oder „Fremden" nicht nur als Bedrohung, sondern auch als *Chance* gesehen wird. Denn jeder Neue sieht anders und macht alles Eingefahrene fraglich. Solche Chancen sind: Jeder neue Kollege, jeder Schüler, Praktikant, Student (stellt „dumme" Fragen); evtl. ein Supervisor; jeder interessierte Besucher aus einer anderen Einrichtung; jeder, der mit einem Forschungsinteresse „eindringt", stellt auf seine Weise nützliche „dumme" Fragen.

Supervision

Das sollte eine Gelegenheit sein, bei der man sich über die eigene Wirkweise klar werden kann, auch über die Wirkung der Institution, auch über die Wirkung einer gesellschaftlichen oder ökonomischen Bedingung. Vor allem ein Ort, wo man gefahrlos gucken kann, welches die Grenzen der eigenen Hilfstätigkeit sind, ob man sich ändern kann, wie man andere vor sich schützen kann. Einzelarbeiter können in Supervisionsgruppen, auch in Balintgruppen ihre Arbeit wieder in größere Zusammenhänge stellen.

Die Öffentlichkeit

Ein wichtiges Kriterium für die Selbstkontrolle ist, inwieweit ich in der Lage und bereit bin, Öffentlichkeit herzustellen. Oft sind nicht nur die psychisch Kranken aus dem Bild und aus dem Bewußtsein der Öffentlichkeit verschwunden, sondern umgekehrt auch die Öffentlichkeit aus dem Bewußtsein der psychiatrisch Tätigen. Öffentlichkeit bezieht sich jedoch nicht nur auf die Menschen außerhalb der Institution, sondern ist auch in der Institution als Mittel der Selbstkontrolle wirksam einzusetzen. Da gibt es Möglichkeiten, Vollversammlungen einzurichten, wo Betroffene und Helfer Wünsche und

Bedürfnisse, Regeln und Pflichten (dies gilt gegenseitig), Kritik und Anerkennung austauschen und die organisatorischen Möglichkeiten gemeinsam festlegen. Als wirksam hat sich eine innerbetriebliche Zeitung erwiesen, die auch für die Kontakte nach außen benutzbar ist. Es ist klar, daß dieser Bereich der Selbstkontrolle am ehesten dann nicht gelingt, wenn die Normalisierung der Beziehung nicht geglückt ist. Insofern ist auch das ein Indiz. *Beispiel:* In einer bundesdeutschen Großstadt wollten ein Psychiater und eine Psychologin an einem Sonntag 1982 außerhalb der Besuchszeit das Gelände eines Landeskrankenhaus betreten. Das wurde mit dem Hinweis verwehrt, daß dies zum Schutz eben dieser beiden nicht möglich sei, die Pförtner hätten Uniformen an, seien so als zur Institution gehörend gekennzeichnet und deswegen nicht gefährdet. Auch die Preisgabe der Berufe änderte nichts an der Haltung: das sei eine Anordnung, sie meinten nur das Beste, und eine Erlaubnis könne allein der Direktor geben (den das Krankenhaus zu der Zeit nicht hatte). In der Stadt, in der das Krankenhaus ist, ist es besonders berüchtigt und mit vielen angstvollen und abwehrenden (Vor)-Urteilen bedacht.

IV Das Handeln

(Behandeln, Verhandeln)

Wie mache ich die Grundhaltung wahr?
Bisher haben wir hauptsächlich vom Wahrnehmen gesprochen. Handeln war schon immer enthalten. Es ist ja nicht nur Erkennen gemeint, sondern auch Erkanntes anzustreben, sich ihm zu nähern. Wie schwer es ist, vom Wahrnehmen zum Wahrmachen zu gelangen, vom Vorsatz zum Handeln, das kennt jeder.
Übung: Wer hat sich schon mit welchem Erfolg eine schlechte Gewohnheit wie abgewöhnt.
Wichtig: Wir wissen schon, wie lange es wirklich dauern kann, bis wir etwas anders machen. Und dennoch erwarten wir vom Patienten und die von uns, daß „die Hilfe“, die Änderung, ganz schnell erfolgen soll. Hier lohnt sich die Kenntnis der Verhaltensmodifikation.

Oder: Manchmal geht es, wenn es mir gelingt, ein krankmachendes Hindernis in der Umwelt zu beseitigen.

1 Versuchte Annäherung oder: die Angst der ersten Schritte

Durch alle Überlegungen, durch alles Wissen kann ich noch so gewappnet sein, die Wendung in die Handlung läßt die bekannten Ängste vor dem Fremden, dem Unheilbaren, dem Versagen wieder aufkommen. Die Schwie-

rigkeit, die Gehemmtheit anzugehen, ist für den Anfänger größer als für den Geübten. Der Außenseiter wird schwerfälliger sein als jemand, der auf soziale Integration angelegt ist, aber nicht schwerfälliger als die „Betriebsnudel“. Besonders schwer wird der erste noch so kleine Schritt, wenn man denkt, die Anderen wollten einen ändern und nicht die Chance geben, die eigene Wirkungsweise kennenzulernen. Das Ändern kann immer erst dem Erkennen nachstehen, weil auch Anerkennung, Bewahren die Folge von Erkennen sein kann. Und der zweite Schritt, und sei er noch so klein, wird erschwert, wenn der erste nicht wahrgenommen und offen anerkannt wird.
Beispiel: Eine Krankenschwester hat gelernt, wie wichtig Ausflüge für Langzeitpatienten sind. Sie nimmt sich vor, mit einer Gruppe von Patienten schwimmen zu gehen. Am Tage vor dem Ereignis tauchen eine Menge Fragen auf: Wird sie gelassen bleiben können, wie wird die Reaktion der Fahrgäste im Bus sein, wie die Reaktion der Gäste im Schwimmbad, wird sie, werden die Patienten scheel angeguckt? Sie schämt sich, über diese Fragen zu sprechen, vertraut sich dann einer Kollegin an, die so einen Ausflug schon einmal gemacht hat. Diese regt ein Gespräch im Gesamt-Team an. So kann erkannt werden, welche Bedeutung der Ausflug für die Krankenschwester hat, und sie kann – mit der Unterstützung – die Angst im Handeln nutzen.

Es ist unausweichlich, jedem psychiatrisch Tätigen immer wieder diese anfängliche Bewegungsscheu zuzubilligen. Als Signal genommen kann sie behutsam machen für die eigenen Möglichkeiten und die Möglichkeiten des Anderen und so das Handeln gerade fördern. Die Gefahr liegt darin, auftretende Angst als absolute Grenze für das eigene Handeln zu nehmen. Die Gefahr liegt auch da, sich zu überfordern, den Widerstand, die Fremde nicht zuzulassen. Damit überfordert man auch den Anderen.

2 Die Angehörigen

Nanu, welche Angehörigen sind jetzt gemeint? In diesem Kapitel geht es um meine Begegnung mit der Psychiatrie. Hat die Psychiatrie Angehörige? Die Frage nach den Angehörigen ist bei jeder Begegnung im Rahmen der Psychiatrie zu stellen. Denn die Angehörigen sind – auf welche Weise immer – selbst Betroffene. Man muß die Begegnung suchen, sie fragen: warum sie keinen Kontakt haben, warum sie so bevormundend sind, ob sie den Angehörigen noch als Angehörigen sehen, ob sie sich von ihm trennen wollen, wie ihre eigene innere Entwicklung ist, wo sie sich vom Angehörigen nicht ernst genommen, unter Druck gesetzt fühlen, was sie mögen, schätzen, lieben, ablehnen. Und wenn man gemeinsam weitermachen will: was sie für sich tun können, um die Beziehung zu ändern.

Die Angehörigen der Psychiatrie? An erster Stelle die Verwaltung! Welche Rolle die spielt, sollte man sich auf jeden Fall klarmachen! Die Juristen, die Polizei, die Pfarrer, die Krankenkassen, die Lehrer, die Feuerwehr, die Politiker, die Journalisten. Diese sind jeweils als Institution gemeint. Auch noch die Verbände der freien Wohlfahrtspflege, Heime, die Ausbildungsinstitutionen.

Wer in der Gemeinde arbeitet, arbeitet falsch, wenn er zu den Angehörigen der Psychiatrie keinen Kontakt hat. Und in den Großkliniken?

Übung: Überprüfen Sie, welche Institutionen zu den Angehörigen gehören. Überprüfen Sie ihre Parteilichkeit, überprüfen Sie, wie Sie Kontakt aufnehmen können.

Zum Beispiel: Beim Mißbrauch der Psychiatrie zur Ausgrenzung Lästiger, zum Abschieben Unbequemer. Oder beim Umgang mit ausländischen psychisch Kranken. Auch meine eigenen Angehörigen, die Angehörigen der psychiatrisch Tätigen dürfen nicht vergessen werden.

Übung: Jeder psychiatrisch Tätige macht einige Zeit Angehörigen-Gruppen. Er lernt in dieser Zeit u.a. seine eigene Familie neu zu sehen und seine Beziehungen zu ändern (garantiert!).

---

3 Die Wirkung des Unsystematischen

Eine Vorstellung, die das Handeln psychiatrisch Tätiger beherrscht, ist die des Systematischen. Bei der Medikamentenvergabe (s. Kap. 17), der Anwendung von Psychotherapie (s. Kap. 18), der Einhaltung von Stationsplänen und anderen Regeln (s. Kap. 16 + 13). Das geht soweit, daß nur, wenn Systematisches vorliegt, von „echt“ gesprochen wird: „echte“ Psychotherapie. Und viele, vor allem Geldgeber und andere auf Kontrolle Angewiesene, lassen sich davon blenden. Die Systematik des Unsystematischen gibt es nicht – und dennoch können wir nicht umhin, sie lernen, begreifen zu wollen. D.h., eine Offenheit für Unordnung zu entwickeln und sie aushalten können, sogar, bei aller Bindung an Regeln zur Unordnung beitragen können.

Beispiel: Eine hübsche Studentin hatte mitbekommen, daß die Besucher – Patienten ebenso – einen schizophren handelnden Besucher aus der Gruppe ekelten. Er, der sich nicht einordnen konnte, von außerhalb irgendetwas sagte, wenn gerade ein ordentliches Gespräch war, war auch einer der Ärmsten und mochte den Kaffee nicht bezahlen. Das war der Grund für den Konflikt, der Besucher blieb weg. Als die Studentin diesen Besucher auf der Straße sah, ging sie hin und sagte, daß sie sich freuen würde, wenn er wieder käme.

Übung: Außerhalb von Institutionen und ihrem besonderen Schutz Kontakte knüpfen. Wo begebe ich mich in Gefahr? Die eigenen Grenzen kennenlernen.

Oft begegnet man Menschen, die gar keinen guten Kontakt zum eigenen Lebenslauf haben, die „immer mal“ kommen wollen, die tatsächlich nur kommen, wenn es ihnen schlecht geht (häufig vergessen gerade therapeutisch Tätige, daß es das ist, wofür sie bezahlt werden) – für all die gilt es, Netz zu sein, sie nicht auf Systematik und Regelmäßigkeit zu verweisen.

Die Gefahr, und da braucht man auch eine Aufrichtigkeit, ist die, daß man selbst beliebig wird. Und wenn es das ist, dann dienen Institutionen und gerade die festen, nur der Selbstkontrolle der psychiatrisch Tätigen. Den Überlegungen liegt nicht nur ein moralisches Prinzip zugrunde, sondern das Wissen um die eigene Schwäche und Unzuverlässigkeit, auch das Wissen um die Notwendigkeit, auf Plötzliches, Aufbrechendes, Jähes, Scheuendes, Verborgenes, Sprühendes einzugehen. Das ist auch politisch gemeint.

Es gibt viele Einschränkungen und Kränkungen, die den Menschen dem systematischen Zugriff entziehen. Die Menschen können sich erst in der Offenheit einer Kontaktstelle, eines Clubs, einer Tagesstätte allmählich sich selbst und damit auch der Welt nähern.

Auch auf Stationen sind Zuwendungen unsystematisch. Wichtig ist, daß dabei nicht systematisch jemand ausgelassen wird. Die mögliche gedachte Lösung, die Zuwendung innerhalb der Institutionen total zu systematisieren, ist unmenschlich.

4 Die Berufsrollen im psychiatrischen Team (Therapeutische Techniken)

Zwar haben im Team alle die gleiche Grundhaltung, doch die berufliche und persönliche Spezialität und Unterschiedlichkeit macht es erst sinnvoll. Ein Team ist dann therapeutisch wirksam, wenn alle Mitglieder über eine halbwegs vergleichbare gemeinsame Basiserfahrung mit Patienten und mit sich selbst verfügen. Erst dann kann sowohl die individuelle Besonderheit jedes einzelnen Teammitgliedes als auch die seiner beruflichen Spezialerfahrung voll zum Tragen kommen. Welche Berufsgruppen gehören zu einem psychiatrischen Team? Dies ist je nach der Art (und den Mitteln) der Einrichtung unterschiedlich. Auch wenn dies vielerorts noch nicht so ist, gehen wir davon aus, daß jemand in einem psychiatrischen Team auf folgende Berufsangehörige trifft: Schwestern/Pfleger, Arzt, Sozialarbeiter, Beschäftigungstherapeut, Psychologe und Bewegungstherapeut. Dies kann – wie gesagt – unvollkommen oder indirekt (Psychologe nur auf derselben Abteilung) sein. Gleichwohl machen diese Berufe das Kernteam aus. Dann können je nach Einrichtung Soziologen, Pädagogen, Pfarrer, Laien, Musiker zu einem Team dazugehören oder Biochemiker, Laborantinnen, Werkmeister oder Erzieher.

Übung: Ein Organisationsspiel, in dem die Teilnehmer sich darauf zu einigen versuchen, welche Berufsangehörige in welcher Zahl in welchen Einheiten oder Institutionen ein Team bilden.

---

a) Pflegeberufe

Bisher wird die Arbeit der Pflegeberufe immer vom stationären Tun her beschrieben. Die Frage ist jedoch: Was ist die Basis. Ohne Pflege: der Beziehungen, der Umwelt, der Wohnung, der Wäsche, des Körpers, der Zähne, der Seele kommt ein Mensch nicht aus. Da man vor allem die Pflege der Seele nicht gut lernt, und immer eines auch Ausdruck des anderen ist, ist die Wahrnehmung der Pflege überall unerläßlich. Das können und das tun Angehörige anderer Berufsgruppen nicht. Die Angehörigen der Pflegeberufe sind die Spezialisten für die Wahrnehmung aller menschlichen Bedürfnisse und Notwendigkeiten (s. Kap. 16 über Soziotherapie). Die Pflege im Krankenhaus ist gewissermaßen einseitig konzentriert. Wertvoller ist sie im Normalfall.

Übung: (Selbst)-bewußte Beschreibung der Pflege in unterschiedlichen Institutionen.

Die Gefahr ist, daß Angehörige gerade der Pflegeberufe denken, in der Gemeinde hätten sie es nicht mit Gewalt zu tun. Schon besteht die Neigung, zu tun, als ob außerhalb von Kliniken nur Nettigkeit herrsche. Da aber in den Gemeinden dieselben Menschen sein sollen wie in den Kliniken, werden auch die gleichen Probleme und Lösungsmöglichkeiten vorkommen, nur eben im Normalzustand und nicht gehäuft und konzentriert.

b) Arzt

Traditionell war der Arzt der verantwortliche Leiter einer Station oder einer Einheit. Er führte, ordnete an, verantwortete. In einem psychiatrischen Team kann der Arzt ausschließlich als einer von mehreren gedacht werden. Alle sollten etwas von Verantwortung, Leitung, Anordnung übernehmen. Bleiben sie trotzdem am Arzt hängen, kann es daran liegen, daß der Arzt sie gern hat oder daß die anderen sie (meist uneingestanden) ihm immer wieder zuschieben. Oft verquickt sich beides. Es gehört für den Arzt eine Portion Durchstehvermögen dazu, sich hier (auch gegen Widerstand!) zu ändern, da außerdem auch und gerade der Arzt berufspolitisch in einer hierarchisch geordneten Umwelt steht, in der „nach oben“ gestrebt wird. Gleichwohl kann der Arzt, nachdem solche von ihm ausgehenden „Berufsgefahren“ gebannt sind, für andere im Team ein gutes Modell sein für den „Blick fürs Ganze“ und für selbständig-verantwortliches Handeln in Ausnahmesituationen. Weiter ist im Team der Arzt der, der am besten mit den körperlich-kranken Anteilen eines Menschen umgehen kann. Dazu gehören nicht nur Diagnostik sowie die körpertherapeutischen Techniken (s. Kap. 17). Das, was der Arzt aus seiner Ausbildung am wichtigsten einbringt, betrifft die Reaktionen des Körpers auf bestimmte Einflüsse, die aus dem Körper selbst kommen (z. B. endogene Schwankungen), die in Form von Krafteinwirkung (z. B. Hirnverletzung) oder Gifteinwirkung von außen kommen, die auf Grund gestörter Beziehungen zum Selbst oder zur Umwelt entstehen (z. B. psychosomatische Erkrankungen oder Isolationsfolgen). Er ist damit Experte für die Natur sowie für Krankheit und Gesundheit (!) des Körpers des Menschen.

c) Sozialarbeiter

Heute hat die Verwirklichung der Forderung: „Ein Sozialarbeiter auf jede Station und in jedes Praxis-Team“ bereits an manchen Stellen begonnen. Wie auch immer. Das Team erwartet vom Sozialarbeiter einerseits die optimale Anwendung der Sozialgesetze (Sozialhilfe, Rentenanträge usw.) sowie Beziehungsaufnahme zu dem Anteil unserer Wirklichkeit, den die verschiedenen Verwaltungen darstellen. Aber darüber hinaus hilft er dem Team und den Patienten, den sozialen Anteil der Welt überhaupt zu verstehen. Wenn der Arzt mit den kranken und gesunden Anteilen zu tun hat, dann der Sozialarbeiter mit normalen und abweichenden Anteilen. Er kennt sich darin aus, welche Rand- und Problemgruppen es in der Gesellschaft gibt, welche Anpassungs- und Eingliederungsstörungen bestehen und welche sozialen Bedingungen Kränkung und Gesundung bewirken können. Damit kann er „Hilfe zur Selbsthilfe“ erst sinnvoll machen. Denn diese kann ja nicht nur darin bestehen, daß jemand seinen Rentenantrag allein ausfüllt, sondern mehr noch, daß er wissen kann, mit welchen Normen in seiner Gruppe er in Konflikt geraten ist und wie er – für sich stimmig – den Konflikt lösen kann. Um jemandem zu helfen, aus Konflikten herauszukommen, sich „anzupassen“ oder „wieder einzugliedern“, genügt freilich Einzelfallhilfe oft nicht, vielmehr ist es entscheidender Anteil meines Tuns als Sozialarbeiter, auch alle seine „Mitspieler“ mit wahrzunehmen und ihn mit anderen zusammenzuführen und gemeinsame Konfliktlösung möglich zu machen, und zwar so, daß die unterschiedlichen Gruppenmitglieder sich ihr unterschiedliches Wissen auch selbst zur Verfügung stellen lernen. Seine „Berufsgefahr“ besteht sicher darin, als Sozialtechniker allem und jedem eine soziale Erklärung aufzupressen. Für das Team ist der Experte sowohl für den Bezug zu den Verwaltungen als auch für die sozialen „gemeinsamen“ und „gemeinsinnigen“ Anteilen, also die Gruppen-Anteile von Menschen, wobei er oft genug die Interessenspannung zwischen beidem auszutragen hat. Seine wichtigste Aufgabe: Immer wieder auf die Folgen sozialer Ungerechtigkeit aufmerksam zu machen. Nicht sie für die Gesellschaft zu vertuschen, obwohl seine Aufgabe der Minimalausgleich ist (BSHG).

d) Bewegungstherapeut

Er wird vielerorts auch noch Krankengymnast genannt. Uns allen geht es so, daß wir zu bestimmten Zeiten verspannt, verkrampft sind, auch nicht mehr sagen können, wie sich unser Körper eigentlich fühlt, wie groß oder klein, stark oder schwach, wie es – körperlich – ist, sich fallen zu lassen oder abzuspringen, was Begegnung körperlich heißt: hierfür ist der Bewegungstherapeut Experte. Die besondere „Berufsgefahr" liegt darin, zu schnell zu sein, mit der eigenen Begeisterung (auch Leistungsehrgeiz) den Anderen in Angst und Überforderung hineinzutreiben. Eigentlich sollte er nicht Therapeut heißen, sondern vielleicht Fachmann oder eben auch Arbeiter, weil es nicht um Heilen geht, sondern um Kennenlernen, die Chance zur Veränderung geben, Bewußtwerden der eigenen Gliedmaßen, der eigenen Ausdehnung, des Wunsches nach Distanz und Nähe, auch der Möglichkeit von Distanz und Nähe: wann fühle ich mich allein (fern), wann fühle ich mich erdrückt, wie trete ich auf, wie große Schritte kann ich machen, aber auch, wie erlebe ich Raum – mit geschlossenen Augen z.B. – oder Zeit? Viel Spielerisches kommt in diese Tätigkeit, wenig Systematisches, denn es wird entscheidend von der Gruppe abhängen, was erfahren wird, ob Gesichtspunkte des Tempos oder der Verzerrung und Entstellung, Verkrüppelung oder Entspannung vorrangig zum Tragen kommen. Ambulante Teams könnten sich, wie das in einigen Gruppenpraxen geschieht, mit einer niedergelassenen Krankengymnastin zusammentun. Das ist für sie auch nicht so langweilig.

e) Arbeits- und Beschäftigungstherapeut

Es war schon gesagt, daß Arbeiten, Sich-beschäftigen wesentliche Bestandteile der Selbstverwirklichung sind, so daß das häufige Mißverständnis, die BT diene der Ablenkung, die eine „Berufsgefahr" der AT/BT darstellt. Die andere ist: jemanden zu aktivieren, statt ihn sich aktivieren zu lassen. Wenn die BT mich schon nicht ablenkt: wo lenkt sie mich dann hin? Was habe ich davon, wenn ich mit Ton, Bast, Holz und anderem Material arbeite, was macht es in mir für Gefühle? Sicher kann es nicht darauf ankommen, das „schöne Körbchen" zu basteln, sondern: die Selbstwahrnehmung auf das Tun, auf die Aktivität zu lenken, auf das, was ich kann, was ich nicht kann, wie ich mich anstrenge, konzentriere, durchhalte, wie ich mit Fehlern umgehe, wie ich allein arbeite oder in der Gruppe. BT und AT: wie unterscheiden sie sich? Mit Arbeit verdient man Geld, verschafft sich die Möglichkeit zur Teilnahme an den Konsumgütern und an wesentlichen Bereichen der Gemeinschaftlichkeit (von Kneipe bis Golf-Club). Zugleich werden die meisten bei der Arbeit kontrolliert, bekommen gesagt, was sie arbeiten sollen, fürchten, nicht zu genügen. Beschäftigung ist freier, kreativer, teilweise auch individueller im Sinne von privater. Der Arbeits- und Beschäftigungstherapeut hat Ahnung von der Arbeitswelt und kann entsprechend anregen, arbeitendes (das ist auch beschäftigendes) Handeln auszuprobieren: in Gruppen zu arbeiten, den Arbeitsplatz zu organisieren, Druck auszuhalten, Pausen zu machen, die Qualität der Arbeit einschätzen zu lernen, nicht so hektisch zu arbeiten. Wesentlich ist der ständige Bezug zur alltäglichen Arbeit. Der Arbeits- und Beschäftigungstherapeut ist im Team also der Experte für das Alltagshandeln (Arbeit und Freizeit) der Menschen: Arbeitstherapie darf nicht als Ersatz verstanden werden, sondern als Möglichkeit, sein arbeitendes Handeln auszuprobieren. Die Bedeutung von Arbeitslosigkeit kennt er von innen heraus.

f) Psychologe

Psychodiagnostik und Psychotherapie bestimmen die Tätigkeit des Psychologen in der Klinik. Gleichzeitig bringt der Psychologe auf Grund seiner Ausbildung eine Menge Wissen von Grundlagen und Allgemeinem über den Menschen mit. Dies ist ein Vorteil, da Diskussionen über ein Menschenbild, das für ein Team bestimmend ist, entscheidend vom Psychologen ausgehen können. Kenntnisse psychotherapeutischer wie psychodiagnostischer Techniken sind ihm nützlich. Denn auch sie entsprechen einem bestimmten Menschenbild, über das er sich Rechenschaft ablegen muß. Auf diese Weise wird der Expertenbeitrag eines Psychologen im Team darin bestehen, das Nachdenken darüber anzuregen und mit seinem Spezialwissen zu unterstützen, nach welchem Menschenbild man eigentlich sich und die Patienten ändern will. Der Psychologe kann auf Grund seiner Ausbildung eine große Menge von Themen einbringen, die für die Arbeit in der Psychiatrie von Bedeutung sind: Gefühl, Leistung, Intelligenz, Fähigkeit, Eigenschaft, Kleingruppe, Ich-Identität, Denken, Selbst usw. Auch für ihn ist es wichtig, sich der Änderung seiner Wissenschaft bewußt zu sein, damit er dem Team wichtige von der Psychologie schon bearbeitete, aber zur Zeit nicht aktuelle Themen nicht vorenthält. Je nach Ausbildung besteht eine „Berufsgefahr" darin, daß der Psychologe der Vielfalt menschlichen Handelns nicht gerecht werden kann, weil er bemüht ist, sie auf operationalisierbare Dimensionen zu reduzieren und darin, daß er in jedem Tun psychotherapeutisches Tun erblickt und somit unsystematischem Handeln, das der Grundhaltung entspricht, nicht die Qualität des von ihm höher geschätzten psychotherapeutischen Handelns zubilligt.

In dem Gebiet „Gemeindepsychologie" wird versucht, nicht nur das Individuum zu sehen, sondern seine Probleme auch von seinem Ökosystem her zu beschreiben, von der Landschaft, vom Kontext. Klinisch arbeitende Psychologen, vor allem die in der Gemeinde, sollten viel sozialpsychologisches

Wissen haben und anwenden können: Vorurteile, Gruppen, Einstellungen, Strukturen usw., usw.!

Hier ist der Versuch unternommen worden zu beschreiben, welche Spezialleistungen von einzelnen Berufsvertretern zu erwarten sind. Es ist deutlich geworden, daß die Spezialanteile eines Team-Mitgliedes gleichzeitig auch anteilig in jedem anderen Team-Mitglied enthalten sind, so daß man miteinander reden, sich gegenseitig fragen, anregen, überprüfen kann. Auch so, daß es nicht nötig ist, aus Wissern Besserwisser zu machen.

5 Der Rahmen psychiatrischer Arbeit (der therapeutische Rahmen)

Wenn ich psychiatrisch arbeiten will, werden mich die unterschiedlichen Einrichtungen (s. Kap. 13) mehr oder weniger erschrecken, befremden, fordern. Deswegen sollte ich – am besten schon während der Ausbildung – alle möglichen Institutionen besuchen und überprüfen, wie meine gefühlsmäßigen Einstellungen zu der Institution sind.

Zur Beschreibung des Rahmens der Begegnung gehören Vereinbarungen über die Zusammenarbeit, den Ort und die Zeit der Handlung sowie die Ziele. Es ist anzunehmen, daß zukünftige Teams mit anderen Problemen der Aufgabenverteilung und des Rollenverständnisses zu tun haben als jetzige Teams: schon weil es mehr Wissen über Teams gibt und weil entsprechend die Einstellungsänderung in den einzelnen Berufsgruppen nicht mehr so grundsätzlich sein muß, sondern eine Frage der persönlichen Ausgestaltung werden kann. Das Team ist verpflichtet, die Spanne der beruflichen Spezialisierung und der Rollendiffusion (alle können alles) immer neu zu vereinbaren. Diese beiden Aspekte, die Arbeit des Einzelnen und die Notwendigkeit der Integration in die Grundhaltung sind am ehesten in regelmäßigen (wöchentlichen) Team-Besprechungen zu kontrollieren. Dabei wird es immer auch um Verantwortung gehen. Verantwortung wird oft gleichgesetzt mit Führung. Wenn wir uns selbst ernst nehmen, gilt, daß jeder für sich seine Arbeit, die Arbeit des Teams verantwortlich ist, daß die sogenannte „letzte" Verantwortung dem Teamprinzip widerspricht. Die Spannungen, die aus der noch vorgegebenen Verantwortungshierarchie und den im Team erarbeiteten und von allen verantwortlich vertretenen Entscheidungen entstehen, sind durchzusprechen. Verantwortung ist nicht nur Last. Vielmehr werden meine beruflichen Handlungen erst dadurch sinnvoll, daß ich sie mit verantworte.

Die „Team-Gefahr" ist die Verantwortungsdiffusion: Keiner weiß so recht, was seine Aufgabe ist, wofür er sich verantwortlich fühlen muß und wofür er zur Verantwortung gezogen werden kann. Jeder Mensch braucht einen überschaubaren Aufgabenbereich und es ist äußerst überfordernd, sich immer für alles verantwortlich zu fühlen, eine Gefahr, die gerade für gewissenhafte und in ihrer Arbeit kontrollierte Menschen gilt. Andererseits verläßt man sich dann und wann ganz gern auf die Verantwortung von anderen und entlastet sich dadurch, wodurch die Gefahr von größerer Abhängigkeit und verstärkten Leistungsansprüchen gegeben ist. Diese Gefahr ist immer dann besonders groß, wenn Wechsel im Team stattfinden oder wenn Krisen, z. B. erhöhte Suizidraten, auftreten, die an die Angst und die Schuldgefühle des Einzelnen rühren. Hier hilft es nicht, Schuldgefühle dadurch zu vermeiden, daß die Verantwortung abgeschoben und einem „letztlich Verantwortlichen" zugedacht wird. Vielmehr ist die Frage hilfreich: „Was ängstigt mich und was kann ich für die Zukunft daraus lernen?"

a) Ort der Team-Arbeit

Da mein Arbeitsplatz gleichzeitig der Ort der Patienten ist, kann ich ständig überprüfen, ob die Bedingungen, unter denen sie gesund werden sollen, wirklich die Bedingungen sind, unter denen ich gesund bleiben (arbeiten) kann. Lärm, Licht, Platz, Eingeschlossen-Sein, Auslauf, Blumen, andere anregende Reize, Möglichkeiten, Privates unterzubringen, können Kriterien meiner Bewertung sein. Aus der kinderpsychologischen Forschung weiß man, daß Kinder, die nicht genügend Außenweltreize erhalten, wahrscheinlicher sterben, auch wenn sie hinreichend ernährt sind. Auf jeden Fall machen sich später im intellektuellen und im Gefühlsbereich Störungen bemerkbar. Reizdeprivation (Wegnahme von gewohnten Umweltreizen) führt bei Menschen zu Veränderungen, die zwar gern ihrer „Krankheit" angelastet werden, jedoch Auswirkungen des Milieus sind. Also werde auch ich in einer Atmosphäre leiden, die zu reizarm ist, wird auch meine Wahrnehmung zumindest irritiert.

Übung: Was brauche ich an Reizen? Was ist zuviel (Reizüberflutung)?

Menschen sind in dem, was sie als Reize brauchen (angenehm empfinden) auch unterschiedlich. Schon ein Blick in die Wohnung der einzelnen Team-Mitglieder zeigt, wie groß die Unterschiede sind. Auch hier wirken sich soziale Unterschiede aus (Wohnraumgröße, auch Geschmack). Ich habe also bei der Gestaltung meines Arbeitsplatzes die Bedürfnisse und Wünsche der Patienten zu berücksichtigen: sie mitbestimmen zu lassen, wie ein Zimmer einzurichten ist. Das Argument, daß Zimmer, besonders „Krankenzimmer" funktional eingerichtet sein sollen, kann sich nur der leisten, der nicht 24 Stunden am Tag und das wochen- oder monatelang, in dem Zimmer zu leben hat. Umgekehrt ist auch Reizüberflutung zu vermeiden. Manche meinen es besonders gut und überfrachten bestimmte Ecken (gemütliche) mit Anregung, als solle sich der Patient hier auf lebenslängliches Wohnen einrichten. Ganz wichtig ist die Frage, wieviel *privaten Raum* ich zur Verfügung stelle: einen Nachtschrank, eine Nachttischlampe, einen großen Schrank, eine Zimmerecke. Viele von uns können sich schwer vorstellen, wie es ist, völlig entblößt zu sein oder völlig *öffentlich* zu leben, sich nicht zurückziehen zu können, immer kontrolliert zu sein. Dabei sind wir selbst schon viel früher verletzt: Wenn jemand unsere Intimsphäre antastet, unser psychisches „Territorium" betritt, sich in unsere Dinge einmischt. Hier steht Raum auch für eine psychische Dimension.

b) Zeit der Team-Arbeit

Hiermit ist nicht nur an die tägliche oder wöchentliche Arbeitszeit gedacht, vielmehr hat die „Zeit" noch andere Bedeutungen:

- Meine Tätigkeit in der Psychiatrie geschieht zu einer bestimmten historischen und politischen Zeit. Änderung von Psychiatrie und Gesellschaft stehen in engem Zusammenhang. Das wirkt sich auf mein Handeln aus. Kenntnis über Fragen und Probleme in einer Zeit, über Moden und Zeitgenossen, geben nicht nur zusätzliche Auskunft über mögliche Konflikte von Patienten, sondern helfen mir meine Arbeit sinnvoll zu bestimmen.
- Meine Arbeit geschieht innerhalb der Psychiatrie an einem Ort, an dem Zeit eine Rolle spielt. Hier steht die Zeit still, dort läuft sie weg. Es geschieht leicht, daß man sich dem wahrgenommenen Zeitempfinden anpaßt und sich dann selber wundert, wie anders die Zeiten anderer psychiatrischer Einrichtungen sind.

Beispiel: In Übergangsheimen ist die Arbeitsweise langsamer und ruhiger. Was heute nicht geschieht, geschieht morgen. Es ist leicht, sich an das langsame, schlurfende Tempo zu gewöhnen. Wir wissen inzwischen, wie diese Gewöhnung für Patienten zu Angst vor der Umwelt, zur Hospitalisierung, zu Anstaltsartefakten, zur Isolation führt, da sie von Angehörigen oft vergessen und schließlich von der Gesellschaft ausgeschlossen werden. Es ist aber bisher wenig auf die Auswirkung dieser „Zeitlosigkeit" auf die Arbeitenden geachtet worden. Wenn ich mich für die Tätigkeit in einer Langzeit-Einrichtung entscheide, sollte ich wissen, wie trügerisch und gefährlich der Verlust des alltäglichen Zeitempfindens sein kann.

Beispiel 2: In einer Tagesklinik für Krisenintervention, in der die Patienten vier Wochen höchstens bleiben können, entspricht dies der Dauer eines Jahresurlaubes. Damit wird die Zeit vergleichbar, es wird auch deutlicher, daß Zeit zu nutzen ist. Für Team-Mitglieder besteht die Möglichkeit eines überschaubaren, konzentrierten Arbeitens, aber auch die Gefahr größeren Leistungsdrucks: in vier Wochen dem und dem Anspruch zu genügen. Dem Zeitlupen-Effekt der Langzeitbehandlung entspricht hier der Zeitraffer-Effekt. Das führt leicht dazu, daß Handlungen unterlassen werden, weil es einem über wird, immer wieder dieselben Dinge zu diskutieren, sich immer wieder von Patienten in Frage stellen zu lassen, die notwendige Wiederholung als sinnvoll anzuerkennen, weil sie einem zum Halse raushängt.

Übung: Und in anderen Institutionen?

- Ein dritter Aspekt der Zeit zeigt: ich beginne zu einem bestimmten Zeitpunkt meines Lebens die Arbeit in der Psychiatrie, was für mein Leben und für meinen Aufenthalt in der Psychiatrie eine Rolle spielt.

Unterschiede wirken sich auch auf die Zusammenarbeit im Team aus, da sie beschleunigend oder verzögernd, anregend oder störend sein können. Es wird auf diese Weise „Traditionsträger“ geben und solche, die mehr die Veränderung im Auge haben. Der Vorteil ist, daß die Diskussion über zu viel „Aktion“ oder zu viel Beständigkeit auf dem laufenden bleibt. Jedoch ist es für Zeitgefühl und Planung im Team wichtig, daß ungefähres Wissen über die Dauer des Engagements vorliegt.

Wenn die Bedeutung der Zeit für das eigene Leben deutlich wird, kann auch bewußter werden, welche Rolle für einen Patienten spielt: Aufenthaltsdauer, Krankheitsdauer usw.

c) Ziele der Teamarbeit

Bei jeder Begegnung verspreche ich mir etwas: Bei einem neuen Arbeitsanfang erwarte ich etwas, es soll anders werden, ich will Freude haben, ich will etwas Neues kennenlernen. Dies sind Ziele, über die meistens diffus gesprochen wird. Genausowenig erfahre ich meist über die Ziele der anderen und über die der Institution, in der ich arbeite. Wie oft klaffen die Ziele des Patienten, wieder gesund zu werden oder weiter psychotisch zu bleiben, und die der Institution, „gebessert“ zu entlassen, auseinander, was zu Enttäuschungen führt.

6 Verlauf psychiatrischer Arbeit (Therapieverlauf)

a) Zum Verlauf

Auf was ist im Verlauf des Arbeitens im Team zu achten? Das Team muß ein Gefühl für seine eigene Geschichte entwickeln. Gespräche über „weißt Du noch?“ sind nicht nur sentimentales Geschwätz und zeitraubend, sie erleichtern es – und das kann ihre Funktion werden – daß in neuerlichen Krisensituationen auf gemeinsam erworbenes, in der Gruppe vorhandenes Wissen zurückgegriffen werden kann. Sie halten auch wach für das individuell und im Team Erreichte. Jedoch ist nicht nur dieser Leistungsaspekt wichtig. Vielmehr wird durch das Bewußtsein für die eigene Geschichte auch der Gruppenzusammenhalt (Kohäsion) gefördert. Gelegentliche Feste helfen: Für die Station, die Beratungsstelle, nur für das Team, für das ganze Krankenhaus, Straßenfeste. Auch die gemeinsame Teilnahme an Kongressen, Fortbildungsveranstaltungen (z.B. DGSP), Teambesuche anderer Einrichtungen oder gemeinsame Herstellung von Veröffentlichungen sowie Darstellung der Teamarbeit in einer größeren Öffentlichkeit können das Bewußtsein für die eigene Geschichte fördern. Dasselbe gilt für neue Aufgaben, die das Team sich stellt: z.B. die Organisation eines Patienten- bzw. Gemeinde-Clubs, einer Angehörigengruppe, einer Nachsorgeambulanz oder einer Veränderung, die sich auf die ganze Einrichtung auswirkt.

Es ist nicht zu vermuten, daß es an meinem Arbeitsplatz immer schön ist. Das Wissen, das wir den Patienten zu vermitteln verpflichtet sind: daß weder das Leben, noch die Gesellschaft, noch die Psychiatrie einen Anspruch auf Glück eingebaut haben, daß es nicht immer „schön" sein kann, dürfen wir auch für uns nicht verleugnen. Immerhin gibt mir die Arbeit in der Psychiatrie die Möglichkeit zu lernen, daß meine Arbeit etwas mit mir selbst zu tun hat. Damit erhalte ich auch die Chance, ändernd einzugreifen. Aber auch darin ist nicht die Gewähr enthalten, daß Arbeit schön ist. Genauso wie im Gesundwerden für den Patienten nicht die Gewähr enthalten ist, daß Gesundsein „schön" ist. Obwohl die ständige gedankenlos-böse Aufforderung: „nun werd mal schön gesund", sicher zu der Fehleinschätzung beiträgt. In manchen Fällen ist sicher Kranksein schöner. Das kritische Nachdenken über diese verbreitete und werbungsgesteuerte Heilserwartung erleichtert auch meine Arbeit.

Eine der größten Gefahren für die Beständigkeit psychiatrischer Tätigkeit soll noch benannt werden. Vor allem Teams aus jungen Kollegen gehen gern nach dem Motto vor: Je mehr Nähe zueinander, desto schöner! Solche Teams fallen in der Regel nach einer Begeisterungsphase schnell auseinander. Daher hier eine herzliche Warnung davor! Es ist viel gesünder, daß die Teammitglieder zwar ein hochempfindliches Interesse für das private Wohlergehen untereinander haben und sich jede Unterstützung geben, daß sie aber ihre Arbeitsbeziehungen und ihre Privatbeziehungen weitgehend auseinanderhalten, also ein Gleichgewicht zwischen Nähe und Distanz aushalten. Das gibt dem Team jede Stabilität. Auch für Patienten ist es entscheidend, das sie das Leben in der Einrichtung nicht mit ihrem Privatleben verwechseln. Auch von daher ist es günstig, wenn das Team nicht nur beruflich, sondern auch nach Alter, Lebenserfahrung, Geschlecht, persönlicher Eigenart und Temperament gemischt ist. Denn in einem personell gleichbleibenden Team sich über möglichst lange Zeit auf sich und Andere einzulassen, ist immer noch die beste Art, psychiatrisch arbeiten zu lernen. Dabei bildet das Team zusammen mit dem Patienten das „Mini-Team", das immer nur (zeitweilig) Bestandteil aller Beziehungen des Patienten ist.

b) Zur Aufhebung der Begegnung

Wenn der in der Psychiatrie Tätige gut arbeitet, hat er mehr als jeder andere die Chance, Menschen intensiv kennenzulernen. Da dies Kennenlernen, wenn es helfen soll, nicht routinemäßig absolviert werden kann, sondern da es sich bei jeder Beziehung um den Ernstfall handelt, kommt es über kurz oder lang immer wieder zu Abschieden. Jeder in diesem Bereich Tätige sollte sich gerade dadurch wertvoll fühlen, daß er seine Einflußnahme so kurz wie nötig hält. Oft vergessen wir jedoch, daß das Wahrnehmen der eigenen Grenzen die Freiheit des Anderen bedeutet.

Literatur

Brocher, T.: Gruppendynamik und Erwachsenenbildung. Braunschweig 1967
Devereux, G.: Angst und Methode in den Verhaltenswissenschaften. Frankfurt: Ullstein 1976
Groth, R.: Sozialarbeit in der Tagesklinik. Sozialpsychiat. Inf. 1978
Krüger, H.: Therapeutische Strategien in der Sozialpsychiatrie. Sozialpsychiat. Inf. Nr. 6: 48–77, 1971
Krüger, H.: Therapeutische Gemeinschaft, in: Psychiatrie der Gegenwart, Bd. III, Berlin: Springer 1975, S. 711–36
Perle, U.: Arbeiten im Team. Tübingen 1969
Rave-Schwank, M. u. C. Winter-v. Lersner: Psychiatrische Krankenpflege. Stuttgart: G. Fischer 1976
Richter, H. E.: Lernziel Solidarität. Reinbeck: Rowohlt 1974
Rogers, C. R.: Entwicklung der Persönlichkeit. Stuttgart 1973
Schmidbauer, W.: Die hilflosen Helfer, Rowohlt, Reinbek, 1976

2 Der geistig sich und Andere behindernde Mensch (Schwachsinn)

I Landschaft der zu großen oder fremden Schuhe

Geistige Behinderung gehört zu dem, was ich auf die Welt mitbringe – wie die Haarfarbe, die Augenfarbe, die Körpergröße, das Temperament. Sie ist eine Eigenart, die mir bis zu meinem Tod eigen ist, mich von anderen unterscheidet.

Ich und die anderen müssen zu diesem Schicksal ein Verhältnis finden. Je nachdem, wie gut oder schlecht das gelingt, sieht die Landschaft des Behinderten aus. Im „Jahr der Behinderten“ 1981 haben manche von uns das Problem umformuliert: „Jemand *ist* nicht behindert, sondern er *wird* behindert“. Das ist als Ergänzung richtig, im übrigen eine Verharmlosung. Denn zwischen den beiden Wahrheiten, daß jemand behindert ist und von seiner Umwelt behindert wird, liegt die dritte – gern vergessene – Wahrheit, daß er auch sowohl sich als auch Andere behindert. In der Entwicklung behindert, bisweilen sogar in der Existenz bedroht – so viel Angst macht Behinderung. Und das gibt der Landschaft des Behinderten die entscheidenden Farben:

Die Wirtschaft war in ihrem Systemzwang von den Behinderten derart behindert, daß sie sie längst abgekoppelt und wegrationalisiert hat. Die ihnen möglichen einfachen Arbeiten werden zunehmend von Maschinen durchgeführt, so daß kaum für das Konjunkturmittel der ausländischen Gastarbeiter etwas übrig bleibt. Unter diesem Aspekt der steigenden Anforderungen am Arbeitsplatz an Tempo, Konzentration, Flexibilität, Umstellfähigkeit und Entscheidungsfähigkeit fällt ohnehin ein immer größerer Teil der Bevölkerung als behindert, als arbeitsbehindert unter den Tisch. Der wirtschaftliche und damit der gesellschaftliche Wert wird objektiv immer geringer. Aber davon lebte bisher das Selbstwertgefühl jedes Menschen.

Auch im kulturellen Teil der Landschaft haben wir seit langem an der Entwertung der Behinderten gearbeitet: Unsere Eltern benutzen sie – die Schwachsinnigen – als Erziehungsmittel: „Du bist wohl nicht gescheit. Du stellst Dich mal wieder an wie ein Schwachsinniger. Sei doch nicht so dumm. So, das war vernünftig“! Wir selbst benutzen sie spätestens ab Kindergartenalter, um uns gegen andere abzugrenzen: „Du Idiot! Du Trottel! Mit dem spiele lieber nicht, der hat 'ne matschige Birne!“ Im Schulalter werden sie als Angstmacher gegen Sie eingesetzt: „Du bist ein Versager. Wenn Du nicht bald spurst, kommst Du auf die Hilfsschule!“ Manchmal sollen sie auch Ihr Mitleidsgefühl trainieren: „Guck mal, das niedliche Mongölchen, das arme Ding!“ Kein Wunder also, wenn Sie auch jetzt auf dieselben sozial-bewährten Abwehrmethoden stoßen, sowohl bei sich selbst als auch bei ihren Lehrpersonen. Wir alle sind darauf traniert und geben das Training weiter. So wenden die meisten Lehrbücher nur 1% ihrer Seiten für den Schwachsinn auf, obwohl 30% allein der stationären psychiatrischen Patienten daran leiden. Sie beschränken sich in der Beschreibung auf Abwertungen wie „Faule Genießer", „Verstockte Duckmäuser", als ob es für einen Wissenschaftler undenkbar sei, daß ein Behinderter auch ein eigenes Selbstverständnis haben könnte.

Am tiefgreifendsten ist jedoch die Entwicklung des Landschaftsteils der Familie behindert. Ein behindertes Kind zu bekommen, erschüttert jede Familie in ihren Grundfesten, löst panische Angst aus, verunsichert sämtliche Familienmitglieder, bringt Träume und Zukunftserwartungen zum Einsturz, verhindert freie Wahl der Wohnung und des Wohnortes, macht abhängig von sozialen Instanzen, läßt Urlaubsmöglichkeiten fortfallen, engt den Kreis der Bekannten, Freunde und Verwandten ein, macht Schuldgefühle, läßt den Glauben ans Machbare, an Veränderung und an Entwicklung überhaupt schwinden und treibt in die Isolation. Der Trost, die Familie könne statt dessen zu mehr innerem Reichtum kommen, ist zunächst billig, da erstmal das gesamte Spektrum der sozialen Anpassungsleistungen und Werte für die Familie genau so behindert ist wie für den Behinderten. Beide Seiten stehen vor der lebenslangen Aufgabe, sowohl zu ihrer Behinderung als auch zu einander ein Verhältnis zu finden.

Übung: Stellen Sie sich vor, Sie möchten gern Kinder haben, können keine bekommen und haben die Möglichkeit, ein noch nicht geborenes Kind zu adoptieren. Da man ein Kind nur bedingungslos annehmen kann, müssen Sie zur Adoption ja sagen, auch für den Fall, daß es behindert sein könnte. Besprechen Sie diese Vorstellung mit Ihrem Partner, was dies für Sie beide bedeuten würde.

Innerhalb dieser behinderten und behindernden Landschaft hat der geistig Behinderte seine eigene Entwicklung zu gestalten. Dazu gehört – wie für jeden anderen Menschen – nicht nur die Befriedigung der sinnlich-vitalen, privaten Bedürfnisse, sondern auch der produktiven Bedürfnisse, die ihm die Kontrolle der eigenen Lebensbedingungen erlauben und ihn zum Träger gesellschaftlicher Werte machen – als Arbeitender, Lernender, Verkehrsteilnehmer, Kulturangehöriger, Freund, Partner, Genießender und Leidender. Denn zum Menschsein muß all das zusammenkommen. Daran können Sie ablesen, eine wie schwere und gar nicht selbstverständliche Aufgabe es ist, dem geistig Behinderten aller Schweregrade das volle Mensch-Sein zuzusprechen und zu ermöglichen – egal, auf welchem Niveau.

Begriff, Definition, Einteilung

Das Problem kann benannt werden als: Schwachsinn, Oligophrenie, geistige Behinderung, geistige Unterentwicklung, mental retardation, mental deficiency, mental subnormality. Wir werden meist von den geistig Behinderten sprechen. Der Begriff hat – als ein Produkt der Sozialgesetzgebung – den Vorteil, körperlich, seelisch und geistig Behinderte auch mit ihren Rechten nebeneinander zu stellen. Daher kann ein Betroffener diesen (wenn auch bürokratischen) Begriff noch am ehesten auch auf sich selbst anwenden.

Für eine Definition hatte man sich früher mit der Gleichung begnügt: Schwachsinn = angeborener oder früh-erworbener Intelligenzmangel. Wir folgen heute einer Formulierung von Gaedt, dem wir überhaupt die meisten Impulse für die Überarbeitung dieses Kapitels verdanken: Geistige Behinderung besteht a) in einem Defizit der Kapazität der Aneignung gesellschaftlich vorgeformter Bedürfnisse und Fähigkeiten (während psychisch Behinderte widersprüchliche Aneignungswege gehen); und b) aus Alltagsstrategien, mit denen der Behinderte ein mehr oder weniger selbst-behinderndes Verhältnis zu seiner Behinderung sucht, also ein Selbstwertgefühl zu entwickeln versucht, und die wir ganz unsinnigerweise „Verhaltensstörungen" nennen. Von außen betrachtet, wirkt sich dies als Mangel der Reifung, des Lernens und/oder der sozialen Anpassung aus.

Schwerpunktmäßig zeigt sich dies beim Kleinkind als Reifungs-, beim Schulkind als Lern- und beim Erwachsenen als Anpassungsstörung.

Daher wichtig: Geistig behindert ist man grundsätzlich nicht lebenslang, sondern nur bezogen auf seine jeweilige Situation und sein jeweiliges Alter.

Beispiel: Herr P., jetzt 38 J., unehelich, Mutter trunksüchtig, scheiterte wegen Leistungs- und Verhaltensmängeln selbst in der Sonderschule, IQ 43. Er fand einen ihn befriedigenden Arbeitsplatz als Hilfsarbeiter, ist dort seit 19 Jahren, heiratete, kann mit seinen 2 Kindern (13 und 15 J.) zufrieden sein, auch leistungsmäßig. Der Begriff „geistig behindert" wäre jetzt lächerlich für seine Situation. Wer aber einmal das Etikett hat, wird es schwerer haben, sich anders zu entwickeln. Daher ist – von schweren Störungen abgesehen – diese Diagnose nicht zu früh zu vergeben.

Mehr noch bringt uns in Verlegenheit, daß niemand so recht sagen kann, was Intelligenz ist, obwohl deren Mangel doch geistige Behinderung definieren soll. Intelligenz, intellektuelle Leistungen oder Funktionen und Geist werden weitgehend gleichgesetzt. Begriffspaare sind Intelligenz und Persönlichkeit, Geist und Seele. Jaspers definiert 1923 Intelligenz: „Das Ganze aller Begabungen, aller Talente, aller Werkzeuge, die zu irgendwelchen Leistungen in Anpassung an die Lebensaufgaben brauchbar sind". Wichtig dabei seien vor allem Urteils- und Denkfähigkeit, Sinn für das Wesentliche, Fähigkeit zum Erfassen von Ideen und Gesichtspunkten, Spontaneität und Initiative. Persönlichkeit dagegen definiert er als „das Ganze der verständlichen Zusammenhänge, besonders des Trieb- und Gefühlslebens, der Wertungen und Strebungen, des Willens". Was jeder Leser gleich empfindet, räumt auch Jaspers ein: beide Begriffe sind unexakt – und zwar mit Recht; denn die Sache ist es auch! 1971 formuliert K. Atkins pragmatischer, sonst ähnlich: „Intelligenz ist die Fähigkeit, Probleme zu lösen, sich an neue Situationen anzupassen, abstrakte Vorstellungen, Ideen und Begriffe zu entwerfen und von Erfahrung zu profitieren".

Daher wichtig: Geistig behindert ist jemand grundsätzlich nicht absolut, sondern bezogen auf die Wert- und Leistungserwartungen seiner jeweiligen Gruppe bzw. Gesellschaft.

Es geht also immer unsere soziale Wahrnehmung, das Werturteil unseres „gesunden oder normalen Menschenverstandes" mit ein, wenn wir einem Menschen eine normale oder abnorme Intelligenz zuschreiben. In jedem Fall schließe ich von mir auf einen Anderen: ich halte mich für normal intelligent, und im Vergleich zu mir ist der Andere geistig behindert. Daran ändern grundsätzlich auch die im übrigen hilfreichen Hilfsmittel nichts: biologisch-medizinische Befunde, soziale Anamnese und psychologische Tests. Gerade die letzteren machen das Problem besonders deutlich. Denn etwa der übliche Intelligenztest (Hamburg-Wechsler) ist an dem geeicht, was man durchschnittlicher- oder normalerweise in einer Gesellschaft an Intelligenzleistungen zur Lebensbewältigung findet.

Dem genauen Durchschnitt ist der Intelligenzquotient 100 zugeordnet. Wer in seinen Leistungen vom Durchschnitt um mehr als die doppelte Standardabweichung (2 × 15) abweicht, gilt als geistig behindert, also ab IQ 70. Nach der Normalverteilungskurve liegen statistisch 16% der Bevölkerung unter IQ 85, 2% unter IQ 70. Auch hier bestimmt also der Durchschnitt, wer Abweichler ist. (Wissenschaftlich ist jetzt erwiesen, daß die Messung der Intelligenz unterhalb von IQ 50 unwissenschaftlich ist.)

Immerhin kommt man auf diese Weise zu einer groben *Einteilung nach Schweregraden:* nach der WHO gilt IQ 70–80 als Grenzbereich der Minderbegabung (Borderliner); IQ 50–70 betrifft den Bereich der leichten, 20–50 der mäßigen und 0–20 der schweren geistigen Behinderung. Die früheren Begriffe Debilität, Imbezilität, Idiotie sind nicht mehr zu benutzen. Konnten frühere Jahrhunderte unter religiösem Aspekt auch die geistig Behinderten so, wie sie sind, zur *einen* Welt Gottes zählen, so sind wir heute durch das Band der Normalverteilungskurve mit dem geistig Behinderten verbunden: Denn sie, wie wir, sind ein Teil davon – eine Art statistischer Zwangssolidarität, die aber eben die Besonderheit der geistig Behinderten leugnet. Und wer bekennt sich schon gern dazu, wenn es sich bei dem Merkmal, der Intelligenz, um den brisantesten gesellschaftlichen Wert, die soziale Aneignungs- und Leistungsfähigkeit handelt? Weshalb manche auch nicht vom Intelligenzquotienten sonden vom *Sozialquotienten* reden! So zeichnet sich ab, daß das Problem der geistigen Behinderung dreigeteilt ist. Es ist

- eine Frage des endogenen Anteils: Die Menschen unterscheiden sich je nach der Ausprägung ererbter Merkmale wie Körpergröße, Haarfarbe, Konstitution und eben auch Intelligenz; dies ist die Basis der einzigartigen Individualität und damit auch der Würde jedes Menschen.
- eine Frage des psychosozialen Anteils: Überzufällig häufig finden wir

gerade leichte und mäßige geistige Behinderung da, wo der Zugang zu Bildungsmöglichkeiten behindert ist, also in den unteren Sozialschichten, auf dem Lande und in seelisch-schädigendem Milieu.

- eine Frage des körperlichen Anteils: Gerade in den letzten Jahrzehnten konnte eine große Zahl körperlicher Krankheiten oder Störungen entdeckt werden, die vor, während oder nach der Geburt hirnschädigend und damit intelligenzmindernd wirken. Ähnlich wie bei den Anfallsleiden konnte dadurch ein Teil gerade der schweren geistigen Behinderungen aus der endogenen in die exogene Erklärung überführt werden. Entsprechend verteilen sich die geistig Schwer-Behinderten eher gleichmäßig über die sozialen Schichten.

Diese Feststellungen sind wissenschaftlich gut fundiert. Während der 3. Anteil von den beiden anderen gut abgrenzbar ist und sich in Zukunft auf ihre Kosten noch ausdehnen wird, sind Genetiker auf der einen und Soziologen auf der anderen Seite grundsätzlich außerstande, ihre Anteile voneinander zu unterscheiden, wenn dies im Einzelfall auch gelingen mag. Sie bedürfen eines gemeinsamen ökologischen Konzeptes. Man könnte also die Gruppe der (meist leichteren) endo-sozial bedingten der Gruppe der (meist schweren) körperlich bedingten Geistesbehinderungen gegenüberstellen.

In jedem Fall sehen wir schon jetzt, daß nur ein gut eingearbeitetes, berufsübergreifendes Team sowohl in der Forschung weiterführen als auch im diagnostisch-therapeutischen Einzelfall mit einem geistig Behinderten den richtigen Weg finden kann. Die Komplexität des Problems verlangt das.

Da geistige Behinderung ein Normalfall menschlichen Lebens ist, stellt die „Geburt" eines Behinderten nur biologischen, sondern einen gesellschaftlichen Vorgang dar: Fallbeispiel (Gaedt): Herr X., 35 Jahre, IQ um 60, Bote in einer großen Behörde, verteilt innerhalb der Behörde Post, Akten usw., hat sich ein System ausgedacht, um sich die Adressaten besser merken zu können, trotzdem fast überfordert, in seiner Freizeit schläft er meist, hat deshalb keinen großen Bekanntenkreis, lebt aber selbständig, Schwerpunkt seines Lebens sind größere Reisen, für die er spart, während der Arbeit, aber auch im Privatleben völlig unauffällig. Nach einer Rationalisierungsmaßnahme in der Behörde verändertes Verteilersystem bei gleichzeitiger Erweiterung des Zuständigkeitsbereiches. Herr X. wirkt seither störend im Betrieb, die Verteilung funktioniert nicht mehr, er wird getadelt, gemahnt und man weist ihm Nachlässigkeiten nach. Herr X. kann nicht mehr schlafen, hat während der Arbeit Herzklopfen, reagiert gereizt und ausfallend, die Fehler häufen sich, er wird zum Psychiater geschickt, der Hypnose empfiehlt und Neuroleptika ansetzt. Herr X. wird depressiv, schließt sich zu Hause ein, droht mit Selbstmord, der sozialpsychiatrische Dienst wird informiert, die Berentung beantragt. Die entstehende finanzielle Not macht seine üblichen Reisen unmöglich. Herr X. verliert das Interesse an einer Lebensplanung. Der sozialpsychiatrische Dienst informiert den Sozialdienst, die Rentenangelegenheiten werden für ihn geregelt, Wohngeld wird beantragt, man sorgt für soziale Kontakte im Patientenclub, organisiert Freizeitaktivitäten und sorgt dafür, daß regelmäßig der Arzt aufgesucht wird. Irgendwann tritt eine akute Depression auf mit Einweisung in eine Psychiatrische Klinik, diese lehnt jedoch bald die Zuständigkeit ab, eine Pflegschaft wird eingerichtet und Aufnahme in einer Behinderteneinrichtung eingeleitet.

Hier wird anschaulich, wie aus einem selbständigen Menschen ein betreutes und bevormundetes Anhängsel wird, was die Behinderung setzt und welche Rolle ambulante Dienste, flankierende Maßnahmen usw. spielen.

II Auffälligkeiten
(Symptom-Diagnose)

1 Psychosoziale Entwicklung

Was die Frage nach dem Vorliegen einer geistigen Behinderung aufwerfen und somit als Symptom gewertet werden kann, ist selbst schon vom Kontext, vor allem vom Lebensalter abhängig.

Im Säuglings- und Kindesalter machen sich leichtere Behinderungen in der Regel noch nicht bemerkbar. Abgesehen von Befunden, deren möglichst frühzeitige Erhebung bei oder kurz nach der Geburt durch den Kinderarzt oder Kinderneurologen für eine präventive Therapie entscheidend sein kann, ist es das Zurückbleiben biologischer Entwicklungsschritte hinter vernünftigen Erwartungen (und nicht solchen, mit denen heute wohlmeinende „Aufklärung“ den Eltern zusätzlich Angst macht: „Mit 3 J. *muß* das Kind...“), was die Eltern um Rat fragen läßt: „Haben wir ein zurückgebliebenes Kind?“ Von Bedeutung sein können etwa: Trinkschwäche; mangelhafter oder verspäteter Ausdruck sinnlicher oder motorischer Tätigkeit, gefühlsmäßiger Anteilnahme oder aktiver Interessiertheit; verzögertes Gehen- oder Sprechenlernen. Die Säuglinge bzw. Kinder können weniger regsam und lebhaft wirken, kaum oder nur pauschal auf die Umwelt reagieren, weniger mit den Augen folgen oder nach Gegenständen greifen. Sie können stumpf oder teilnahmslos sein, aber auch in ständiger, zielloser motorischer Unruhe sich erschöpfen. Später fehlen beim Spielen Phantasie und Neugier, während mechanisches Gehorchen oder Auswendiglernen u. U. gut gelingen. Wir haben den Eindruck, daß das Kind und seine Umwelt sich nicht in zu erwartender Weise einander nähern, so als ob dem Kind seine Landschaft ungeeignet-unbrauchbar, uninteressant-reizlos, überfordernd-kompliziert oder fremd-bedrohlich erscheint. Immer muß geklärt werden, wieweit unsere Wahrnehmungen durch eine körperliche Störung des Kindes oder durch einen Mangel der psychosozialen Umwelt (vor allem der Bezugspersonen) mitbedingt sind.

Im Schulalter ist es überwiegend das Schulversagen, das die Eltern auf die besorgte Frage bringt: „Unser Kind kommt nicht mit; ist es geistig behindert?“ In diesem Alter sind Schwer-Behinderte meist schon entdeckt und an der Schule vorbeigeleitet. Im übrigen machen die allgemeine Schulpflicht, die Orientierung der Schule an zumindest durchschnittlichem Leistungsvermögen und die Belohnung höherer Leistungen durch die Verheißung sozialen Aufstiegs die Schule zum empfindlichsten und u. U. rücksichtslosesten gesellschaftlichen Diagnosemittel für mäßige und vor allem für leichte geistige Behinderungen. Die Betroffenen (und ihre Familien) werden hier mit den Werten und Forderungen konfrontiert, die vom Durchschnitt an aufwärts gelten sollen, gleichgültig, welche Werte sie bisher als für sich passend empfunden hatten. Totales Versagen in manchen Fächern, Sitzenbleiben, Herausfallen aus der Grund- oder gar aus der Sonderschule sind meist nicht die einzigen Folgen der Auffälligkeiten, die sich im einzelnen als Schwäche des abstrahierenden und theoretischen Denkens, der Begriffsbildung, des Schlußfolgerns und Urteilens, des Auffassens von Bedeutungsunterschieden und Sinnzusammenhängen zeigen können. Vielmehr stellt die Schule ja auch Anforderungen hinsichtlich psychosozialer Kompetenz und Persönlichkeitsentfaltung. So können sich im gleichen Maße Schwächen der Durchsetzungs- und Konkurrenzfähigkeit, der Initiative und des Selbstbewußtseins, der disziplinierten Anpassungs- und Kooperationsfähigkeit sowie des sozialen Austauschs mit Partnern des gleichen oder des anderen Geschlechts äußern. Nicht selten können dann zunächst Verhaltensstörungen im Vordergrund stehen, also sozial unerwünschtes Handeln (z. B. sozialer Rückzug, regressives Kind-Spielen, aggressives Stören oder sexuelle Ersatzhandlungen), das seinerseits die Leistungschancen wieder verringert, und das als Ausdruck der Not des um sein Behinderten-Selbst ringenden Kindes oft nicht oder zu spät erkannt wird – besonders während der Pubertät.

Als *Erwachsene* werden geistig Schwer-Behinderte nur dann erstmals psychiatrisch sichtbar, wenn sie bis dahin von ihren Eltern versorgt und meist verborgen gehalten wurden, die Eltern nun aber mit der Pflege überfordert, zu alt oder gestorben sind. Systematische Förderungschancen für diese Patienten, die oft nicht sprechen können, unsauber sind, sich den Tag über mit Zerreißen von Papier, Sammeln von Gegenständen oder Musik beschäftigen und sich nur von ihrer Mutter pflegen und leiten lassen, sind dann meist schwierig. Leichter Behinderte kommen jenseits des Schulalters nur noch selten wegen der Intelligenzschwäche mit psychiatrischen bzw. sozialpädagogischen Einrichtungen in Berührung. Es hat sich gezeigt, daß ihnen das Finden einer halbwegs befriedigenden sozialen Existenz – wenn auch oft in einer „sozialen Nische“ – besser gelingt, als ihnen im Schulalter prophezeit wurde. Manche finden jedoch keine für sie passende „Nische“, andere verlieren sie, sei es aus ökonomischen Konjunkturschwankungen, oder weil die „Nische“ an einem zu labilen Gesellschaftsrand angesiedelt war, oder weil sie weniger Möglichkeiten als andere haben, eine körperliche oder psychosoziale Streß-Situation auszuhalten. Psychische Auffälligkeiten entstehen dann als Folge des Zusammenbruchs der bei den schlechten Startbedingungen ohnehin nur mühsam gehaltenen sozialen Anpassung. Wir lernen sie dann kennen, weil sie etwa: alkohol- oder medikamentenabhängig geworden sind; bei einem Verlust in eine depressive Krise oder eine Psychose geraten; sich in eine Krankheit geflüchtet oder sonst einen Kummer hysterisch verarbeitet haben; „einfach nicht mehr können“; *einen* Persönlichkeitszug extrem ausleben und damit überall anecken; mangels besserer Fähigkeiten oder Gelegenheiten mit ihrer Sexualität sozial unerwünscht umgehen (pädophil, exhibitionistisch, Inzest, Prostitution); aufgrund ihrer Verstimmung, Erregbarkeit oder Lethargie nicht mehr tragbar sind; sich total isoliert haben und verwahrlosen; kriminell geworden sind (Eigentums- und Sexualdelikte). Dabei spielen Verführbarkeit, Urteils- und Steuerungsschwäche, Vermutung schneller Bedürfnisbefriedigung, Frustrationsintoleranz und zudem die höhere Wahrscheinlichkeit der Entdeckung und Bestrafung eine Rolle.

2 Medizinische Diagnose

Wenn auch der weitaus größte Teil der geistig Behinderten als anlage- bzw. sozialbedingt anzusehen ist und daher die Entwicklungsdiagnose praktisch absoluten Vorrang hat, so ist doch eine medizinische Diagnostik erforderlich – schon wegen der wachsenden Zahl der medizinisch definierbaren (und z.T. auch behandelbaren) Behinderungsformen. Hier kommen alle dem Leser aus der hirnorganischen Diagnostik bekannten Mittel zum Zuge, dazu eine zunehmende Zahl biochemischer Reaktionen. Da diese diagnostischen Probleme vor allem in die Arbeitsgebiete genetische Beratung, Geburtshilfe, Kinderheilkunde und Kinderneurologie gehören, beschränken wir uns hier auf die Aufzählung der medizinisch abgrenzbaren Entstehungsmöglichkeiten. Sie hat freilich nur in der Frühförderung praktische Bedeutung. Insgesamt kennt man bisher 4–500 Zustände.

a) Erbliche Stoffwechselstörungen

Es handelt sich meist um genetisch bedingte Enzymdefekte (Enzymopathien), überwiegend rezessiv vererbt, die zu internistischen, neurologischen Symptomen und über Hirnvergiftung zu meist schwerer geistiger Behinderung führen. Auch normal-intelligente Verwandte können einen fehlerhaften Abbau der betreffenden Substanz haben. Etwa 50 solcher Störungen sind bisher bekannt. Erst ein Teil von ihnen kann durch frühzeitig einsetzende Stoff-wechsel-Kompensation teilweise oder ganz therapiert werden. Die praktisch wichtigsten Störungen – nach Stoffwechselgebiet geordnet – sind:

- Aminosäurestoffwechsel

Phenylketonurie: Jeder 50. von uns ist Anlageträger; jedes 6400. lebend geborene Kind erkrankt; das bedeutet etwa 1 % aller geistiger Behinderungen.

Symptome: verbogene oder gebeugte Haltung, ungeschickte Motorik, leichte Mikrocephalie, geringere Pigmentierung, meist (nicht immer) schwere geistige Retardierung, die frühestens im 2. Lebenshalbjahr erkennbar ist. Der Mangel der zuständigen Hydroxylase verhindert den Abbau von Phenylalanin zu Tyrosin; dadurch Anstieg von Phenylalanin in Blut und Gewebe sowie Ausscheidung von Phenylbrenztraubensäure im Urin. Labor: Bestimmung des Phenylalanins im Blut (Gutherie-Test) und Nachweis der Phenylbrenztraubensäure im Urin. Therapie: Ab 1. Lebenshalbjahr konsequente phenylalaninarme Diät für mindestens die ersten 10 Lebensjahre; bei späterem Therapiebeginn nur Teilerfolge.

Ahornsirup-Krankheit: Hemmung der Decarboxylierung von Valin, Leuzin und Isoleuzin; Körper- und Uringeruch der Kinder auffallend, eben ahornsirup-ähnlich.

Hartnup-Krankheit: Störung des Tryptophanstoffwechsels; außer der geistigen Behinderung pellagraartige Dermatose und episodische ataktische Gehstörungen mit Nystagmus.

Wilsonsche Krankheit: s. dort.

- Kohlehydratstoffwechsel

Galaktosämie: Bei normaler Milchernährung kommt es durch Abbaustörung zu überhöhtem Galaktosespiegel im Blut, was zu Leberzirrhose, grauem Star, geistiger Retardierung und frühem Tod führt. Therapie: milchzuckerfreie Diät.

Gargolysmus (Pfaundler-Hurler): auch zu den Lipoidstörungen zu rechnen, bedingt durch Ablagerung von Mukopolysacchariden in Bindegewebe, Knorpel, Gehirn, führt zu besonders groteskem Zwergwuchs, vielfältigen Knochendeformierungen, abstoßend-häßlichem Gesichtsschädel, schwerer geistiger Retardierung und spätestens im 3. Jahrzehnt zum Tod.

- Lipoidstoffwechsel (Lipoidosen, Lipoidspeicherkrankheiten)

gekennzeichnet durch Enzymdefekt, der zur Ablagerung von abnormen bzw. abnorm vermehrten Zwischenprodukten des Fettstoffwechsels im Zentralnervensystem und anderen Teilen des Organismus führt.

Morbus Gaucher: Speicherung eines Zerebrosides, nicht immer geistige Retardierung.

Morbus Niemann-Pick: Speicherung von Sphingomyelin; Leber-Milzvergrößerung, teils Erblindung und Ertaubung; früher Tod.

Morbus Tay-Sachs (amaurotische Idiotie): Speicherung von Gangliosiden; Manifestation vor der Geburt, als Kind oder nach der Pubertät mit entsprechend unterschiedlicher Lebenserwartung und Ausprägung der Retardierung.

- Leukodystrophien (angeborene Entmarkungskrankheiten)

Metachromatische L.: Speicherung von Sulfatiden bei Defekt der Zerebrosid-Sulfatidase im zentralen und peripheren Nervensystem; auch hier kindliche, jugendliche und erwachsene Form.

Globoidzellen-L. Krabbe: Ablagerung von Zerebrosiden, von Beginn an auch spastische Lähmungen, sehr bald Enthirnungsstarre und tödlicher Ausgang.

Chron. infantile Zerebralsklerose (Pelizaeus-Merzbacher): Wahrscheinlich Störung des Glyzerin-phosphatidstoffwechsels der Markscheiden; Beginn mit Gehstörungen und Nystagmus, später spastische Lähmung, Sprachstörung und Retardierung; Krankheitsverlauf nur selten mehrere Jahrzehnte.

- Andere Stoffwechselstörungen,

die geistige Behinderung verursachen können, sind z.B. Enzymstörungen der Schilddrüsenfunktion oder Hormonstörungen, wie angeborener Hypo- oder Athyreoidismus (etwa Kretinismus) oder renaler Diabetes insipidus.

b) Entwicklungsstörungen des Gehirns

Sie sind z.T. erblich bedingt, z.T. in ihrer Entstehung unbekannt. Zu unterscheiden sind Fehlbildungen, die eher als Mißbildungen, von solchen, die eher als Neubildungen anzusehen sind.

- Hirn- und Schädelmißbildungen

Am häufigsten ist die Mikropolygurie, d.h. es finden sich zahlreiche, zu schmale Windungen in mehr oder weniger großen Anteilen der Hirnrinde. Andere Mißbildungen sind: Fehlen von Großhirnsubstanz (Porenzephalie) bis zur Anenzephalie, angeborener Hydrozephalus, Makro- oder Mikrozephalie, Kraniostenose, Anomalien des kraniozervikalen Übergangs sowie die verschiedenen Formen des mangelhaften Abschlusses des embryonalen Neuralrohres (Meningoenzephalozelen). Letztere sind therapeutisch z.T. durch Operation anzugehen.

- Phakomatosen

Hier handelt es sich um Fehlbildungen, die sich außer am Zentralnervensystem auch an anderen Organen, besonders an der Haut manifestieren und sich z.T. wie Neoplasmen auswirken.

Tuberöse Hirnsklerose (Bourneville): Dominant vererbte Störung der Histogenese, führt zu knotiger Auftreibung der Hirnwindungen, Knotenbildung (Neuroglia) an der Retina, Tumorbildung der Nieren und des Herzens (Rhabdomyome) und zum charakteristischen Adenoma sebaceum (Pringle), eine bisweilen schmetterlingsförmige, mal diskrete, mal knotigentstellende Hautveränderung über Nase und Stirn. Aufgrund der verkalkten Knötchen sieht das Schädel-Röntgenbild wie mottenzerfressen aus. Retardierung wird u.U. nur im Sozialverhalten erkennbar. Durch Tumorwachstum Krämpfe. Erwachsenenalter kann erreicht werden.

Enzephalo-trigeminale Angiomatose (Sturge-Weber): Gesichtsnävus im Trigeminusbereich, verkalkte geschlängelte Meningealgefäße (Röntgenbild), Angiome der Retina, Buphthalmus (Augapfelvergrößerung mit Drucksteigerung), Krämpfe und Retardierung.

Hippel-Lindau-Krankheit: Hier kann sich die Retina-Angiomatose im mittleren Lebensalter mit einem Kleinhirnangiom kombinieren; Heilung bei frühzeitiger Operation.

Neurofibromatose (v. Recklinghausen): Zahlreiche Neurofibrome, die sich aus den bindegewebigen Nervenscheiden entwickeln, und zwar an peripheren Nerven (Lähmungen), an Nervenwurzeln (Sanduhrtumor, Querschnittssymptome), im Schädel als Neurinome am N. vestibulocochlearis (Kleinhirnbrückenwinkeltumor), am N. opticus und an der Retina (Sehstörungen) und im Zentralnervensystem (Krämpfe, Retardierung); zugleich an der Haut Neurofibrome und graubraune Pigmentanomalien. Die Tumore können sowohl wachsen als auch bösartig entarten.

c) Chromosomen-Störungen

Obwohl die hierdurch bedingten Zustände eindeutig abgrenzbar sind, sind die zugrundeliegenden Ursachen teils unbekannt, teils unterschiedlich (zwischen erblichem Defekt und intrauteriner Schädigung).

- Down-Syndrom

Die normale Körperzelle hat hier 47 statt 46 Chromosomen, aufgrund einer Teilungsstörung bei der Gametogenese meist des Paares 21 (Trisomie 21). Nur etwa 5% der Fälle scheinen durch sog. Translokationstrisomie erblich zu sein. Am Down-Syndrom leidet jedes 600. Neugeborene sowie 10% der hospitalisierten geistig Behinderten. Der wichtigste bedingende Faktor ist das Gebäralter der Mutter: Unter 30 Jahre ist die Erwartung 1:2000, über 40 Jahre jedoch 1:50. Auch das Alter des Vaters scheint eine Rolle zu spielen. Wenn nicht bei der Geburt, so fallen die Kinder einige Zeit danach auf: Augen stehen weit auseinander, Lidspalten schief nach außen gezogen, Epikanthus-Falte, breite Nasenwurzel, Mund leicht geöffnet, Zunge dick und rissig, kurzer Hals auf gedrungenem Körper, Hände und Füße plump (4-Fingerfurche), Haar struppig, Haut trocken und rauh – also etwa so, wie wenn Kinder „schwachsinnig" spielen! Wachstum und geistige Entwicklung bleiben zurück (IQ selten unter 20 oder über 60). (Die frühere Bezeichnung „Mongolismus" oder „mongoloide Idiotie" für das bei allen Rassen gleichermaßen vorkommende Down-Syndrom läßt sich historisch als Produkt des europäischen Rasse-Vorurteils des 19. Jahrhunderts nachweisen.)

- Geschlechtschromosomen-Störungen

Klinefelter-Syndrom: Jedes 600. männliche Neugeborene ist geschlechtschromatin-positiv (Abstrich Mundschleimhaut), d.h. chromosomaler Zwitter mit einem XXY-Muster. Neben anderen Störungen der Geschlechtsausstattung liegen Züge eines endokrinen Psychosyndroms, häufig Überanpassung sowie leichte Retardierung vor.

Turner-Syndrom: Hier ist bei einem Geschlechtschromosomogramm von XO häufiger die seelische als die geistige Entwicklung der Mädchen bzw. Frauen zurückgeblieben.

d) Exogene Schäden vor, während oder nach der Geburt

- *Pränatal:* Hirnschädigung durch vorgeburtliche Infektionen, offenbar am häufigsten durch Zytomegalie (Virus-Infektion, zugleich mit dem ZNS wird vor allem die Leber geschädigt, soll für etwa 20 % des jährlichen Zuwachses an geistig schwer behinderten Kindern verantwortlich sein), aber auch durch Röteln, Toxoplasmose, Listeriose, Herpes, Lues. Andere Enzephalopathien entstehen durch Schwangerschaftstoxikose der Mutter, Hypothyreose, Blutungen, Funktionsschwäche der Plazenta und andere Ursachen für Sauerstoffmangel des Kindes sowie Strahlenschäden.

Embryofetales Alkoholsyndrom: Seit 1973 zeichnet sich immer bedrohlicher ab, daß Alkoholgenuß in der Schwangerschaft möglicherweise die häufigste keimschädigende Noxe ist. Es kommen vor allem vielfältige Gesichts- und Organmißbildungen, häufig Mikrozephalie sowie geistig-seelische Retardierung vor. Die Auswirkungen der Medikamenten-Einnahme in der Schwangerschaft auf die geistige Entwicklung des Kindes ist bisher noch weniger aufmerksam untersucht worden.

- *Perinatal*

Hirnschäden z. B. durch mechanische Geburtstraumen mit Blutungen, Hirnmangelversorgung durch verlängerte Asphyxie, Azidose, Hypoglykämie, Hypernatriämie, Unterkühlung und kalorische Mängel.

- *Postnatal*

Hirnschäden durch frühkindliche Infektionen wie Masern usw., aber auch wieder Zytomegalie, ferner durch Impfungen, schwere sonstige Krankheiten und Ernährungsstörungen sowie durch Bilirubin-Enzephalopathie (Kernikterus), wobei es über eine schwere Gelbsucht zu Bilirubineinlagerungen vor allem in den Basalganglien kommt, bedingt durch Unverträglichkeit des Rhesus-Faktors, anderer Blutgruppenarten oder perinatale Sepsis; ohne sofortige Transfusionsbehandlung ist entweder Tod oder schwere geistige Behinderung und zerebrale Kinderlähmung die Folge.

Über die Berücksichtigung dieser Bedingungen hinaus ist im Rahmen der Frühförderung auch eine sorgfältige sonstige medizinische Untersuchung erforderlich. Denn es kommt immer wieder vor, daß der „Eindruck“ einer geistigen Behinderung fälschlich dadurch entsteht, daß eine andere Körperstörung, eine Legasthenie, oder vor allem eine Beeinträchtigung von Sinnesfunktionen (Sehen, Hören) übersehen oder therapeutisch nicht hinreichend berücksichtigt wird.

Die Unterscheidung der geistigen Behinderung von neurotisch bedingter Lernbehinderung, von frühkindlichem Autismus, von später erworbener Demenz und von psychotischen Zuständen, die im übrigen hier nicht häufiger sind als bei anderen Personen, wird in der Regel erst möglich, wenn wir durch die Begegnung mit dem Behinderten und seinen Angehörigen die

Situation aller Beteiligter auch von innen kennen lernen. Dabei steht uns nur noch unsere Person selbst zur Verfügung, um deren hier angemessene Grundhaltung es im folgenden geht.

III Begegnung mit der Behinderung des Behinderten und seiner Angehörigen

Wie bei jeder Begegnung steht am Anfang die Frage: Wie nutze ich die Begegnungs-Angst, die hier ja besonders groß ist, da der geistig Behinderte mir besonders fremd ist, ich zum Beispiel bei Sprachunfähigkeit selbst sprachlich *für* ihn da sein muß. Wie nehme ich mich wahr, damit es zu einem Austausch zwischen uns kommt und damit zu einer Beziehung? Liegt ein Scheitern an seinem oder an meinem Unvermögen?

1 Selbstwahrnehmung

Beim geistig Behinderten ist es besonders klar: Die Haltung „Ich verstehe Dich" ist unmöglich. Der Andere ist zu fremd. Er hat nicht mal eine „schönere" Vergangenheit wie jemand mit einer (erworbenen) Demenz. Der geistig Behinderte war immer schon so, schicksalhaft verhängt, im Leistungsvergleich von sich und anderen als minderwertig eingestuft, ein Anlaß für Ärger, Enttäuschung, eine Last, eine Beleidigung, oft schon wegen der un- geschickten (z.B. spastisch gestörten) Bewegungen, wegen des groben, abstoßend häßlichen Aussehens; denn er ist oft gleichzeitig körperbehindert, und jede Landschaft hat auch ihre ästhetische Hackordnung. Also ist nur die Haltung möglich: „Ich verstehe Dich nicht, aber vielleicht – innerhalb unserer Beziehung – verstehe ich *mich* auf Dich." Wie fange ich das an?

Zur Suche nach schwachsinnigen Anteilen in mir selbst, muß ich mich zwingen. Würde alle Welt mich für geistig behindert erklären, ich könnte es nicht annehmen, würde dagegen kämpfen, leugnen oder resignieren – mich dadurch noch mehr behindern. (Früher schrieb man Schwachsinnigen ein erethisches = streitsüchtiges oder ein torpides = apathisches Temperament zu, ohne zu begreifen, daß auch sie sich gegen ihr Schicksal sträuben, wodurch sie sich nicht selten noch mehr behindern.) Dabei stoße auch ich jeden Tag an grundsätzliche Grenzen meiner Aneignungs- und Leistungsfähigkeit: Wenn ich bei einer Prüfung durchfalle, mache ich mir tausend Erklärungen, um mein Versagen, meine Geistesschwäche und Wertlosigkeit nicht annehmen zu müssen. Ich hatte immer schon eine Schwäche, etwa in Mathematik, oder in der Phantasie, im Sport, Tanzen oder Flirten, bin der Elefant im Porzellanladen, oder sehe häßlich aus: Ich werde deswegen gehänselt, bemitleidet oder abgelehnt, nehme mir das zu Herzen, wodurch ich noch unsicherer werde und dadurch den Angreifern recht gebe. Akzeptieren Sie mal eine eindeutige Schwäche als Ihre Besonderheit und Eigenart! – Schließlich: Ich beginne eine Ausbildung oder Arbeit und merke, daß ich hier meine endgültige Grenze überschritten habe, daß ich im Verhältnis zu den Erwartungen an mich geistig behindert bin. Ich verstehe nichts mehr, die Überforderung isoliert mich existentiell: Alle außer mir kennen das Spiel, bemühen sich vergeblich um mich. Die anderen und ich bleiben uns fremd, bedrohlich, weil das Leistungsgefälle Austausch und Sprache verhindert. Wenn ich nun, anstatt einen Schritt zurückzugehen, mich noch mehr bemühe, werde ich für die andern „als Mensch", als Ich unerreichbar, bin nun noch behindert, was für alle unerträglich ist. Eben dies ist für den geistig Behinderten Dauerbedrohung. In diesem unerträglichen Dilemma rettet mich jetzt nur noch entweder der totale Rückzug oder das „Wunder", daß jemand mich als Mensch wahrnimmt, mit mir eine Ebene findet, unabhängig von meiner ausweglosen Leistungsschwäche. Nur dadurch kann ich so frei werden, *einen* Schritt zurückzugehen, meine Schwäche als meine Eigenart zu akzeptieren, so daß ich trotz meiner quantitativen Minderleistung zwar einen anderen, aber qualitativ keinen geringeren Wert habe als die anderen. Daß ich meinen Wert in mir habe, macht mich von dem Vergleichszwang mit den Leistungen der anderen frei und macht es mit meinem Selbstwertgefühl vereinbar, daß ich mich aus dem überfordernden, mich behindernden und isolierenden Leistungsbereich zurücknehme und ein für mich passenderes Niveau suche. Solche panischen Vernichtungsängste und ihre Nutzungsmöglichkeiten muß ich bei mir wahrnehmen, damit der geistig Behinderte in der Begegnung mit mir so viel Vertrauen haben kann, sich selbst wenigstens ansatzweise ähnlich wahrzunehmen. Sonst bleibt er das hilflose Objekt meiner ebenso hilflosen Fremdwahrnehmung seiner sich gerade dadurch steigernden Minderwertigkeit.

Das alles nützt mir aber buchstäblich nichts, wenn ich nicht zugleich auch die bodenlose Existenzangst der Eltern in mir wiederfinde, die sich mit der Behinderung Ihres Kindes nicht abfinden können; oder das Gefühl der „Familienschande" der Geschwister; oder die abgrundtiefe Verlustangst der Angehörigen, die ihr behindertes Kind in eine Reha-Einrichtung abgeben sollen; oder die gnadenlosen Schuldgefühle der alt gewordenen Eltern, die ihr Kind endgültig loslassen sollen, oder ganz besonders das anscheinende Desinteresse, worin sich Erblichkeitsangst, Scham und Schmerz von Angehörigen organisiert, die ihr behindertes Kind scheinbar „empörend" lange nicht besuchen. Das Leiden der Angehörigen ist grundsätzlich mindestens so groß wie das des Behinderten. Daher bedürfen sie einer mindestens ebenso aufwendigen Aufmerksamkeit und Selbstwahrnehmung unsererseits, um sich selbst wahrzunehmen, freizusprechen und wieder handlungsfähig machen zu können.

Beispiel: Herr A., 27 Jahre, mäßig geistig behindert, kam mit Zwangseinweisung in ein Landeskrankenhaus, nachdem er mehrfach aggressiv-verwirrt-paranoid die Eltern zusammengeschlagen hatte. Dies wiederholte sich bei jedem Entlassungsversuch. Er hatte bis dahin bei den inzwischen altersschwachen, über 70jährigen Eltern gelebt, von ihnen aufopfernd behütet, von dort aus seit 8 Jahren in eine Behinderten-Werkstatt gegangen. Zwei Jahre lang schleppten sich die Eltern, am Rande ihrer körperlichen und geistigen Kräfte, jede Woche aus 12 km Entfernung zur Angehörigengruppe. Solange dauerte es, bis sie allmählich sich mehr um sich als um ihren Sohn kümmern und dadurch akzeptieren konnten, daß der Sohn auch über ihren Tod hinaus nun seinen eigenen Weg zu gehen habe. Und erst seit demselben Zeitraum war der Sohn dazu auch wirklich in der Lage, hat sich inzwischen in einem Übergangsheim verselbständigt und kann von dort einer beschützten Arbeit nachgehen.

2 Wahrnehmungsvollständigkeit

Je schwerer die Behinderung, desto größer die Gefahr, daß wir die unterschiedlichen Bedeutungen des Behinderten-Handelns nicht wahrnehmen. Desto nützlicher aber auch die Definition von Gaedt, wonach stets das Defizit der Aneignungskapazität und die Ausbildung von Alltagsstrategien des Behinderten im Umgang mit seiner Behinderung zu unterscheiden sind. Unter diesem Aspekt ist das „schwachsinnige“ Festhalten am Konkreten, Bekannten und Gewohnten nicht nur als Minus-Symptom zu werten. Vielmehr kann es auch ein Schritt zur Selbstbeschränkung und damit zur Selbstachtung sein, wodurch sich jemand vom zwanghaften Vergleich mit der Durchschnittsnorm freimacht. Ferner geht es um die Unterscheidung von Schwächen und Stärken: Nicht nur, daß eine Behinderung nach dem Schulalter gleichsam „weggelebt“ werden kann. Vielmehr hat auch jeder Behinderte, wie jeder andere Mensch, grundsätzlich schwächere und stärkere Leistungsbereiche. Die Aufmerksamkeit ist von ersteren auf letztere zu lenken. Noch wichtiger ist es, daß auch die geistige Behinderung in ihrem Ausmaß von der Situation und von den zwischenmenschlichen Beziehungen abhängt. Bei jeder Anforderung erlebt der Behinderte einmal seine Selbsteinschätzung, zum anderen aber auch die Einschätzung seiner Familienangehörigen bzw. unsere Einschätzung als den „Ersatzspielern“ für die Familie. Daher ist es allen Tests überlegen, daß wir mit dem Behinderten möglichst viele unterschiedliche Situationen durchspielen, um ihn die Unterschiede wahrnehmen zu lassen: Etwa in der Familie, in der Tagesstätte, in unterschiedlichen Arbeitssituationen.

Schließlich ist jedes Handeln nach mindestens 5 Bedeutungsaspekten zu unterscheiden: 1. Ausdruck biologischen Mangels. 2. Auswirkung ungünstiger psychosozialer Bedingungen (eine ausgleichende Änderung kann den IQ um 10 bis 20 Punkte verbessern). 3. Äußerung der mit den Defiziten von 1. und 2. zusammenhängenden Gefühlen der Angst, Verunsicherung,

Scham, worin der Patient zu allererst aufzusuchen ist. 4. Als Versuch der Bewältigung, Kompensation und damit Selbsthilfe, um seine Situation kontrollieren zu können. 5. Als Abwehr, d.h. als mißlungene, weil selbstbehindernde Alltagsstrategie. Dies kann – wie bei allen anderen Symptomen – Vermeidungshandeln sein, z.B. regressiv-kindhaft, somatisierend, paranoid-mißtrauisch, aggressiv-explodierend. Oder es können Überkompensationen sein, wenn jemand zum Ausgleich einer Schwäche das gewählte Mittel so überstrapaziert, daß es nicht zur Befreiung, sondern zur Selbst-Behinderung beiträgt. Nach der bloßen Verhaltensbeobachtung diagnostizieren wir dann „Verhaltensstörung", reagieren mit Strafe, was den negativen Kreislauf beschleunigt, oder greifen zur Einweisung in das zuständige Psychiatrische Krankenhaus.

Statt dessen ist wichtig, auch in jeder mißlungenen Bewältigung („Verhaltensstörung") die Bemühung um den Umgang mit der Behinderung, um Selbsthilfe zu erkennen und zu stärken. Genauso wichtig ist es, die Familie ebenso gut wie den Patienten zu kennen, da wir nur dann wahrnehmen, daß der Patient bei jeder „Verhaltensstörung" bemüht ist, entweder Anschluß an das gesellschaftliche Wertesystem der Familie zu finden oder aber sich gerade davon abzusetzen, um seinen eigenen Lebensstil zu finden. In dem Maße, wie wir darauf nicht achten, kann jemand einen Persönlichkeitszug aus seiner endogen-konstitutionellen Mitgift zum Zwecke der Alltagsstrategie zu einem mehr oder weniger perfekten Panzer ausbauen, der dann ihn selbst ebenso wie die Umwelt zusätzlich behindert. So kam früher der Begriff des „Psychopathen" zustande, weshalb man ihn auch „moralischen Schwachsinn" nannte. Was inhaltlich mit „Psychopathie" gemeint war, könnte statt bei den „Persönlichkeitsstörungen" auch hier bei der geistigen Behinderung abgehandelt werden. Isoliert und von uns allein gelassen, kann jemand aus seinem Minderwertigkeitsgefühl die Haltung entwickeln: „Ich kann gar nichts, ich liefere Euch jeden Beweis dafür". Aus „Genießen-Können" wird der Panzer oder das Etikett „Fauler Genießer". Aus „Vorteile erkennen können" wird der „heimtückisch Schlaue" usw. Aus Mangel an wechselseitigen Beziehungen auf derselben Ebene wird die „soziale Rücksichtslosigkeit der Schwachsinnigen". Aus Unsicherheit, Selbsthaß und Ablehnung des eigenen Körpers wird überkompensierend zur Entschädigung für sämtliche anderen Schwächen das, was andere dann als „sexuelle Haltlosigkeit" oder „exzessive Onanie" etikettieren, was den Selbsthaß wieder steigert. Auch Angehörige können die Überkompensation in Gang setzen: Wenn sie etwa Musikalität so mißbrauchen, daß sie das Kind seine „Kunststückchen" immer wieder vorführen lassen, die Fähigkeit zu Tode reiten, so daß aus einem Vergnügen ein Rollengefängnis wird.

Beispiel dafür, wie behindertes Kind und Eltern gemeinsam Selbst-Behinderung produzieren: Brigitte O., 18 Jahre, durch Phakomatose (s. d.) behindert, noch schulfähig, führt jeden Morgen folgende Situation herbei: Sie sagt zu den Eltern: „Ich möchte Euch gern den Kaffee machen". Mutter: „Das ist nett, aber Du weißt ja: 8 Löffel Kaffee!" Brigitte: „Ja, ich weiß", geht in die Küche und nimmt 16 Löffel; sie weiß, daß die Eltern den Kaffee dann ungenießbar finden. Währenddessen Mutter zu Vater: „Geh bitte in die Küche und passe unauffällig auf, daß der Kaffe nicht wieder ungenießbar wird". Vater erscheint in der Küche: „Ich will nur was holen", gibt der Tochter damit Gelegenheit zu einem Tobsuchtsanfall: „Warum wollt Ihr mich schon wieder kontrollieren!" Fazit der Mutter: „Das arme Kind weiß es nicht, es hat eben einen Entwicklungsrückstand!"

Übung: Klären Sie im Rollenspiel, wie Eltern bzw. Brigitte handeln bzw. sprechen könnten, wenn sie versuchten, die Situation *vollständig* wahrzunehmen!

Im Rückgriff auf die Schilderung der Landschaft des Behinderten gehört es endlich auch zur Wahrnehmungsvollständigkeit, daß wir auf den Unterschied zwischen der Privatexistenz und der öffentlich-gesellschaftlichen Existenz des Behinderten achten. Insbesondere bei Schwer-Behinderten ist es ebenso schwierig wie notwendig, auch die geringsten Ansätze dafür zu sammeln und auszubauen, daß der Behinderte seine Lebensbedingungen kontrolliert und daß er Teilnehmer und Träger menschlicher Gesellschaftlichkeit im wirtschaftlichen, kulturellen und sozialen Bereich wird – innerhalb ebenso wie außerhalb einer Einrichtung.

3 Normalisierung der Beziehung

Wie jeder andere Mensch existiert der von Geburt an Behinderte gesellschaftlich nie nur als Individuum. Unsere Qualität als Person gewinnen wir insbesondere als Teil einer Familie. Wenn ich eine normale Beziehung will und daher alle Gefühle in mir zulasse, die der Behinderte in mir auslöst, dann muß ich auch seine Angehörigen dazu bringen – allein oder in einer Angehörigengruppe. Sonst werden auch sie nicht zu freien und damit normalen Handlungspartnern des Behinderten. Wie hart und brutal das ist und wie wenig die Angehörigen ohne meine Hilfe dazu kommen können, mag folgende Selbstschilderung andeuten: Bei den Gefühlen, die er in mir auslöst, unterliege auch ich zunächst dem Vergleichszwang. Ich finde, ich bin „mehr", er „weniger". Seine Dummheit beleidigt mich. Seine Benachteiligung macht mir Schuldgefühle. Seine Hilflosigkeit weckt meinen Helferinstinkt, mein Mitleid. Er ist häßlicher als ich, entstellt; ich spüre Ekel, Abscheu. Seine Gewalttätigkeit macht mir Angst. Ich suche nach Sicherheit vor ihm. Er ist böse, unartig, nutzt mich aus, will meiner Vernunft nicht folgen; er macht mich ungeduldig, resigniert, aggressiv. Mir wie ihm wird das Vergleichen zum Zwang: Ich bin ein durchschnittlicher Mensch, er ist also ein Untermensch.

Ich erschrecke: So darf ich doch nicht denken, das ist unmoralisch. Also reiße ich mich zusammen. Ich versuche, all diese Gefühle zu unterdrücken. Ich gehe gleichsam auf ihn zu, klopfe ihm auf die Schulter und sage: „Wir sind doch alle Menschen, wir sind doch alle gleich". Aber ich werde rot dabei, ich merke (und er auch!), daß ich den Unterschied leugne: Es stimmt nicht, wir sind nicht alle gleich, das ist nicht die ganze Wahrheit. Meine unterdrückten Gefühle melden sich als „Fürsorglichkeit" und verführen mich zu der Empfehlung: „Das beste für ihn (für mich) ist, wenn er in die Anstalt geht /in der Anstalt bleibt." Ich kann die Empfehlung fabelhaft begründen. Und doch spüre ich dabei meinen Wunsch: Dann habe ich (haben wir Angehörigen) nichts mehr mit ihm zu tun, dann ist er weg. Und doch weiß ich während dieses ganzen Vorganges: Die Unbefangenheit, die Freiheit „normalen" Handelns habe ich nur, wenn es mir gelingt, weder die eine noch die andere Seite zu leugnen, weder die Gleichheit noch die Ungleichheit, d.h. wenn ich weder ihn noch mich schone, wenn ich beides – das Gleichsein und das Ungleichsein – in der Begegnung, in meinem Leben und Handeln zum Ausdruck bringe. Das ist das, was ich eigentlich in jeder normalen Beziehung tue, was aber in diesem Fall so schmerzhaft schwer ist. – Wenn es mir als „Ersatzspieler" schon so schwer fällt, wieviel Vertrauen, Ermutigung und Begleitung werden dann die Angehörigen auf der einen, der Behinderte auf der anderen Seite brauchen?

IV Bildung, Erziehung, Therapie, Dauerhilfe, Selbsthilfe

Mit „Bildung" ist am umfassendsten das beschrieben, was ein geistig Behinderter –wie jeder andere Mensch – braucht. Denn Bildung ist die unbefristete, grundsätzlich lebenslange Förderung sowohl der Leistungen als auch des Gefühlslebens eines Menschen. In diesem Rahmen betrifft Erziehung mehr Leistungsfähigkeit und soziale Anpassung, während Therapie auf den richtigen Umgang mit der eigenen Angst, also die Umwandlung der „Verhaltensstörungen" in brauchbare Alltagsstrategien zielt. Geistig Behinderte benötigen im unterschiedlichen Umfang *Dauerhilfe*. Krankheit hat ein Ende, Behinderung nicht. Sämtliche Bemühungen haben die Richtung auf solidarische *Selbsthilfe*. Der Begriff „Rehabilitation" ist hier fehl am Platze, da es für denjenigen kein „Re-" gibt, der von Geburt an behindert ist.

1 Es geht stets um die ganze Familie und Gesellschaft

Ob ein geistig Behinderter ganz in seiner Familie aufwächst oder nur teilzeitlich, oder ob er sich in einer Einrichtung entwickelt: Er kann zu einer eigenen Person nur werden, soweit er Teil einer Familie ist und bleibt. Deshalb und weil das Leiden der Familie grundsätzlich so groß ist wie das des Behinderten, ist die Hilfe für die Familie und für die Beziehungen der Familienangehörigen untereinander genauso zeitaufwendig wie die Hilfe für den Patienten. Das gilt auch für den Fall, in dem keine Familie vorhanden ist. Dieselbe Hilfe brauchen dann diejenigen von uns, die als besonders enge Ersatzspieler einspringen, ebenso der Vormund bzw. Pfleger, den wir bisher genauso sträflich vernachlässigt haben wie die Angehörigen.

Übung: Stellen Sie sich vor, Sie lebten ohne jeden Familienkontakt, könnten nicht das Gefühl haben, Teil einer Familie zu sein: Sie kämen sich vielleicht als „Individuum" vor, wohl kaum jedoch als „Person".

Im Umgang mit einem geistig Behinderten haben wir es also nie mit den Problemen eines einzelnen Menschen, sondern stets mit den Problemen der Familie zu tun. Die Gesamtmenge unserer Aufmerksamkeit für den Patienten und seiner Angehörigen haben wir gerecht aufzuteilen. Keine Seite ist wichtiger als die andere. Für die Wahrnehmung einer Familiensituation sind etwa folgende Aspekte wichtig:

Kontinuität und Ausmaß der mütterlichen Zuwendung in den ersten Jahren; Rolle des Vaters (enttäuschte Erwartungen) und der Geschwister (gehänselt wegen der „Familienschande"); sensorische, intellektuelle und soziale Anregung des Kindes durch die Familie oder Isolation (Reizdeprivation); sozioökonomische Lage und kultureller Werthaushalt der Familie, Nachbarschaft und Gemeinde; Umgangsstil des Patienten und der Familie mit Aggressionen, Depressionen, Rivalität; familiärer Erziehungsstil; Kompensationsmöglichkeiten für Behinderungen; Konkurrenz und Solidarität; Ausdrucksmöglichkeiten für Angst, Selbstachtung, Geschlechtsidentität und persönlichen Eigenwert; Erholungsmöglichkeiten.

Die Methoden der Ausgrenzung der geistig Behinderten in den vergangenen 100 Jahren bestanden in der Verweigerung normaler sozialer Beziehungen, gleichgültig, ob als Ausschluß aus dem genormten Bildungswesen, als Anstaltsunterbringung oder als Vernichtung. Seit 1965 setzt sich zunehmend das Prinzip der Eingliederung durch, „die Teilnahme am Leben in der Gemeinschaft" (BSHG). Daraus ergibt sich als erster handlungsleitender Grundsatz, daß das geistig behinderte – wie jedes andere – Kind, wenn irgend möglich, in der Geborgenheit seiner natürlichen Familie in seiner Entwicklung gefördert werden soll. Viele Familien fühlten sich damit hilflos und alleingelassen. Nicht zuletzt dies führte zur Angehörigen-Selbsthilfeorganisation „Lebenshilfe für geistig Behinderte" – Lebenshilfe auch für die Selbstkontrolle der Therapeuten! Die „Lebenshilfe" ist die einzige Gruppe in der BRD, die die NS-Psychiatrie gleich nach 1945 bearbeitet hat – durch tätige Selbsthilfe! Daher gilt heute: Jede Familie mit einem geistig behinderten Kind hat Anspruch auf ständige Hilfe. Das gilt insbesondere für Familien, deren Werte sich eher an Wettbewerb, Leistung und Erfolg als an Solidarität orientieren, soll nicht das „Problemkind" die ganze Familie lähmen, zu einem seelischen Kriegsschauplatz machen oder in eine Festung verwandeln.

Schematisch kann man 3 Krisen der Familien unterscheiden. 1. *Diagnose-Krise:* Schock bei der Mitteilung „Sie haben ein behindertes Kind". Es ist wichtig, daß mehrere Gespräche geführt werden, alle Familienmitglieder beteiligt sind, alle Gefühle angesprochen werden, an der Prognose nichts verschwiegen wird (auch wenn es Ihnen Angst macht!), die Lernmöglichkeiten in positiven Begriffen beschrieben werden. Die Gesprächsergebnisse werden schriftlich zusammengefaßt, damit sie nicht wieder ausgeblendet werden. 2. *Wert-Krise:* In jedem Fall handelt es sich um eine „narzißtische" Kränkung des Selbstwertgefühls der Familie, um eine Enttäuschung der oft ohnehin zu großen Erwartungen der Eltern, um einen Konflikt zwischen Liebes- und Ablehnungsgefühl dem Kind gegenüber. Dies verursacht Schuldgefühle, deren Abwehr sich äußern kann in Überbehütung, in Mitleid, in Leugnung der Behinderung mit besonders harten Erziehungsforderungen an das Kind oder im Abschieben (Projizieren) der Schuld auf Andere. 3. *Wirklichkeits-Krise:* Materielle Notlage durch notwendigen Mehraufwand; ständige aggressive Unruhe oder Apathie des Kindes; sexuelle Auffälligkeiten; Angriffe und Verspottung der Eltern durch Nachbarn oder der Geschwister durch Nachbarskinder; Scheitern des Kindes bei einem wichtigen Entwicklungsschritt (z.B. Einschulung); Veränderungen in der Familie (Scheidung der Eltern, jüngeres Geschwister überholt das Problemkind, Tod einer Pflegeperson).

Entscheidend für die Eltern ist deren Vertrauen auf die Dauerhaftigkeit der Hilfe. Sie kann erfolgen durch Hausarzt, Sozialstation, Familienfürsorge, Erziehungsberatungsstelle oder Sozialpsychiatrischen Dienst, am besten jedoch durch eine Spezialambulanz mit mobilem Team. Bewährt haben sich: Elterngruppen; Hausbesuche mit Einüben von entwicklungsförderndem Verhalten; Familientherapie; stundenweises Hospitieren der Mutter in der Tagesstätte ihres Kindes; Bewilligung einer Waschmaschine oder einer Teilzeithauspflegerin für die Mutter; Entlastung der Familie durch Ermöglichung des Jahresurlaubs. In einem unserer Fälle bestand die wichtigste Maßnahme in der Bewilligung schalldämpfender Platten durch das Sozialamt für die Wohnung einer Familie mit einem schwerstbehinderten, gelegentlich lauten Kind. Nachdem die gesetzlichen Voraussetzungen z.B. durch das BSHG gegeben sind, fehlt es uns oft nur an Einfällen, um die Lösung zu finden, die den Bedürfnissen der Familie, des Behinderten und der Gesellschaft gleichermaßen am besten entspricht. Bagatellisieren und Resignieren fällt uns immer noch leichter. So kann es passieren, daß wir den festen Zusammenhalt einer Familie mit behindertem Kind als Erfolg verbuchen. Dabei übersehen wir, daß die Familie das behinderte Mitglied vor jedem Besucher wegschließt und sich selbst gegenüber der nur vermuteten Feindseligkeit ihrer Landschaft isoliert und selbst krank macht. Hier fällt es uns schwer, die Familie zu ermuntern, mit ihrem behinderten Mitglied zunehmend in Austausch mit der Öffentlichkeit zu treten. Dabei ist gerade das unerläßlich. Denn wie für uns alle, ist für den geistig Behinderten die Familie die Drehscheibe der Vermittlung der privaten mit den öffentlichen Bedürfnissen. Und ein im vollen Sinne des Wortes lebenswertes Leben führen wir alle nur, wenn wir uns nicht nur privat, sondern auch öffentlich verwirklichen können, d.h., Teilnehmer und Träger auch der kulturellen und wirtschaftlichen Verkehrsformen unserer Lebenswelt (Landschaft) sind.

2 Wie verwirklicht der geistig Behinderte sich selbst?

„Die geistig Behinderten sind dankbare Patienten, lieb und anhänglich, in der Menge ihrer Arbeitsleistung verläßlicher als ‚Normale' – nur ihre aggressiven oder passiven ‚Verhaltensstörungen' machen sie unerträglich." So oder ähnlich haben wir alle geredet, solange wir die Behinderten als Objekte unserer Fürsorge gesehen haben. Entsprechend hatten wir für die „Verhaltensstörungen" (Einnässen, Einkoten, Schaukeln, Apathie, Lügen, Stehlen, Weglaufen, Stören, sexuelle Handlungen, Schlagen und andere lebensbedrohende Angriffe) – und haben wir – ein Arsenal von Gegenmitteln: Strafen, Psychopharmaka, Zwangseinweisung in das Psychiatrische Krankenhaus, Verhaltenstherapie. Die übertriebenen Hoffnungen gerade in letztere Methode („Geistig Behinderte kann man nur dressieren") sind Gott sei Dank im Abklingen. Nun werden wir zwar auch in Zukunft auf dieses Arsenal zurückzugreifen haben, jedoch in einem anderen Rahmen, das seinen Stellenwert verändert. Sehen wir nämlich den geistig Behinderten zunächst als Subjekt in seiner Landschaft, dann wissen wir uns von selbst: Ein Mensch als Subjekt hat Angst, es leidet, und von ihm geht Gewalt aus. Und aus unserer Erfahrung mit der Grundhaltung wissen wir, daß ein geistig Behinderter es mit seiner Angst besonders schwer hat, weil er sich und seine inneren und äußeren Bedingungen weniger gut kontrollieren kann als andere. Daher kann er die seiner Angst zu Grunde liegenden Gefahren weniger gut kontrollieren und muß schon bei geringeren Anlässen und früher als Andere anstelle der Gefahrenkontrolle zur Notlösung der Angstkontrolle greifen, d.h. gegen die Angst kämpfen, statt sie zu nutzen, was die Angst größer macht, nur als Angstleugnung oder Angstabwehr durch Rückzug nach innen oder Aggression nach außen vorübergehende Entlastung bringt. Nicht nur so einschneidende Ereignisse wie die Pubertät, sondern auch jede noch so geringe Unter- oder Überforderung ist eine Bedrohung, bedeutet Isolationsgefahr und bewirkt ein existentielles Angstsignal. Das ist das ganze Geheimnis der „Verhaltensstörungen". Der Beginn unseres Handelns besteht also in jedem Fall nicht in Reaktion mittels „Maßnahmen", sondern im gemeinsamen Umgang mit der gegebenen Angst, um sie zu teilen, ihren Sinn zu entschlüsseln und die ihr zu Grunde liegenden Bedrohungen kontrollierbar zu machen. Für unseren Umgang mit dem geistig Behinderten und für die Frage, wie er sich selbst verwirklichen kann, haben wir bei jeder einzelnen Aufgabe uns daran zu erinnern: Ein geistig Behinderter ist ein Mensch, der von Geburt an auf Grund des Mangels seiner Aneignungskapazität besonders früh und besonders umfassend Angst hat und bei der Entschlüsselung seiner Angstsignale besonders hilflos ist.

Innerhalb dieses Rahmens ist alles Handeln mit geistig Behinderten – vom pflegerischen Akt des Fütterns bis zur Berufsfindung – von zwei Grundsätzen bestimmt. Auch sie leiten sich von der Grundhaltung ab. Der erste ist der *Besonderungs-Grundsatz:* Jeder Behinderte ist aus seiner besonderen Lage, aus seinem Unterschiedlich-Sein heraus zu verstehen und zu fördern. Der zweite ist der *Normalisierungs-Grundsatz:* Jeder Behinderte hat so normal wie für ihn möglich zu leben. Darin steckt der Widerspruch aller zwischenmenschlichen Beziehungen: „Jeder Mensch ist anders“ – „Alle Menschen sind gleich“. Eine Beziehung und die Selbstverwirklichung eines Menschen innerhalb seiner Landschaft gelingt nur, wenn beide Seiten dieses Widerspruches gleichzeitig und gleichermaßen Berücksichtigung finden.

Zum Besonderungs-Grundsatz

Wenn das Ziel gemeinsamen Handelns in der eigenverantwortlichen Alltagsgestaltung besteht, muß der Lebensraum jedes einzelnen Behinderten so sein, daß für ihn maximale Aneignung der gesellschaftlich vorgegebenen Bedürfnisse und Fähigkeiten möglich ist, wobei nie Unter- oder Überforderung entstehen darf. Das gilt für seine Rollen als Leidender, Genießender, Lernender, Arbeitender, Freund, Partner, insbesondere auch – was besonders schwer ist – für seine Rollen als Teilnehmer und Träger der üblichen gesellschaftlichen Strukturen. Das bedeutet für die Gesellschaft nach Gaedt: Sie muß so weit „gestreckt werden“, daß sie noch den letzten geistig Behinderten erreicht. Diese Berücksichtigung der Unterschiedlichkeit jedes Menschen heißt aber auch, daß „Integration um jeden Preis“ abzulehnen ist. Denn z.B. in den Bereichen der Liebe, der Freundschaft, der Partnerschaft hat jeder Behinderte Anspruch darauf, hinreichend viel Kontakt mit seinesgleichen zu haben, da alle Nicht-Behinderten, auch wir als Ersatzspieler, in diesem Bereich nichts wert sind und der Selbstverwirklichung im Wege stehen. Der Behinderte, der um sich herum nur Nicht-Behinderte, also Betreuer, hat, ist der „total betreute Mensch“, kann sich nicht für ihn normal selbstverwirklichen. Jeder Behinderte braucht also für seine Landschaft sowohl Behinderte als auch Nicht-Behinderte. Er braucht in seiner Landschaft Zonen, in denen er, ohne sich zu überfordern, „normal“ leben kann. Er braucht aber auch Zonen, in denen er seine Alltagsstrategien, seine Eigenarten, seine Schrulligkeiten, seine Unterschiedlichkeit leben kann. Nur so ist er für sich und Andere gleich wenig behindernd. Das würde aber auch bedeuten, daß nicht nur die Behinderten, sondern auch die Anderen, die Gesellschaft, sich zu beschränken hätten. Dafür sind erst Anfänge erkennbar.

Besonderung heißt in dem einen Fall: Ich kann selbständig essen und mich ankleiden, jeden Tag Tisch decken und Blumen gießen, und mache mich Anderen bedeutsam, z.B. durch meine Verläßlichkeit. In einem anderen Fall: Ich habe in einer Behinderten-Werkstatt Elektromontage gelernt, verdiene meinen Lebensunterhalt selbst, habe geheiratet, bin bei meinen Nachbarn wegen meiner technischen Geschicklichkeit unentbehrlich und bei meinen Freunden wegen meiner Fröhlichkeit geschätzt. Zwei unterschiedliche Welten – und es fällt uns schwer, sie als gleichwertig zu sehen: Jede Existenz hat in ihrer Besonderheit ihren Wert in sich.

Dafür sprechen inzwischen auch empirische Forschungsergebnisse: Wie bei alten Leuten (s.d.) sind bei geistig Behinderten Wahrnehmen, Lernen, Leisten usw. nicht nur als „weniger", sondern auch als „anders als der Durchschnitt" zu sehen. Damit liegt der Maßstab für jede Förderung nicht bei mir, sondern beim Behinderten. Es ist dabei auszugehen vom sinnlich erfahrbaren Bedeutungszusammenhang der Landschaft des Behinderten. Jeder neue Schritt muß als sinnvoll und brauchbar erlebt werden können. Er beginnt mit dem Gespräch über das jeweilige Angstsignal. Neues wird für mehrere Sinne erfahrbar eingeführt (z.B. 3-dimensionale Buchstaben – Gegenstände für das Lesenlernen), muß zunächst aus einem Fremden zum Vertrauten werden, wobei sich jeder winzige neue Schritt sinnvoll und sinnlich dem vorhergehenden anschmiegt, stets eingebettet in das Bemühen um Erhalt und Erweiterung des Vertrauen-Selbstvertrauen-Zusammenhangs. Dem haben sich die pädagogischen und therapeutischen Techniken der beteiligten Berufsgruppen anzupassen. Die „Lebenshilfe" hat Früherziehungs-Programme entwickelt.

Zum Normalisierungs-Grundsatz

Er bedeutet nicht Anpassung an den Durchschnitt um jeden Preis, auch nicht um den Preis therapeutischer Dauerbetreuung, damit ein Behinderter bloß nicht auffällt. Denn dies würde gegen den Besonderungs-Grundsatz verstoßen und gegen das Ziel der Schaffung des Lebensraumes mit den besten Chancen für Aneignung und Selbstverwirklichung. Aber innerhalb dieser Grenzen und bezogen auf den Entwicklungsstand der Persönlichkeit gilt der Normalisierungs-Grundsatz, wie ihn z.B. Nirje/Schweden ausgearbeitet hat: 1. Normaler Tagesrhythmus. 2. Normaler Ortswechsel für die Bereiche Wohnen-Arbeiten-Freizeit, wie für alle Menschen üblich. 3. Normaler Jahresrhythmus, z.B. Jahresurlaub, Reisen und Familienfeiertage. 4. Normaler Lebensablauf: Für das Kind die Grundsicherheit der Familie oder einer familienähnlichen, kleinen Gruppe mit beständigen Bezugspersonen. Für das Schulkind möglichst Schulbesuch außerhalb seines Wohnbereiches bzw. innerhalb einer normalen Schule, zudem Freizeitkontakte an jugendüblichen Orten. Das Erwachsen-Werden dauert länger, ist ungewisser, ist schmerzlicher (Verstimmungen dauern über den Anlaß hinaus: Das ganze Leben ist eine Wunde, eine „Krise"). Auch Erwachsen-Werden ist mit Ortswechsel verbunden. Der behinderte alte Mensch schließlich braucht wie jeder Alte eine Lebensmöglichkeit (Heim) in erreichbarer Nähe seines bisherigen Lebensraumes. 5. Normale Erwartung, daß Wünsche, Willens- und Gefühlsäußerungen im möglichen Umfang Resonanz finden. Normale Beziehungen zum anderen Geschlecht: Einübung normaler Methoden des Abstandhaltens und der Annäherung, u. U. bis zur Ermöglichung des Heiratens unter angemessenen (z. B. empfängsniverhütenden) Bedingungen. Das verringert die Gefahr sexueller Isolation wie süchtige Selbstbefriedigung, soziale Scham- und Rücksichtslosigkeit und Sexualgewalttätigkeit. 7. Normaler ökonomischer Standard mit finanzieller Grundsicherung, leistungsgerechter Arbeitsbewertung und Umgang mit freiem Geld. 8. Normalisierung der Planung sämtlicher Einrichtungen: Da das Behinderten-Dasein eine normale Möglichkeit im Spektrum menschlicher Lebensformen ist, müssen alle Einrichtungen nach Größe, Lage, Ausgewogenheit zwischen Binnen- und Fremdkontakten so sein, daß die umgebende Gemeinde-Öffentlichkeit nicht über- und nicht unterfordert ist. – Gerade letzteres ermöglicht auch die Normalisierung des Umgangs von uns psychiatrisch Tätigen mit dem Behinderten: Auf der einen Seite haben wir die Isolierung durch therapeutisch abgesicherte Zwangsintegration zu vermeiden. Auf der anderen Seite die Isolierung durch überkompensierende Unterforderung, z. B. durch Infantilisierung, sexuelle Isolation und über-ordentliches Herausputzen der „armen Behinderten", wodurch man in der Öffentlichkeit ebenfalls auffallen und symptomatisch werden kann.

3 Wege und Orte zum Leben

Wir sind vom Vorrang der Entwicklung des behinderten Kindes in seiner Familie ausgegangen. Eine Alternativ-Lösung ist die Pflege-Familie (foster care). Auch die Enquête (S. 260–65) geht von der Familie aus. Zu ihrer Hilfe sieht sie für ein Standardsversorgungsgebiet von 250000 Einwohnern eine Beratungs- und Behandlungsstelle mit mobilen Diensten vor (Frühbeförderung 0–3 J. für 0,28 0/00 der Bevölkerung) sowie Sondergruppen in Kindergärten bzw. Sonderkindergärten und Hausfrüherziehung (3–6 J. für 0,4 0/00). Für die Bildung gilt: „Es gibt praktisch keine untere Grenze mehr für Entwicklungs- und Förderungsfähigkeit und damit für die Bildungsfähigkeit der Behinderten" (ebenda). Die Bildung soll möglichst in Sonderklassen an allgemeinen Schulen oder in Sonderschulen bzw. in Hausunterricht erfolgen (6–16 J. für 0,96 0/00). Dies ist bis etwa einem IQ = 60 möglich. Schwerer Behinderte benötigen eine Tagesstätte oder heilpädagogische Tagesschule, in denen es vor allem um das Erlernen sozialer Basisfähigkeiten geht. Auch für Schwerst- und Mehrfachbehinderte (IQ unter 25) bedarf es einer Tagesstätte. Für Erwachsene sind Werkstätten für Behinderte und beschützende Arbeitsplätze auf dem allgemeinen Arbeitsmarkt sowie überregional Berufsförderungs- und Berufsbildungswerke erforderlich (200 Plätze/Versorgungsgebiet). Die Werkstätten haben 3 Funktionen: 1. Vorbereitung für Arbeit auf dem freien Markt, 2. Angebot endgültiger Arbeitsplätze und 3. Ermöglichung sozialer Kontakte und sinnvollen sozialen Handelns. Die Werkstatt wird aufgesucht: von der elterlichen Familie aus, von einer eigenen Wohnung oder von einer Wohngruppe oder von kleineren Wohnheimen aus, in die die übergroßen Anstalten z.T. aufzulösen sind. Daneben hat das Versorgungsgebiet Kurzzeitheime bzw. -plätze und Freizeitmöglichkeiten zu schaffen.

Die ein Versorgungsgebiet übergreifenden Großeinrichtungen (egal, ob als meist kirchlich getragene „Anstalten" oder als Bereich eines PKH) sind in ihren Strukturen der totalen Institution aufzulösen, zu dezentralisieren und in der nächsten Zeit deutlich zu verkleinern – zum Teil in gemeindenahe, förderungsaktive Klein-Wohnheime. Groß-Wohnheime sind abzulehnen. Von solchen Zwischenstufen aus können wesentlich mehr Behinderte, als vermutet, sich weiter „normalisieren", d.h. in Wohngruppen, Paar-Wohnungen oder Einzel-Wohnungen ihren „Ort zum Leben" finden. Sie werden von den Mitarbeitern des Klein-Wohnheimes bzw. der zuständigen Beratungsstelle weiter betreut, wobei (s. o.) auf die Ausgewogenheit der Kontakte zu anderen Behinderten wie zu Nicht-Behinderten zu achten ist. Wohngegenden mit vermehrten Anteilen anderer Randgruppenmitglieder haben sich im Sinne einer natürlichen, nicht krampfhaften Integration als besonders tragfähig und solidarisch erwiesen.

Da bis heute niemand von uns weiß, wo und wann hier eine Grenze erreicht ist, werden auf absehbare Zeit auch die Großeinrichtungen mit einer veränderten Struktur erforderlich sein. Einmal für speziellere diagnostische und therapeutische Aufgaben, vor allem für Schwerst- und mehrfach Behinderte (z.B. für Behinderte mit zusätzlichen Bewegungs-, Sprach-, Hör-, Seh-, psychotischen, epileptischen oder delinquenten Störungen). Zum anderen aber auch für Behinderte ohne familiären Hintergrund, mit hohem Pflegebedarf oder sehr langfristiger, intensiver Förderungsdauer. Da wir nicht das Recht haben, zugunsten den leichter zu integrierenden Leicht-Behinderten die heutige Generation der Schwer-Behinderten einem gemeindepsychiatrischen Reformideal zu „opfern", ist zu fordern, die Freiräume dieser Großeinrichtungen jetzt so auszuweiten, daß die besonders benachteiligten Behinderten dieselben Chancen der Selbstverwirklichung und damit ebenso einen „Ort zum Leben" finden wie die leichter Behinderten – mit all den sozialen Rollen, an denen wir unseren Halt finden.

V Epidemiologie und Prävention

1 Verbreitung

Der Enquête-Bericht geht von 0,6% förderungsbedürftigen geistig Behinderten nach Korrektur der Übersterblichkeit aus, bezogen auf die Gesamtbevölkerung. Leicht, mäßig und schwer Behinderte verhalten sich wie 75:20:5. Das Sichtbarwerden der geistig Behinderten in Abhängigkeit von den Leistungsnormen der Schule ergibt sich aus den Zahlen von Penrose: Von 10–14 Jahren 2,56%, jedoch unter 6 Jahren und über 20 Jahren unter 1%. Schwerst- und Mehrfach-Behinderte 0,05%. Nur bei Schwer-Behinderten überwiegen männliche Personen.

2 Bedingungen

Schwere Behinderungen kommen überwiegend durch organische Schädigung des ZNS zustande. Bei der häufigeren leichteren Behinderung sind – wie schon gesagt – erbliche und soziale Bedingungen ökologisch zusammenzusehen. Unbestritten ist, daß solche Personen überwiegend in sozialen Unterschichten, in der Landbevölkerung oder in sonstwie benachteiligten Situationen aufwachsen und daher die durchschnittlich geforderten Leistungsnormen weniger wahrscheinlich erreichen. Kinder geistig behinderter Mütter, die in höhere Sozialschichten hinein adoptiert werden, entwickeln sich eher nach den Normen ihrer Sozial-Mütter. Genetisch orientierte Forscher (z.B. E. Zerbin-Rüdin) schätzen den endogen-genetischen Anteil der geistigen Behinderung auf 60–70%, mindestens aber auf 50%. Wie schwierig genetische Untersuchungen sind, ergibt sich schon daraus, daß man für die Vererbung eines so komplexen Merkmals wie der Intelligenz von mindestens 10 beteiligten Genpaaren ausgeht. In jedem Fall ist eine *genetische Beratung* von Bedeutung. So ist bei einem geistig behinderten Elternteil die Wahrscheinlichkeit für die Kinder 29,1%, bei Belastung beider Eltern 61,5%, bei unbelasteten Eltern 5,7% (Juda). Eineiige Zwillinge haben eine Konkordanz von 80%, zweieiige von 8% (Smith). Der Einfluß der Blutsverwandtschaft der Eltern ist noch strittig.

3 Bedeutung

Je mehr eine Gesellschaft vom Wert des Wachstums ökonomischer und intelligenter Leistung, von Wettbewerb und von der „Ausmendelung" der besten Leistung sich steuern läßt, desto weniger mag sie die Begrenzung menschlicher Kapazität und damit auch geistige Behinderung wahrnehmen, reagiert mit Leugnung, Mitleid oder offener Aggression. Umgekehrt macht es einer Gesellschaft, die Solidarität über Leistung stellt, weniger aus, geistige Behinderung zu akzeptieren und zu integrieren. Das gilt auf allen Ebenen: für die Familie, die Gemeinde, die Sozialschicht oder Subkultur oder für die Gesellschaft selbst, natürlich auch für psychiatrische Einrichtungen. Heute spitzt sich die Frage zu: Soll die vorhandene Arbeit von immer weniger Menschen geleistet oder auf alle Menschen verteilt werden?

Wolfensberger hat für die USA eine historische Analyse der Rolle des geistig Behinderten und des Umgangs mit ihm verfaßt, die weitgehend auch für Europa zutrifft: 1. Förderungsperiode ab 1850: Der geistig Behinderte wird als förderungsfähig angesehen und in schul-ähnlichen Einrichtungen auf ein möglichst normales Leben vorbereitet. 2. Mitleidsperiode ab 1870: Er wird als armes, leidendes Kind gesehen, muß vor der Gesellschaft geschützt, kann nicht gefördert werden, wird daher infantilisiert, isoliert und daueruntergebracht in – wegen der Wirtschaftlichkeit – riesigen Anstalten auf dem Lande. 3. Beschuldigungsperiode ab 1880: Er wird gesehen entweder als vegetierendes, nicht-menschliches Wesen (daher in „idiotensicheren Anstalten" ausgegrenzt) oder als drohende Gefahr, weil durch ihn erblich die ganze Gesellschaft degeneriert (daher Heiratsgesetze, lebenslange Unterbringung, Sterilisierung oder Vernichtung) oder als sozio-ökonomische Ballastexistenz (daher Kosten auf Existenzminimum oder Vernichtung). 4. Eigenleben der Anstalten ohne Ziele ab 1920: Die Sinnlosigkeit der bisherigen Sicht war erkannt, aber keine neue Zielsetzung trat an ihre Stelle. 5. Normalisierungsperiode ab 1950: Allmähliche Neuorientierung nach dem Normalisierungs-Grundsatz gegen den Widerstand des gesellschaftlichen und die Trägheit des psychiatrischen Systems. – Aus der deutschen Geschichte wäre zu ergänzen: Während des Nationalsozialismus dachten Psychiater in der Tat, durch „Therapie um jeden Preis" (= Vernichtung) eine maximal leistungsfähige Gesellschaft zu schaffen.

Die Angst, geistig behinderte Kinder zu haben, besteht für jeden von uns, der eine Familie hat oder haben will, aber auch für die Gesellschaft insgesamt, was etwa in der Angst vor einem drohenden „Begabungsschwund" zum Ausdruck kommt. Genetiker haben uns darüber aufgeklärt, daß die höhere Fruchtbarkeit der geistig Behinderten ein Märchen ist: Leicht Behinderte haben eine durchschnittliche Kinderzahl, schwerer Behinderte haben weniger oder gar keine Kinder. Außerdem gleichen sich Fortpflanzungsverhalten und Kinderzahl zwischen unteren und oberen Sozialschichten aufgrund bewußterer Familienplanung einander an. Auch die „Kleinfamilie" mag ihrem bisher höchsten Wert „Leistungsfähigkeit" offenbar nicht mehr beliebig viele Kinder opfern. Hier deutet sich eine Neuorientierung an.

4 Prävention

Was für die Diagnose die Therapie, ist für die Epidemiologie die Prävention. Letztere ist wirksamer als erstere. Es sind gleichermaßen die biologischen und die sozio-ökonomischen Bedingungen der geistigen Behinderung zu berücksichtigen.

Die wichtigsten Maßnahmen der primären Prävention sind: 1. Verbesserung der Schwangerschaft-Vorsorge, z. B. genetische Beratung, Impfung von Mädchen (Röteln, Zytomegalie). 2. In der pränatalen Diagnostik z. B. Chromosomen-Untersuchung bei bekannten Risikogruppen, u. U. mit Unterbrechung der Schwangerschaft, Wachstumskontrollen der Frucht. 3. Alle Maßnahmen und Programme, die die Herstellung der Chancengleichheit für unterpriviligierte Gruppen zum Ziel haben (für Arbeits-, Wohn-, Erziehungs- und Freizeitbereich). 4. Alkohol-Aufklärung.

Aber: Prävention ist auch immer moralisch riskant. So kann Schwangerschaftsunterbrechung richtig sein. Doch manche Krankenkassen übernehmen die Untersuchungskosten nur, wenn die Frauen im „positiven" Fall der Unterbrechung zustimmen. Als „positiv" gilt schon Trisomie (Down-Syndrom).

Übung (Gaedt): Stellt Euch vor, Ihr sitzt als Trisomieträger im Uterus einer Frau, die gerade an einem genetischen Beratungsgespräch teilnimmt. Die Trisomie ist entdeckt worden, es werden die Konsequenzen besprochen. Für und Wider einer Schwangerschaftsunterbrechung werden diskutiert. Welche Argumente werden wohl von wem vorgebracht? Und warum? Wie fühlt Ihr Euch, wenn Ihr zusätzlich noch wißt, daß gerade bei Trisomieträgern geglückte Lebensläufe keineswegs selten sind? Wirkt bei dieser Art Prävention nicht der Gedanke der Vernichtungs-Euthanasie fort – etwa mit der Meinung, daß Behinderte nicht am Leben teilnehmen, vor der Geburt erkannt und vernichtet werden sollten?

Maßnahmen der sekundären Prävention: 1. Verbesserung der Neugeborenen-Untersuchung (z. B. wäre ein Routine-screening für 20 erbliche Stoffwechselstörungen für alle Neugeborenen billiger als die Folgekosten der sonst unerkannten Schäden). 2. Sofortige Behandlung und weitere Kontrolle peri- und postnataler Schäden. 3. Frühzeitige Erfassung und Behandlung zusätzlicher Behinderungen, wie Beeinträchtigungen der Motorik und der Sinnesorgane oder Legasthenie. 4. Erfassung psychosozial geschädigter (deprivierter) Kinder und Jugendlicher und Hilfe durch kompensatorische Lernprogramme.

Es zeigt sich also, daß die geistige Behinderung auch insofern für uns eine Provokation ist, als nirgends so sehr wie hier ein Kooperationszwang unserer gesundheits-, bildungs- und sozialpolitischen Aktivitäten von uns verlangt ist – und das mit großen, z. T. errechenbaren Chancen.

Literatur

Flynn, R.J., & Nitsch, K.E. (Eds.), Normalization, social integration, and community services. Baltimore: University Park Press, 1980

Gaedt, Ch.: Einrichtungen für Ausgeschlossene oder „ein Ort zum Leben". Jahrbuch für kritische Medizin, Bd. 7 Berlin: Argument-Verlag 1981

Handbücherei der Bundesvereinigung „Lebenshilfe für geistig Behinderte" Marburg/Lahn

Harbauer, H.: Geistig Behinderte, Stuttgart, Thieme 1971

Jantzen, W.: Menschliche Entwicklung, Solms, Jarick 1980

Kugel, R.B. u. W. Wolfensberger: Geistig Behinderte – Eingliederung oder Bewahrung? Stuttgart, Thieme 1974

Mannoni, M.: Ein Ort zum Leben. Die Kinder von Bonnenil, Frankfurt, Syndikat 1978

Schernus, R.: Hanna oder der Versuch zu leben, in Dörner u.a.: Der Krieg gegen die psychisch Kranken, Rehburg-Loccum Psychiatrie Verlag 1980

Specht, F.: Soziotherapie der Oligophrenien, Psychiatrie der Gegenwart, Bd. II/2, 2. Auflage, Berlin, Springer 1972, S. 895–954 sowie andere Beiträge dieses Bandes

Zerbin-Rüdin, E.: Idiopathischer Schwachsinn, Handbuch der Humangenetik, Bd. V/2, Stuttgart, Thieme 1967, S. 158–205

3 Der junge Mensch (Kinder- und Jugendpsychiatrie)

I Anthropologisch-ökologische Wahrnehmung

1 Die Situation von Kindern und Jugendlichen

Statt auf die Vielfalt dieses Themas einzugehen, muß wenigstens die Frage nach dem Heranwachsen in dieser Gesellschaft gestellt werden. Noch nie ist der Widerspruch zwischen der Möglichkeit, gewollte Kinder zu haben, und der Möglichkeit, Kinder nicht haben zu wollen, und der Angst um die Existenz der Kinder so groß gewesen. Die Möglichkeit des Wollens stellt Eltern und Kinder unter einen besonderen Zwang. Zu diesem trägt auch bei, daß heute mehr Erwachsene weniger Kinder bekommen. Oft gibt es die Ein- oder Zwei-Kind-Familie. Gründe dafür sind auch ökonomisch. Kinder- und Jugendliche sind auch Investitionsobjekte, sie stehen unter dem Zwang des Wertzuwachses, sie lohnen mit einer „ordentlichen" Entwicklung. Kinder – und damit Kindheit – ist auch ein Projektionsfeld eigener Ängste und Wünsche: so werden mit der Angst vor Umweltkatastrophen sowohl Geburten bejaht wie verneint. „In so eine Welt kann man doch keine Kinder setzen", „nur Kinder, die wir gut erziehen, können die Welt in unserem Sinne verändern".

Übung: Jeder stelle sich vor, wie die Welt für Kinder heute aussieht. Was sich in den letzten 10, 20, 30, 50, 100 Jahren geändert hat. Welche Bedeutung das für Kinder hat.

Man sollte nicht nur an Familie und Kapitalismus, Krieg und Fernsehen denken, sondern auch an die Entwicklung des Schulsystems, und auch an die Veränderung dessen, was man die Bedeutung der Kindheit nennt.

Unser Jahrhundert ist einmal das Jahrhundert des Kindes genannt worden. Davon stimmt sicher, daß über Kinder und Jugendliche ungeheuer viel Wissen gesammelt wurde. Zwar ist die Kinderarbeit abgeschafft, dennoch sind die Kinder schon beinahe im Normalfall programmiert, überlastet, überdeterminiert.

Kinder haben zu leiden an den Ängsten und Wünschen der Eltern, aber auch an deren objektiver Situation. Der geringe inhaltliche Zusammenhang zwischen beruflicher Arbeit und Freizeittätigkeit, die Trennung der Lebensräume der einzelnen Familienmitglieder, die räumliche Trennung von Arbeiten, Wohnen, Freizeit, die Bewertung der Arbeit nach Kriterien der Funktionstüchtigkeit und die Unsicherheit bei der Suche nach dem Sinn des Lebens, die außerhalb der Arbeit stattfindet, der Widerspruch von meist geringer eigener Entscheidung am Arbeitsplatz und dem Ideal des entscheidungsfähigen Bürgers: dies kennzeichnet das Leben der Mehrheit der Bürger und eben das Ökosystem der Kinder. Dazu kommen: mangelhafte Spielmöglichkeiten in den meisten Umgebungen, rigide Regeln zum Schutz der Erwachsenen, wenig Räume (reale und gesellschaftliche), in die Kinder zur Zeit vorstoßen können. Da gerade die persönliche Zusammengehörigkeit für das Aufwachsen der Kinder eine anthropologische Bedingung ist, ebenso wie die Vermittlung eines Sinnes, liefert der Blick auf die Bedingungen des kindlichen Lebens eine Kritik an der Gesellschaft.

Familie und außerschulische Erziehung spielen eine große Rolle bei der Vermittlung von Sinn, Perspektiven und Werten. Da jedoch ist eine große Unsicherheit entstanden und ein seelischer Mangel, der viel mit Ich-Schwäche (mangelndem Durchhaltevermögen u. a.) zu tun hat. Mißlungene Sozialisation kann nicht einfach der Familie angelastet werden, sondern ist von der Gesellschaft als ganzer zu verantworten. Der autoritäre Erziehungsstil ist weitgehend abgebaut. Jedoch ist demokratisches Handeln noch nicht soweit in den Alltag eingedrungen, als daß Erziehungspersonen in ihrem Handeln sicher wären. Viele Verantwortliche entziehen sich der orientierenden Verantwortung und überlassen die Kinder sich selbst. Streng autoritäre Erziehung und zu permissive Erziehung führen am ehesten zu Gewalt. Die unterschiedlichen Lebensbereiche des Menschen müssen in einen neuen integrierenden Zusammenhang gestellt werden. Denn: Das instinktunsichere, damit lernfähige Kind, gerät in einen komplizierten Lernprozeß, in dem es ein gewaltiges Wissen erwerben muß. Ein Wissen, das nicht nur die Sprache, sondern Gebärden und alles soziale Verhalten umfaßt. Das Kennenlernen des Ökosystem vollzieht sich in der Spannung des Gefühls und des Verstandes, wobei in den ersten Lebensjahren die gefühlsmäßige Beziehung zur Umwelt überwiegt. Ein Gelingen dieser Aufgabe setzt das zweifelsfreie Vertrauen auf die Wahrheit der Sinneseindrücke voraus. Dabei spielt auch eine Rolle, daß das Kind sich durch die Sprache noch nicht schützen kann. Schmerz, Verzicht, Wünschen und allen Gefühlen ist es sehr viel konkreter ausgeliefert, es kann sich nicht hinter Konjunktiven und anderen Sprachkünsten verstecken, es kann die Welt auch noch nicht rational, sprachlich durchdringen. Die lange Zeit der Kindheit ist fundamentale Voraussetzung für die Entwicklung der Gefühle und der Imagination. Ein zu starkes Durchdringen der Kindheit mit rationalem Wissen, wie es von vielen im Sinne besserer Leistungschancen nach der Schulzeit gefordert wird, gefährdet die Entwicklung. Es liegt darin ein furchtbarer Irrtum, denn es wird der Mensch um das Fundament betrogen. Es gibt Pädagogen, die fordern, daß in der frühkindlichen Erziehung Märchen, Lieder, Spiele die Inhalte sein sollen, keinesfalls Buchstaben und Bücher. Auch läßt hieraus sich die Verbreitung des Psychobooms mit dem heut vorherrschenden Mangel an Erziehung des Gefühlsbereiches erklären: Da werden nämlich Menschen mit ihren „kindlichen“ Imaginationen und Gefühlen wieder vertraut gemacht. Sie erleben das als ungeheuer heilsam. Wir fordern, daß präventives Wissen daraus entsteht. Endlich soll wieder anerkannt werden, daß dieser Teil unserer Kindheit unser ganzes Leben durchzieht, daß wir immer, in Krisen, produktiven wie gefährdenden, auf das zurückgreifen, was wir als Kinder im Bereich der Gefühle und der Phantasie gelernt haben. Nur so erhalten wir einen geschichtlichen Bezug, nur so erhalten wir einen Bezug zur Natur, auch der eigenen. Wenn heute oft gesagt wird, unsere Gesellschaft sei kinderfeindlich, so drückt sich darin wohl eine Unfähigkeit zur Langsamkeit, zum Gefühl, zur Phantasie aus.

Ein anderer Aspekt ist die notwendige Zusammenführung der unterschiedlichen „Moralen". Die Kinder wachsen mit einer Arbeitsmoral auf, die gleichzeitig der Konsummoral widerspricht.

Wir müssen lernen, daß die Befolgung des Satzes „mein Kind soll es einmal besser haben als ich", das gerade verhindert. Nur wenn wir es gleichzeitig gut haben wollen, können die Kinder es einmal besser haben. Nur dann kann die Welt kinderfreundlicher werden, nur dann können wir den für unsere Gesundheit notwendigen Anteil Kindlichkeit konstruktiv in Krisen einsetzen.

2 Eine Theorie der Entwicklung

Es gibt eine ganze Reihe von Theorien der Entwicklung. In der Psychiatrie spielt die psychoanalytische Theorie, (die zuerst von FREUD entwickelt wurde), eine besondere Rolle. Sie eignet sich auch zur Selbstwahrnehmung (denn auch wir haben uns entwickelt).

Die folgende Darstellung des Entwicklungsganges ist am analytischen Modell orientiert, enthält aber auch anderes Wissen. Wir beziehen uns auf ERIKSON, weil er in seiner Entwicklung der FREUDschen Theorie die Gleichheit des Organischen und des Nicht-Organischen beschreibt.

Wir haben im folgenden nicht nur den „normalen" Entwicklungsgang aufgezeigt, sondern auch Störungen angegeben. Dadurch soll vor allem die Wichtigkeit der Beziehung zwischen Kind und Bezugsperson hervorgehoben werden. Es zeigt sich, daß die Entwicklung des Kindes immer auch eine Entwicklung der Angehörigen ist. Auch von diesem Grundgedanken können wir psychiatrisch Tätigen lernen. So kann z. B. ein Vater an seinem schizophrenen 25-jährigen Sohn zum Mann werden.

• Egal, wie ein Mensch bei der Geburt ist, ob schnell oder langsam, ruhig oder nervös, leicht erregbar oder phlegmatisch, dumm oder klug, häßlich oder schön: Mit dem, was er mitbringt, nimmt er unmittelbar Kontakt mit seiner Umwelt auf. Die nicht anerkannte Ungleichheit von Menschen kann schon in den ersten Tagen nach der Geburt zu erheblichen Mißverständnissen führen. So hat sich gezeigt, daß eine ruhige Mutter sich dadurch erheblich gestört fühlen kann, daß sie ein unruhiges Kind bekommt: Die Art ihrer Kontaktaufnahme kann das gemeinsame Handeln von beiden „neurotisch" machen.

a) Das Neugeborene und Kleinkind. Geburt bis etwa 8.–9. Monat

Das Kind muß sich in diesem Alter physiologisch an das extrauterine Leben anpassen. Es ist völlig abhängig, es drückt Bedürfnisse instinktmäßig aus, wobei es bei Enttäuschungen schreit. Im Vergleich zu den Tieren ist die Abhängigkeit überlang. Das Kind kommt reizoffen und instinktunsicher in die Welt und erst etwa 1 Jahr nach der Geburt ist es ähnlich festgelegt wie andere Lebewesen bei der Geburt. Nur durch diese Instinktunsicherheit und die Reizoffenheit, die zunächst die Abhängigkeit bedingen, ist der Mensch überhaupt in so großem Maße lern- und entwicklungsfähig. Abhängigkeit ist demnach zunächst nicht etwas, was wir bedauern müssen, sondern wo wir Sorge tragen müssen, daß sie in guter Weise genutzt wird. Das Kind reagiert vor allem auf Mund- und Hautreizung. Es beginnt, zu dem Erwachsenen, mit dem es hauptsächlich zu tun hat, Vertrauen zu haben, und es beginnt zu erwarten. Für die Bezugsperson ist es in diesem Abschnitt wichtig, die Abhängigkeit des Kindes nicht zu oft zu enttäuschen, denn bei zu viel Enttäuschung entwickelt sich als Grundhaltung der Begegnung im späteren Leben ein Ur-Mißtrauen. Das Kind ist auf das Geben durch die Erwachsenen angewiesen, und die Art des Gebens bestimmt das Verhältnis von Ur-Vertrauen zu Ur-Mißtrauen. Geben heißt in diesem Fall Anregung geben, Zärtlichkeit geben, Geborgenheit geben, Nahrung geben. Häufig genug wird Geben mit Überfütterung verwechselt. Hier wird schon dafür gesorgt, daß die meisten Kinder (bei uns!) überernährt sind und zu dick sind. Hier wird schon das Fundament für die meisten Zivilisationskrankheiten gelegt: *dies ist wichtig für die Prävention.*

Welchen katastrophalen Einfluß Reizmangel auf die kindliche Entwicklung hat, ist in zahlreichen Untersuchungen nachgewiesen. Es läßt sich zeigen, daß sowohl intellektuelle als emotionale Lernverzögerungen und Lernunfähigkeiten auftreten, die bis ins Erwachsenenalter nachweisbar sind. Bisher nicht erforscht ist der Einfluß der Reizüberfütterung. Es ist zu fragen, in welchen Bereichen unserer Gesellschaft Reizarmut bzw. Reizüberfütterung anzutreffen sind. Ferner ist zu fragen, welchen Einfluß die Stellung des Kindes in der Geschwisterreihe haben mag, welchen Einfluß die Tatsache haben mag, ob ein Kind erwünscht oder unerwünscht ist, ob das Geschlecht des Kindes den Erwartungen der Eltern entspricht, in eine wie materiell gesicherte Umgebung das Kind hineingeboren wird, welche Bedürfnisse die Eltern mit dem Kind befriedigen, ob das Kind für die Mutter zum Anlaß wird, die Arbeit aufzugeben, wie sich die emotionale und ökonomische Beziehung zwischen den Eltern durch die Geburt des Kindes ändert?

Eßstörungen und Verdauungsprobleme, Schlafstörungen, exzessives Saugen, Schreien und die Unfähigkeit, sich trösten zu lassen, können als Signale einer gestörten Beziehung gewertet werden. Lethargie, allmählicher seelischer und körperlicher Verfall *(Marasmus)*, kindlicher *Autismus*, Stillstand der

Entwicklung, sind Zeichen einer schweren Störung der Beziehung des Kindes zur Welt.

Diese schwerwiegenden Störungen im Handeln treten vor allem dann auf, wenn dem langandauernden Angewiesensein nicht Rechnung getragen wird. Verlust eines Elternteils durch Tod, lange Trennung von den Eltern durch Krankenhausaufenthalt oder schwere Depression eines Elternteiles können zu der beschriebenen depressiven Handlungsweise führen (anaklitische Depression). Solche Störungen in der extrem abhängigen Beziehung der frühen Kindheit haben anhaltenden Einfluß auf die Persönlichkeitsbildung des Kindes und können zu ausgeprägten depressiven Persönlichkeitsmerkmalen beitragen. Bei unumgänglicher oder notwendiger Trennung von den Abhängigkeitspartnern kann der Schock des Kindes gemildert werden dadurch, daß sehr schnell andere warmherzige und bergende Bezugspersonen die Aufgaben übernehmen. Im Krankenhaus und in Heimen ist es wichtig, daß das Kind nicht nur „gehandhabt", versorgt wird, sondern daß durch eine zärtliche, auch schmusige, nicht karge, sondern lebendige Atmosphäre den Bedürfnissen des Kindes Rechnung getragen wird. Auf diese Weise kann auch der Heimhospitalismus vermieden bzw. eingeschränkt werden.

Überlegung: Welche Auswirkungen auf den ersten Lebensabschnitt kann es haben, ob ich das Kind priviligierter oder weniger priviligierter Eltern bin, wobei sicher nicht nur das ökonomische Faktum sondern auch die damit verbundene Vorstellung darüber, was man sich leisten kann, von Bedeutung ist? Welche Vorstellung von der Entwicklung eines Kindes in Abhängigkeit von der sozioökonomischen Statusbeschreibung besteht?

b) Das ältere Kleinkind bis etwa 24 Monate

Die wesentliche Aufgabe des Kindes in diesem Entwicklungsabschnitt besteht darin, größere Zuverlässigkeit und Selbstkontrolle zu entwickeln, das eigene Selbst von der Mutter zu trennen, wacher und aufmerksamer zu werden und mehr Sinne zu gebrauchen. Es setzt ein Wandel der Abhängigkeitsbeziehung ein: die Person des Kindes wird deutlicher, auch die Äußerungsfähigkeit wird vielfältiger. Es ist nach wie vor auf den Schutz durch die Bezugsperson angewiesen. Während dieses Zeitabschnittes entwickeln sich sprachliche Ausdrucksfähigkeit, das Spiel, die Sensomotorik. Die Sauberkeitserziehung beginnt (anale Phase). Das Kind entwickelt Eigenwilligkeiten. Im Laufe dieses Zeitabschnittes beginnt das Kind, alles mögliche nachzuahmen. Auf seiten der Bezugsperson ist es in diesem Zeitabschnitt neben dem Austausch von Zärtlichkeit wichtig, daß sie zum einen mit der Entwicklung des Kindes Schritt hält, zum anderen die Signale des Kindes besser verstehen lernt. Für Bezugsperson und Kind beginnt hier eine widersprüchliche Beziehung: Das Kind lernt in der Abhängigkeit, es selbst zu werden. Die Eltern lernen, die Abhängigkeit nicht zur Macht auszunutzen, sondern das Kind in seiner Selbständigkeit zu fördern. Fragen: Wie wirken sich die sozioökonomisch bedingten Unterschiede auf die Entwicklung des Kindes in diesem Lebensabschnitt aus: In Mietwohnungen, wo Kinder leise sein müssen, häufig auch kein eigenes Zimmer haben, im Wohnzimmer nur selten Spielecken eingeräumt bekommen, der nächste Spielplatz weit weg ist, lernt man sich anders bewegen als in relativ großen Räumen, wo Kinder hin und her laufen können oder Häusern mit eigenem Garten, wo Rücksichtnahme auf unter einem wohnende Mieter nicht nötig ist. Bedenkt man die Bedeutung der sensomotorischen Entwicklung nicht nur für das Gefühl der Selbständigkeit, sondern auch für die intellektuelle Entwicklung, so läßt sich ausmalen, welche Bedeutung gerade in diesem Bereich Umweltbedingungen haben. Dann auch die Frage nach der Bedeutung der Sauberkeit. Was bedeutet es für die Mutter, ein sauberes und artiges Kind zu haben? Hat man als Mutter weniger oder mehr versagt, wenn ein Kind früher sauber ist, still bei Tisch sitzt oder sich nicht zu rennen traut? Häufig stößt gerade in diesem Lebensabschnitt die Neugier des Kindes auf Zweifel oder Ekel (Neugier den eigenen Ausscheidungen gegenüber) der Mutter. Wie hängen, wieder in Abhängigkeit von kulturellen Bedingungen, die Vorstellungen von Sauberkeit, Pünktlichkeit und Ordnung zusammen, so daß der Schluß naheliegt: wer sein Kind gründlich zur Sauberkeit erzieht, der hilft ihm auch dabei, später ein besserer Arbeitnehmer zu sein, und was heißt dabei „besser“?

Wutanfälle, ausgedehntes Weinen, Ungeduld, Verdauungs- und Ausscheidungsstörungen (als Ausdruck des gestörten Übens von Loslassen und Festhalten) sowie Bewegungsstereotypien zeigen üblichere Störungen der Handlungen und Begegnungen in diesem Alter an.

Jähzorn, Apathie, Unbeweglichkeit und Rückzug, zwanghaftes Lutschen, Hin- und Herschaukeln oder Kopfschlagen, Interesselosigkeit sowohl an Objekten als an der Umgebung oder am Spiel, extreme Abmagerung *(Anorexie)* Erweiterung des Dickdarmes *(Megacolon)*, Ausdruckslosigkeit, keine Bindung an Beziehungspersonen, Gleichgültigkeit gegenüber Erwachsenen, kindlicher *Autismus* und das Nachlassen des Wachsens zeigen erhebliche Störung der Beziehung bzw. der Handlungsweisen an. Aufseiten der Erwachsenen kann die Beziehungsstörung durch zu viel und zu wenig Liebe gekennzeichnet sein, durch Vernachlässigung, Zwang, Kummer, Sorge, auch den Wunsch, es richtig zu machen.

Bedenkt man, daß auch das Lernen aggressiver Handlungsweisen (Selbstbehauptung und Durchsetzungsfähigkeit!) in diesen Zeitabschnitt gehört, so läßt sich bei der Aufzählung der Störungen leicht ablesen, wieviel Wut und Verzweiflung in die Handlungsweisen eines Kindes einfließen können.

c) Das Kleinkind bis zum 5. Lebensjahr

Es kommt für das Kind darauf an, in der analen Phase erworbene Handlungsmöglichkeiten zu stabilisieren (motorische Aktivität, Sauberkeit, Selbständigkeit), darüber hinaus Werte (ethische) anzunehmen, Verständnis für die eigene Geschlechtsrolle und Geschlechtsunterschiede zu entwickeln. Als wesentliches gefühlsmäßiges Ereignis dieses Lebensabschnittes wird im Rahmen der Differenzierung der Geschlechtsrollenwahrnehmung die Liebe des Kindes zum gegengeschlechtlichen Elternteil und die Unmöglichkeit der Verwirklichung dieser Liebe gesehen (ödipale Phase nach Freud). Die Art und Weise, wie dieser erste Liebeskonflikt gelöst wird, mit Todeswünschen, Schuldgefühlen, ständig sich wiederholendem Bemühen, die Gunst des versagenden Elternteiles doch noch zu erhalten, die Zuwendung zu gleichaltrigen Spielpartnern – kann spätere Beziehungsaufnahmen vor allem dann kennzeichnen, wenn das Kind eine zu geringe Anerkennung seines Bemühens um erwachsene Handlungsweisen erfährt. Das Kind erlebt intensive Gefühle, wie Scham, Schuld, Freude, Liebe und den Wunsch zu gefallen, wobei es sich auch seiner eigenen Beweggründe zunehmend bewußt wird. Sehr wesentlich für diesen Zeitabschnitt ist die beginnende und zunehmende Überprüfung von dem, *was wirklich ist.* Und damit im sozialen Bereich die Übernahme der Standards von Gut und Böse. Das Kind entwickelt sexuelle Neugier. Es fragt nach Geburt und Tod. Kinder in diesem Alter brauchen die Vorstellung von dem, was sie einmal werden können: Väter, Mütter, schwanger, Eisenbahner, Polizisten, Bräute, Eltern, Krankenschwester. Der wünschenswerten Initiative und dem Lernen von Schuld und Verantwortungsfähigkeit steht als Störung die Entwicklung von massiven Schuldgefühlen gegenüber, die jegliche Initiative, jegliche Neugier, jegliches Hineinbewegen in die Welt verhindern. Fragen und Anmerkungen: Auch hier wieder Hinweis auf die kulturellen Unterschiede. Wo herrschen welche sexuellen Tabus, wo hat das Kind welche Aussicht auf Erfolg mit seiner Neugier, wo hat das Kind bezüglich seiner Zukunft, d. h. auch bezüglich seiner erwachsenen Handlungsmöglichkeiten erfolgreichere Modelle? Der Satz: „Wenn ich einmal groß bin" hat für diese Altersstufe eine große Bedeutung. Insofern ist zu bedenken, welche Vorstellungen von der Zukunft in Abhängigkeit von den Bedingungen im Elternhaus dem Kind möglich sind. Es gibt Untersuchungen, die zeigen, daß Industriearbeiter wenig Vorstellung von der Zukunft haben, was sich bei ihnen auch sprachlich ausdrückt. Die ständig wiederkehrende Handlung bei der Arbeit wirkt sich auf das gesamte emotionale und geistige Handeln aus. Sie können für sich kaum eine Perspektive entwickeln. Ganz sicher hat das auch eine Auswirkung auf ihre Kinder.

Schlechte motorische Koordination, Sprachprobleme, Schüchternheit, Ängste und Alpträume, Schwierigkeiten mit Essen, Schlafen, Ausscheiden, Irritierbarkeit, häufiges Weinen, Jähzornsausbrüche, auch der Rückfall in schon abgelegte Handlungsweisen *(Regression)*, Unfähigkeit, allein zu bleiben, und mangelndes Interesse zeigen übliche Störungen der Beziehung zwischen Kindern und ihrer Welt.

Ausgesprochene Lethargie, Sprach- und Beziehungslosigkeit, bzw. Kleben an der Bezugsperson, psychosomatische Beschwerden, wie Erbrechen, Verstopfung, Durchfall, Ausschlag und Tics, kindlicher Autismus und kindliche psychotische Handlungsweisen d.h. die Unfähigkeit, die Wirklichkeit zu testen, auffallendes Einnässen *(Enuresis nocturna und diurna)*, Einkoten *(Enkopresis)*, weitgehender Rückfall auf frühere Handlungsweisen sowie zwanghafte Handlungen (Rituale) oder impulsives destruktives Handeln des Kindes kennzeichnen erhebliche Störungen in diesem Lebensabschnitt.

Eine wichtige Überlegung ist, was die Aufgabe der Erwachsenen in diesem Lebensabschnitt des Kindes ist. Selbständigkeit und Interessenbildung des Kindes hat selbstverständlich mit Selbständigkeit und Interessenbildung der Erwachsenen zu tun. Und dann bedenke man, welche Anforderungen an die Aufrichtigkeit der Erwachsenen dem Kind gegenüber gestellt sind.

d) Die Zeit bis zur Vorpubertät (5.–12. Lebensjahr)

In diese Zeit fällt es, die größere körperliche Kraft und Ausdrucksfähigkeit zu bewältigen, eine größere Unabhängigkeit von den Eltern zu erreichen, Beziehungen zu Gleichaltrigen herzustellen und einen Sinn für Lernen und Fleiß und neue Fähigkeiten zu erwerben. Aufgabe der Bezugspersonen ist es, das Kind in diesem Entwicklungsabschnitt darin zu unterstützen, größere Selbständigkeit und Unabhängigkeit zu erreichen, das Kind an ein Bewußtsein von Welt heranzuführen. Diese Zeit, die häufig als *Latenzzeit* bezeichnet wird, ist eine Zeit der motorischen und intellektuellen Entwicklung und Verfeinerung. Die Eltern haben dem Kind nicht nur neue Möglichkeiten zu zeigen (Interessenbildung), sondern haben z.B. auch einen Widerstand für das Kind darzustellen, Sparringspartner zu sein. Darin deutet sich ein weiterer Wandel der Abhängigkeit an: Die Kinder wachsen in die Partnerschaftlichkeit hinein. Z.B. wird es günstig sein, bei gleichen Interessen von Vater und Sohn oder Mutter und Tochter diese gemeinsam zu pflegen (Fußball, Schwimmen, Musik). Anmerkungen und Fragen: Wichtig ist gerade dieser Abschnitt für die emotionale Entwicklung eines Kindes und für die Sozialisation. Dabei meint Sozialisation: das Heranwachsen eines Menschen zu einem sozialer Bindungen fähigen Wesen. Dies ist der Lebensabschnitt, in dem Menschen mehr als in jedem anderen die Grundhaltung einer Gesellschaft lernen, z.B. in der Schule vom ersten Schultag an. Überall in der Welt erhalten Kinder in dieser Zeit Unterweisungen, jedoch sind sie in vielen Bereichen näher an dem, womit sie sich später ihren Lebensunterhalt verdienen werden, also näher bei den Erwachsenen. Häufig ist es so, daß jemand, der mehr in die Schule geht, von der realen Erwachsenenwelt weiter weggehalten wird. Wenn man sich überlegt, wie immens der Einfluß der Schule darauf ist, wie jemand in der Zukunft die Welt wahrnimmt, was er aus sich machen kann, wie er mit anderen Menschen umgeht, so ist es einigermaßen irrsinnig, dem zuzusehen, daß unter dem Druck späteren Fortkommens im Beruf immer wieder der Leistungsaspekt schon vom ersten Schultag an das Kind zur Einordnung, Anpassung, Unterordnung zwingt. In diesem Lebensabschnitt ist es für das Kind wichtig, die Balance zwischen Pflichtgefühl und

Disziplin und Freiheit und Entfaltung, Kreativität und Initiative zu lernen. Wo in der Schule ab erstem Schultag an bessere Noten, Überlegenheit, bessere Chancen, Ehrgeiz gedacht wird, dort werden Kinder weniger wahrscheinlich Solidarität, Gemeinschaftlichkeit, Rücksichtnahme und eine freie Bindungsfähigkeit lernen können. Es ist zu fragen, wie stark Erwachsene sein müssen, um für ihre Kinder einen Raum freizuhalten, damit diese ihre eigene Persönlichkeitsentwicklung haben können und nicht von Erwartungen und Repressionen deformiert werden.

Ängstlichkeit und Übersensibilität bei neuen Erlebnissen, Lernschwierigkeiten bzw. mangelnde Neugier und Aufmerksamkeitsstörungen, aber auch Handlungen wie Lügen, Stehlen, Jähzorn und andere unangemessene Umgehensweisen im sozialen Bereich, Regressionen wie Einnässen, Einkoten, kindliche Ängste, das Erscheinen von Zwangshandlungen, auch somatische Erkrankungen oder Furcht vor Krankheit und Körperverletzung, Schwierigkeiten bei der Kontaktaufnahme, die sich vor allem in ständiger Kampfbereitschaft ausdrückt, starke destruktive Tendenzen und die Neigung zum Rückzug bzw. zur Launenhaftigkeit aufseiten des Kindes deuten übliche Störungen der Beziehung und Handlungsweisen an.

Selbstzerstörerische Tendenzen, verbunden mit ausgeprägter Neigung zum Rückzug, zu Apathie und zu Depression, Lernunfähigkeiten, Sprachstörungen, vor allen Dingen Stottern, auffallende und unkontrollierte antisoziale Handlungsweisen, wie Aggressionen, Zerstörungen, chronisches Lügen, Stehlen, schwerwiegende Zwangshandlungen, die Unfähigkeit, Phantasie und Wirklichkeit auseinanderzuhalten, schwere körperliche Erkrankungen, die Abwesenheit bzw. die Vernachlässigung persönlicher Beziehungen zeigen erhebliche Störungen der Beziehung.

Auch hier wieder ist zu erörtern, welches die Aufgaben der Erwachsenen für sich in diesem Lebensabschnitt des Kindes sind.

e) Pubertät und frühe Adoleszenz (12.–18. Lebensjahr)

Der Jugendliche muß mit seinen körperlichen Veränderungen in Übereinstimmung kommen, ebenso wie mit seiner sexuellen Entwicklung und den psychosexuellen Wünschen. Er muß einen festen Sinn für *Identität* entwickeln und jetzt aktiv die Ausgestaltung der Geschlechtsrolle betreiben. Er wird größere Eigenständigkeit, Eigenwilligkeit, Eigenverantwortlichkeit anstreben und allmählich einen Lebensplan entwerfen. Für die Eltern wird es wichtig sein, nicht nur die Unabhängigkeitsstrebungen des Kindes zu unterstützen (auch durch Widerstand dagegen!) und auftauchende Zweifel aufzufangen, sondern auch dem Kind Grenzen zu setzen und mit Standards zu konfrontieren. Körperliche Kraft, Stärke, gelegentliche psychosomatische Anfälligkeiten, Ausreifung der Geschlechtsmerkmale, Aufflackern der frühkindlichen Auseinandersetzung mit den Eltern, unbeständiges, unvorhersagbares und paradoxes Handeln, Experimentieren mit sich und der Umgebung, Gier nach

Anerkennung, enge moralische und edle Vorstellungen, Entwicklung der intellektuellen Fähigkeiten, ausufernde Lern- und Spielmuster (es wird Nächte durchgelernt oder gespielt z. B.), überkritisch sich selbst und anderen gegenüber sein, zwiespältig in der Einstellung den Eltern gegenüber mit der ängstlichen Vorstellung, die elterliche Unterstützung verlieren zu können, Feindseligkeit gegenüber den Eltern und häufig verbal geäußerte Aggressionen, zwischendurch schmusiges, zärtliches und beteuerndes Auftreten sind normalerweise zu erwartende Kennzeichen in diesem Altersabschnitt. Der Beziehungsanteil der Eltern ist wesentlich durch Präsenz im Hintergrund gekennzeichnet. Die Eltern lernen wieder oder knüpfen an, gut für sich zu leben, und wehe, wenn ihnen das nicht gelingt. Damit können sie auch Modell für die Jugendlichen sein. Darin ist enthalten, daß die Hilfe für die Jugendlichen zunehmend nur noch indirekt gegeben wird (Hilfe bei der Selbsthilfe). Eltern werden Neid über die Möglichkeiten der Heranwachsenden erleben, auch Ungeduld und die eigene Anfälligkeit den Störungen durch den Jugendlichen gegenüber. Bis ins 18. Lebensjahr hinein sind sowohl die interindividuellen Unterschiede als die intraindividuellen Schwankungen am größten von allen Phasen des menschlichen Lebens. Am auffallendsten wäre der Jugendliche zu nennen, der ständig stabil und schwankungslos durch diesen Lebensabschnitt kommt. Wegen der großen Schwankungen wird es oft als schwierig betrachtet, mit Jugendlichen dieses Altersabschnittes psychotherapeutische Beziehungen einzugehen, bei denen ja ein gewisses Maß an Kontinuität vorausgesetzt wird. Andererseits sollten gerade die, die sich mit Jugendlichen dieses Alters einlassen, das Ringen um Kontinuität und Beständigkeit nicht unterschätzen. Manche Jugendliche bereiten sich in diesem Alter auf die beginnende Berufstätigkeit vor, für andere dehnt sich die Zeit der Abhängigkeit bis ins Studium aus. Für manche ist es in der sozialen Umgebung akzeptiert, ihre sexuellen Bedürfnisse auszuleben, andere müssen mit ihren Wünschen nach Zärtlichkeit, Sexualität gewissermaßen im Untergrund verschwinden. Erstmals wird für Jugendliche deutlich spürbar, welche Statussymbole für sie konkret erreichbar sind und welche im Bereich des Wünschens und des Träumens bleiben, es sei denn, man strengt sich an oder wird kriminell. Beim Nachdenken über diesen Lebensabschnitt ist die große Kluft zwischen dem, was die Natur des Menschen ist, und dem, was daraus gemacht wird, zu bedenken. Als Beispiel sei genannt die in diesem Lebensabschnitt vorhandene große körperliche Kraft und der Mangel an entsprechenden Bewegungsmöglichkeiten. Der auffallende Mangel an Eindeutigkeit und an eindeutigen Anerkennungen macht die von innen schon turbulente Zeit auch von außen unsicher und nicht stabil. Hilfreich für die Jugendlichen und dennoch oft störend für die Erwachsenen ist in diesem Lebensabschnitt die Bildung von Cliquen und Gangs, wo die Jugendlichen ihre Unabhängigkeit und ihre Kultur entwickeln können.

II Kränkungen

Es ist in der Kinder- und Jugendpsychiatrie noch schwerer als in der „normalen" Psychiatrie zwischen krank, erziehungsbedingt, auffällig, verhaltensgestört zu unterscheiden, zumal alle diese Benennungen nur unterschiedliche Aspekte desselben Problems sein können. Wortmarken (Benennungen) können für das Kind noch stigmatisierender sein als für den Erwachsenen.

Es folgt die Darstellung der wichtigsten Typen der Kränkungen im kindlichen und jugendlichen Alter.

1 Autismus

Dieses Syndrom ist 1934 von Kanner beschrieben und seither vielfach untersucht worden, ohne daß wir bisher wissen, wie dieses Syndrom entsteht. Diese Störung ist besonders deswegen qualvoll, weil das Kind einen meidet. Sie ist gekennzeichnet durch extreme Beziehungslosigkeit (Weltlosigkeit), durch (Sich-) Versagen des Gebrauchs der Sprache zum Zweck der Verständigung. Es kommt zu einem weitgehenden Verlust der emotionalen und sozialen Kontaktfähigkeit; bzw. diese wird gar nicht erst ausgebildet (Ausbleiben des sozialen Lächelns bereits im ersten Lebensjahr). Die Interessen sind sehr eingeengt. Häufig besteht für ein Kind der einzige Zugang zur Welt darin, bestimmte Handlungen zwanghaft zu wiederholen, z.B. Licht an und auszuknipsen. Die Kinder müssen an bekannten Situationen festhalten. Schon kleine Veränderungen, wie das Umstellen einer Vase, lösen panische Angst mit motorischer Unruhe bei ihnen aus. Bei noch stärkerer Beziehungslosigkeit kommt es zu bizarren Formen der Bewegungen (Stereotypien), zu bizarren sprachlichen Wendungen, Wortwiederholungen (Echolalie) und zu Wortneuschöpfungen (Neologismen). Auf die Frage nach dem Zusammenhang von Autismus und Intelligenz läßt sich sagen, daß wegen der starken Abhängigkeit der intellektuellen Entwicklung von Umwelteinflüssen nur ein Drittel der autistischen Kinder annähernd altersentsprechend intellektuell entwickelt ist. Häufig ist zu beobachten, daß eine Fähigkeit extrem ausgeprägt ist, z.B. die Merkfähigkeit für Geschichtszahlen oder eine handwerkliche Fähigkeit. Oft scheinen diese Kinder sehr empfindlich, beinahe preisgegeben. Ganz kleinkindliche Berührung halten sie aus. Diesen Widerspruch müssen Bezugspersonen aushalten. Das Kind hat, möglicherweise gestützt durch eine Wahrnehmungsstörung und andere organische Faktoren, nicht gut gelernt, zwischen „Ich" und „Du" und „Welt" zu differenzieren. Es erkranken leichter Kinder von gebildeten Eltern. Vermutlich ist die Begegnungsfähigkeit mit der Welt, dem Selbst und den Anderen so wenig ausgebildet, daß selbst die Fähigkeit zum Bezug erst hergestellt werden muß.

2 Hirnschädigungen

Sie führen beim Kind entweder zu hirnorganischen Syndromen (s. Kap. 2) oder zu geistiger Behinderung (s. Kap. 2). Vorgeburtliche (pränatale), durch die Geburt bedingte (perinatale), nachgeburtliche (postnatale) und stoffwechsel-bedingte Schädigungen spielen die Hauptrolle. Hirnorganisch bedingte Störungen des Handelns sind von psychisch bedingten Störungen oft noch schwerer zu unterscheiden als bei Erwachsenen, da das Kind aufgrund einer noch weniger differenzierten Entwicklung weniger, dafür totalere Ausdrucksmöglichkeiten für Kränkung hat; Körper und Seele sind noch näher beieinander. Gerade deshalb können leichte frühkindliche Hirnschäden verkannt und zu einem Lebensproblem werden. Daher ist die hirnorganisch-seelische Unterscheidung so wichtig, z.B. wenn Eltern Erwartungen entwickeln und wenn Erzieher, Lehrer oder Therapeuten entscheiden, ob eine Handlungsweise zu ändern oder, da nicht änderbar, zu akzeptieren ist. In der Erscheinungsweise spielen Veränderungen der Motorik eine Rolle, häufig aber auch undeutliche Beeinträchtigungen der Aufmerksamkeit, wobei Schwankungen der Bewußtseinswachheit, Beeinträchtigungen der Orientierung (z.B. rechts-links), der Konzentration, der Lernfähigkeit, des Gedächtnisses, des abstrakten Denkens und der motorischen Fertigkeiten zu unterscheiden sind. Oft sind auch scheinbar unbegründete Angst und Wutausbrüche für das Kind im Handeln störend (affektive Kontrolle). Wegen der zunehmenden Zahl der Autounfälle (auch wegen des häufigeren Alkohol- und Medikamentenmißbrauchs der Mutter in der Schwangerschaft!) steigt die Häufigkeit der hirnorganischen Beeinträchtigungen. In jedem Einzelfall ist therapeutisch-pädagogisch neu zu prüfen, wieviel Gewicht man dem Vorliegen und dem Ausprägungsgrad einer hirnorganischen Schädigung in der Gesamtbeurteilung eines Kindes gibt. Wenn auch die Möglichkeiten in der Diagnostik immer feiner werden, die Meinungen über die „Normalität“ von hirnorganischen Schädigungen sich also ändern, sollte man nachdenken, bevor man ein Kind mit einer geringen hirnorganischen Beeinträchtigung unnötig durch das Etikett „Hirnorganiker“ zusätzlich schädigt. Genauso ist natürlich die Bagatellisierung zu vermeiden. In jedem Fall handelt es sich auch hier um ein Gesamt-Familienproblem.

3 Psychoneurotische und psychosomatische Kränkungen

Zusätzlich zu dem in I.2. Gesagten noch einige praktisch wichtige Hinweise: Kindliche psychoneurotische und psychosomatische Handlungen können, wenn sie bald nach ihrem Auftreten als solche gewertet werden, meist durch Beratung, z.B. durch Änderung der Umgebung, durch Einstellungsänderung aufseiten der Eltern und durch Gespräche bzw. Spielsituationen mit dem Kind wieder aufgehoben werden. In der Vorpubertät und der Adoleszenz ähneln neurotische Handlungsweisen zunehmend denen von Erwachsenen. Sie sind im Vergleich durch größere Heftigkeit und geringe Verhaltenheit der Äußerung gekennzeichnet. Zwei Äußerungsformen kindlicher bzw. jugendlicher Kränkung, die sowohl mit der Kränkung der Beziehung zu den Bezugspersonen als auch mit der Kränkung der Beziehung zu sich selbst zu tun haben, seien besonders erwähnt: 1. Die Fettsucht (adipositas), die meist schon durch Übergewicht beim Übergang vom Säugling zum Kleinkind bemerkbar wird. Da sich in diesem Alter zum einen die Fettzellen ausbilden, zum anderen auch die orale Grundhaltung stabilisiert wird, ist die Prognose dort, wo lediglich diätetisch therapiert wird, recht ungünstig. Oft steckt hinter dem übermäßigen Füttern entweder die Angst der Mutter, Fehler zu machen und zu versagen oder eine verborgene, abwehrende und feindselige Haltung, in der hinter jedem Schreien nach Zuwendung, Abwechslung, Unterhaltung immer nur Hunger vermutet und das Kind abgefüttert wird. Daher ist Untergewicht bei kleinen Kindern oft der Ausdruck des Widerstands gegen die Neigung Erwachsener, alles in das Kind hineinzustopfen, während Übergewicht Wehrlosigkeit gegen diese Handlungsweisen durch Eltern kennzeichnet. 2. Die Pubertätsmagersucht (Anorexia nervosa) tritt bei Mädchen achtmal so häufig auf wie bei Jungen. Durch die Entwicklung der sekundären Geschlechtsmerkmale und durch das Auftreten der Menstruation, d. h. durch biologische Reifungsvorgänge in der Pubertät, wird die Auseinandersetzung mit der eigenen Geschlechtsrolle erneuert. Durch Nahrungsverweigerung und durch die ihr folgende sekundäre Amenorrhoe (Ausbleiben der Menstruation) wird im übertragenen Sinne eine Verweigerung der Übernahme der weiblichen Rolle erzielt. Zum einen vermeiden die Mädchen auf diese Weise, sich als weibliche Geschlechtspartner identifizieren zu müssen, zum zweiten deuten sie an, daß sie die Identifikation mit der Mutter verweigern. Häufig wird die Anerkennung statt dessen dadurch gesucht, daß diese Jugendlichen im Leistungsbereich Besonderes zu erringen trachten. Traurige und verzweifelte Gefühle werden geleugnet. Der Umgang mit diesen Jugendlichen ist schwierig, da es zu ihrer Grundhaltung gehört, nicht verstanden zu werden. In kritischen Situationen ist die Ernährungszufuhr mit der Sonde unerläßlich. Erst wenn man sich bemüht, sie nicht nur mit der Selbstverständlichkeit ihrer Geschlechtszugehörigkeit zu konfrontieren, sondern in ihrem Unwillen auch die abgewehrte Traurigkeit zu verstehen, auch wenn man bereit ist, sehr viel Geduld aufzuwenden und erlebter Ablehnung nicht durch Abwendung zu begegnen, auch wenn es einem gelingt, den Kampf um das Gewicht nicht zum eigenen Kampf zu machen, so daß Gewichtsverlust zum eigenen Versagen wird, d. h. wenn es einem gelingt, sich nicht zum Opfer dieser Jugendlichen zu machen, kann man eine Beziehung herstellen.

4 Depressionen

Depressive Äußerungsformen im Handeln von Kindern und Jugendlichen unterscheiden sich von denen der Erwachsenen dadurch, daß sie viel seltener sind und unmittelbarer in Beziehung zu Liebesverlust (und Objektverlust) stehen. Die Abhängigkeiten des Kindes sind offensichtlicher und natürlicher und insofern sind die depressiven Reaktionen auch unmittelbarer, wenn den Abhängigkeiten nicht Rechnung getragen wird. Hier wäre es daher ganz unsinnig, zwischen endogener und reaktiver Depression zu unterscheiden. Die Abhängigkeit von „Mitmenschlichkeit" ist also ganz entscheidend. Es kann hier für Erwachsene und Kinder entlastend sein, zu erfahren, daß Kinder auch von Kindern das erhalten können, was sie brauchen. Wenn Depressionen bei Kindern zunehmen, d. h. den Notwendigkeiten der Abhängigkeit nicht Rechnung getragen wird, so ist auch zu vermuten, daß Kinder nicht sozial werden, sondern aufgrund der sie umgebenden Bedingungen (z. B. Kleinfamilie mit 1–2 Kindern) isoliert bleiben. Während der Pubertät löst sich der Jugendliche zum einen von der Familie, er gibt Geborgenheit auf. Zum anderen ist er aber auch oft noch nicht dazu in der Lage, traut sich und den Anderen noch nicht, so daß häufig tiefer Weltschmerz, der mit starken, verzweifelten und traurigen Gefühlen einhergehen kann, die Stimmung prägt. – Während der letzten Jahre hat sich die Zahl der *Suizide* bei den Kindern erhöht. Die beobachtete Erhöhung der Suizidrate gilt für Kinder zwischen 10 und 15 Jahren. Bei den Jugendlichen ist der Anstieg der Suizide weniger auffällig. Meist spielt eine gebrochene Eltern-Kind-Beziehung insofern eine Rolle, als jedes andere Unglück durch die Eltern dann nicht aufgefangen werden kann. Beim aktuellen Suizidgeschehen spielen immer eine Reihe von Beweggründen eine Rolle. Bei der Begründung des Anstieges von Suiziden, Depressionen u. a. spielt zunehmend die Schule eine Rolle: Die Schule gibt in den letzten Jahren gleichzeitig immer stärker und immer früher den Druck für sozialen Auf- und Abstieg schon auf die Kinder weiter und wälzt ihn ab. Schule ist oft als entscheidende und alleinige Instanz für Lebens- und Berufschancen verantwortlich zu machen. Gleichzeitig liefert sie dem Kind wegen der immer größer werdenden Mannigfaltigkeit der Welt immer weniger Überblick über das, was in der Welt wichtig ist und wonach es seine Welt strukturieren kann. So wird nachvollziehbar, daß Schule die Quelle von Angst, Schuldgefühlen, Verzweiflung und Scham sein kann und daß häufig eine große Portion seelischer Gesundheit (z. B. die Fähigkeit zu „gezielter Unaufmerksamkeit") dazu gehört, in der Schule eine Quelle von Lebensfreude zu haben. In diesem Zusammenhang muß erwähnt werden, daß die Anzahl der Kinder, die deswegen beim Psychiater vorgestellt werden, weil sie mit den Leistungsanforderungen in der Schule nicht fertig werden drastisch gestiegen ist (das hängt auch damit zusammen, daß in den letzten Jahren 20–30% der Kinder das Abitur ablegen, d. h. mehr Kinder sind der Dauerbelastung Schule ausgesetzt als früher bis 3%). Zu berücksichtigen ist auch, daß es keine Auswege gibt, so daß Schule schon als Härtetest zu werten ist.

5 Aggressive Handlungen

Wir lehnen das Konzept „Verhaltensstörung“ ab, da bei einer solchen Benennung die aggressive Handlung nur und ausschließlich zum Problem von zu schwacher Kontrolle gemacht wird. Das Ver-Halten wird höher bewertet als die spontane Handlung, wenn ich von Verhaltensstörung spreche. Die Nähe zur Verhaltenheit macht diese Begriffsbildung fragwürdig.

Aggressive Handlungen und Jugendkriminalität sind nicht dasselbe, wenn auch beides zusammenhängt. Jugendkriminalität ist keine psychiatrische Beschreibung, sondern eine juristische Kategorie. Sicher werden aggressive Handlungen von Unterschicht-Jugendlichen häufig polizeilich festgehalten und füllen damit die Kategorie Jugendkriminalität an, während aggressive Handlungen von Mittel- und Oberschichtjugendlichen eher zur Zuweisung zu Erziehungsberatungsstellen und psychiatrischen Institutionen führen. Jugendlichen der Mittel- und Oberschicht, die mehr Sprache zur Verfügung haben, gelingt es häufiger, ihre Aggressionen sprachlich loszuwerden, d.h. im Streit mit jemandem oder aber in aggressiven Phantasien, wie sie sich in Zerstörungs- und Racheträumen zeigen. Kindern und Jugendlichen, denen die Sprache weniger zur Verfügung steht und die auch mehr direkte aggressive Modelle haben, neigen eher zum unmittelbaren Umsetzen ihrer Spannungen in Taten (mit wem verbünden sich die in der Psychiatrie Tätigen?). Man kann formulieren, daß die aggressiven Handlungen der Mittel- und Oberschicht-Jugendlichen „verwahrter“ (verhaltener) sind, die der Unterschicht-Jugendlichen *verwahrloster*. Bei den Jungen kommt es im wesentlichen zu Autodiebstahl und zu aggressiv zerstörerischen Handlungen, bei Mädchen zum Ausprobieren ihrer sexuellen Fähigkeiten, wobei es sich oft um eine Mischung zwischen Ausprobieren der sexuellen Impulse, einem Ausprobieren der Macht, die in der Anwendung der sexuellen Impulse steckt, und einem Bedürfnis nach Anerkennung, das auf diese Weise einfach zu befriedigen ist, handelt, – und zum Weglaufen. Wir sollten unter aggressiven Handlungen auch verstehen, wenn jemand unter vorsätzlicher Mißachtung sozialer Normen sich verweigert, sich zurückzieht (Arbeitsscheu, Drogenszene), da die Leugnung der aggressiven Anteile häufig bewirkt, daß wir die Jugendlichen dann nicht erreichen. Bei den nach außen gerichteten aggressiven Handlungen überwiegen die Jugendlichen, die aus sozial desintegrierten Umgebungen, aus enttäuschten, beengten, in den Erwartungen zurückgeworfenen Bedingungen kommen. Einige Fragen zum Weiternachdenken: Wo sollen Jugendliche heutzutage hin mit ihrer Kraft? Wie mit der Enttäuschung fertig werden, wenn sie merken, daß die Güter der Welt ungerecht verteilt sind? Was tun, wenn sie aggressive Impulse spüren und rundherum eingeengt sind und hören, daß Aggression sinnlos, unangemessen, unerwünscht ist? Wie kann man – präventiv – eine Sozialisation der Aggression ermöglichen? Wenn Therapie, ist es wesentlich, daß die Jugendlichen ihre Aggression und das Ausmaß ihrer Aggression kennenlernen und nicht unterdrücken müssen. Gleichzeitig ist ihre Aufmerksamkeit zu füllen mit sinnvollen Betätigungen, auch mit sinnvollen Aggressionen (z.B. sportliche Auseinandersetzung, jede Art von Wettkampf!) und nicht mit stumpfsinnigen Tätigkeiten, die einen nur apathisch machen. Wieso ist es „verfehlt“, als Mädchen seinen sexuellen Impulsen nachzugehen, wenn die Erwartungen Mädchen gegenüber zwiespältig sind: einerseits sollen sie „ankommen“ und andererseits sollen auch Mädchen heutzutage einen „ordentlichen“ Beruf lernen. Welche Möglichkeiten der Verwirklichung auch des narzißtischen Ausdrucksverhalten gibt es heute, so daß jemand sich als der starke Mann fühlen kann, ohne sich überall zu stoßen oder gestoßen zu werden? Wenn die Jugendkriminalität in den nächsten Jahren weiter zunimmt, will man alle Jugendlichen einsperren oder will man Maßnahmen in der Umgebung ergreifen, um von daher aggressives oder kriminelles Handeln zu erübrigen? Ist Alkoholismus bei Jugendlichen aggressives Handeln, selbstaggressives Handeln oder süchtiges Handeln? Wie wird die Frage nach dem Sinn des Lebens (auch moralisch, auch politisch) für die Jugendlichen beantwortet, bzw. mit wieviel Fatalismus, Apathie, Resignation und Verzweiflung werden sie allein gelassen? Wie kann man der Wohlstandsverwahrlosung, die dadurch bedingt ist, daß Eltern es sich leisten können, die Wünsche ihrer Kinder zu befriedigen und es ihnen psychisch unmöglich ist, nein zu sagen, begegnen?

6 Schizophrene Handlungen bei Kindern und Jugendlichen

Auch die Welt der Kinder und Jugendlichen ist nicht heil! Wir haben davon auszugehen, daß es auch in der kindlichen und jugendlichen Entwicklung zu Brüchen und Spaltungen kommt, dazu, daß jemand auf die Verrücktheit seiner Welt mit eigener Verrücktheit (quer) reagiert, daß er sich durch Rückzug unverfügbar macht. Es ist genauso unnütz und fahrlässig, schizophrene Problemlösungen in Kindheit und Jugend zu leugnen, wie es unnütz und fahrlässig ist, Kinder mit gekränkten Beziehungen zu sich selbst nur medikamentös zu behandeln oder in Heime abzuschieben. Schizophrenes Handeln ist die typische Störungs-Methode der Adoleszenz. Dort, wo genetische und Entwicklungsbedingungen eine ökologische Einheit bilden, verfestigt sich dieses Handeln leichter. Nur sehr selten gelingt dieses Handeln schon Kindern. Da die Brüche bei Kindern dort sind, wo das „Ich“ sich von dem „Anderen“ abtrennt, ist in einer solchen Konstellation Autismus wahrscheinlicher.

Es ist unerläßlich, das Kapitel über den sich und Andere spaltenden Menschen zu lesen.

III Begegnung

Meist sind Erwachsene gewöhnt, über das Kind zu sprechen und nicht mit dem Kind. Sie sind erstaunt, in der Psychiatrie einem dort Tätigen zu begegnen, der mit dem Kind in gleicher Weise zu sprechen versucht wie mit ihnen. Es ist eine Grundhaltung zu finden, die die gleiche Offenheit sowohl für die kindlichen als auch für die erwachsenen Personen der Familie ermöglicht und damit zu einem Modell von Verständigung für die Familie wird.

1 Selbstwahrnehmung

Beim Nachdenken ist zu fragen: was bedeuten mir Kinder und Jugendliche? Und es ist zu fragen: was bedeutet mir meine eigene Kindheit und Jugend? In der Begegnung mit Kindern und Jugendlichen ergreife ich leicht die Partei der Jüngeren, ich sehe sie als Opfer der Erwachsenen. Es fiel mir schwer, die Macht, die Kinder ausüben, zu sehen. Später habe ich sie leichter empfinden können, so daß ich auch mehr Verständnis für die Ungeduld und die Hilflosigkeit vieler Erwachsener empfinden konnte. Immer noch neige ich dazu, Erwachsene schärfer mit Bedürfnissen von Kindern zu konfrontieren als Kinder mit den Bedürfnissen von Erwachsenen. Von Erwachsenen erwarte ich mehr Einsicht, weil ich denke, daß sie die Last des Großwerdens doch kennen. Es fiel mir schwer, zu verstehen, daß das labile Gleichgewicht der Erwachsenen durch meine Forderung auch aus den Fugen geraten konnte, und daß ich zu den Schuldgefühlen und Versagungsängsten beigetragen habe. Langsam habe ich begriffen, wie groß die Kränkung für Eltern ist, ein mißratenes Kind zu haben, und welche tiefe Verunsicherung es bedeutet, wenn ein Kind psychisch krank wird.

Beispiel: Ein Junge kam zur Beratung, weil er gern zündelte und nun das elterliche Schlafzimmer in Brand gesteckt hatte. Meine Reaktion: dem fehlt es an Liebe, deswegen ist er aggressiv, die Eltern müssen sich *für ihn* ändern.

Übung: Überlegen Sie, was daran warum falsch ist – und finden Sie Beispiele aus der eigenen Erfahrung.

Was bedeuten mir meine Kindheit und Jugend: Welche Gefühle wollte ich wirklich verbergen? Bei welchem Gefühl wird mir heute noch heiß? Wofür habe ich meine Eltern gehaßt? Was kann ich mir vorstellen, wie ein Kind die Vielfalt seiner Gefühle seinen Eltern mitteilen kann? Was war mir wirklich peinlich? Wie ist es mir in der Schule ergangen? Wie habe ich die Mitschüler kennengelernt? Wie hab ich meine Lehrer erlebt und fremde Erwachsene? Dann aber auch solche Fragen wie: Sind Sie peinlich berührt, wenn jemand etwas an Ihnen entdeckt, das kindlich oder kindisch ist? Auf welchen Eigenheiten, die Sie als Kind hatten, verzichten Sie gern, auf welche ungern? Haben Sie etwas bewahrt, was ihrem kindlichen Gemüt entstammt? Dann auch das Nachdenken darüber, aus welchen Quellen der Kindheit und Jugend kann ich heute noch leben?

Wenn ich die Erfahrung von mir und Anderen zusammentrage, kann ich mich an größere Unabhängigkeit herantasten.

2 Vollständigkeit der Wahrnehmung

Die Vollständigkeit der Wahrnehmung gelingt, wenn ich das Kind aus dem Problem heraus verstehe, in dem es jetzt steht, wenn ich nicht in schnelle Parteilichkeit verfalle, sondern sein jetziges Handeln als seine jetzige Möglichkeit begreife, ein Problem zu bewältigen. Ebenso ist das Handeln der Eltern, für die das Handeln des Kindes das Problem ist, deren momentane Möglichkeit des Problemlösungsverhaltens. Für beide ist derzeitiges Handeln die Lösungsmöglichkeit für eine schwierige Situation.

Beispiel: ein Kind ist unruhig, hektisch, kommt schwer zur Ruhe, besonders morgens ist es zappelig, noch beeindruckt von allerlei nächtlichen Ängsten. Die Eltern glauben „die Träume“ nicht, befehlen Ruhe und Stillsitzen, es kommt zu mehr Zappeligkeit, Streit, Strafen. Schließlich glauben die Eltern an eine organisch bedingte Schlafstörung und gehen zum Arzt.

Übung: was kann die Lösung für dieses Problem sein, an der alle beteiligt sind.

Kinder verstehen sehr schnell, den „neuen“ Erwachsenen in ihre Falle zu locken, ihn zum Guten oder Bösen zu machen. Es dauert lange, bis sie den Erwachsenen wirklich als Partner annehmen. Es ist wichtig, daß zur Vollständigkeit der Wahrnehmung nicht nur das unmittelbar Bestehende gehört, sondern auch das Mögliche, das Gewünschte, so daß Konflikte sichtbar werden.

3 Normalisierung der Beziehung

Für die Normalisierung der Beziehung ist unerläßlich, zu beachten, daß es eine ganze Reihe von Handlungen gibt, die von Kindern anders bewertet werden als von Erwachsenen. Das Auftreten solcher Handlungen kann Erwachsene in Alarmbereitschaft setzen, wiewohl sie für das Kind normal sind.

So erzählen alle Kinder gern unwahrscheinliche Geschichten und berichten über Ereignisse, die sie erlebt oder getan haben, ohne daß sie Angeber oder Lügner sind. Dazu werden sie durch die Angst und das Urteil der Erwachsenen (Opfer-Anteil). So nehmen alle Kinder etwas weg, ohne daß sie stehlen, auch dies besteht zunächst nur in der Angst und im Urteil der Erwachsenen (Opfer-Anteil).

Erst wenn das Kind die Wertung der Erwachsenen mitspielt, wenn es die Macht spürt und so zum Täter wird, also die Handlungen zum Ausdruck von aggressiven oder bedürftigen Wünschen werden, kann man von Stehlen oder Lügen sprechen (Kind-Handlung paßt sich Eltern-Sicht an).

Zur Normalisierung meiner Beziehung mit dem Kind gehört, daß ich mich nicht zu dem verlängerten Arm der Autorität der Eltern mache noch daß ich mich mit dem Recht des Kindes identifiziere. Dies kann ich vor allem im Umgang mit den Kindern lernen. Denn es gilt auch für alle psychischen Störungen der Erwachsenen. Auf dreierlei kommt es an: 1. den Signalwert der kindlichen Handlung zu verstehen, d. h. welche subjektive Bedeutung die Eltern bzw. die Gemeinschaft einer Handlung beimessen, so daß die kindliche Handlung zu dem wird, was sie ist; 2. die Bedürftigkeit bzw. die Wünsche des Kindes zu verstehen, mich also z. B. zu fragen, ob hinter dem Stehlen der Wunsch nach mehr Liebe und Zuwendung steht oder hinter dem Lügen der Wunsch nach mehr Anerkennung dessen, was das Kind leistet oder hinter den Zwangshandlungen oder den Ritualen der Wunsch, die Eltern zu ärgern. Der 3. Übersetzungsschritt besteht darin, den Grad der Ausbalancierung zwischen natürlichen Impulsen und Verwirklichungsmöglichkeiten in der sozialen Umwelt (zwischen Lustprinzip und Realitätsprinzip) abzutasten. Hierzu muß ich wieder meine eigenen Tabus als Wahrnehmungsschranken kennen.

Beispiel: Im Verlauf einer Spieltherapiestunde ballert der 6jährige Patient mit einer Spielzeugpistole nicht nur wie wild in der Gegend herum und schießt alle vorhandenen Puppen und Spieltiere tot, sondern richtet seine Aggressivität auch gegen die Therapeutin, die zunächst eine ganze Weile auf dieses Spiel eingehen, auch ihre Gefühle wahrnehmen kann; jedoch hat sie vergleichsweise schnell das Gefühl: „So, jetzt ist Schluß, nun reicht es mir". Ein Mehr an ausagierter Aggressivität wäre ungut. Je nach eigenen Fähigkeiten kann sie diesem Eindruck Ausdruck geben. Z.B. kann sie sagen: „Jetzt ist aber Schluß, pack die Pistole weg, ich verbiete Dir weiterzumachen". Oder sie kann sagen: „Ich habe solche Angst, ich gebe mich geschlagen". Auf jeden Fall muß sie sich hinterher fragen, was dazu geführt hat, daß sie diese Einschränkung vornahm und was in *ihr* es verhindert hat, daß sie den Jungen nicht selber die Grenze seiner aggressiven Wünsche und Handlungen hat finden lassen.

Ein ähnliches Beispiel ließe sich für das Ausprobieren der Verwirklichung von Zuwendungs- und Schmusewünschen denken.

Im Sinne einer geglückten Sozialisation ist die Zielvorstellung des Heranwachsens: Der Mensch kann selbständig entscheiden, ob Regungen abgewiesen, aufgeschoben, verändert oder unmittelbar zur Handlung zugelassen werden sollen, und zwar aufgrund der Überprüfung von an sich selbst gestellten Erwartungen und einem verinnerlichten Maßstab. Ein Mensch ist solange unreif oder wird unreif gehalten, solange nur die Wünsche auf seiner Seite sind, jedoch die Entscheidung über die Befriedigung oder Versagung aufseiten der Außenwelt (wie im letzten Beispiel). Um überhaupt über natürliche Impulse und ihre sozialisierten Kontrollmöglichkeiten nachzudenken, muß ich gleichzeitig eine Vorstellung haben von dem, was ich als natürlich erachte (und zwar nicht im Sinne von „selbstverständlich", sondern im Sinne von „Natur"), und ein Konzept von dem, welchen Spielraum die menschliche Gesellschaft diesen natürlichen Regungen gibt, bzw. welchen Veränderungen, Einschränkungen und Anpassungen sie unterworfen werden müssen, um aus dem Kind einen Menschen zu machen, der die Chance hat, an der Gesellschaft teilzunehmen.

Beispiel: Wenn also der 6-jährige Patient die Grenzen seiner aggressiven Wünsche an der Therapeutin im Handeln erfahren hätte und möglicherweise auch erarbeitet wäre, daß sich hier eine Mischung aus ungezügelter Wildheit und Zorn auf die Eltern ausdrückt, so wäre dann zu überlegen, welche Möglichkeiten bestehen, daß der Junge sowohl den Zorn auf seine Eltern wahrnehmen und auch ausdrücken als auch diese seinem Temperament entsprechende Wildheit ohne Angst und unbefangen erleben kann.

Diese Überlegungen begründen die besondere Forderung nach Echtheit bei der Normalisierung der Beziehung zwischen dem Kind und mir. Kinder und Jugendliche haben noch weniger als Erwachsene ihr Rollenverhalten gefunden; d.h. ein Teil ihrer Schwierigkeiten besteht darin, daß sie spontan, unkontrolliert, impulsiv, natürlich, unverstellt, ungezügelt, sich ausprobierend handeln, was mit dem gefügteren, verhalteneren Handeln der Erwachsenen kollidiert. Zur Pflege meiner Echtheit gehört die Ausdehnung meines Verstehens in den Bereich der Sprachlosigkeit. Dabei kann ich davon ausgehen, daß Kinder fühlen und daß sie ihren Gefühlen Ausdruck geben. Dies geschieht meist und auf allen Altersstufen im Spielen oder in anderen Aktionen, später auch über das Gespräch. Erst wenn das Kind spürt, daß ich nicht der Erwachsene bin, der von ihm am liebsten hätte, daß es schon wie der Erwachsene sprechen kann, kann es als gleichberechtigter Partner in der Beziehung auftreten. Das Kind muß in der Begegnung mit mir die Möglichkeit haben, selbst herauszufinden, welche Normen und Begrenzungen es als sinnvoll akzeptieren kann, wie es mit Erwartungen anders als trotzig, regressiv, verstockt, brav umgehen kann, von welchen Normen und Erwartungen es sagen kann, daß es sie nicht erfüllen will und daß sie für es keine Bedeutung haben. Um diese Art der Identität zu ermöglichen, braucht das Kind die Anregung, sich auch mir verständlich auszudrücken. D.h. die Forderung nach dem Bemühen um Verständnis kann nicht nur einseitig an mich formuliert sein, sondern gilt gleichzeitig als Herausforderung an die Ausdrucksfähigkeit des Kindes.

Übung: Eigene Gefühle und Einstellungen den einzelnen Kindern gegenüber in der Gruppe besprechen und Möglichkeiten der Normalisierung im Rollenspiel ausprobieren: daß spittelige Kind, das fette Kind, das petzende Kind, das häßliche Kind, das verschlagene Kind, das schielende Kind, das süße Kind, das aufgeweckte Kind, das clownige Kind, das armselige Kind, usw.

IV Handeln

Durch die besonderen Bedingungen der Abhängigkeit sind Kinder und Jugendliche umgeben von Leuten, die etwas *mit* ihnen machen wollen oder *aus* ihnen machen wollen oder *für* sie machen wollen. Das ist der Normalzustand, der in Konfliktsituationen dadurch überboten wird, daß noch mehr Leute von ihrer Sichtweise aus für die Kinder und Jugendlichen etwas machen. Der Therapeut oder Erzieher oder Heilpädagoge läuft stets Gefahr, als verlängerter Arm elterlicher (gesellschaftlicher) Autorität mißbraucht zu werden. Dies vor allem dort, wo dem Pädagogen oder Therapeuten die Eltern sympatisch sind, wo ihm die elterlichen Normen einleuchten oder wo er abhängig ist von der Finanzierung. Gleichzeitig hängt für den Therapeuten auch ein Stück eigenen Selbstwertgefühls daran, von den Eltern akzeptiert zu sein, nicht nur von den Kindern und Jugendlichen. Aber von Eltern akzeptiert zu sein, beinhaltet oft auch, ihnen ein Kind nach ihren Vorstellungen zu formen, in dem Sinne z.B. daß sie für ihr Geld bzw. für ihr Vertrauen auch ein passendes Kind bekommen. Von der Grundhaltung ausgehend hat ein Therapeut also nur dann eine Chance, wenn er neu, fremd, anders ist als alle anderen – für Eltern wie Kind. Damit hängt auch zusammen, daß entgegen oft geäußertem Zweifel gilt: in jedem Fall ist das Kind in der psychiatrischen Begegnung zur Selbsthilfe zu bringen. Es ist also das Ziel dieses Handelns mit Kindern und Jugendlichen, soweit wie möglich zu erreichen, daß diese sich selbst nach den Bedingungen ihres Handelns befragen lernen und bestimmen lernen, welchen Weg sie gehen bzw. vermeiden wollen. Aber: wenn das Kind noch natürliche Abhängigkeit (Zuwendung, Geborgenheit) braucht, dann ist diese nicht zugunsten größerer Eigenständigkeit zu leugnen, sondern es sind Bezugspersonen zu finden, die bereit sind, mit diesem Kind die Abhängigkeit zu leben. Die Erziehung zur Selbsthilfe gilt in gleicher Weise für das Kind und für die Eltern. Einmal, um die Täter-Opfer-Beziehung zu berücksichtigen, zum anderen, um die Überprüfung zu ermöglichen, wieviel Bindung noch möglich und nötig ist. Diese Zielvorstellung beinhaltet, daß ich sowohl dem Kind als den Eltern als Partner verpflichtet bin und wenn ich nicht sicher bin, daß ich beiden dienen kann, sollte ich die Eltern oder das Kind zu einem anderen Therapeuten schicken. Wichtig ist eine Zusammenarbeit mit den Eltern auch dort, wo sie bei zunehmender Selbständigkeit des Kindes ihre Verbote überziehen oder in Resignation versinken. Es ist mit ihnen daran zu arbeiten, daß die Suche des Kindes nach seinem Weg, d. h. die Befähigung des Kindes und Jugendlichen zur Selbsthilfe sie schmerzt, ihren Rahmen stört und ihn auch möglicherweise sprengt, aber auch die Chance für die Eltern bedeutet, endlich „egoistisch" ein eigenes Leben zu leben (Selbsthilfe der Eltern). In einem solchen Fall sollte mit dem Kind oder dem Jugendlichen zusammen eine Trennung zwischen ihm und der Familie erwogen werden. Entscheidend ist, daß Kinder bzw. Jugendliche lernen, daß *sie* es sind, die ihr Leben führen. Dieses spricht nicht für eine totale Verselbständigung, sondern anerkennt Abhängigkeitswünsche als eine Möglichkeit der Selbstbestimmung, macht Abhängigkeit aber nicht abhängig von Auslieferung.

Darüber hinaus beinhaltet größere Distanz die Möglichkeit der Umwandlung von Abhängigkeit in Bindung! Zu entscheiden ist schließlich zwischen Einzel- und Gruppentherapie. Gruppentherapie hat den Vorzug, daß das Gefälle zwischen mir als dem Erwachsenen und dem einen Jugendlichen wegfällt, daß gemeinschaftliches und soziales Handeln ausprobiert werden kann, daß das Erlebnis der Unabhängigkeit größer ist, auch das Erlebnis, sich gegenseitig helfen zu können. Gleichzeitig ist in der Gruppe die Möglichkeit gegeben, zu sehen, wie Andere mit ihren Schwierigkeiten umgehen, wie Andere mit dem Therapeuten als Autorität umgehen. Außerdem ist in Gruppen mehr unmittelbares Handeln möglich, mehr direkte und konkrete Gefühle können geäußert werden (inklusive Streit), so daß die Auseinandersetzung für den Einzelnen um das, was seine Natur ist und um das, was erforderlich ist, damit er in der Gemeinschaft integriert ist, möglicher und sinnvoller wird. Einzeltherapie ist am Anfang ganz sicher bei autistisch handelnden Kindern anzuwenden. Kinder und Jugendliche, die sich sehr weit weg bewegt haben, die dissoziiert sind, können zunächst nur über die Bindung zu einem Menschen gehalten werden; die Vielfalt einer Gruppe würde sie mit größerer Wahrscheinlichkeit zerbrechen lassen. Dort wo die Begegnung mit Kindern und Jugendlichen nicht ambulant möglich ist, sondern wo ein stationärer Aufenthalt nötig wird, ist zu berücksichtigen, daß Situationen all das enthalten müssen, was in der Entwicklung von Kindern und Jugendlichen eine Rolle spielt: Es muß Möglichkeiten zum Toben, zum Verstecken, zum Abhängigsein, zum Gestalten geben.

Übung: Wie kann „Kinder- und Jugendpsychiatrie" in der Gemeinde aussehen?

Beim Bearbeiten dieser Übung ist über die Bedeutung „persönlicher Beziehungen" zwischen Kindern und Erwachsenen nachzudenken. Wie oft wird diese Beziehung, diese Bindung infrage gestellt: durch Trickserei, durch Diebstahl, durch Anmache, – und dennoch ist die Kontinuität von Personen,

Zeiten und Räumen Voraussetzung. Auch gemeinsame Aufgaben, echte, sind nötig. Und nachzudenken ist über Besitz, territorial: wo ist meine Höhle, und auch gesellschaftlich: was ist unser gemeinsamer Besitz.

V Epidemiologie und Prävention

1 Verbreitung

Bei den derzeitigen Überlegungen und Planungen in der Bundesrepublik wird von zwei Zahlen ausgegangen. Nimmt man eine weiche Zahl, d. h. zählt man Kinder und Jugendliche, die anhand von Fragebogen und Beobachtungen durch Lehrer und Angehörige Beschwerden ankreuzen, und nimmt man die steigende Zahl derer, die Erziehungsberatungsstellen und psychiatrische Dienste aufsuchen, so zeigt sich, daß 10–17% aller Kinder in ihren Handlungen gestört und gekränkt sind, wobei sich die Störungen von Angst vor der Dunkelheit bis zu schweren Angstzuständen dehnen. Dabei ist bereits der Versuch unternommen, die Zahl so zu korrigieren, daß in Rechnung gestellt ist, daß mit großer Wahrscheinlichkeit bei allen Kindern und Jugendlichen einmal Stehlen oder Lügen, aggressive Handlungen, Einnässen, regressive Handlungen, depressive Verstimmungen vorkommen. Nimmt man eine harte Zahl, also zählt man nur die, die längerfristig in psychiatrische Betreuung kommen, so handelt es sich um etwa 3–5% der Kinder. Unterschichtkinder neigen wahrscheinlicher zu Schulschwierigkeiten, übersteigerter Empfindlichkeit, Übelkeit, Schlafstörungen, Angst vor Menschen, Weinen und sie laufen eher von zu Hause weg. Kinder aus der Mittel- und Oberschicht fühlen sich leichter schwächlich, lutschen häufiger am Daumen, leiden häufiger unter Kontaktstörungen und nässen wahrscheinlicher auch tagsüber ein. Ältere Untersuchungen zeigen zudem, daß aggressives, dann auch häufig als kriminell beurteiltes Handeln häufiger bei Jugendlichen aus der Unterschicht zu beobachten ist. Dagegen finden sich sogenannte neurotische Anpassungsstörungen häufiger bei Kindern und Jugendlichen der Mittel- und Oberschicht.

2 Bedingungen

Es gibt bisher wenige epidemiologische Untersuchungen im Bereich der Kinder- und Jugendpsychiatrie bzw. -Psychosomatik. Untersuchungen zur Bedingung der sozialen Schichtzugehörigkeit wurden bereits vorgezogen. Man weiß sicher, daß sogenannte „broken homes“, d.h. zerbrochene Familien, mit großer Wahrscheinlichkeit zu Störungen im Handeln führen. Allerdings ist nicht geklärt, ob es daran liegt, daß die Wunden so lange und so tief klaffen, oder ob es daran liegt, daß zerbrochene Familien bzw. die Restbestände es ökonomisch und sozial sehr schwer haben, Kontakt zu behalten, oder ob es eine Kombination von diesen und anderen Gründen ist (z. B. Mehrfachbelastung der Bezugsperson). Im übrigen gibt es über die Bedingungen der Entstehung von Störungen des Handelns bei Kindern und Jugendlichen eher Untersuchungen, die der Untermauerung von Theorien dienen: So gibt es z. B. psychoanalytische Fallbeispiele, die den Zusammenhang zwischen Erziehungsbedingungen und Charakterstruktur nachzuweisen versuchen. Dann gibt es im Bereich des sozialen Lernens lerntheoretisch fundierte Untersuchungen, die zeigen, daß die bestärkten Handlungsweisen eines sozial hochstehenden Modells wahrscheinlicher nachgeahmt werden. Es läßt sich dann etwa die Frage, ob ein Kind aus unterdrückten aggressiven Impulsen dem Vater gegenüber zu stottern anfängt oder weil es für einmaliges zufälliges Stottern sehr viel Aufmerksamkeit bekommen hat, je nach Theorie mit „ja" beantworten. Es fehlen also wirklichkeitsnahe Untersuchungen. Es gibt viele Fragen: Die ausländischen Kinder, die öffentliche Erziehung? Die Bedeutung der Privatheit? – Und welche noch?

3 Bedeutung

Die Kinder- und Jugendpsychiatrie ist in der Geschichte der Psychiatrie spät entstanden. Zu ihrer Entstehung tragen u. a. zwei Gründe bei: 1. um herauszufinden, ob und welche Erscheinungen der Erwachsenenpsychiatrie auch bei Kindern und Jugendlichen vorkommen (gewissermaßen eine Validierung); und 2. als Reaktion auf die zunehmende Spezialisierung der Bildungsgänge und damit die zunehmende Normierung. Jede Bildungseinrichtung definiert ihre Aufgaben so eng, daß nicht alle Kinder aufgenommen werden können; vielmehr müssen störende, auffällige Kinder, denen man mit pädagogischen Mitteln allein nicht beikommen kann, Spezialisten zugewiesen werden. Eine große Rolle spielt sicher auch das „gesellschaftliche Kontrollbedürfnis". In dem Maße, in dem die Kinder- und Jugendpsychiatrie Theorien über die Entstehung gekränkten Handelns in der Begegnung mit sich selbst und mit der Umwelt entwickelt und überprüft, wird a) für die Erwachsenenpsychiatrie Prävention eher möglich, d. h. aber auch b) eine Theorie der Entwicklung und somit auch der Veränderung der Kränkbarkeit des Menschen. Aus diesem letzten Gedankengang folgt die Notwendigkeit einer solchen Theorie der Entwicklung, die nicht im 18. Lebensjahr aufhört, sondern eine Entwicklungstheorie, die klärt, daß Erfahrungen der Kindheit und Jugend weit in das Erwachsensein hineinreichen. Durch Lernen (Anpassung, Sozialisation gehören dazu) werden aus der ungeheuren Vilefalt von Möglichkeiten nur bestimmte verwirklicht. Wir messen der Natur des Menschen einen eigenen Wert bei, wobei auch die lange Unselbständigkeit, Hilflosigkeit und Abhängigkeit des Menschen Aspekte des Biologisch-Endogenen sind und nicht primär Aspekte des Sozialen. In vielen Theorien über die menschliche Entwicklung wird die Bedeutung der Natur geleugnet oder herabgespielt. Häufig wird davon ausgegangen, daß der Mensch zur Zeit seiner Geburt ein weitgehend unbeschriebenes Blatt ist, das am Ende seines Heranwachsens ein sozialisiertes Wesen geworden ist. Folgt man einer solchen Überlegung unkritisch, dann heißt das, daß das Wesen der menschlichen Natur unendlich formbar ist, daß man dem Menschen alles beibringen kann, wenn man nur die richtigen Techniken der Sozialisation kennt. Läuft dann im Leben eines Menschen irgend etwas nicht glatt im Sinne der sozialen Erwartung, dann wird das leicht auf mangelnde Eingliederung oder Kommunikation geschoben. Die biologische, die naturhafte Seite wird kaum erwähnt. Es wird auf die gestörte Sozialisation geschlossen und nicht der Widerspruch zwischen Sozialisation und Natur ernstgenommen. Auch wissen wir, daß die Natur des Menschen sich wehren kann gegenüber Forderungen, gegen ein Zuviel an Sozialisation (vergleiche das Buch 1984 von George Orwell).

4 Prävention

Hierher gehört alles, was man verwirklichen kann, wenn es fordernd heißt: Unsere Gesellschaft muß kinderfreundlicher werden. Zur Prävention von Psychiatriesierung eignen sich Treffpunkte in Wohngemeinden, in denen Kinder, Jugendliche und Erwachsene sind. Die Kinder haben eigene Territorien und eigene Erwachsene. Es handelt sich um die Begegnung im Ernstfall. Es werden keine „Angebote" gemacht, die Gestaltung der Räume ist nicht fest und vorgeschrieben, es entstehen Werkgruppen, Sport, gemeinsamer Besitz an Fahrrädern, Nachhilfe und Beziehungen zu Menschen, die schwierige Situationen aushalten und den Kindern in Krisen helfen. Der Rahmen solcher Bindung müssen in unserer Gesellschaft demokratisch strukturierte Institutionen sein. Es müssen auch die Eltern und andere Erwachsene mit ihren konfrontierenden Interessen integriert werden. Man muß überstimmbar sein, um glaubwürdig zu werden. Unter den gefährdeten Jugendlichen sind vor allem die Jugendlichen ohne Schulabschluß zu nennen. Sie sind häufig von Perspektivlosigkeit und Sinnlosigkeit bedroht. Hier entstehen besonders leicht Hilflosigkeit und Wut.

Literatur

Aichhorm, A.: Verwahrloste Jugend. 5. Aufl. Bern 1965

Axline, V. M.: Dibs. 2. Aufl. München, Scherz 1970

Bettelheim, B.: Der Weg aus dem Labyrint, Stuttgart 1974

Dgsp, des Vorstand (Hrsg.) Soziale und psydische Not bei Kindern und Jugendlichen, Rehburg–Loccum Psychiatrie-Verlag 1981

Erikson, E. H.: Ich-Identität und Lebenszyklus. Frankfurt, Suhrkamp 1966

Freud, A.: Wege und Irrwege in der Kinderentwicklung. Bern, Haber 1968

GORDON, TH.: Familienkonferenz. Hamburg 1974
HARBAUER, H. u.a.: Lehrbuch der speziellen Kinder- und Jugendpsychiatrie. Berlin, Springer 1974
HARTMANN, K.: Theoretische und empirische Beiträge zur Verwahrlosungsforschung. Berlin, Springer 1970
NICKEL, H.: Entwicklungspsychologie des Kindes- und Jugendalters. 2. Aufl., Bern 1976
PORTMANN, A.: Vom Lebendigen, Frankfurt, Suhrkamp 1973
RICHTER, H.E.: Eltern, Kind und Neurose. rororo-Ratgeber 6082
RICHTER, H.E.: Patient Familie. rororo-Sachbuch 6772
ROCHEFORT, CHR.: Kinder, München 1977
WEIHS, TH.J.: Das entwicklungsgestörte Kind, Frankfurt, Fischer Taschenbuch, 1983
WISSMANN, M., HAUCK, R. Hrsg.: Jugendprotest im demokratischen Staat, Enquête-Kommission des deutschen Bundestages, München, Edition Weitbrecht, 1983

4 Der sich und Andere liebende Mensch (Schwierigkeiten der Sexualität)

I Landschaft: Lieben gelingt nur auf Umwegen

Jeder Mensch lebt vom ersten bis zum letzten Atemzug von der Liebe und leidet an ihr. Von der Pubertät an prägen 5–10 Jahre mit dem biologisch-sozialen Zusatz-Zündsatz der Sexualität (im engeren Sinne) den Stil, in dem jemand sich und Andere liebt. Früher sah man Sexualität nach dem biologischen und einseitig männlichen Bild des Dampfkessels – bis in die Psychoanalyse hinein: Eine Energiemenge „Geschlechtstrieb" ist zu verwalten und zu zähmen. Heute wissen wir, daß Sexualität umfassend eine Möglichkeit des Erlebens ist, die von allen Gefühlen und Strebungen des Menschen und damit von seiner Entwicklung zur Person in Dienst genommen wird, wovon die biologische Funktion und Verankerung nur eine „Teilmenge" festlegt.

Hilfreicher ist unser Bild der Landschaft gerade für den liebenden Menschen: Normal ist es, daß die räumlich-beziehungsmäßigen und die zeitlich-geschichtlichen Wege in Windungen und Biegungen durch die Landschaft führen. Normal sind Umwege, da sie den Spielraum der Erlebnis- und Erfahrungsmöglichkeiten erweitern und bereichern. Für eine Gebirgslandschaft sind selbst Serpentinen normal. Weniger normal sind zu große Umwege, da sie zwar die Erlebnismöglichkeiten verbreitern, jedoch verbunden mit der Gefahr, daß die Umwege sich in Abwegen (= De-viationen) verlieren. Weniger normal sind auf der anderen Seite Wege, die wie mit dem Lineal gezogen stromlinienförmig und leistungsorientiert auf ein Ziel zustreben, verbunden mit dem Risiko der Erlebnisverarmung und dadurch der Funktionsstörung, da eben das Erleben die Funktion steuert; sie zerstören die Landschaft und damit den Menschen.

Die Landschaft des Liebens (unwissenschaftlich-verharmlost: der Sexualität) ist grenzenlos. Sie erlaubt mir das größtmögliche Glücksgefühl überhaupt, mit grundsätzlich unbegrenzten Steigerungsmöglichkeiten. Das macht sie zugleich bedrohlich. Damit ich mich nicht bis zur Selbstaufgabe und/oder auf Kosten anderer ins Grenzenlose versteige, haben alle Gesellschaften das Lieben durch ein kompliziertes Netz geschriebener und ungeschriebener Gesetze, Werte und Regeln kanalisiert und sich damit eine Kultur gegeben. Liebe ist der Anlaß für die Gestaltung der wichtigsten kulturellen Einrichtungen (z.B. Familie, Ehe, Moral, Religion) und für die meisten Vorschriften für zwischenmenschliche Beziehungen wie für die Entwicklungsmöglichkeiten meiner Person. Abwege (Abweichungen) haben Strafen zur Folge, auch Selbstbestrafung und Schuldgefühle; denn ein Teil von mir ist grenzensprengende sexuelle Gestaltungsfreiheit, ein anderer Teil von mir aber setzt *selbst* die eingrenzenden kulturellen Gebote dagegen. Zwischen den Wünschen des „Es" und den Vorschriften des „Über-Ich" ringt das „Ich" um den für mich passenden Weg. Lieben nimmt also nicht nur Angst, sondern löst auch Angst aus, bringt auch grenzenloses Unglück, kann mich zum Suicid oder zum Totschlag treiben.

Beispiel für einen zu gradlinigen, zweckrationalen, zielstrebigen Weg: Es kann sein, daß die kulturelle Wertung für einen jungen Mann aus den unendlich vielen Gestaltungsmöglichkeiten folgendes auswählt: Er beschränkt sein sexuelles Handeln und Erleben darauf, ein Mädchen zu heiraten, das – wie er – unberührt in die Ehe geht, angemessen jünger ist, nicht blutsverwandt, aber auch nicht zu fremd (keine Ausländerin), aus gleich guter Familie, gesund, derselben sozialen Schicht und Konfession angehört, mit der er nur solange und immer in derselben Weise ausschließlich genitalen Geschlechtsverkehr hat, bis sie „ihm" zwei Kinder geboren hat, ohne sie z.B. auch nur einmal nackt gesehen zu haben.

Man hat ein solches streng genitales Kulturideal – gemessen an der Spielbreite sexueller Ausdrucksmöglichkeiten – auch als die schwerste aller Perversionen bezeichnet. Es ist aber ein Beweis für eben diese Spielbreite, daß einerseits auf diesem Wege er impotent oder sie frigide werden können, daß aber andererseits auch die Möglichkeit besteht, daß dies Paar nur auf diesem Wege das für sie größtmögliche Glück finden kann.

Umgekehrt hat spätestens Kinsey uns die Augen dafür geöffnet, wie viele Menschen kurvenreiche, auch risikovolle Umwege gehen, um ihren Stil und ihr Glück zu finden.

Auch in der Liebe haben wir es nie mit nur einem Menschen, sondern stets mit mindestens zwei Menschen zu tun. Und jede Beziehung ist auch mit unserem Bild der Be-gegnung von Gegnern zu beschreiben: Denn gerade am Beispiel der Liebesbeziehung kennen wir alle von uns selbst den doppelten Widerspruch, der in jeder Begegnung enthalten ist:

- gibt es in jeder Ich-Du-Beziehung zwei Subjekte, die nach Nähe, Geborgenheit, Auflösung der Ich-Grenzen und Verschmelzung streben.
- handelt es sich zugleich um zwei Subjekte, die beide den jeweils Anderen zum Objekt machen. Es findet ein Kampf zwischen Gegnern statt, durchaus mit Elementen von Feindseligkeit, worin beide den Gegner zu etwas anderem machen, in Grenzen fetischisieren (Stoller); und dieses Spiel mit der Gewalt, mit der Angst, mit der Fremdheit des Anderen garantiert den Abstand zwischen beiden, hält die Spannung der Beziehung aufrecht, garantiert die Faszination der Begegnung.
- leben wiederum zugleich beide Subjekte innerhalb der Begegnung ihre Beziehung mit sich selbst – sowohl in der Gegenwart als auch in der Vergangenheit, durch die Erinnerung ihren geschichtlichen Weg bis in die Kindheit zurückgehend. Denn im Schutz der Begegnung können sie alte Wunden, Niederlagen und Ängste erinnern und zulassen, müssen sie nicht abwehren, sondern können sie mit der Erfüllung der Begegnung, z.B. mit der Liebes-

erregung, wenigstens kurzfristig in einen Triumph oder ein Glücksgefühl verwandeln. Das fördert die Stabilisierung der beiden Personen und die Befreiung zu ihrer weiteren Entwicklung. Alle drei Komponenten der Begegnung müssen miteinander im Gleichgewicht sein, damit beide den Anderen nicht zu sehr zum Freund und nicht zu sehr zum Feind machen, sondern ihm als Gegenüber, als Gegner begegnen und damit einen glücklichen Austausch ermöglichen.

Merke: Für eine geglückte Begegnung mit und ohne Liebe müssen Nähe und Abstand, müssen Angst, Geborgenheits- und Gewaltwünsche gleichgewichtig zusammenkommen. Billiger ist sie nicht zu haben – jedenfalls für die meisten von uns. Und: Nicht der gerade Weg, sondern der Umweg ist normal, anthropologisch für uns Menschen vorgesehen.

Gleichgültig, welche Umwege ein Mensch geht, psychiatrisch sind wir für den liebenden Menschen nur zuständig, wenn sein Gleichgewicht und damit sein Selbsthilfeversuch nicht mehr gelingen, wenn Angst und Schmerz zu groß werden, nur noch abgewehrt werden können, wodurch insbesondere der Gewaltanteil des Liebens sich verselbständigt, wenn also jemand und/oder sein Bezugspartner unter ihrer Art, zu lieben, leiden.

Diese Sichtweise ist für uns mehrfach hilfreich:

- Sie lehrt uns, daß jede Sexualstörung sowohl Bedingung als auch Folge einer anderen psychischen Störung sein kann. Das Liebeserleben ist der empfindlichste Anzeiger für das Befinden eines Menschen.
- Selbstbefriedigung, Homosexualität und Heterosexualität sind in sich gleichermaßen normale Wege. Denn ihr Sinn ist Kennenlernen, Zärtlichkeit, Vertrauen und Selbstversicherung entweder im Umgang mit dem eigenen Körper oder im Umgang mit Anderen des eigenen Geschlechts oder im Umgang mit Anderen des anderen Geschlechts. Alle drei Richtungen des Liebens sind hilfsbedürftig, wenn sie leidend oder störend erlebt werden.
- Jeder Mensch ist teils unveränderbar, teils änderbar in seinem Weg des Liebens. Therapie-Ziel ist im ersteren Teil, sich anzunehmen, im letzteren Teil, sich zu ändern.
- In bezug auf die Erinnerung hat N. Becker vier Risiko-Typen unterschieden, wenn typische Kindheitsängste mehr abgewehrt als genützt werden:
  - die Sexualstrebungen bleiben zu sehr oder zu lange den Eltern verhaftet, bleiben inzestuös (unzureichende Nutzung des ödipalen Konflikts);
  - die Beziehungen zu Menschen sind derart unentscheidbar ambivalent, daß auch der Liebespartner als Subjekt und Objekt untrennbar ist, Nähe und Abstand, Liebe und Haß nicht unterschiedlich erlebt werden können;
  - die Ich-Entwicklung ist noch nicht so stabil und kreist narzißtisch in sich selbst (Schorsch), so daß die Angst der orgastischen Regression zu sehr abgewehrt werden muß;
  - das Ich-Ideal sexueller Freiheit kollidiert hilflos mit dem sexual-feindlichen Kultur-Ideal oder Über-Ich der Kindheit.
- Während das Kind noch in allen möglichen Richtungen sein Handeln und

Erleben auch sexuell-lustvoll-befriedigend besetzt (Freud: polymorph-pervers ist), steht für uns an der Schwelle zum Erwachsensein das Resultat schon ziemlich fest, wie sehr wir unsere Liebeswünsche in Übereinstimmung mit der Kultur-Wertung in unsere Persönlichkeit integriert haben, aber auch, in welchem Umfang wir Teile der Liebeswünsche – auch gegen die Kultur-Wertung – zu unserem Stil machen, in welchem Umfang wir Umwege riskieren, sie zur Hilfskonstruktion, zur Plombe für die Füllung einer Lücke in unserer Persönlichkeitsentwicklung brauchen (Morgenthaler) und in welchen Teilen unsere Angstabwehr uns unfrei macht.

II Möglichkeiten (Typen) sexueller Schwierigkeiten

Die Systematik ist unbefriedigend, da zu fasziniert von den kulturell anstößigen Symptomen. Die psychiatrische Angstabwehr zeigt sich in den vielen Fremdworten, die sich nun mal fabelhaft eignen, die eigenen, eigentlich gemeinten Gefühle zu verbergen.

1 Leiden an Selbstbefriedigung

Wir benutzen dies deutsche Wort statt der Wortungeheuer Onanie und Masturbation, weil es den Sinn angibt: Sich selbst befriedigen, also Selbsterfahrung der erotischen Qualitäten des eigenen Körpers, zu sich selbst zärtlich sein, sich mit Hilfe des eigenen Körpers Entspannung, Geborgenheit, Trost und Selbstwertgefühl geben. Selbstbefriedigung ist also ein kostbares Gut für das Gelingen sexueller, aber auch anderer Partnerbeziehungen: Denn nur wenn ich mir etwas geben kann, kann ich auch Anderen etwas geben. Männer befriedigen sich am häufigsten in der Jugend, Frauen erst in der Lebensmitte, dann häufiger als Männer, kommen oft leichter so zum Orgasmus: Um wieviel unfähiger sind also die Männer, zur sexuellen Zufriedenheit der Frau beizutragen, als umgekehrt! Weiter hat Selbstbefriedigung eine Schutzfunktion: Ich kann in den sie begleitenden Phantasien kindliche oder verbotene Wünsche ausleben und so einen lebensfähigen Kompromiß zwischen meinen Wünschen und den Forderungen der Kultur bzw. meines Gewissens finden.

Ihre Häufigkeit ist im wesentlichen individuell bedingt. Dies festzustellen ist eine Wiedergutmachungsleistung der Psychiatrie an dem Unheil, das sie durch frühere Angstmacherei wegen angeblich krankmachender Wirkung der Selbstbefriedigung angerichtet hat.

Übung: Sagen Sie sich selbst und Anderen, daß Sie mit sich selbst zufrieden, also „selbstzufrieden“ seien; untersuchen Sie die Herkunft der negativen, z.B. bedrohlichen Gefühle, die das bei Ihnen und Anderen auslöst. Die Kultur bestimmt, daß Herstellung von Zufriedenheit auf dem „Umweg“ über Andere besser ist, als auf direktem Wege. So entsteht Leiden an der Selbstbefriedigung. Vielleicht kann man von Hemmungs-Selbstbefriedigung sprechen. Jemand bleibt bei der sexuellen Beziehung zu seinem eigenen vertrauten Körper, weil er zuviel Angst hat vor einem fremden Körper eigenen oder gar fremden Geschlechts. Diese Angst kann psychotisch, neurotisch oder organisch (z.B. Hirnschädigung, geistige Behinderung) bedingt sein; oder erzwungen durch Verbote anderer Sexualbetätigung z.B. in der Pubertät oder in unseren zur Lebenshilfe gedachten Einrichtungen (PKHs, Einrichtungen für geistig Behinderte oder Gefängnisse). Was kann aus dieser Angst werden? Einmal kann man sich in seinen eigenen Körper narzißtisch vernarren. Oder man kann sich in die Selbstbefriedigung zwanghaft hineinsteigern, also etwas nicht wollen, was man zugleich tut. Hierbei sind es die Gefühle der Scham, der Schuld und des jämmerlichen Versagens gegenüber den Wünschen und/oder den Verboten, die die ursprüngliche Angst ins Maßlose steigern. Nicht die Selbstbefriedigung, wohl aber die mit ihr verbundenen Gefühle bedürfen also der beratenden bzw. therapeutischen Hilfe!

---

2 Leiden an Homosexualität

(= sexuelles Erleben und Handeln, bezogen auf Partner des gleichen Geschlechts.) Man spricht auch von homophilen oder homoerotischen, bei Frauen von lesbischen Beziehungen. Bisexualität ist die sexuelle Neigung zu Partnern beider Geschlechter. Homosexualität wird nicht mehr als Störung Krankheit, „widernatürliche Unzucht“ usw. bezeichnet. Die amerikanischen Psychiater haben sie aus dem Katalog psychiatrischer Störungen gestrichen.

Wie schon unserer ökologischen Landschaftsbeschreibung zu entnehmen, ist Homosexualität „eine in der menschlichen Anlage bereitliegende Möglichkeit“ (Dannecker), ein so normaler Umweg wie die Heterosexualität. Es ist aber eine andere Frage, wie jemand von uns seine heterosexuelle oder seine homosexuelle Möglichkeit aus welchen inneren und äußeren Entwicklungsgründen lebensgestaltend macht. Notwendig ist es, den Unterschied zwischen der homosexuellen und der heterosexuellen Erlebniswirklichkeit herauszufinden. Das ist schwer, vor allem, weil die gesellschaftliche Verurteilung der Homosexuellen, sie erreichten das „Ziel“ der Heterosexualität nicht, das Leben der Homosexuellen zu einer andauernden Notlage macht, dies auch bei der heutigen Straffreiheit. Wer möchte schon seinen Liebespartner ständig verheimlichen oder verleugnen, um nicht schwerwiegende Nachteile in Kauf zu nehmen, in eine risikohafte Subkultur ausweichen, sich der Gefahr der Kriminalisierung aussetzen? Ohne dies verharmlosen zu wollen, verführt es homosexuell lebende Menschen aber auch dazu, sich laufend auch gegen nur vermutete Angriffe zu verteidigen, gegenüber der „bösen“ Gesellschaft ans Mitleid zu appellieren oder, indem jemand sich selbst als „Schwuler“ bezeichnet, sich mit dem vermuteten Angreifer zu identifizieren, sich so von ihm abhängig machend. Dabei käme alles darauf an, daß ein homosexuell lebender Mensch – wie jeder andere – ohne Vorwurfshaltung sein Leben aus sich selbst lebt. Daß die am meisten beklagte Promiskuität, der häufige Wechsel der Geschlechtspartner und der Mangel an dauerhaften Liebesbeziehungen nicht *nur* durch die gesellschaftliche Verurteilung bedingt ist, zeigt sich auch daran, daß homosexuelle Frauen trotz des Gesellschaftsdrucks leichter zu dauerhaften Liebesbeziehungen in der Lage sind. Es ist daraus zu schließen, daß viele weniger an ihrer Homosexualität leiden, sondern mehr an der Unfähigkeit, sie als selbstverständlich zu akzeptieren, weshalb sie den Unterschied zu heterosexuell lebenden Menschen entweder übertreiben oder leugnen und weshalb sie sich in ihre eigene Diskriminierung geradezu verlieben. Auch wir haben in den ersten Auflagen dieses Buches aus liberaler Beschützungsabsicht (Helfersyndrom!) diesen Fehler gemacht. Dannecker geht noch ein Stück weiter: Unter dem Einfluß der Narzißmustheorie in der Psychoanalyse (Morgenthaler, Kernberg) erwägt er, daß die homosexuelle Ausformulierung eines Menschen über die narzißtische Störung der Mutter-Kind-Beziehung und damit über vermehrte Angst vor Nähe sich vollziehen könne, wodurch Homosexualität öfter als Heterosexualität in den Dienst der Abwehr von Gefühlsdurchbrüchen treten müsse, um die Stabilität der Person zu garantieren. Damit wären die homosexuellen Umwege kurvenreicher als die heterosexuellen, einerseits erlebnisreicher (umfassendere Zärtlichkeit der Begegnung), andererseits risikoreicher, da unfreier, funktionsgebundener in der Abwehr von Angst. Wir bleiben hier skeptisch, solange wir nicht mehr von der Lebenswirklichkeit des homosexuellen Menschen, getrennt vom Faktor Diskriminierung, wissen. Wir glauben eher, daß man gleichermaßen bei homosexuellen und bei heterosexuellen Menschen eine Gruppe narzißtisch Gestörter finden. Gleichwohl stimmen wir Morgenthaler darin zu, daß eine menschliche Äußerung, die „in einer Querschnittsbetrachtung pathologisch ist und auf Defizienzerscheinungen in bestimmten Entwicklungsphasen zurückgeführt werden kann, in einer longitudinalen Betrachtung, die die Gesamtentwicklung der Persönlichkeit erfaßt, die bestmögliche Lösung für eine optimale Interaktion der psychischen Systeme und des Selbst darstellt", „als Ich-Leistung besonderer Art", als „Plombe", Prothese eine Lücke füllt, die eine beschädigte menschliche Entwicklung aufweist. Dies gilt aber auch für heterosexuelle Lebensformen, mehr noch für den Lebenssinn nahezu sämtlicher psychiatrischer Symptome.

Fazit: Homosexualität und Heterosexualität sind grundsätzlich gleich normale Umwege des Menschen. Getrennt davon ist Therapie erforderlich, wenn jemand nicht in der Lage ist, *seinen* Umweg des Liebens zu akzeptieren und zu organisieren. Wieder getrennt davon ist der politische Kampf gegen gesellschaftliche Diskriminierung gemeinsam und solidarisch zu führen.

Wieder etwas anderes sind die Zärtlichkeitsgefühle und -erlebnisse mit Angehörigen des eigenen Geschlechts bei heterosexuellen Menschen. Sie können so fundamental verwirren, daß sie u. U. therapiebedürftig sind. Denn sie nur mit der Angst- und Ekel-Abwehr zu „bekämpfen“, kann schlimme Folgen haben:

Beispiel des Schicksals des 28-jährigen Angestellten Herrn R.: Seine Abwehr der Angst vor homosexuellen Wünschen brachte ihn dazu, schon in der Gestik und Mimik zufälliger Passanten homosexuelle Andeutungen und Verfolgungen wahrzunehmen. Er gönnte sich selbst nicht die geringste sexuelle Betätigung, nicht einmal die der Selbstbefriedigung. Als zwei angetrunkene Männer sich in seinem Geschäft zu schaffen machten, wähnte er in seiner sexualitätsverdrängenden Hochspannung auch hier eine homosexuell-körperliche Bedrohung und erschoß sie.

Ein Drittel der Bevölkerung kennt gleichgeschlechtliches Erleben und Handeln, wenn in der Pubertät das sexuelle Bedürfnis schon empfunden wird, der Schritt zum anderen Geschlecht aber noch nicht dran ist. Die Landschaft dafür sind gleichgeschlechtliche Gruppenbildung (Peer-Group) und Nachahmung älterer Vorbilder (Gruppenleiter, Lehrer). Wenn akzeptiert, ist dies eine bleibende Bereicherung der erotischen Selbsterfahrung – und zwar des ganzen Körpers, nicht nur der „Geschlechtsorgane“. Überhaupt bedeutet das Gesundheitsideal des erfüllten Erwachsenenlebens nicht die „Bewältigung“ und der „Abschluß“ der Jugend, sondern das Mitleben und Miterleben der Seinsweisen des Kindes und des Jugendlichen als Erwachsener – zumal wenn das erfüllte Leben an seinem Ende ein Lebensabenteuer gewesen sein soll.

Neurotisch beziehungsgehemmte und überlang an die Eltern gebundene Menschen, die sich gegenüber dem fremden Geschlecht minder- oder überwertig fühlen, schizophren verängstigte Menschen und Menschen, die aufgrund des Alters oder hirnorganischer Prozesse erlebniseingeengt sind, können sich in gleichgeschlechtliche Phantasien oder Beziehungen retten. Das hat aber nichts mit Homosexualität, sondern nur etwas mit mißlingenden Umwegen der Heterosexualität zu tun.

3 Leiden an Heterosexualität

Als Mann kann ich impotent (= ohnmächtig, unfähig) werden, als Frau frigide (= gefühlskalt). Also: Als Mann fordert man/fordere ich von mir Macht und Leistung, als Frau Gefühl. Andere Wertungen wären auch hier fällig. Ebenso ist der hier übliche Begriff Funktionsstörung unscharf: Die Funktionen sind extrem unterschiedlich. Nur wenn ihre Störung die Abwehr der Angst vor der Spielbreite des eigenen Umweges und der Begegnungsangst ausdrückt, weil wir zu zielstrebig sein wollen, leiden wir. Auch wenn es dies in homosexuellen Beziehungen gibt, handelt es sich um typische heterosexuelle Schwierigkeiten.

a) Befriedigungsstörungen des Mannes

1. Erektionsstörung

Fehlende, zu schwache oder zu kurze Versteifung des Gliedes, so daß die Vereinigung der Partner, das Orgasmuserleben und damit die sexuelle Beziehung unbefriedigend werden (daher impotentia coeundi).

Körperliche Bedingungen: Allgemeinerkrankungen; Querschnittslähmung; Phimose; Erschöpfungszustände; Alterung, jedoch sind nach 60 J. noch 50%, nach 70 J. 30%, nach 80 J. 20% der Männer potent, was vor allem davon abhängt, ob ein sexuell interessierter Partner noch vorhanden ist; Hormone (Östrogene); chemische Mittel wie Alkohol, „Schlafmittel", Psychopharmaka, Opiate, Haschisch.

Psychosoziale Bedingungen häufiger: immer sind Abwehr von Angst, Scham, Schuld oder Wut beteiligt, von seiten des Mannes: Zweifel an der Männlichkeit, Ablehnung des Partners; Angst vor Zärtlichkeit; Eifersucht und andere aggressive Haltungen; Erwartungs-, Versagens- oder Strafangst (Leistungsorientierung oder frühere Bestrafung sexuellen Handelns); Mutterbindung; Selbstbeobachtung; Hingabeunfähigkeit. – Von seiten der Frau: Vorwürfe, Spott, strafende Haltung (Kastrationsangst des Mannes vor der starken „phallischen" Frau); Desinteresse an der Person des Mannes; Überforderung des Anderen; Wünschen oder Unterhalten einer anderen Beziehung.

2. Ejakulationsstörung

Vorschneller Samenerguß (Ejaculatio praecox) bei oder kurz nach Einführung des Gliedes, meist seelisch (s.o.) bedingt. Oft verlangt heute die kulturelle Wertung, gleichzeitig zum Orgasmus zu kommen. Auch das kann Leistungszwang sein, zumal der Orgasmus bei der Frau sich länger Zeit nimmt. Daher hat sich für viele Paare die Vereinbarung bewährt, erst der Frau Zeit für ihr Orgasmus-Erleben zu geben. Ähnliches gilt für den seltenen verzögerten Samenerguß (Ejaculatio retardata).

b) Befriedigungsstörungen der Frau

1. Orgasmusstörung (Frigidität)

Trotz genitaler Vereinigung kommen die physiologischen Vorgänge für das Erreichen des Orgasmus bzw. des Befriedigungsgefühls nicht in Gang. 25 bis 40% der Frauen haben nach einem Jahr Ehe noch keine orgastische Befriedigung erlebt, lernen es jedoch z.T. später bei guter Liebesbeziehung. Die offene Einstellung zur Sexualität hat für viele einen „Orgasmuszwang" mit neuen Ängsten gebracht, für andere aber die Erfahrung, daß das Dasein der „unbefriedigten Frau" zu ändern ist. Körperliche Bedingungen: Wie beim Mann.

Psychosoziale Bedingungen auch bei der Frau häufiger: Von seiten der Frau: Zweifel an der Weiblichkeit, Feindseligkeit gegen Männer, nicht selten von der Mutter gelernt; Angst vor Ablehnung, Unterlegenheit, Verlust der Selbstkontrolle oder Schwangerschaft, Vortäuschen des Orgasmus, aus Versagensangst oder Freundlichkeit; Eifersucht; Selbstbeobachtung mit Erwartungsangst oder Entspannungsunfähigkeit; Bindung besonders an den Vater (ungelöster Ödipus-Konflikt) mit Angst vor Verletzung und Tod; Erinnerungen an gewaltsame Ereignisse wie Inzest oder Vergewaltigung. – Von seiten des Mannes: Zuwenig Erfahrung, Interesse und Zeit für den Partner; sexuelle Vermeidung oder Überforderung; Vorwürfe, Spott oder Strafhaltung; Mechanisierung des Zusammenlebens; Wünschen oder Unterhalten einer anderen Beziehung.

2. Vaginismus

Unwillkürlicher Krampf der Vaginalmuskulatur, so daß Einführung des Gliedes unmöglich wird, ist Gegenstück zum vorschnellen Samenerguß des Mannes, ist immer seelisch bedingt (s. o.) und hat den Sinn, die Frau vor der mehr gefürchteten als gewünschten Situation zu schützen (Konversions-Symptom). Ähnlich kann man – nach Ausschluß organischer Gründe – die Dyspareunie verstehen (d. h. die Haltung, die eine koitale Situation und das Einführen des Penis nur als schmerzhaft zu erleben erlaubt.)

c) Bedürfnisstörungen

1. Schwächung des Bedürfnisses (Hyposexualität)

Fehlendes Bedürfnis kann auch ein normaler Umweg sein. Nur wenn wir es vermissen, leiden wir. Körperlich und psychosozial bedingt wie die Befriedigungsstörungen (zudem chromosomale Bedingungen). Bisweilen keine Ursache feststellbar. Aber: Die Stärke des Geschlechtstriebs (Libido) ist individuell unterschiedlich und unterliegt biologischen Schwankungen. Sie kann jedoch nie für sich allein genommen und damit „meßbar" werden, hängt immer auch von der Situation ab, in der sie übersteigert, „normal", abgeschwächt oder gar nicht mehr zum Ausdruck kommt. Situationen extremer Isolation (Psychose, Vereinsamung, Langzeitbereich, Gefängnis, KZ) können den Geschlechtstrieb abschwächen oder absterben lassen, aber auch quälenden Triebüberdruck erzeugen.

2. Steigerung des Bedürfnisses (Hypersexualität)

Man sollte nur dann davon sprechen, wenn über längere Zeit alltägliches Fühlen, Denken und Handeln aufgrund der Vorbesetztheit durch das Bedürfnis nicht mehr möglich ist. Der Begriff „Hypersexualität" kann bei Vernachlässigung der Gesamtsituation mißbraucht werden für falsche Therapie-Indikationen (z. B. stereotaktische Operation).

Körperliche Bedingungen: Hirnschäden im limbischen System und Hypothalamus (Klüver-Bucy-Syndrom); psychomotorische Epilepsie (mit Sexualdelikten im Dämmerzustand); hirnorganisch bedingter Kontrollverlust;

Medikamente wie Amphetamine, Opiate und Androgene, wogegen die sog. Aphrodisiaka wirkungslos sind; Menopause (durch Absinken der Östrogene relativer Anstieg der Androgene).

Psychosoziale Bedingungen häufiger: Manische Zustände; Persönlichkeitsstörungen; Isolationszustände. Dies sind freilich ebenso wenig echte organische Triebsteigerungen wie der *Don-Juanismus* (Erotomanie, Satyriasis) des Mannes, wo jemand durch endlose Serien von Eroberungen sein sexuelles Wertgefühl ebenso häufig wie erfolglos zu bestätigen sucht, sich in diese Haltung zwanghaft-süchtig hineinsteigert, ewig auf der Suche nach der „wahren Liebe“ und nach wirklicher Befriedigung, die er durch eben dieses Handeln verhindert.

Nymphomanie ist die Bezeichnung für dieselbe qualvolle, weil die eigene Befriedigungsschwäche nur mit Bedürfnissteigerung sinnlos überkompensierende Haltung auf Seiten der Frau.

4 Leiden an sexueller Andersartigkeit

Jedes Individuum ist sexuell „andersartig“, weil es einen je einmaligen Umweg zwischen erlaubten/unerlaubten sexuellen Teilwünschen und Verzichtleistungen darstellt. Wenn eine Gesellschaft einen Umweg als verbotene (unnatürliche) Lösung etikettiert, darf und muß der Betroffene ihn im kulturellen Abseits gehen. Dies Doppelte fasziniert und macht leiden, weshalb man ihn verlegen als Perversion (= Verkehrtheit) oder Deviation (= Abweichung) bezeichnet. Diese Umwege lassen sich zurückführen auf je eine der unendlich vielen Möglichkeiten, die im polymorph-perversen Zustand des Kindes noch offen und „unschuldig“ gelebt werden, also auf einen der sexuellen Teilwünsche (= Partialtriebe).

Mißlingt deren Zähmung auf „Normalmaß“, dann drückt das auch ein Stück Protest gegen die „normale“ Unterdrückung aus. Daher mischt sich in unsere Abwehrgefühle des Abscheus und Ekels gelegentlich Neid (etwa „der gönnt sich, was ich mir verboten habe“); denn irgendwo steckt in uns allen der Wunsch nach (in der Tiefe und in der Zahl der Möglichkeiten) totaler Selbstverwirklichung auch im Lieben.

Andererseits: je luxuriöser und randständiger ein Umweg, desto mehr Leiden (Funktionalisierung als Angstabwehr) und Stören (Verselbständigung gerade der Gewaltwünsche im Lieben): der Umweg wird zum Abweg.

Meist mit oder nach der Pubertät erscheinen uns unsere sexuellen Wünsche als unausweichliche, endogene Gegebenheiten, bei abweichenden Wünschen mit mehr Angst. E. Schorsch hat 4 Möglichkeiten unterschieden, wie wir mit dieser Angst umgehen können:

- Bejahung: Diese günstigste und *häufigste* Versöhnung der Person mit ihrem Umweg verhindert ein Leiden an ihm, er wird im möglichen Umfang gelebt. Die Person bleibt stabil.

- Teilweises Zulassen: Ermöglicht als Bejahung des Umwegs vor sich selbst und Verheimlichung nach außen einen Kompromiß und ein Doppelleben zwischen „bürgerlichem Alltag“ und einem exakt begrenzten Raum zum partiellen Ausleben des Andersseins, z.B. in Phantasien, die die Selbstbefriedigung oder die erlaubten sexuellen Beziehungen begleiten, im Prostitutionsmilieu oder in rituell abgeschlossenen subkulturellen Gruppen von Gleich-Erlebenden.
- Abwehren: Überwiegt dies, wird ein Nebeneinander unmöglich. Der Umweg (Sexualität überhaupt) wird abgespalten, als nicht zu mir gehörig erlebt. Der dann doch erfolgende Durchbruch (z.B. Exhibitionshandlung) bei einem scheinbar ausgeglichenen Menschen wird dann um so mehr von innen und außen als fremd erlitten. Hier wird der Umweg zum Abweg (Deviation).
- Verleugnen: Wünsche sind vollständig abgewehrt, was von Gruppe 3 angestrebt, aber nie erreicht wird: sie sind subjektiv weg und unkenntlich in andere soziale Handlungsweisen eingebaut (z.B. sadistische Wünsche in Erziehungssadismus gegen Kinder).

Leiden am Anderssein nimmt also vor allem mit dem ewig-erfolglosen Abwehrkampf dagegen zu, wodurch der Triebdruck endlich die übrige soziale Existenz der Person überschwemmt und besetzt. Ergebnis ist die fortschreitende (progradiente) „süchtige Entwicklung“ (H. Giese): Ohnmächtiger Verfall an bestimmte Auslösereize (z.B. Kinderstimme für den Pädophilen); zunehmendes Bedürfnis bei abnehmender Befriedigung, weil ein lustvoll-entspannender Abschluß zwar oft zum Greifen nahe ist, aber von den gleichfalls zunehmenden Schuldgefühlen stets wieder „zur Ordnung gerufen“ und verhindert wird; daher zwanghafte Wiederholung von immer demselben bei Komplettierung der Ausgestaltung; schließlich Promiskuität (Beliebigkeit der Befriedigungsanlässe) und Anonymität, dadurch Verlust des sexuellen Handelns an „Zwischenmenschlichkeit“, statt dessen vermehrte „Versachlichung“ und Vervollständigung der Vereinsamung, was wieder das Eigenleben des abweichenden Bedürfnisses verstärkt usw. (also ein Teufelskreis, den wir von anderen psychischen Symptomen kennen).

Wenn Sie sich im folgenden mit den Ausdrucksformen sexuellen Andersseins bekannt machen, halten Sie bitte fest, daß sie 1. eher selten zu Leidenszuständen führen, sondern meist – mal als Last, mal als Lust gelebt werden können, daß sie 2. mit einem Teil-Wunsch zu tun haben, den wir alle aus unserer Entwicklung kennen, und daß sie 3. nur aus einer unendliche großen Zahl möglicher Besonderheiten herausgegriffen sind: *Sadismus:* Sexuelle Befriedigung durch Unterwerfen und Quälen des Anderen, während bei *Masochismus:* dasselbe durch Erleiden von Qual und Schmerz erreicht wird. Sadomasochistisch kann die Haltung eines Menschen oder eine Beziehung sein. Anteilig kennen wir diese Neigungen, die eine z.B. aus Potenz- und Autoritätsproblemen, die andere z.B. aus Schuldgefühlen. Sexuelles Anderssein liegt nur vor, wenn Quälen oder Leiden selbst Ziel wird, statt Mittel in einer

Beziehung zu sein. Extremer Sadismus kann zu Vergewaltigung oder Tötung des Partners führen. Der Begriff „Lustmord“ ist als irreführend zu streichen. *Pädophilie:* Hier sind Lebensalter bzw. kindliche Körperform der Reiz. Das Kind wird vom erlaubten Liebes- zum unerlaubten Sexualobjekt, wobei meist nur Beschauen, Streicheln und Selbstbefriedigung stattfinden, was homo, -heterosexuell oder als Inzest möglich ist. Oft sind es alternde oder geistig behinderte Menschen, deren Liebeswunsch zerbricht an ihren Ängsten gegenüber erwachsenen Partnern oder an der kulturellen Wertung („ein alter Mann hat sexuell neutral zu sein“). *Gerontophilie* ist die erotische Neigung zu alten Menschen.

Exhibitionismus: Zurschaustellung des erregten Gliedes in anonymer Öffentlichkeit, besonders vor Frauen oder Kindern. Beziehungsgehemmte, kastrationsängstliche Männer wollen in Kontrast zu ihrer sexuellen Ohnmacht so ihre Macht demonstrieren. Befriedigung durch Reaktion des anonymen Partners: Beachtung, Erregung, Schreck, Empörung, Verachtung. Abschließend Selbstbefriedigung und die quälendsten Schuldgefühle, die unweigerlich die Wiederholung bahnen. Therapie hat die Bestrafung dieser in aller Regel harmlosen Handlung zu ersetzen. Die allgemeine Form ist die Lust am Demonstrieren der eigenen Macht überhaupt. Für Frauen erlaubt offenbar schon die Mode in hinreichendem Maße die Zurschaustellung. – Auch hierzu ein Gegenstück: Der *Voyeur* findet sexuelle Befriedigung im ebenfalls anonymen Anschauen sexueller Handlungen Anderer, – Verselbständigung dessen, was als kindliche Neugier, im Vorspiel und als Klatsch „normal“ bzw. in Pornographie, Striptease oder Varieté ökonomisiert erlaubt ist. Verwandt ist der *Frotteur*, der in anonymen Menschenmassen durch Sichanpressenlassen an einen Anderen zum Orgasmus kommt (u. U. mit Aufschlitzen der Kleidung).

Fetischismus: Wir alle haben Vorlieben als Reizquellen in unseren Beziehungen, von einem Körperteil unseres Partners bis zu Wäschestücken oder nahezu beliebigen Gegenständen. Beim Fetischismus verselbständigt sich die Vorliebe, der Fetisch; d.h. Befriedigung nicht mehr durch einen Partner, sondern nur noch durch dessen Vergegenständlichung (z.B. Brust, Haare, Slip, Hut, Strümpfe, Schuhe oder erotisch scheinbar neutrale Gegenstände, bis zu Geldscheinen). Bei Männern wie Frauen auch als Sammelsucht, *ein* sexuelles Motiv für Kleptomanie bzw. für Warenhausdiebstähle. Als Verkleidungsfetischismus kann *Transvestitismus* verstanden werden: möglichst perfektes Herstellen der äußeren Erscheinung des anderen Geschlechts nach Kleidung und Aufmachung bringt Befriedigung über den Blick in den Spiegel, Selbstbefriedigung oder Partnerbeziehung.

Sodomie: Nicht übliche Zärtlichkeit, sondern Geschlechtsverkehr mit Tieren. Bedingung ist menschlich isolierte Lebensweise bei Umgang mit Tieren, also Landarbeiter, vereinsamte Hausfrauen („Schoßtier“), geistig Behinderte. Wegen des besonders strengen Tabus gegen Sodomie wird hier hinter der größten Dunkelziffer die häufigste sexuelle Andersartigkeit vermutet.

5 Leiden an der Geschlechtsrolle (Transsexualität)

Transsexuell ist, wer sich mit der Geschlechtsrolle identifiziert, die seinem biologischen Geschlecht entgegengesetzt ist, wer also ein personales Selbstverständnis hat, das den körperlichen Gegebenheiten widerspricht. Dies ist eindeutig unterschieden von Transvestitismus, Homosexualität oder Hermaphroditismus. Da auch der Transsexuelle sich der gesellschaftlichen Forderung beugt, daß Geschlechtskörper und -rolle zueinander passen müssen, strebt er den zu seiner Rolle passenden Körper, also Geschlechtsumwandlung, an. Und das mit allem leidenschaftlichen Nachdruck; denn auch hier zeigt sich, daß das Erleben stärker prägt als der Körper. Sexualität ist nur beiläufig wichtig, da es hier um das Gesamt-Selbstverständnis als *Person* geht. Das Leben Transsexueller gegen viele kulturelle Wertungen führt zu quälender Isolation, Depressionen, Suizidversuchen und Selbstverstümmelungen. Daher ist erlaubt eine Anpassungsoperation, wenn die Betroffenen (3 Männer kommen auf 2 Frauen) älter als 20 Jahre sind, 1–2 Jahre in der gewünschten Geschlechtsrolle gelebt haben, sich in dieser Zeit einer hormonellen Substitutionstherapie unterzogen haben und therapeutische Betreuung gewährleistet ist. Auch eine Personenstandsänderung ist möglich.

III Grundhaltung der Begegnung

1 Selbstwahrnehmung

Da wir von fast allen Schwierigkeiten des Liebens etwas von uns selbst kennen, ist die Suchhaltung bei mir selbst in diesem Fall eher leicht – geradezu verführerisch leicht. Damit sie nicht mißlingt, ist folgendes zu beachten:

- Nicht der zielstrebige, gerade Weg, sondern der Umweg des Liebens ist normal.
- Jeder Mensch hat einen einmaligen Stil des Liebens; wer ihn kennen lernen will, muß auf jeden Vergleich verzichten.
- Der Liebesstil eines Menschen ist nie isoliert zu sehen; er ist vielmehr der empfindlichste Seismograph für seinen Lebensstil.
- Mein Verstehen kann durch unwillkürliche Ablehnung blockiert werden, insbesondere wenn ich Gewaltwünsche aus meinem Bild des Liebens verbanne.
- Heute ist jedoch der entgegengesetzte Fehler gefährlicher: ich muß mich hüten, den Anderen vorschnell mir gleichzumachen, mich mit ihm zu identifizieren, seine Not als nur durch gesellschaftliche Diskriminierung bedingt zu verharmlosen oder ihn durch „Verstehen“ noch weiter in solche einseitigen Abwehrmanöver hineinzutreiben.

- Ich habe es nie nur mit einem Menschen und seiner Not zu tun, sondern grundsätzlich stets mit mindestens zwei Menschen und ihrer je besonderen Liebeslandschaft. Ich habe stets beide kennenzulernen.
- Da jeder, der am Lieben leidet, Angst vor Nähe oder Abstand hat, zuviel Freundschaft oder Feindschaft in der Beziehung sucht, werde auch ich es schwer haben, in der Begegnung mit ihm gegnerschaftlichen Austausch herzustellen.

Nur innerhalb dieser Grenzen kann ich mich so auf den Anderen verstehen, daß ich auch von mir sagen kann: Ich war in einer Beziehung zu gradlinig, zu zielgerichtet, nicht umweghaft genug, hatte nicht genug Zeit für uns, fand meine Arbeit, meine Leistung wichtiger als den Partner, war impotent/frigide. Oder ich hatte Angst vor der Brutalität oder vor der Hingabe, weil der Andere mich verletzt hat oder ich Freude daran hatte, ihn zu verletzen, weil ich den Anderen mit Haut und Haaren besitzen oder mich ihm *ganz* hingeben wollte, habe meinen eigenen Standort verloren. Oder ich spüre zugleich Zärtlichkeit und Ekel gegenüber einem Menschen meines eigenen Geschlechts, frage mich, ob meine Zugehörigkeit zur „Schwulen-Bewegung" nicht auch meine Abhängigkeit von der Intoleranz der Gesellschaft bedeuten kann. Oder ich fühle mich sexuell unattraktiv, minderwertig und ohnmächtig, möchte umso mehr Macht demonstrieren oder durch Unterwerfung imponieren. Oder Kinder und Tiere sind einfacher, unselbständiger und daher ungefährlicher als erwachsene Partner. Oder da ich die ganze Erfüllung der Sexualität nicht kriegen kann, aber will, mache ich einen Teil zum Ganzen, tue damit etwas, was ich mir zugleich selbst vorwerfe – ähnlich wie beim Ladendiebstahl. – Wird solch schonungslose Suchhaltung bei mir dem Anderen sichtbar, kann auch er hartnäckiger bei sich (nicht nur bei den Umständen) suchen, muß sich nicht mehr durch Bejammern seines Symptom-Gefängnisses schonen, kann dies besser im Zusammenhang mit seinen grundlegenden Ängsten und Lebensproblemen wahrnehmen. Versteht er sich selbst in der Begegnung mit mir besser, ist dies mit seiner Isolation unvereinbar.

2 Wahrnehmungsvollständigkeit

Wer leidet, nimmt eingeengt wahr. Das Symptom fasziniert, soll alle Aufmerksamkeit auf sich ziehen. Dem entspricht Aufmerksamkeitsmangel für alle anderen Lebensbereiche. Hier haben Sie aktiv gegenzusteuern, denn im Bereich des Erlebens und der Gefühle ist nichts direkt, sondern alles nur durch Um-Gang indirekt zu erkennen und zu ändern. Der Kontext ist wichtiger als der Text. Am Symptom ist alles andere wichtiger als das Symptom. Sie nähern sich dem Leiden eines Liebenden „am direktesten", indem Sie sich nicht ihm, sondern dem Leiden seines Partners nähern oder ihn sich seinem Leiden nähern lassen. Die Wahrnehmung der Unterschiede der Partner ist wichtiger als die der Gemeinsamkeiten. Die Wahrnehmung des Unterschieds zwischen Situationen, in denen Schwierigkeiten auftreten oder nicht, vermittelt das Selbstgefühl, auf sich selbst Einfluß nehmen zu können. Die Unterscheidung von Sexualwünschen und Schuldgefühlen verhindert deren Vermengung, die erst – wie schon bei der Selbstbefriedigung – selbst einengend die Leidensspirale dreht. Diese Unterscheidungsarbeit ist schwer.

Beispiele:
1. Es geht uns leicht über die Lippen, daß wir die Sexualität in unsere Persönlichkeit zu integrieren haben. Wir wagen kaum zu sagen, daß unsere Sexualwünsche uns immer *auch* fremd (unpersönlich) bleiben müssen, um jede erreichte Integrationsstufe in Frage zu stellen, zu sprengen und uns zu weiterer Suche und Entwicklung treiben zu können.
2. Wir sagen leicht, daß in einer Liebesbeziehung zwei Subjekte füreinander da sind, aber es fällt uns schwer zu sagen, daß sie *auch* gegeneinander da zu sein haben.

Uns interessiert, was jemand tut, um seine sexuellen Ziele zu erreichen, aber mehr noch, was er tut, um sie *nicht* zu erreichen – durch Vermeidung und andere Angstabwehr. Entscheidend ist schließlich die Unterscheidung von Sexualangst als wegweisend und Sexualangstabwehr als den Weg verdunkelnd. Aber wiederum ist auch in jeder Angstabwehr, d.h. in jedem Symptom die Bemühung um Selbsthilfe wahrzunehmen. Weiter ist zu fragen, in welchem Maß die Sexualangstabwehr nur Ausdruck der allgemeinen Angstabwehr ist. Ausschlaggebend ist letztlich die Unterscheidungsfrage, was an meinem Tun habe ich zu ändern, was zu akzeptieren; denn nur „unterlassen" kann ich nichts, was mir wichtig ist.

3 Normalisierung der Beziehung

Wie schwer dies gerade hier fällt, zeigt schon die normale Aufgabe der Gegenübertragung, dem Patienten alle Gefühle mitzuteilen, die er in Ihnen auslöst. Oder haben Sie Ihrem Ehe- oder sonstigen Intimpartner alles erzählt, was Sie wünschen, tun oder getan haben? Oder haben Sie ihm alle Gefühle mitgeteilt, die seine Wünsche oder sein Tun in Ihnen auslösen? Oder was Sie an ihm vermissen? Lieber lassen Sie sich gegenseitig mit Ihren ängstlichen Vermutungen allein. Stellen Sie sich nur einmal vor, Sie öffneten sich. Und dann tun Sie es wirklich: Sie können so erfahren, wie Sie *selbst* Angst in Vertrauen verwandeln können.

Wie wehren Sie „offenen Austausch" mit dem Patienten ab? Beobachten Sie sich: Entweder Sie vermeiden das Thema Liebe. (Ähnlich übrigens das Thema Hygiene: jemand ist schmutzig, riecht schlecht, „stinkt Ihnen"!) Oder Sie fragen zwar, fragen sogar genauer, werden vielleicht geil darauf, noch mehr von den Absonderlichkeiten zu erfahren? Sie fragen also den Anderen aus, buchstäblich „aus". (vgl. das Wort Exploration!) Und dann?

Antworten Sie auch? Vielleicht raffen Sie sich zu einer Mitleidsbekundung auf. Oder Sie machen sich solidarisch mit dem Anderen in der Empörung über die Vorurteile der Umwelt. Oder Sie haben leider gerade jetzt etwas anderes zu tun. Oder Sie sind zu angestrengt damit beschäftigt, die Äußerungen des Anderen zu Papier zu bringen. Wir gratulieren: Es ist Ihnen mit diesem selbst-schonenden Vorgehen gelungen, den Anderen in seiner quälenden Selbstisolierung (auch Selbst-Schonung) und in seiner Symptom-Fixierung wieder eine Umdrehung festerzuschrauben! Sie haben sich verhalten wie alle Menschen in der Umgebung des Anderen.

Damit wollen wir uns nicht lustig machen über Ihre Fehler; denn sie sind die unseren auch. Aber so wird klarer, daß es darauf ankommt, die diagnostische Einbahnstraße für den Gegenverkehr zu öffnen und die Begegnung so zu normalisieren, daß ich den Anderen gleichermaßen als Person und Symptomträger ernstnehme. Wenn ich dem Anderen voll antworte, mag es noch naheliegen, ihm Angst, Ekel oder meinen Abscheu, wie er mit sich bzw. mit seinem Partner umgeht, rückzumelden. Weiterführend können aber auch andere Gefühle sein: z.B. sein langweiliges Leben, seine Überangepaßtheit oder sein Selbstmitleid machen mich gereizt. Wirkungslose Überbemühtheit erregt Mitleid. Impotenzschilderung läßt mich triumphieren: „Du Schlappschwanz, da bin ich aber besser"! oder „Gegenüber Deinen vielen homosexuellen Kontakten bin ich mit meiner einen Beziehung wertvoller." Oder umgekehrt: „Es macht mich neidisch, daß Du um die ... Erfahrung reicher bist, Dir etwas gegönnt hast, was ich mir verkniffen habe". „Es beeindruckt mich, daß Du Dich nicht damit abfindest, womit sich alle zufrieden geben, immer weitersuchst, Deine ganze Liebe auf ein Detail der Sexualität verschwendest, das alle Anderen übersehen oder verachten". „Es tut mir weh, wie Du Dich immer mehr einengst, Dir alles verbietest". „Es empört mich, daß Du wie ein Kind alles haben, nicht verzichten willst". „Deine Entscheidungsunfähigkeit regt mich auf: Willst Du nun sein wie alle Anderen, oder willst Du Deine Besonderheit leben?" – Nur wenn ich mit der Öffnung anfange, ermäßigt sich die Isolation des Anderen, hat er die Chance zu einer tieferen Selbst-Diagnose und damit zu einer anderen Wertung oder zu einer Änderung seines Handelns aus sich selbst heraus.

IV Beratung, Therapie, Hilfe zur Selbsthilfe

Wie immer besteht der schlimmste und häufigste therapeutische Fehler darin, das sexuelle Handeln, den Umweg, selbst vordergründig als Störung, Symptom oder Krankheit zu sehen und es therapeutisch zu „bekämpfen" – psychotherapeutisch, medikamentös oder operativ. Die eben entwickelte Grundhaltung kann den Fehler verhindern, da sie sichtbar macht, daß es sich hier um Probleme des Erlebens handelt, daß das Erleben die Funktion steuert (und nicht umgekehrt) und das Erlebnisweisen nie „frontal“ anzugehen sind. Fast immer besteht das Ziel darin, daß jemand seinen Weg bzw. seinen Umweg zu akzeptieren lernt, während Änderung nur in Frage kommt, wo jemand sich und/oder anderen Leiden bereitet. Diese Hilfe zur Selbsthilfe (Selbst-Therapie) läßt sich mit körper- und psychotherapeutischen Techniken kombinieren. Sie ist die Basis des Beratungsgesprächs, das für die meisten Sexualschwierigkeiten bereits eine hinreichende Starthilfe ist, so daß wir für die betreffenden Beziehungen nur vorübergehend Ersatzspieler sein müssen. Denn oft reichen kompetenzerweiternde und schuldgefühlabbauende Informationen, da wir zwar alle lernen können, zu lesen, zu rechnen oder den Nahrungstrieb zum Genießen einer guten Mahlzeit zu veredeln, während das Lernen des Liebens eher behindert wird.

Therapie der Homosexualität wäre ebenso unsinnig wie der Heterosexualität. Unabhängig davon benötigen viele Menschen der beratenden oder therapeutischen Entscheidungshilfe, ob der homo-, der hetero- oder der bisexuelle Umweg, der für sie geschaffene ist. Darüber hinaus ist – wie schon gesagt – die Besonderheit der homosexuellen Lebenswirklichkeit unbekannter als die der heterosexuellen, da mehr verdeckt durch Diskriminierungs-, Vergleichs- und Verteidigungszwang, vielleicht auch durch häufigeren Mißbrauch sexuellen Erlebens zur plombierenden Füllung von Entwicklungslücken eines Menschen. Therapieziel wäre es daher zumeist, eine homosexuelle Beziehung bzw. einen Menschen gemeinsam mit seinem Partner zu befähigen, die Besonderheit der eigenen Liebes- und Lebenswelt – getrennt von Vergleich und Verteidigung – bis auf den Grund zu erfahren, sie vielleicht auch aus ihrer Verwendung als plombierendes Neurose-Reparaturmittel bei beiden beteiligten Personen zu befreien, damit sie in ihrem Reichtum und in ihren Grenzen eindeutiger bejaht und freier gelebt werden kann.

Nun zu den häufigsten Leiden an der Heterosexualität, den sogenannten „Funktionsstörungen“: Seit wir wissen, daß es sich dabei zumeist gar nicht um Funktionsstörungen, sondern um Erlebens- und Beziehungsstörungen handelt, wobei ein oder beide Partner das Lieben nicht als in der Gesamtbeziehung verankerten, unabsichtlich – spielerisch – kurvenreichen Umweg ausgestalten, sondern als zu stromlinienförmig-gradlinigen, aus dem Beziehungsgesamt isolierten, zielstrebig-absichtlichen und leistungszwanghaften Weg managen, die wegweisenden Ängste und andere Gefühle abwehrend, etwa weil zwei Leute über ihre Arbeitnehmerrolle und insbesondere über ihre Elternrolle ihre Ehepartnerrolle vergessen haben, – seitdem wissen wir auch, daß eine angemessene therapeutische Hilfe die Beziehung in ihrer Gesamtheit zum Gegenstand hat. Masters und Johnson haben auf dieser Grundlage das folgende Therapie-Prinzip für Liebesbeziehungen entwickelt:

Der Symptomträger muß mit seinem Partner zur Paar-Therapie bereit sein, denn die Beziehung leidet. Da eine Störung dadurch entsteht, daß in der langen Lerngeschichte des Liebens ein Schritt blockiert ist, wird ein ambulanter Nachholunterricht durchgeführt, der mit dem 1. Schritt anfängt: Ein Verbot koitalen Geschlechtsverkehrs verhindert weitere Mißerfolge, Versages- und Schulderlebnisse. Die Partner müssen für die Therapiezeit von einigen Wochen genügend Zeit füreinander haben. Dadurch finden sie wieder zur unbefangenen, nichtsexuellen Alltags-Aufmerksamkeit für ihr Gegenüber, was oft schon entscheidend ist, da sie ihren Unterschied wiederentdecken. Sie müssen Tagebuch führen. Sie bekommen die Instruktion, daß Lieben nicht Leistung, sondern ein möglichst vollständiges Spielen miteinander ist. Sie haben bei jedem Lernschritt auf die Gefühle zu achten. Sie sollen ihr Tun nicht als erregend, sondern als angenehm-entspannend erleben und genießen können. Sie sollen nur solange zusammensein, wie beide Lust haben. Keiner soll etwas nur dem Anderen zuliebe tun! Im 2. Schritt sollen die Partner gegenseitig ihren gesamten Körper (außer den Geschlechtsregionen) durch Streicheln und Zärtlichsein kennenlernen. Im 3. Schritt werden die Geschlechtsregionen in das Liebkosen einbezogen und erst im 4. Schritt auf intensivere Weise. Alle Schritte haben das entspannende Gefühl, nicht die Erregung zum Ziel. Abwehrreaktionen (Kitzelgefühl, Ekel, Vermeidungen) werden besprochen und durch weiteres Üben überflüssig gemacht. So wird allmählich eine Atmosphäre oder Grundhaltung hergestellt, die das Lieben wieder zu einem unabsichtlich-natürlichen, spielerischen Geschehen macht und die unvereinbar mit Schuld- und Versagensängsten ist. Diese Grundhaltung wird, wenn noch erforderlich, mit bestimmten Techniken für die einzelnen Befriedigungsstörungen kombiniert.

Dies leicht zu lernende Vorgehen beschränkt sich auf Hilfe zur Selbsthilfe und hat eine hohe Erfolgsquote. Selbst in der Rehabilitation Querschnittsgelähmter kann sexuelle Befriedigung über sinnlich verfügbare Körperregionen teilweise gelernt werden. Wo kein Partner existiert oder bei allgemeiner Gehemmtheit ist eine umfassendere Psychotherapie erforderlich. Sexuelle Aufputschmittel sind schädlich. Auch andere Medikamente, wie Tranquilizer, richten Unheil an, da sie Hoffnungen auf dem falschen Wege erwecken und später enttäuschen, also das Symptom verfestigen. Indikationen für Hormontherapie (Androgene) sind höchst selten. – Schwäche, Fehlen oder Steigerung des Sexualbedürfnisses verlangen einen Therapieansatz, der den organischen oder psychosozialen Kontext zu beeinflussen versucht. Was bei Vereinsamung oder im Gefängnis wie „Hypersexualität“ aussieht, ist oft Kunstprodukt dieser Bedingungen. Daher keine voreilige medikamentöse oder operative Kastration.

Frühere Versuche, Menschen mit sexuellem Anderssein therapeutisch auf Normalverhalten umzupolen, waren entweder erfolglos oder „erfolgreich“ um den Preis des Verlustes an sexuellen Ausdrucksmöglichkeiten überhaupt. Deshalb kommt Therapie nur im Falle des Leidens am sexuellen Anderssein in Betracht. Erstes Ziel muß die Bejahung der sexuellen Besonderheit sein, sie für die Betroffenen und deren Partner akzeptabel zu machen, sie in Partnerschaften einzubauen oder sie in definierte Bedingungsgefüge zu kanalisieren, um die süchtige Entwicklung zu verhindern. Wo aber aggressiv-sadistische

Menschen für andere Menschen gefährlich sind oder wo Pädophile für ihr Handeln bestraft werden, muß versucht werden, die nicht geduldeten Gewalt- oder anderen Wünsche in andere Handlungsweisen zu integrieren, schon damit die Angehörigen der Opfer nicht auf Selbstjustiz zurückgreifen. Dafür kann triebdämpfende Behandlung mit Neuroleptika oder Anti-Androgenen (chemische Kastration) die Vorraussetzung schaffen. Soweit solche Therapieverfahren wenig befriedigend sind, ist in Einzelfällen der Verzweiflungsschritt der operativen Kastration bzw. der stereotaktischen Hirnoperation zu erwägen. Günstiger ist die Entwicklung von Psychotherapieverfahren für Exhibitionisten, da diese nach dem neuen Strafrecht in der Regel nicht mehr bestraft, sondern einer Behandlung zugewiesen werden. – Die Therapiemöglichkeiten für Transsexuelle wurden bereits (s. o.) besprochen.

V Epidemiologie und Prävention

1 Verbreitung

Zahlen sind hier – wie bei den Neurosen – Geschmacksache, denn wir alle haben Schwierigkeiten mit unserer Sexualität und haben homosexuelle, heterosexuelle und andere Anteile in unserem Umweg. Nach Kinsey soll bei 37% der Männer und 13% der Frauen homosexuelles Handeln vorkommen. Als homosexuell gelten 4–5% Männer und 1–2% Frauen; jedoch leben Frauen „normaler" zusammen als Männer. Noch schwerer ist es, die Häufigkeiten der heterosexuellen Schwierigkeiten festzustellen. Zudem: Wieviele von uns lassen statt der eigentlich gemeinten Sexualschwierigkeiten Körpersymptome, Müdigkeit, Konzentrationsmängel, Zwänge oder Depressionen von ihrem Arzt behandeln, wenn dieser nicht vollständig wahrnehmen kann? Wieviele Männer schicken lieber ihre Frauen zum Arzt? Von Unterschichtpatienten zu schweigen.

Einen Überblick über die Verteilung der sexuellen Schwierigkeiten – als verzerrter Eisberggipfel – gibt die Statistik der Sexologischen Poliklinik Hamburg: Die 489 Patienten des Jahres 1973 erhielten folgende Diagnose: (Männer/Frauen in %): Befriedigungs- oder Funktionsstörungen 58/68; Bedürfnis- oder Libido-Verlust 0/4; Partnerkonflikt ohne Funktionsstörung 3/10; Homosexualität 14/2; Anderssein oder Deviationen 12/0; Transsexualität 5/7; andere psychiatrische Diagnosen 7/7.

2 Bedingungen

Allgemein findet man – neben möglichen, aber unbekannten Anlagefaktoren sowie organischen Faktoren – folgende Kontexte: Ungünstige soziale Lernbedingungen; verletzende sexuelle Prägungserlebnisse; zu enge oder zu distanzierte Familienbeziehungen; seelisch oder sozial bedingte Isolation; Angst mit selbsteinengender Abwehr; wirkliche oder vermutete Mängel der körperlichen Attraktivität oder Kompetenz. Dies ist für die einzelnen Schwierigkeiten zu ergänzen:

Wir finden höhere Raten homosexuellen Handelns, wo Menschen desselben Geschlechts über längere Zeit miteinander leben, z.B. in der Jugend bei gleichgeschlechtlicher Gruppenbildung, in der Armee und anderen männerbündlerischen Lebensweisen, bei in Wohnheimen lebenden Krankenschwestern, in Gefängnissen und anderen Langzeiteinrichtungen, solange sie getrenntgeschlechtlich organisiert sind. Die Konkordanz bei eineiigen Zwillingen von 80% spricht für einen Anlagefaktor. Homosexualität hätte dann freilich auszusterben. Aber Wirkung der Anlage und der Biographie lassen sich nicht trennen. Die Frage, wie erste und zweite Natur zu unterscheiden sind, ist auch hier offen. Die meisten Forscher setzen auf die Hypothese, die menschliche Natur sei bisexuell und eine Unzahl organisch-seelisch-sozialer Einzelbedingungen entscheide über das Ausmaß der Prägung zur einen oder anderen Seite. Ein ökologisches Konzept ist auch hier zu entwickeln.

Verhängnisvoll für den Anstieg der Befriedigungsstörungen scheint die Neigung zu sein, die geschlechtliche Andersartigkeit und Fremdheit des Partners zu leugnen, z.B. daß Lieben für Frauen stärker von landschafts- und körperumfassender Zärtlichkeit abhängt.

Sexuelle Andersartigkeit wird nach Schorsch begünstigt durch: Angst in der Herkunftsfamilie, seelische und spätere soziale Isolation, frühzeitige Sexualbetätigung (Selbsttröstung?), Ausweichen ins Heimliche, Selbstquälen durch Schuldgefühle, Unfähigkeit der Integration der sexuellen Besonderheit in das soziale Gesamthandeln, wofür der Mann ohnehin weniger Chancen hat als die Frau. Besonders oft handelt es sich um überunauffällige, überangepaßte, überkorrekte, gehemmt-unfreie Menschen, denen ihr sexuelles Anderssein die einzige – zweischneidige – Faszination in einem langweilig-ereignisarmen Leben bedeutet.

3 Bedeutung

Die Gesellschaften sehen in der Liebe nicht nur das Verbindende, sondern auch das Bedrohlich-Sprengende. Sie haben dies als Anlaß gerade für die einengenden Vorschriften der Sozialordnung benutzt. Das Inzest-Tabu ist in den meisten Kulturen die am strengsten durchgesetzte Beschränkung des freien Umgangs zwischen Menschen, weniger zum Schutz der Fortpflanzung, mehr zum Aufbau von Sozialstrukturen. Es scheint jedoch, daß vor allem mit der Industrialisierung die individuelle Spielbreite sexueller Unbefangenheit eingeengt wurde. Zwar gibt es seit der Aufklärung einerseits einen auch sexuellen Glücksanspruch des Individuums (z.B. Anstößigkeit des verhinderten Liebespaares in der Literatur als Protest gegen überkommene Schranken).

Auf der anderen Seite erleben wir eine Art Normalisierung und Sozialisierung der Liebe: Sie, die von der Spannung der Unterschiede lebt, wird auf Menschengleichheit verpflichtet; die für sie notwendigen Um-wege werden begradigt; sie wird technisch gesehen (auch therapeutisch!), vom Leistungsprinzip (z.B. Orgasmuszwang) geformt, dem Konsumverhalten angepaßt, auf ein verlogenes Ideal-ewiger Jugend getrimmt und zum Hygiene-Ideal („Sex ist gut für Gesundheit und Entspannung") verharmlost. So liberal ist man. Wie beschrieben, hat der Anstieg der Befriedigungsstörungen damit zu tun.

Mit dieser „Zähmung" der Sexualität muß auch zusammenhängen, daß Homosexualität und sexuelles Anderssein, obwohl es sie immer schon gab, erst im letzten Drittel des 19. Jahrhunderts systematisch als störend und auffällig und damit Gegenstand verschärfter Gesetze und der Psychiatrie (als Krankheit, Perversion, Abweichung) wurden. Ihre Abwehr und Abwertung sind oft der einzige Ausdruck unseres eigenen Bedürfnisses nach Besonderheit und Unterschiedlichkeit, das wir im übrigen dem Glauben an partnerschaftliche Harmonie-ohne-Leid zuliebe leugnen. Daher werden z. B. die Ehepartner, die ihre gleichgeschlechtlichen Freundschaften vernachlässigen und verlieren, an Selbständigkeit einbüßen und ihre Ehe wird oft an einer Isolation-zu-zweit und Depression (s. d.) ersticken. Und daher haben die Möglichkeiten sexuellen Andersseins auch die Bedeutung, die Öde der begradigten Sexualität sichtbar und damit die Umrisse einer „landschaftlicheren" Liebe erahnbar zu machen – selbst in der Verzerrung süchtig-qualvollen Leidens. So zeigt z.B.: Exhibitionismus Fremdheit, Distanz, Aufhebung der Verheimlichung; Fetischismus symbolisch-spielerische Liebe zum Anderen als Objekt und Aufhebung der Partnerideologie; Sadomasochismus die Unbedingtheit gegenseitiger Zuwendung, Luxus an Zeit und Aufhebung der Harmonie- und Verharmlosungsideologie; Koprophilie (= lustvoller Umgang mit Kot) die Aufhebung der Ekelschranke, Pädophilie die der Altersschranke; und Gerontophilie die Aufhebung der Jugend- und Schönheitsideologie, unter der heute zahllose alte oder als häßlich geltende Menschen zu leiden haben. So stellen die Möglichkeiten sexuellen Andersseins Fragen, die uns alle betreffen.

4 Prävention

Zur sekundären und tertiären Prävention bedarf es für die Bevölkerung der allgemeinen Erreichbarkeit solcher Beratungs- und Therapieeinrichtungen, wie sie z.B. in Hamburg und Frankfurt als sexologische Poliklinken existieren. Das dort erarbeitete Wissen muß eingehen in das allgemeine ambulante Beratungs- und Therapieangebot.

Für die primäre Prävention ist in den letzten Jahren viel getan worden, etwa die Einführung des Sexualkundeunterrichts an den Schulen. Zweifellos sind solche Aufklärungsaktionen schuldentlastend und kompetenz-erweiternd. Oft gehen sie aber einseitig nur von der technokratischen Tendenz aus: Liberalisierung als Wachstum des Bereichs des Erlaubten, Moralentlarvung (statt Entwicklung einer gültigeren Moral), Technisierung, Konsumausweitung, Verharmlosung, Orientierung an Partnerschaftsharmonie und Hygiene-Beglückung ist so unvollständig, daß sie neue Zwänge und neue Leiden schafft. Schorsch: „Eine quantitative Ausweitung verhindert qualitative Intensivierung". – Wir haben uns bemüht, den liebenden Menschen in seiner Landschaft so darzustellen, daß daraus vielleicht eine angemessenere und vollständigere Grundhaltung auch für die gesellschaftspolitisch so wichtige Prävention zu entwickeln ist.

Literatur

Arentewicz, G. u. G. Schmidt (Hrsg.): Sexuell gestörte Beziehungen. Konzept und Technik der Paar-Therapie, Heidelberg, Springer, 1980

Buddeberg, C.: Sexualberatung, Stuttgart, Enke, 1983

Dannecker, M.: Der Homosexuelle und die Homosexualität, Frankfurt, Syndikat 1978

Fromm, E.: Die Kunst des Liebens, Frankfurt, Ullstein, 1972

Giese, H. (Hrsg.): Die Sexualität des Menschen. Handbuch der medizinischen Sexualforschung, Stuttgart, Enke, 1968

Morgenthaler, F.: Zur Theorie und Therapie von Perversionen, Psyche, Band 28, 1974

Schelsky, H.: Soziologie der Sexualität, Reinbek, Rowohlt, 1970

Schorsch, E. u. G. Schmidt: Ergebnisse zur Sexualforschung, Köln, Kiepenheuer u. Witsch, 1975

Schorsch, E.: Die Stellung der Sexualität in der psychischen Organisation des Menschen, Nervenarzt 49, S. 456–460, 1978

Sigusch, V. (Hrsg.): Therapie sexueller Störungen, Stuttgart, Thieme, 1975

Stoller, R. J.: Sexual excitement, Arch. Gen. Psychiat. 33, pag. 899–909, 1976

5 Der sich und Andere spaltende Mensch Der schizophrene Mensch

I Landschaft der Zerreißproben

(anthropologisch-ökologische Wahrnehmung)

Der Mensch hat viel erfunden, um Spaltungen zu überbrücken, zu kitten, Fremdes auszuhalten und Konflikte zu lösen. In der Architektur wird das Maß der Spannung und der Belastung bestimmt, denen Konstruktionen ausgesetzt sind. Schizophrenes Handeln ist eine allgemein – menschliche Möglichkeit, so daß ich grundsätzlich mich und den Anderen in einer Zerrissenheit, einer Teilung verstehen kann.

Die allgemeine Erfahrung des Reißens, Trennens, Teilens liegt in den Jahren der späten Pubertät und den folgenden Jahren. So entstehen schizophrene Störungen am häufigsten in der Adoleszenz zwischen dem 15. und dem 25. Lebensjahr. Nur gelegentlich in höherem Alter. Und oft sind die Verhaltensweisen von Pubertierenden ganz ähnlich dem schizophrenen Problemlösungsverhalten, ohne sich jedoch dazu zu verengen. Was ist das Allgemeine? In diesem Lebensalter sind Trennung vom Elternhaus und Bindung an fremde Menschen gleichzeitig Aufgabe. Es sind nicht „Alles- oder Nichts"-Lösungen zu finden, sondern Gegensätze, Entfremdungen, Widersprüche müssen entstehen, ausgehalten werden, und zu neuen Qualitäten der Beziehungen und Weltanschauungen führen.

Eine zweite Aufgabe ist die festere Bindung an Interessen oder berufliche Ziele. Eine dritte Aufgabe ist die zunehmende Übernahme von Verantwortung, all das, was man von der Welt mitbekommt, allein für sich zu ordnen. Während die Welt des Kindes (relativ) eindeutig aufgebaut ist, findet jetzt die ganze Welt mit ihren unterschiedlichsten Aspekten Eingang in das Leben des Menschen. Diese neue Art der Informationen gilt es in eine Ordnung zu bringen und nicht im Chaos zu belassen. Alles scheint gleichzeitig einfach und ist dennoch kompliziert. Kennzeichnend für diesen Lebensabschnitt ist die Gleichzeitigkeit von allem Möglichen, die Aneignung des für einen selbst Möglichen, das Aushalten aller möglichen Widersprüche bei gleichzeitig vorliegender Unfähigkeit, sie alle auszuhalten, das plötzliche Ausgeliefertsein an sehr starke Empfindungen und Gefühle, die nie vorher im Leben so stark waren, das gleichzeitige Ausprobieren von Kontrolle, die Erfahrung, die Gefühle bis zum nicht mehr Vorhandensein wegdrücken, abspalten zu können, das angstvolle Suchen nach den eigenen Gefühlen und Empfindungen, das Verfluchen momentan erlebter Langeweile, Leere und Öde, die Frage, was an der Welt und den anderen ist echt, verläßlich, wer sind sie, bei gleichzeitiger Infragestellung jeglicher Haltung bei sich selbst, die Suche nach Vertrauen, wo doch alles unvertraut wird und nach einer neuen, der eigenen Ordnung verlangt. Unbedingt dazu gehören auch Zweifel und das Verlangen nach Eindeutigkeit. Auch daß man manche Empfindungen gleichzeitig ausdrücken kann: die Angst und die Liebe und den Haß und die Liebe, die Versagensangst und den Leistungsstolz, den festen Glauben, die feste Weltanschauung und die Neugier.

Bisher ist der Konflikt aus dem einzelnen Jugendlichen heraus formuliert. So können wir auch Zugang gewinnen, denn die anthropologische Aufgabe ist die Trennung. Es wäre jedoch falsch, all diese Widersprüche und Konflikte nur in einem Menschen zusehen. Die typische Entstehungskonstellation ist die Familie, in der ein Überempfindlicher (genetisch und psycho-sozial bedingt) mit seinen Angehörigen die Zerreißprobe lebt. Zusammensein und Trennung, Liebe und Freiheit sind gleich stark. Oft sind die Erwachsenen, oder ist einer der Erwachsenen selbst unschlüssig, kann nicht eindeutig sein, ist ängstlich dem Leben gegenüber, sorgt sich um den Jugendlichen, hat gleichzeitig den Wunsch, der Jugendliche möge sich lösen, erwachsen sein. Die Trennung wird von der Familie nur innerlich, oft nur gedanklich vollzogen. Beispielhaft sind die Eltern, die ihrem Jungen eine liebe Freundin wünschen, gleichzeitig aber alles tun, daß er nicht von ihnen loskommt: ihn vor den Gefahren warnen, ihn mit allerlei Verwöhnung an das Haus binden, auch klagen, daß er immer noch keine Freundin habe, und beteuern, daß es zu Hause immer am besten sei. Jeder kennt diese Ambivalenz, diesen Zwiespalt, Erwachsene wie Heranwachsende, aber man kommt doch irgendwie los: als Erwachsener z. B. findet man eine neue Aufgabe, so daß man den Heranwachsenden in Ruhe lassen kann, als Heranwachsender findet man oft Brücken: andere Erwachsene, die die Trennung von zu Hause erleichtern, Jugendclubs und Ähnliches. Ist im Ökosystem eine solche Änderung nicht möglich oder zufällig hergestellt, trauen die Erwachsenen den Möglichkeiten nicht, überwiegt die Sorge um das (genetisch) überempfindliche Kind, so wächst die Angst bei jedem Schritt in die Unabhängigkeit. Gleichzeitig entsteht eine Zwickmühle, denn jede Lösung ist: Die Trennung entspricht nicht der Sorge, das Bleiben entspricht nicht der Entwicklung. Die Spannung, die daraus entsteht, ist unerträglich. Und so wird die Angst abgespalten, um wieder eine erträgliche, lebbare Situation herzustellen. Die Lösung besteht in dem Widerspruch, daß die Familie gleichzeitig getrennt und nicht getrennt lebt.

Wir ertragen wenig Spaltendes oder Gespaltenes, wir wollen Einheit. Die Separatisten, die sich irgendwo abspalten wollen, brauchen sehr viel Gewalt und Kraft, um ihre Identität zu beweisen.

Mit der zunehmenden Ordnung und Zwanghaftigkeit in unserem Leben in diesem Jahrhundert ist immer weniger Raum, immer weniger Zwischenraum, in den Menschen hineingehen und wieder hinauskommen können. Unberechenbare, Unvorhersagbare, Schwache werden ausgelesen. Schon heute sammeln Betriebscomputer genau das Wissen, das man braucht, um den nicht verfügbaren Menschen auszusortieren. Die Bewältigung der Arbeitslosigkeit wird auf jeden Fall beinhalten, daß die kalkulierbare Arbeitskraft bevorzugt wieder eingegliedert wird.

Ein anderer Gesichtspunkt, jedoch eng verwoben mit dem Gedanken der

Vorhersagbarkeit, ist der der Sicherheit. Mit großem Aufwand wird die Neigung der Menschen ausgenutzt, das Böse jeweils nur – abgespalten – im Anderen zu sehen. Man selbst ist der Friedfertige, der Andere will den Krieg. Gewaltsam wird die eigene Aggressivität immer abgespalten. Es git nur wenige die sagen, Aggressivität ist in uns, es kommt darauf an, wie wir damit umgehen.

Hier ist der Gesichtspunkt der äußeren Sicherheit angesprochen. Der der inneren darf nicht vergessen werden. Wir begründen menschliche Beziehungen auf Vertrauen. Was aber, wenn es immer schwerer wird, Vertrauen zu haben, weil die Rituale für Vertrauensgewinn unsicherer geworden sind. Dann wird entweder der mögliche Schmerz abgespalten oder die Grundlage der Beziehung bleibt das Mißtrauen, und die Möglichkeit des Vertrauens wird abgespalten, weil sie zu viel Angst macht. Gerade im Bereich der Beziehungen fördert die Gesellschaft zur Zeit die Rollen der verfügbaren Unverbindlichen, der Singles.

Es kommt die Beziehung zur Umwelt dazu. Wenn wir unser Essen immer mit all dem im Bewußtsein äßen, was wir darüber wissen, – wenn wir die Luft immer mit all dem im Bewußtsein atmeten, was wir darüber wissen –, wir spalten – notwendigerweise – Wissen ab. Und dennoch ist es wichtig, sich dem Schmerz des Widerspruchs immer wieder zu nähern, sonst kann man sich gegen das, was giftig ist, nicht wehren. Man wird, weil man das innere und das äußere Gift abspaltet oder abspalten läßt, verfügbar.

Ähnliches gilt auch für die Bauweise. Es gibt viele Aussagen über die Lebensqualität New Yorks. Die Menschen, die dort leben, haben wohl (noch) nicht die Kraft gefunden, ihre Stadt zu ändern. Sie spalten ihr Leid daran täglich ab: wo wollen sie auch sonst leben. Mit dem Anpassungssyndrom, das ihren verspürten Mangel an Wärme enthält, gehen viele als „borderliner" (das sind Menschen, von denen man nicht sagen kann, ob sie noch in neurotischer Weise oder schon in schizophrener Weise mit ihren Gefühlen umgehen, ob sie noch Zugang zu Angst haben, oder ob die Angst schon abgespalten ist) in Psychotherapie.

II Auffälligkeiten
(Die Lösung, Symptomdiagnose)

Einerseits genetisch-organisch-biochemische und andererseits psycho- und soziogene Faktorenbündel führen in wechselnder Kombination zu verletzlichen, praemorbiden Persönlichkeiten, welche dazu neigen, auf Belastungen überdurchschnittlich stark mit Spannung, Angst, Verwirrung, Denkstörungen, Derealisations- und Depersonalisationserlebnissen bis zu Wahn und Halluzinationen zu reagieren. Nach (einer oder mehreren) akut-psychotischen Phasen ist die weitere Entwicklung in Wechselwirkung mit der Ausgangspersönlichkeit wahrscheinlich vorwiegend durch psycho-soziale Faktoren bestimmt, woraus die enorme Vielfalt der Verläufe zwischen völliger Heilung, Residualzuständen verschiedenen Ausmaßes und schwerster Chronifizierung resultiert (Ciompi)

Es gibt keinen Ausdruck und keine Haltung, die als typisch schizophren bezeichnet werden kann. Es müssen vereinbarungsgemäß folgende Beobachtungen möglich sein, um in einer akuten Situation davon zu sprechen, daß jemand schizophren sei:

- Die Grenzen innerhalb der eigenen Person (dem Ich, zwischen mir und anderen Personen und der Umwelt sind entzwei. Ein Mensch kann nicht mehr sicher sagen, wer er eigentlich ist (ich werde beeinflußt, in mir ist noch ein anderer). Häufig entsteht der Eindruck, die Gedanken werden abgezogen, oder die Gefühle, so daß nur Gefühle der Leere und Kälte übrig bleiben. Die Gefühle und Gedanken bedrohen den Menschen von außen, andere Personen oder übernatürliche Kräfte beeinflussen sein Tun und er fühlt sich ihnen ohnmächtig ausgeliefert. Wenn Menschen solche Gedanken aussprechen, wird auf eine Ich-Störung geschlossen und auf eine zugrundeliegende Persönlichkeitsstörung. Damit ist gemeint, daß das Individium sich nicht mehr als Person wahrnehmen kann, sich nicht mehr „identifizieren“ kann. Häufig wird die Störung des sozialen Kontaktes (zwischen Sender und Empfänger können Nachrichten nicht mehr eindeutig hin und herfließen) als „Kontaktstörung“ bezeichnet.
- Die Wahrnehmung ist gestört. Dinge werden zusammengehörig gesehen oder als zur eigenen Person gehörig gesehen, die nicht zusammengehören oder nicht zur Person gehören. Häufig fällt es schwer, wesentliches von unwesentlichem zu trennen. Unwesentliche Aspekte erhalten eine subjektiv so starke Bedeutung, daß sie für die Person zentral werden für die Wahrnehmungsstrukturierung (z. B. bestimmte Geräusche, bestimmte Bilder). Gewisse Teile der Umwelt – Gesichter, Pflanzen, Straßenzüge z. B. – werden in einer Weise bedeutungsvoll, daß der Mensch meint, er werde von ihnen gemeint, beobachtet, bedroht. Häufig wird von dem Gefühl, im Mittelpunkt der Wahrnehmung Anderer zu stehen, berichtet.

Manchmal wird auch geschildert, daß alles, die Umwelt und die anderen Menschen, aber auch die Zeit und die Luft, fremd, verändert, verzerrt, schemenhaft oder schematisch wahrgenommen werden. Gleichzeitig oder auch unabhängig davon, haben Patienten den Eindruck, der eigene Körper werde ihnen fremd, bestimmte Gliedmaßen seien entweder größer oder kleiner, weiter weg oder näher dran, die Körperbewegung sei nicht so wie sonst, auch das Gesicht sei zu einer Maske erstarrt. Diese Gefühle der Verfremdung werden entweder als *Derealisation* (Verfremdung der Umwelt) oder als *Depersonalisation* (Verfremdung der eigenen Person) bezeichnet. Wenn es sich vor allem um merkwürdige, fremdartige, oft kaum beschreibbare Wahrnehmungs- und Gefühlsstörungen des Körpers handelt (70% der Patienten klagen darüber), spricht man von Störungen der Koinästhesie, das heißt des Gemeinsinns, dies im Unterschied zu den Einzelsinnen, an denen sich die einzelnen Wahnwahrnehmungen festmachen. Damit sind solche Wahrnehmungen gemeint, für die es in der Umwelt keine entsprechenden Reize gibt: z.B.: ich höre Stimmen, obwohl keiner da ist, der mit mir spricht (akustische Halluzinationen). Ich fühle mich berührt, obwohl keiner mich anfaßt (haptische Halluzination); es gibt ferner Geruchshalluzinationen und optische Halluzinationen.

- Störungen der Denkabläufe: Ähnlich wie bei der Wahrnehmungsstörung ist auch beim Denken zu beobachten, daß Wichtiges und Unwichtiges nicht auseinandergehalten werden kann. Das Denken erscheint dem Beobachter zusammenhanglos und unlogisch, wobei häufig Sperrung des Denkens (der Gedanke ist weg), Gedankenreißen oder Gedankensprünge (die Gedanken sind inkohärent) zu beobachten sind. Es kann geschehen, daß der Mensch sich gewissermaßen nicht entscheiden kann, welche Gedanken er zuerst aussprechen will (Ambivalenz), so daß es zu verschrobenen und verschachtelten Gedankenabläufen und Sätzen kommt. Diese Unsicherheit kann sich bis ins einzelne Wort fortsetzen. Es kann sein, daß Worte in einem bestimmten zweideutigen Sinn benutzt werden, daß zwei Gedanken in einem Wort enthalten sind (Kontaminationen), daß so Wortneuschöpfungen auftreten (Neologismen). Damit sind die *formalen* Denkstörungen beschrieben. Zu den *inhaltlichen* Denkstörungen gehören Wahnvorstellungen, -ideen, -bildungen. Gewisse Teile des Wahns entsprechen oft allgemein anerkannten Vorstellungen oder übernommenen Vorstellungen aus der Familientradition, der eigenen kindlichen Welt und so fort. Mittels zwanghafter Konstruktionen und Erklärungen wird dem Patienten möglich, eine Orientierung in der Außenwelt zu finden. Mittels Wahnbildungen werden häufig Anforderungen der Außenwelt abgewehrt, oft auch eigene aggressive oder liebende Wunschvorstellungen. Der Wahn hat somit die Funktion der Abwehr und des Ausdrucks. Gleichzeitig dient der Wahn der Regulierung und der Steuerung des Handelns von Menschen. Bestimmte Handlungen werden aus dem Wahn heraus verständlich, und wenn man bei sich überprüft, wie stark von einem geglaubte Ideen einen leiten können, so wird die Festigkeit des Handelns von Leuten mit Wahnbildungen nachvollziehbar. Über Wahnvorstellungen ist es dem Patienten sicher eine Zeitlang möglich, seine Zerspaltung zu überbrücken und einen Rest von Identität und Kontakt zur Umwelt aufrecht zu erhalten. Wird der Wahn angezweifelt, entsteht daher ungeheure Angst; meist sind wahnhafte Überzeugungen dem Einspruch und der Vernunft unzugänglich. Häufig geschieht es auch so, daß derjenige, der am Wahngebilde zweifelt, als Feind mit in den Wahn aufgenommen wird, womit die Abwehrfunktion des Wahns noch einmal deutlich gemacht ist. Häufig unterstützen Halluzinationen die subjektive Bestätigung des Wahns. Häufigste Erscheinungsformen sind Verfolgungswahn, Beeinflussungs- und Beziehungswahn. Bei dem Bemühen, jedes wahnhafte Geschehen verstehen zu wollen, wird man sich die Frage stellen müssen, inwieweit Kontrolle über das Erleben verloren gegangen ist, und inwieweit der Wahn dazudient, diesen Verlust zu kompensieren (auszugleichen).

- Die Gefühle und die gefühlsmäßigen Beziehungen zur Umwelt: Die Gefühle wirken flach, wobei häufig nicht nur die Intensität des Ausdrucks beeinträchtigt ist, sondern die Menschen auch an Gefühlen *verarmt* erscheinen. Sie wirken spröde, kühl und gläsern. Gelegentlich stimmen die Gefühlsäußerungen in Mimik und Gestik auch nicht mit dem überein, was gesagt wird, oder sie passen nicht zur Situation.

Oft haben schizophrene Menschen nur wenige Beziehungen zu anderen Menschen. Sie scheinen bindungsunfähig, oft jedoch zu einer Person (Mutter oder Ehepartner) zwiespältig: gleichzeitig übergebunden, gleichzeitig interessenlos. In manchen Situationen und manchen Beziehungen zeigt sich, daß die Gefühle häufig nur auf einen abgespaltenen Bereich beschränkt sind. Eine extreme Form der Weltlosigkeit, d. h. der Zurückgenommenheit aus Kontakten zeigt sich im Autismus. Auswirkungen zeigen sich im Handeln. Die Gleichzeitigkeit von Wollen- und Nicht-Wollen führt nicht selten zur Handlungsunfähigkeit (Stupor), die Zwiespältigkeit in den Einstellungen zu Unterbrechungen, Abbrüchen, zu mutlosen Neuanfängen. Die Unentschlossenheit kann ausgesprochen apathisch wirken.

In Situationen, in denen Patienten sich bedroht fühlen, überwiegen Erregung, Spannung, Angst, die sich oft auch in Handlungen umsetzen, was die Partner, die den Grund der subjektiven Bedrohung nicht sehen können, häufig nicht verstehen und ihrerseits ängstigt. Besonders schwierig ist, wenn die gesamte Dynamik bis hin zur Motorik gesperrt ist (Katatonie), so daß der Mensch sich überhaupt nicht mehr äußern kann, jedoch innerlich bis zum Siedepunkt gespannt ist.

In den vier angegebenen Bereichen ist beschrieben, was der *augenblicklichen* Beobachtung im Handeln eines Menschen zugänglich sein muß, um die kranke, hilflos akute Spaltung zu diagnostizieren.

Der Begriff „Schizophrenie" wurde 1907 von Bleuler eingeführt. Bei dem Versuch, den Verlauf schizophrener Erkrankungen zu beschreiben, stand für ihn die Beobachtung im Vordergrund, daß Menschen zunehmend zersplittern und zerfahren können. Er sprach daher von Spaltungsirresein, was die Übersetzung von Schizophrenie ist. Kraepelin hatte vorher den Verlauf der Erkrankung in Schüben und als unaufhaltsam beschrieben und die „Verblödung" (Defekt) als hervorstehendes Merkmal genannt. Wegen der vermuteten (und hergestellten) Unbeeinflußbarkeit des Verlaufs sprach man auch von „Prozeßpsychose" bis zum Endzustand. Die Bewertung der inzwischen vorliegenden Verlaufsforschung (vor allem durch M. Bleuler, G. Huber und L. Ciompi) zeigt, daß es den Verlauf der Schizophrenie gar nicht gibt. Die Entwicklung einmal akut schizophren gewordener Menschen ist als ein offener Lebenslauf zu sehen, in dem allerdings einige mindestens zum Teil biologische und genetische Anteile eine Rolle spielen. Es ist immer zweifelhafter geworden, von einer chronischen Schizophrenie zu sprechen. Allerdings ist es wahrscheinlich, daß Menschen, die akut erkrankt sind, leicht in einen Teufelskreis geraten, in dem nichts anderes übrig bleibt, als sich chronisch von anderen abzuspalten, oder diese von sich abzuspalten oder abgespalten zu werden. Oft sind psychiatrische Institutionen Helfer in diesem Prozeß. Schon die Abgelegenheit befördert oft die Abspaltung. Auch zeigt sich, daß bei der Prognose für die Bewältigung des Lebens Psychopathologie und Diagnose eine nebensächliche Rolle spielen, wohl aber die Erwartungshaltung von Angehörigen, psychiatrisch Tätigen und Patienten. Hierin ist die massive Kritik an der langen Zeit üblichen Sicht der schizophrenen Erkrankung als „unheilbar" enthalten. Akut-krank könnten die Menschen genannt werden, die die schizophrene Krise nur einmal oder ein paarmal in ihrem Leben brauchen. Chronisch krank wäre dann derjenige, der den Schutz der Psychose über längere Zeit braucht, der ein relativ neues Innenwelt-Außenwelt-Gleichgewicht herstellt, wenn auch um den Preis einer langen Hilfsbedürftigkeit, oft um den Preis einer Anpassung an Krankenhausbedingungen. Wenn ich mich in dieser Weise auf das Leben eines schizophrenen Handelnden einlasse, verliert die Frage, ob jemand „heilbar" oder „unheilbar" ist, an Bedeutung. Sich auf einen veränderten Umgang einzustellen, jemanden aus einer Lebens-Situation heraus verstehen, in die hinein er sich entwickelt hat, ermöglicht die Suche nach möglichen Hilfeleistungen, erübrigt aber die Frage nach der Heilbarkeit.

Im Diagnoseschlüssel der WHO sind 10 Untergruppen von Schizophrenie aufgeführt, diese sind: Die schizophrenia simplex, hebephrene Form, katatone Form, paranoide Form, akute, schizophrene Episoden, latente Schizophrenie, schizophrene Rest- und Defektzustände, schizoaffektive Psychosen, andere Schizophreneformen, nicht näher bezeichnete Schizophrenieformen. Man kann die Wirklichkeit beliebig aufspalten!

a) Den Begriff „hebephren" sollten wir nicht mehr benötigen. Er meint psychotische Zustände Jugendlicher, die sich vor allem darin äußern, daß Gefühle flach und unangemessen wirken. Ferner sind Kontaktaufnahme und Bingungsfähigkeit (äußerlich) dadurch gestört, weil jemand dazu neigt, sich abzusondern, sich selbstgenügsam, oft auch stolz und überlegen darzustellen. Gleichzeitig wird er von anderen hohl und wenig warmherzig wahrgenommen. Oft genug sind es ein- oder mehrmalige jugendliche Entwicklungskrisen. Von „schizophren", wenn man das Wort noch verwenden will, sollten wir erst sprechen, wenn ein Lebenslauf anhaltend und entscheidend von spaltendem Handeln geprägt ist.
b) Besonders symptomarm und schwer zu fassen sind Zustände der Schizophrenia simplex, die von vielen oft nur im nachhinein, also nach einer Längsschnittbeobachtung so genannt wird. Sie ist gekennzeichnet durch ein über lange Zeit Nicht-mehr-Können oder Nicht-mehr-Wollen.
c) *Katatonie:* Es gibt schwere Störungen der Willkürbewegungen eines Men-

schen, wobei jemand zur Bewegungslosigkeit erstarren, zur Statue werden kann; oder jemand ist nicht zu bremsen, sdhlägt wild um sich. In beiden Fällen ist der Mensch äußerst gespannt, verkrampft, innerlich erregt *(katatoner Sperrungs- oder Erregungszustand)*. Die – heute selten gewordene – extreme Steigerung der Bewegungsstörung *(akute perniziöse Katatonie)* kann tödlich enden, ist nur durch hohe Dosen Neuroleptika, Infusionen auf der Intensivstation durchzustehen. Selten wird Elektrokrampftherapie angewendet. Bei dieser Störung kommt es neben der Handlungsunfähigkeit über extrem hohe Temperaturen und Austrocknung zu Kreislaufkrisen.
d) *Paranoid-halluzinatorische Form:* Bei den bisherigen Beschreibungen waren Störungen der Gefühle, des Willens und der Motorik wichtig. Treten Wahrnehmungsstörungen, Halluzinationen und Wahnbildungen in den Vordergrund der Handlungen, so ist vor allem die paranoide Abwehr eines Menschen beschrieben. Sie kann sich akut zeigen, einhergehend mit großer Erregung, Zerfahrenheit, wobei es dem Kranken unmöglich ist, zwischen Wirklichem und Unwirklichem, Gedachten und Vorhandenem zu unterscheiden. Bei der Diagnose der Halluzination ist der Unterschied zur Illusion zu bedenken. Bei der Illusion wird ein in der Wirklichkeit vorgegebener Reiz, sei es ein Strauch, ein Lichtstrahl, ein Geruch, meist angstvoll umgedeutet. D. h. der Strauch wird zum bedrohenden Menschen, der Lichtstrahl zu einem sich nähernden Fahrzeug. Bei der Halluzination sind für Andere wahrnehmbare Außenreize nicht gegeben, der Patient handelt aber so, als wären sie vorhanden.

Zu Zeiten weniger akuter Störungen können Zweifel auftauchen, jedoch wird immer das Gefühl vorherrschen, daß man beeinflußt wird, daß neben dieser Welt noch eine andere ist, der man auch zugehört. Die Entwicklung solcher paranoider Handlungsweisen kann so sein, daß der Kranke gleichzeitig nicht mehr hier und dort ist, d. h. sowohl die Wahnideen nur noch bruchstückhaft da sind, als auch die gefühlsmäßigen Äußerungen.

Es kann aber auch die Entwicklung zu einem „Wahnsystem“ das Resultat paranoider Handlungsweisen sein – oder zu einer paranoiden Persönlichkeit. Die Auseinandersetzung mit den in dem ICD-Schlüssel aufgeführten Diagnosen ist sicher nützlich, um die Vielfalt des Möglichen kennenzulernen. Sie werden auch vielfach für die Forschung angewendet.

Bei den meisten Menschen, die Jahre und Jahrzehnte sich und Andere spalten, schizophren handeln, ist dies Handeln zusammen mit ihrem Alltagshandeln zu einer biographischen Einheit verschmolzen und befriedet (wie die Verinnerlichung einer Berufsrolle). Sie können ihr Leben zumeist auch außerhalb einer Einrichtung, oft in eigener Wohnung leben.

III Begegnung
(Umgang mit der Angst)

Die Begegnung mit Menschen, deren spaltendes zwischenmenschliches Beziehungsverhalten ihnen zum Problem wird, ist für die psychiatrisch Tätigen zugleich faszinierend und zugleich angstauslösender als die mit anderen Menschen. Inzwischen strengt man sich mehr an, sich der Beziehungsangst zu stellen. Auf der anderen Seite gibt es Beispiele für furchtbare, wissenschaftlich jedoch noch honorierte Umwege: Kürzlich hat man festgestellt, daß die Blutwäsche keine Besserung der schizophrenen Erkrankung bringe. Dem war vorausgegangen, daß schizophrene, nierenkranke Patienten bei der Behandlung mit Blutwäsche auch hinsichtlich ihrer schizophrenen Symptome profitierten. Dann hatte man eine große Anzahl von schizophrenen Menschen mit Blutwäsche behandelt, jedoch keine spezifischen Effekte nachweisen können. Nachfolgende Untersuchungen brachten das Ergebnis, daß allein die größere Aufmerksamkeit – die bessere psychosoziale Versorgung zu einer Besserung (einer Aufgabe) auch des schizophrenen Handelns geführt hat.

Achtung: Die Tatsache, daß man sich heute auf schizophren erkrankte Menschen einläßt, um aus dem Verständnis ihrer Lebenssituation und dem Verständnis ihres mißratenen Lösungsbemühen und der Suche nach ihren eigenen Lösungsmöglichkeiten das Schicksal der Chronifizierung zu vermeiden, entbehrt nicht des Scheiterns. Auch nach neueren Untersuchungen benötigen 20–30% ihr spaltendes Handeln „chronisch" lange. Da wir jedoch nicht wissen, für wen das gilt, und da auch die Anzeichen für eine Langzeitentwicklung (z.B. geringe Erwartungshaltung des Ökosystems, schon vor der Erkrankung viele Probleme im Leben und möglicherweise schon Erfahrung mit der Psychiatrie) nicht das Engagement behindern dürfen, – sind sie nicht auch Menschen? – ist in jedem Fall die Begegnung mit einem schizophren Handelnden einzugehen (Kriterien s.u.)

1 Selbstwahrnehmung

Ich hatte, bevor ich den mit seinem schizophrenen Handeln in eine Krise geratenen Menschen kennenlernte, gelernt, daß das Gefühl der Unheimlichkeit in mir läge, und daß es an mir läge, die Begegnung klar, übersichtlich, offen aber nicht zu nahe und zu warm zu strukturieren. So hatte ich zwar einen wichtigen Hinweis für mein Lernen, denn da gab es für mich was zu lernen, aber das half mir erst allmählich. Anfangs bin ich durch sämtliche Ängste des Unheimlichen, die in mir waren, hindurchgegangen und nicht selten war ich kurz davor, eine Begegnung zugunsten einer Klinikeinweisung abzubrechen. Dies vor allem dann, wenn Angst vor aggressiven Handlungen gegen mich alle meine Phantasien freisetzte. Dabei hat mir immer das Gespräch mit Kollegen, denen ich persönlich-fachlich vertraute, geholfen, meine Angst auszuhalten, d.h. mit Kollegen, die in gleicher Weise wie ich bemüht waren, solche Ängste in ihrem inneren Anteil von ihrem äußeren zu trennen, bzw. bemüht waren, die Ambivalenz lange zu ertragen. Da habe ich gelernt, wie schnell auch ich Eindeutigkeiten brauche, um nicht in Angst zu verkommen oder die Angst abzuwehren. So konnte ich mein Wissen um mich in einen Zuwachs an Aushalten von Ambivalenz umwandeln. Ich glaube, daß die Grenzen der Angst vor Strukturverlust der psychiatrisch Tätigen zur Gewaltsamkeit von schizophren Kranken beigetragen hat. Sie sind häufiger gewaltsam – körperlich und psychisch. Ihre Gewaltsamkeit ist meistens mit ihren Problemen und mit dem zunehmenden Mißlingen ihres schizophrenen Handeln verbunden. Somit ist die Gewaltsamkeit ein Spiegel der eigenen Neigung zur Gewalt im Umgang mit den schizophrenen Problemlösungsmöglichkeiten.

Eine zweite Gefahr für den Patienten ist, wenn er mich in seiner Skurrilität fasziniert, wenn sein Leiden liebenswürdig harmlos daherkommt. Als Beispiel folgender Gesprächsausschnitt.

E: Das muß ich Ihnen gleich sagen, Tabletten nehme ich nicht.
P: Was nimmt Sie ein gegen Tabletten?
E: Ich will keine, auch nicht ins Essen.
P: Sie sind da schon ganz mißtrauisch, was macht Tabletten so gefährlich für Sie?
E: Lächelt- Ach, wissen Sie...
P: Das ist etwas, was Sie ganz versonnen und träumerisch macht.
E: Ja.
S: Sie sprechen nicht gerne darüber, so als ob das Verrat ist.
E: Ja, das ist es, meine Freundin wohnt nämlich in meinem Herzen.
P: Ist es, daß Sie uns trauen und ganz offen sind?
S: Ich kann mir vorstellen, daß Sie sich gegen Tabletten wehren, weil die auch ihre guten Gefühle beeinflussen.
E: Ja.
P: Das macht es wahrscheinlich sehr schwer für Sie, einerseits wissen Sie, daß Tabletten Ihnen helfen, die Spannungen zu vermindern, auf der anderen Seite fürchten Sie um Ihre guten Gefühle.
E: Ja, sie ist ein so guter Mensch, ich möchte sie nicht verlieren.
S: Immer, wenn Sie an sie denken, fühlen Sie sich rundherum wohl.
E: Es ist nur schwer, zueinander zu kommen.
P: Immer, wenn Sie sich statt der Idee, eine gelebte und tägliche Verbindung vorstellen, wird alles unsicher und unscharf.
E: Es muß geistig bleiben.
P: Ist es so, daß Sie sich vor körperlichen Kontakten fürchten?
E: Anfassen darf mich keiner.
S: Auch wenn jemand Sie streicheln will?

E: Das darf nur meine Freundin.
S: Ich frage mich, was das für Sie bedeutet, angefaßt zu werden.
E: Ist es gut, ist es böse. Es gibt gute und böse Berührung.

Was für Gefühle löst das in Ihnen aus? In mir Zartheit, Verständnis, Lächeln, Erinnerung an viele Bilder und Träume von Bindungen, die ich abgespalten habe. Da haben Andere mir mit dem Hinweis auf die Realität etwas abgespalten (oder abspalten helfen?), und jetzt soll ich so aggressiv sein, möglicherweise dem Patienten beim Abspalten zu helfen versuchen, oder ihn wider besseres Wissen so lassen, weil die Abspaltung ihn töten könnte. Aber ich darf auf jeden Fall mein Bewußtsein nicht in der Rührung stecken lassen, nicht Zärtlichkeit und Träumerei für das Wahre halten, sondern als die Gegenübertragung nehmen, die den Patienten noch tiefer in sein Leid hineindrücken kann. Ähnliches fällt mir ein, wenn Ausstellungen Kunstprodukte schizophren Kranker vermarkten. Am ehesten finden wir es in unserem Leben noch dort, wo man einmal jemanden gemocht hat, den man plötzlich nicht mehr mag und kalt stehen lassen kann.

2 Vollständigkeit der Wahrnehmung

Die Suchhaltung, die ich eben auf mich angewendet habe, ist eine Haltung, mit der ich auch dem Patienten begegnen kann. Das erfordert nicht nur, daß ich mich bemühe, einen Eindruck von der Gesamtsituation des Patienten zu bekommen, auch Wissen darüber, wo er sich wohlfühlt, was er macht, was er kann. Möglicherweise wird momentan das Gefühl, zerrissen zu sein, noch größer. Dennoch ist es von Bedeutung, daß der Patient sich auch dazu beobachten lernt, wo er sich freut, wo er versagt, wo er sich frei fühlt, wo er einfach nur ängstlich ist, wo er sich ekelt, wo er mißmutig ist, wo er Zuneigung empfindet. Er ist leicht zu irritieren mit einer solchen Forderung. Deshalb wird es um so wichtiger, ihn an der Suchhaltung teilnehmen zu lassen, z. B. mittels Selbstbeobachtungsskalen. Es kommt vor, daß ein abgekapselter, gespannter Mensch, der sich mißtrauisch von allem abwendet und z. B. bei der Visite mit dem Arzt (entweder weil er so gefragt wird oder weil der Arzt nur darauf hört oder weil er überempfindsam für das ist, worauf der Verdacht des Arztes aus ist) von seinen Spannungen spricht, daß er aber beim Genuß einer Mahlzeit lächelt und zufrieden aussieht. Das scheint wenig. Wenn ich jedoch dieses Lächeln zur Bedeutungslosigkeit herabmindere, ist es für den Partner auch nicht spürbar, bzw. er bleibt sehr einsam damit. Egal, ob ich den Patienten „guten Tag“ sage, ihm eine Tasse Kaffee anbiete, ihn um Feuer bitte, ich bin handelnder Partner für ihn und ich löse genauso Gefühle in ihm aus, wie er welche in mir auslöst. Daß auch seine normalen Anteile in unser Handeln einfließen können, ist ganz entscheidend für unsere Begegnung. – Ziel ist, daß der Patient beginnt, sich als den wahrzunehmen, der wahrnimmt und fühlt und handelt, der nicht nur Opfer seiner Spaltung ist, sondern auch als Täter seine eigene Spaltung herstellt. Dies ist ein großes Ziel, jedoch wirkt es sich in der Haltung schon in kleinen Quanten auf das Handeln aus.

Es beeinflußt den Patienten, der fürchtet, daß sein Essen vergiftet sei, ob ich ihm sage: „Sie wissen, daß das Unsinn ist, die Anderen essen das schließlich auch“ (Konfrontation) oder ob ich sage: „Es beunruhigt Sie zu denken, das Essen könnte vergiftet sein; ich überlege, was können Sie tun, um sich zu beruhigen, damit Sie zu ihrem Essen kommen?“ So gesprochen, ist der Patient ermutigt, seine Vorsichtshaltung zu überprüfen und zu überlegen, was er tun kann, um sich zu beruhigen (Realitätskontrolle). Auf diese Weise kommt er sich als Handelndem näher.

Eine Patientin war wegen ihrer Gefühle, von männlichen Mitarbeitern verfolgt zu sein, in die Klinik gegangen, als sie sich auch in der Beratungsstelle nicht mehr sicher fühlen konnte. Nach dem Klinikaufenthalt begann sie – trotz Warnung –, sehr heftig einen Freund zu suchen, sie gab Anzeigen auf und suchte aus den Antworten den zu ihr passend scheinenden Partner aus. Diese Beziehung enttäuschte sehr schnell. Danach gab die Patientin ihre Suche auf und sagte, Sexualität empfinde sie nicht, also lebe sie besser ohne Freund. Nur wenn dieses Problem dem Begegnungspartner bewußt bleibt, und so die Wahrnehmung vollständig bleibt, kann eine Normalisierung der Beziehung erreicht werden.

Auch habe ich ihm seinen Wahn oder seine Stimmen oder seine Spannungen als „seins“ zu lassen. Wenn ich sage: „Das mit dem Wahn, das werden wir schon kriegen“, so spalte ich den Patienten. Die kranken Anteile gehören vielmehr zum Patienten, und er lernt um so besser, damit umzugehen und evtl. sich davon zu distanzieren, je mehr er zunächst die Möglichkeit hat, sie als zu ihm gehörig anzunehmen, sie sich anzueignen: So kann er etwas von der Spaltung schließen oder überbrücken. Das ist die Aufforderung zu möglichst konkretem Handeln mit dem Patienten. Seine Lebensweise, seine Umgebung, seine bisherigen Lösungsversuche im Umgang mit Schwierigkeiten stehen zur Debatte.

3 Normalisierung der Beziehung

Wie kann es gelingen, *normal* ins Handeln zu kommen, d.h. so, daß ich die kranken *und* die gesunden Anteile, die Symptome und die Person des Patienten gleichzeitig ernstnehme.

Zu den Voraussetzungen der Normalisierung gehört, daß ich akzeptiere und mich darauf einzustellen (adjustieren) lerne:

- Widersprüche in der Umgebung und in anderen Personen sind für den sich und andere spaltenden Menschen ein momentaner Anlaß, tätig zu werden. Es kommt darauf an, sich um Eindeutigkeit zu bemühen. D. h., daß existierende

Widersprüche als momentan notwendig existierend dargestellt und ausgehalten werden müssen. Läßt man sich auf das Gewalt-Spiel, die Widersprüche durch Bestärkung einer Seite lösen zu wollen ein, vertieft man die Gefahr der Spaltung und erhöht die Wahrscheinlichkeit der Gewalt. Zweifel zuzulassen und dennoch der Realität sicher zu sein, erleichtert die Normalisierung.

Beispiel: so ist der Frage eines Patienten an eine Therapeutin: „Sind Sie nur die Hexe oder die verletzbare Frau?" weder kokett noch aggressiv zu begegnen. Mögliche Antworten: was geht Sie das an, Sie wissen doch, wie verletzbar ich bin, Hexen gibt es doch gar nicht, taugen nicht.

Die Frage meint die Person der Therapeutin. Nimmt sie die Beziehung ernst, versucht sie, jemand zu sein, mit dem man über böse und gute Anteile der eigenen Person, die Schwierigkeit der Selbstkontrolle, die Angst vor Entgleisung sprechen kann.

• Die Spaltungsarbeit, die Angstabwehr muß anhalten, intensiviert werden, je mehr der Patient einer ständig hochaufgeladenen emotionalen Atmosphäre ausgesetzt ist, je mehr Zeit er mit dem betreffenden Bezugspartner verbringt. Es ist annähernd ebenso schlecht, wenn der Patient in eine reizarme, unterkühlte, forderungslose Atmosphäre kommt.

Für viele Bezugspersonen, Angehörige und Ersatzspieler ist zu lernen, Näherung und Rückzug dieser Menschengruppe auszuhalten. Zu viel Nähe führt zu großer Angstabwehr und zur Spaltung, zu viel Ferne führt zum Abgespaltensein und zu bizarrer Persönlichkeitsentwicklung.

• Medikamente können ein wichtiger Schutz sein.

• Der Ausbruch einer spaltenden Krise liegt meist 3–4 Wochen nach einem kritischen Lebensereignis. Solange bemühen sich die Menschen, die ausgelösten Turbulenzen auszuhalten, sich einzuspinnen, die Gefühle abzukapseln. Das Lebensereignis braucht nicht eklatant und für andere mit gleicher subjektiver Bewertung zu sein.

• Der Kranke kann mit seiner Krankheit auch drohen. Sie überfällt ihn nicht nur, er setzt sie auch ein.

Diese Bedingungen einer Beziehungsaufnahme vorausgesetzt, kann ich mit der Normalisierung der Beziehung des spaltenden und gespaltenen Menschen zu sich, zu mir, zu Anderen, zur Welt beginnen. Oft schon damit, daß wir etwas wortlos in einem Raum tun. Die Begegnung ist ein großes Risiko auch für mich, der ich mich zwar in Wüsten und bizarrste Landschaften, in abgestorbene Wälder und plötzliche Idyllen führen lassen kann, aber nie den Blick für's Ganze verlieren darf. Auch bei Fragen des Führens oder Geführtwerdens, des Ziehens oder Begleitens kommt es ganz leicht zu Störungen einer solchen Begegnung. Aufgefallen ist auch, daß die Aufnahme der Beziehung oft von „den Anderen" erfolgen muß. Das erweist sich bei Patienten in Landeskrankenhäusern so: Werden sie nicht von Angehörigen besucht, erlahmen sie. Auch bei Besuchern von Kontakt- und Beratungsstellen: Die Kontinuität einer Beziehung ist bereits ein Ergebnis. Man selbst muß es wollen, sonst gehen gerade diese Menschen in der Gemeinde verloren: sie irren herum.

Wir haben also anderes von uns zu verlangen, als helfend zu sein in einem Sinne, daß der Patient gut versorgt und gut gepflegt ist. Gerade bei zurückgenommenen und abgekapselten Menschen, bei denen es schwierig ist, mich ihnen zu nähern, gebe ich leicht auf. Wenn ich die Wand spüre, mich davon kontrollieren lasse, nicht scharf aufpasse und mich nicht konzentriere, lasse ich mich sehr schnell auf das Handeln des Patienten ein. Wenn seine Sprünge mich unwillig machen, seine Distanz in mir Versagensgefühle aufsteigen läßt, seine Gefühlskälte meine Warmherzigkeit idiotisch erscheinen läßt,werde ich weniger leicht die Selbstwahrnehmung zulassen; „ich bin mir in dieser Situation fremd", als die Fremdwahrnehmung „der Patient ist schizophren", und schon wieder bin ich in seiner Art des Handelns gefangen. Ich kann die Beziehung nur normalisieren, wenn ich mich nicht fangen lasse, und wenn ich mich bemühe, mich auf die veränderte Situation in der Weise einzustellen, daß ich alle Zurückweisungsversuche bei mir beobachte und frage, ob sie wirklich erforderlich sind. Eine Gefahr ist meine Möglichkeit zu professioneller Hilfe, sei es in Form von Medikamenten oder sei es in Form von Pflege, die ich immer dann als Schutz einsetzen kann, wenn ich deutlich spüre, ich kann den anderen nicht verstehen, oder er kränkt oder beleidigt mich. Egal, was der Patient auf der Station oder in der Praxis macht, immer läuft er Gefahr oder will mich verführen, mit mir in ein Handeln zu kommen, wo im Vordergrund das „typisch Schizo" steht: denn das ist für beide Partner weniger anstrengend, für beide bedeutet es mehr Sicherheit.

Wie aber kann es gelingen, anders, also „normal" ins Handeln zu kommen, d. h. so, daß ich die kranken und die gesunden Anteile, die Symptome und die Person des Patienten gleichzeitig ernstnehme. Wir wollen versuchen, an zwei Beispielen aufzuzeigen, wie es mit kleinen Schritten möglich scheint:

Beispiel: 1: Ein Patient ist im Tagesraum mit den anderen und schweigt. Der Pfleger kann nur dieses Schweigen beobachten und als Symptom am nächsten Tag dem Arzt mitteilen. Das bedeutet, Fortbestehen der Krankheit, die Änderung hat vom Patienten auszugehen (schließlich *hat* er ja die Krankheit).

Alternative: Der Pfleger geht hin und sagt: „Mir ist aufgefallen, ich habe Sie noch nie gefragt, worüber Sie sich gerne unterhalten. Ich möchte gerne mit Ihnen sprechen, weiß aber nicht worüber". Das bedeutet: Ich bemühe mich, die Art unserer Begegnung zu ändern, und viele haben gespürt, wie froh es macht, sagen zu können: „Ich habe mich mit ihm unterhalten" oder: „Er hat sich auch gefreut, daß unser Verein gewonnen hat".

Beispiel 2: Zu den täglichen Treffen in einem Club kommt einer, der sich nicht setzen kann, der auch nicht mitreden mag. In der Ecke stehend, jeden Blickkontakt heftig abwehrend, redet er „aus sich". Um überhaupt mit ihm in Kontakt zu kommen, muß man quer zur Situation, in die falsche Richtung Kontakt aufnehmen, an ihm vorbei, auch zerrissen, immer mal wieder, fast zufällig einen Satz fallen lassen. Es ist schwer, daß die anderen Besucher dies aushalten. Sie sind aggressiv, und dieser Besucher bleibt weg. Beim Herumirren in der Stadt kann er gelegentlich angesprochen werden, aber nie direkt, eher um ihn rum.

IV Handeln, Therapie, Selbsthilfe

1 Die Begegnung mit den Angehörigen

Beispiel 1: Die Mutter eines eben ins Krankenhaus eingelieferten jungen Mannes kommt in die Angehörigengruppe. Sie sieht die schizophrene Erkrankung in Zusammenhang mit der Scheidung der Eltern. Inzwischen ist der Vater weggezogen. Die Mutter, um alles wieder gut zu machen für den Sohn, will den Vater bewegen, wieder zurückzukehren, und es noch mal zu versuchen. Es ist unerläßlich, mit der Mutter – und dem Vater – zu erarbeiten, was ihr Weg ist, wie sie ihre Trennung aushalten kann, wie sie sich entfalten kann, was sie sich versprochen hat und wovor sie sich fürchtet. Dazu gehört die Härte des Satzes, daß die momentane Krankheit des Jungen bei diesen Erwägungen keine Rolle zu spielen hat, denn er hat seine Lösung kennenzulernen. Die Mutter tut dann das beste – auch für ihren Sohn –, wenn sie sich so sehr auf die eigene Lebensgestaltung konzentriert, daß sie mit ihm nur noch beiläufig umgeht.

Beispiel 2: Ganz langsam kann eine Patientin empfinden lernen wie sehr auch Haß in ihr ist auf ihre Eltern und die Bedingungen ihres Aufwachsens. Die Mutter kann die Krankheit und die entstehenden Fragen der Tochter nicht verstehen, wie sie in der Angehörigengruppe immer wieder betont, weil ihre Tochter es in der Kindheit schön gehabt habe und geliebt wurde. Beide haben sich die Wahrheit völlig geteilt. *Langsame* Annäherung kann ermöglichen, daß jede nicht nur den Teil der Anderen sieht, sondern den auch als Teil von sich annehmen kann. Das kann beide befreien. Zu dieser Begegnung gehört, daß die Mutter äußerst gepflegt und einer Mode entsprechend schön ist, während die Tochter ihrer anderen Rolle entsprechend nachlässig und die Schönheit (meistens) verbergend herumläuft.

Achtung: Es gibt keine ausreichenden Beweise dafür, daß die Familie durch ihr Verhalten eine schizophrene Erkrankung verursachen kann, auch wenn jemand immer wieder aus mißglückender Abnabelung, aus zu viel Liebe in der Familie den schizophrenen Problemlösungsweg wählt. Aber es gibt viele Forschungsergebnisse, die zeigen, daß die Angehörigen, den *Verlauf* einer Erkrankung günstig oder ungünstig beeinflussen können. Deswegen brauchen die Angehörigen Hilfe: Damit sie nicht ihren Schuldgefühlen und der Problemlösung ihres Kranken unterliegen, sondern ihren Weg gehen können, damit auch der Getroffene neue Lösungen für sich finden kann.

2 Therapie und Selbsttherapie

Ich habe nicht für den Patienten zu entscheiden, was für ihn gut ist, sondern die Vorteile und Nachteile möglicher Therapie mit ihm zu besprechen. Dabei sollte ich mit meiner Meinung und den Gründen dafür nicht hinter dem Berg halten. Weder die Erwartung, daß der Patient meine Meinung letztlich doch übernimmt, noch die Erwartung, daß in jedem Fall der Patient schon weiß, was für ihn richtig ist, führt zu einem sinnvollen Gespräch. Da schizophrenes Handeln auf ein Problem der Entwicklung weist, ist für die Begleitung längere Zeit erforderlich. Wir wählen zum Beispiel ein ausführliches Gespräch, vor allem um kenntlich zu machen, daß es Zeit und Einfühlung braucht, um zu Wegen zu finden.

P: Können Sie sagen, was Sie zu uns bringt?
E: Die verfolgen mich wieder, die lassen mich nicht in Ruhe.
P: Sie fühlen sich gehetzt, können Sie uns mehr darüber erzählen?
E: Wir waren gerade im Urlaub, in Prag, und da habe ich gewisse Einblicke bekommen. In dem Hotel – Ost-West-Kontakte – und dann habe ich sie immer wieder gesehen. Ich habe Dinge überhört. Geheimnisse.
S: Wenn Sie jetzt darüber erzählen, ergreift die gleiche Erregung Sie wieder.
E: Ja, die haben mich ja entdeckt, und jetzt wollen die mich fertig machen.
P: Sie fühlen sich ausgesprochen bedroht?
E: Ja, ich weiß nicht, alles ist so verworren.
S: Im Moment wissen Sie nicht ein noch aus?
Kurze Pause im Gespräch, während der die Spannung von Herrn E. steigt, was deutlich an seiner Gestik und Mimik zu sehen ist.
P: Wenn hier über das Ganze gesprochen wird, dann werden Sie noch ängstlicher und gespannter.
E: Ja.
S: Wenn wir sprechen, statt zu schweigen, ist es dann leichter für Sie?
E: Nickt.
S: Vielleicht erzählen Sie noch von ihrem Urlaub, und wie es dann weitergegangen ist.
E: Ach, ich habe alles verdorben, wir mußten früher nach Hause fahren.
P: Sie machen sich jetzt noch Vorwürfe.
E: Nicht nur ich, auch meiner Mutter, sie wollte eine schöne Urlaubsreise haben.
S: Ist es, daß Sie sich von ihr nicht richtig verstanden fühlen in IhrerAngst?
E: Genau das ist es, dabei habe ich es ihr noch gezeigt, in der einen Kneipe

und bei der Burg. Da war eine Versammlung, wir kamen da rein, und plötzlich habe ich alles ganz deutlich gesehen, die ganze weltweite Verstrickung. Ich war entsetzt, denn ich wußte, das ist das Ende. Ich hab es zu meiner Mutter gesagt, sie hat nichts gemerkt. Wir haben gezankt, denn sie sagt immer, daß das doch nette Leute seien. Aber ich habe es gewußt. Die ganze Nacht konnte ich nicht schlafen, und dann mußten wir abreisen.

S: Sie waren ganz erleichtert, als Ihnen die Flucht gelungen war?

E: Ja, aber jetzt haben die mich hier aufgetan, und meine Mutter widerspricht mir immer.

P: Das zerreißt Sie förmlich, dieses Gefühl, ich bin so bedroht und verfolgt, und meine Mutter kann mich nicht verstehen.

E: Und da sind auch noch die anderen.

S: Ist es, daß Sie sich so richtig zwischen zwei Systemen gefangen fühlen? Einmal den internationalen Spionagering und Ihren Leuten zu Hause, die immer mit Ihnen argumentieren.

E: Lächelt.

S: Ich kann mir vorstellen, daß es zu Hause chaotisch ist. Was bedeutet Ihnen das, eingeklemmt zu sein?

E: Ich weiß mir nicht mehr zu helfen. Wenn ich nachgebe, werde ich gekillt und wenn ich nicht nachgebe, passiert auch etwas.

P: Sie sagen, so oder so passiert etwas Aggressives. Sie sind da sicher?

E: Die sind mir auf den Fersen. Die gefährlichste Zeit ist abends und nachts. Deswegen rammele ich alle Türen zu. Und dann habe ich auch ein Messer. Ich setze mich der Tür gegenüber mit dem Messer in der Hand.

S: Nur wenn Sie sich so abgesichert haben, fühlen Sie sich sicher.

E: Jetzt hat meine Mutter gesagt, ich soll das lassen, und das alles sei doch Spinnerei.

S: Das hat Sie manchmal richtig zornig und wütend gemacht.

E: Naja, jetzt sagt sie, ich bedrohe sie und nun will sie mir das Messer wegnehmen.

S: Ich kann mir vorstellen, daß es in Ihnen turbulent aussieht. Einerseits sind Sie wütend, gleichzeitig fühlen Sie sich bedroht und dann auch noch die irre Angst, daß *Sie* aggressiv werden.

E: Ja, so geht das nicht weiter.

P: Ich überlege gerade, ob es Zeiten und Situationen gibt, wo Sie sich sicher fühlen.

E: Ich weiß nicht, ein paarmal haben sie mich ins Krankenhaus gebracht. Sie hat dann solche Angst vor mir, ich weiß auch nicht.

P: Ich frage *mich*, wie das weitergehen soll, wie Sie aus der verzwickten Situation wieder herauskommen.

E: Achselzucken, so als würde er auf eine Entscheidung warten.

P: Ihnen selbst fällt momentan nicht ein, wie Sie sich helfen können?

E: Tabletten will ich nicht.

S: Da sind Sie sich absolut sicher, Tabletten kommen nicht in Frage. Und ohne Tabletten?
E: Ja, ich weiß nicht.
S: Sehen Sie irgendeinen Ansatz, daß sich zu Hause etwas ändern läßt, so daß Sie und Ihre Mutter etwas angstfreier und entspannter leben können?
E: Meine Mutter müßte mich in Ruhe lassen, mich nicht dauernd bewachen.
P: Da haben Sie gar kein Verständnis für, daß Ihre Mutter sich vor Ihnen fürchtet?
E: Sie sagt, ich bedrohe sie; aber ich muß mich doch schützen.
P: Das steht für Sie im Vordergrund: Ich muß mich schützen.
E: Ja.
P: Sie haben einen Vorschlag, was Ihre Mutter tun könnte, damit Sie ruhiger werden. Gibt es auch irgendetwas, was Sie selbst tun können?
E: Ich könnte zu Hause ausziehen, aber wenn die das mitkriegen.
S: Sie haben vorhin gesagt, daß Tabletten Ihnen schon geholfen haben, dieses Gefühl, ich werde verfolgt, loszuwerden. Können Sie sich irgendetwas vorstellen, was *Sie* ändern könnten, damit das Gefühl weniger wird.
E: Alles in die Luft sprengen. Die Mauer hinter mir abreißen.
S: Etwas weniger Gewaltsames, was Sie bei sich ändern können, fällt Ihnen nicht ein?
E: Wie meinen Sie das?
S: Ich überlege gerade, wie wohl eine Situation aussieht, in der Sie der Gedanke: ich werde verfolgt, nicht so sehr belästigt.
E: Wenn ich in Ruhe gelassen werde.
P: Und ist das im Krankenhaus so?
S: Schade, daß wir keine Nachtklinik haben, denn Sie sagen, bei der Arbeit geht es Ihnen ganz gut. Und wenn ich das richtig sehe, spitzt sich die Situation zu Hause immer mehr zu.
E: Hier fühle ich mich sicher, manchmal ist das in Krankenhäusern auch nicht so.
P: Meinen Sie, daß Sie zur Ruhe kommen können, wenn Sie im Krankenhaus bleiben?
E: Ja.
P: Welche Erfahrungen haben Sie, wie lange dauert es, bis Sie ruhiger werden. Es ist sehr wichtig, daß Sie nicht zu lange im Krankenhaus bleiben.

Dies ist bei aller in dem Gespräch enthaltenen Gefahr und Dynamik ein harmloses Gespräch. Häufiger passiert es, daß in dieser Weise bedrohte und drohende Menschen mit Zwang in die Klinik kommen. Die Zwangssituation setzt in größter Erregung ein, steigert die Erregung dann nochmal, so daß es üblich ist, sofort Neuroleptika zu verabreichen, weil ich und andere die Menschen, die so in Erregung sind, – heutzutage – nicht anders aushalten können oder wollen. Die Beziehungsaufnahme nach solch einem Knall kann eigentlich nur von der Gewalt ausgehen, kann nicht verharmlosen, kann nur die

Begegnung von Gegnern sein. Gerade dies wird meist vermieden. Darin liegt oft auch der Grund, weshalb ein schizophrener Patient nicht „eine Therapie beginnen“ kann, das würde bereits eine andre Beziehung voraussetzen. Vielmehr wird es wahrscheinlich, daß der die ganze Gewaltsamkeit der schizophrenen Lösungs- oder Angstabwehrmethode gegen sich (quält sich bis zur Selbstverstümmelung) und andere (gnadenloser Psychoterror oder physische Lebensbedrohung) richtet. Dieser Gewaltsamkeit hat die Gewaltsamkeit meiner Beziehungsaufnahme zu entsprechen: eindringlich, es ist eher eine Anmache, möglichst indirekt, über den Kontext, beharrlich. Denn der schizophrene Patient kann mich nicht wollen, und dennoch ist es wichtig, mit ihm in Kontakt zu kommen. Die Anwendung des Wortes Therapie klingt da eher zynisch.

3 Ort und Struktur des Handelns

Von wo die Beziehung auszugehen hat, in welcher Einrichtung sie aufgenommen wird, richtet sich nach folgenden Bedingungen:

- wie stark ist das Ausmaß der inneren Spannungen? In welchen Situationen kann der Patient entspannt sein?
- wie kann der Patient mit seinen Spannungen umgehen, wie schnell kann die Spannung auf den Siedepunkt steigen?
- welche Umweltreize tun dem Patienten wohl/unwohl?
- ist der Clinch mit Angehörigen und/oder Kollegen so groß, daß nur eine zeitweise oder dauerhafte Trennung die Entspannung herbeiführen kann?
- wie groß ist die Gewalt, die sich gegen sich selbst, gegen Andere oder gegen Sachen richten kann?
- ist es möglich, der Umwelt die störenden Handlungen des Patienten zuzumuten, so daß ein Verbleiben in der Situation möglich ist?
- wie gut gelingt es dem Patienten, Beziehungen aufzunehmen, bzw. wie groß ist seine Beziehungslosigkeit? Dabei ist es wichtig auch das Alleinsein der Anderen zu sehen.
- wie groß sind Ausmaß des körperlichen Verfalls (z. B. Abmagerung) oder Probleme der hygienischen Selbstversorgung, z. B. sich nicht waschen können, weil durch die Leitung Strahlen geschickt werden. Aber: Wahnideen sind immer Begründungen, nie Gründe.
- wie gut kann der Patient seine eigenen Sachen noch zusammenhalten und in welchen Bereichen (Ausmaß der sozialen Spaltung?)

Bei akuter Zuspitzung ist das Krankenhaus der Ort für die Therapie, jedoch sollte der Aufenthalt zeitlich begrenzt sein. Neuroleptika haben eine wichtige Funktion bei der Aufnahme und Strukturierung der Beziehung. Sie können Gespanntheit vermindern und den Patienten fähig machen, auch seine bewahrenden Fähigkeiten zu sehen. Oder fähig machen, Angst weniger wahrzunehmen und daher weniger abwehren zu müssen und daher weniger Wahn entwickeln zu müssen, so daß er anderen Menschen freier begegnen kann und beginnen kann, Mitarbeiter an seiner Therapie zu werden. Neuroleptika (andere Medikamente kommen heute kaum noch in Frage) verlangsamen freilich, beide Wirkungen sind eine Einheit und müssen berücksichtigt werden (Senkung des zentralnervösen Grundtonus bzw. des psychoenergetischen Niveaus), sie vermindern psychomotorische Aktivität und die gefühlsmäßige Spannbarkeit (Dämpfung von Trieb und Antrieb). Sie sind Syndrom-gerichtet einzusetzen.

Langzeitpräparate helfen, daß Patienten nicht wieder so leicht zusammenbrechen, wenn sie den Anforderungen ihrer alltäglichen Umgebung, sei es ihrer familiären oder ihrer Arbeitsumgebung, begegnen müssen. Sie verschieben also das Schwergewicht der Therapie auf die Ambulanz, was mehr Distanzierung des Patienten vom Krankenhaus und Loslösung aus der Abhängigkeit bedeutet. Dadurch wird die Begegnung mit schizophrenen Patienten gemeindenah, wird psychotherapeutische und soziotherapeutische Arbeit besser möglich. Wir haben noch zu lernen, die durch Neuroleptika gewonnene Lernfähigkeit schizophrener Patienten besser zu nutzen: Sowohl für die Rehabilitation der schon lange Zeit schwer gestörten Patienten, als auch für die Prävention von „großen psychiatrischen Karrieren“ bei eben beginnender Krankheit.

Oft ist es wichtiger, den Patienten in Ruhe zu lassen und am Kontext zu arbeiten. Z.B. kann es wichtiger sein, den Wunsch des Patienten zu unterstützen, daß die Mutter endlich beginnt, ein eigenes Leben zu haben, und daß der Vater endlich lernt, ihm eindeutige Grenzen zu zeigen, daß der Vater selbst „zum Mann“ wird, damit der Patient es auch werden kann. Oder es kann wichtig sein, so viel Druck auf die Familie, die Erbengemeinschaft auszuüben, bis der Ort der Kindheit verlassen oder verkauft wird: erst dann kann der Patient nach vorn statt „zurück im Zorn“ blicken und handeln.

Für den unmittelbaren Umgang mit dem spaltenden Menschen ist zu erinnern, daß er nicht nur als der leidende Mensch gesehen wird. Es ist wichtig, ihm in einer für ihn angemessenen positiven Erwartung zu begegnen. Er soll die Möglichkeit haben, an strukturierten Aktivitäten teilzunehmen, zunehmend Verantwortung zu übernehmen. Wichtig ist eine stabile, voraussehbare Umgebung, bzw. eine, die bei auftretenden Widersprüchen zu Reflektieren bereit ist.

4 Verlauf der Begegnung

Die Begegnung mit einem gespaltenen Menschen kann nie einmalig sein. Vielmehr geht es darum, mit dem Patienten den Prozeß, den Verlauf des Spaltens wahrzunehmen und mitzuerleben: darum zu kämpfen, ihn aufzuhalten, auf einer Stufe anhalten zu lassen, für das Leben des Patienten weniger bedeutsam werden zu lassen, ihm zu helfen, mit den verfügbaren Anteilen seiner Persönlichkeit sich ein Leben aufzubauen. Nur selten erfolgt die Spaltung so, wie ein Blitz einen Baum zerteilt. Vielmehr ist meistens das Zerreißen ein langsamer und wechselhafter Vorgang, so daß es immer wieder zu Begegnungen zwischen dem Patienten und den Therapeuten kommt. Obwohl für viele psychiatrisch Tätige die Vorstellung, immer wieder den gleichen Menschen zu begegnen, grauenvoll ist, ist an dieser Stelle zu vermerken, daß es gerade den Patienten mit verstärkt schizophrenen Anteilen und ihren Eltern und Geschwistern gut tut, den jahrelangen schmerzhaften Abnabelungsprozeß von denselben Leuten begleitet zu wissen.

Von daher gewinnt auch der Begriff der Drehtürpsychiatrie im Umgang mit den zerbrochenen und gespaltenen Zügen eines Menschen einen positiven Akzent: Sie müssen immer wieder die Möglichkeit der Begegnung mit denselben in der Psychiatrie tätigen Menschen haben. Sicher muß man dabei aufpassen, daß man ihre Hospitalisierungstendenzen (die Neigung eines Menschen an einem sicheren Ort zu verharren) nicht bestärkt. Auf der anderen Seite wird jede „spaltende" Verweisung („Verschubung") an wieder neue Bezugspersonen und neue Institutionen auch die Zunahme innerer Zerrissenheit und Gespaltenheit des Patienten fördern, auch seine Vermeidungs-Neigung, sich auf zwischenmenschliche Begegnungen wirklich einzulassen. Viele Patienten, die lange im Krankenhaus sind, ähnlich wie Gefangene oder andere Internierte, passen sich mit ihren Gewohnheiten der Umgebung an, d. h. vieles, was für sie ehedem normal war, wird durch die reizarme und weniger anregende Umgebung überformt.

Bei der Arbeit im „Langzeitbereich" ist darauf zu achten, welchen Spielraum, d. h. Handlungsraum, d. h. „Territorium" dem einzelnen belassen wird. Es trägt zur Entindividualisierung bei, daß einem alles, was eine Person kennzeichnet, weggenommen wird. So bleibt ihm häufig nichts anderes übrig, als aus seiner Phantasie Gestaltungsmöglichkeiten hervorzubringen, die ihm zeigen, daß er er selbst ist. In den besten Fällen ist dieses bizarre Malerei, in den schlimmsten Fällen sind es stumpfe *Stereotypien* (ständiges Wiederholen ein und derselben Körperbewegung).

Es ist nicht gut, die Erscheinungen zu beschreiben, die entstehen, wenn man sich um „Langzeit"-Patienten nur unzureichend kümmert, viel richtiger ist, sich zu fragen, was diese Menschen brauchen. Oft haben sie jahrelang im Schutz eines Krankenhauses gelebt, haben damit aber auch nicht gelernt oder verlernt, sich selbst zu bestimmen, für sich zu sorgen, zu arbeiten. Insofern ist gerade für diese Gruppe die Arbeit am Ökosystem viel ergiebiger als die Arbeit an der Person. Lange Zeit hat man unter Ökosystem für diese Menschen nur die Station verstanden und zur Verbesserung des Stationsmilieus beigetragen. Heute weiß man, daß es noch wichtiger ist, lebensrelevante Prüffelder aufzubauen. Man muß sich auf die Lebensgeschichte des Patienten einlassen, mit ihm erspüren, welche Bedingungen des Ökosystems für ihn förderlich sind. Allgemein läßt sich sagen, daß der Bereich des Wohnens zu betrachten ist. Dabei müssen ebenso Wohngemeinschafts-Wohnungen wie Einzel- oder Paarwohnungen zur Verfügung gestellt werden. Es ist gar nicht wahr, daß die gemeinschaftliche Wohnform immer gewollt wird. Die Herstellung der Wohnfähigkeit kann auf dem Krankenhausgelände erfolgen. Nicht zu vergessen ist, daß es sich hier erneut um einen Prozeß der Abnabelung handelt. Insofern gehören das Krankenhaus und seine Mitarbeiter zum Ökosystem eines Patienten, aber auch die Angehörigen. Zur Wohnfähigkeit gehören auch haushalterische Elemente. Der Mensch muß sich ernähren, er muß mit Geld umgehen können, er muß sauber machen können, für Wäsche sorgen können. Auch hier ist möglichst Selbständigkeit zu erwirken. Auch muß er Besuch haben können. Die Arbeit in den Wohngruppen bisher krankt oft daran, daß Besuche nicht informell sind und daß die Wohngemeinschaftsmitglieder nicht einladen. Meist sind die Besuche von Professionellen zu vereinbarten Zeiten in vereinbarten Riten. Dadurch bleibt ein Gefühl von Kontrolle und Abhängigkeit von Institutionen aufrechterhalten, ein Stück Normalität verwehrt.

Neben den erwähnten Aspekten ist in jedem Ökosystem eines Menschen der Bereich des sinnvollen Tuns und Arbeitens zu ergründen. Es ist falsch, angesichts der Arbeitsmarktlage zu resignieren. Zu lernen ist davon, daß wir mit den Menschen andere Wege gehen lernen, Arbeit und Bereiche sinnvollen Tuns zu finden. Wir haben uns davor zu hüten, innerlich zur Ausgrenzung von Menschen beizutragen, indem wir die derzeitigen Bedingungen auf dem Arbeitsmarkt als die allein möglichen akzeptieren. Zu den Ökosystemen in unserer Gesellschaft gehört auch die Fähigkeit zur Wahrnehmung der Mitbestimmung. Sicher deshalb bemüht sich auch die WHO um eine neue Struktur der Gesundheitsarbeit, die neben der Teamarbeit vor allem die Teilhabe der Betroffenen betont. Es ist wahr, daß die Ergründung des gesellschaftlich-politischen Systems, seine Annahme oder Ablehnung mit zu den Voraussetzungen von Gesundheit gehört.

V Verbreitung, Bedingungen, Bedeutung, Prävention

1 Verbreitung

In psychiatrischen Krankenhäusern stehen die Patienten mit der Diagnose Schizophrenie an zweiter Stelle der Erstaufnahme mit 20–25%. Gleichzeitig sind mehr als die Hälfte der chronisch hospitalisierten Patienten solche, die ursprünglich die Diagnose Schizophrenie erhalten haben. In den letzten Jahren ist eine Änderung insofern eingetreten, als Patienten mit der Diagnose Schizophrenie kürzere Verweildauer in den Krankenhäusern haben, und häufig wieder aufgenommen werden.

Zur Häufigkeit des Auftretens der Schizophrenie: Unter den Erwachsenen erkranken etwa 0,25 % der Bevölkerung pro Jahr. Das heißt, bei diesem Prozentsatz von Menschen ist die Gespaltenheit so deutlich, daß Hilfe notwendig wird. Im Durchschnitt sind jeweils 0,3 % der Bevölkerung mit dieser Diagnose in Behandlung. Bei etwa 1–2 % der Bevölkerung verdichten sich Spaltendes und Zerrissenes einmal im Leben so, daß sie deswegen mit der Psychiatrie in Berührung kommen. Frauen und Männer erkranken etwa gleich oft. Vergleiche über Jahre hinweg und interkulturelle Vergleiche ergeben bei den schizophrenen Erkrankungen immer das gleiche Bild. Zwar werden in sich ändernden oder in unterschiedlichen Kulturen andere Erscheinungsformen schizophren genannt (z. B. unterschiedliche Wahninhalte in Abhängigkeit von der jeweiligen Mythologie einer Kultur), jedoch sind Erkrankungshäufigkeit und Erkrankungsalter im Vergleich nicht unterschiedlich, soweit man den Methoden der transkulturellen Psychiatrie vertrauen kann.

Das Erkrankungsalter liegt zwischen dem 15. und 25. Lebensjahr mit einem Gipfel um das 20. Lebensjahr, wenn später, dann eher nur paranoid bei Personen mit projektiver Abwehr. Vom 45. Lebensjahr an, wenn zunehmend Trennungs-, Abschieds- und Verlust-Probleme auftreten, reagieren Menschen häufiger paranoid-depressiv. Schizophren nennt man nur das, was in der Jugend beginnt.

2 Bedingungen

Über die Entstehungs- und Verlaufsbedingungen schizophrener Erkrankungen ist vergleichsweise viel geforscht worden. Wir können aber keine verbindlichen Aussagen machen, weder über den psychosomatischen Zusammenhang, noch über biochemische Zusammenhänge. Von „Ursachen“ kann schon gar nicht gesprochen werden.

- Es ist gefunden worden, daß ein Teil der als schizophren bezeichneten Patienten ein gering pathologisches Luftenzephalogramm haben (Erweiterung der stammgangliennahen Abschnitte des Ventrikelsystems, besonders des dritten Ventrikels), woraus man auf eine Hirnatrophie besonders des limbischen Systems geschlossen hat.
- Elektroenzephalographische Untersuchungen an Patienten mit der Diagnose Schizophrenie haben bedeutsame Abweichungen ergeben, jedoch so unterschiedlich, daß sich keine sinnvollen Hypothesen formulieren lassen.
- Biochemische Untersuchungen haben sich vor allen Dingen mit der für Schizophrenie vermuteten spezifischen Störung des Serotonin- oder des Adrenalinstoffwechsels befaßt. Jedoch haben alle Untersuchungen bisher nicht zu systematischen Ergebnissen geführt, wohl zur Hypothese eines Enzymdefektes.
- Forschung im Bereich der Endokrinologie hat dem gegenüber an Interesse verloren.
- Vererbung: Der kurzen Darstellung ist vorauszuschicken, daß der lang-

jährige Streit, ob Vererbung oder soziale und psychische Faktoren zur Genese der Schizophrenie beitragen, offensichtlich überwunden ist. In einem Fall anerkennen diejenigen, die die sozialen und psychischen Faktoren vorrangig wahrnehmen, daß diese nur deswegen wirken können, weil sie auf eine entsprechende ererbte Struktur treffen, d.h. der Mensch mit dem, wie er auf die Welt kommt, mit seiner „Ausstattung", z.B. „Überempfindlichkeit" etwas macht, andererseits anerkennen diejenigen, die vorrangig auf die biologische, somatische Seite gucken und dort forschen, daß es zusätzlicher sozialer und psychischer Faktoren bedarf, um ein Individuum zu schizophrenem Handeln zu zwingen. Allerdings besteht zwischen den Forschern der unterschiedlichen Richtungen immer noch die Neigung, sich gegenseitig die Wahrheitssuche anzuzweifeln. Es wäre ertragreich, sich mehr der ökologischen Hypothese zuzuwenden.

- Es gilt als erwiesen, daß bei 2 schizophrenen Eltern die Kinder mit 40 bis 68 % Wahrscheinlichkeit auch wegen ihrer Zerbrochenheit mit der Psychiatrie in Kontakt kommen. Vergleicht man die Erkrankungshäufigkeit von ein- und zweieiigen Zwillingen, so zeigt sich bei eineiigen eine Übereinstimmung von 20–70 %, bei zweieiigen von 5–16 % (Zahlen nach Zerbin-Rüdin). Allerdings ist das *kein Beweis* für Vererbung, sondern lediglich ein Beleg, weil auch andere „ansteckende" Faktoren, z.B. das Erziehungsmilieu, eine Rolle spielen können.
- Konstitution; Mit Konstitution ist die Gesamtheit aller körperlichen Erbanlagen gemeint, wobei Schizophrene häufiger dem Körperbautyp der Leptosomen zuzuordnen sind. Dieser Typ zeigt schmale, hochaufgeschossene Menschen, mit dünnen Muskeln, das Dickenwachstum ist gegenüber dem Längenwachstum vermindert. Die Haut ist dünn. Bei Frauen ist das Längenwachstum nicht ein so sicheres Symptom des leptosomen Körperbaus wie bei Männern. Die Konstitutionsforschung beschreibt den Zusammenhang von Körperlichem und Psychischem, nicht nur im Extrembereich der psychisch Kranken, sondern auch bei gesunden Menschen, die einen leptosomen Körperbau haben. Auch diese sind in ihren Gefühlsäußerungen eher spröde, zeigen nicht so viel Geselligkeit wie andere Menschen, nehmen für ihr Denken innere Impulse mehr auf als äußere Reize. Sie sind im persönlichen Tempo rasch, in der Arbeitsweise gleichmäßig, beachten und reagieren mehr auf Formen als auf Farben und konzentrieren sich mehr auf das Einzelne. Sie können sich schwer umstellen, d.h. sie verharren. Aus der Beobachtung der normalen Zusammenhänge läßt sich bereits erschließen, wie eine Verdichtung für Menschen aussehen muß, die in besondere Krisen geraten, oder die das Gesamt ihrer Person einsetzen, um mit auftretenden Anforderungen nach innen oder außen fertig zu werden.

Soweit die körperliche Seite. Auf der seelischen Seite haben die psychodynamisch orientierten Therapeuten versucht, Hypothesen für Entstehung des Spaltungsirreseins zu formulieren, wobei sie mit den Fragen, warum gerade jetzt und warum gerade dies, näher an das Verständnis herankommen wollten. Mögliche Hypothesen sind:

- Der Rückzug des Ichs von Bewußtseinsinhalten, die gewissermaßen nicht zu verdauen sind, wobei die Inhalte in vollem Umfang und in unverminderter Stärke im Bewußtsein bleiben, daß Individium sie aber abspaltet, d. h. es kann nicht „Ich" dazu sagen. So erscheinen Gedanken und Gefühle als nicht von einem selbst gemacht, sondern in magischer Fernwirkung.
- Subjekt-Objekt-Umkehr: aus einem nicht-tolerierbaren: „Ich hasse den anderen" wird wahnhaft (paranoid = projektiv) „er haßt mich". Diese Umkehr garantiert die Verminderung von Schuldgefühlen, denn die Gefühlsregungen, die man bei sich nicht ertragen kann, kommen jetzt scheinbar von außen und können dort bekämpft werden.
- Ich-Mythisierung: Um von Schuld frei zu sein, identifiziert sich das schwache Ich mit Figuren, die über jegliche Schuld erhaben sind. Dabei kann der Mensch nur noch sehr schwer sich selbst leben, entzieht sich auch der persönlichen Verantwortlichkeit, sondern wird, indem er zu Jesus oder zu einem anderen Heilsbringer wird, unangreifbar; er macht ich unverfügbar.
- biographische Hypothese: Jugendliche und ihre Familie scheitern an der Aufgabe des Abnabelns, weil Bindung, Liebe, Haß und Trennungswunsch gleich stark sind. Das äußere Spalten wird nur innerlich gelebt.

Diese Hypothesen sind im wesentlichen Interpretationen von beobachteten Krankheitsverläufen in Therapien. Bedeutsam ist hier, daß sie helfen können, das Wesen des einzelnen Kranken zu verstehen, daß sie aber nicht eigentlich zum Verständnis der Genese des Spaltungsirreseins beitragen. Ein wichtiger Beitrag zur Aufklärung der Entstehung und Entwicklung von schizophrenen Verdichtungen kommt aus der Familienforschung.

- Die Ergebnisse aus der Familienforschung sind in letzter Zeit fraglich geworden, zumindest soweit sie parteiisch für den Patienten sind und der Mutter die Schuld zuweisen. Stattdessen ist die Komplexität der ganzen familiären Konstellation zu sehen, wo auch die biographischen Aufgaben jedes einzelnen bedacht werden. Immerhin legt die Konvergenz der Ergebnisse unterschiedlicher Untersuchungen nahe, daß eine ambivalente (double-bind) Bindung an das Kind, gleichzeitige Feindseligkeit und übermäßig ausgetragene Zuneigung dazu beiträgt, daß das Kind „Ich-schwach" wird. Das würde heißen, daß eine unklar strukturierte psychosoziale Gesamtsituation mit mangelnder Vorhersagbarkeit die geringe Belastbarkeit und große Sensibilität dieser Menschen überfordern könnte. An Langzeituntersuchungen hat sich immer wieder bestätigt: Noch nach Jahrzehnten war der Krankheitsverlauf umso besser, je ausgeglichener der Kranke vor Ausbruch der ersten Krise war.
- Beiträge der soziologischen Forschung: Spalten, Zerbrechen, Zerreißen des Erlebens stehen schon lange im Interesse derer, die über die Gesellschaft nachdenken: Philosophen, Künstler, Theologen, Kulturkritiker aller Berufe.

Wesentliche Erkenntnisse und deren Deutung sind:

1. Schizophrene Erkrankungen kommen in der untersten Sozialschicht häufiger vor als in den übrigen Sozialschichten.

Mögliche Erklärungen sind:

a) Da die Diagnose von Ärzten, d.h. Angehörigen der oberen Mittelschicht gegeben wird und da der, der die Diagnose trägt, mehr soziale Nachteile erfährt als andere Kranke, vermeiden die Diagnostiker die Diagnose bei denen, die ihnen ähnlich sind.

Ein Aspekt ist dann auch, daß die Diagnostiker als Angehörige der oberen Mittelschicht das, was sie am meisten fürchten, nämlich das Zerbrechen in ihrer Umgebung nicht wahrnehmen, diese Wahrnehmungssperre aber weniger dort haben, wo es ferner von ihnen auftritt.

b) Materielles und geistiges Unterpreviligiert- und Belastetsein, ständige Perspektivlosigkeit, mangelnde Möglichkeiten sozialer Teilhabe, damit Einhergehen sozialer Isolierung, führen schneller und eindeutiger zur Spaltung (Streß- and Strain-Hypothese); d.h., es handelt sich weniger um eine Frage der Wahrnehmung und um Fragen der psychischen und biologischen Ungleichheit, sondern um die Auswirkung der sozialen Ungleichheit. Dann würde folgen, daß die Handlungsweisen und Lebensstile der Mittelschicht dazu beitrügen, Erkrankung zu verhindern. Es ist gesagt worden, daß schizophrenes Erleben zur „Kultur der Armut" wird. Dies mag insofern richtig sein, als Arme weniger Möglichkeiten der Bindung haben an ihr Leben, an die Zeit, an die Zukunft, an andere Menschen, aber auch an Interessen.

c) Eine weitere Hypothese besagt, daß schizophren Erkrankte „an den Boden der Gesellschaft" gespült werden und absacken (Drift-Hypothese).

d) Ähnliches beinhaltet die Hypothese, daß das Ausbrechen und die Verdichtung schizophrener Anteile durch Versagen in Schule, Ausbildung und Beruf das Erreichen eines höheren Status verhindert. (Non-starter-Hypothese). Dazu gehört der Gedanke, daß die erlebten Zurückweisungen bei der Partnerwahl und in der Verwandtschaft die Motivation zur Anstrengung vermindern. (Wozu soll ich noch gesund werden, lohnt es sich überhaupt noch?)

2. Bei Menschen, die in Stadtkernen leben, treten schizophrene Anteile offener hervor als bei Menschen in Vorstädten. Umwelt beeinflußt die Wahrnehmung enorm, und es ist auch zu vermuten, daß dort, wo in der Umwelt das Gemüt nicht mehr angesprochen wird, die Widersprüche einer Industriegesellschaft besonders klaffend nebeneinanderstehen, der Wahrnehmende ein Teil dessen wird, was er wahrnimmt, das wahrmacht, was er wahrnimmt, zumal, wenn er nicht geschult ist, auf kritische Distanz zur Umwelt zu gehen.

3. Bei schizophren diagnostizierten Menschen kommen mehr Ledige vor als in der vergleichbaren Durchschnittsbevölkerung. Das trifft für schizophren

diagnostizierte Männer eindeutiger zu als für Frauen. Entweder führt soziale Isolierung, wie sie Ledige erleben, zur Spaltung, oder die Persönlichkeit ist so kontaktarm, daß von daher wenig Bindungen vorkommen.

4. Schizophrene Störungen sind häufiger bei abrupten familiären Entwurzelungen, z. B. bei ost-vertriebenen Familien (Hartmann).

3 Bedeutung

Wenn auch bei der Begegnung mit zerrissenen und zerklüfteten Menschen möglicherweise nicht herausgefunden werden kann, welche Inhalte eine Gesellschaft abspaltet, für fremd erklärt, nicht wahrnehmen möchte, so ist ganz sicher, daß die schizophrenen Patienten selbst zum Fremdkörper und zum Abgespaltenen werden. Darin ist enthalten, daß die wenigsten Menschen, auch die wenigsten Therapeuten, gelernt oder geübt haben, mit Gespaltenem, Verzerrtem, Zerrissenem umzugehen. Dennoch hat sich gezeigt, daß Menschen, die versuchen, dem Zerrissenen zu begegnen und das Bizarre, das Andere, das Fremde zu verstehen, erfolgreich darin waren, Kontakte zu den jeweils abgespaltenen Anteilen in den schizophrenen Patienten aufzunehmen bzw. zu der irren Anstrengung dieser Menschen, sich zusammenzuhalten und Brücken zu bauen. So sind Parteien, Familien, Länder, Ehen von der Spaltung oder der Trennung oder der Teilung bedroht; oder Gruppen werden auf eine Zerreißprobe gestellt. Für sich dennoch teilende Einheiten ist die Wahrscheinlichkeit groß, daß im Laufe der Zeit zwei neue Identitäten entstehen. Dies aber ist für das gespaltene Individuum nicht möglich, zumal wesentliche abgespaltene Teile nicht als Identität wahrgenommen werden, sondern als nicht zu ihm gehörend erlebt werden. Wir haben eine sehr geringe Toleranz für Widersprüche, für Verrücktheit, für Chaos! Wer sich den Anderen unverfügbar macht und zwar so, daß die anderen weder Ja noch Nein zu ihm sagen können, der verwirrt die Anderen so, daß sie sich bedroht und gelähmt fühlen.

Übung: Denken Sie gemeinsam darüber nach, was in unserer Gesellschaft um 1900 passiert sein muß, daß man plötzlich Spalten, Zerreißen, Trennen, Sich-unverfügbar-Machen so scharf wahrnahm (so bedrohlich fand), daß man die Krankheitseinheit „Schizophrenie" erfand, obwohl es vorher genauso viele „schizophrene" Menschen gab, für die man sich bis dahin mit den Diagnosen „Manie" oder „Depression" begnügte?

Noch ein Wort zur Bedeutung des Wahns. Es ist wahrscheinlich für jemanden, ins Krankenhaus zu kommen, der sich bedroht und verfolgt fühlt, und es ist unwahrscheinlich für jemanden, der allen Menschen traut oder der immer alles in Ordnung findet.

Der naive Wahn tut uns gut. Es gibt Dinge, Denkinhalte, Wahrnehmungsinhalte, Erlebnismöglichkeiten, die wir nicht für möglich halten, und die wir in dem Moment, wo andere Leute sie für sich wahrmachen, weil sie das Normale nicht wahrnehmen können oder nur unvollständig, für irre erklären, für unnormal. Damit spalten wir etwas von uns ab, als nicht zu uns gehörig, als unserem Wesen fremd. Jedoch anders als den schizophrenen Patienten gelingt es uns, mit dieser Abspaltung fertig zu werden, unter ihr nicht zu leiden. Das mag vor allem daher kommen, daß bei uns die Abspaltung ziemlich vollständig ist: denn wenn wir zulassen, zu denken und zu fühlen, wie bedroht, wie zerrissen, wie kaputt, wie verfolgt wir tatsächlich sind: „Da kann man verrückt werden!" Wir machen uns eine heilsame Fiktion, wofür schizophren Handelnde zu ehrlich sind (Bateson). Wenn uns die Zerrissenheit in Form von schizophrenen Patienten begegnet, fällt es uns entsprechend schwer zu zeigen, daß die Zerrissenheit auch ein Teil von uns ist, daß wir in fürchterliche Spannungszustände geraten, derer wir kaum Herr werden können, wenn wir alle möglichen oder auch nur die wesentlichsten Bedrohungen in uns zulassen, und daß auch wir alles, was wir *in* uns nicht mögen, und Widersprüche, die wir *in* uns nicht dulden können, *außen* bekämpfen, also umdrehen. Daß auch wir dann, wenn man uns zwei *gleichwertige* Informationen gibt, völlig aus den Fugen geraten und nicht handeln können. Wir lassen es nicht zu, daß auch wir wahnhaft unsere Wirklichkeit zusammenhalten, und deswegen können wir dem schizophrenen Patienten keinen Raum lassen, sondern müssen ihn in Räume abschieben, wo er unser mühsam aufrecht erhaltenes Gleichgewicht nicht stört. Es ergeben sich Beziehungen zur Mythologie. Welche Mythen haben wir heute?

4 Prävention

Wichtig zu wissen, ist: Jeder kann schizophren werden, es ist eine allgemeinmenschliche Möglichkeit. Es gibt Menschen, die weniger anfällig sind, weniger Anlagen haben, andere wiederum sind von vornherein so brüchig (und das scheinen konstant 1 % zu sein), daß geringfügige innere oder äußere Anlässe genügen, um das Brüchige sichtbar werden zu lassen. Selbst wenn man versucht, eine total harmonische Welt herzustellen, in der nur eindeutig kommuniziert wird, wo innere (auch biologische) und Umweltbedingungen in Balance zu halten sind (das nächste Erdbeben kommt bestimmt), wird es brüchige und zerbrochene Menschen geben. D. h., daß eine „primäre Prävention" (die Verhinderung des Krankheitsausbruches) schwer möglich ist. Eins allerdings ist zum Thema primäre Prävention wichtig: Wenn wir lernen können, Gespaltenes, Brüchiges, Zerreißendes wahrzunehmen als in uns und in unsere Welt enthaltene Möglichkeit des Lebens, und es „wahrzumachen", es zu tolerieren, da wo es so ist, so brauchen wir nicht mehr so zu tun, als sei das etwas uns Fremdes; wir brauchen nicht mehr nur von außen draufzugucken, sondern wir können näher rangehen. Wir können zu empfinden versuchen, an welchen Stellen der Wirklichkeitsbezug noch besteht, wo der Erkrankte sich angstvoll klammert und wo der verlorengegangene Wirklichkeitsbezug in Verzweiflung wieder herzustellen oder aufrecht zu erhalten versucht wird. Wenn man genau aufpaßt, wo schizophrene Erkrankungen sich häufen bzw. hindriften, dann kann man zweierlei tun:

- Dies als Signal für brüchige Stellen der Gesellschaft nehmen und entsprechend an den Stellen verhindern, daß noch mehr Brüchigkeit entsteht. Es ist zu vermuten, daß die Stellen, an denen sich Brüchiges häuft, variieren können.
- Die bereits als schizophren diagnostizierten Menschen mit den Möglichkeiten der „sekundären Prävention" (Versuch der Vermeidung der Wiedererkrankung) so in Kontakt zu bringen, daß sie nicht von ihrer Krankheit und der Psychiatrie abhängig werden, sondern sich selbst zu helfen lernen, also Hilfe bei der Selbsthilfe erhalten.

Wichtig sind wenige verläßliche und eindeutige Beziehungen, aber auch Schutz gegen zu viel Nähe! Oft können Vertrauenskrisen durch die vorübergehende Gabe von Medikamenten aufgefangen werden.

In dem Maße, in dem es gelingt, das für uns Ungeheuerliche an schizophrenen Erkrankungen zum einen nicht an die erkrankten Personen zu binden, sie zum Ungeheuer zu machen, zum anderen nicht als das Ungeheuerliche schlechthin wahrzunehmen – es gibt noch viel Ungeheuerlicheres – in dem Maße kann es gelingen, für die schizophrenen Anteile in uns und in den anderen Verständnis zu entwickeln. Von daher kann es uns gelingen, nicht nur für den schizophrenen Erkrankten Schutzräume zu organisieren, sondern ihn an der Wirklichkeit der menschlichen Gemeinschaft teilnehmen zu lassen. Dieser Gedanke beinhaltet, daß alle präventiven Maßnahmen gemeindenah (d.h. bürgernah) eingerichtet werden müssen, und dies nicht aus ideologischen oder humanitären Gründen, sondern weil die Gemeindenähe die einzige Möglichkeit der Bindung ans Normale, ans Alltägliche, an das, was wir Wirklichkeit nennen, ist (Normalisierung).

Literatur

Bateson, G.: Ökologie des Geistes, Frankfurt, Suhrkamp, 1983
Bateson, G. – D. D. Jackson u. a.: Schizophrenie und Familie. Frankfurt, Suhrkamp 1970
Berze, J., H. W. Gruhle: Psychologie der Schizophrenie. Berlin 1929
Bleuler, E.: Dementia praecox oder Gruppe der Schizophrenien. Leipzig, Deuticke 1911
Bleuler, M., J. Angst: Die Entstehung der Schizophrenie. Bern, Huber 1971
Ciompi, L.: Affektlogik, Stuttgart, Klett-Cotta, 1982
Conrad, K.: Die beginnende Schizophrenie. Stuttgart, Thieme 1971
Gastager, H.: Die Rehabilitation des Schizophrenen. Bern 1965
Green, H.: Ich hab dir nie einen Rosengarten versprochen. Stuttgart, Radius 1973
Katschnig, H. (ed.): Die andere Seite der Schizophrenie. München, Urban + Schwarzenberg 1977

Müller, C.: Psychotherapie und Soziotherapie der endogenen Psychosen, in: Psychiatrie der Gegenwart, Bd. II/1. Berlin, Springer 1972

Watzlawick, P.: Wie wirklich ist die Wirklichkeit, München, Piper 1976

Zerbin-Rüdin, E.: Hereditäre Beziehungen der endogenen Psychosen. Therapiewoche 2: 127–31, 1975

6 Der sich und Andere aufbrechende Mensch (Manie)

I Landschaft in Aufruhr

Wir befinden uns hier meist in der Lebensphase Anfang der 20er Jahre. An der Pubertät und Nach-Pubertät, der zugleich größten und schrecklichsten Zeit des Lebens, sind wir nicht gescheitert: an der Phase, in der man die Grundsatzfrage auswirft, jeder Gedanke die Welt in Frage stellt, jedes Gefühl die Existenz bedroht, jede Moral radikal ist, wir uns zwischen uns und der Welt aufzuteilen haben. Das haben wir hinter uns – ohne bisher daran schizophren geworden zu sein. Damit sind grundsätzlich die Positionen zwischen uns, den Eltern, Geschwistern und fremden Menschen so weit klar, daß wir uns sicher genug fühlen, in die Welt der Erwachsenen aufzubrechen – privat, beruflich, politisch. Dort aber sind alle Positionen von Autoritäten besetzt. Wir müssen sie erobern. Das können wir nur mit dem Gefühl, daß die Erwachsenen-Autoritäten kleinkariert, verknöchert und korrupt sind. Wir durchschauen sie. Wir können und wollen die Welt neu schaffen, großzügiger und fröhlicher, lebendiger, demokratischer und partnerschaftlicher, gerechter und lebenswerter, freier, gleicher und brüderlicher. Das geht nur, indem wir die Autoritäten überzeugen oder besiegen, indem wir zeigen, daß man anders besser leben kann, indem wir vorbildlich alternativ leben, heiterer, menschlicher, natürlicher, auch die Natur achten, notfalls mit Wut, Zorn und Gewalt. Wenn die Erwachsenen ihr überlegenes Gewaltarsenal dagegen ins Feld führen, umso schlimmer und besser: es ist der beste Beweis unserer moralischen Überlegenheit, auch wenn wir dabei umkommen. Das ist die Welt der immer wieder anderen Jugendbewegung, des Wandervogels, der anti-autoritären Bewegung, der Hippies, Rocker und Punker, der Selbsthilfe-Gruppen, der Hausbesetzer, der Oster-Marschierer, der ökologischen und der Friedensbewegung – die Landschaft der permanenten gewaltlosen und gewaltsamen Provokation, mit der wir uns selbst und die Anderen aufbrechen.

Da niemand dabei in sich sicher und alles ein ständiges Experimentieren ist, macht das Aufbrechen Angst. Doch eher würde man sich die Zunge abbeißen, als diese Angst und diesen Schmerz den Eltern und ihren gesellschaftlichen Ersatz-Autoritären zu zeigen, während man versucht, sie zu durchschauen, zu entlarven, lächerlich zu machen, auszutricksen, zum Weinen zu bringen, zu besiegen, um zur Unabhängigkeit der eigenen Welt und Person zu kommen. Auch hier ist das Spiel nicht nur eins des Jugendlichen oder Jung-Erwachsenen, sondern zugleich auch eins der Eltern und anderen Autoritäten: auch sie glauben, ihre Angst nicht zeigen zu dürfen, fürchten, Zugeben einer Schwäche führe zum Chaos. Dabei würde das Zeigen der Angst, der Verweis, daß auch Eltern unsicher sind, das Abtreten von der Position des Erwachsenen-Besserwissens, freilich bei unerbittlicher Verteidigung der eigenen letzten Werte, die den Erwachsenen bei dieser Gelegenheit meist erst klar werden, ein paar gemeinsam vergossene Tränen aus Verzweiflung darüber, daß man sich nicht mehr verstehen kann – etwas von alledem würde schon genügen, um aus dem gegenseitigen Vernichtungskampf eine Begegnung von Gegnern zu machen, die vom wechselseitigen Respekt lebt. Nur auf diesem Wege kommt die Begegnung auf ein erwachsenes Niveau des dauerhaften, gegenseitig befruchtenden Austauschs.

Das ist die Landschaft, in der ein Jung-Erwachsener den notwendigen und auch von ganzem Herzen gewünschten Aufbruch zugleich nicht riskiert, brav ist, wo er nicht brav sein will, und beide Seiten Angst und Verunsicherung nicht zeigen, sondern abwehren. Verlierer ist dabei vor allem der biographisch Jüngere. Er erstickt an seinem Unabhängigkeitswunsch, für den er nichts zu tun riskiert, was ihn „innerlich traurig und verzweifelt macht. Aber da er auch das überspielt und die Unterdrückung der Angst und des Unabhängigkeitswunsches diesen immer dranghafter und vielleicht übertriebener macht, kommt es irgendwann zur Explosion: Er wird manisch. Im Schutz dieses „unzurechnungsfähigen Zustandes" kann er seine Gefühle äußern und jedem seine Meinung ins Gesicht schreien. Manche kommen leichter auf diesen gefährlichen Weg, nachdem sie eine längere Zeit Alkohol, Medikamente oder Drogen genommen haben, was die Abwehrkontrollen lockert und ein scheinbares Befreiungsgefühl erzeugt. Manche kommen erst dann auf diesen Weg, wenn sie zu früh geheiratet haben, wobei der regelmäßig biographisch „ältere", also unabhängigere Partner die Rolle des Verantwortlichen in diesem Autoritätskonflikt übernimmt oder sich in diese Rolle hineindrängen läßt, ohne es früh genug zu merken. Für das weitere Leben gilt auch hier: Wer einen Ausweg einmal gelernt hat, wird ihn später schon bei geringeren Anlässen leicht wieder benutzen.

Beispiel: Der jetzt 26jährige Herr B. lebt in einer Schausteller-Großfamilie. Er ist jetzt zum 3. Mal jeweils Anfang des Jahres wegen einer Manie zwangseingewiesen worden, in der er zu Hause lauter Unsinn machte und die Möbel kurz und klein schlug. – In der Angehörigengruppe lernten wir Ehefrau und Vater kennen, beide vital, kontrolliert, vernünftig. Wir erfuhren, daß Herr B. das ganze Jahr über brav und sensibel wie ein Kind lebt und arbeitet. Nur zum Jahresbeginn bekommt er seine „Krise": Dann nämlich ist die Zeit, in der man „beweisen muß, daß man ein Mann ist": Innerhalb eines Monats muß man schnell und entscheidungsfreudig die besten Auftritts-Verträge bekommen und abschließen, die über das Einkommen der Familie für das ganze Jahr entscheiden. Jedes Jahr möchte Herr B. dies von ganzem Herzen besonders gut machen und wird – statt dessen manisch. Folge: Jedes Jahr muß die Ehefrau mehr „die Hosen anziehen".

Übung: Überlegen Sie, welche präventiv orientierte Therapie hier erforderlich ist.

Selten bekommt jemand erst im 70. Lebensjahr seine erste Manie. Das erinnert daran, daß keine unserer Lebensphasen je ganz abgeschlossen ist. Am leichtesten aber werden wir manisch in dem Alter, in dem wir u.a. den Umgang mit Autorität lernen.

Dazu ein *Beispiel*, das für viele steht. Herr F., 33 Jahre, ledig, ältester Sohn von 4 Kindern, Schlosser-Meister, wohnt im Haus der Eltern, hat jetzt das väterliche Geschäft übernommen. Bisher 5mal stationär, z.T. mit Zwangseinweisung. Diagnose jedesmal „Manie", einmal „Angst-Glücks-Psychose". Symptome gleichbleibend: Erregungszustände und Aggression zu Hause, Alkoholkonsum, verschleudert Geld, verärgert Kunden, fühlt sich zu menschheitsbeglückenden, auch religiösen Taten berufen, in der Krise für einige Tage paranoid-halluzinierend. In der Zwischenzeit unauffällig, erfolgreich in der Lehre und im Geschäft, harmonisch mit den Eltern. Während er bisher die Kranheitszeiten als Schicksal erlebt und jeweils schnell „vergessen" hatte, kam er und die Familie diesmal mit Hilfe der Angehörigengruppe zu folgender Selbstwahrnehmung, wobei die Schwester – durch ihre Mischung von Nähe und Abstand – der beste „Ersatzspieler" war. Herr F.:

„Vater ist ein ebenso tüchtiger wie tyrannischer Schwabe, der zweimal die Selbständigkeit aus dem Nichts erkämpfte, Mutter überaus liebevoll-fürsorglich. Als ältester Sohn war ich für Vater der natürliche Geschäftserbe. Auf mir lag deshalb seine ganze Aufmerksamkeit und Strenge, zumal ich als einziges Kind zurückblieb, während die anderen wegzogen, teils akademische Wunschberufe lernten. (Schwester: Wir haben uns auf seine Kosten davongemacht). In meiner Jugend hatte ich künstlerische Neigungen. Mit 17 Jahren fand ich eine gleich veranlagte Freundin. Die Eltern lehnten sie ab, Mutter: Eifersucht, Vater: ist keine Geschäftsfrau. Zur gleichen Zeit mußte ich die verhaßte Schlosserlehre beginnen und verlobte mich mit der Freundin heimlich. Das war höchstes Glück und zugleich höchste Angst, da ich wußte, daß ich mich gegen die Eltern nicht durchsetzen könnte. Ergebnis: mit 20 J. die erste Psychose und mein Verzicht auf die Verlobte. Mit 25 Jahren hatte ich die 2. Lehre beendet und trat ins väterliche Geschäft ein. Folge: tägliche Niederlagen gegen den Vater. Denn was immer ich aufgrund meiner Ausbildung besser wußte, ich steckte gegenüber Vaters Entscheidungen zurück. Das tat weh. Nur in der Phantasie und mit Alkohol fühlte ich mich besser und stärker als Vater. Bloß das entgleiste mir: zweimal kurz hintereinander „Manie". (Schwester: nur in diesem Zustand konnte er den Vater brutal niederbrüllen.) Danach war ich wieder „brav". Mit 29 Jahren übernahm ich das Geschäft, hatte jetzt auch die kaufmännische Verantwortung. Doch das änderte nichts: Vater traf doch die Entscheidung, und ich hatte dem nichts entgegenzusetzen. Ich war zu schwach, denn gefühlsmäßig war meine Bewunderung der Tüchtigkeit meines Vaters stärker. Ich hielt den Widerspruch nicht aus und flippte in die 4. Manie weg. Danach dachte ich, jetzt hätte ich es geschafft. Vater zog sich zurück, und ich machte erste schüchterne Versuche, mir meinen Wunsch zu erfüllen, eine Familie zu gründen. Aber ich habe mir wieder etwas vorgemacht: der erste Versuch scheiterte an der Eifersucht meiner Mutter, war wieder eine Niederlage und ich bin jetzt mit der 5. Manie hier. Jetzt erst ahne ich meine Abhängigkeit. Denn einmal habe ich nicht meinen Vater besiegt, sondern er ist senil geworden. Zum anderen bin ich gegenüber meiner Mutter noch so abhängig wie ein Kind: sie macht mir die Wäsche, kocht für mich, erledigt auch noch den schriftlichen Kram im Geschäft und kontrolliert meinen Umgang. (Schwester: sie ist ja auch erst 53 Jahre!) Ja, sie ist wie eine Ehefrau für mich, ich mag ihr auch nicht wehtun; außerdem ist das Verhältnis bequem. Ich glaube, es liegt noch einiges vor mir!"

Herr F. irrte: Einmal den Sinn seiner Manien akzeptierend, konnte er offenbar Angstkontrolle durch Gefahrenkontrolle ersetzen; denn er hat inzwischen geheiratet und mußte bis heute – 5 Jahre danach – nicht mehr manisch werden. Protestspannungszustände löste er, indem er sich einmal im Jahr eine Woche lang voll laufen läßt, was seine Umgebung mitträgt.

Zur Abrundung des manischen Landschaftsbildes noch ein Gedanke: Jedes Manisch-Sein kann auch mit schizophrenen Symptomen, vor allem Stimmen und Wahnideen einhergehen. Vielleicht waren also die alten Psychiater nicht so dumm, wenn sie die manischen und fast alle schizophrenen Störungen gemeinsam unter dem Begriff „Manie" sahen. Beide Wege sind verwandt und typische Notbremsen bei der jugendphasischen Lebensaufgabe, des (sich und Andere) Teilens, Lösens und Aufbrechens. Nur: Wer manisch wird, hat ein paar Grundsatzprobleme der Existenz schon gelöst und sich bereits ein Stück weit auf die realen Lebensprobleme des Erwachsenen-Daseins einlassen können, steht schon *im* Bruch mit der Tradition, dabei allerdings Angst machend statt Angst habend.

II Auffälligkeiten

(klinisches Bild für andere)

Niemand ist weniger für sich und mehr für die Öffentlichkeit auffällig als der manische Mensch: Er sprengt jeden Rahmen, setzt jede soziale Übereinkunft für sich außer Kraft: Takt, Geschmack und alle Erwartungen, auf die die Menschen im Verkehr miteinander sich üblicherweise verlassen können. Jede sonst verläßliche Distanz ist aufgehoben. Das geht von der nachlässigen oder abenteuerlichen Kleidung über das rastlose und unerwartete Tätig-Sein und Außer-sich-Sein bis zur Einmischung in alles und jedes – als Bewitzeln, Lächerlich-Machen, Besser-Können oder gewalttätiges Angreifen. Für die Diagnose „Manie" muß ich folgendes beobachten, wobei nicht in allen Aspekten das Gegenbild des Depressiv-Seins entsteht.

1 Stimmung gehoben

Dies kann sich heiter, witzig, ansteckend, mitreißend, menschheitsumarmend äußern; oder provozierend, gereizt, angriffslustig, zornig, arrogant; oder nur gehoben im Sinne von gefühlsleer, nur auf einer anderen Etage (Bürger-Prinz) als die depressive Stimmungsleere. Dem genaueren Anteilnehmen entgehen die oft eingestreuten, kurzen, depressiven Stimmungsmomente oder die unterschwellige Traurigkeit nicht.

2 Antrieb gesteigert und beschleunigt

Es zeigt sich ein schwindelndes Ausmaß aller körperlichen, seelischen und sozialen Aktivitäten, nicht nachvollziehbares Tempo. Bei nur leichter (hypomanischer) Ausprägung kann das normale Handeln nur in seiner Produktivität gehoben sein. Ist der Antrieb stark oder extrem (Tobsucht), ist ein Handlungsvollzug unmöglich: Ein Handlungsimpuls jagt den andern. Wer sich alles erlaubt, kommt eben dadurch in den Zwang, auf jeden Umweltreiz sofort und total reagieren zu müssen, was gar nicht geht. Es entsteht ein chaotischer Wirbel von Handlungsfragmenten (verworrene Manie), enthemmt, da unfähig zu Distanz oder Pause. Wie der Depressive in seinem Innenfeld, so verliert sich der Manische im Außenfeld.

3 Ideenflucht statt Denken

Die schutzlose Offenheit gegen Reize von innen und außen verhindert jeden „roten Faden". Ablenkung vom „Hundertsten ins Tausendste". Jedes Fragment hat nur in sich seinen Sinn. Nachdenken mißlingt. Der Mensch *wird* als grandiose und unkritische Selbstüberschätzung *gelebt*: „Ich kann alles, alle anderen können nichts". Alles geht leicht und sofort: Firmengründungen, Erfindungen, Kredite, Schulden, unsinnige Käufe (3 Autos), Liebesbeziehungen. Alle anderen werden durchschaut, provoziert, bloßgestellt, bedroht. Scham- und Schuldgefühle sind außer Kraft gesetzt. Der Mensch steht über den Dingen (vor allem über seiner Angst). Alles steht im Dienst der Selbsterhöhung, des Größenwahnes. Aber auch für echten Wahn fehlt die Ausdauer. Im Ergebnis droht die Ruinierung der eigenen sozialen Existenz und/oder der Existenz von andern.

4 Vegetative Funktionen und Vitalgefühle

Der manische Mensch steht auch über den Körpersignalen: Er frißt übermäßig oder „vergißt" das Essen bis zur Abmagerung. Ohne Schmerzsignale werden ernsthafte Krankheiten übersehen. Sexualität als Funktion und Erleben wird kurz, total und schamlos jemandem aufgedrängt. Während der depressive Mensch schon unter leichter Schlaflosigkeit leidet, kommt der manische lange ohne Schlaf aus – als Beweis seiner Überlegenheit. „Ich brauche keinen Schlaf mehr". Er kann lange Zeit heiter und entspannt sein, sich überlang aber auch – bis zum tödlichen Erschöpfungszustand – extrem anspannen, ohne es zu merken. Die Gesetze der Natur scheinen aufgehoben.

So vollständig gibt es diese Beschreibung eines „Typus" natürlich nur im Lehrbuch, jedoch wichtig als diagnostische Leitidee. Dies besonders bei der leichten „Hypomanie". Sie wird von der Umgebung nicht erkannt, eher ausgenutzt oder als besonders glückliche Zeit erlebt. Jürgen Fehling z. B. schuf in solchen Phasen seine besten Inszenierungen. Aber es kann auch anders kommen:

Beispiel: Ein hypomanischer millionenschwerer Unternehmer, „übergesund" und entsprechend unsinnig spekulierend, war vom zuständigen Gesundheitsamt-SpD begutachtet worden. Trotzdem verweigerte der Richter Zwangseinweisung bzw. Entmündigung unter dem Hinweis auf die „stadtbekannte Persönlichkeit". Erst als der Psychiater unter Mühen den Steuerberater als Zeugen laden konnte, mußte der Richter seine Angst nicht mehr abwehren: Nur so waren Betrieb und damit Arbeitsplätze für über 300 Arbeitnehmer zu retten.

Differentialdiagnostisch kann man den manischen Zustand verwechseln mit der expansiv-euphorischen Form der progressiven Paralyse, mit der manischen Episode einer Schizophrenie, mit der Reaktion auf eine Körperkrankheit, mit einem seelischen Ausnahmezustand oder mit dem dauerhaften (hyperthymen) Zug einer besonderen Persönlichkeitsstruktur.

Übergänge zwischen depressiven, manischen und paranoid-halluzinatorischen Zuständen haben frühere Beobachter zur Konstruktion einer „Einheitspsychose" angeregt, deren Verlauf nur eben manchmal Stufen überspringe oder auf einer Stufe stehen bleibe. Neben der heute üblichen, mehr botanischen Systematik des Nebeneinanders psychotischer Zustände hat die Idee der Einheitspsychose zumindest den Vorteil, das Nacheinander psychotischer Zeiten im Zusammenhang mit dem Lebenslauf eines Menschen wahrzunehmen. Nur: Beides sind künstliche Ordnungsversuche, Denkmodelle.

III Innenansichten der Begegnung

1 Selbstwahrnehmung

Ist mit dem manischen Menschen eine Begegung auf der Subjekt-Subjekt-Ebene und damit eine angemessene Grundhaltung überhaupt möglich? Wenn ja, dann habe ich meine Aufmerksamkeit als erstes auf Zwei-Minuten-Kontakte zu beschränken, da dem manischen Menschen ein längerer „roter Faden“ nicht möglich ist. 2. geht es um die Suche bei mir selbst, wobei jeder von uns manische Möglichkeiten in sich entdecken kann.

Eine Auswahl: „An einem neuen Arbeitsplatz überspiele ich meine Angst, spiele den Sicheren, frage nicht, wie etwas geht, tue so, als ob alles ein Kinderspiel sei. Oder ich gehe gleich zum Gegenangriff über, komme von oben, mache gleich in den ersten Tagen Verbesserungsvorschläge. So steigere ich mich in eine unmögliche Situation hinein, aus der ich nicht mehr herausfinde. Die andern finden mich arrogant, sind hilflos, da sie mir nicht helfen können, so daß ich ein paar Mal gleich wieder entlassen wurde.“ „Die Angst im Examen läßt mich albern über alles lachen, womit ich die anderen anstecke. Wenn die Prüfungsfrage kommt, überspiele ich wieder die Angst, gebe mich überlegen und rede viel und schnell, damit der Prüfer entweder nicht mehr zu Worte kommt oder denkt, ich wüßte sowieso alles. Wenn ich dabei die Kontrolle nicht verliere, komme ich auf ein Gebiet, auf dem ich sicher bin; dann habe ich gewonnen.“ – „Es gibt Zeiten, da gelingt mir einfach alles, bin ich gelöst, erfüllen sich meine Wünsche sozusagen von selbst. Dann bin ich übermütig, wische anderen gern eins aus. Das kommt von innen, irgendwie übernatürlich. Ich weiß nur, daß es wieder aufhört.“ – „Wenn ich begeistert bin, fühle ich mich von etwas getragen, weggerissen, spüre den Körper nicht mehr, bin selbstvergessen, rede ich hemmungslos, rutscht mir alles raus, mache ich alles öffentlich. Erst hinterher merke ich, daß ich viel Mist gemacht habe, taktlos Leute gekränkt habe. Soll ich mich dann schämen oder mich über mein Befreiungsgefühl freuen?“ – „Nach einem unerträglichen seelischen Schmerz habe ich mich tagelang daran gehindert, zur (schmerzhaften) Besinnung zu kommen, war dauerd in Bewegung, reagierte überaufmerksam sofort und massiv auf jeden Reiz. Ich nahm jedem das Wort aus dem Mund, aus Angst, er könnte auf den schmerzhaften Punkt kommen. Ich redete pausenlos über alle beliebigen Dinge gleichzeitig. So konnte ich in mir eine innere Leere aufrecht erhalten, mir den Schmerz wegreden. Erst die Erschöpfung brachte mich von dem Baum weder runter. Erst da merkte ich meine Isolation und die Hilflosigkeit der Anderen, konnte ich meinen Schmerz endlich wahrnehmen.“ – Jeder von uns kann den lustigen, aber eigentlich traurigen Clown nachvollziehen oder den „Galgenhumor“ dessen, der von seinem Partner laufend gekränkt wird, oder den Zwang zum Lachen nach einem schweren Verlust oder während der Trauer. Es sind Zustände, in denen wir uns auf „übernatürliche Weise“ unangreifbar machen, wenn es auf natürliche Weise nicht geht.

Die 3. Hilfe zum Verstehen sind die Opfer der Situation, die Angehörigen, aus denen heraus die Gesamtkonstellation verstehbar wird, etwa der Protest gegen Macht, die Provokation, die Empörung über die Kontrollen der Anderen oder die Wut über die eigene Unselbständigkeit. Vor allem habe ich mich mit dem manischen Patienten in seiner Angst zu treffen, die dem ganzen weltumspannenden Feuerwerk *immer* – als abgewehrte – zugrunde liegt. Das gelingt mir in dem Maße, wie ich sie unterstelle, wie ich davon ausgehe – dabei von mir auf andere schließend. Das ist die Basis der Grundhaltung. Sie ist anstrengend, weil sie ständige und gleichbleibende Aufmerksamkeit, Gegenwärtigkeit (Präsens) fordert, wobei nur ein eingespieltes Team das Tempo mithalten kann. Jeder allein wäre überfordert. So aber können wir dem manischen Menschen einen gewissen Halt geben und ihn immer wieder – jedes Mal nur kurzfristig – auf die Suche nach dem Halt an sich selbst bringen.

2 Wahrnehmungsvollständigkeit

Wenn man darauf achtet, überrascht es, daß der Patient nie ganz das Gefühl für sich und seine Situation verliert, oft hellsichtiger durchschaut, als es ihm sonst möglich wäre. Dies gilt es festzuhalten. Am besten gelingt das während einer gemeinsamen Tätigkeit. Statt des Gesprächs im Sitzen, ist ein gemeinsamer Spaziergang besser, weil dann zwei Menschen gemeinsam und sich begleitend, parallel tätig sind. Dies Empfinden erleichtert das Sprechen, macht es eher möglich, den Unterschied zwischen den Symtomen und den eigentlichen Lebensgefühlen wahrzunehmen: So heiter der manische Mensch sich gibt, für ihn ist sein Befreiungsgefühl immer unterlegt von quälender Angst, Unsicherheit, Gehemmtheit, Gebundenheit, ohnmächtige Wut, mehr über sich als über Andere, Kränkung, Verletzung, Schmerz. Dies haben die Psychoanalytiker schon lange mit dem Begriff der „manischen Abwehr“ von Schmerz, Empörung und Trauer erfaßt. Zugleich ist die Manie freilich auch ein Lösungsversuch für die Angst und den Schmerz, wenn auch gewaltsam und daher mißlingend. Dem Team kann es glücken, den Patienten allmählich zur Selbstwahrnehmung des Zusammenhanges von Manie und seinem Lebensproblem zu bringen. Etwa: Was er sich manisch erlaubt, ist das, was er sich in seiner Lebenswirklichkeit verbietet; seine größenwahnsinnigen Pläne haben zu tun mit den heimlichen Größenphantasien, die er „in life“ weder leben noch als unrealistisch aufgeben kann; sein Zorn, seine brutale Wut und seine Verletzungen, die zielsicher gerade die Schwächen seiner Nächsten bloßlegen, sind Protest gegen wirkliche oder vermeintliche Unterdrückung, jedoch ein Protest, den er „normalerweise“ selbst unterdrückt und nicht riskiert; sein Machtgefühl ist die Kehrseite seines Ohnmachtsgefühls.

3 Normalisierung der Beziehung

Was löst der manische Mensch in mir aus? Spontan werde ich mich einerseits schützen vor seiner unerträglichen Störung und seiner Gewalttätigkeit, werde mich andererseits von der Heiterkeit und dem schlagfertigen Witz anstecken lassen. Das Team kann auch von ihm profitieren, wenn er mit traumhafter Sicherheit die betriebsblinden Flecken und die Schwächen jedes Teammitgliedes bloßlegt. Schon die Floskel „Wie geht es Ihnen?" wird – wie alles – umgedreht und etwa gekontert: „Und wie geht es Ihnen?" Spielen wir aber das manische Spiel nur mit, dann nutzen wir ihn nur aus. Der Gegenkurs, das Verbot jeder Extravaganz, ist genau unmöglich. Ähnlich ist es den Angehörigen ergangen. Durch beide normalen Handlungsmöglichkeiten verlieren sie und kompromittieren sich ihm gegenüber. Das sagt mir auch meine manische Selbsterfahrung: Ob jemand sich von mir mitreißen läßt oder mich einzuengen versucht, er fällt dabei herein und verlängert dadurch mein Manisch-Sein. Bleibt mir also als Ersatzspieler nur übrig, mich zwar zum Begleiter zu machen, doch ohne mich ihm auszuliefern. Das bedeutet: der Patient sollte möglichst großzügig sein Freiheitsgefühl ausleben können, dafür aber auch, mit der selben Eindeutigkeit die Grenzen des Möglichen zu spüren bekommen. Das bedeutet zum anderen, daß ich ihm nicht nur die mitgeteilte Heiterkeit rückmelde, sondern auch die unterliegende Angst, Verletzung seiner Selbstachtung, seine Wünsche und Proteste, die er eben nur manisch ausdrükken kann. So wird die Grundhaltung für diesen Fall „normal". Das ist für das Team und die Mit-Patienten anstrengend, kann aber auch die Toleranz für Besonderheiten und die Einsicht in den Sinn des Gruppenzusammenhaltes fördern. Die Konzentration mehrerer manischer Patienten auf einer Station kann freilich die Kräfte aller übersteigen.

IV Wie wird Therapie präventiv?

Wie erreichen wir es, daß ein manischer Mensch zur Selbst-Therapie kommt, d. h. daß er den Sinn seiner Störung bemerkt, seine Proteste und Wünsche auch nach dem Höhenflug wahrnimmt und wahrmacht, daß er unterscheidet, welchen Teil er für sich durchsetzen kann und auf welchen Teil er zu verzichten hat. (Herr F. hatte zuletzt Unabhängigkeit von der Mutter und Partnerwahl zu lernen – als Manie-Prävention.). Da kein Mensch ewig manisch sein kann, kommt es nicht darauf an, daß, sondern wie jemand wieder auf dem Boden landet. Trotz der anfänglichen Vertragsunfähigkeit des Patienten muß das Team vom ersten Tage an darauf achten, auch um die Gefahr eines ungünstigen Ausganges der Manie zu verringern: 1. Übergang in eine paranoide Psychose oder in eine Art chronisch-hypomanischer Haltung (über Hospitalisierung); 2. Auffassung der Manie als Schicksalsschlag oder sinnlose Krankheit, die danach sofort „vergessen" wird, was eben dadurch die Wiederholung vorbereitet; 3. Umschlag ins Depressiv-Sein mit Suicidgefahr in Verbindung mit Überflutung durch Schuld- und Schamgefühle, wenn nämlich die manischen Handlungen und Erlebnisse vom Patienten *nur* als unsinnig, verantwortungslos und böse registriert werden und zur Selbstbestrafung führen, was durch Vorwürfe der Angehörigen begünstigt wird. Daher ist die parallele Arbeit mit den Angehörigen ebenso wichtig wie die mit dem Patienten: Sie haben denselben Prozeß der Sinnfindung der manischen Störung durchzumachen. Manchmal gelingt das bei den Angehörigen leichter als bei dem Patienten, was therapeutisch und präventiv genauso gut ist, als wenn der Patient dies gelernt hätte, da es sich bei der Familie um *ein* System handelt, das hier zur Debatte steht und da die Änderung eines Teiles des Systems zugleich auch das ganze System ändert. Sowohl der Patient als auch die Angehörigen haben das Gefühl zu bekommen, daß wir sie in ihrer Situation ernst nehmen, daß wir uns vom Theater der Symptome unabhängig halten, daß das auf die Dauer ermutigt, auf das Theater zugunsten normalen Handelns zu verzichten, daß aber zugleich das Befreiende und der Sinn des manischen Lösungsversuches festzuhalten ist, damit alle Beteiligten innerhalb der Familie miteinander aushandeln können, wie weit sie die Rollen und die Zonen der Selbständigkeit und Macht untereinander neu aufteilen können. Für die Familie F. scheint dies einigermaßen gelungen zu sein.

Die Grundhaltung ist durch folgende Fähigkeiten der verschiedenen Berufsangehörigen des Teams zu ergänzen: Werktherapeuten (AT und BT) sowie Bewegungstherapeuten können dem Aktivitätsbedürfnis des manischen Menschen besonders entsprechen und oft über das gemeinsame Tun besser als über das Sprechen die ersten Schritte in Richtung Selbstwahrnehmung einleiten. Da den Schwestern/Pflegern die Stationsatmosphäre besonders obliegt, tragen sie am stärksten die Last der ständigen Gegenwärtigkeit, der Einheitlichkeit des Team-Handelns, der öffentlichen Diskussion mit den Mit-Patienten angesichts der Besonderheit eines Menschen, der Garantie des großzügigen Bewegungsraumes und der Eindeutigkeit der Grenzziehung. Sie haben zugleich am stärksten die psychischen und körperlichen Provokationen und Schläge abzufangen und zugleich die Aufmerksamkeit des Patienten immer wieder auf ihn zurückzulenken. Die anderen Berufsangehörigen, die immer auch andere Aufgaben vorschützen können, sind in der Gefahr, gerade beim manischen Patienten die Schwestern/Pfleger mit dieser unerträglichen Situation allein zu lassen, wodurch jede präventiv orientierte Therapie scheitert. Je schwerer die Manie und je weniger gut die Grundhaltung und die Team-Solidarität, desto stärker hat der Arzt die medikamentöse Hilfe einzusetzen. Es kommen nur Neuroleptika in Betracht (s. Kap. 17). Ferner hat der Arzt auslösende oder aufgrund der Manie nicht registrierte Körperkrankheiten zu kontrollieren. Der Psychologe hat das Team vor allem auf die unterschwellige Angst und ihre Abwehr bei manischen Patienten aufmerksam zu machen, die Beziehung zu den Lebensproblemen herzustellen, sowie die Übernahme der manisch ausgedrückten Wünsche und Proteste in das Alltagsleben zu fördern. Der Sozialarbeiter schließlich hat die Ruinierung der sozialen Existenz des Patienten zu verhindern oder schon eingetretene Schäden durch Kontakte mit den jeweiligen Instanzen, z.B. unter Hinweis auf den Mangel der Geschäftsfähigkeit, wieder auszubügeln. An der Angehörigengruppe nehmen alle Team-Mitglieder im Wechsel teil.

Die Manie ist vielleicht der eindeutigste Fall für die Notwendigkeit einer stationären Behandlung, so sehr wir häufig auch den Wunsch spüren, der Patient möge diesen Zustand in seiner Landschaft ausleben dürfen. In der Regel wird der Schaden für ihn und/oder für Andere zu groß sein. Wir sollten jedoch den Fehler vermeiden, den Patienten möglichst schnell und mit aller Gewalt symptomfrei zu machen und darauf noch stolz zu sein: Der Prozeß der Selbstwahrnehmung und Sinnfindung kommt mit Sicherheit dabei zu kurz, was die Gefahr der Wiederholung fördert. Nur eine gut integrierte Familie und Nachbarschaft, zusammen mit einem großzügig ausgestatteten ambulanten Team, können es ermöglichen, daß ein Patient seinen manischen Aufbruch – mit angemessener Begleitung – außerhalb eines Krankenhauses auslebt. Es wäre sehr zu wünschen, wenn dies irgendwo einmal systematisch erprobt werden könnte, um herauszufinden, ob dies langfristig für die Lebensqualität aller Betroffenen zu besseren Ergebnissen führt.

V Epidemiologie, Prävention, Literatur

Hierzu verweisen wir auf den entsprechenden Abschnitt im Kapitel 7 (Der sich und Andere niederschlagende Mensch). Ebenfalls dort finden sich Literaturangaben.

7 Der sich und Andere niederschlagende Mensch (Depression)

I Landschaft zwischen Preßlufthammer und trautem Heim

Wer in der Jugend den für ihn passenden Umweg der Liebe gefunden, sich und die Welt als Ganzes geteilt, sich einigermaßen von den Eltern gelöst hat und wem auch der Aufbruch in die Erwachsenenwelt halbwegs gelungen ist, der äußert sein Leiden und Scheitern an den Erwachsenen-Aufgaben der folgenden Lebensphase zwischen 25 und 45 Jahren typischerweise depressiv, auch süchtig oder neurotisch (s. 8. u. 9. Kap.). Depressiv kann er auch in den Krisen der folgenden Phase des Rückbildungsalters (45 bis 60 Jahre) werden – aber anders (s. 7. Kap,. VI. Abschnitt).

Was macht nun die Landschaft des Erwachsenen in unseren Breiten so depressionsfreundlich? 1. Sie ist räumlich und zeitlich nicht mehr unendlich, vielmehr zur Endlichkeit verarmt. Die umfassenden philosophischen oder politischen Ideen interessieren weniger. Man hat sich eingeengt. Aus dem Kreis der unendlichen Möglichkeiten stanzen wir ein Stück heraus, das wir zu unserer Wirklichkeit machen, indem wir uns in Rollen aufteilen und dem Rollenbündel – unter Verzicht auf das übrige – eine zu unserem Temperament passende Gesamtgestaltung geben. Was auf der Strecke bleibt – schon das bedarf des Betrauerns. Nehmen wir uns genug Zeit dafür? 2. Wenn wir Glück haben, finden wir mit oder ohne Ausbildung auf dem immer kleiner werdenden Markt der verfügbaren betriebswirtschaftlichen Arbeit einen Arbeitsplatz. Auch dort müssen wir von unserem Traum der Weltverbesserung und Selbstverwirklichung durch Arbeit Abstriche machen. Inhaltlich wird unsere Arbeit meist aus der Einebnung von Unebenheiten und der Asphaltierung der Landschaft bestehen, damit sie verfügbarer und produktiver wird. Und unser Wunsch nach freier Entfaltung findet seine Grenze am Diktat der Leistungskonkurrenz und der Weisungsgebundenheit. Wohin stecken wir hier unseren Antriebsüberschuß: in Trauerarbeit, Leistungsehrgeiz, Perfektionismus? Bleibt als Gewinn unsere finanzielle Freiheit: Wir können uns selbst unterhalten. 3. Um so mehr verschieben wir unser Streben nach Unabhängigkeit und Selbstverwirklichung auf den Privatbereich. Das verführt viele zu dem Fehler, gar nicht mal erst eine Zeitlang allein zu leben, sich der Einsamkeit mit sich selbst auszusetzen, um sich der Unabhängigkeit aus eigener Kraft zu vergewissern. Denn nur das ermöglichte es, in einer späteren Beziehung freiwillig meine Unabhängigkeit, deren ich mir ja sicher bin, einzuschränken bzw. eine Abhängigkeit einzugehen, da sie für mich ja keine Gefahr bedeutet. Statt dessen suchen sich viele von uns von der Geborgenheit des Elternhauses aus, daher zu wenig selbst- und welterfahren, ihren „Partner des Lebens". Sie überstrapazieren das vergängliche Liebesgefühl für ihre Beziehung, ziehen in eine zu kleine, einengende Wohnung, vergessen ihre bis dahin bestehenden gleichgeschlechtlichen Freundschaften, was sich spätestens in der ersten Partnerkrise rächt, kapseln sich auch von ihren Nachbarn ab, bekommen 1 bis 2 Kinder und isolieren sich zu zweit. Von allen umfassenderen und tragfähigen Bezügen abgekoppelt, hat eine solche Partnerbeziehung kaum noch Landschaft. Es besteht Erstickungsgefahr. 4. Die Partner verstehen meist nicht, daß sie mit Gründung einer Familie bzw. Ehe die Chance haben, gegenüber der betriebswirtschaftlichen Welt eine eigene hauswirtschaftliche Welt zu schaffen. Sie reden von „Freizeit", machen sich damit abhängig von der „gebundenen Zeit" des Arbeitsplatzes, statt z.B. von „freier Arbeitszeit" zu reden, worin soziale und politische Aktivitäten für sich selbst und andere, Nachbarschaft, Schwarzarbeit, schöpferische Kulturarbeit und in diesem Rahmen auch noch „Arbeit an sich selbst" enthalten sein könnten. Sie planieren ihren Partnerschaftsweg nach dem Modell der betriebswirtschaftlichen Preßlufthammer-Methode geradlinig, zielgerichtet und hochleistungs-effektiv, nicht ahnend, daß man zwar so mit Sachen umgehen kann, aber die mit der Partnerbeziehung eigentlich beabsichtigte Kultivierung der Gefühle (Angst, Trauer, Liebe, Haß, Freude), einer breitflächigeren Umwegs- und Umgestaltung bedarf. Schließlich nehmen sie auch nicht mehr den Unterschied wahr, daß Familiengründung sie zu Eltern, Ehegründung zu Ehepartnern macht, daß beides unterschiedliche Eigenschaften zu pflegen verlangt; meist vergessen sie, daß sie Eheleute sind, gehen in der Elternrolle auf und werden überrascht von der trostlosen Leere, wenn die Kinder sich verselbständigen und die Elternrolle ausgespielt ist.

5. Dies landschaftslose, schmale und anfällige Gebilde der Partnerbeziehung soll nun sowohl als „trautes Heim" die schon im Elternhaus nicht richtig erfüllten Geborgenheits- und Harmoniewünsche befriedigen als auch das Terrain für die noch größeren Wünsche nach Selbstverwirklichung und Unabhängigkeit abgeben. Damit ist es endgültig überfordert, das traute Heim wird zum Kriegsschauplatz, zur Hölle eines gnadenlosen Machtkampfes mit allen Mitteln. Ohnehin ist es die bei weitem schwerste, absolut unmögliche Lebensaufgabe des Erwachsenenalters, einem Menschen als Partner, also auf derselben Ebene dauerhaft und vollständig zu begegnen, macht die meiste Begegnungsangst und die trickreichsten Ausweichmanöver. Bis dahin kannten wir nur Abhängigkeitsverhältnisse aus Kindheit, Jugend und aus dem Bereich der unfreien Arbeit. Nun muß erstmals Abhängigkeit auch gewollt werden. 6. Zudem stellen wir uns heute gern unter die Forderung, daß Partner gleich, gleichberechtigt zu sein haben. Dabei wird leicht vergessen, daß alle Menschen nach ihrem Tempo und vielen anderen Eigenschaften Gott sei Dank unterschiedlich sind, daß ihre Bedürfnisse nach den Entwicklungsphasen sich wandeln, daß jeder nach seinen Stärken und Schwächen im Vergleich zu seinem Partner mal hinten, mal vorne liegt und daß seine Partnerschaft mehr von der Pflege der Unterschiede als der Gleichheiten lebt. Dies voll wahrzunehmen, verlangt aber, daß die beiden Partner, die eigentlich vor Eingehen der Partnerschaft sich ihrer Unabhängigkeit vergewissert

haben sollten, sich offen auseinandersetzen, sich als eine Be-gegnung von Gegnern verstehen. Da sie sich aber gern an der Harmonieforderung („wir wollen uns immer verstehen"!) orientieren, riskieren sie nicht die konstruktive Gegnerschaft, so daß statt Streit leicht vernichtende Feindschaft entsteht. Das Ringen um Unabhängigkeit endet im mehr quantitativen als qualitativen Vergleichszwang, wobei der eine die Leistungsfähigkeit des anderen sich zum Maßstab macht; oder der eine macht sich zum Helfer (Schmidbauer), zum Entwicklungshelfer des anderen, was angenehmer ist und höheres Ansehen bringt. Damit ist die Partnerschaft kaputt. Für den anderen bleibt in diesem unglaublich anstrengenden und zermürbenden, feindseligen Kampf, in dem beide einander niederschlagen, nur die Rolle des weniger Leistungsstarken, des Schwächeren, des Geholfenen, des Schwachen, des Hilflosen, des Depressiven, wobei diese Rolle mindestens so viel Energie kostet wie die des Starken. Es ist als Minimum notwendig, alle 6 genannten Bedingungen, also den gesamten Landschaftskontext – angefangen bei der Abkoppelung der philosophischen Ideen –, gleichzeitig zu einem Bild zusammenzusehen, um die depressive Entwicklung einer Partnerbeziehung nachvollziehen und über den Kontext die Entwicklung beeinflussen zu können. Das gilt für endogene wie neurotische (s. u.) Depressionswege. Erst in einem solchen Bild wird verständlich, warum wir nur im Rahmen einer Beziehung von mindestens 2 Menschen depressiv werden können. Denn auch, wenn schließlich einer als Opfer, der andere als Täter sich darstellt, einer depressiv, der andere entsprechend besonders vital ist oder geworden ist, so ist doch das ganze System der Partnerbeziehung diesen unerhört kräfteverschleißenden, niederdrückenden (= de-primierenden = depressiven = sich und den Anderen niederschlagenden) liebevoll-gewalttätigen Weg gegangen. Denn der Schwächere schlägt sich und den Anderen ebenso nieder wie der Stärkere. Oft übrigens war der später Stärkere anfangs der Schwächere. Dieser stromlinienförmig – gradlinige Gewalt- und Leidensweg der Selbsteinengung, der nur noch durch Dritte wieder zu einem lebensfähigen Umweg werden kann, ist eine echte Ko-produktion beider Seiten. Daher sollen in den USA jetzt erste Kunstfehlerprozesse laufen, weil ein depressiver Mensch nur allein und nicht auch sein Ko-produzent Behandlungshilfe bekam. Zur Wiederherstellung einer liebenswerten Landschaft gehört also mehr als bloße Therapie. Es ist für beide derselbe als eng und sinnlos geahnte Lebenskontext, der die Trauer- und Angstsignale auslöst, die beide nicht zu entschlüsseln riskieren. Statt dessen schlagen sie die Angst und Trauer („Unfähigkeit zu trauern", Mitscherlich) nieder, machen als Selbsthilfeversuch für den einen die Rolle des Hilflosen, für den anderen die Rolle des Helfers daraus. Und da es sich um Abwehr von Angst und Trauer handelt, leiden beide daran und wird es für beide zunehmend unmöglich, den jeweiligen Selbsthilfeweg, der für beide zur Selbstzerstörung führt, durch Sprengung des System-Gefängnisses wieder zu öffnen.

Der depressive Weg bleibt der typische, das Leiden am Erwachsensein abzuwehren, auch wenn es je nach den beteiligten Personen eine Unzahl anderer

Wege gibt, jemand z.B. auch mit 35 J. paranoid werden kann, wenn er von früher her mehr zu der Abwehr neigt, die Schuld an etwas nicht innen, sondern außen zu suchen. Auch wenn – wie gesagt – jeder Einzelfall anders ist, gibt es eine besonders häufige Konstellation der Geschlechterrollen beim depressiv-niederschlagenden Weg:

Beim Kennenlernen ist die junge Frau oft ein bißchen weiter in der Persönlichkeitsentwicklung, gefühlsreifer, unabhängiger, während der bisher von der Mutter behütete junge Mann etwas unsicherer, sensibel-leidensfähiger, abhängiger ist. In der Partnerbeziehung gewinnt daher oft anfangs der Mann an Sicherheit und Unabhängigkeit im Schutz und mit Hilfe seiner Frau. Unterstützt durch beruflichen Erfolg und Aufstieg – im Gegensatz zur Selbstabwertung der Hausfrauenrolle – zieht der Mann in der Folge auf Kosten seiner Frau in Hinsicht auf Selbstsicherheit und Unabhängigkeit an ihr vorbei. In der Bilanz kann es dann so aussehen, daß der Mann der anfangs stärkeren Frau schließlich noch das letzte bißchen Selbstsicherheit aus dem Mark gesogen hat. Auslöser für die Manifestierung einer – je nach Energie und anderer biologischer Mitgift – psychotischen oder neurotischen Depression können dann sein: Der Verlust eines wichtigen Menschen, eine Geburt, eine Krankheit, die Summe aus vielen kleinen Kränkungen, besonders gern aber auch eine entlastende Situation, z.B. die Fertigstellung des eigenen Hausbaues. Im Rückbildungsalter, also ab dem 45. Lebensjahr, auch die mit dem Älter-Werden der Kinder und dem allmählich häufigeren Sterben in der Umgebung zunehmende Isolation und Selbstabwertung, wenn dies jetzt auch wieder häufiger mit dem paranoiden Selbsthilfeweg beantwortet wird.

Prägen Sie sich für Ihr Handeln eines fest ein: Die Weichenstellung für den depressiven Selbsthilfeweg ist viel früher, meist schon zu Beginn der Partnerbeziehung erfolgt und liegt in der „Unfähigkeit zu trauern“, in der Unwilligkeit, Unerträgliches als solches sich anzueignen, erst dann zu verändern, und in dem Versuch, Unerträgliches sich erträglich zu machen, Trauer, Enttäuschung und Angst nicht zu nutzen, sondern sich darüber wegzutrösten, es zu beschönigen, zu entschuldigen, Trauer sich nicht leisten zu wollen, sich nicht hängen zu lassen, Angst zu unterdrücken, niederzuschlagen, dagegen anzukämpfen, sich zusammenzureißen: Daraus macht man, machen wir, das partnerumgreifende Gefängnis des niederschlagenden Depressiv-Seins.

II Annäherung von außen
(Symptom-Diagnose)

Nachdem wir versucht haben, ein Bild von der Gesamtsituation (Landschaft) zu malen, wollen wir getrennt darstellen, was wir von außen (II.) und von innen (III.) wahrnehmen können. Das Beispiel der Familie A. soll uns dabei fortlaufend begleiten.

Herr A., 44 J., Facharbeiter, bringt seine Ehefrau, 41 J., Hausfrau, zur Aufnahme. Beide haben 2 Töchter (20 u. 18 J.) und einen Sohn (13 J.). Ihr Gesichtsausdruck (Mimik) ist ernst, von der Umgebung unberührt, leer, zugleich vor innerer Anspannung vibrierend. Ausdrucksbewegungen (Gestik) gibt es kaum, drücken zugleich Untätigkeit und innere Unruhe aus. Während des langen Gesprächs sitzt sie kerzengerade auf der Stuhlkante, lehnt sich nicht an. Sie wirkt in allem gehemmt, wie ein Auto, das mit festangezogenen Bremsen Vollgas fährt. Der Ehemann wirkt dagegen kräftig, vital, nach allen Seiten überwach, aufmerksam, gleichsam ständig sprungbereit, viel schnelleres Tempo als seine Frau, sitzt gleichwohl bequem und scheinbar entspannt im Sessel. Die Frage, er habe wohl seine Frau gebracht, weil nun schon seit Wochen Beruf, Kinder und Haushalt für ihn zu anstrengend sei, wischt er souverän vom Tisch. „Ich bin Kummer gewöhnt, ich könnte die Belastung noch beliebig lange allein tragen, aber für meine Frau ist das jetzt zu gefährlich, sie ist zu krank, sie braucht Behandlung." Gleichwohl wirkt er zum Platzen voll, und da jede Frage schneller von ihm als von ihr beantwortet wird, entlassen wir ihn, indem wir ihn in die Angehörigengruppe einladen, auch um mit ihr überhaupt ins Gespräch kommen zu können. Das geht nur stockend und mühsam:

Stimmungsmäßig fühle sie sich wie versteinert, hoffnungslos, könne nicht mal Traurigkeit empfinden, nicht das Nötigste im Haushalt tun, obwohl sie ständig dagegen ankämpfe. Ihr Denken drehe sich grübelnd im Kreis: Alles sinnlos, am Ende, sie sei überflüssig, Ballast für die Familie, solle lieber aus dem Leben gehen. Die rührende Fürsorge der Familie mache ihr Versagen und ihre Schuldgefühle noch schlimmer. Wenn das Fernsehen von einen Unglück berichtet, müsse sie denken, sie sei Schuld daran. Sowieso unheilbar krank, habe sie ständig Unterleibsschmerzen, könne nicht essen, habe in 4 Wochen 15 Pfund abgenommen, seit Wochen nicht mehr durchgeschlafen.

Dies sei in 4 Jahren die 3. Depression, jedesmal 3–4 Monate Krankenhaus, Behandlung mit antidepressiven Medikamenten, einmal mit Elektroschocks. In den Zwischenzeiten habe sie ihre Aufgaben geschafft. Bis zur Eheschließung vor 21 Jahren bei den Eltern gelebt, Verkäuferin. Vor der ersten Depression starb ihre Großmutter. Zugleich zog die Familie in das eigene, selbst gebaute Haus. Die anderen Depressionen kamen ohne Anlaß, von einem Tag zum anderen. Im letzten Jahr keine Depression, dafür Unterleibsschmerzen. Sie suchte mehrere Ärzte auf, bis man eine Gebärmuttersenkung operativ behob – ohne Erfolg. Jetzt hat sie die Ärzte solange gebeten, bis man sich zur Total-Operation entschloß. Die Schmerzen blieben unverändert. Auch von der Mutter sind depressive Zeiten bekannt.

Zuspitzung: Der Ehemann hatte noch berichtet, daß Frau A. in den letzten Tagen mehrfach plötzlich das Haus verließ, wohl mit Selbsttötungsabsichten. Nachbarn haben sie zufällig zurückholen können, holten ihn dann telefonisch aus dem Betrieb. Sonst saß sie in den letzten Tagen nur noch unbeweglich auf dem Stuhl. Eigentlich sei seine Frau tatkräftig, pflichtbewußt und fröhlich.

Der Haushalt war immer hundertprozentig. Die Ehe sei gut. Es gebe auch sonst keine Konflikte oder Belastungen. Die Familie habe seine Frau getröstet, auch zunehmend geschont und entlastet, ihr alles abgenommen.

Die Beobachtung folgender Symptome rechtfertigen die Diagnose: ‚Depression‘:

1. *Stimmung* depressiv, d.h. leer, tot, ausgebrannt, gleichgültig, hoffnungslos, Gefühl des Nichtfühlenkönnens; während viele Patienten sich anfangs traurig fühlen, ist die Depression um so tiefer, je mehr sie selbst Schmerz, Angst, Trauer nicht empfinden können.

2. *Antrieb* gehemmt, d.h. keine Initiative, gelähmt, gebunden, entscheidungsunfähig, Nichtwollenkönnen, kann sich zu Erstarrung steigern: depressiver Stupor. Auch das Denken tritt – als Grübeln – auf der Stelle, ohne Zukunft. Da die Gehemmtheit nie Antriebslosigkeit, sondern Selbstblockierung, Selbst-Niederschlagung des Antriebs ist, resultiert quälende innere Unruhe und Angestrengtheit, die sich nur als Untätigkeit, „Faulheit“ äußert oder als hektisches Hin-und- Her (agitierte Depression) oder als auswegloses Klagen (Jammerdepression).

3. *Denken und Fühlen* vorbesetzt: Nach K. Schneider sind es „die Urängste des Menschen“, die jeder Mensch an seinem Grunde ständig hat: die Angst vor a) Schuld, b) Erkrankung, c) Verarmung und d) Versagen und Wertlosigkeit. Nennt man dies Wahn, sagt man damit, daß jeder Mensch an seinem Grunde wahnhaft ist. Zu a): Schuld- oder Versündigungsvorstellungen, die an einem früheren, vielleicht verheimlichten, jedenfalls vergessenen, wirklichen oder vermeintlichen Vergehen (z.B. Unterschlagung, Abtreibung) festmachen, wohin die *wirkliche* Angst verschoben wird: „Ich bin der schlechteste Mensch der Welt“. Zu b): Die Gesundheit oder ein Körperteil gilt als ruiniert (z.B. innerlich verfault, todkrank), was man hypochondrisch nennt: „Ich bin der kränkste Mensch der Welt“. Zu c): Verarmungswahn: Man könnte die Familie nicht mehr ernähren, werde am Hunger sterben: „Ich bin der ärmste Mensch der Welt“. Zu d): das Gefühl absoluter Wertlosigkeit, Überflüssigkeit, Unbrauchbarkeit (Ballastexistenz, den anderen ein Klotz am Bein), verdichtet als Gefühl, nicht mehr zu existieren, total versagt zu haben, vor allem bezüglich der Leistung: „Ich bin der wertloseste Mensch der Welt, der größte Versager aller Zeiten“.

4. *Vitalgefühle* und *vegetative Funktionen* sind – früher als Gemeingefühl, Gemeinsinn (sensus communis) – die Art und Weise, wie man sich und seinen Körper nicht durch die einzelnen Sinnesorgane (Augen, Ohren usw.), sondern allgemein empfindet. So findet man depressiv Anschluß ans Allgemeine als: kaputt, nieder-geschlagen, im Schraubstock, schlaff; unter einem zermürbenden Druck (ganz oder Brust, Bauch, Kopf); ständig müde, dabei schlaflos; appetitlos (Gewichtsverlust), verstopft. Die erotische Erlebnisfähigkeit und Potenz sind verschwunden. Die Periode kann ausbleiben. Kreislauf-Meßwerte, wie Blutdruck oder Puls-Atmungs-Quotient, können

verändert sein. Für verschiedene vegetative Funktionen hat man eine Störung des biologischen 24-Std.-Rhythmus gefunden. Dem entspricht im Erleben bei der Hälfte der Patienten die Tagesschwankung: „Der Tag liegt wie ein Berg vor mir", während nachmittags und abends der Druck sich ermäßigt.

Eine so vollständige Beschreibung des „depressiven Syndromes" gibt es nur im Lehrbuch. Frau A. entspricht dem einigermaßen. In Wirklichkeit ist die unendliche Vielfalt erlebter depressiver Zustände bei jedem Menschen anders. Unsere Begriffe sind immer nur Kunstprodukte, Konstruktionen, Modelle, Typen, um damit einen Teil der Wirklichkeit einzufangen: *Begriffe sind nie die Wirklichkeit selbst!*

Obwohl heute viele ohne den oft mißbrauchten Begriff „endogen" auskommen, kann man einen Zustand „endogene Depression" nennen, wenn man den Eindruck hat, daß neben psychogenen (neurotischen oder reaktiven) Anteilen und/oder durch Körperkrankheit bedingten Anteilen ein von innen her kommender (= endogener) biologischer Anteil maßgeblich beteiligt ist. Jeder seelische Gesundheitszustand und jeder seelische Kränkungszustand (auch der neurotische) ist eine Mischung aus Beziehung zu Anderen, zum Körper und eben zum *Selbst*. Zum Selbst gehört auch – wenn auch nie isolierbar und berechenbar – die biologische Natur des Menschen, Anlage, Konstitution, Temperament, Tempo, also das, was er mitbringt oder ist. Immerhin finden wir es „natürlich", wenn Verstimmungen den Monatszyklus von Frauen begleiten. Freilich zahlen wir dies ihnen kollektiv in der Lohntüte heim, da solche natürlichen Verstimmungen gegen die (männlich-unnatürliche?) Norm *gleichbleibender* Leistungsfähigkeit verstoßen. – Man kann also ein Leiden, hier eine Depression, „endogen" nennen, wenn der letzte private Rest, die Kränkung des Selbst bzw. des Umganges mit dem Selbst, mit dem biologischen Eigenanteil, mit der Eigenart, besonders beeindruckt, wenn die Depression wie eine Krankheit schicksalhaft zu kommen und zu gehen scheint, der Patient vielleicht eine hypomanische Nachschwankung und depressive Verwandte hat, das Erleben wahnhafte Intensität hat und wenn die depressiven bzw. manischen Zeiten wie „Phasen" verlaufen (phasische Psychose), während der Patient in den anderen Zeiten lebt, als ob nichts wäre. Aber merke: Ob sie endogen oder reaktiv, psychotisch oder neurotisch depressiv sind: Ihr biographischer Landschaftskontext (s. I.) gilt gleichermaßen und ist für den praktischen Umgang mit der depressiven Neigung ausschlaggebend.

Weitbrecht hat den Begriff „endoreaktive Dysthymie bzw. Depression" geprägt, was natürlich immer stimmt, da mal der eine, mal der andere Anteil stärker ist. Sind die Symptome schwach ausgeprägt, spricht man von einem „depressiven Verstimmungszustand", werden sie körpernah erlebt, von „Vitalverstimmung". Es gibt Mischungen mit allen anderen psychischen Symptomen oder Persönlichkeitsanteilen (s. Abschnitt über „Mischzustände"). Eine psychiatrische Diagnose – obwohl nur künstliche Übereinkunft – ist hilfreich als Leitidee. Sie hilft unserer Aufmerksamkeit, beim Vorliegen eines Symptoms auch an zugehörige, vielleicht verborgene Symptome zu denken. Hätte jemand die Leitidee „depressiv“ gehabt, wären Frau A. womöglich 2 Operationen erspart geblieben. Steht das depressive Symptom „Störung der Vitalgefühle und vegetativen Funktionen“ scheinbar allein im Vordergrund und gelingt es, den zugehörigen depressiven Lebenskontext wahrzunehmen, spricht man von „vegetativer Depression“ oder „larvierter Depression“. Vollständige sozial-psychisch-körperliche Wahrnehmung könnte zahllose unsinnige und zusätzlich belastende, soziale Entlastungsmaßnahmen (z.B. Hauspflege durch Sozialstation), andererseits zahllose sinnlose oder schädigende körperliche Behandlungen und Operationen überflüssig machen.

Merke: Eine Diagnose erfaßt nie die Wirklichkeit eines Menschen; sie ist eine Leitidee und liefert ein Modell für die Beschreibung seiner psychisch-körperlich-sozialen Auffälligkeiten. Als vollständige Diagnose hat sie alle 3 Aspekte zu enthalten.

III Annäherung von innen
(Grundhaltung der Begegnung)

Jedem psychiatrischen Problem liegt zugrunde, daß ein Mensch und seine Angehörigen/Bezugspartner Gefühle von Angst, Schmerz, Verunsicherung, die ein gemeinsames Lebensproblem signalisieren, nicht zu nutzen wagen, sondern sie abwehren. Daher haben wir psychiatrisch Tätigen in jedem Fall so zu handeln, daß der betroffene Mensch und seine Angehörigen wieder genug Selbstvertrauen finden, sich der Angst von innen zu nähern, sie zu nutzen, um das zugrunde liegende Lebensproblem gemeinsam zu verstehen und zu lösen. Das ist die Grundlage für jede Hilfs- und Veränderungsaktion im Außenfeld. Wir haben uns also in jedem Fall in die Begegnung mit dem Betroffenen und seinen Angehörigen hineinzubegeben. Dabei muß uns klar sein, daß es sich um eine Be-gegnung von Gegnern handelt, beide mit Sicherheit anfangs sehr Unterschiedliches wollen, lediglich gemeinsam dies auszuhandeln haben. Damit wir zu uns, der Patient zu sich und die Angehörigen zu sich kommen, damit an die Stelle der verclinchten Beziehung wieder Begegnungsspannung tritt, müssen wir eine dafür geeignete Grundhaltung entwickeln. Das tun Sie natürlich sowieso dauernd, z.B. wenn Ihr Freund Ihnen ein Problem erzählt. Damit Sie es besser können, ist es gut, wenn Sie sich die einzelnen Aspekte Ihrer Grundhaltung bewußt machen. Weil das kaum zu beschreiben ist, verzichten die meisten Lehrbücher darauf. Wir versuchen es trotzdem, können dabei natürlich nur von unserer eigenen Erfahrung ausgehen. Das Folgende ist daher lediglich ein Vorschlag, den Sie nur durch Anpassung an Ihre eigene Lebens- und Berufserfahrung für sich nutzbar machen können. Die Grundhaltung erleichtert die Nutzung schon jedes Zwei-Minuten-Alltagskontaktes (beim zufälligen Treffen auf der Straße, beim Betten, im Bus). Eine ideale Selbsterfahrungsmöglichkeit Ihrer Grundhaltung ist – außer der Angehörigengruppe – das *Gespräch zu Dritt:* In jedem wichtigen Gespräch, besonders im Erst-Gespräch, wird der Patient mit 2 Team-Mitgliedern konfrontiert, möglichst unterschiedlich nach Alter, Beruf, Geschlecht. Das ist außer der Nervenarztpraxis jeder Einrichtung möglich, da der Aufwand sich auszahlt. Jeder Patient akzeptiert das, da er bald spürt, daß die Dreier-Konstellation das Lebensproblem lebendiger, öffentlicher und alltäglicher abbildet, während das Gespräch unter 4 Augen zwar leichter Vertrauen schafft, das Gesprächsergebnis aber unverbindlicher bleibt, da an die Heimlichkeit gebunden. – Das Gespräch zu Dritt schützt mich davor, über eine Abwehr des Patienten oder über einen heiklen Punkt bei mir selbst schnell hinwegzugehen, mich mit einem „ich weiß nicht" des Patienten abzufinden oder ihm die mühsamere Suche bei sich selbst abzunehmen, weil „ich es schon weiß". Schon die Anwesenheit eines Partners kontrolliert mich, wo Angst, Mitleid, Aggression, Begeisterung, mein Wissen, meine Macht oder mein schnelleres Tempo mit mir durchzugehen drohen. So ein Satz des Partners: „Das ist mir zu schnell" oder „Herr X., Sie machen ein Gesicht, als ob Sie jetzt überfordert sind". Oder wo ich mich verhake: „Ich glaube, unser Gespräch ist in eine Sackgasse geraten, ich bin da hilflos (zum Partner), kannst Du uns da helfen?" Ich kann so dem Patienten leichter meine eigene Hilflosigkeit mitteilen, was immer ebenso schwer wie heilsam ist. Ferner wird es so möglich, zum selben Problem unterschiedliche Wahrnehmungen zu äußern. „Ich sehe das Problem gerade umgekehrt, wie kommt das?" Beide Team-Mitglieder können dann ihre unterschiedlichen Sichtweisen im Dialog miteinander vertiefen, während der Patient zuhört, und – wie im Rollenspiel – verschiedene Lebenspartner des Patienten spielen bzw. herausarbeiten, daß die eine Sichtweise den Wünschen, die andere dem Gewissen des Patienten entspricht. Der Patient kann dabei sinnlich erfahren, daß die Gleichzeitigkeit widersprüchlicher Strebungen in ihm sinnvoll und nichts Abzuwehrendes ist, worauf er im Zweier-Gespräch nicht so leicht kommen würde. – Endlich ist das Gespräch zu Dritt die beste Ausbildungsmöglichkeit für alle und bewirkt, daß im Laufe der Zeit das ganze Team zu einer gleichsinnigen Grundhaltung findet.

Im folgenden unterscheiden wir 3 Aspekte der Grundhaltung, die der Reihenfolge nach am ehesten der gesprächstherapeutischen, verhaltenstherapeutischen und psychoanalytischen Sichtweise entsprechen:

1 Selbstwahrnehmung der eigenen depressiven Möglichkeiten

Beim Einfühlen (Empathie) in einen Anderen kann ich mich leicht verlieren: „Schrecklich, wie schlecht es Ihnen geht". Vollständiges Einfühlen heißt, daß beide zugleich sich in sich selbst einfühlen. Wie geht das?

Übung, dringend zu empfehlen: Bitten Sie eine Gruppe von Freunden oder Team-Kollegen, jeder solle beschreiben, wie er sich depressiv fühlt. Die Vollständigkeit des Gruppen-Ergebnisses wird Sie überraschen.

Beispiele: Das Gefühl, daß mir alles mißlingt, was ich anfasse, daß ich alle Menschen schädige, die mit mir in Berührung kommen, besetzt mich zwar nur manchmal; aber ich weiß, daß es eine Grundstimmung ist, die tief in meinem Inneren mein ganzes Leben begleiten wird. – „Ich bin gelähmt und leer, wenn ich einen Schritt, z.B. zu mehr Unabhängigkeit tun möchte, ihn mir aber verbiete, weil mein Wunsch nach Abhängigkeit, Geborgenheit gleich stark ist. Ich rede mir dann ein: Ich verzichte um des lieben Friedens meines Partners willen." – „Solange ich mich mit meinem Partner offen auseinandersetze, spüre ich Angst. Vermeide ich sie, ziehe mich ins Bett zurück, bin ich wütend, fühle mich schuldig, bin gehemmt; aber die Angst ist dann weg." – „Manchmal fühle ich mich grundlos niedergeschlagen, auch körperlich schlecht. Den Grund dafür kann ich erst wahrnehmen, wenn es mir wieder besser geht." – „Ich spüre, daß ich nicht mehr kann. Will ich mich entsprechend fallen lassen, wird meine Leistungserwartung immer stärker („das darfst Du nicht") und treibt mich ausweglos in noch größere Unfähigkeit hinein." – „Ich kenne von mir, daß ich in der Auseinandersetzung mit jemandem auch durch Hilflosigkeit, Langsamkeit oder Schwäche den Anderen niederschlagen und Sieger bleiben kann." – „Ich kann meinen Freund auch so kontrollieren: Ich sitze für jeden sichtbar deprimiert, kummervoll herum. Der Freund fragt: „Was ist?" Ich antworte: „Nichts!"

Diese „Suchhaltung bei mir selbst" erweitert die Chance jeder Begegnung mehrfach:

a) Früher wollten Psychiater den Patienten (= Objekt) besser verstehen. Unser Ziel sollte vielmehr sein, daß der Patient (= Subjekt) sich selbst besser versteht – auf dem Umweg über mich: Ich zeige in meiner Suchhaltung, daß ich durch Begegnung und Austausch mit dem Patienten mich besser verstehe und dadurch er auch sich. Ich suche in mir, nicht in ihm: nur dadurch kann eine Subjekt-Subjekt-Beziehung entstehen. Ich teile ihm mit Wort und Haltung mit: „Dich verstehen, geht gar nicht, denn ich kann nicht an Deine Stelle treten. Du bleibst für Dich, mir fremd. Nähe entsteht nur über Abstand. Aber Deinen depressiven Selbsthilfeversuch kenne ich von mir, nicht im Ausmaß, aber in der Qualität. Ich kann die Erfahrung mit Dir teilen. Du mußt mit ihr nicht mehr total isoliert sein. Es gibt Gemeinsames zwischen uns". – Übrigens: „Ich verstehe Dich" heißt vom Wortsinn her präzise: „Ich verstehe *mich* auf Dich". Das tritt an die Stelle des objektivierenden besitzergreifenden Anspruchs, einen Anderen überhaupt verstehen zu wollen. – Ich kann einem Patienten eine eigene depressive Erfahrung mitteilen. Noch besser ist es, Bilder auszuprobieren, die der Andere als für seinen Gefühlszustand zutreffend annehmen oder ablehnen kann und die die Erfahrung mitteilbar machen.

Beispiel: „Ich bin so depressiv, alles ist sinnlos". Antwort: „Ihre Trauer und Verzweiflung ist uferlos und Sie haben keinen Strohhalm, an den Sie sich klammern können". Merke: Gefühle können wir überhaupt nur in Bildern sprachlich ausdrücken.

b) die Suchhaltung erhält mir meine Handlungsfähigkeit, da sie ausschließt, daß ich von der Hoffnungslosigkeit einer depressiven Situation weggeschwemmt werde.

c) Die Suchhaltung bei mir selbst wird zwangsläufig zum Modell für den Patienten: Die ihm wahrnehmbare Haltung steckt ihn unmerklich an, verführt ihn. Statt, wie bisher, mich mit seinen endlosen Hilfserwartungen zu lähmen, kann sich meine auch für mich schmerzliche Zurückweisung, daß ich ihn nicht verstehen kann, allmählich auszahlen: Von mir angesteckt beginnt er, auch bei sich selbst zu suchen, sich zu fragen, sich wahrzunehmen, sich zu diagnostizieren. Damit tut er, wozu er seit langem den Mut verloren hatte, was unvereinbar mit seiner Depression ist. Er hofft nicht mehr hoffnungslos nur auf Hilfe von Anderen, sondern beginnt, auf Hilfe von sich selbst zu hoffen. Es entsteht eine gemeinsame Arbeitsatmosphäre, in der jeder bei sich selbst sucht. Zurückweisung von etwas, was nicht geht (direktes Verstehen oder helfen) ist nicht Ablehnung, sondern Voraussetzung für Annahme. Es entsteht eine Begegnungsstruktur: Ich bin ich, und Du bist Du.

d) Die Suchhaltung bei mir selbst schützt auch die Handlungsfreiheit des Patienten: Sie schützt ihn vor mir, nämlich vor meinem Aktivismus in Worten und Werken. Denn mit der Suchhaltung drücke ich aus: „Innerhalb unserer Begegnung bleibst Du ein Anderer, Gegenüber, Gegner. Daher kann ich nicht etwas für Dich tun, oder Dich für Dich verstehen. Ich will Dir auch nicht meine theoretische Erklärung über Deinen Kopf stülpen; denn sie gilt für mich und nicht für Dich. Meine Suchhaltung bei mir ist Ausdruck meiner Solidarität mit Dir. Sie kann Dich ermutigen, daß Du tiefer in Dir suchst, als Du Dich allein bisher getraut hast, weil das so schmerzlich ist; daß Du nicht stehen bleibst; Dich nach dem Sinn Deines Depressiv-Sein fragst; Dich fragst, welches Lebensproblem Du mit dem Depressiv-Sein lösen bzw. verdecken wolltest." Diesen Prozeß kann ich etwa mit folgenden Äußerungen fördern: „Wie kommt es, daß das, was Sie gerade sagen, mir Angst macht?" – „Die Trauer, die Sie gerade äußern, möchte ich gern noch tiefer verstehen; können Sie sie noch genauer (mal anders) ausdrücken?" – „Ich frage mich (nicht: Ich frage Sie), was Ihnen das Gefühl X bedeutet." – „Ich frage mich, wie stark Ihr Wunsch nach Unabhängigkeit eigentlich ist; ist er wie ...", und dann biete ich immer umfassendere Bilder an, bis der Patient sich selbst einschätzt und mich korrigiert: „Das eine Bild trifft zu, das andere ist übertrieben." Das Gemeinsame an diesen Äußerungen ist das Bemühen, die Suchhaltung, die Selbstwahrnehmung immer wieder auf die Seite des Patienten hinüberzuspielen.

2 Wahrnehmungsvollständigkeit (Unterscheidungs-Lernen)

An einem Patienten ist alles andere interessanter als seine Symptome. Und an seinen Symptomen ist neben ihrem Sinn die situativ unterschiedliche Ausprägung am interessantesten. Kein Patient ist ganz, gleich stark oder immer von seinem Depressiv-Sein besetzt. Selbst beim reglosen und stummen (mutistischen) depressiven Stupor sprechen noch die Augen, und zwar situativ verschieden. Das wird eher die Ärzte unter den Lesern überraschen, die den Patienten jeden Tag nur kurz (bei der Visite) sehen, weniger die Krankenschwester, die mit dem Patienten 6 Stunden am Tag zu tun hat. Diese Erfahrung hat für die Grundhaltung Konsequenzen:

a) Schon durch die Art unseres Sprechens soll der Patient unterscheiden, wie weit er Spielball der Depression ist, von ihr *gelebt* wird, oder wie weit er das, was er tut, selbst tut, verbunden mit der Möglichkeit, auch anders handeln zu können. Ziel ist, daß er wahrnimmt, daß er es ist, der sein Depressiv-Sein *lebt*, es herstellt, nicht nur Opfer, auch Täter ist. Hier ist schon die Betonung meiner Worte wichtig:

Beispiel: Auf die Bemerkung „Ich empfinde nichts“, kann ich antworten: „Sie leiden darunter, daß Sie nichts empfinden,“ womit ich aber nur den Symptom-Anteil des Patienten wahrgenommen habe. Vollständiger nehme ich wahr, wenn ich betone: „Sie leiden darunter, daß *Sie* nichts empfinden.“ In seiner Antwort darauf kann der Patient näher bei sich selbst als dem Handelnden sein.

b) Es lohnt sich, dem Patienten bei der Unterscheidung von Situationen (differentielle Wahrnehmung) zu helfen. Etwa: „Ich frage mich, was es macht, daß Sie sich im Krankenhaus freier fühlen als zu Hause?“ Oder Sie lassen ihn zwischen mehreren Situationen entscheiden, ob er sich mehr oder weniger depressiv fühlt, etwa im Schlaf, im Bett, auf der Toilette, beim Essen, auf dem Arbeitsplatz, in Anwesenheit der Familie oder allein, morgens oder abends, in Gemeinschaft oder ohne, bei welchen Tätigkeiten, beim Ärger über die Therapeuten usw. Wenn ihm dies in seiner Alltagswelt nicht gelingt, geben Sie ihm einen Selbstbeobachtungsbogen, in den er über mehrere Tage Stunde für Stunde seine Tätigkeiten und Befindlichkeiten einzutragen hat. Das bringt fast immer eine Annäherung an das Ziel.

c) Weiterführend können Sie den Vergleich von Alltagssituationen und dem jeweiligen Befinden nun mit dem eigentlichen Lebensproblem in Beziehung setzen. Dann fällt es ihm leichter, die depressiven Symptome als eigenen Problemlösungsversuch für eben dieses Lebensproblem wahrzunehmen. Wenn Sie seine ungeheure Angestrengtheit, die immer vorliegt, als Beweis für sein Bemühen anerkennen, in Selbsthilfe die Problemlösung zu finden, und ihn für sein endloses Bemühen bewundern, kann er eher unterscheiden, daß sein Bemühen in keinem Verhältnis zum Ergebnis steht, weil die Problemlösungsmethode ungeeignet ist, da sie mehr der Abwehr und der Vermeidung des Lebensproblems und der auf es verweisenden Angst dient als der offenen Auseinandersetzung mit ihm. Statt sich z. B. mit dem Wunsch, der Beste zu sein, auseinanderzusetzen, kann man depressiv über die eigene Bedeutungslosigkeit jammern. Wenn aber jemand nachvollziehen kann, daß er sich selbst in diesen depressiven Zustand hingelebt hat, kann er auch eher wahrnehmen, daß er durch sein eigenes Handeln sich und dem Anderen den Lebensraum eingeengt hat und ein anderes Handeln zumindest für möglich halten.

3 Normalisierung der Beziehung – durch Gegnerschaft

Jeder von uns, der mit einem depressiven Patienten zu tun hat, egal, ob ich mit ihm Kaffee trinke, ihm seine Medikamente reiche oder ihn körperlich untersuche, gehört zu seinem Umgang, zu seinen Beziehungen und damit zu seiner Depression, wird ein Teil davon, wie zuvor seine Familienmitglieder, die Arbeitskollegen, der Hauswirt oder Passanten auf der Straße. Das stellt die schwere und „normalerweise“ unlösbare Aufgabe: Wie gestalte ich die Begegnung so, daß er wie ich ein „normales Maß an Unabhängigkeit des Handelns gewinnen und halten können? Wir wollen uns der Antwort in 2 Stufen nähern.

a) Was wir bei jeder Alltagsbegegnung selbstverständlich tun, haben wir bei der Begegnung mit einem Patienten bewußt und ausdrücklich zu tun, weil hier nichts mehr selbstverständlich ist, die Selbstverständlichkeit erst wieder herzustellen ist. Daher unsere ständige Begleitfrage: „Wie wirkt der Andere auf mich, welche Gefühle löst er in mir aus?“ Es ist die Frage nach der Gegenübertragung, die Grundlage all unseres Handelns sein soll. Im Falle des depressiven Patienten lautet die Antwort naiv und „normalerweise“ etwa so: Sein Ausdruck und sein Elend stimmen mich mitleidig; spontan möchte ich ihm helfen, ihn entlasten, schonen, fürsorglich sein; ihn gegen Andere, die ihn bös überfordern, in Schutz nehmen; ich möchte ihn in seiner Trost-losigkeit trösten, ihm Mut zusprechen, ihm sagen, es wird schon wieder; wir möchten seine Partei ergreifen und gegen die gefühllose Vitalität seines Ehepartners Stellung nehmen, können uns in ihn hineinversetzen, uns mit ihm identifizieren, wollen ihm beispringen – wir, die wir doch alle einen „sozialen Beruf“ haben. Seine Hilflosigkeit macht ihn zum idealen Patienten unserer professionellen Hilfslust und Fürsorglichkeit. Das ist ein folgenschwerer Irrtum. Allenfalls ist der depressive Patient ideal, uns den Unterschied zwischen falschem und richtigem Helfen zu lehren. Denn sobald wir nach unseren „normalen“ Hilfs- und Trostgefühlen handeln, haben wir uns von unseren *eigenen* Bedürfnissen verführen lassen, sitzen wir in der Falle, sind von der depressiven Beziehung abhängig, sind „Mitspieler", einmontiert in die Depression, sind handlungsunfähig. Woran merken wir das? Spätestens daran, daß wir nach einiger Zeit verblüfft wahrnehmen, daß derselbe Patient jetzt negative Gefühle in uns auslöst, uns wütend und sauer macht.

Wie ist das zu verstehen? Wenn wir „normalerweise" mitleidig, tröstend und hilfreich sind, dann sind wir gewohnt, daß sich das ein bißchen auszahlt (Mitleid ist nicht uneigennützig), d.h. daß es dem Anderen etwas besser geht. Im Falle des Depressiven ist es aber umgekehrt: Das Mitleid steigert hier typischerweise den Appell, die Hilfe die Hilflosigkeit, die Entlastung die Belastung, die Fürsorge die Sorgen und der Trost die Trostlosigkeit – ein unendlicher Kreislauf. Allmählich dämmert uns die Vermutung, daß hier u.a. auch ein Machtkampf stattfindet, in dem wir garantiert verlieren, daß die Schwäche hier mit verborgener und gegen sich gerichteter Stärke (Antriebsüberschuß, Aggressivität) zu tun hat, wodurch der Patient mein Handeln kontrolliert und blockiert, nicht nur sich, sondern auch mich niederschlägt. Wir lernen: Solange wir nicht *alle* Seiten des Patienten wahrnehmen, auch die verborgenen, werden wir seiner Gesamtsituation nicht gerecht, und unsere Begegnung kann nicht für diesen besonderen depressiven Fall „normal" sein; und solange geht unser Handeln in die Irre wie Mitleid und Fürsorge. Außerdem: Wenn ich *für* jemanden Mitleid empfinde oder *für* jemanden sorge, bin ich in Gefahr, ihn als Person nicht mehr ernst zu nehmen, ihn mir zum Objekt zu machen, *für* ihn, d.h. an seiner Stelle etwas zu tun, wofür er sich rächen wird. (Hat Ihr Ehepartner bzw. Freund Ihnen nicht auch schon mal diesen Vorwurf gemacht?)

Beispiel: Schwester: „Frau X geht mir auf den Wecker mit ihrer ewigen Jammerei. Wenn man der was gibt, will sie nur noch mehr haben. Manchmal denke ich, sie macht das absichtlich. Die macht mich sauer." – Arzt/Psychologe: „Es kommt aber darauf an, daß Frau X sich in ihrem Kummer verstanden fühlt." Schwester, wenn sie sich nicht anpaßt: „Sie macht mich trotzdem wütend." Wer hat Recht? Wenn diese Frage nicht nach Autorität entschieden wird, kann man nur sagen: Beide! Denn Frau X muß in ihrem Kummer wie in ihrer Aggressivität wahrgenommen werden. Arzt/Psychologe und Schwester nehmen Unterschiedliches, Widersprüchliches wahr; denn sie leben unterschiedlich dicht mit der Patientin zusammen. Wir brauchen also beide Wahrnehmungen für eine angemessene Grundhaltung. Damit wäre die Frage „Wer hat Recht?" überflüssig!

Wenn ich nun mühsam gelernt habe, daß Mitleid und Trost zu Enttäuschung und Aggressivität führen, mich vom Patienten abhängig machen und sein Depressiv-Sein verlängern, kann ich mir an den 5 Fingern abzählen, um wieviel länger und intensiver die Angehörigen denselben Teufelskreis durchlitten haben: von „wir trösten, schonen und entlasten Dich" bis „wir können nicht mehr, wir haben die Nase voll von Dir". Alle Angehörigen und sonstigen Bezugspartner sind bisher Mitspieler des niederschlagenden, u. U. tödlichen „Spieles“ Depression geworden, haben es nur verstärkt.

b) Wenn das so ist, dann muß der Weg zu einer normalen, beiden Seiten Unabhängigkeit lassenden Beziehung schon mal mit Sicherheit anders aussehen als der Weg, der alle Angehörigen bisher in einen quälenden, ausweglosen Clinch geführt hat. Ein solcher Weg hat daher zwischen Mitleid und Ablehnung hindurchzuführen. Er hat vielmehr den drohenden Beziehungsclinch auseinanderzureißen und beide Seiten als Gegner einer Be-gegnung auf eine austauschfähige Distanz zu boxen: denn dadurch, daß ich mich mit meiner Suchhaltung wahrlich nicht schone, wird die Begegnung tragfähig und habe ich das (auch moralische) Recht, daß auch der Patient sich nicht schont. Und dies gelingt durch die Offenheit, mit der ich ihm alle Gefühle, die er bei vollständiger Wahrnehmung in mir auslöst, rückmelde. Dazu gehört etwa: 1. Seine Trostlosigkeit habe ich eher noch zu vertiefen, muß ihn darin überbieten, um endlich auf ihren Grund zu kommen; denn einen Trostlosen trösten, heißt, ihn zu verspotten. 2. Seine Hilflosigkeit hat mich aktiv noch hilfloser zu machen; denn in der Tat kann ihm niemand helfen außer er sich selbst. 3. Seine Selbstentwertung muß mit der Abwehr seiner Angst zu tun haben, sich zu akzeptieren, so, wie er ist, und mit der Abwehr seiner Trauer darüber, daß er so ist. 4. Sein Mitleidsappell, der mich irgendwann wütend macht, und die Gewalt, mit der er sich und mich niederschlägt, zeigen seine Unterdrückung der Wut über seine Kränkungen und die Gewalttätigkeit, die seinen Problemlösungsweg zur Sackgasse macht. 5. endlich zeigt mir seine endlose Angestrengtheit auch sein Bemühen um Selbsthilfe und damit seinen Wunsch, daß er seinen gnadenlosen Kampf gegen sich und seinen Partner eigentlich als Kampf für sich und für seinen Partner führen möchte, wofür ich ihm Bewunderung und Respekt zu signalisieren habe.

Dies zusammengenommen sind die Eröffnungszüge, mit denen ich die Beziehung zu einem depressiven Patienten zu einer beiderseits unabhängigen Begegnung von Gegnern „normalisieren“ kann. Damit stellen wir eine Arbeitsatmosphäre her, die die Auseinandersetzung des Patienten mit seinem wirklichen Lebensproblem statt über die depressiven Symptome über einen angemessenen Weg auszuprobieren erlaubt. Erst wenn sich ein solcher offenerer Weg als möglich abzeichnet, würde der niederschlagende Weg über das Depressiv-Sein – ohne bekämpft zu werden! – überflüssig und könnte – aber erst dann – aufgegeben werden.

Übung I: Aufnahmegespräch zu Dritt

Zur Kontrolle des Gelernten stellen wir jetzt das Aufnahmegespräch mit der uns schon bekannten Frau A. dar. Außer ihr nehmen an dem Gespräch ein Psychiater P. und eine Krankenschwester K. teil. Nehmen Sie es als Übung und überlegen Sie, was Sie nach jedem Beitrag von Frau A. im Sinne der erarbeiteten Grundhaltung gesagt hätten:

P: Frau A, erzählen Sie uns bitte, warum Sie zu uns kommen!
A: Ich habe wieder eine Depression, und da meinte mein Mann, es wär besser, daß ich wieder ins Krankenhaus gehe.
P: Und Sie, was meinen Sie?
A: Mir ist das egal, mir ist alles egal.
P: Sie sagen Depression. Das bedeutet für jeden etwas anderes. Können Sie beschreiben, was das für Sie heißt?
A: Na, ich bin eben wieder depressiv, fertig...
Ich kann nicht mehr. Es ist alles aus. Sie sehen doch selbst.
P: Hm, wenn Sie so sagen, daß alles vorbei ist, daß Sie nichts mehr erwarten, frage ich mich, was Sie von uns erwarten?
A: Nichts, es hat doch alles keinen Zweck.
P: Wenn Sie von uns auch nichts mehr erwarten, ist das für uns schwierig; wir wissen dann gar nicht, was wir für Sie...
K: (unterbricht P und sagt zu ihm): Ich glaube, Du verlangst zu viel von Frau A. Sie kann sich nicht für das interessieren, was für uns schwierig ist. (Und dann zu Frau A gewandt) Sie sagten eben, daß Ihnen alles egal ist, daß für Sie alles aus ist und daß Sie keine Hilfe für sich mehr erwarten können. Verstehe ich Sie richtig, daß Sie damit ausdrücken wollen, daß Sie sich innerlich ganz hoffnungslos fühlen, so als ob das Leben keinen Hoffnungsschimmer für Sie hätte?
A: (hebt zum ersten Mal den Kopf, wirkt eine Spur beteiligt): Ja, genau.
K: ... daß in Ihrem Inneren alles ganz leer ist, daß Sie sich fragen, was das ganze noch soll, daß Sie auch gleich Schluß machen könnten?
A: Ja, so ist das, und das quält mich ganz entsetzlich.

Von diesem Zeitpunkt an ist Frau A mehr im Gespräch „drin“. Das Sprechen fällt ihr etwas leichter. K und P beschränken sich darauf, die Erfahrung von A zu einer *geteilten Erfahrung* zu machen, alle Gefühle aufzugreifen, die A äußert. A gibt zu verstehen, daß sie sich verstanden fühlt: Vor allem durch ihre zunehmende Beteiligung. – Im folgenden geht es um die Suchhaltung, die Beziehung zwischen Symptomen und Lebensproblem und die offene Rückmeldung ausgelöster Gefühle.

K: Ich frage mich: was ist das eigentlich, was Sie so hoffnungslos macht?
A: Ach, es ist alles, das ganze Leben. Ich sagte ja schon, ich fühle mich ganz und gar sinnlos.
K: Wenn Sie an dem Punkt weiter bei sich nachsuchen, gibt es da Unterschiede? Ich meine, Dinge oder Menschen, wo Sie sich mehr hoffnungslos und sinnlos finden, und solche, wo das nicht so stark ist?
A: (denkt sichtlich eine kurze Zeit bei sich nach): Nein, ich kann keine Unterschiede sehen, können Sie denn so etwas sehen?
K: Ich kann das nicht für Sie tun. Das würde vielleicht mir, aber nicht Ihnen nützen. Nun. wenn Sie da keinen Unterschied sehen können, dann sollten wir...

P: (unterbricht K): Einen Augenblick bitte. Ich möchte doch noch bei diesem Punkt bleiben. Ich habe da so einen verrückten Einfall, weiß auch nicht, ob das was ist: Mich wurmt immer noch der Anfang unseres Gesprächs. Da fühlte ich mich irgendwie abgewiesen von Ihnen, so als ärgerten Sie sich über mich, ohne daß Sie das gesagt hätten. Ich weiß nicht, ob ich mich über mich ärgern sollte, weil ich zu schnell war, wie meine Kollegin meinte, oder über Sie. Dagegen fühlten Sie sich von meiner Kollegin besser verstanden. Da war doch ein Unterschied. Da haben Sie einen Unterschied gemacht zwischen mir und meiner Kollegin. Ich frage mich, womit das zusammenhängt? Vielleicht, daß Sie mit Frauen besser sprechen können als mit Männern, oder was ist es?

A: (wieder nachdenklich): Darüber habe ich noch nicht nachgedacht, aber etwas ist da doch... Vielleicht haben Sie mich an meinen Mann erinnert. Der ist auch immer schneller als ich.

P: Das ärgert Sie; so wie Sie sich über mich geärgert haben.

A: Ja – Nein – d.h. ich habe gedacht, daß das längst vorbei wäre. Früher habe ich mich bis zur Weißglut geärgert, habe immer versucht, genauso schnell und genauso gut zu sein wie mein Mann. Da war ständig Streit. Ich habe gekämpft mit ihm, wollte meine Unabhängigkeit, habe zeigen wollen, daß ich genauso viel kann, genauso viel wert bin wie er, habe neben dem Haushalt und den Kindern noch gearbeitet, habe alles mögliche gemacht ... und ich glaube, er hat das nicht mal gemerkt. Irgendwie war ich gar nicht da für ihn. Zeit für einander gab es nicht.
Für ihn gab es nur: Sich hocharbeiten, hat er ja auch geschafft, hat eine gute Stellung, ist im Betriebsrat, in 2 Sportklubs, hat nebenbei unser Haus gebaut und jetzt will er noch den Ingenieur machen.

P: Sie wundern sich, daß Sie selbst jetzt noch, wo Ihnen alles gleichgültig ist, diese Wut spüren?

A: Schon.

K: Mir ist da noch was anderes wichtig. Ich versuche, mir aus Ihren Worten ein Bild von Ihrem Leben damals zu machen. War das so, daß alles, was für Ihren Mann Erfolg bedeutete, für Sie eine Niederlage war? War das so eine Konkurrenz zwischen Ihnen?

A: Kann schon sein.

K: Ich stelle mir so ein Leben als maßlos anstrengend und aufreibend für Sie vor.

A: Weiß Gott. Deshalb bin ich ja auch zusammengeklappt, damals, wegen der ersten Depression.

P: Damals waren Sie zum ersten Mal so hoffnungslos und wertlos wie jetzt?

A: Ja. Das war, als wir gerade in das neue Haus eingezogen waren. Da saß ich in all der Pracht, war endgültig festgenagelt, was ich doch gerade nicht gewollt hatte. Außerdem war Großmutter gestorben, der einzige Mensch, bei dem ich mich ganz wohl fühlte. Nun war ich allein – trotz meiner Familie.

P: Aber nach den Krankenhausaufenthalten ging es Ihnen doch wieder gut.

A: Die Familie war zufrieden. Aber innen drin war das nicht ganz richtig. Den Kummer – und ja wohl auch den Ärger – habe ich behalten, in mich hineingefressen, um des lieben Friedens willen. Mein Mann hat ja auch alles so gut gemeint. Bis ich dann wieder nicht mehr konnte und die Depression wieder kam.

P: Wenn ich Sie richtig verstehe, vermeiden Sie es, Ihren Kummer und Ärger offen zu zeigen. So war das ja auch hier zu Anfang des Gesprächs; und vielleicht ist das ja auch immer dann so, wenn Ihnen alles gleichgültig ist, so wie jetzt. Vielleicht ist deshalb die Gleichgültigkeit so quälend für Sie?

A: Ich weiß nicht. Darüber müßte ich nachdenken.

P: Das interessiert Sie; das möchten Sie gern genauer herausfinden. Nun, ich versuche, mich in Ihren Mann zu versetzen. Wenn Sie Ihre Gefühle bei sich behalten, machen Sie es ihm schwer, Sie zu verstehen.

A: Ich glaube nicht, denn seit ich depressiv bin, kümmert mein Mann sich mehr um mich. Er ist mehr zu Hause, nimmt mir ab, was ich nicht kann, bringt sogar Blumen mit, was früher nie vorkam.

P: Das hieße: dadurch, daß Sie depressiv, schwach sind, haben Sie Ihren Kampf mit Ihrem Mann mehr zu Ihren Gunsten entschieden als durch Ihre früheren Versuche, ihn an Stärke zu übertreffen. Wenn schon nicht die Stärkste, dann möchten Sie die Schwächste sein. Sie lösen Ihr Problem jetzt durch Ihre Schwäche.

A: Aber das ist ja eben keine Lösung! Ich kann nicht froh darüber sein. Im Gegenteil: Jetzt ist alles noch schlimmer, denn jetzt zeigt mein Mann mir auch noch, daß er neben allem anderen auch den Haushalt „mal eben mit links schmeißen" kann, Kochen, Putzen; auch mit den Kindern kann er viel besser umgehen als ich. Jetzt bin ich restlos überflüssig, nur noch ein lästiger Ballast für die Anderen.

P: Daher auch, daß Sie sich so wertlos und hoffnungslos fühlen.

A: Ja, sicher.

P: Ich versuche, mir das vorzustellen: Sie lassen die Anderen Ihre Aufgaben erledigen und beweisen damit sich und den Anderen noch stärker Ihre Wertlosigkeit.

A: Aber ich will doch meine Arbeit tun; ich kann doch bloß nicht.

P: Ich sehe, daß Sie das jetzt nicht können, ich sehe da aber auch Unterschiede: In unserem Gespräch haben Sie uns ein paar Mal aufgefordert, für Sie nachzudenken; vorhin haben Sie jedoch zum ersten Mal geäußert, daß Sie selbst nachdenken wollen. Da hatte ich das Gefühl, daß Sie sich nahe waren.

A: Möglich. Das war auch neu für mich ... (nachdenkliche Pause) ... es kann schon stimmen: Ich habe manchmal den Wunsch, die Anderen machen zu lassen, keine Verantwortung zu haben, einfach nichts zu tun.

P: Sich so richtig gehen zu lassen.

A: Ja; aber das geht nicht: Wenn ich dann meinen Mann sehe, wie der sich abrackert, mache ich mir Vorwürfe und versuche wieder, mich zusammenzureißen.

P: Sie verbieten sich dann gleich wieder diesen Wunsch und leben weiter so angestrengt und verkrampft wie zuvor...

K: ... und wie hier in diesem Raum.

A und P: Wieso?

K: Ich frage mich schon die ganze Zeit, wie Sie das aushalten: Seit Gesprächsbeginn sitzen sie immer noch auf der Stuhlkante, ohne sich anzulehnen; ich könnte das keine 5 Minuten. Und da niemand Ihnen das vorschreibt, quälen Sie sich und verbieten sich das selbst.

A: (lehnt sich an, empfindet die Lösung der verkrampften Muskeln widerwillig als angenehm, lächelt leicht): Auf meinen Körper habe ich nicht geachtet.

K: Wenn ich Sie richtig verstehe, achten Sie überhaupt wenig auf sich selbst, z.B. auf Ihre Wünsche.

A: Wie meinen Sie das?

K: Was sind Ihre Wünsche?

A: Meine Wünsche? Oh Gott, darüber habe ich lange nicht... Jedenfalls freut sich meine Familie immer, wenn ich alles in Ordnung habe.

K: Es fällt Ihnen schwer, sich darauf einzustellen, aber ich meine nicht die Wünsche Ihrer Familie an Sie, sondern *Ihre* eigenen Wünsche.

Wir unterbrechen hier das Gespräch. Es sollte zeigen, wie Frau A ansatzweise zur Suche bei sich selbst, d.h. von der Diagnose zur *Selbst-Diagnose* kommt.

Übung II: Ehepaargespräch zu Viert

Als nächstes sollten Sie den Ehemann hinzunehmen und im Rollenspiel zwischen Frau A., Herrn A., K. und P. andere Aspekte des Lebensproblems der Familie A. erarbeiten, z.B.:

1. daß die Unterleibsbeschwerden für Frau A. vielleicht bedeuten, daß sie sich auch ihre Rolle als Frau und ihre Sexualität selbst verboten hat, auch als Rache an ihrem Mann, von dem sie sich auch da vernachlässigt fühlte; aber auch die Bedeutung für beide, daß sie über ihrer Elternrolle ihre Ehepartnerrollen vergessen hatten, was sich jetzt rächt, da die Kinder sich verselbständigen;
2. daß sie neidisch ist auf die Selbständigkeit ihrer schon fast erwachsenen Töchter, während sie sich an ihren Sohn so klammert, daß sie schon überlegt hatte, ihn in den Tod mitzunehmen;
3. daß ihre arbeitsamen Eltern sie stark leistungsorientiert erzogen haben, was sie einerseits übernommen hat und wogegen sie andererseits immer gekämpft hat, um ihren eigenen Unabhängigkeitsweg zu finden – was sich jetzt

im Kampf mit ihrem Mann fortsetzt, der sich wesentlich mehr im Einklang mit seinen Eltern erlebt.

Dieses Rollenspiel soll einmal die Anwendung der Grundhaltungsaspekte auch auf den Angehörigen üben und zum anderen den Gesprächsunterschied mit der Patientin alleine und mit dem Ehepaar gemeinsam wahrnehmbar machen.

Noch ein paar Gesprächstips: Immer wenn K. oder P. ein Gefühl, eine Handlung aus der gegenwärtigen Gesprächssituation, aus dem „Jetzt und Hier“ aufgreifen, nimmt die Selbstwahrnehmung der Teilnehmer sprunghaft zu, mehr als sich aus irgendeiner Information über A.'s Leben machen läßt. – „Verrückte Einfälle“ sind nützlich, weil – egal, ob der Andere zustimmt oder ablehnt – eine neue, unerwartete Sichtweise eingeführt wird. – Beiträge, die mit „Aber“ anfangen sind schlecht, weil sie zur Abwehr, Verteidigung auffordern.

Übung III: Angehörigengruppe

Schließlich sollten Sie ein weiteres Rollenspiel machen, in dem Sie es mit Herrn A. ohne seine Frau im Rahmen einer Angehörigengruppe zu tun haben.

Sollten Sie so etwas noch nicht mitgemacht haben, genügen hier zur allgemeinen Vorbereitung ein paar Bemerkungen, da von dieser Auflage an das ganze Buch von der Erfahrung aus geschrieben ist, daß wir es in erster Linie mit gestörten Beziehungen, mit Störungen von Familien, „Landschaften“ oder „Systemen“ zu tun haben, erst in zweiter Linie und innerhalb dieses Rahmens die Störungen bzw. Rollen oder Besonderheiten der beteiligten Individuen wahrnehmen. Inzwischen können wir sagen, daß jede Einrichtung der Grundversorgung – also jeder Sozialpsychiatrische Dienst, jede Station eines Krankenhauses, jedes Heim (auch Altenheim!), jede Tagesklinik und jede ambulante Fachpraxis – eine eigene Angehörigengruppe notwendig braucht. Denn 1. erkenne ich so am besten den Beziehungs-, System- und Entwicklungsaspekt des Problems; 2. ist bei jedem Problem eine Beziehung im „Clinch“, so daß beide Seiten erst einmal wieder zu sich selbst kommen müssen, um sich neu und anders wieder begegnen zu lernen; 3. lerne ich so neben der Opferseite auch die Täterseite des Patienten kennen und die Tatsache, daß Angehörige stets mindestens so viel leiden wie die Patienten; 4. kann ich dadurch nicht mehr den Angstabwehraspekt und den Gewalttätigkeitsaspekt jedes psychiatrischen Problemlösungsversuches „übersehen“; 5. wird meine Arbeit dadurch vollständiger, realitätsorientierter und spannender und – wenn ich alle anderen Angehörigenkontakte in der Regel ablehne – *spart Zeit!* Aus dieser Basis-Angehörigenarbeit kann sich ergeben, daß sich in Einzelfällen darüber hinaus die Indikation für eine aufwendigere familientherapeutische Behandlung ergibt. – Übrigens: Wenn Sie bei einer Angehörigengruppe mitmachen, macht das – neben Ihrer Kontrolle durch die anderen Patienten, durch die Team-Kollegen und durch die „dummen Fragen" der Praktikanten – einen weiteren speziellen Supervisor für Ihre Arbeit weitgehend überflüssig! – Jetzt noch ein paar bewährte Vorschläge für das praktische Vorgehen:

Sie können die anfangs ungewohnte Gruppensituation etwa so einleiten: „Von Ihnen allen ist im Augenblick ein Angehöriger Patient. Er hat die Chance, seine Schwierigkeiten zu bearbeiten. Aber auch Sie sind von den Schwierigkeiten betroffen, sind vielleicht mit eigenen Anteilen daran beteiligt. Unsere Erfahrung hat gezeigt, daß es ebenso gerecht wie hilfreich ist, wenn Sie auch wenigstens einmal in der Woche die Gelegenheit haben, gemeinsam mit Anderen, die in derselben Lage sind wie Sie, Ihre eigene Betroffenheit oder Ihre eigenen Anteile besser zu erkennen und damit umgehen zu lernen." Zu Anfang schütten die Angehörigen sich meist gegenseitig ihr Herz aus, fühlen sich unter Gleichgesinnten, dürfen endlich reden, während sie sonst zum Schweigen und Leiden verurteilt sind, durch Ärzte, Freunde oder ihr eigenes Gewissen zusätzlich mit Schuldgefühlen bezüglich des jeweiligen Patienten belastet. Sie werden als Therapeut beschämt sein, hinsichtlich des Ausmaßes des Leidens der Angehörigen, das sonst nie so offen zum Ausdruck gekommen wäre.

Beispiel: „Machen Sie das mal mit; seit einem Jahr werde ich jeden Morgen durch das Stöhnen meiner Frau geweckt, es gehe ihr so schlecht, am liebsten möchte sie sich heute umbringen. Und dann muß ich trotzdem zur Arbeit. Wenn ich im Betrieb gerufen werde, denke ich jedesmal, zu Hause ist was passiert, ist ja auch schon 3 mal vorgekommen. Und abends komme ich kaputt nach Hause, da ist nichts gemacht; dann mache ich den ganzen Haushalt. Ich kann nicht mehr. Heimlich denke ich, daß ich mehr fertig bin als meine Frau mit ihrer Depression. Aber das darf man ja nicht laut sagen." Da die Angehörigen meist in ähnlicher Lage sind, entsteht allmählich eine Atmosphäre, in der sie sich verstanden fühlen, wenn auch zunächst überwiegend auf Kosten der Patienten, als Nachholbedarf.

Haben Sie bis dahin dieses Verstehen gefördert, haben Sie nach dieser Entlastungsphase jetzt das Gespräch auf die eigenen Anteile der Angehörigen zu lenken, entsprechend der Grundhaltung. Sprechen über den Patienten ist Vermeiden. Jeder hat bei sich selbst zu suchen, wo er sich gekränkt, angegriffen, geängstigt, gehemmt, beeinträchtigt oder gefördert fühlt. Sie werden überrascht sein, wie scharf die Angehörigen sich gegenseitig wahrnehmen, auch angreifen, Unterschiede feststellen, etwa so: „Sie wirken auf mich wie eine Maschine, ganz tot; ich kann mir nicht vorstellen, daß Sie Ihrem Mann auch mal sagen, daß Sie ihn lieben." Oder „Sie geben sich wie ein Supermann, alles können Sie alleine; da muß Ihre Frau sich ja überflüssig vorkommen; haben Sie sie überhaupt schon mal an *Ihren* Sorgen und Ängsten teilnehmen lassen?" oder „Sie tun alles für Ihren Sohn; der muß sich schämen, wenn er wagt, mal eine Sache anders zu sehen als Sie; so kann der nicht selbständig werden." Aus solchen Beiträgen können Sie die Frage entwickeln: „Bisher haben sie es so gemacht; dadurch wurde es immer schlimmer; ich frage mich, wie Sie es mal anders versuchen können?" z. B. mehr auf die gefühlsmäßigen Bedürfnisse des Patienten eingehen, ihm weniger abnehmen, ihm mehr zumuten, ihn ernster nehmen oder sich mehr um die eigenen Probleme, Wünsche kümmern, als um die des Patienten.

Es hat sich gezeigt, daß bei dieser getrennten Therapie für Patient und Bezugspartner mehr Selbständigkeit für beide herauskommt. Das ist wichtig, weil in den Beziehungen depressiver (und anderer) Patienten meist zu viel Nähe, Bewegungslosigkeit, „clinch" besteht. Wenn beide sich mehr um sich selbst kümmern als um die Anderen, können sie wieder den Abstand zueinander finden, der es ihnen ermöglicht, den jeweils Anderen mit seinen eigenen Bedürfnissen als selbständigen Menschen wahrzunehmen und zu schätzen. Angehörigen-Gruppen können als Selbsthilfegruppe allein ohne Sie weitermachen, vor allem bei Langzeitpatienten.

(Ganz nebenbei müssen wir gestehen, daß wir durch unsere Teilnahme an Angehörigengruppen über unsere eigenen Partner- und anderen Familienbeziehungen ständig so viel Neues lernen, daß wir schon aus diesem „egoistischen" Grund nie mehr auf dieses psychiatrische Arbeitsmittel freiwillig verzichten werden!)

Zur Durchführung des Rollenspieles der Angehörigengruppe mit Herrn A. sollten Sie vereinbaren, daß 2 Leute aus Ihrer Gruppe die Team-Mitarbeiter spielen. Sie sollten sich vor allem nach dem Alter unterscheiden. Je unterschiedlichere Familienbeziehungen in der Gruppe vorkommen, desto besser. So könnten z.B. zwei die Eltern eines schizophrenen jungen Mannes sein, einer die Ehefrau eines Alkoholikers, einer die Schwester eines geistig Behinderten, einer der Sohn oder Neffe einer geriatrischen Patientin, einer der Vormund eines wahnhaften Einzelgängers und einer eben Herr A. Während des Spielens werden Sie selbst schon sehr schnell darauf kommen, daß für die Begegnung mit den Angehörigen dieselben Grundhaltungsregeln gelten wie für den Umgang mit Patienten, nur daß sie hier meist leichter und schneller zu einem Erfolg – für den Angehörigen *und für den Patienten!* – führen. Was wäre etwa für den Umgang mit Herrn A. und sein Ziel zu bedenken:

Anfangs braucht er sicher viel Bewunderung für seine Märtyrer- und Helferrolle; denn würde diese zu früh in Frage gestellt, würde er sehr schnell wegbleiben, da sie das einzige ist, was er noch hat – wie seine Frau die Depression. Erst wenn ihm diese Bewunderung fast schon zu viel wird, können Sie sich fragen, ob dieses Leben für ihn nicht doch auch ungeheuer anstrengend sei. Erst wenn er das bejahen kann, kann er vielleicht auch zulassen, sich als leidend zu bezeichnen, was mit seiner Entwicklungshelferrolle schon nicht mehr so ganz vereinbar ist. Er wird sagen können, daß er sich sein Leben anders vorgestellt habe. Da hinein paßt etwa seine maßlose Enttäuschung darüber, daß seine Frau das eigene Haus, den Gipfel seines eigenen Leistungsstolzes, „undankbar" mit ihrer Depression „niedergeschlagen" habe. Da dies und anderes so „gezielt" war, kann er sich jetzt auch öffentlich die Schicksalsfrage stellen: „Ist sie eigentlich krank oder böse, kann sie nicht oder will sie nicht?" Steckt in ihrer Depression ein Widerstand? Von hier aus kann man z.B. ihn über die Unterschiede zwischen ihm und seiner Frau nachdenken lassen, allmählich auch über den Machtkampf, darüber, daß sie sich ständig vergeblich abgestrampelt hatte, ihn in seinem nun mal schnelleren Tempo einzuholen. Irgendwann kommt dann die Frage, warum er den Laden nicht hinschmeiße, sondern hartnäckig an seiner Frau hänge, wofür nicht sie ihn, sondern er sie eigentlich brauche? Er wird sich sehr anstrengen müssen, sich diese Frage zu beantworten. Vielleicht fallen ihm dabei nicht Nachteile, sondern Vorteile, „Tugenden" der Langsamkeit ein – wie z.B. größere Nachdenklichkeit, Empfindsamkeit, Wahrnehmung in die Breite und Tiefe, Gefühlsstärke usw., wo er nämlich der Schwächere ist und dringend auf Entwicklungshilfe durch seine Frau angewiesen ist, wenn – ja, wenn er ihr dies nur einmal im Leben offen gesagt hätte! – Damit wären Sie aber schon mittendrin im Lebensproblem der Eheleute A. und Sie werden selbst erleben, wie schnell sich die anderen Angehörigen-Rollenspieler (insbesondere die Alkoholiker-Ehefrau) in das Gespräch konstruktiv einschalten.

IV Verhandlungsziel Selbst-Therapie

Wenn ich als psychiatrisch Tätiger aktiv werde, trete ich als „Ersatzspieler" in ein Spiel oder Drama ein, in dem mindestens zwei der Hauptakteure sich spielunfähig gemacht haben, um für eine befristete Zeit das Spiel wieder in Gang und die Spieler so in ihre Positionen als Gegenüberstehende, als Gegner zu bringen, daß sie in Zukunft ohne mich ihr Spiel zu Ende bringen können. Dabei ist bessere Nutzung der Bühne, des Spielfeldes, der „Landschaft" und der Spieler so, wie sie sind, schonender und erfolgreicher als ständiges Herumfummeln an den Spielern selbst mit der mehr oder weniger gewalttätigen Aufforderung, sie müßten sich ändern. Es gibt hier nichts direkt zu bekämpfen – anders als in der Körpermedizin. Daher darf Be-handeln nur im Rahmen von Ver-handeln stattfinden, Diagnose („Ich diagnostiziere Dich") nur im Rahmen von Selbst-Diagnose, Therapie („Ich therapiere Dich") nur im Rahmen von Selbst-Therapie. Die Psychiatrie wäre weiter, wenn sie die „Krankheitseinsicht" hätte, daß sie niemanden direkt therapieren kann. Daher möge auch der geneigte Leser spätestens ab heute das Wort „Therapie" nur noch mit dieser Selbstbescheidung in den Mund nehmen. Sonst sind wir nur für die je gegenwärtige Symptom-Reparatur (kurativ), nicht für die Zukunft (präventiv) tätig, machen uns nicht überflüssig, sondern eher zum Dauerkorsett für einen immer größeren Teil der Bevölkerung.

1 Ort der Handlung

Um den Ort richtig zu wählen, muß ich folgendes wissen:

- das Ausmaß der Suicidgefahr (s. Kap. 10): Sie ist erhöht, a) wenn die depressiven Symptome (Angstabwehr) noch nicht oder nicht mehr so „stabil" gelebt werden, also zu Beginn oder gegen Ende der Depression, wenn auch psychotherapeutische wie medikamentöse Therapie das Suicidrisiko vergrößern können; b) wenn die Ausdruckshemmer für aggressive Gefühle sich kaum bewegen läßt; c) wenn ein Patient die Therapeuten dadurch erfreut, daß er in der Selbstwahrnehmung „reibungslos schnell" weiterkommt, weil dann nämlich ein Austausch mit den wirklichen Gefühlen des Patienten gar nicht stattfindet. – Die Problemlösungsmöglichkeit Suicid ist *immer* zum Thema zu machen, sonst machen *wir* uns der Angstabwehr durch Vermeidung schuldig, nicht der Patient!
- das Ausmaß, wie sehr jemand aufgrund seines Körperzustandes erstmal als körperlich kranker Patient anzusehen ist;
- wie sehr jemand nur „Krankheits"-einsicht statt Problemeinsicht hat;
- ob jemand mehr durch einen akuten Verlust und Unterdrückung seiner Trauer depressiv ist oder mehr durch einen Partner-Clinch oder mehr durch noch kindliche Abhängigkeit von den Eltern-Erwartungen oder mehr von seinem Temperament her (Ausmaß seiner Ordentlichkeit, seines Pflichtbewußtseins, seines Anspruchs, Hundertprozentiges zu leisten);
- wie sehr ein Leben zwischen gleich starken Wünschen lähmt, z. B. Abhängigkeit/Unabhängigkeit, Herrschaft/Unterwerfung;
- schließlich, wie tiefgreifend sich jemand *seine* Möglichkeiten verbietet, weil er sich an den Maßstäben des Anderen orientiert – was vielleicht die allgemeinste Formulierung für den Sinn jedes Depressiv-Seins ist.

Der Ort der Handlung für depressive „Ersatzspiele" (Therapie) ist in der Regel der ambulante Bereich, schon damit alle im Problemfeld bleiben und weil das Krankenhaus die Abhängigkeitsgefahr gerade für depressive Menschen erhöht.

Der SpD oder die Sozialstation sind der Ort für die „undankbarsten" ambulanten Engagements: für die, die keine Hilfe wollen oder kriegen (Vereinsamte oder Alte).

Das psychiatrische Krankenhaus ist der richtige Ort, wenn die Selbstwahrnehmung nicht hinreichend gelingt a) weil nur noch der Weg des Suicids gesehen wird (Das Krankenhaus ist keine Garantie für Suicidverhütung!), b) weil die Körperschwäche dies ausschließt, c) weil der Patient nur noch Spielball seiner Symptome ist oder am häufigsten d) weil der Familien-Clinch zunächst eine äußere Trennung für alle sinnvoll macht. Erfahrene Diensthabende nehmen weniger Patienten stationär auf als Anfänger: also kann unzureichende Selbstwahrnehmung auch am psychiatrisch Tätigen liegen. – Die Tagesklinik vereinigt gerade für depressive Patienten die Vorteile des ambulanten und stationären Aufenthaltes, u. U. nach einigen Tagen stationären Schutzes.

2 Gastspiel-Vertrag

Gerade weil depressive Patienten in der Regel wenig „vertragsfähig" wirken, da sie von der Medizin „Gesundheit" nur im Sinne von mehr Stärke für das Festhalten am Partner-Clinch statt Loslassen erwarten, ist es wichtig, sie früh zum Partner eines Vertrages über die Zusammenarbeit zu machen. Denn wer über einen Vertrag verhandelt, ist eine handelnde Person. Was ist wichtig dabei?

Der Ort: selbst wenn der Patient im Krankenhaus ist, ist mein Therapie-Ersatzspiel in Wirklichkeit ein Gastspiel, auf der Bühne der familiären, häuslichen und sonstigen „Landschaft" des Patienten, so daß der Vertrag die dortigen Hauptakteure umfassen muß.

Die Zeit: weil depressive Patienten das Zeitgefühl verloren haben, sind Vereinbarungen über Zeitabschnitte sorgfältig zu strukturieren.

Die Ziele: sie können nicht beschränkt und konkret genug sein; z. B. statt Änderung des Temperamentes: anderer Umgang mit ihm, nicht seine Nachteile, sondern seine Vorteile entdecken. Oder ein Erfolg in einem scheinbar nebensächlichen Teilbereich kann sich auf andere Bereiche verallgemeinern (z. B. Körpererleben verändert das Erleben der Geschlechtsrolle).

Wichtiger noch sind Vereinbarungen über die Wege, auf denen die Annäherung an die gesetzten Ziele erfolgen soll. Dazu ist 1. unverzichtbar, daß der Patient schon im Erst-Gespräch ein paar eigene Stärken oder Eigenschaften, die er an sich mag, nennt. Mit Beharrlichkeit gelingt dies fast immer, was mit einem depressiven Selbstgefühl nicht vereinbar ist (z. B. „Ich verstehe etwas von Blumen", „Ich kann gut zuhören"). 2. kann das Gegenteil des bisherigen Handelns vereinbart werden: Wer z. B. es anderen immer recht macht, probiert aus, sich mal ins Unrecht zu setzen. 3. Vereinbarungen über Aspekte des Lebensproblems sind erlaubt, über die depressiven Symptome jedoch verboten. Der Patient muß das Gefühl haben, während er an sich arbeitet, in Ruhe weiter depressiv sein zu dürfen. Erst wenn eine lebensfähige Problemlösung erarbeitet ist, braucht der Patient seine depressiven Symptome nicht mehr, können sie von selbst überflüssig werden. Depressivität darf nie bekämpft werden. Aufforderungen wie „Reiß Dich zusammen" kennt er bis zum Lebensüberdruß aus seiner Familie und von sich selbst. Sie treiben ihn tiefer in die Depression. Eher ist das Gegenteil, die bewußte Symptomverschreibung, wirksam. So z. B. die Verordnung von Schlafentzug über eine Nacht oder mehrere Nächte: wer bewußt und absichtlich schlaflos oder depressiv ist, kann der Schlaflosigkeit oder dem Depressiv-Sein nicht mehr als hilfloses Opfer ganz ausgeliefert sein. 4. Vereinbarung über die Aufteilung des Weges zu einem Ziel in Einzelschritte. 5. Der erste Schritt wird in der einfachsten und konkretesten Situation getan: Ärger offener ausdrücken z. B. hat sein „Trainingsfeld“ erst im Umgang mit Mit-Patienten, dann in der Gruppentherapie, wird erst danach auf den „Ernstfall“ der Angehörigen übertragen. 6. An der Vereinbarung von Signalen können alle erkennen, daß der Patient sich auf dem richtigen Weg befindet: Der Mann, der seine Hemmungen gegenüber gleichaltrigen Frauen verlieren will, vereinbart, sich häufiger in der Nähe von Frauen aufzuhalten (Signal für's Handeln), und zwar nur solange, wie er sich entspannt fühlt (Signal für die Gefühle). 7. Vereinbarungen sollten möglichst vom Patienten erarbeitet werden, wobei der psychiatrisch Tätige regelmäßig die Aufgabe hat, den Anspruch drastisch herabzuschrauben, da der Patient gewohnt ist, sich Niederlagen zuzufügen.

So entsteht allmählich ein Gastspielvertrag auf Zeit mit Ausführungsbestimmungen. Dies kann mündlich oder schriftlich geschehen. Richtig liegen wir, wenn ein Patient eine so strukturierte Therapiezeit etwa als „Lebensschule“ bezeichnet, wobei wir freilich immer wieder zu kontrollieren haben, daß kein Leistungszwang entsteht.

Noch einmal: Aufnahmegespräch

Wir setzen hier das Gespräch mit Frau A fort, um zu zeigen, wie man bis zur Vereinbarung der Zusammenarbeit kommt:

K: ... ich meine nicht die Wünsche Ihrer Familie, sondern Ihre eigenen Wünsche.

A: Ich kann darauf nicht antworten, ich habe keine Wünsche. Für meinen Mann ist das einfach: Wenn der sich was wünscht, dann tut er was dafür und kriegt es auch. Der ist so, wie er ist.

K: Und Sie? Sind Sie auch, wie Sie sind?

A: Wie ich bin? Ich weiß nicht, es ist alles so durcheinander in mir; erst habe ich darum gekämpft, unabhängig zu sein, jetzt sitze ich herum, tue nichts mehr, und alles ist immer schlimmer geworden.

K: Mir macht das Angst, wie böse Sie mit sich umgehen; ich möchte nur wissen, warum... Ich versuche es mal so: Was bedeutet eigentlich für Sie „unabhängig“ und was für Ihren Mann? Ist das dasselbe oder ist da ein Unterschied?

A: Für meinen Mann, das ist einfach: es bedeutet, mehr leisten als Andere, besser sein, schneller sein.

K: Und für Sie? Ich habe das Gefühl, Sie können sich besser in Ihren Mann als in sich selbst versetzen.

A: Komisch, das habe ich auch schon mal gedacht. (Nachdenken) Warten Sie mal, glauben Sie etwa, daß ich da auf meinen Mann hereingefallen bin?

K: Wie meinen Sie das? Können Sie es anders sagen?

A: Na ja, daß – wie soll ich sagen – daß ich mich mit der Unabhängigkeit und überhaupt nach ihm gerichtet habe.

K: Sie glauben, es könnte so sein?

A: Ich kann es kaum glauben, so habe ich das noch nicht gesehen. Das hieße ja ...

K: ...daß Sie Ihren Mann für sich zum Maßstab gemacht haben, statt Ihren Maßstab in sich selbst zu finden?

A: Ja, dann hätte ich seine Art der Unabhängigkeit, seinen Leistungsfimmel, mir zum Maßstab gemacht, obwohl Unabhängigkeit für mich vielleicht was ganz anderes ist.

P: Wenn ich Sie richtig verstehe, meinen Sie mit dem „was ganz anderes" noch mehr, etwa so: Für Sie galt, solange ich nicht bin wie mein Mann, bin ich schlechter und wertloser als er (z.B. langsamer, also wertloser); und jetzt überlegen Sie, daß sie vielleicht nicht wertloser, sondern nur *anders* sind als Ihr Mann und daß Sie vielleicht sich selbst, Ihre eigene Natur bisher vergewaltigt, niedergeschlagen, sich verboten, vergessen haben?

A: Kann sein; aber das geht mir wieder zu schnell, ich kann das alles so schnell nicht fassen.

K: Es gelingt Ihnen *schon* zu sagen, daß Ihnen etwas zu schnell geht – im Gegensatz zum Anfang unseres Gesprächs.

A: Tatsächlich. Mir fällt gerade ein, daß mich mein Mann so ja auch gar nicht verstehen konnte... Aber jetzt läuft alles für mich auf die Frage zu: Wie bin ich denn wirklich? Ach, ich habe schon begriffen: Ich bekomme auf solche Frage von Ihnen ja doch keine Antwort. Ich muß es wohl schon selbst herausfinden. Aber wie?

K: Wenn Sie so fragen, ist es so, daß Sie jetzt – bei all Ihrer Hoffnungslosigkeit – eine für Sie zentrale Frage gefunden haben, die dazu führen kann, daß Sie in Zukunft vielleicht anders und leichter leben können, und daß Sie daran, so wie in diesem Gespräch, auch weiter arbeiten wollen?

A: Hoffen kann ich noch nicht; aber ich sehe, daß da vielleicht ein Weg ist.

K: Dann sollten wir jetzt gemeinsam Vereinbarungen für diesen Weg finden, damit Ihr Aufenthalt bei uns dafür sinnvoll wird, daß Sie ihrem Ziel näherkommen, nämlich besser sich selbst kennen und mit sich umgehen zu lernen.

Nachdem das Verhandlungsziel Selbst-Therapie erreicht ist, folgt die Beschreibung des Sinns des Angebots der Einrichtung. Die Aufenthaltsdauer wird auf 6 Wochen vereinbart. Da die Zieldefinition nur bis zu einer allgemeinen Formulierung gediehen ist, werden konkrete Situationsbezüge des Handelns bzw. einzelne Schritte zur Annäherung an das Ziel vereinbart: Frau A wird darauf achten, sich in ihrem täglichen Tun auf der Station unabhängig von der Bewertung durch Andere zu halten und sich statt dessen selbst zu bewerten. Zur Erleichterung und als Signal für sich und das Team wird sie anfangs jeden Abend eine Situation des Tages aufschreiben, in der sie mit ihrem

Handeln zufrieden war. Sie wird weiter nicht so sehr auf Ähnlichkeiten, sondern auf Unterschiede zwischen sich und Anderen achten. Beides – Selbstbewertung wie Achten auf die Unterschiede – wird zunächst im Umgang mit den Menschen auf der Station geübt, bevor dasselbe auf die Beziehung zu ihrem Mann und ihrer Familie übertragen wird. Ferner wird sie versuchen, Gefühle offener und vollständiger auszudrücken, vor allem Unzufriedenheit, Ärger und Wut. Darüberhinaus ist sie besonders aufmerksam für das Auftauchen eigener Wünsche. (2 Ansätze ergaben sich schon im Aufnahmegespräch: Geborgenheit und Sich-gehen-Lassen.) Dabei geht es darum, wie weit die Wünsche wirklich ihr eigen oder von Anderen übernommen sind und wieweit sie die Wünsche sich verbietet oder zuläßt. Besonders auf diesen Umgang mit eigenen Wünschen wird sie öfter von Team-Mitgliedern angesprochen werden. Das Team wird Hilfe verweigern, wo sie die Erledigung eigener Angelegenheiten zu vermeiden sucht. Schließlich ist sie damit einverstanden, daß ihr Mann die Angehörigengruppe mitmacht, vielleicht auch die Kinder.

3 Spieldauer und -ende

Kein Mensch kann dauerhaft schwer depressiv sein. Es ist also eher lächerlich, das Ende einer (mehr endogenen oder mehr reaktiven) Depression als therapeutischen Erfolg zu feiern. Der Sinn unseres Gast- und Ersatzspieles besteht vielmehr darin, die Zeit der Depression zu nutzen und sich um das Wie des Endes zu kümmern, d.h. vom ersten Tage an dafür zu sorgen, daß die Beteiligten am Ende einen anderen Umgang mit sich und dem Andern gefunden haben, was Wiederholungen womöglich unnötig macht. Insofern beginnen Diagnose, Therapie, Rehabilitation und Prävention gemeinsam am ersten Tag des Kennenlernens und dauern bis zum letzten.

Nicht selten erleben Sie, daß ein Patient nach gutem Start Ihrer Begegnung mit ihm einige Zeit später wieder depressiver wird. Gründe: Entweder der Patient ist gegenüber anderen zu unauffällig oder er fällt Ihnen zu sehr auf den Wecker oder Sie waren so zufrieden mit seinen „Fortschritten" in der Arbeit an seinem Lebensproblem, daß Sie bzw. Ihr Team aufgehört haben, ihn aus seiner depressiven Hoffnungslosigkeit zu verstehen. Sie haben vergessen, daß der Patient während seiner Arbeit an sich selbst gleichzeitig immer noch lange den Schutz seiner depressiven Symptome braucht. Durch Ihre Verharmlosung und die Freude über den „Erfolg" haben Sie ihn gezwungen, sein Depressiv-Sein gesteigert auszudrücken.

Eine andere Schwierigkeit im Verlauf der Handlung: Sie stehen dauernd in der Gefahr, Ihren Ersatzspielerstatus, den Sie vertraglich festgelegt haben, zu vergessen und sich vom Patienten zum echten Mitspieler seines Depressiv-Seins adoptieren zu lassen. Denn so wenig wie Sie kann der Patient auf Dauer sein Depressiv-Sein alleine leben. J. Gross: Ein Depressiver braucht praktisch einen nicht-depressiven Partner; oder: In einer Beziehung sind nie *beide* depressiv. Wehe, sie passen nicht auf. Schneller als gedacht, stehen Sie für den Patienten wirklich anstelle des Ehepartners, rotieren im Kreislauf von Mitleid und Aggression, verstärken die depressive Abhängigkeit, und die Unabhängigkeit Ihres Handelns ist weg.

Beispiel für das Verführerische solcher Beziehungen: Nehmen wir an, Sie teilen als Beschäftigungstherapeutin einer depressiven Patientin Ihre Beobachtung mit, daß sie bei der Arbeit immer lustloser wird. Patientin: „Sie wollen immer nur, daß ich hier mitmache. Was soll die Arbeiterei. Überhaupt bringt mir die ganze Station nichts, und keiner versteht mich. Herr Dr. X ist da anders, der hat Zeit für mich, obwohl der doch soviel zu tun hat, der hilft mir wirklich.“ Am gleichen Tag ist Stationsbesprechung. Dr.X, jung und in psychotherapeutischer Ausbildung, berichtet, er habe mit dieser Patientin ein „paar gute Gespräche gehabt“; er habe jetzt ein Bild davon, wie sehr sie schon in der Kindheit vernachlässigt worden sei. Da haben Sie Ihr Fett: Dr.X ist für die Patientin der „gute“ und Sie (und die Station) sind der „böse“ Elternteil! – Stationsbesprechung eine Woche später, Dr.X: „Allmählich wird mir die Patientin unheimlich, überall lauert sie mir auf und will mit mir sprechen, ich kann mich kaum noch retten. Ich glaube, ich habe da einen Fehler gemacht. Was soll ich jetzt machen?“ Jetzt sind Sie dran mit Ihrer Beobachtung. Das Team kann z. B. beschließen, daß Sie, Dr.X und die Patientin sich zusammensetzen, um sie wahrnehmen zu lassen, daß sie sich – auch wie sonst in ihrem Leben – von jemandem abhängig gemacht hat und zugleich aufgehört hat, an sich zu arbeiten, daß sie Erwartungen nur noch an einen anderen, nicht mehr an sich selbst gerichtet hat. Also: Wer vom Patienten zum „Bösen“ gemacht wird, kann therapeutisch durchaus der Wirksamere und Hilfreichere sein, wenn die Auseinandersetzung über eine solche Übertragung nicht vermieden, sondern offen geführt wird.

Dabei ist es notwendig, daß der Patient Sie überhaupt zum Bezugspartner macht und damit eventuell sich auch von Ihnen abhängig macht; denn das ist besser zu bearbeiten als seine bloße *Erzählung* von der Abhängigkeit von seinem Ehepartner. Wenn Sie freilich die Rolle des Bezugspartners nur mitspielen, ohne es zu merken, dann hätte der Patient auch zu Hause bleiben können. – Bei der ständigen Anpassung von Zielen und Einzelschritten werden Sie immer wieder ungern von Ihren geliebten Zielen Abstriche machen. – Nicht selten werden Sie mit der Vereinbarung zur Selbst-Therapie warten, bis es dem Patienten besser geht; dann können Sie es aber auch bleiben lassen, da er nun seine alte, wenn auch schlechte (aber immerhin) Abwehr wieder aufgebaut hat und nicht mehr an Ziele denken mag (auch Sie denken an Veränderungen nur, wenn es Ihnen schlecht geht, nie freiwillig!). – Manchmal ärgern Sie sich, daß der Patient das Gelernte nicht auf seine Alltagswelt übertragen will. Dafür hat er viele Gründe: „Wenn ich mich jetzt zu Hause wohl fühle, gebe ich der Voraussage meines Partners schon wieder recht, daß es wieder besser wird. Eben das will ich nicht." Oder: „Wenn ich jetzt zu Hause zurecht komme, sagen meine Angehörigen: Warum denn nicht früher? Monatelang hast Du uns schikaniert. Jetzt auf einmal geht es!" Dies zeigt Ihnen: Der Patient ändert sich noch nicht *sich selbst zuliebe*, ohne Rücksicht auf Andere. Er ist noch abhängig. Sie haben noch Arbeit vor sich – auch in der Angehörigengruppe.

Schließlich hat uns vor allem die italienische Psychiatrie gezeigt, daß die beste Bedingung für die Verwirklichung von Selbst-Therapie, d.h. für den Weg vom Sich-Wahr*nehmen* zum Sich-Wahr*machen*, darin besteht, daß das Team seine eigene Offenheit und seine eigene Öffentlichkeit zum Modell macht für die Beziehungen der Patienten zu sich und untereinander. Fast alle, gerade auch depressive Patienten vermeiden Öffentlichkeit. Oder ihre Abkoppelung von der Öffentlichkeit war der Beginn der isolierenden Störungskarriere. Daher können Sie gar nicht genug Phantasie darauf verschwenden, therapeutische Begegnungen offen und öffentlich werden zu lassen. Beispiele: a) therapeutisches Handeln möglichst ambulant im eigenen Problemfeld stattfinden lassen; b) Ausbau der Bedeutung der Stationsversammlung bei stationärem Aufenthalt; c) Zweier-Gespräche mehr beim begleitenden Spazierengehen, in der Kneipe oder an einem anderen sozialen Ort statt konfrontativ-sitzend in der künstlichen Heimlichkeit des Therapeutenzimmers; d) Erst-Gespräche zu Dritt; e) Angehörigengruppen; f) das Handeln, das mehr auf die Nutzung der Bühne, des Spielplatzes achtet, den Kontext wichtiger findet als den Text: so können Sie anhand der Liste der typischerweise beim Depressiv-Sein verlorenen Landschaftsbezüge (s. Abschnitt I ds. Kap.) durchspielen, welche Öffentlichkeitsbezüge der Familie A. wieder herzustellen sind und wie dabei vorzugehen ist. All dies sind im übrigen nur Vorschläge dafür, die Grundsätze der Gemeindepsychiatrie von der Ebene der Versorgungsplanung auf die Ebene des Umgangs mit einzelnen Familien und Menschen zu bringen und lebendig werden zu lassen. Bei solcher Herstellung von Öffentlichkeit sind meist der Arzt oder die Stationsschwester die Sorgenkinder des Teams.

Beispiel: Der Arzt verabschiedet sich nachmittags, um nach Hause zu gehen, oder vormittags, weil er Unterrichts- oder Forschungsaufgaben hat oder zu seiner Psychotherapieausbildung muß. Anschließend sagt jemand von der zurückbleibenden Pflegegruppe, nicht ohne vorher den überlasteten Arzt bemitleidet zu haben: „So, jetzt machen wir Psychiatrie ohne Ärzte". Mit einem Mal wird die Sprache des Rest-Teams offener und praktischer. Undurchführbare, abstrakte Vorschläge des Arztes werden vergessen oder in lebensnähere „umgedeutet".

Übung: Schlagen Sie Ihrem Stationsarzt vor, mit einigen der folgenden Regelungen spare er eine Menge Zeit, um mehr Öffentlichkeit auf der Station herzustellen und mehr Stationsarbeit außerhalb des Krankenhauses stattfinden zu lassen: 1. Gespräche muß er nicht mehr allein und später auch nicht mehr alle führen. 2. Aufnahmeberichte werden auch von anderen Team-Mitgliedern geschrieben. 3. Einzelgespräche hinter geschlossener Tür finden fast nicht mehr statt. 4. Visiten werden durch Stationsversammlungen ersetzt. 5. Verlaufs-Eintragungen werden bei der Dienstübergabe reihum gemacht. 6. Abschlußberichte werden (außer dem ärztlichen Anteil) von den Bezugstherapeuten des jeweiligen Patienten geschrieben.

Überlegen Sie ähnliche Vorschläge für die Stationsschwester: z.B. Erledigung der Verwaltungsarbeit rotiert zwischen allen Pflegekräften.

Ihren vielleicht gefährlichsten Fehler begehen Sie, wenn Sie mit dem Verschwinden der Symptome Ihre Ersatzspielertätigkeit für beendet halten. Immer noch ist unsere Wahrnehmung durch medizinisches Heilungsdenken so verdorben, daß wir dies für einen Grund zur Freude halten, während es in Wirklichkeit für uns Alarmstufe I bedeuten sollte – zumindest in allen Fällen, wo der Patient nun zwar des Schutzes seiner Symptome beraubt ist, er aber sein Lebensproblem noch nicht hinreichend wahrgenommen und daher noch nicht genug Halt an sich selbst hat, so daß die durch Symptome nicht mehr abgebundenen Antriebe bei noch bestehender Hoffnungslosigkeit ihn in die Selbsttötung treiben.

Merke also: Es ist verboten, gegen Symptome zu kämpfen. Es ist verboten, jemanden zu drängen, seine (depressiven) Symptome aufzugeben. Schon übliche Äußerungen sind falsch: „Na, Sie sehen ja heute schon etwas munterer aus", „Ich glaube, es geht Ihnen schon besser", „Jetzt wird es aber mal ein bißchen Zeit mit Ihnen" oder „Wie Sie da eben gelacht haben, da sehen Sie, daß Sie gar nicht mehr so depressiv sind". Die letzte Äußerung muß den Patienten besonders kränken, weil er sich ertappt, ironisiert und beschämt fühlt. Wir alle haben schon Menschen zu Tode gelobt. Alle Besserungs-Signale müssen vom Patienten kommen. Symptome sind sinnvoller Schutz und Selbsthilfe des Patienten so lange, bis er bessere Lösungen für sein Lebensproblem gefunden hat.

Ihre Ersatzspieler-Aufgabe dauert also solange, wie Sie für Wahrnehmung und Bearbeitung des Lebensproblems der Familie noch nötig sind. Das kann mal bei den Patienten, mal auch bei den Angehörigen länger dauern. Nur so werden die Folge-Gefahren der Depression weniger wahrscheinlich: Wiederholung der Depression, der Umschlag in die Manie, das Chronisch-Werden und der Suicid.

4 Professionelle Techniken des Ersatzspieler-Teams

Wie läßt sich nun die gemeinsame Grundhaltung des Teams durch die besonderen Ausbildungen und Techniken der verschiedenen Berufsangehörigen ergänzen?

a) Arzt

Ausschluß bzw. Behandlung organischer Krankheiten (übrigens ersetzen zwischenzeitlich auftretende Krankheiten oft die depressiven Symptome vorübergehend oder dauerhaft!). Daß insbesondere mehr endogene Depressionen mit Antidepressiva zu behandeln sind, ist im Grundsatz falsch. Vielmehr gibt es nur im Rahmen der Grundhaltung und des beschriebenen Selbst-Therapie-Ansatzes ergänzend und mit strenger Indikation Anlaß für Antidepressivagabe: 1. Wenn wichtige soziale/berufliche Gründe durch schnelle Ermäßigung der Symptomatik den Patienten in der ambulanten Therapie halten sollen. 2. Wenn die Symptome/Angstabwehr die Selbstwahrnehmung völlig blockieren bzw. die Qual an sich selbst unerträglich ist. 3. Wenn bei weniger schweren Depressionen die Selbstwahrnehmung auch nach längerer Zeit mißlingt. 4. Wenn ein Patient so stark an den „medizinischen Weg" gewöhnt ist, daß es für ihn keinen anderen Weg geben kann. – Je besser das Team und die Grundhaltung, desto enger die Indikation für Antidepressiva. Ihre Erfolgsrate ist ohnehin nicht besonders hoch und wird je nach Patientenauswahl, Weltanschauung und Erfolgserwartung der Forscher und Bezahlung von einer Hersteller-Firma unterschiedlich angegeben. Auf stark antriebssteigernde Antidepressiva sollte ganz verzichtet werden. Eher sind bei unruhigen Patienten Neuroleptika angezeigt. Sie ersetzen auch Schlafmittel. Besser ist der beschriebene Schlafentzug. Auf Tranquilizer ist zu verzichten: Sie wirken nicht auf die wirklich depressiven Anteile und mindern die Wahrnehmung der Angst, die doch dasjenige Signal ist, mit dem wir selbst-therapeutisch zu arbeiten haben. Manche wenden Elektrokrampftherapie an, wenn Chronifizierung der Depression droht. Gelegentlich zieht ein Patient die EKT der „chemischen Zwangsjacke" vor. Während die große Insulinkur nicht mehr stattfindet, führen einige Einrichtungen noch die ungefährliche kleine Insulin-Kur durch, z. B. bei sich vegetativ quälenden Depressiven und zum körperlichen Wiederaufbau (Gewichtszunahme). – Zu allen praktischen Einzelheiten der körpertherapeutischen Techniken siehe Kap. 17.

b) Pflegeberufe

In den schlimmsten depressiven Zeiten ist Anwesenheit statt Aktivität, Begleitung und Suchhaltung statt Trost auszudrücken. Denn: Trost in der Trost-losigkeit ist Spott, Begleitung und Suchhaltung ist ernstnehmend. Zu den vornehmsten Zeichen der Anwesenheit und Begleitung gehört auch die körperliche Berührung. Patienten, die zunächst als Körperkranke zu sehen sind, bedürfen der sorgfältigen und liebevollen Grundpflege. – Schwestern/Pfleger sind besonders für den Umgang mit menschlichen Bedürfnissen, körperlichen Ausdrucksmöglichkeiten und die Gestaltung der Atmosphäre einer Einrichtung ausgebildet. Gerade depressive Symptome werden gern über den Körper ausgedrückt, weshalb Körpergefühl wichtigste Voraussetzung für Selbstgefühl ist. Das beginnt bei der Frage, wie jemand überhaupt sein Bett verläßt, und hört bei der Aufgabe, wie eine Patientin beim ersten Ausgang „etwas aus sich macht" noch lange nicht auf. Da im Umgang mit Gefühlen nichts frontal, alles nur indirekt läuft (Fußball: „Angriffe über die Flügel"), ist diejenige Pflegegruppe die beste, die ihre Ziele nicht durch direkte Ansprache, sondern durch Gestaltung der öffentlichen Atmosphäre der Station erreicht: Das Klima fordert dann zu Teilnahme, gegenseitiger Achtung und Selbstachtung selbst die Bettlägrigen gewissermaßen „von selbst" auf. – Gefahren: Schwestern/Pfleger finden den moralischen Anspruch Depressiver, es allen recht zu machen, sich für andere aufzuopfern, sympathisch, da verwandt mit ihrer eigenen opferbereiten Berufshaltung. Wenn sie dies fördern, z. B. depressive Patienten auf der Station gern helfen lassen, fördern sie auch das anschließende verbitterte Jammern über Undankbarkeit und damit den depressiven Kreislauf. Da dieser – in abgeschwächter Form – immer noch eine Art Berufskrankheit der Pflegeberufe ist, können Sie, wenn sie hier richtig handeln, zugleich auch viel über sich selbst lernen (s. Kap. 16).

c) Psychologe

Er ist für das Gesunde seelischer Beziehungen und Entwicklungen ausgebildet. Daher bringt er besonders die Sicht ein, daß bei der Depression primär ein Familienproblem vorliegt, zusammen mit Abhängigkeit, Leistungsehrgeiz, Opferbereitschaft, Unfähigkeit zu trauern oder zu hassen. Zudem befähigt ihn seine psychotherapeutische Ausbildung, die Grundhaltung des Teams durch gesprächs- oder verhaltenstherapeutische oder psychoanalytische Techniken zu ergänzen, was immer möglich, für manche Einzelfälle notwendig ist (s. Kap. 18).

d) Arbeits- und Beschäftigungstherapeut

Er weist dem Patienten, der klagt, daß er nichts kann, nach, daß er „doch kann", „aktiviert" ihn und – steigert damit Depressivität! Statt dessen: In der BT sollte der Patient erleben, „dabei zu sein", ohne etwas zu „müssen", daß jedes Tun einen Leistungs- und einen Gefühlswert hat (vgl. Frau A.), daß Geben in einer Gruppe nicht „schlechter" ist als Nehmen. Und in der AT: Hier erlebt er schon bei einfachen Tätigkeiten, wie er sich selbst in Leistungszwang hineinsteigert, in Autoritätsangst, sich also selbst die Umstände schafft, die ihn auf seinem Arbeitsplatz (Betrieb oder Haushalt) in Überforderung und Depression treiben. Er kann aber auch von anderen lernen, dasselbe entspannter, lässiger, mit mehr Pausen zu tun und dies ausprobieren. – In letzter Zeit kommt mit dem *Ökotrophologen* ein neuer Beruf in psychiatrische Einrichtungen: zuständig dafür, jedem Menschen den Sinn und die eigenverantwortlich-künstlerisch-freie Arbeit eines Haushaltes im Bedeutungsrahmen von Hauswirtschaft und Verbrauchswirtschaft spannend zu machen und ihn so an das „soziale Leben“ wieder anzukoppeln.

e) Sozialarbeiter

Er ist Spezialist dafür, Seelisches über den sozialen Kontext wahrnehmbar und wahrmachbar zu machen. Wenn alle anderen nur noch fasziniert sind von dem Individuum Patient, denkt er ausgleichend mehr an alle anderen. Er denkt mehr „in“ Familie, Nachbarschaft, Arbeitsplatz, Öffentlichkeit. Wenn bei einem Patienten nach der inneren auch eine äußere Umstellung sinnvoll ist (Arbeitsplatzwechsel, Scheidung, Tätigkeitssuche einer depressiven Hausfrau), hilft sein technisches Wissen über Gesetze, mehr noch seine Phantasie und seine guten Beziehungen im sozialen Geflecht der Gemeinde.

f) Bewegungstherapeut (Krankengymnast)

Er ist Spezialist für den körperlichen Kontext und Ausdruck des Seelischen, den depressive Menschen besonders gern niederschlagen, vergewaltigen, einfrieren, abpanzern, während ihre Maßstäbe nach Schönheit, Stärke, Leistungsfähigkeit hochfliegend sind, so daß die Körper-Wirklichkeit als kränkend erlebt wird. Wenn nicht aufreißend-brutal, sondern spielerisch-schonend, wirken hier bewegungstherapeutische Situationen, Übungen und Spiele befreiend. Sie ermöglichen die Wahrnehmung z.B. des Unterschiedes von Anspannung und Entspannung, Zuneigung und Haß, Geben und Nehmen, Gewinn und Verlust, Kommen und Gehen, Freundschaft, Feindschaft und Gegnerschaft. Der Patient erlebt, seine Selbstverwirklichung an eigenen und nicht an fremden Maßstäben zu orientieren.

V Mischzustände und -verläufe

Die Wirklichkeit ist immer eine Mischung aus dem, was wir aus theoretischer oder didaktischer Absicht zerlegen.

Auch die Mischungsmöglichkeiten können wir wieder zerlegen:

1 Borderline-Zustand

Handlungsweisen mit Anteilen einer neurotischen Beziehungskränkung und einer schizophrenen Selbstkränkung (s. Kap. 5 und 9).

2 Entwicklung

Lebensläufe, die überwiegend von der temperament-charakterlichen sowie früh erworbenen Eigenart eines Menschen, von seinem Eigenanteil geprägt sind, daher auf so gewagte Grenzwege angewiesen sind, daß sie in Krisen auch zu „Krankheiten", psychotischen Selbstkränkungen sich zuspitzen können (z.B. depressive oder paranoide Entwicklung).

3 Mischbild

Depressiver und manischer Erlebensausdruck entweder gleichzeitig oder in sehr raschem Wechsel, zumal auch die Systeme „Stimmung" und „Antrieb" z.T. unabhängig voneinander gekränkt sein können; z.B. manischer Stupor, ängstliche oder hypochondrische Manie.

4 Mischpsychose

Mischung zyklothymen und schizophrenen Erlebensausdrucks, auch schizo-affektive Psychose, Emotionspsychose, atypische endogene Psychose, zykloide Psychose genannt. Sie sollen überwiegend phasisch verlaufen und die Person wenig prägen. Während Kraepelin es bei der Gegenüberstellung von manisch-depressiv und schizophren beließ, haben Wernicke, Kleist und zuletzt Leonhard diese zykloiden Psychosen polar (wie manisch-depressiv) unterteilt: 1. Angst–Glück–Psychose mit dem Leitsymptom der Gefühlsstörung (vgl. Fall F.); 2. erregt-gehemmte Verwirrtheit mit dem Leitsymptom der Denkstörung und 3. hyperkinetisch-akinetische Motilitätspsychose mit dem Leitsymptom der Antriebsstörung.

VI Depressiv-paranoide Rückzugspsychosen

Wir haben schon in der „Gebrauchsanweisung" gestanden: Wir hätten dieser Lebensphase zwischen 45 und 60 Jahren, die wir noch zu biologisch als Rückbildungs- oder Involutionsphase bezeichnen, ein eigenes Kapitel widmen müssen. Wir werden das beim nächsten Mal besser machen. Einstweilen müssen Sie mit verstreuten Bemerkungen vor allem in den Kapiteln 5, 7, 11 und 12 vorlieb nehmen. Dennoch hier einige Gedanken im Zusammenhang:

Zur Landschaft

Das meiste haben Sie in diesem Alter der Lebenswende erreicht oder – nicht erreicht. Die bisherige Entwicklung im Sinne von Weiterkommen ist in der Regel gestoppt. Träume sind ausgeträumt. Sie haben sich abzufinden mit dem, was ist. Eigentlich könnten Sie damit auch ganz zufrieden sein, wenn Sie bis dahin den Lebensaufgaben der Persönlichkeitsentfaltung in früheren Phasen mit einigem Anstand und ohne schwerere psychische Kränkungen, Ausweichmanöver und Ersatzkonstruktionen gerecht geworden sind. Andererseits macht Ihnen jetzt schwerer zu schaffen, was Sie im Umgang mit sich und Anderen bisher versäumt haben. Denn die Zeit läuft jetzt schneller („Torschlußpanik"). Der Lebensraum wird enger, wenn Sie mit Ihren ideellen, politischen und sozialen Bezügen nicht vorgesorgt haben. Entsprechend ändern sich Ihre Ängste. Die Menschen um Sie herum scheinen auseinanderzufliegen – wie der Kosmos nach unseren heutigen Vorstellungen. Dies nicht nur räumlich und zeitlich – wie Ihre Kinder, die sich undankbarerweise verselbständigen, wobei Sie der Verlierer sind. Vielmehr sterben Menschen jetzt auch häufiger – erst in der entfernteren Bekanntschaft, dann in der Nachbarschaft, in der Familie und irgendwann läßt Sie auch Ihr Lebenspartner mutterseelenallein zurück. Haben Sie früh genug gelernt, Beziehungen auch mit toten Menschen weiterzuleben? Haben Sie sich früh genug darauf vorbereitet, nur noch mit Ihrem Lebenspartner zu leben? Haben Sie genug Gemeinsames und genug Gegnerschaft mit ihm, daß Sie an der Ehepartnerrolle genug Halt finden, auch ohne die Elternrolle? Auch dann noch, wenn Ihnen die Frühinvalidität oder die Arbeitslosigkeit die Selbstbestätigung und den Halt Ihres gebundenen oder unfreien Arbeitsplatzes in der betriebswirtschaftlichen Arbeitswelt genommen haben? Können Sie sich hinreichend tragen lassen von den sozialen und kulturellen Aktivitäten Ihrer freien Arbeitszeit, Ihrer Tätigkeiten und von der gesellschaftlichen Bedeutung Ihrer Verbraucherrolle in der Hauswirtschaft? Sind Sie schließlich so reif– und dadurch Modell für Jüngere –, daß Sie genug Halt allein an sich selbst finden? Jetzt zeigt es sich, ob Sie bisher sich innerlich hinreichend unabhängig haben machen können, damit Sie die für Sie notwendigen und jetzt noch möglichen Abhängigkeiten eingehen und davon leben können. Denn wenn Sie die zunehmende Vereinsamung, den *Rückzug auf sich selbst* nicht akzeptieren können, beginnt jetzt das, wovor Sie sich bisher bewahren konnten: Sie können die damit verbundene Angst nicht annehmen und nutzen, sondern greifen zur Notbremse der Angstabwehr – als Vermeidung, Verleugnung, Verschiebung. Dies umso mehr, als nicht nur Ihr sozialer Halt und Kontext Sie allein läßt, sondern auch Ihr körperlicher Halt und Kontext (zunehmende Körperkrankheiten, klimakterisches Abschiednehmen von Körperfunktionen, beginnende hirnorganische Umbauprozesse des Alterns). Das bedeutet: Sie werden depressiv, paranoid oder beides.

In der Wahrnehmung von außen sieht das so aus: Richtete es sich in den vorangehenden 20 Jahren mehr nach der inneren Biographie und der Beziehungsfähigkeit, ob die Angstabwehr mehr und häufiger nach innen (depressiv) oder mehr nach außen (paranoid) gerichtet war, so ist jetzt im Rückzugsalter die Verflechtung der inneren Biographie mit dem sozialen und körperlichen Kontext so ausgeprägt, daß die nun auftretenden Psychosen weniger vom inneren Schicksal abhängen (geringere Erblichkeitsbelastung), statt dessen wesentlich mehr aus dem Lebenszusammenhang verständlich werden (Auslösung durch Klimakterium, Isolation, Umzug, Berentung, Entwurzelung, Verlust) und daß die Angstabwehr jetzt oft gleichzeitig nach innen und – jetzt häufiger – nach außen gerichtet ist. Es werden gleichsam beide Notbremsen gezogen. Die Hälfte der jetzt depressiv werdenden Menschen benutzt auch paranoide Symptome, und paranoid werdende Menschen sind auch mißmutig, gereizt, depressiv gestimmt. Das innere Elend bei Rückzugspsychosen drückt sich meist so aus, daß sich die Sorgen nicht mehr mit der großen sozialen Welt beschäftigen, sondern sich um die kleine Welt der eigenen Wohnung kleinlich drehen. Diffuses, ängstliches Mißtrauen mit Verarmungsangst, Verdacht, bestohlen, betrogen oder ausspioniert zu werden, was vom Streit mit den Nachbarn oder von der Schwiegertochter ausgeht; erotische Wünsche werden abgewehrt in Beschwerden über Orgien in der Nachbarwohnung; daher auch Schuldgefühle und Selbstbestrafung; der Körper trägt nicht mehr, das Herz versagt, man erstickt an Verstopfung; mit Gas und Strahlen wollen „die Anderen" einem das letzte nehmen, was zu aggressiver Verteidigung der Wohnung, des letzten Rückzugsortes der bedrohten Existenz auf dieser Welt führt. – Wen wundert es, daß wesentlich mehr Frauen als Männer zu solchen verzweifelten Selbsthilfemitteln greifen müssen.

Der Umgang mit diesen Situationen unterscheidet sich nicht wesentlich von denen in früheren Jahren. Nur daß jetzt noch leichter als früher unser Ersatz-Spielen – mangels anderer Menschen – zum Mitspielen werden kann und daß unser Bemühen sich noch mehr darauf zu konzentrieren hat, über die Wiederherstellung des körperlichen und des sozialen Kontextes eine halbwegs lebenswerte Landschaft zu gestalten, worin wir den Betroffenen oft selbst und nicht selten bis zum Lebensende zu begleiten haben. Daher liegt der Schwerpunkt dieses Arbeitens bei den Sozialpsychiatrischen Diensten, den niedergelassen praktischen Ärzten und den Sozialstationen.

VII Zyklothyme und chronisch-depressive Lebensläufe

Jeder ist mal bedrückt, mal heiter und mal ausgeglichen. Wenn wir dies aufzeichnen, haben wir eine Kurve, die für jeden unterschiedlich ist. Mal wissen wir den Grund dafür, mal nicht, und mal machen wir uns einen Grund vor. Leute, die in Antriebs- und Stimmungslage überwiegend unter bzw. über einer ausgeglichenen (syntonen) Normallage sind, nennt man depressive bzw. hypomanische Temperamente oder Charaktere. Schwankt dieses Selbstgefühl beständig hin und her, kann man das Temperament oder den Charakter zyklothym nennen.

Von hier aus gibt es alle Stufen der Steigerung bis zu dem Punkt, an dem jemand als zyklothymer Patient mit krankheitswertigen depressiven oder manischen Phasen zu uns kommt. (E. Kretschmer hat das „Endogene" ganz aus der Konstitution verstanden und daher „endogene Psychosen" als „Konstitutionspsychosen" bezeichnet.) Wir schlagen vor: Zyklothym nennen wir das Schicksal des Menschen, der so oft und schwer depressiv und/oder manisch ist, daß seine Entwicklung dadurch erheblich geprägt ist. Wir haben also nicht einen Zustand, sondern einen Lebenslauf im Auge. Wir unterscheiden unipolare Zyklothymien (nur depressive oder manische Zeiten) und bipolare Zyklothymien (depressive und manische Zeiten im Wechsel mit oder ohne einem freien = ausgeglichenen Intervall).

Von allen Schicksalen, für die wir zuständig sind, ist das jahrzehntelange zyklothyme Fallen von einem Extrem ins andere, oft mit nur ganz kurzer Erholung in „Normallage" das schlimmste. Nichts macht auch die Ohnmacht gegenüber einem gleichsam naturgesetzlich-automatisch abrollenden Geschehen deutlicher.

Beispiel: Herr S., 34 Jahre, geschieden, kaufm. Angestellter, z. Z. seit einem halben Jahr depressiv, in den letzten 12 Jahren 7 mal manisch, dazwischen meist depressiv, in dieser Zeit 9 stationäre Aufenthalte, meist wegen manischer Zustände. Zum ersten Mal manisch kurz nach der Hochzeit. Nach 5 Jahren gab die Frau auf und ließ sich scheiden. Wie die Verlobung, so fanden die 10 Arbeitsversuche bei gesteigertem Selbstgefühl statt. Herr S. verwirrte den Betrieb nach kurzer Zeit manisch derart, daß die Entlassung die Folge war. Zweimal erlosch die Arbeitsfähigkeit erst depressiv. Längstes Arbeitsverhältnis $1^1/_2$ Jahre. Jetzt Berentung empfohlen.

Angehörige: Trotz eigener Wohnung läßt Herr S. sich von der alleinlebenden Mutter (und Großmutter) total mit Waschen, Kochen, Putzen usw. versorgen. Mutter ist von Großmutter so abhängig wie Herr S. von ihr. Großmutter bestimmt, wird aber noch übertroffen von der Ex-Frau. Diese, obwohl wiederverheiratet und 800 km entfernt, regelt fürsorglich per Fernsteuerung jetzt noch die wichtigsten Entscheidungen, z. B. Einweisungen. Alle 3 Frauen lassen sich von Herrn S. in Atem halten. Er alarmiert sie vor allem in depressiven Zeiten. Sie reagieren erwartungsgemäß und „helfen". Am wenigsten kann sich Mutter wehren. Sie dient Herrn S. auch als Aggressionsobjekt: wenn er sie herbeitelefoniert, damit sie ihn versorge, läßt sie sich beschimpfen, weil sie seine Selbständigkeit verhindere.

Nicht nur, daß er einen Maßstab in einem ausgeglichenen „Normalsein" kaum kennt, er lehnt ihn auch aktiv ab, orientiert sich mehr an seinen Phantasien: „Im Augenblick (depressiv) fühle ich mich nutzlos, nichtswürdig, leide darunter, was ich den Anderen antue. Wenn ich manisch bin, halte ich mich schadlos dafür: Dann fühle ich mich berufen, kriege jedes Mädchen rum, fange überall groß an. Bloß wenn der Alltag, die Routine kommt, ist es gleich wieder aus. Von allen Vorstellungen ist mir die schlimmste: normal, durchschnittlich, unauffällig zu sein; dann lieber Schluß machen. So schwanke ich ständig zwischen den Extremen: bin der Größte – in der Leistung wie im Versagen." – Seit die Mutter in der Angehörigen-Gruppe lernt, sich Mutter und Sohn zu widersetzen, hat dieser seit 1 Jahr die bisher stabilste Zeit.

Was ist hier die angemessene Grundhaltung? Einerseits nichts Neues: jetzt und hier habe ich es mit einem depressiven oder manischen Patienten zu tun. Andererseits macht er mir das Gefühl totaler Beliebigkeit meines Tuns. Er fällt doch nur aus einem Zustand in den anderen: Kehrt aus der Manie zurück, bereiten seine Schuldgefühle über die „manischen Untaten" schon sein Depressivwerden vor; kann er dies ermäßigen, weil er seine Aggression besser wahrnimmt, so schickt er sich schon an, sie manisch auszuleben.

Gerade letzteres gibt für eine Grundhaltung einige Ansätze her:

1. ist zu jedem Zeitpunkt wahrnehmbar zu machen, daß dem Manischsein bzw. dem Depressivsein dasselbe Lebensproblem (oft Abhängigkeit) zugrunde liegt und daß beide Handlungsweisen nur verschiedene Methoden sind („sich alles erlauben" bzw. „sich alles verbieten"), die Auseinandersetzung mit dem Problem zu vermeiden.

Übung: Stellen Sie im Rollenspiel die Situation „Prüfung" dar. Spielen Sie, wie man die Prüfungsangst depressiv = „unten herum" (ich bin klein und schwach) vermeiden kann oder manisch = „oben herum" (ich bin groß und stark) vermeiden kann.

Versuchen Sie auch noch, die Prüfungsangst schizophren zu vermeiden, etwa: ich mache ein „Verwirrspiel", rede im Verhältnis zu den Anderen „schräg", mache mich unverfügbar.

2. haben Sie daher zu jedem Zeitpunkt ausgleichende Selbstwahrnehmung anzuziehen, gleichsam „antizyklisch" zu handeln: Manisch hat der Patient seine Angst und depressiv seine Wünsche erlebnisfähig zu machen.

Ziel: Er soll aus dem Manisch-Sein sein Streben nach Selbstbefreiung ohne Schuldgefühl mitnehmen und festhalten, aus dem Depressiv-Sein sein Streben nach Selbstbegrenzung ohne Selbstabwertung.

3. sind ihm alle Ansätze durchschnittlichen und ausgeglichenen Handelns wertvoll zu machen, von unten sein Mut zur, von oben seine Beschränkung auf Durchschnittlichkeit – im Sinne der Normalisierung.

4. Damit er oben wie unten seine Person als einheitlich akzeptieren kann, ist es gut, wenn er an beiden Zeiten auch das für ihn Positive wahrnehmen kann: die depressiven als nachdenkliche und die manischen als handelnde Zeiten.

Entscheidend dürfte gerade hier die Konstanz der ambulant wie stationär betreuenden Personen und Teams sein. Das hilft dem Patienten, zyklusüberdauernd Maßstab und Modell zu finden, verkürzt die stationären Aufenthalte und verhilft der beruflichen, sozialen oder wenigstens familiären Existenz zu mehr Kontinuität. – Eine zusätzliche, auch präventive Korsettstange ist heute Lithium, bei uni- und bipolaren Zyklothymien, besonders bei Überwiegen manischer Anteile und schnell aufeinander folgenden Phasen. Diese können dadurch weniger intensiv, kürzer oder seltener werden oder gar nicht mehr auftreten (s. Kap. 17). Neben der unbekannten chemischen ist auch eine psychische Wirkung zu veranschlagen: a) regelmäßiger Kontakt mit einem Therapeuten anläßlich der laufenden Kontrolle. Akzeptieren des Regimes, jahrelang gewissenhaft „durchschnittlich" und nachprüfbar immer dasselbe „für sich zu tun", sich keine „Extreme" leisten, auch nicht in Essen und Trinken, sogar unangenehme Nebenwirkungen in Kauf nehmend. c) Bereitschaft, eigenes Normalverhalten durch die Realität kontrollieren zu lassen. d) Unabhängigkeitsnachweis, da man die Therapie selbst steuert, indem man nach dem Serumbefund mehr oder weniger nimmt – wie Hochdruckkranke lernen, ihren Blutdruck selbst zu messen und medikamentös zu regulieren.

Außer zyklothymen gibt es chronisch-depressive Lebensläufe – oder sollen wir sagen Schicksale, Langzeit-Patienten, seelisch Behinderte oder Unheilbare? Je mehr Jahre und Jahrzehnte sie dauern, desto weniger haben wir den Eindruck, daß es sich um eine Phase im Sinne einer Krankheitszeit handelt, sondern eher um eine Gewohnheitshaltung, eine erstarrte Rolle, die aktiv aufrecht erhalten wird und sich irgendwann verselbständigt hat, weil jede andere Lebensweise zunächst zu schmerzhaft, später unvorstellbar ist. Es gibt auch Menschen, die nach wenigen, nicht schwerwiegenden Krankenhausaufenthalten (z. B. wegen Depression oder Alkohol) etwa die Scheidung des Ehepartners als totalen Abbruch des Sozialbezuges und des Lebenssinnes erleben, schlicht und einfach verstummen und seither nie wieder eine nennenswerte Lebensäußerung von sich geben. Die beliebte Erklärung „Hospitalismus" ist zu pauschal. Wir müssen mindestens unterscheiden: 1. Hospitalismus gibt es auch in der eigenen Wohnung (z. B. Herr S.); 2. wie schon gesagt – die Tiefe eines Schmerzes und damit die Totalität seiner Abwehr; 3. manchmal hat man den Eindruck, daß ein Depressiv-Sein in der Anfangszeit zu gewalttätig „geknackt" werden sollte (nicht nur durch EKT), was dem einen vielleicht geholfen hat, den anderen aber umso mehr erstarren läßt; 4. schließlich in der Tat die reizverarmende, total versorgende Verwöhnung in der Massenisolation einer Langzeitstation.

Was haben wir hier zu tun? Wenn nicht hinzukommende Alterserkrankungen dauernde Pflege erfordern, haben wir uns statt der bisher üblichen Resignation lediglich umzustellen, und zwar in folgenden Schritten: 1. Wir haben einzusehen – und das ist für uns meist der schwerste Schritt –, daß wir es hier nicht mehr mit einer Krankheitszeit zu tun haben, sondern mit der Lebenszeit des Menschen, mit einem gelebten Leben, mit einer bestimmten Lebensform, die in ihrer Abhängigkeit eben auch möglich, zu akzeptieren und zu nutzen ist. Entsprechend hat unser Handeln nichts mehr mit Therapie zu tun, da Therapie eine Tätigkeit ist, die mit einer beschränkten Dauer rechnet, schon gar nicht haben wir etwas zu verändern. Wir müssen unsere

Heilungsabsicht aufgeben. – 2. Von dieser Selbstbeschränkung ausgehend, haben wir im rückblickenden Gespräch mit dem Patienten den Sinn seines so und nicht anders gelebten Lebens zu finden. Nur von da aus werden bescheidene Wahlmöglichkeiten für die Zukunft sichtbar. 3. Statt – wie meist üblich – die „schreckliche" Langzeit-Station verändern zu wollen, was im Sinne zunehmenden therapeutischen Klimas die Abwehr verstärken würde und daher schädlich wäre, haben wir millimeterweise die verschüttete Landschaft des Patienten zu rekonstruieren, Bruchstücke eines sozialen Kontextes wiederherzustellen, der es erlaubt, daß der Patient sich nicht nur als Individuum, sondern auch wieder als Person fühlt. Dazu gehört insbesondere die Wiederherstellung und *Pflege* von Beziehungen zu Angehörigen, wobei aufgrund der massiven Schuldgefühle der Angehörigen (noch nach Jahrzehnten!) mit ihnen intensiver zu arbeiten ist als mit dem Patienten, bis sie sich von ihren Gewissensbissen freisprechen und angeben können, einen wie geringen Kontakt sie in der Zukunft verläßlich und freiwillig halten wollen. Das ist fast immer erfolgreich, wobei auch heute noch gelegentlich der Suchdienst des Deutschen Roten Kreuzes oder ein Einwohnermeldeamt hilfreich sein können, um z.B. eine Schwester wiederzufinden. Es gehören dazu auch gemeinsame Besuche in der Heimatgemeinde des Patienten. – 4. Nach diesen Vorbereitungen, die 1 bis 2 Jahre dauern können, können wir für einen erstaunlich großen Teil dieser Patienten eine Wohnung finden, gemeinsam mit ihm organisieren und ambulante Betreuungsmöglichkeiten verabreden. In der Regel wird dies keine Wohngruppe sein, sondern eine Einzelwohnung, eine Zweier- oder höchstens eine Dreier-Wohung – wie andere Menschen desselben Alters eben auch leben. All Ihren Ängsten zum Trotz geht das meistens gut. Die Patienten kommen zurecht, klagen viel und freuen sich manchmal – wie andere auch. Wir machen uns eben oft nicht klar, wie abhängig der größere Teil der Bevölkerung lebt, auch wenn er nicht durch die Psychiatrie gegangen ist. Manchmal empfiehlt sich zudem die Anbindung an einen Patienten-Club, einen Senioren-Treff, Vermittlung einer Tätigkeit (alter Arbeitsplatz im Krankenhaus oder Aushilfstätigkeit in der Gemeinde). Stundenweise Betreuung durch das Krankenhaus, sei es durch die Ambulanz unentgeltlich oder als Nebentätigkeit bezahlt (Übergangspflege nach §§ 68, 69 BSHG), durch den Sozialpsychiatrischen Dienst, die niedergelassenen Ärzte, Laien oder Sozialstation. – Hier ist kaum ein Unterschied zum Umgang mit Langzeit-Patienten (Unheilbaren), die früher schizophrene Zeiten hatten.

VIII Epidemiologie und Prävention

Epidemiologie ist die Wahrnehmung einer Kränkung/Krankheit bezüglich ihrer Verbreitung, ihrer Bedingungen und der Bedeutung ihres Auftretens. Die meisten Daten sind unbefriedigend, weil bisher übersehen wurde, daß ihre Gewinnung wie bei der Diagnostik mit der Selbstwahrnehmung von Menschen, die sich begegnen, zu tun hat. Was für die Diagnose die Therapie, ist für die Epidemiologie die Prävention: Sie will die epidemiologisch wahrgenommenen Daten wahr*machen*, d.h. die Bedingungen einer Störung/Kränkung beeinflussen.

1 Verbreitung

Die Häufigkeit „endogener“ zyklothymer = phasischer = affektiver = manisch-depressiver Psychosen in Europa 0,4 bis 1 %, in den USA 0,3 bis 0,4 % der Bevölkerung. Zahlen hängen also von den Wahrnehmungsgewohnheiten der psychiatrischen Forscher ab.

Phasenart: 66 % monopolar depressive, 8 % monopolar manische und 26 % bipolare Lebensläufe. *Geschlecht:* Beim Depressiv-Sein verhalten sich Frauen zu Männern wie 7:3, beim Manisch-Sein wie 1:1. *Sozialschicht:* Keine besonderen Unterschiede. *Alter:* Wir werden erst schizophren, dann manisch, erst ab dem 3. Lebensjahrzehnt sind wir „depressionsreif“. Daher in der Kindheit kaum ausgeprägtes Depressiv-Sein. Den veränderten Ausdruck des Depressiv-Seins im Rückzugsalter haben wir beschrieben. *Phasendauer:* Mittelwert früher 6 Monate, heute kürzer. Beginn überzufällig im Frühling und Herbst.

2 Bedingungen

Statt von Ursachen („Ätiologie“) sprechen wir gemäß der größeren Bescheidenheit der heutigen Wissenschaft lieber von Bedingungen, die die Entstehung eines Leidens fördern (Pathogenese). (Bis heute haben sich kaum Forscher gefunden, die systematisch die Bedingungen suchen, die einem Leiden abträglich sind.) *Erblichkeit (Heredität):* Manisch-depressive Erkrankungswahrscheinlichkeit (Morbidität) der Durchschnittsbevölkerung 0,3 bis 1 %. Risiko der Verwandten eines manisch-depressiven Patienten: Für Eltern, Kinder, Geschwister 10 bis 15 %, für seinen zweieiigen Zwilling 20 %, für seinen eineiigen Zwilling 50 bis 80 %. Bei Kindern von 2 manisch-depressiven Eltern 30 bis 40 %. Erbgang unbekannt, evtl. mehrere dominante Gene mit unvollständiger Durchsetzungsfähigkeit (Penetranz) beteiligt. Unklar, ob Krankheit oder Disposition vererbt wird. Jede Familie kann Handlungsmuster genetisch oder psychosozial „vererben“. Das können Forscher kaum unterscheiden. Ein idealer Forschungsansatz wäre: Ein Team, gleich stark aus genetisch und psychosozial orientierten Forschern bestehend, entwickelt eine Gesamthypothese, deren genetische und psychosoziale Anteile gleich große Chancen der Bestätigung haben und untersucht eine möglichst große Gruppe eineiiger Zwillinge, die von Geburt an in unterschiedlicher Umgebung aufgewachsen sind, was bis heute kaum möglich ist! *Konstitution:* Dies meint alle vererbbaren körperlichen und seelischen Eigenschaften, besonders Körperbau und Temperament, im einzelnen ebenfalls schwer von Umweltbedingtheiten abgrenzbar. Nach Kretschmer ist Zyklothymie die extreme Steigerung des normalen Persönlichkeitstyps mit zyklothymem Temperament und pyknischem Körperbau, wobei letzterer weniger oft vorliegt als angenommen. Dieser Persönlichkeitstyp (Psychomotorik: flüssig, reizadaequat; Stimmung: heiter-traurig; Sozial: extravertiert, gesellig) findet sich zu 40 bis 50% bei zyklothymen Patienten. Es gibt viele Typologie-Versuche, zuletzt hat Tellenbach den starr auf Ordnung fixierten „Typus Melancholicus" konstruiert und ihn besonders oft bei zyklothymen Patienten gefunden. *Biochemie:* Man findet Beziehungen zum Serotonin so wie Erniedrigung des Noradrenalin-Umsatzes bei depressiven, Erhöhung bei manischen Patienten. Dies soll auch neurotische und psychotische Depressionen unterscheiden, was durch die Unterschiede der Körpernähe erklärbar wäre. *Körperliche Bedingungen:* Depression bzw. Manie findet man zu 10 bis 25% bzw. 7% während und vor allem nach Körperkrankheiten, besonders bei Hirngefäßleiden, Encephalitis, Viruserkrankungen, Mononukleose, infektiöse Hepatitis, Hormonstörungen, Zuständen nach Operation, nach längerer hormoneller oder neuroleptischer Behandlung oder nach Hungerdystrophie. Im Wochenbett sind Psychosen (vor allem periodische Depressionen) 10 Mal häufiger als in der Schwangerschaft. *Psychosoziale Bedingungen:* Vor Depressionen findet man zu 10 bis 40%, vor Manien zu 7 bis 30% typische, meist belastende psychosoziale Situationen oder Ereignisse, häufiger mit zunehmendem Alter und bei Frauen. Kriege und ähnliche vitale Handlungsanforderungen wirken eher depressionsentlastend. Häufig dagegen findet man jahre- oder jahrzehntelange verdeckt-widersprüchliche zwischenmenschliche Beziehungen („Clinch") oder Serien menschlicher oder beruflicher Enttäuschungen, den Verlust wichtiger Bezugspartner, den Verlust von Möglichkeiten, Chancen und Wunschträumen. Für Situationen, die mit dem Aufgeben-Können von alten und der Ausrichtung auf neue Handlungsweisen zu tun haben, gibt es Diagnosen wie: Entwurzelungs-, Umzugs-, Berentungs- und Entlastungsdepression. Da es auch die Belastungsmanie gibt, können wir also das Erreichen eines Zieles depressiv, das Gegenteil davon auch manisch verarbeiten. Lange Zeit extremer Hoffnungslosigkeit (KZ, Kriegsgefangenschaft) können ein auch lebenslanges, quälendes und kaum zu beeinflussendes Depressiv-Sein zur Folge haben.

Zur Erklärung dieser Zusammenhänge stichworthaft 4 theoretische Ansätze:

- Soziologische Rollentheorie

Ein gewohntes Rollenmuster ist (z.B. durch Umzug) verlorengegangen. Der Betroffene hat sich in seine alten Rollen so hineinformuliert, daß er mit ihnen auch viel von sich selbst verliert, wird dadurch unfähig/unwillig, neue Rollen wahrzunehmen, er wird depressiv. Daher besonders beim Altern über 50% der Spät-Depressiven psychosozial bedingt. Das Überwiegen depressiver Frauen wird mit ihren weniger befriedigenden und durch erreichte Ziele belohnten Rollen erklärt. In der Tat ist die depressive 35- bis 50jährige Hausfrau, die ihr Tun sinnlos findet, während die Kinder sich verselbständigen und der Ehemann größeres soziales und erotisches Prestige als sie in der Öffentlichkeit hat, der häufigste Typ – eben die „Hausfrauen-Depression".

- Verhaltenstherapie

Lerntheoretisch tritt Depressiv-Sein auf, wenn ein bisher hinreichend belohntes Verhaltensmuster für einen Menschen seinen Belohnungswert verliert.

- Psychoanalyse

Jedes Element der Gegenwart kann Symbol einer krankmachenden Konstellation der Kindheit sein. Freud zählt Depressionen zu den „narzißtischen Neurosen" wegen des übersteigerten Anspruchs des Selbstwertgefühles, das daher an der Wirklichkeit ständig enttäuscht wird. Häufig die Kombination aus Unersättlichkeit der Liebesbedürfnisse (orale Impulse) und Hemmung der aggressiven Impulse. Der Verlust eines geliebten, aber eben nie genug liebenden, daher *auch* gehaßten Menschen (Objekt) macht aus dem bisher gehemmten Haß Schuldgefühle, was zu Selbsthaß und depressiver Selbstbestrafung führt. –

- „Life event"-Forschung

Wegen des Problems der subjektiven Bewertung durch den Untersucher haben Forscher wie Brown und Wing begonnen, *sämtliche* Ereignisse (events) bei einem Menschen wertfrei zu zählen. Sie fanden in den letzten Monaten vor einer Depression wesentlich mehr Ereignisse bei Depressiven als bei einer sonst gleichen nicht-depressiven Vergleichsgruppe.

3 Bedeutung

Für die Bedeutung des Depressiven und Manischen sind hilfreich Psychiatrie-Geschichte, transkulturelle Psychiatrie (= Vergleich zwischen verschiedenen Kulturen), aber auch der phänomenologische Ansatz von Goffmann. Solange und wo immer es Menschen gibt, gehört Depressiv-Sein und Manisch-Sein zu den Ausdrucksmöglichkeiten, wenn Menschen miteinander nicht zurechtkommen und sich ihre Situation unerträglich machen. Sie haben zu tun mit: Unabhängigkeit–Abhängigkeit, Verlust–Gewinn, Leisten–Versagen, Selbstwert–Wertlosigkeit, Macht–Ohnmacht, Selbsterhöhung–Selbsterniedrigung, einengende Ordnung–ausweitende Befreiung, Trauer–Glück, Hilflosigkeit–Hilfe usw.... Menschen *leben* ihr Depressiv-Sein. Dieser Wahrheit kam Kraepelin mit seiner Formulierung „Manisch-Depressives Irre-

Sein" näher als diejenigen, die heute das Ganze als „Krankheit" ansehen. Das „Krankhafte" ist nur ein Teilaspekt.

Was sich geschichtlich beständig wandelt, ist die Resonanz, unsere Bewertung des Manischen und Depressiven, was auch etwas über uns aussagt. In früheren Zeiten, in nicht-industriellen Kulturen und auch bei uns heute z.B. auf dem Lande ist Depressiv-Sein praktisch nie ein Grund, jemanden aus dem Familienverband zu entlassen: Depressiv-Sein wird zugelassen, als Möglichkeit akzeptiert, wird mitgetragen. Deshalb können wir es in manchen Kulturen nicht oder nur selten „finden". Das Manische macht sich dagegen selbst sichtbar, wird daher eher bewertet (religiös, durch Bestrafung), wird auch transkulturell gleich häufig gefunden.

Vor allem für das Manische wurde im 17./18. Jh. die Einrichtung der Entmündigung geschaffen, als zwei Werte wichtig wurden: Die taktvolle Einhaltung der Grenze zwischen Privatbereich und Öffentlichkeit sowie der für die Wirtschaftsentwicklung notwendig gewordene Schutz des sich vermehrenden Kapitals. Manisch-Sein bedeutet geradezu die taktlose und bloßstellende Vermischung von Privatem und Öffentlichem (Goffman) sowie die Freude an Verschwendung. Auch die ersten speziell psychiatrischen Einrichtungen (um 1800) wurden vor allem für das expansiv störende Manisch-Sein gegründet. Erst während des 19. Jahrhunderts wuchs die Zahl der „gefundenen" und in die Anstalten gebrachten Depressiven, die von der Familie nicht mehr mitgetragen werden konnten, weil 1. im Zuge der Industrialisierung die Familienverbände zu Kleinfamilien zerschlagen wurden, 2. nach einer neuen Norm alle Bürger zu arbeiten hatten und Untätigkeit moralisch unzulässig wurde, was 3. dazu führte, daß pflichtbewußtes und im Prinzip unbegrenztes Leistungsstreben zur obersten Gewissensinstanz wurde, ein Anspruch, von dem gerade die ohnehin pflichtbewußt-ordentlichen, depressionsgefährdeten Menschen sich willig überfordern ließen. Dies entspricht dem Typ der innengeleiteten Persönlichkeit des 19. Jh. von Riesman. Im 20. Jh. nimmt die Diagnose Depression zugunsten der Diagnose Schizophrenie ab. Also wieder die Frage: ändern sich die Menschen oder ändert sich die Bewertung ihres Handelns – jetzt etwa gemäß dem außen-geleiteten (fremd gesteuerten) Persönlichkeitstyp des 20. Jahrhunderts? – Nachdenklich macht schließlich auch die Bedeutung des Zyklothym-Seins. Obwohl es dies immer schon gab, wurde es erst 1845 von Falret „entdeckt". Warum, so fragt man sich, konnten Psychiater es erst wahrnehmen, als die zyklische Betrachtung des Geschichtsablaufes üblich geworden und die Konjunkturzyklen in der Wirtschaft entdeckt und ins Interesse der Öffentlichkeit gerückt waren? Welche Wertvorstellungen steuern heute meine Wahrnehmung? Wenn schließlich die zyklische Wiederholung erst gesehen werden konnte, als es schon seit Generationen psychiatrische Einrichtungen gab, könnte es dann nicht sein, daß wir durch unsere Einrichtungen in der bisherigen Form nicht nur das Chronisch-Werden fördern, sondern auch die „ewige Wiederkehr" der Patienten, also die Neigung zur Wiederholung der depressiven oder manischen Phasen, weil wir zu wenig von diesen menschlichen Ausdrucksmöglichkeiten zulassen und zu viel davon technisch wegorganisieren wollen? Immerhin schreibt die Bevölkerung in Meinungsumfragen den psychiatrischen Patienten an erster oder zweiter Stelle die Eigenschaft zu, daß sie immer wieder in psychiatrische Einrichtungen zurückkehren. Und Patienten sind auch ein Teil der Bevölkerung und haben dieselben Meinungen. Auch hier ist noch eine Antwort fällig.

4 Prävention

Sie ist – wie schon gesagt – angewandte, wahrgemachte Epidemiologie. Die Möglichkeit, depressiv oder manisch zu sein, ist nicht abzuschaffen. Sie gehört zum Menschen. Was kann Prävention dann tun? Sie kann versuchen, dafür zu sorgen, daß diese Möglichkeit weniger oft verwirklicht werden muß: in der Gesellschaft allgemein (primäre Prävention) ebenso wie bei gefährdeten Individuen (sekundäre Prävention).

Zunächst zu den Gefährdeten: Egal, ob jemand schon mal depressiv war oder noch nicht, es gibt eine Menge Bedingungen, aus denen man geradezu eine „Risikogruppe" (wie z.B. bei Infarkt-Gefährdeten) konstruieren könnte. Dazu würde jemand gehören, der selbst-verbietend mit sich umgeht, sich in Schwierigkeiten kleiner macht als er ist, der Leistungsehrgeiz und Unabhängigkeitskampf mit Versagensangst und Neigung, sich abhängig zu machen, kombiniert, der alles sehr genau nimmt, und der die Abhängigkeitsneigung wie die Unfähigkeit, Trauer, Schmerz, Trennung und Aggression zu leben, in seinen Beziehungen zu Anderen sich auswirken läßt. Wenn dieser Mensch ferner depressive Verwandte hätte und eine unzufriedene Hausfrau wäre (mit sich verselbständigenden Kindern und einem vitalen Ehemann, der „alles kann") oder sich mit dem eigenen Älterwerden nicht anfreunden könnte, wäre er hochgradig depressiv gefährdet. Präventive Maßnahmen ergeben sich aus der Beschreibung. Wäre er schon mehrfach kurz hintereinander depressiv/manisch geworden, käme die Lithium-Prävention hinzu.

Entsprechend ist alles primär-präventiv wirksam, was gesamtgesellschaftlich depressive (manische) Handlungsweisen weniger wahrscheinlich und nötig macht. Dazu gehören alle Bemühungen, die das pflichtbewußt-selbstüberfordernde Leistungsstreben (mit Richtung auf grenzenloses wirtschaftliches Wachstum) als Wert in Frage stellen und Untätigkeit moralisch wieder erlaubt sein lassen – eine Aufgabe, die wir wegen der zunehmenden und bleibenden Arbeitslosigkeit sowieso zu lösen haben. Damit hängt zusammen, daß Unabhängigkeit und Abhängigkeit in ein heute lebensfähiges Gleichgewicht zu bringen sind, d.h. Entwertung des heute verlogenen absoluten Unabhängigkeits-Ideals und Aufwertung der Abhängigkeit, für die mehr Möglichkeiten solidarischen Handelns zu finden sind. Ferner sind alle Lebensformen wirksam, die den Typ der kleinfamilien-frustrierten Hausfrau, der sich selbst isolierenden Zweierbeziehung und des abgeschobenen alten Menschen verhindern. Schließlich haben wir alle zu lernen, daß Trauer, Schmerz, Verlust, auch Bösartigkeit, nicht (depressiv) niederzuschlagen, sondern unabänderlich zum Menschen gehören und daher zu leben sind.

Literatur

Arieti u.a.: Depression, Stuttgart, Klett-Cotta 1983

Faust, V. u. G. Hole (ed): Depressionen, Stuttgart, Hippokrates 1983

Goffman, E.: Das Individuum im öffentlichen Austausch, Frankfurt, Suhrkamp 1974

Katschnig, H. (Hrsg.): Sozialer Stress und psychische Erkrankung, München, Urban & Schwarzenberg 1979

Kielholz, P.: Diagnose und Therapie der Depression für den Praktiker. München, Lehmanns 1971

Mitscherlich, A.: Die Unfähigkeit zu trauern, München, Piper 1977

Pohlmeyer, H.: Medizinische Psychologie und Klinik. Stuttgart, Verlag für angewandte Psychologie 1982

Schmidbauer, W.: Helfen als Beruf, Reinbek, Rowohlt 1983

Seligman, M.: Erlernte Hilflosigkeit. München, Urban & Schwarzenberg 1979

Tellenbach, H.: Melancholie. Berlin, Springer 1974

Weitbrecht, H.-J.: Depressive und manische Psychosen in: Psychiatrie der Gegenwart II/2. Berlin, Springer 1972

8 Der sich und Andere versuchende Mensch (Abhängigkeit, Sucht)

I Landschaft der Sehnsucht/Wunschlandschaft

Auch Sucht (-Krankheit) ist meist eine Selbstfindungsgefahr im Kontext der Lebensaufgaben zwischen 25 und 35 Jahren – ähnlich der Depressivität, womit sie viel Gemeinsames hat, z. B. die Un-Abhängigkeits-Sucht. Auch Sucht ist grundsätzlich eine positive wie negative Möglichkeit für jeden Menschen, zumal wir alle einerseits den Wunsch nach Rausch, Trunkenheit, Extase, Exzeß, Maßlosigkeit und Identität kennen, wo wir die Grenzen unseres alltäglichen, erlaubten Lebens sprengen, was am besten in dem Wort *Sehn-Sucht* erfaßt ist; und zumal wir andererseits lebensnotwendig uns auf Menschen, Rollen, Dinge, Umstände einlassen, uns in sie hineinformulieren, unseren Halt in ihnen suchen, uns von ihnen abhängig machen, Teil von etwas werden. Beides kann sich verselbständigen und uns und Andere zerstören.

Wie sieht die Landschaft für uns aus, wenn wir den süchtigen, abhängigen Weg gehen? Unsere ideellen, politischen und soziokulturellen Gegebenheiten sind diesem Weg günstig, was die zunehmende Zahl der Suchtkranken erklärt. Wir alle glauben leicht, daß alles Negative eigentlich nicht zu unserem Leben gehören sollte: Schmerz, Schlaflosigkeit, Angst, Leiden, Unberechenbares, Unerwartetes sehen wir als überflüssige Umwege, die wegorganisiert werden müssen und auch können. Dafür gibt es heute Mittel. Solche Umwege können zeitsparend begradigt werden. Wir glauben, daß alle Täler, alle Tiefen der Landschaft eingeebnet und planiert werden können, damit wir *die* Gipfel, die Höhen mühelos und rein genießen können. Wir wollen ständig die „Kapitäne unserer Seele“ (Bateson) sein. Nur das Positive zählt, das Negative wird besiegt. Das ist heute möglich und machbar, glauben wir. Obwohl (oder weil?) die Zahnärzte technisch schmerzfreier arbeiten, ist die Angst vor ihnen gewachsen. Rationalisierung und Automation erlauben höhere Leistung mit weniger körperlicher Anstrengung. Will sagen: Fortschritt zielt darauf ab, auch noch den letzten Rest von Angst und Anstrengung zu beseitigen. Man kann gleichzeitig „sein wie die Anderen“ (Anpassung, Sicherheit) und „besser sein als die Anderen“ (Freiheit, Unabhängigkeit). Es gibt die Total-Lösung. Das Absolute ist jetzt und hier zu verwirklichen. Träume, Wünsche, Möglichkeiten sind nichts Jenseitiges. Sie sind vielmehr in die Wirklichkeit hereinzuholen und umzusetzen. Die Landschaft ist nach unseren, meinen Wünschen und Träumen restlos anzueignen. Sehnsucht entfällt, wo alles machbar ist. „Wie geht es Ihnen?“ – „Wenn ich vom Schlechten absehe, gut!“

Wenn Sie nachdenken, erkennen Sie natürlich den Unsinn dessen, was Sie bisher gelesen haben. Das Negative gehört bitter nötig zu unserem Leben, damit Entwicklung, Entfaltung und Selbstverwirklichung stattfinden kann – für die Gesellschaft wie für den einzelnen Menschen. Keine Selbst- ohne Weltverwirklichung. Das wußte schon Hegel. Die begradigten Umwege sparen zwar Zeit, lassen aber das Gehen des Weges verarmen und begünstigen Verkehrsunfälle. Die planierten Täler und Tiefen nehmen den Genuß an den Gipfeln und Höhen. Die Automation erhöht den Streß für die Arbeitenden wie die Zahl und das Elend der Arbeitslosen. Man kann nicht gleichzeitig gleich und besser sein. Die kaputten Zähne steigern den Schmerz, wenn Angstfreiheit das Ideal ist. Viele Möglichkeiten, Träume und Wünsche werden schal, wenn wir sie in unsere Wirklichkeit einverleiben. Nur dadurch, daß wir sie jenseits unserer Grenzen halten und die Spannung zwischen ihnen und uns akzeptieren und nutzen, können wir unsere Wirklichkeit in ihre Richtung ausweiten. So hart, dann aber auch fruchtbar ist unser Verhältnis zum Jenseitigen, zum Absoluten. Die Landschaft, die wir nicht nach ihren Möglichkeiten, sondern nur nach unseren Möglichkeiten und Träumen manipulieren, verliert ihren Charakter, ihre Widerständigkeit zu uns, kann uns nichts mehr geben, uns nicht mehr tragen, ist tot und macht uns leer. Wo ich nur noch ich selbst bin (Identität, Unabhängigkeit), findet Austausch, Stoffwechsel, Leben nicht mehr statt.

Nun ist derjenige Teil in jedem von uns und in der Gesellschaft, der sucht- oder abhängigkeitsgefährdet ist, nicht bereit zu solchem „vernünftigen" Nachdenken, das schmerzhafte, anstrengende und einschränkende Kompromisse in Kauf nimmt, wie auch immer psychosozial und genetisch begründet. Dieser Teil ist unvernünftiger, hartnäckiger, ehrlicher, stolzer als der Rest. Er will die Träume der Kindheit und Jugend nicht der Erwachsenen-Vernunft opfern. Er will das „Reich Gottes", das „Schlaraffenland" und alle großen und kleinen Träume der Menschheit jetzt und hier verwirklichen. Er versucht es wieder und wieder. Das Sisyphus-Scheitern macht ihm nichts aus. Er versucht es weiter. Er versucht sich und Andere, auch die Götter: Er entspricht der Figur des Prometheus, der den Göttern das Monopol des Feuers entriß und damit die Menschen an Macht den Göttern gleichstellen wollte. Bei diesem ewigen Versuche, der immer wieder der Sehnsucht folgt, Gegensätzliches zur Deckung zu bringen, bleiben Lücken. Diese Lücken werden mit äußeren Mitteln gefüllt: mit Alkohol oder Medikamenten oder Drogen. Je endloser das auf der Stelle tretende Versuchen, desto mehr desselben. Daran ändert nichts, daß das Verweigern des Negativen, der Angst, der Schmerzen nur zur Vermehrung von Angst und Schmerzen führt. Der Weg wird weitergegangen. Strafen zählen nicht: Prometheus wurde zur Strafe an einen Felsen geschmiedet, wo ihm täglich ein Adler die Leber zerfleischte – ausgerechnet die Leber!

Wer derart stolz, unbeugsam und stur sich und andere versucht, geht einen Weg, auf dem er zwar einem Teil des Wesens aller Menschen näherkommen kann, der aber auch gewalttätig ist, nicht nur gegen seine Landschaft, sondern auch gegen sich und Andere: Körperkrankheiten, Früh-Invalidität, sozialer Ruin, Suicid, Betriebsunfälle, Verkehrsunfälle, Straftaten. Das Hauptschlachtfeld dieses gnadenlosen Kampfes sind jedoch – zumal in der Lebensphase des Erwachsenen – die Partnerbeziehung und Familie. Wie der depressive Weg, so wird auch der Weg in die Sucht entscheidend durch die Abwehr der Begegnungsangst zweier Lebenspartner gefunden. Freilich ist es meistens auch hier so, daß einer der beiden seine Ursprungsfamilie verlassen hat, bevor er ein lebensfähiges Gleichgewicht zwischen Abhängigkeits- und Unabhängigkeitswünschen gefunden hat, vielmehr noch als Erwachsener seine Unabhängigkeit gegen die Autorität von Eltern erkämpfen zu müssen glaubt. Dieser jugendliche Charme läßt ihn leicht von seinen Eltern in den „Besitz" eines Partners übergehen, der das ganz gern hat, weil er dadurch selbst in die Rolle des Unabhängigeren hineinpolarisiert wird und Freude an der Elternrolle hat. Dadurch kommt von vornherein in die Beziehung ein Element von Lebens- oder Entwicklungshilfe des Einen durch den Andern hinein, was Partnerbegegnung (= auf *derselben* Ebene) unmöglich macht. Diese Konstellation führt dazu, daß beide Partner die Begegnungsangst nicht nutzen können, sondern abwehren. Sie können den Unterschied, die Distanz und Spannung zwischeneinander, und damit die Eigenart des jeweils Anderen, als Gegner, nicht akzeptieren, entwerten ihn vielmehr, da sie endlos versuchen müssen, ihn zu ändern, wogegen der Andere sich wehren muß und wodurch beide Partner zunehmend das Gefühl haben, im Recht zu sein. Sie leben ihre Beziehung mehr symmetrisch als komplementär (Bateson). Der unabhängigere Partner fühlt sich durch das Anderssein des Anderen bedroht, möchte immer mehr Nähe und den Anderen nach seinem eigenen Maßstab sich gleich machen. Da das ebenso aussichtslos wie anstrengend ist, werden die entstehenden Lücken „zur Erholung" mit Alkohol oder mit Medikamenten gefüllt. Denn diese erzeugen die Illusion, mit äußeren Mitteln die Sehnsucht nach Verschmelzung der Gegensätze bzw. der Gegenüber stillen zu können. Das wäre die Verwirklichung des Absoluten ohne Weg dorthin. Denn die meisten Suchtstoffe haben einen zugleich aktivierenden und passivierenden, zugleich stimulierenden und sedierenden Effekt. Ich kann mir damit das Gefühl erzeugen, meine einsame Einzigartigkeit zu leben und zugleich in der Welt und in den Erwartungen der Anderen oder des Anderen aufzugehen, da ich sie stillschweigend nach meinem Bilde geformt habe. Gleichzeitig – mal federführend, mal nachhinkend – muß der unabhängigere Partner denselben symmetrischen Weg gehen. Er wächst, ohne es zu merken, zunehmend in die Eltern- und Autoritätsrolle hinein, wird zum Entwicklungshelfer oder Kontrolleur. Statt daß beide gerade durch Nutzung ihres Unterschiedes aneinander ihre Persönlichkeiten entfalten, findet für beide keine Entwicklung mehr statt: Vielmehr nehmen auf der einen Seite die Alkohol/Medikamentensucht und in gleichem Maße auf der anderen Seite die Kontrollsucht zu. Dies wird zunehmend ein geschlossenes System, bis beide aus eigener Kraft nicht mehr voneinander lassen können, sondern sich gegenseitig zerstören, meist fehlt selbst die Kraft zum Aussteigen. Dies von der übrigen Landschaft zunehmend isolierte Gefängnis zu Zweit kann bestenfalls mit Hilfe Dritter geöffnet werden. Depressive wie abhängige Patienten leben sich also auf ähnliche Weise in eine ungeheure Überangestrengtheit hinein, wenn diese sich auch im ersteren Falle nach außen in gelähmter Untätigkeit, im letzteren Fall in pausen- und lückenlosem Tätigsein ausdrückt. Überspitzt ist der Unterschied folgender: Der depressive Mensch richtet sich nach dem Maßstab des Anderen, der abhängige Mensch versucht, den Anderen nach seinem Maßstab zu richten. Die ursprünglich von allen beabsichtigte Partnerbegegnung auf derselben Ebene bleibt in beiden Fällen als Trümmerfeld auf der Strecke. Die Beteiligten können von Glück sagen, wenn sie mit dem Leben davon kommen.

Dies häufigste und trostloseste aller Gesellschaftsspiele funktioniert so gut, weil wir alle daran beteiligt sind. Alkohol trinken ist normal. Medikamente einnehmen ist noch normaler. Wir alle moralisieren: Wir schütteln den Kopf, lächeln darüber „Wie kann jemand nur so haltlos sein" oder „Armer Teufel, aber ich kann doch nicht offen über sein Trinken sprechen, sonst bin ich noch am Verlust seines Arbeitsplatzes Schuld". Und wir bagatellisieren: „Na ja, aber immerhin tut er ja noch seine Arbeit" oder „Ich helfe ihm, daß er nicht auffällt". Wir garantieren damit das Spiel der betonten Unauffälligkeit, das die größte Auffälligkeit des Suchtkranken ist. Wir sind die notwendigen Komplizen der Heimlichkeit, der Selbstzerstörung.

Wenn die Katastrophe jedoch mit unserer verschwiegenen Mithilfe in Ruhe hat ausreifen können, äußern wir die Schuldgefühle wegen unseres Nichtstuns in einem aggressiv-schadenfrohen „Ich habe es ja immer gewußt, das konnte ja nicht gutgehen". Wir sind sicher, daß jedem von Ihnen im Augenblick der Lektüre dieser Gedanken ein abhängiger Freund oder Verwandter einfällt. Soweit Sie im Gesundheitsbereich arbeiten, fällt Ihnen mit noch größerer Sicherheit ein abhängigkeitsgefährdeter Kollege ein; denn am Arbeitsplatz sind wir noch „solidarischer". Ob dieses Kapitel etwas taugt, ließe sich vielleicht daran messen, daß Sie Ihre komplizenhafte Beziehung zu diesem gefährdeten „Nächsten" ändern können.

---

1. Übung: darüber nachdenken, daß die sozial erlaubten Abhängigkeiten und Süchte, wie die Arbeitssucht, sich ähnlich, z. B. parinerschaftszerstörend auswirken („Arbeitholiker"). Die strukturelle Arbeitslosigkeit zwingt inzwischen zu der Forderung, daß das Erlernen von Faulheit und Müßiggang als kassenpflichtige Leistung anerkannt wird.

2. Übung: Jeder von uns überlegt sich, welche Droge er benutzt a) unerlaubte und b) erlaubte, weil einen falschen Gesellschaftszustand aufrechterhaltend.

3. Übung: Wo sind wir nicht „ökonomisch", sondern „maßlos" – z.B. in Spiel, Musik, Tanz, Liebe (Hörigkeit, Eifersucht), in religiösem Glauben, im politischem Meinen und Kämpfen? Wo fördert, wo hemmt dies maßlose Entwicklung?

II Versuchte Nähe von außen
(Diagnose)

1 Auffällige Unauffälligkeit

Während die Äußerungen der meisten anderen psychischen Schwierigkeiten sich mehr oder weniger aufdrängen, arbeitet der Abhängige meist systematisch an der Verheimlichung des Symptoms (Trinken/Schlucken) gegen sich selbst und Andere. Diese wird dadurch selbst zum Symptom. Das macht uns den richtigen Zeitpunkt für Hilfe fast unerkennbar, gibt uns als Mitspieler ein willkommenes Alibi: Wir sagen dann entweder „Zu spät für Hilfe“ oder „Der ist noch nicht am Ende, zu früh für Hilfe“ – beides ist gleich zynisch.

Beispiel: Examen: Ein Prüfling berichtet über seinen Fall: Herr X, 38 J., Verwaltungsangestellter, plötzlich von Freimaurern verfolgt, im Erregungszustand seine dominante Frau angegriffen, von der Polizei auf die geschlossene Station gebracht. – Jugend vom Streit seiner Eltern beschattet. Er ist stolz darauf, es besser gemacht zu haben: harmonische Familie, zufrieden mit Beruf, kurz von Fertigstellung des Eigenheims; die letzten 2 Jahre „nervöses Magenleiden“, mit Beruhigungsmitteln behandelt. Der Prüfling hatte die Diagnose der Station übernommen „endogene paranoide Psychose“, aber irgendwie war er unzufrieden.

Prüflingsgruppe und Prüfer verwandeln sich durch Rollenspiel in ein Stations-Team: Was den Prüfling unzufrieden mache? Was Herr X bei ihm ausgelöst habe? „Mir fiel seine Angestrengtheit auf. Irgendwie hat er jede Frage von mir als Angriff erlebt und sich dagegen verteidigt. Überhaupt hat er betont, wie viel Anstrengung seine Lebensleistung (Symbol Eigenheim) gekostet habe, und daß sein Leben wirklich in Ordnung sei. Das hat mich kribbelig gemacht.“ – „Sind Sie auf seine und Ihre Gefühle eingegangen?“ – „Ich glaube, das war mein Fehler: Ich habe die Angespanntheit gespürt, aber nicht zum Thema gemacht, mich von seiner Angespanntheit anstecken lassen. Je mehr ich „gebohrt“ habe, desto besser hat er sich verteidigt; wir haben uns gegenseitig eskaliert, und Herr X hat gewonnen.“ Jemand fragt nach Alkohol. Prüfling: “Ach ja, habe ich vergessen; abends mal ’ne Flasche Bier.“ Die Gruppe sammelt jetzt alles, was für Alkohol spricht: Überbemühtheit um soziale Anpassung, Harmonisierungs- und Verteidigungsbedürfnis; Ehrgeiz, es besser als die Eltern zu machen; angestrengses Aufgehen in diesen Bemühungen; Leiden an der Stärke seiner Frau; Behandlung durch den Hausarzt; schließlich seine Methode, einen Frager sich vom Leibe zu halten. Prüfling: „Wie hätte ich es besser machen können? Wie treffe ich den Ton, daß Herr X sich nicht entlarvt, sondern verstanden fühlen kann?“ Die Gruppe entwickelt folgenden Vorschlag: „Herr X, ich sehe, mit wieviel Anstrengung Sie Ihre Lebensleistung geschafft haben. Auch jetzt im Gespräch spüre ich Ihre Anspannung, unter die Sie sich setzen. Das steckt mich geradezu an. Welche Möglichkeiten der Erholung, Entlastung oder Entspannung haben Sie für sich?" – Ein weiteres, in diesem Stil geführtes Gespräch ergibt, daß Herr X in der Tat seit mindestens 4 Jahren massiv alkoholabhängig ist, jedoch sozial bisher ganz unauffällig, auch gegenüber seine Frau erfolgreich verheimlicht, zumal er vor allem auf dem Weg zur und von der Arbeit zu trinken pflegt.

Wenn es also überhaupt eine Auffälligkeit des noch erfolgreich verheimlichenden Suchtkranken gibt, dann ist es die betonte Unauffälligkeit, die Überanpassung, das übertriebene, dauerangestrengte Bemühen, zugleich unauffällig und besser als Andere zu sein, was wir – wie wir schon gesehen haben – in jeder Alltagssituation wieder und wieder mithelfen, aufrecht zu erhalten. Denn wir leiden ja regelhaft am selben Leiden: „Bloß nicht zugeben, daß wir nicht mehr können, mag kommen was will, wir sind immer unser eigener Herr, der Kapitän unserer Seele, beherrschen zumindest uns selbst!"

2 Begriffe der Abhängigkeit

Droge: Sammelbegriff für alle das Gehirn bzw. das Handeln beeinflussenden (enzephalo- bzw. psychotropen) Mittel.

Abhängigkeit: (Dependence): tritt an die Stelle der alten Begriffe (addiction) und Gewöhnung (habituation). Aber Achtung: sich dadurch nicht zur Glorifizierung der Unabhängigkeit (als Therapieziel) verführen lassen!!

Definition für Drogenabhängigkeit: (in Anlehnung an die WHO): Zustand periodischer oder chronischer Vergiftung durch ein zentralnervös wirkendes Mittel, der zu seelischer oder seelischer und körperlicher Abhängigkeit von diesem Mittel führt und der das Individuum und/oder die Gesellschaft schädigt – Bestandteil der Definition ist also auch die Gesellschaft. Nikotin, Alkohol, Haschisch werden sozial unterschiedlich gewertet.

Seelische Abhängigkeit: das schwer bezwingbare Verlangen, durch eine Droge Selbstverwandlung, Entlastung und Genuß herzustellen, mit Verselbständigung des Mittels Verlust der Konsumkontrolle, und Versuch, um jeden Preis sich das Mittel zu beschaffen.

Körperliche Abhängigkeit: Anpassungszustand mit Toleranzsteigerung, Zwang zur Dosissteigerung für dieselbe Wirkung und mit Abstinenzerscheinungen bei Absetzen oder Verminderung der Dosis.

Toleranzsteigerung: der Organismus gewinnt die Fähigkeit, zunehmende Mengen des Giftes zu „vertragen", bedingt durch zelluläre Gewöhnung, Beschleunigung des enzymatischen Abbaus, Verzögerung der Darmresorption und Aufnahme ins Gewebe, womit die Organschädigung gebahnt ist.

Gewöhnung: sowohl dieser pharmakologisch-physiologische Prozeß als auch der psychosoziale, entlastende Prozeß der Gewohnheitsbildung.

Kreuztoleranz: Toleranz gegen alle Präparate eines bestimmten Drogen-

Typs (z. B. Morphin-Typ oder Barbiturat-Typ). Die WHO hat 7 Typen aufgestellt.

Mißbrauch (Abusus): jeder Gebrauch von Drogen in übermäßiger Dosierung, als Vorstufe der Abhängigkeit.

Zweckverschiebung eines Mittels: spricht für den Übergang zur Abhängigkeit; z. B. Schmerzmittel zur Euphorisierung, „Schlafmittel“ am Tage zur Anregung.

Polytoxikomanie: die immer häufigere Praxis, unterschiedliche Drogen mit- oder nacheinander zu benutzen.

Krankheitsprozeß der Abhängigkeit: Hiervon spricht man 1. um zu zeigen, daß psychosoziale und körperliche Umbauprozesse das Fortschreiten erzwingen; 2. um *unserer* Neigung, zu bagatellisieren oder zu moralisieren, entgegenzuwirken; und 3. um dem Patienten das Rechtsgefühl und damit die Möglichkeit einer *positiven* Selbstdefinition zu geben, daß er an einer behandlungsbedürftigen Krankheit leidet, wie andere auch, in der BRD als 1968 als Krankheit im Sinne der RVO anerkannt. Prozeßhaft ist es, daß z. B. Alkohol nicht mehr kontrolliert getrunken werden kann. Präzise im medizinischen Sinne sind die Gründe freilich nicht zu benennen.

3 Typen der Abhängigkeit

a) Alkohol-Abhängigkeit (= A)

A-Abhängigkeit ist immer ein Ergebnis eines Versuchs der Anpassung, Angstabwehr und Selbsthilfe.

Einteilung, Verlauf (nach Jellinek):

Alpha-Typ: Problem- und Erleichterungstrinker; kein Kontrollverlust; seelische Abhängigkeit, da diese Angstabwehr die Probleme vergrößert.

Beta-Typ: Anpassungs- und Gewohnheitstrinker, um „mitzuhalten“ mit den (Trink-)Sitten, an Situationen gekoppelt (Fernsehen, Wochenende, Arbeitswege, Hausarbeit); wenig seelische, aber später körperliche Abhängigkeit.

Gamma-Typ: Eigentlicher Prozeß-Trinker mit seelisch-körperlicher Abhängigkeit, Toleranzsteigerung, Kontrollverlust, Abstinenzsymptome, auch wenn Abstinenzzeiten möglich sind.

Delta-Typ: Spiegel-Trinker; da über lange unauffällige, schleichende Gewöhnung der Alkohol-Spiegel sich langsam erhöht, bis er gebraucht wird, hat der Betroffene nie das Gefühl des Kontrollverlustes, und da er sozial überkorrekt ist, ist er bei dieser rauschlosen Dauerimprägnierung besonders schwer zu motivieren.

Epsilon-Typ: Periodischer Trinker (früher Quartalssäufer oder Dipsomanie); auch diese im Alltag überkorrekten Menschen brauchen den Ausbruch ins zerstörerische Sozial-Unerlaubte, um überbemüht sozial erlaubt leben zu können; maskiert sich lieber mit Hilfe von Ärzten mit der „feineren“ Diagnose phasischer Depressionen. Es gibt aber auch in der Tat fließende Übergänge zwischen phasischem Psychotischsein (manisch-depressiv) und phasischem Trinken.

Nach dem Verlauf spricht man von prae-alkoholischer Phase, wenn Alkohol vom Genußmittel zum Medikament wird, notwendiger für die seelische (alpha) oder soziale (beta) Alltagsanpassung wird. – Prodromalphase: Zunehmend allein trinken; Partner soll mit wachsendem Spürsinn das heimliche Trinken und die Verstecke doch noch entdecken, um zum Komplizen zu werden und durch Protest gegen dessen Kontrolle weiteres Trinken zu rechtfertigen (Teufelskreis); Alkohol schmeckt nicht mehr, da Entspannungsmedizin; zunehmend mißtrauisch; bezieht Anspielungen auf sich, verteidigt sich unnötig; Gedächtnislücken, Filmriß. – Kritische Phase: Schon der erste Schluck löscht die Fähigkeit zum Aufhören (Kontrollverlust); durch Selbstverachtung Depression, Suicidversuch oder Großspurigkeit und Gewalttätigkeit; ständig Suche nach Alibi und Begründung; psychosoziale Isolierung; körperliche Abhängigkeit und Folgeschäden, Wesensänderung; letzter Rest des Selbstwertgefühles krampfhaft verteidigt: Verzweifelter Stolz, keine Hilfe zu brauchen, „es schon selbst zu schaffen“. Diese Phase entfällt beim Spiegeltrinker. – Chronische Phase: Morgendliches Trinken, da schon die Nacht als Trinkpause zu lang ist; durch Leberschädigung Umkehr der erhöhten in erniedrigte Alkoholtoleranz, schon kleine Mengen werden nicht mehr vertragen; bei kurzer Abstinenz Anfälle und Alkoholpsychosen; zum Teil fortschreitender Abbau; andere können auf der Einsicht psychosomatischer Abhängigkeit in einer dazu passenden neuen Landschaft ein neues Leben aufbauen.

Die Lebenserwartung des Gamma-Alkoholikers ist um 12 Jahre verkürzt. Die Entwicklung bis zur Alkohol-Krankheit wird mit 6–12 Jahren gerechnet, bei jugendlichem Beginn aber schon mit 3 Jahren!

Körperliche Alkoholauswirkungen

Sie sind oft die ersten Auffälligkeiten. Das gibt dem Hausarzt die größte Chance und Verantwortung. Daher muß er die Verteidigungssprache der Abhängigen kennen: Z. B. ist Bier für den Abhängigen kein Alkohol! Für die Trinkmengen Aufzeichnenlassen aller Tätigkeiten einer Woche in einem Stundenplan. Ein beiläufiges hausärztliches Gespräch mit einem Arbeitskollegen, Freund oder Nachbarn macht oft eher als ein „solidarischer“ Familienangehöriger lebensgefährliches Herumrätseln überflüssig. Genauso wichtig ist die *Körpersprache* des A-Abhängigen:

Äußere Erscheinung: Gesichtsdiagnose oft entscheidend; aufgeschwemmt, rot-bläulich, teigig-fettig, Gefäßerweiterung (Teleangiektasien), wäßrige Augäpfel, Tränensäcke, vorgealtert. – Äußeres überkorrekt oder verwahrlost. Alkoholgeruch gern „überparfumiert“, oft selbst vom Ehepartner nicht bemerkt, „normalisiert“. Empfehlung: Während des Gespräches das Zimmer kurz verlassen, um die eigene Nase vom „Komplizeneffekt“ zu befreien.

Internistische Schäden: Achtung bei allen vegetativen Störungen (Stoffwechseltoxischen oder Nervenschäden) und bei Magen-, Stoffwechsel- und Ernährungskrankheiten (Gastritis, Ulcus, Eiweißmangel, Avitaminose, Diabetes). – Leber: 30% der A-Abhängigen haben Lebergewebsschäden, 60% bioptisch Leberverfettung, 10 bis 25% portale Leberzirrhose, wobei die biochemischenWerte auch normal sein können. – Pankreas: Chronische Pankreopathien oft alkoholbedingt, akute Pankreasnekrose in 25% Todesursache des schweren Alkoholrausches. – Herz: Die Alkoholbedingtheit von Herzmuskelschäden ist erst seit einiger Zeit voll erkannt, wird immer noch zu oft übersehen. Jugendlicher Hochdruck. – Lunge: Anfälligkeit für Tuberkulose; u. U. Beziehungen zum Bronchialkarzinom.

Merke: Herz-, Magen- und vegetative Beschwerden ohne anderen Grund weisen häufig auf einen A-Abhängigen in einem noch günstigen Vorstadium hin.

Operative Fächer: „Fundgrube" für unerkannte A-Abhängige, die wegen Verkehrs- oder Betriebsunfall, Schlägerei oder nach einem Sturz dorthin kommen. Für die Narkose ist Alkohol-Sofortdiagnose lebensrettend, da sonst Entzugsdelir unter der Narkose möglich ist!

Neurologische Schäden: Polyneuropathie mit Funktionsausfällen, vor allem in den Beinen; Myopathien; Intrakranielle Blutungen schon nach leichten Kopfverletzungen; Kleinhirnatrophien; Sehstörungen (durch Schädigung des N. opticus); Funikulär-Myelotische Symptome; (Zusammenhang zwischen Leber-, Pankreas- und Hirnstörungen); bei 5% Anfallsleiden.

Neuropathologisch: Diffuse Hirngewebsschäden ohne und mit Hirnatrophie, deren Häufigkeit und Folgewirkung in der Pionierzeit der Computer-Tomographie allerdings überzeichnet wurden. – Wernicke-Encephalopathie: Blutungsbedingte Gewebsnekrosen, Zelluntergänge, Bindegewebevermehrung um die Gefäße herum, in den Bereichen des Thalamus, des Hypothalamus, Umgebung des 3. und 4. Ventrikels, des Aqualductus, des Vier-Hügel-Gebietes und der Augenmuskelkerne. Hauptursache ist Thiamin- bzw. Vit. B 1-Mangel, auch direkte Schädigung.

Frauen- und Kinderheilkunde: Nach Alkoholmißbrauch in der Schwangerschaft Embryo-Fetales Alkoholsyndrom mit Mißbildungen und geistiger Behinderung (s. dort).

Psychorganische Alkoholauswirkungen: Diese vergiftungs-, also körperbedingten Psychosyndrome (met-alkoholische Psychosen) werden systematisch in Kap. 11 dargestellt. Hier nur praktisch wichtige Besonderheiten:

Akute Alkoholintoxikation

Beeinträchtigungen der Kreislauf-, Atmungs- und Bewußtseinsfunktionen. Über Abflachung der Atmung, Tachycardie, Blutdruckabfall, Schwinden der Sehnenreflexe, Pupillenerweiterung zum *Alkohol-Koma.* Tod durch Lähmung des Atmungszentrums: „Sich Tottrinken" ist leichter als gedacht.

Therapie: Bei Erregung im einfachen Rausch Herstellung eines wechselseitigen Gesprächs, Angebot einer gemeinsamen Zigarette, „auf Zeit spielen". Sonst 50 mg Atosil i.m. oder 5–10 mg Haldol. Mit Kreislauf- und Atmungsabfall rechnen.

Bei schwerer Alkoholvergiftung bzw. Koma: 10%iges Rheomacrodex als Infusion mit Depot-Novadral, mit 10%iger Lävulose, Vitamin B-Komplex, evt. 10 ml Coramin langsam i. v. sowie sonstige Maßnahmen der Vergiftungstherapie.

Pathologischer Rausch

Alkoholbedingter Dämmerzustand mit Situationsverkennung. Desorientiertheit, Halluzination, Angst, Reizbarkeit, Entladung in persönlichkeitsfremden (Gewalt-) Handlungen, meist Amnesie, Terminalschlaf. Dauer selten mehrere Stunden. – So auch forensische Beurteilung begangener Taten. Meist wenig Alkohol konsumiert. Voraussetzung: besondere (z.B. epileptische oder reizbare) Disposition und/oder Hirnschädigung. Daher bei chronischen Alkoholkranken (Alkoholintoleranz!), Hirnverletzung, Hirngefäßleiden, geistiger Behinderung und in Ausnahmesituationen mit Angst, Erregung, oft körperlicher Erschöpfung und Übermüdung.

Delirium tremens

A-Abhängige produzieren alle möglichen akut-organischen Psychosyndrome (s. Kap. 11): Durchgangssyndrom, Verwirrtheit, halluzinatorische Episode (Abortivdelire), Krampfanfälle, prädelirante Zustände als Alarmsignale des Organismus. Beim eigentlichen Delirium tremens unterscheiden wir das Delir während des Trinkens (Kontinuitäts-Delir), das Delir bei Infektionen oder Belastungen (Gelegenheits-Delir) und das Delir, das meist 3 Tage nach Entzug auftritt (Entzugs-Delir), dies am häufigsten. Keine klare Beziehung zu Dauer und Menge des Alkoholkonsums. Man vermutet z.B. eine Stoffwechselstörung (Ammoniak) beim Entzug. Da Alkohol wie andere „Schlafmittel" Traumaktivität und Krampfbereitschaft des Gehirns senkt, kommt es – so R. Jung – beim Entzug als Rebound-Effekt zum „Einbruch der Traumphasen in den Wachzustand" (Delir dem Traum ähnlich) bzw. zu Krampfanfällen (in 10% der Fälle).

Mit „Beschäftigungsdelir" ist die Neigung beschrieben, sich noch im Halluzinieren verzweifelt an der gewohnten Alltagsbeschäftigung festzuhalten. Leitsymptome für Lebensgefahr, Blutdruckanstieg, Pulsbeschleunigung und Temperaturanstieg. Delirdauer: 2–5 Tage, länger und wellenförmig (!) bei körperlich kranken, hirngeschädigten und besonders bei zusätzlich medikamentenabhängigen Alkoholikern. Krämpfe, auch der Status epileptikus, gern vor Ausbruch des Delirs. A-Abhängige mit Delir sind eher motivierbar: Das Delir ist eine Krisensituation im Sinne der „Katastrophenabwehr" und Anstoß für eine Änderung. *Therapie:* s. Kap. 17. Zusätzlich Vitamin-B-Komplex nur bei Ernährungsmängeln.

Alkoholhalluzinose

Selteneres akut-organisches Psychosyndrom mit (fast) klarem Bewußtsein, Angst und akustischen Halluzinationen (selbstbestrafend wird über sie gerichtet). – Abklingen in wenigen Tagen in 4/5 der Fälle. Beim restlichen 1/5 wird die Halluzinose chronisch.

Therapie: Nur bei deliranten Anteilen Distraneurin, bei Angst Neuroleptika.

Eifersuchtswahn

Produkt der Versuche, Selbstvorwürfe als Anschuldigungen gegen den Bezugspartner erträglicher Eifersuchtswahn, bis zur Wahnverdichtung, am typischsten Wut über das „Freisein" des Partners oder über seine Kontrolle (Kontrollumkehr) oder wegen der ekelbedingten Abwendung des Partners. Die eigene Impotenz bei u. U. gesteigerten sexuellen Wünschen werden mit vermuteter (bisweilen auch wirklicher) Untreue des Partners „erklärt". Die organische Kritikschwäche begünstigt Ausmaß der Anschuldigungen und Chronifizierung des Wahns.

Wernicke-Enzephalopathie

Als Polio-Encephalopathia haemorrhagica superior das schwerste der alkoholbedingten akut-organischen Psychosyndrome. Ihr liegt die gleichnamige (s. Kap. 11) Hirnschädigung zugrunde. Sie tritt akut mit Übelkeit und Erbrechen oder aus einem deliranten oder Korsakow-Syndrom heraus auf. Symptome: Bewußtseinstrübung, Schläfrigkeit, Augensymptome (meist beidseitige Abduzensparese, Nystagmus, bisweilen Miosis, Anisokorie, Pupillenträgheit oder -starre) Ataxie, Anfälle. Meist Polyneuropathie. Sterblichkeit 16%. Die Wernicke-Krankheit ist die akute Form des chronischen Korsakow-Syndroms. Hauptursache ist der alkoholbedingte Thiamin (B1)-Mangel, daher auch bei unterernährten Gefangenen, Karzinom-Kachexie und bei Hämodialyse möglich. *Therapie:* Vitamin B 1 100 mg täglich i.v., Überlebende behalten meist ein Korsakow-Syndrom.

Marchiafawa-Krankheit

Zerstörung des Hirnbalkens (Corpus callosum) mit Verwirrtheit, aphasischen Störungen, spastischen Lähmungen, Pyramidenzeichen und Krämpfen; vor allem bei Konsumenten von billigem Rotwein. Andere A-Abhängige kommen in eine *Nikotinsäuremangel-Enzephalopathie:* Unterernährung, Pellagra-Symptome, delirante, extrapyramidale und pyramidale Störungen. – Therapie durch kalorien- und vitaminreiche Kost und Nikotinsäure (500–1000 mg).

Chronisch-organische Psychosyndrome

Als chronische Halluzinose, Eifersuchtswahn, organische Handlungsmuster, Korsakow-Syndrom und Alkoholdemenz möglich. Das alkoholische (freilich organisch stets nur mitbedingte) Handlungsmuster zeichnet alle Alkoholkranken schon früh: Die Abhängigkeit mit der verzweifelt-unmöglichen Versuchung des Absoluten, der immer schon verlorene Kampf gegen Selbstvorwürfe, der ebenso aussichtslose Kampf mit dem Partner um Recht oder Unrecht, die anfangs noch mögliche Wahrnehmung des sozialen Abstiegs, der Zerstörung des Intimbereichs, der körperlichen Ruinierung und der hirnorganischen Einengung, zusammen mit den unablässigen und sinnlosen Versuchen der Begründung, Vermeidungs- und Projektionsabwehr. Der Außenbetrachter nimmt davon wahr: Rührseligkeit, Reizbarkeit oder Abstumpfung, Gefühlslabilität bei euphorisch-großartiger oder dysphorisch-weinerlicher Grundstimmung, Mißtrauen, Verrohung, Enthemmung, Unaufrichtigkeit, Gewissenlosigkeit, Verlust der moralisch-ästhetischen Maßstäbe, Urteils- und Kritikschwäche. Bei einem Teil nur verfestigt sich das alkoholische Handlungsmuster zu einem stabilen Gewohnheitsumbau, auf den man sich therapeutisch verlassen kann (von „Persönlichkeitsumbau" sollte man nicht sprechen).

Je führender die Hirnatrophie, desto mehr Einbußen der Steuerungsfähigkeit und der intellektuellen Funktionen. Das Korsakow-Syndrom (s. Kap. 11) ist nur eine besondere Form der allgemeinen Hirnschädigungsmöglichkeiten.

Therapie: Gute Ernährung und u. U. monatelang Vitamin B-Komplex (s. Kap. 11). Überhaupt kann auch bei alkoholbedingten Hirnschäden bei angemessener Landschaftsplanung im Rahmen einer ökologischen Abhängigkeitsnische ein selbständiges Leben ermöglicht werden, wenn auch für A-Abhängige die Sterblichkeit dreimal, die Suicidrate zwölfmal höher als für die Durchschnittsbevölkerung ist.

Merke: Die hirnorganische Beeinträchtigung berührt nicht das Recht und die Möglichkeit von Therapie und Rehabilitation; sie kennzeichnet nur ihre Voraussetzungen (s. IV,5 dieses Kapitels).

b) Medikamenten-Abhängigkeit (= M)

Sie macht dem Alkohol als dem „sozialen medizinischen Problem Nr. 1" zunehmend Konkurrenz. Sie ist ein „noch strenger gehütetes Geheimnis". Sie ist noch intimer verflochten mit ärztlichem Handeln. Sie paßt sich geschmeidiger den Gesetzes- und Zuständigkeitslücken unseres Versorgungssystems an und hat den Rückenwind der Pharma-Industrie. Aus diesen Gründen wissen wir weniger über die Medikamenten-Krankheit, und so kann sie sich sorgloser ausbreiten. – Zur Zeit eine halbe Million Bundesbürger, für die wir fast alle den „Hof" bilden, da kaum jemand immun ist.

Stil-Besonderheiten der M-Abhängigkeit

- Die Rechtfertigung fällt leichter, etwa so: „Medikamente nehmen ist normal. Das tun alle. Ich ruiniere mich nicht mit Alkohol, sondern tue was für meine Gesundheit. Ich bin ordentlich, nehme kein „Genußmittel", sondern ein „Heilmittel". Hat mir der Arzt doch selbst verschrieben. Um ihn nicht immer zu belästigen, kaufe ich mir die Tabletten selbst, entlaste dadurch die Krankenkasse. Es ist doch vernünftig, zu schlafen, keine Schmerzen oder Angst zu haben, entspannt und ruhig zu sein, freundlich zu Anderen zu sein, immer fit zu sein, mal abschalten zu können, nicht dick zu werden, regelmäßig Stuhlgang zu haben. Auch die Waschzettel geben mir Recht."
- Der Ort ist gefährlicher: Alkohol hat teils mit Öffentlichkeit (Kneipe) zu tun. Medikamente werden einsam genommen (Schlafzimmer, Bad, Toilette), so daß die zerstörerische Selbstisolierung sofort einsetzt.
- Die soziale Wertung ist höher. Während der A-Abhängige als Ventil für seine Anpassungsanstrengung sich noch eher zum Schritt ins sozial Halb-Erlaubte (das beschmunzelt Anrüchige einer Kneipe) bekennt, holt sich der M-Abhängige sein aktivierend-passivierendes Absolutes beim Arzt oder in der Apotheke mit weniger Abwertungs-Risiko, mit makelloser Weste.
- Die Verheimlichung ist perfekter. Man fällt durch Geruch, Aussehen oder Handeln weniger auf. Das Mittel ist winzig (noch im Vergleich zum kleinsten Flachmann) und erlaubt die sichersten Verstecke, wie Handtaschenfutter, doppelte Nähte, Gürtel, Dekolleté, Anus, Ritze hinter dem Küchenschrank, Strebe unter dem Arbeits- oder Wohnzimmertisch, Klospülung, präparierter Schuhabsatz. Zum Komplizen macht man oft den Arzt und den Apotheker.
- Sie gründet in der ehrwürdigen Tradition der Volksmedizin und Selbsthilfe, aus der Zeit, als die Ärzte noch den besseren Gesellschaftsschichten vorbehalten waren. Zur verantwortlichen Hausfrau gehört die Hausapotheke und das Eingemachte. Letzteres hat die Konserven-Industrie ihr abgenommen, ersteres die Pharma-Industrie, dabei freilich die harmlosen Tees und Kräuter durch giftige und suchterzeugende Medikamente ersetzend, wobei jeder weiß, daß die hauswirtschaftlichen Verbraucher die kleingedruckte Waschzettel-Warnung nicht beherzigen können.

Problem-Maskierung

Für den Fall, daß irgendetwas mit uns nicht stimmt, bevor wir wissen, was es ist, haben wir Signale: Angst, Unruhe, Schlaflosigkeit, Schmerz, Unwohlsein, Schwäche, Lustlosigkeit, Fehler bei der Arbeit, Gewichtszu- oder -abnahme, unklare Beschwerden. Hören wir auf die Signale, können wir herausfinden, was nicht stimmt, die Gefahr kontrollieren. Bekämpfen wir die Signale, kontrollieren wir nur noch sie, so daß die Gefahr sich ungehindert ausbreiten kann. Dies tun wir üblicherweise mit dem je „zuständigen" Medikament. Damit maskieren wir die Signale und das ihnen zugrunde liegende Problem. Ihre Botschaft wird stumm, unscharf, mehrdeutig, irreführend. Solche Maskierung wird – auch ohne jede Form von Abhängigkeit – zur Gewohnheit und Lebenshaltung. Vielleicht kann man dies als soziale Abhängigkeit bezeichnen. Die zugrunde liegende körperliche, seelische oder soziale Bedrohung kann weiter wirken. Oder man jagt einer falschen Ursache nach. Oder man weiß nicht mehr, ob das Signal etwas über die Person oder über die Maske aussagt. Denn „Schlafmittel" verstärken schließlich die Schlaflosigkeit, Schmerzmittel die Schmerzen, Aufputschmittel die Schwäche, Tranquilizer die Angst, Abführmittel Verstopfung. Gerade ohne eigentliche M-Abhängigkeit werden zahllose Menschen durch den bloßen Maskierungseffekt von Medikamenten in Katastrophen getrieben.

Hierzu eine Serie von uns dokumentierter Beispiele: Folgende Personen waren so medikamenten-abhängig oder -maskiert, daß ihre eigentliche Störung weder für sie noch für ihre Therapeuten wahrnehmbar war: Der, dem sechsmal der Bauch eröffnet wurde. Die Mutter, der „wegen Erziehungsunfähigkeit" ihre 3 Kinder genommen wurden. Die Frau, die seit 10 Jahren Sozialhilfe bekommt und die Unterleibs-, Schilddrüsen- und Bauchoperationen ohne rechten Befund hinter sich hatte. Der junge Mann, der bei einer fraglich-notwendigen Blinddarm-Operation in der Narkose starb. Die Patienten, die mit Schmerzmitteln behandelt wurden, bis ihr Karzinom nicht mehr operabel war. Der Vater, der wegen Rückständen in der Unterhaltszahlung mehrfach im Gefängnis saß. Der Mann, dem fünfmal wegen unerklärlicher Fehler, bei anerkannt großem Bemühen, der Arbeitsplatz gekündigt wurde. Die Frau, die jahrelang vom Sozialamt eine Hauspflegerin und Ernährungszulage bekam, bis die Sozialarbeiterin sich wunderte, warum sie immer weiter abmagerte. Die Frau, die sechsmal wegen Ladendiebstahl verurteilt wurde. Der 75jährige Greis, der zu unrecht in ein Pflegeheim zwangseingewiesen wurde (Spalt-Tabletten). Die Frau, die dreimal durch Rauchen im Bett einen Wohnungsbrand verursachte. Viele Patienten, die mit fadenscheinigen Diagnosen zu Frührentnern gemacht wurden. Die 35jährige Lehrerin, die in 27 Krankenhäusern (davon 7 psychiatrischen!) unter den abenteuerlichsten Diagnosen behandelt wurde. Die Hausfrau, der in 7 Jahren die Kieferhöhle, die Schilddrüse und der Unterleib operiert wurde und der zweimal als „Anorexia nervosa" die Kindheit durchanalysiert wurde, bis der erste Krampfanfall den richtigen diagnostischen Weg wies. Mehrere Patientinnen jüngeren Alters, die eines Tages tot in der Wohnung gefunden wurden, vom Not- oder Hausarzt mit der Sterbeursache „Herzversagen" versehen (auch ein Beitrag zur riesigen Dunkelziffer der M-Abhängigen). Die Patientin, die monatlang in einer Tagesklinik wegen endogen-zyklothymer Stimmungsschwankungen behandelt wurde. Schließlich die zahllosen Patienten/Klienten, die in ambulanter Einzel- oder Gruppenpsychotherapie unerklärlicherweise bei der Arbeit an sich selbst keine Fortschritte machen oder die Therapie abbrechen, weil die medikamentöse „Sonnenbrille für die Seele" (auch ein Name für die „Maske") weniger anstrengend ist als die Arbeit an sich selbst.

Merke 1.: Mit Patienten, die unklar leiden, können Sie nur arbeiten, wenn Sie sie ohne Medikamente kennenlernen. Sie brauchen die Angst, Angestrengtheit, Beschwerden, Leiden als gemeinsame Arbeitsmittel. Sonst wissen Sie nie, ob Sie es mit der Person oder der Maske zu tun haben. Daher: Beim ambulanten wie stationären Kennenlernen nie sofort Medikamente, auch wenn der Patient sie erwartet.
Merke 2.: Für Ihre Patienten gibt es keine Indikation für „Schlaf-", Schmerz-, Beruhigungs-, Aufputsch-, Schlankheits-, Abführmittel, Tranquilizer. Von dieser harten Regel gibt es sehr selten Ausnahmen, die begründet und auf Besonderheiten zurückgeführt werden müssen. Der Arzt, der sich nicht traut, sich der Verschreibungserwartung zu entziehen, wählte im Regelfall vorübergehend einen natürlichen Wirkstoff, im Extremfall Neuroleptika.

Zwar gelten diese 2 Regeln besonders für die niedergelassenen Ärzte unter Ihnen; denn in freien Praxen erhalten 30% der Patienten „Schlafmittel" und 40% Tagesberuhigungmittel. Aber: viele Patienten werden erst im Krankenhaus auf den Geschmack gebracht.

Zugänge zur Welt des M-Abhängigen

Wie halte ich meine Wahrnehmung offen? Am besten ist der mehrfache Hausbesuch: Überheizte, penibel ordentliche Wohnung (Verwahrlosung erst 4. Phase), Fenster auch im Sommer geschlossen – regressiver Brutkasten. Patient meist betont schlank bis klapprig – dürr, blaß, graue Gesichtsfarbe, dunkel umrandete, auch glänzende Augen, Zuwendung eigenartig wechselnd: eine Spur zu überschießend freundlich/abweisend. Blaue Flecken an Schienbeinen oder Unterarmen durch Hinfallen oder Anstoßen.

Sprachverständnis

Wie der Alkoholiker das Bier, so läßt der M-Abhängige „Schlaf-", Schmerz-, Abführmittel usw. aus: er rechnet sie nicht zu den Medikamenten. Aufzählung etlicher behandelnder Ärzte oder Medikamente ist ein Hinweis. Bestes Diagnosemittel sind die Nachbarn: Sie erleben den Wechsel im Alltagsverhalten, die Krisen mit Polizei und Notarzt, den langsamen Gewohnheitsumbau. Sie sind distanzierter als Familienangehörige, die oft als erpreßte Komplizen die Tablettenversorgung jahrelang leugnen. Das Nachschubrätsel löst sich mal über die hilfreiche alte Mutter, die nach ihrem „armen, kranken Kind" schaut, mal über Nachbarskinder, die sich so ein verläßliches Einkommen verschaffen. Nicht auszulassen ist der Kontakt zu den umliegenden Apotheken, die im Einzelfall konstruktiv mitarbeiten. Undeutliche oder überbemüht-deutliche (!) Sprache bzw. treffunsichere oder überbemüht-sichere (!) Bewegungen helfen weiter, bis die Urinuntersuchung die letzten Zweifel ausräumt. – Ausschlaggebend ist es also, die gesamte und komplizierte Landschaft des M-Abhängigen kennenzulernen.

Definition, Einteilung, Verlauf

Die Definition der M-Abhängigkeit entspricht der allgemeinen Abhängigkeits-Definition. Zur Einteilung hat die WHO 1964 sämtliche Drogen unter pharmakologischen Aspekten in 7 Typen eingeteilt: Morphin-, Barbiturat-, Alkohol-, Kokain-, Canabis-, Amphetamin-, Khat- und Halluzinogen-Typ. Für eine person-orientierte Einteilung wäre z.T. Jellineks Typisierung (Alpha bis Epsilon) übertragbar. – Der Verlauf läßt sich ebenfalls ähnlich beim Alkohol in 4 Phasen einteilen. Als erste bzw. nullte Phase hätten wir die leider noch „normale", arzt- oder selbstverschuldete Maskierungsphase anzusetzen. Da es sich um eine chronische Vergiftung handelt, lassen sich auch die meisten alkoholbedingten Körperschäden durch M-Abhängigkeit herstellen, von substanzspezifischen Eigenarten abgesehen.

Typen der M-Abhängigkeit

- *„Schlafmittel" (Hypnotika)*

Da es keine Mittel gibt, die den eigenen natürlichen Schlaf fremd-erzeugen können, sind sie eigentlich als Betäubungsmittel zu bezeichnen (s. Kap. 14). Sie produzieren die meisten M-Abhängigen. Hier tobt seit Jahrzehnten ein gnadenloser Kampf, in dem der Staat rettungslos hinter den marktwirtschaftlichen Rechten der Pharma-Industrie hinterher hinkt: Seit der Contergan-Katastrophe und seit erst die Barbiturate und 1968 Noludar rezeptpflichtig wurden, dauerte es weitere 10 Jahre, bis die hochtoxischen und langzeitkumulierenden Brom-Harnstoff-Präparate, die völlig überflüssig waren und zu etwa 1000 Todesfällen im Jahr führten, ebenfalls rezeptpflichtig wurden. Längst aber haben die Hersteller schon neue rezeptfreie Präparate auf den Selbsthilfe-Markt geworfen, in denen das Brom z.T. durch das wohl nicht weniger gefährliche Novonal ersetzt ist (z.B. Novo-Dolestan, Betadorm N); eine Packung (= 20 Tabletten) ist potentiell tödlich. Der Tanz ist fortzusetzen. Oder ist die Rate der toten und zerstörten Menschen als notwendiger Kostenfaktor unseres freigewählten Gesellschaftszustandes zu bejahen?

---

1. Übung: Verlangen Sie in 10 Apotheken ein „Schlafmittel" und fragen Sie nach seiner Gefährlichkeit.
2. Übung: Schicken Sie statt dessen Ihr Kind.

Schlafmittel-Abhängige haben gelernt, sich auch tagsüber durch Schlaftabletten zugleich ruhig und fit zu machen (Suche nach dem Absoluten: Beruhigung und Belebung gleichzeitig), ohne daß ihre Leistung wirklich steigt. – Andere nehmen vor der Psychotherapiestunde 2–4 Schlaftabletten, „um besonders gut zu sein", was die Arbeit sinnlos macht, ohne daß man den Grund dafür erkennt. – Körpergewöhnung beginnt schon in der 2. Woche der Dauereinnahme. – Alle „Schlafmittel", Schmerzmittel und Tranquilizer gehören zum Barbiturat-Alkohol-Typ der Drogenabhängigkeit (WHO): Das heißt 1. Kreuztoleranz für alle zugehörigen Präparate, weshalb Präparatwechsel-Empfehlung unsinnig ist. 2. sie alle bewirken Anfälle und Delirien; daher oft stufenweiser Entzug erforderlich. 3. Folgen ähnlich wie Alkohol incl. Entzugsdelir, Halluzinosen, organischer Gewohnheitsumbau. Der Entzug kann sich „protrahiert" über Monate hinziehen: Mit Tremor, Muskelzuckungen, Erbrechen, Kreislaufschwäche, Schwindel, Angst, Unruhe, Schlaflosigkeit, Durchfall im Wechsel mit Verstopfung.

Eine Auswahl oft mißbrauchter Mittel

a) Bromureide: Adalin, Doroma, Abasin, Bromural, Betadorm, Dolestan, Dormidap, Halbmond, Evigoa, Hoggar, Lagunal, Plantival plus, Sekundal (etwa 70 Präparate, z.T. vom Apotheker selbst hergestellt).
b) Bromide: (z.T. + Barbiturat): Eusedon, Nervophyll, Vitanerton.
c) Barbiturate: Vesparax. Dormopan, Phanodorm, Medinal, Evipan, Somnifen, Veronal, Medomin, Noctal.
d) Barbitural-Mischpräparate: Optalidon, Quadro-Nox, Cibalgin. Allional.
e) Andere barbituratfreie Mittel: Doriden, Distraneurin, Contergan, Persedon, seltener Paraldehyd und Chloralhydrat. Neu: Die Bromureid-Ersatzpräparate wie Novo-Dolestan. Betadorm N.

Therapie: Bei akuter Vergiftung Intoxikations-Therapie, evtl. Operation (Verklumpung) notwendig bzw. künstliche Niere. Entzug: in der Regel stationär, evtl. stufenweise, Herz-Kreislaufunterstützung, Polyvitamine, Neuroleptika, bei Anfallsgefahr Antiepileptika. Therapie der chronisch-organischen Psychosyndrome wie bei A-Abhängigkeit. Wegen der möglichen Körperschäden in jedem Fall internistische Betreuung.

• *Tranquilizer* (Ataraktika)
produzieren die meisten arztverschuldeten M-Abhängigen (s. Kap. 14). Unmittelbar als angenehm empfundene „Erlöserwirkung" für Konsumenten wie Ärzte: Ohne Mühe werden so gerade die problematischen, unklaren, zeitraubenden Patienten in dankbare Patienten verwandelt. Daß langfristig der Preis dafür zu hoch ist, dieser Gedanke läßt sich in der Praxis-Hektik beim Rezeptieren gut wegschieben. Körperliche Abhängigkeit selten. Umso mehr führen seelische Abhängigkeit oder die unheimlich expansive Maskierung zur total problemvermeidenden Lebenshaltung und psychosozialen Verkrüppelung (Familienzerstörung, Frühberentung). Die „Valiophilie" ist eine von Ärzten und Patienten gemeinsam betriebene Sucht. Jahresweltumsatz von Valium und Librium über 400 Millionen Dollar. 40 Millionen Einzeldosen an Benzodiazepinen werden auf der Welt täglich konsumiert. Höchstes Suchtpotential im Augenblick wohl bei Lorazepam (Tavor). Kombinierte Alkohol-Tranquilizer-Abhängigkeit wird zunehmend zum Normalfall! – Thymoleptika machen bei zu langer Behandlung ohne hinreichenden Grund abhängig. – Neuroleptika werden als so unangenehm empfunden, daß Abhängig-Werden fast unmöglich ist.

● *Schmerzmittel* (Analgetika)
werden – wenn opiat-frei – auch als Antineuralgika, Antirheumamittel oder Fiebermittel (Antipyretika) geführt, sind meist rezeptfrei, daher ständig greifbar, machen seelisch und körperlich abhängig bis zum chronisch-organischen Psychosyndrom. Das gilt für Phenacetin (bzw. Paracetamol), auch für Verbindungen mit Pyrazolon (Aminophenacon, Pyramidon) und Acetylsalicylsäure und für einige neue Präparate. Ursprünglich die Mittel zur Schmerzbekämpfung einsetzend, lernen die Patienten nach einiger Übung die zentralerregende, euphorisierende und scheinbar leistungssteigernde Wirkung, die besonders dem Phenacetin, Pyrazolon und deren Kombination mit Barbituraten und/oder Coffein zu verdanken ist. Mißbrauch verstärkt die ursprünglichen Schmerzen später.

Körperliche Folgen des Phenazetin bzw. Paracetamol sind u. a. chron. interstitielle Nephritis mit Schrumpfniere oder Urämie, Störung der Blutbildung. Pyrazolon verursacht Agranulozytose, Krämpfe, vegetative Störungen. Salizylsäure bewirkt Gastritis, Pylorospasmen, Allergien (Ekzeme, Asthma) und hämorrhagische Diathese.

Häufig mißbrauchte Präparate:

Aspirin (besonders gefährlich als Brausetablette!) Gelonida, Temagin, Spalt, Treupel, Dolviran, Togal, Thomapyrin, Saridon, Melabon, Optalidon, Spasmo-Cibalgin, Antipyrin, Cafaspin, Commotional, Eu-Med, Pyramidon, Quadronal, Veralgit, Veramon, Ilvico, Novalgin, aber auch die neueren hochwirksamen Pentazocin (Fortral) und Tilidin (Valoron). – In Kombination damit werden Migränemittel (Cafergot, Hydergin, Ergosonol) und *Rheumamittel* (Irgapyrin, Butazolidin, auch Kortisonpräparate!) mißbraucht.

Beliebt sind die Paracetamol-haltigen Thomapyrin-N, Treupel-N, Vivimed-N, Lonarid, Benuron, Detadon (Lebernekrose bei Gebrauch als Suizidmittel).

Therapie: Da meist dem Barbiturat-Alkohol-Typ angehörig, entsprechend.

● *Aufputschmittel* (Psychostimulantia, -analeptika)
vor allem Weckamine vom Amphetamintyp, Ephedrin, Benzedrin, Adrenalin, in Kombination auch Koffein, u. ä. Das ist wichtig, da somit auch viele Asthmamittel, Belebungsmittel (Analeptika), Stärkungsmittel, Nervina, Schnupfenmittel, Appetitzügler, Entfettungs- und Schlankheitsmittel und die mit letzteren meist verbundenen Abführmittel (Laxantien) allein oder in Kombination zu Mißbrauch und schwerer Abhängigkeit führen.

Amphetamine bilden mit dem z. T. vergleichbaren Kokain und Khat den Stimulantien-Abhängigkeitstyp: peripher adrenergisch, sympathikomimetisch und zentral erregend, euphorisierend. Von Nacht- und Schichtarbeitern (Gaststättenberufe, Fernfahrer, Taxifahrer, medizinische Berufe) und Leistungssüchtigen (Sportlern, Prüfungskandidaten) sowie bei Verstimmung und Erschöpfung (aufgrund falscher ärztlicher Behandlung) genommen. Sexuelle Wünsche gesteigert, Potenz gemindert. Leistungssteigerung nur scheinbar, erkauft durch Einengung der Leistungsfunktionen mit nachfolgender Erschöpfung und Schlaflosigkeit, was zur Fortsetzung und/oder Kombination mit „Schlafmitteln" animiert. Daher schnelle Dosissteigerung, seelische bei geringer körperlicher Abhängigkeit (erträglicher Entzug). Delirante, verwirrte und paranoid-halluzinatorische Psychosen, bisweilen von Schizophrenie kaum unterscheidbar. Sie können chronisch werden. Typisch ist überwache, aber eingeengte, von Detail zu Detail tanzende Aufmerksamkeit, Körperabbau bis zur Kachexie, Tachykardie, Bluthochdruck, Lungenhypertonie sowie organisch-psychosozialer Persönlichkeits-Gewohnheitsumbau.

Mißbrauchte Präparate:

Captagon, Katovit, AN 1 (Aponeuron), Rosimon, Ritalin, Preludin, Pervitin, Avicol, Tradon, Coffein, Regenon, Reactivan, ephedrin-wirksame Asthma- und Schnupfenmittel. Nervina: Metrotonin, Neurodyston, Pansedon, Vitanerton, Appetitzügler: Mirapront, Ponderax, Adiposetten, Amorphan, Fugoa, Eventin. Abführmittel werden mit diesen kombiniert, aber auch allein, in abenteuerlichen Mengen mißbraucht. Dadurch Verstärkung der Verstopfung, jedoch auch lebensbedrohliche Elektrolytstörung, nicht nur bei Anorexie.

Kokain, „die Drogenwelle der 20iger Jahre": den Weckaminen vergleichbar, z.T. in der Drogenszene. Ähnlich wirkt das Kauen der Blätter des Koka-Strauches (Peru) und des Khat-Strauches (Westafrika, Jemen), beides Alkaloide.

Therapie: Bei akuter Amphetamin- oder Kokain-Intoxikation kann neben Atem-Kreislaufbehandlung ein Barbiturat angezeigt sein. Entzug: sofort und ohne Probleme. Bei Psychosen stationäre Behandlung, schon wegen gefährlicher Aggression, und Neuroleptika.

• *Betäubungsmittel* (Morphintyp)

Durch die Technisierung der Medizin (Injektionstechnik) wurden Mitte des 19. Jh. die Alkaloide des Opiummohns (Papaver Somnifierum, so Morphin und Codein) zum damals wichtigsten Schmerz- und Suchtmittel. Seither versucht die Pharma-Industrie durch Derivat-Isolierung und Herstellung synthetischer Ersatzpräparate Schmerz- und Suchtwirkung zu trennen. Vergeblich: Denn 1. ist Schmerz weitgehend seelische Aktivität (Morphine machen eher gegen Schmerz gleichgültig, indem sie nicht den Schmerz, sondern die mit ihm verbundene Angst unwahrnehmbar machen, weshalb Stirnhirnoperierte offenbar nicht süchtig werden); und 2. wirken Morphine (wie andere „Schlaf"- und Schmerzmittel) zugleich hemmend und erregend auf fast allen zentralnervösen Funktionsebenen, fördern das Streben nach dem Absoluten der Suchthaltung: zugleich unabhängig und abhängig zu sein.

Beim Morphin-Typ, wozu alle Betäubungsmittel (BTM) gehören, schon nach wenigen Tagen Toleranz- und Dosissteigerung, daher das Opiumgesetz von 1929 und das neue BTM-Gesetz. Wegen der Kreuztoleranz ist der therapeutische Ersatz z.B. von Polamidon für Heroin sehr fragwürdig. BTM-Abhängigkeit entstand zu 70% durch ärztliche Verordnung, zu 30% ungesetzlich (Apothekeneinbruch, Schwarzmarkt, süchtige Ärzte). 20% der BTM-Süchtigen gehörten medizinischen Berufen an.

BTM-Abhänigkeit ist körperlich Hochschaltung des Parasympathikotonus (Vagotonus): trockene, graugelbe Haut, Haarausfall, Pupillenengstellung (Miosis), Puls und Blutdruck niedrig, Appetitlosigkeit, Verstopfung, Gewichtsverlust bis Kachexie, Verlust von Sexualbedrüfnis und Potenz, Schlaflosigkeit, Frösteln, Zittern, Ataxie, undeutliche Sprache. Psychosozial: wenn auch viele sich längere Zeit „BTM-montiert" leistungsfähig fühlen, Verlust der Selbstkritik, Leistungsabfall, Gefühlslabilität, Antriebsverlust, psychosozialer Ruin. Diagnose: Außer den Symptomen Einstichstellen (Außenseite der Arme, Oberschenkel, Hände, Füße), Urinuntersuchung und Erzeugung eines Entzugssyndroms durch Morphin-Antagonisten.

BTM-Kriminalität: 1. Schmuggel bzw. illegaler Handel, 2. Unrechtmäßigkeit von Erwerb, Besitz oder Weitergabe von BTM. 3. Verstöße gegen die BTM-Verschreibungsverordnung. Die Ausdehnung der Kriminalisierung von Händlern auf die Opfer ist bedenklich, da sie die Therapie-Bereitschaft verringert.

Mißbrauchte Präparate: Dolantin (Demerol), Polamidon, Morphin, Dilaudid, Dicodid, Eukodal, Jetrium (Palfium), Cliradon, Dromoran, Pantopon, Tinct. opii, Ticarda, Codein, Extr. opii, Heroin, Dionin, Paradodein. Auch andere Codein-haltige Hustenmittel. Von den neueren Schmerzmitteln ist das Tilidin (Valeron) der BTM-Verordnung unterstellt. Abhängig wird man aber auch durch einige Morphin-Antagonisten, z.B. Pentazocin (Fortral). – Von der Rauschmittelwelle abgesehen ist die Zahl der BTM-Abhängigen alten Stils abnehmend. Soweit nicht mehr therapiefähig, sind sie durch die Gesundheitsämter legalisiert, „ehrlich gemacht", auf einen Arzt bzw. Apotheker verpflichtet.

Therapie: Bei akuter Morphinvergiftung (Atemlähmung!) ein Morphin-Antagonist: meist N-Allyl-normophin (Lorfan), 5 mg i.v. (alle 1/4 Std. bis 40 mg). Bei der Intoxikationstherapie hohe Einläufe (wegen bevorzugter Darmausscheidung). – *Entzug:* mehr subjektiv quälend als gefährlich; selten Anfälle und delirante Zustände, sonst Unruhe, Schnupfensymptome, Übelkeit, Erbrechen, Durchfall, Pupillenerweiterung (Mydriasis), Muskel- und Blasenkrämpfe, Knochen- und Muskelschmerzen, Blutdruck- und Temperaturanstieg. Dauer eine Woche bis monatelang (protrahierte Abstinenz), oft kleine Dosen von Neuroleptika erforderlich. Die weitere Therapie betrifft die Sucht-Haltung und ist nicht sprichwörtlich hoffnungslos.

Prävention: Die Einführung von Sonderrezepten für BTM 1974 war besonders glücklich: diese „bürokratische" Erschwerung der Verschreibungssucht mancher Ärzte senkte die Verordnung im ersten Jahr um 40%. Was zeigt, daß auch bei den BTM, bei richtig eingeschränktem Indikationsrahmen, eine nur ökonomisch zu verstehende, unsinnige Überproduktion bestand.

c) Rauschmittelabhängigkeit (= R)

Die weltanschauliche Drogenwelle der Jugendlichen 1967 bis 1975 ist abgeklungen. Der gesellschaftsaktive Protestimpuls ist weg. Statt dessen passen sich Jugendliche heute mehr über Alkohol-, „Schlaf"- oder Aufputschmittel an die bürgerlich-etablierten Suchtmuster an. Oder der Protestimpuls ist nur noch gesellschaftsnegativ: Aussteigen über die „harten Drogen". Beides ist offenbar gefährlicher, wie die Zahl der Heroin-Toten und der Jugend-Alkoholismus zeigen.

Jugendliche Stil-Besonderheit

Nehme ich Rauschmittel (Psychodysleptika), verlasse ich eindeutiger als im Fall A, zu schweigen von M, den Raum des sozial Erlaubten, will ich sogar Illegalität. Ich bewerte mich positiv, wenn ich sozial negativ bewertet werde. Ich bekenne mich zum Genuß (Rausch, Flash, Thrill), zur „Bewußtseinserweiterung", zur alten Tradition der ekstatischen Selbstverwandlung. Ich gehe nicht auf das Mögliche zu, sondern will es ohne Anstrengung „hier und jetzt" haben. Anstelle der Medizin schaffe ich mir für die Behandlung meiner Probleme einen eigenen Ort, eine subkulturelle Gegen-Öffentlichkeit der mir Gleichgesinnten: Nach außen auffällig, nach innen in meiner Gruppe unauffällig, mit ihr identisch. Statt schuldbewußter Verheimlichung gegen mich, suche ich bewußt und radikal das Risiko: „Lieber kurz, aber schön leben, als lange, aber verlogen". Ich versuche mich und Andere – auf Leben und Tod. – All dies ist jugendgemäß, wäre auch durch andere Inhalte zu füllen, wenn es sie gäbe. Jugendgemäß ist aber auch, daß selbst in der radikalsten Unabhängigkeitssuche unterschwellig ein Training in gesellschaftlicher Anpassung und Abhängigkeit mitläuft, was das Vergängliche an der Drogen-„Welle" ausmacht: Sie kann weder für den Einzelnen noch für die Gesellschaft endlos sein. Das zeigt die Vermarktung (Abhängigkeit vom „Dealer", Pop-Geschäft) und die Industrialisierung (synthetische Drogen). Obwohl im Einzelfall katastrophal, ist also nichts Geheimnisvolles an der Drogenwelle. Und wer sich in der psychiatrischen Alltagsarbeit plagt, ärgert sich leicht, daß für wenige R-Abhängige schnell mehr Mittel da waren als für die viel größere und dauerhaft bedrohlichere Zahl der A- und M-Abhängigen und der anderen psychiatrischen Patienten. Seit R-Abhängigkeit jedoch mehr die Unter- als die Mittelschicht betrifft, ist auch hier das Geld wieder knapper.

Definition, Einteilung, Verlauf

Die Definition der R-Abhängigkeit ist die der allgemeinen Mittel-Abhängigkeit. Die Einteilung erfolgt nach den benutzten Drogen. Für den Verlauf lassen sich z.B. Jellineks Alkohol-Phasen übertragen. Entscheidend: Kann jemand den R-Konsum in ein eigenes Lebenskonzept einpassen (Probier-, Gelegenheitskonsum) oder ist das Lebenskonzept nur noch in den R-Konsum eingepaßt: Dauerkonsum mit Abhängigkeit bis zum Fixen bzw. zur Polytoxikomanie. Mit der Abhängigkeit ist auch das Emanzipationsmotiv (Selbstfindung in der Gruppe) gescheitert: Nach einem Jahr sind die meisten aus Gruppen- zu Einzelkonsumenten geworden – wie bei der Vereinsamung der bürgerlichen A- und M-Abhängigen. Jugendgemäß ist die Radikalität („Alles oder Nichts") mit häufigen unfreiwilligen und freiwilligen Todesfällen, aber auch der immer noch übersehene Umstand, daß die meisten auch nach jahrelanger Abhängigkeit eines Tages „irgendwie" aufhören – in Selbsthilfe. Warum, wissen sie selbst nicht genau, sagen „Ich bin halt älter geworden", womit sie der Wahrheit am nächsten kommen. Die Besonderheiten der Begegnung bestehen aus den Schwierigkeiten, die wir Erwachsenen im Umgang mit Jugendlichen im allgemeinen haben (s. Kap. 3).

Typen der Rauschmittel-Abhängigkeit

- *Cannabis*

Aus dem Indischen Hanf (Cannabis indica) Haschisch (Harz aus dem weiblichen Blütenstand) und das schwächere Marihuana (Tabak aus Blüten und Blättern). Wirkung: Absolutes wird erlebnisfähig durch aktivierende und dämpfende Gleichzeitigkeit, dies friedlich-sanft, daher von der Erwartung abhängig: „High"-Sein, wohlig-gleichgültige Gelassenheit, Heitersein, das keinen Grund braucht. Genießen eines zeitlosen Passiv-Seins. Eins-Sein von Ich und Gruppe („Joint"). Dämpfung aggressiv-genitaler Triebanteile. Aktivierung der Phantasie. – Die körperlichen Symptome des einfachen Rausches sind dezent adrenerg. Bei hochdosiertem Langzeit-Haschischkonsum protrahierter Rausch im Sinne von dysphorischen, ängstlichen oder apathischen Durchgangssyndromen, selten psychotische Verselbständigung. Gleichwohl ist es eine Vergiftung: Stoffwechselveränderung der Neuro-Transmitter u.a. im limbischen System. Keimschädigung ist im Tierversuch erwiesen. Seelische Abhängigkeit: Interesse und Fähigkeiten verkümmern, bis ein u. U. nicht mehr rückbildungsfähiger Gewohnheitsumbau das Ergebnis sein kann. Häufigere Gefahr: Umsteigen auf gefährlichere Drogen – sei es aus dem Bedürfnis der Wirkungssteigerung, sei es aus der Abhängigkeit von der Gruppe bzw. vom Dealer.

- *Halluzinogene* (Psychotomimetika, psychedelische Drogen)

Wer Haschisch raucht, lebt – für andere provozierend – selbstzufrieden. Wer auf härtere Mittel umsteigt, folgt einem bürgerlichen Verhaltensmuster: Zwecks Steigerung einer Wirkung (Leistung, Produktion) werden die damit wachsenden Gefahren bewußt und rücksichtslos gegen Andere und sich selbst in Kauf genommen. Das gilt schon für den Halluzinogen-Trip: Bevorzugt LSD 25 (Lysergsäurediäthylamid, Mutterkornbestandteil, synthetisch herstellbar). Seltener, aber ähnlich: Meskalin (Wirkstoff aus Peyotl) und Psilocybin (natürliches Produkt aus Psilocybe mexikana).

Entzugssyndrom. Kreuztoleranz untereinander, doch nicht gegen Haschisch. Der Rausch (Trip) ist schon mit 0,01 mg LSD herstellbar. Zugleich von Aktivierung und Dämpfung, Erweiterung und Einengung der Wahrnehmung, ähnlich Haschisch, nur intensiver, gefährlicher, psychose-näher. Symptome: Wahrnehmungsverzerrungen bis zu Halluzinationen. Coen- und Synästhesien: Bilder, Musik, Landschaften werden zugleich gesehen und gehört, genossen oder erlitten. Veränderung des Zeitgitters. Verfremdung der Ich- und Körperwahrnehmung. Ineinanderfließen von Ich und Welt, Aufgehen im kosmischen All. Chemisch verstärkt wird die bestehende Gefühlslage: Angst, Mißtrauen begünstigen den Horror-Trip (Panik, Entsetzen, Vernichtungsgefühl). Echo-Erscheinungen (flashback) sind gefühlsmäßig, nicht chemisch, ausgelöste Wiederholungen des psychotischen Erlebens noch Monate nach der letzten LSD-Einnahme. Sich verselbständigende, schizoprenieähnliche Psychosen können ängstlich, stuporös, oneiroid, paranoid-halluzinatorisch sein. Es ist unklar, ob sie mehr chemisch oder mehr von der Person produziert werden. Sie können als Durchgangssyndrom wieder abklingen, aber auch chronisch werden: dann ist die Reise zur Erfüllung der Sehnsucht zu einer „Reise ohne Wiederkehr" geworden. Todesrisiko: durch halluzinationsbedingten Sprung aus dem Fenster, Verkehrsunfall oder durch Angst getriebene Selbsttötung.

Therapie: Bei der akuten Intoxikation Valium oder Neuroleptika. Achtung Menschen mit Halluzinogen-Psychosen handeln *weniger* erwartungsgemäß als schizophrene Patienten (organischer Anteil?). Deshalb sorgfältige stationäre Therapie, u. U. Neuroleptika.

● *Andere Drogen als Rauschmittel*

Es gibt genug Gründe, daß Jugendliche die eigentlichen Rauschmittel mit anderen Drogen kombinieren oder umsteigen: 1.Das Steigerungsbedürfnis: in kürzerer Zeit intensivere Wirkung (daher i. v. Form = „Fixen") mit größeren Gefahren. 2. Beschaffungsschwierigkeiten: Zurückgreifen auf Ersatzmittel. 3. Versuche, sich aus eigener Kraft zu entziehen. 4. Die nicht wahrgenommene Tendenz, sich wieder anzupassen durch bürgerlich-etablierte Konsum- und Suchtformen. Ein Ergebnis: Immer mehr Jugendliche, die „alles wollen" = polytoxikoman werden.

In Betracht kommen folgende Mittel:

Drogen des Morphintyps (s. d.), vor allem Heroin: durch i. v.-Injektion größter „Thrill" in kürzester Zeit, zugleich größter Risikograd durch schnelle Abhängigkeit und größte Abhängigkeit von den Händlern, die den Stoff durch Zusätze noch unberechenbarer machen. Daher größte Todesrate durch Atemlähmung, Blutdruckabfall oder Suizid. Zugleich Anpassung durch Rückkehr zu Opas Drogen-Typ!

Kokain: hohes Risiko, da wegen des „flash" meist nicht geschnupft, sondern gefixt. Psychosenbildung, Kachexie, Suizidneigung, Todesfälle bei 80 mg i.v.

Aufputschmittel: ähnlich hohes Risiko, zumal durch i.v.-Konsum („speed", z.B. Orgasmusersatz), über Blutdruckanstieg, Hirnblutung oder Herzversagen. Ferner Kachexie, chronische Psychosen.

„Schlafmittel"„ und Tranquilizer: neben Alkohol häufigste R-Kombination. Beliebt sind: Mandrax, Valium, Vesparax, Medinox, Nembutal, Tavor, Distraneurin.

Schmerzmittel: Kombination seltener, abgesehen von starken, morphinähnlichen Substanzen wie Valoron, Fortral.

Weitere Mittel: Auch um den Preis des eigenen Lebens werden unzählige Substanzen auf ihre Rauschwirksamkeit hin ausprobiert, angefangen von Hartgummizähnen (in Zigaretten) bis zu rezeptfreien Asthmazigaretten (Strammonium), Kaktusprodukten, Bananenschalen und DOM (synthetisches Amphetaminderivat). Wichtigste Einzelgruppe: *Inhalationsgifte*, die eingeatmet, geschnüffelt bewußtseinstrübend und -euphorisierend wirken. Benutzt werden Anästhetika (Äther, Chloroform), organische Lösungsmittel (Trichloräthylen, Azeton, Benzin, Benzol, Toluol, Xylol, z.T. als Verdünnungsmittel für Farben und Klebstoffe) sowie Sprays und Aerosole (Haar-Sprays, Reinigungsmittel, Entfroster, Insektengifte). Gerade diese Gruppe bewirkt Todesfälle sowie Knochenmarks-, Leber- und Nierenschädigungen.

d) Nikotin-Abhängigkeit

Rauchen wird erst als Sucht wahrgenommen, wenn unsere Bewertung des Rauchens negativer wird.

Übung: In jeder Gruppe werden Sie heute einen Antrag auf Rauchverbot mit einer Wahrscheinlichkeit durchsetzen, die vor Jahren undenkbar gewesen wäre.

Bei Kommerzialisierung der Raucher-Entwöhnung (verhaltenstherapeutische Programme, Raucher-Entzugskliniken) wird heute Nikotin-Abhängigkeit in der Nähe des Barbiturat-Alkoholtyps der Drogen-Abhängigkeit gerückt: Umdeutung des Genußmittels in ein Medikament, zur Selbstbehandlung von Angst, Spannung und Konflikten. Die psychotrope Substanz ist das Nikotin. Diese und/oder andere Bestandteile bewirken Gesundheitsrisiken, wie Herzinfarkt, Bluthochdruck, Gefäßsklerose, Sehstörungen, Bronchitis, Lungenemphysem, Bronchialkarzinom, Magen-Darm-Krankheiten, Zeugungsunfähigkeit bei Mann und Frau und Schäden bei Neugeborenen. Man kann auch von körperlicher Abhängigkeit mit Dosissteigerung und vegetativen Entzugssymptomen sprechen. Fraglos ist Nikotin Einstiegsdroge für Jugendliche und Kinder. Nikotin-Abhängigkeit wäre also wie andere Abhängigkeiten auf die Suchthaltung zurückzuführen.

III Versuchte Nähe von innen
(Selbst-Diagnose)

1 Selbstwahrnehmung

Bei Diabetes oder Herzinfarkt wird Ihnen Ihre Lebensführungsschuld verziehen, nicht aber, wenn Sie Alkoholiker sind. Obwohl die Heilungserfolge bei Sucht nicht geringer sind als bei anderen Störungen, gilt sie sprichwörtlich als unheilbar. Einen Mißerfolg wehren wir „rache-psychiatrisch" ab: Wir geben die Schuld dem Abhängigen, nicht uns. Wir haben also allen Grund, gerade bei der Suchtarbeit uns erstmal mit uns selbst zu beschäftigen.

Die Begegnung mit einem Abhängigen kommt anfangs meist gut voran, gerade das Verstehensgefühl. Der Patient äußert etwa „Sie verstehen mich aber wirklich!" Wir fühlen uns bestätigt. 2. Akt – einige Zeit später hören wir von ihm: „Ich bin von Ihnen enttäuscht. Niemand versteht mich!" 3. Akt: Wir reagieren darauf enttäuscht, wütend oder zynisch („Undank ist der Welt Lohn"), was leicht zur Berufshaltung wird: Die Erwartung des Mißerfolges schützt vor Enttäuschung. Regelmäßig liegt unser Fehler am Anfang: Als wir uns wegen unseres „außergewöhnlichen Verständnisses" loben ließen und der Patient uns denken ließ, wir kämen ungeschoren davon, hätten ohne große eigene Mühe ein Vertrauensverhältnis hergestellt. Denn schon damit hat der Patient sich von mir und mich von ihm abhängig gemacht, die gegenseitige Begegnungsangst durch elegantes Überspielen abgewehrt, mich als Gegner entschärft, uns kurzschlüssig zu Freunden gemacht, was leicht in Feindschaft umschlägt, die Auseinandersetzung vermieden. Manchmal werden wir aus dieser angenehmen Einlullung erst durch die Nachricht geweckt, der Patient habe sich umgebracht. Umgang mit Abhängigen ist – wie mit depressiven Menschen – ein Spiel auf Leben und Tod. – Will ich nicht immer wieder scheitern, sondern die Begegnungsangst nutzen lernen, muß ich erst in mir nach meinen eigenen Abhängigkeitsneigungen suchen.

Beispiele, wobei die benutzten „Mittel" austauschbar sind:

„Arbeit wird mir zum Selbstzweck, womit ich die Begegnungsangst mit der Rolle in meiner Familie fliehe." – „Ich fahre immer schneller Auto: Geschwindigkeitsrausch und Lebensgefahr eskalieren sich wechselseitig." . „Ich steigere die Zahl meiner (sexuellen) Beziehungen, werde beziehungssüchtig, womit ich zugleich die Angst vor der einen, voll verbindlichen Beziehung, die ich zu suchen vorgebe, abwehre." – „Ich tue heimlich zunehmend etwas, was ich mir selbst verbiete oder was von anderen als unerlaubt bewertet wird; z. B.: Naschen, Warenhaus-Diebstahl, Fußballfanatismus, ins Spielkasino, in den Puff gehen, Fressen, Fasten, Rauchen, Drogen. Damit erlebe ich das Absolute: Zugleich meine Unabhängigkeit (von Verboten) und in der Selbst- oder Fremdbestrafung (Erniedrigung) meiner Abhängigkeit (von Verboten). Solch gleichzeitiger Genuß von Freiheit und Wiederherstellung von Unfreiheit, von Schuld und Sühne, von Leben und Tod ist absolut, macht unersättlich, möchte ewig wiederholt werden, ist ein „Spiel ohne Ende“ (Watzlawick), eine „Reise ohne Wiederkehr“, Veränderung ohne Veränderung. Hängt damit zusammen, daß Künstler nicht selten süchtig sind, und daß Hochleistungssport und Doping so schwer zu entkuppeln ist? In beiden Fällen geht es um Absolutes.

Dies Suchtgefühl in seiner schwindelnden Abgründigkeit kennt jeder von sich, mag es aber kaum wahrnehmen. Deshalb lasse ich mich gern vom süchtigen Patienten verführen, mich mit Verstehen bei halbem Tiefgang zu begnügen, mehr zu meiner als zu seiner Schonung. „Äußerstes Vertrauen“ läuft genauso in die Falle wie die Haltung der alten Psychiatrie, z. B. Kraepelins, „äußerstes Mißtrauen“, verhindert Begegnung. Denn abhängige Menschen haben noch stärker als wir den Wunsch, Unabhängigkeit zu genießen, ohne Abhängigkeit zu gefährden, vielmehr beides gleichzeitig zu steigern. Ich bin auch hier nur Ersatzspieler für den bisherigen Partner des Abhängigen, der mit allen Mitteln seines jahrzehntelangen Trainings versucht, die Verantwortlichkeit auch jetzt zu mir herüberzuspielen, um sich ihr dann durch „Rückfall“ entziehen zu können. So hat er auch mich in seinem Spiel, kontrolliert mich, vor allem wenn ich – als Therapeut oder Mensch – „gern Verantwortung trage“! Und haargenau dieselben Probleme habe ich im Umgang mit dem Partner des Abhängigen, mit dem Angehörigen, der inzwischen „kontrollsüchtig“ geworden ist, im selben Gefängnis sitzt.

Voraussetzung zur Begegnung mit dem Abhängigen bzw. mit seinem Angehörigen ist: 1. Es geht erstmal nicht um den Abhängigen (bzw. Angehörigen), sondern um mich, um meine schonungslose Suchhaltung bei mir selbst; erst z. B. mein Schwäche-Eingeständnis („Warum kann ich mich gegen Ihr Lob nicht wehren?“) kann den Patienten ermutigen und verführen, nicht – wie gewohnt – bei mir, sondern bei sich selbst zu suchen („Ich nehme nicht nur wahr, was ich mir *einrede*, sondern auch, was ich eigentlich damit meine“), sich zur eigenen Schwäche zu bekennen. 2. Die Suchhaltung „Ich verstehe *mich*“ muß soweit vertieft werden, bis es für mich und für ihn brenzlig und kribblig wird, bis wir das Bodenlose, das Maß- und Grenzenlose, das Absolute der beteiligten Ängste und Wünsche erreichen. Das kann für eine schlafmittelabhängige Mutter von 4 Kindern ein totaler erotischer Abenteuerwunsch sein, für einen alkoholabhängigen Ehemann die totale Angst, sich angesichts des Geborgenheitswunsches bei seiner mütterlichen Frau seine Männlichkeit („Kapitän meiner Seele“) nie genug bestätigen zu können; oder bei einem rauschmittelabhängigen Jugendlichen das totale Eins-Sein mit der Gruppe. 3. Meine Suchhaltung muß so glaubhaft und tragfähig sein, daß wir unsere Begegnungsangst nicht mehr abwehren müssen, daß wir uns gegenseitig als Gegner akzeptieren können, so daß der Patient meine Verweigerung der Verantwortungsübernahme im Schutz der Beziehung akzeptieren kann. – Meine Antwort auf die anfängliche Äußerung des Patienten „Sie verstehen mich wirklich" muß also etwa sein: „Ich verstehe *mich* aber noch nicht, können Sie mir dabei helfen?" Auf dem richtigen Wege sind wir, wenn der Patient äußert „Ich verstehe *mich* jetzt schon besser" – der Beginn der Selbst-Diagnose, des Sich-Wahrmachens.

2 Wahrnehmungsvollständigkeit

„Warum trinkst Du?" – „Immer Ärger mit der Frau" – „Wozu führt das?" – „Immer Ärger mit der Frau". Mit Witzen dieser Art machen wir uns über den trostlosen Teufelskreis und die Verlogenheit der Abhängigen lustig. Es fällt uns leicht, die Gründe als Vorwände zu durchschauen. Wir halten das dem Patienten vor. Was erreichen wir damit? Daß der Patient der das ja *auch* weiß, sich noch geschickter rechtfertigt, sich wieder bevormundet fühlt. Wenn wir wollen, daß der Patient sich aus sich heraus versteht, haben wir Vorwände und Gründe gleich ernst zu nehmen. Denn sie machen seine subjektive Welt aus. Nur so kann er selbst die Unterschiede wahrnehmen zwischen dem, was er sich einredet und dem, was er *auch* damit meint. Dasselbe gilt, wenn wir von „Fehlhaltung" sprechen. Natürlich ist Sucht in der Außenbetrachtung eine entsetzliche Fehlhaltung, „Selbsttötung auf Raten". Aber auch sie ist nur Teil einer Gesamthaltung. Und diese gilt es wahrzunehmen – in allen Anteilen: den Ängsten und Wünschen, den Bewältigungs- und Vermeidungsversuchen der Lebensprobleme. Denn eine Ersatzbefriedigung ist zwar Ersatz, aber auch Befriedigung.

Niemand ist so gewohnt, bewertet zu werden, wie der Abhängige. Daher: nur wenn ich jede Wertung verweigere, stattdessen vollständig wahrnehme und alles ernst nehme, kann der Patient sich selbst bewerten, selbst Unterscheidungen, später Entscheidungen treffen, sich selbst einen Wert beimessen. Erst dann kann er davon herunter, sein Selbstbild hin und herpendeln zu lassen: zwischen Selbstzerfleischung, Überheblichkeit und Selbstmitleid.

Ähnlich ist die sprichwörtliche Unehrlichkeit bei vollständiger Wahrnehmung von innen verzweifelte, lächerlich-hoffnungslose, ja wahnsinnige Ehrlichkeit: Etwa *Kampf* gegen die Einsicht, daß Schmerz, Schlaflosigkeit, Angst, Einsamkeit, Verlust zum Leben gehören. Oder Weigerung, es hinzunehmen, daß man schlechtere Chancen hat, häßlich, lahm, graumäusig, gehemmt, unattraktiv, unausstehlich ist (wo wir sagen: „Wenn Frau X ihre Tabletten drin hat, ist sie wirklich netter!"). Oder Protest dagegen, überhaupt wählen und damit verzichten müssen, als absurdes Versuchen, alles haben und leben zu wollen, Freiheit und Sicherheit, Unabhängigkeit und Abhängigkeit: in jedem Fall eine maßlose und absolut unvernünftige Haltung, aber konsequent und in sich ehrlich, bis zum Preis der Selbstzerstörung (so ist die hohe Suicidrate zu verstehen). Diese Ehrlichkeit, dies unendliche Versuchen kann man auch bewundern. Erst wer sich so tief und dadurch auch positiv sehen kann, hat die Chance, aus sich heraus „wieder ehrlich zu werden", den Riesenberg an

Schuldgefühlen loszuwerden und zu sehen, daß die jeweilige Droge in der Tat kein Selbstzweck, sondern nur ein Mittel ist – ein Mittel, zu dem es dann auch Alternativen gibt. Dann wird der Patient auch bereit sein, zu unterscheiden, in welchen Situationen er mehr oder weniger wahrscheinlich trinkt bzw. schluckt, was die Voraussetzung zum Wiedergewinn der Selbstkontrolle ist. Umgekehrt hat jeder inzwischen überkontrollierte Angehörige etwas von dem „Unvernünftigen" des Abhängigen zu lernen – damit auch er wieder vollständig wird.

3 Beziehungsnormalisierung zur Gegnerschaft

Wie wird die Begegnung normal im Sinne, daß ich, Patient und Angehöriger das Gefühl haben, unabhängig zu handeln, uns gegenseitig Raum zu lassen und Gefühle offen zu machen? Kontrollfrage: „Was macht er mit mir? Was mache ich mit ihm? Ich muß verdammt gut aufpassen, um alle Gefühle zuzulassen und rückzumelden, besonders wie weit der Abhängige sich bei mir und nicht bei sich aufhält: „Wir wollen uns gut verstehen, uns nicht wehtun". Die zu große Nähe und Anpassung ist die undurchschaubarste und todsicherste Methode, sich als Person „draußen", unverfügbar zu halten, sich auf eine Beziehung nicht einzulassen. „Verbindlichkeit" im Sinne von Höflichkeit, garantiert innerliche Unverbindlichkeit. Ständig muß ich mich fragen, welche höfliche Antwort erwartet der Patient auf seine Äußerung und wohin will er mich damit haben?

Beispiele: Vom Loben war schon die Rede, etwa „Sie können die Gruppe aber gut leiten!" Mögliche Antwort: „Ich frage mich, warum ich mich durch Ihr Lob eingeengt fühle!" – Häufig sind Bitten um Ent-schuldigung, bei Kleinigkeiten wie bei Rückfällen: „Schlimm, daß mir das wieder passiert ist, ich möchte es wiedergutmachen, mich bei Ihnen ent-schuldigen." Mögliche Antwort: „Ich nehme Ihre Entschuldigung nicht an. Sie haben nicht mir, sondern sich etwas getan. Und da finde ich es besser, daß die Verantwortung dafür auch bei Ihnen bleibt."

Übung: Finden Sie im obigen Sinne „normale" Antworten auf folgende Äußerungen: „Ich verspreche Ihnen(!), ab heute nie mehr Tabletten zu nehmen" – „Ich habe Ihnen verschwiegen, daß ich wieder getrunken habe, weil ich Sie nicht enttäuschen wollte." – „Ich bin das verlogenste Subjekt, daß es gibt." (Die erwartete, aber falsche Antwort wäre: „Na, so schlimm ist es auch wieder nicht.") – „Ich will mich Ihren Anweisungen fügen, alle Ratschläge befolgen ... Bestimmen Sie, wieviel Ausgang ich haben darf." – „Ich habe die ewige Bevormundung durch Sie satt."

Im Bild des Boxkampfes: Wenn der Andere „zu sehr bei mir ist“, in den Clinch gegangen ist, hat er sich gerade durch zuviel Nähe zu mir für mich unerreichbar gemacht. Ich oder der Ringrichter (= Team) müssen eine angemessene Distanz wiederherstellen, damit jeder hinreichend „bei sich selbst“ ist, freien Handlungsraum hat und wir uns vollständig = normal austauschen, gute Gegner sein können. Das gilt auch gegenüber dem Helferdrang des Angehörigen. Gegnerschaft ist Gleichgewicht von Vertrauen und Kontrolle. Wenn der Andere dies in der Beziehung zu mir erlebt und dadurch erfährt, daß er Unabhängigkeit und Abhängigkeit gleichzeitig auch „normal“ und ohne „Mittel“ leben kann, hat er die Möglichkeit, dies auch in seinen eigenen Beziehungen auszuprobieren, hat er die Möglichkeit zur Selbst-Therapie. Das unheimlichste Mißlingen der Begegnung wollen wir durch ein Fallbeispiel unter die Haut gehen lassen:

Frau I., 23 Jahre, erfolgreiche Sekretärin, im Umgang mit Anderen immer gleichbleibend angenehm, verlobt, trinkt seit dem 16. Lebensjahr, jetzt depressiv, voller Schuldgefühle, ob sie sich dem Verlobten zumuten darf, kommt nach dem 2. Suizidversuch in die Tagesklinik. Bei der Aufnahme werden als Therapieziele vereinbart: Alkoholverzicht; statt der überbemühten Dauerhaltung, immer nett für Andere da zu sein, mit der sie sich überanstrengt und sich davon durch Alkohol „entspannt“, will sie lernen, mehr für sich da zu sein; Entspannung und Selbstachtung nicht mehr aus dem Dasein für Andere, sondern aus sich selbst zu gewinnen.

Sie nutzt den Therapieaufenthalt optimal, lernt spielend, sich ausgewogen für sich und Andere zu engagieren. Gegen Ende notiert das Team im Verlaufsbericht, es sei „fast unheimlich, wie glatt sie ihre Therapieziele erreicht“. Sie verläßt die Tagesklinik optimistisch, aber angemessen selbstkritisch. Team und Mitpatienten freuen sich mit ihr. Die Frage einer ambulanten Nachbetreuung soll nach 4 Wochen „Ausprobieren“ beantwortet werden. Wie geplant, heiratet sie 2 Wochen danach, teilt telefonisch mit, wie glücklich sie sei. Wieder eine Woche später zwingt sie ihren Mann abends, ihr eine Flasche Korn zu holen. Als er nach einer 1/2 Stunden wiederkommt, hat sie sich aufgehängt und ist tot.

Unter den drei Aspekten der Grundhaltung Selbstkritik des Teams: 1. In der Suchhaltung sind die eigentlichen Ängste der Frau I. nicht erreicht worden. 2. Keine Wahrnehmungsvollständigkeit: Die Gefühle sind nicht vollständig wahrgenommen worden. Denn der Eindruck des „Unheimlichen“ ist, obwohl von jemandem wahrgenommen, weder erörtert noch ist Frau I. mit diesem Eindruck konfrontiert worden. Vielmehr hat sich das Team die Freude der Frau I., die allen sympathisch (!) war, nicht kaputtmachen lassen wollen. 3. Es ist keine normale Begegnung zustande gekommen. So konnte Frau I. weiter symptomatisch handeln, nämlich „für Andere dasein“ und angestrengt überangepaßt sein – in diesem Fall: für das Team! Sie hat nicht nur mitgespielt, so getan als ob (simuliert). Vielmehr hat sie ihre Therapieziele mit Einsatz ihrer ganzen Person angestrebt und erreicht. Aber: Sie hat ihre ganze

Person (wie bei allen früheren Überanpassungen) so absolut in diesem therapeutischen Lernen aufgehen lassen, daß sie als eigenständige Person dabei sich selbst verloren ging und daher genauso einsam, angstvoll und verzweifelt blieb, wie zuvor – unbemerkt von allen Therapeuten, aber auch von ihr selbst. Dies ist die böseste Art, in einer Beziehung durch zuviel Nähe unerreichbar fern zu bleiben.

Also: *Beziehungen sind für Sie erst dann „normal", wenn Sie selbst in der Zustimmung des Anderen auch noch seinen Widerstand gegen Sie spüren und dies gemeinsam akzeptieren können.* Zur Normalisierung einer Beziehung gehört es, daß Sie – wie schmerzlich auch immer – den Widerstand des Anderen zu provozieren haben (im Bild: den Anderen und sich selbst auf Distanz zu boxen haben). Erst dann ist eine Beziehung Begegnung von Gegnern. Weder in privaten noch therapeutischen Beziehungen kommen Sie darum herum.

IV Was tun? – Beziehungen in Therapie und Selbsthilfe

1 Kontext – Angehörige

Für unser Handeln ist – wie immer – das Symptom (Trinken, Schlucken) am wenigsten interessant. Symptome bekämpfen wollen, macht abhängig von ihnen, führt zu nichts. Das haben der Patient und die Angehörigen schon lange genug versucht. Es geht um das Eingeständnis der Ohnmacht gegenüber dem Symptom (Trinken) und um das Drumherum, um den Kontext: Um die Landschaft mit all ihren vorhandenen oder meist abgebrochenen Verflechtungen; um das, womit der Patient sich und Andere versucht; nicht nur um den Zustand des sozialen, sondern hier besonders auch des körperlichen Kontextes; um das stets dem Symptom zugrunde liegende Lebensproblem und um die Methoden, mit denen die Angst vor ihm bisher abgewehrt wurde; schließlich und zunächst vor allem um die Menschen, mit denen der Patient sein Lebensproblem gemeinsam hat – um die Angehörigen.

Ohne sie ist jeder Therapieplan unsinnig. Denn wir sind als Ersatzspieler nicht für den Patienten da, sondern für das „ganze System", für das Gefängnis, das den Abhängigen und seinen Partner umfaßt, und für dessen Landschaft. Ein wenig kennen wir die Angehörigen schon; denn wie der Patient zu uns ist, ist er auch zu ihnen. Wie den Patienten, so haben wir – getrennt davon – auch den Angehörigen *für sich* kennenzulernen, mit derselben Aufmerksamkeit. Denn es geht darum, daß beide Seiten wieder zu sich kommen, um dank der wiedergewonnenen Distanz erproben zu können, ob sie auf einer anderen Ebene ihr Spiel besser weiterspielen können und wollen.

Dazu muß der Partner schmerzhaft lernen, den Patienten loszulassen, einzugestehen „Ich kann dir nicht helfen". Er muß seine entweder zuvor oder später eingenommene Position des Entwicklungshelfers und Kontrolleurs aufgeben. Er muß das ewige Grübeln über Schuld ersetzen durch die Anerkennung des Umstandes, daß beide Seiten sich bisher gleichermaßen bemüht haben – wenn auch erfolglos. Sein Einstellungswandel ist nicht leichter als der des Patienten. Daher braucht er zunächst die Anerkennung seines Leidens. Nicht selten leidet er mehr als der Patient. Während dieser in seinem Symptom ein Ventil hat, sich sein Leiden erträglich zu machen, lebt der Angehörige jahre- oder jahrzehntelang dasselbe tagtägliche Elend aus Angst, Sorgen, Mißhandlung, Demütigung, Erpressung. Sein Beziehungsgefängnis ist ein aussichtsloses Gemisch aus Liebe, Komplizenschaft, Kontroll- und Hilfsbedürfnis, ohne eigene Hilflosigkeit zugeben zu können. Nur wenn wir ihm dazu die Gelegenheit geben, kann er sich öffnen und ändern. Von 2 Menschen ist durchaus nicht immer der der Gesündere, der unabhängiger und helfender wirkt: Dies können wir am besten durch Arbeit mit Angehörigen gerade auch für uns selbst lernen!

Beispiel: Die 51jährige Frau W. wurde in 7 Jahren das vierte Mal wegen „endogener Depression“ stationär behandelt. Sie hatte bisher verschwiegen, daß ihr Mann, kfm. Angestellter, seit 20 Jahren alkohol- und tablettenabhängig war, deutlich hirnorganisch verändert. Sie war derart komplizenhaft identifiziert, daß sie nicht darüber sprach, um seinen Arbeitsplatz nicht zu gefährden. Lieber ließ sie sich von ihrem Mann schlagen, reinigte seine Kleidung von Urin- und Speiseresten, ließ sich von ihrer Familie ausstoßen, weil sie „bei so einem Kerl“ blieb und sich lieber als „endogen“ behandeln. Bisher einzige Hilfe: das Gesundheitsamt gab ihr den für sie brutalen Rat, einen Entmündigungsantrag für ihren Mann zu stellen. Eher hätte sie sich umgebracht! Aber das verstand niemand. Nachdem man sich um Entziehungskur und Nachsorge für ihren Mann kümmerte – und zwar gegen ihren Willen –, ist sie nicht wieder depressiv geworden.

Der Angehörige braucht also grundsätzlich ebenso viel Hilfe wie der Abhängige – am besten in der Angehörigengruppe der jeweiligen Einrichtung. Nicht selten kann man auch über längere Zeit nur mit dem Angehörigen arbeiten. Seine Änderung bewirkt eine Änderung des „System-Gefängnisses“, wodurch nach einiger Zeit auch der Abhängige kooperationsfähiger wird. Denn der Weg ist immer derselbe: Einer von beiden oder beide müssen anfangen, sich nicht mehr – wie bisher – um den Anderen zu kümmern, sondern um sich selbst. Die Kontrollsucht des Angehörigen kann so krankheitswertig sein wie die Alkoholsucht. Hört das Trinken auf, kann das Kontrollieren nicht genau so schnell aufgegeben werden – häufiger Anlaß für Rückfälle. Dann braucht der Partner noch längere Zeit Therapie als der Patient. – Nur wenn die Wiederherstellung der Be-gegnung auf einer anderen Ebene endgültig mißlingt, stehen *äußere* Entscheidungen an: Trennung, Scheidung, Auszug aus der Familie, der elterlichen Wohnung, Veränderung des Freundeskreises, der Freizeitpartner, der subkulturellen Jugendgruppe, der Wohn- oder Lebensgemeinschaft, des Arbeitsplatzes, des Berufes.

2 Ort der Handlung

Man kann das Vorgehen in Kontakt-, Entzugs-, Entwöhnungs- und Nachsorge-Phase gliedern. Aber schon zu Beginn müssen alle Phasen mit den beteiligten Mitspielern vorgeplant werden. Je nach der Art des Problems sind folgende Einrichtungen notwendig:

a) Fachambulanz (Beratungs- und Behandlungsstelle)

Da die niedergelassenen Ärzte mit der Therapie der Abhängigen überfordert sind, ist pro Kreis (SVG) eine Fachambulanz einzurichten. Sie muß räumlich, zeitlich und sozial den schweren ersten Kontakt erleichtern und arbeitet als mobiles Team. Aufgaben: Neben Beratung, Motivierung zur stationären Therapie und Zwangseinweisung ambulantes Therapie-Angebot: Mehr Abhängige als vermutet können sich mit ihrem Problemfeld auseinandersetzen, was – wie immer – das Beste ist.

b) Kurzfristig-stationäre Therapie

Ebenfalls gemeindenah, in der psychiatrischen Abteilung des Allgemeinen Krankenhauses oder im PKH. Neben Intensivpflege für lebensbedrohliche Zustände ist eine Einheit für A-, M- und R-Abhängige notwendig, für Motivation zu längerer Therapie und für Kurztherapie auf Gruppenbasis für 4 bis 8 Wochen. So kann oft der Verlust familiärer Beziehungen, bzw. des Arbeitsplatzes verhindert werden. Daher bevorzugen immer mehr Einrichtungen die Wiederholung mehrerer Kurztherapien gegenüber einer längeren Therapie, z.T. auch tagesklinisch. Ambulante Nachbetreuung erforderlich.

c) Mittelfristig-stationäre Therapie

Suchtfachabteilung des zuständigen PKH oder Suchtklinik in öffentlicher bzw. freier Trägerschaft (ehemalige Heilstätten), wenn äußere Trennung von Patient und Angehörigen angezeigt ist, bis zu 6 Monaten. Kommerzialisierung der „Kur auf der grünen Wiese“ ist eine Gefahr.

d) Langfristig-stationäre Therapie

Jedes PKH braucht eine Langzeit-Reha-Einheit für Abhängige, da auch nach Jahren Wiedereingliederung möglich ist. Sie braucht ein eigenes Konzept (s. u.).

e) Übergangseinrichtungen

Es besteht ein großer Nachholbedarf an therapie-orientierten Übergangs- und Wohnheimen, Wohngemeinschaften und geschützten Arbeitsplätzen für Abhängige. Damit könnten stationäre Therapien sowohl verkürzt als auch verhindert werden.

f) Selbsthilfeeinrichtungen

Auch hier ist Selbsthilfe und Selbst-Therapie wirksamer als unsere noch so kunstvollen therapeutischen Angebote. Patienten, die in einer Selbsthilfegruppe aktiv werden, haben die dauerhaftesten Chancen. Für A-Abhängige, die Anonymen Alkoholiker (400 AA-Gruppen in der BRD), Guttempler-Orden, Kreuzbund, Blaues Kreuz, Freundeskreise, auch für M-Abhängige geöffnet, was wegen der Tendenz zum Vieldrogenkonsum zu begrüßen ist. R-abhängige Jugendliche: Release-Gruppen, im Sinne therapeutischer Wohngemeinschaften, Daytop-, Phoenix- oder Lodge-Häuser. Die Gruppen werden von Ausgebildeten und ehemals Abhängigen (Ex-user) geleitet. Der Wandel von einem liberalen Solidaritäts-Stil zu einem hierarchisch gestuften verhaltenstherapeutischen Stil ist von der Grundhaltung her eine falsche Alternative. Eher scheint es sinnvoll, beide Stile zu verbinden, um allen Bedürfnissen der Jugendlichen gerecht zu werden.

Auch inhaltlich haben wir von den Selbsthilfegruppen viel zu lernen: so beginnen die „12 Schritte" der AA's mit dem schonungslosen Verzicht auf jede Begründung, um Raum zu schaffen für die schlichte Feststellung „ich bin ein Alkoholiker". Wie grundernst die Abhängigkeit genommen wird, zeigt die Auffassung, daß man zeitlebens Alkoholiker bleibt, bestenfalls „nicht mehr aktiv ist" und daß Abstinenz-Versprechungen anfangs nur für Stunden oder einen Tag angenommen werden, damit Wollen und Können, Wunsch und Wirklichkeit nicht – wie gewohnt – zu weit auseinanderklaffen. Die Solidarität wird daran deutlich, daß die Gruppenmitglieder sich in Krisen gegenseitig notfalls Tag und Nacht stützen, daß die Bezugspartner voll ernst genommen werden und daß Neue, sobald möglich, in die aktive Verantwortung für Andere einbezogen werden.

3 Spielregeln

Auch nach der Enquête ist es unsere Aufgabe, „den Kranken zur Resozialisierung durch aktive Bewältigung bestehender Lebenskonflikte zu verhelfen", also sie und ihre Angehörigen selbsthilfefähig zu machen. Auf der Basis der Grundhaltung ist auf folgende Spielregeln zu achten:

a) Team und Gruppe

Selbst wenn ich lehr-analysiert bin, stehe ich in Gefahr, daß Abhängige mich abwechselnd zum Freund oder Feind machen (Übertragung). Daher nehmen „bessere" Psychotherapeuten meist keine Abhängigen. Im Team verteilt sich das Übertragungs-Handeln auf mehrere Personen, muß der Patient in der Beziehung zu mir nicht total gepanzert sein, bin ich ihm nicht so allein ausgeliefert: seiner Hilfserwartung, den Abhängigkeitswünschen, der Idealisierung des Therapeuten, der Provokation von Ablehnung, dem „Desperado-Spiel" am Rande der Selbstvernichtung. Daher schon Erst-Gespräch zu Dritt! – Aus denselben Gründen ist es gut, daß umgekehrt auch der Abhängige seine Therapie im Rahmen einer Gruppe erfährt. Der Gruppenzusammenhalt, das „Gruppen-Ich" kann für sein schwaches Selbstvertrauen eine Hilfe, eine Brücke sein, ein wenig den Halt am Alkohol ersetzen (Battegay). Außerdem entsprechen die Beziehungen in der Gruppe mehr der Lebenswirklichkeit, sind Übungsfeld für anderes Handeln.

b) Alle Chancen dem Zufall

Gefühlsmäßige Probleme (Ängste, Wünsche) kann man nicht bekämpfen. Zielgerichtetes Handeln geht dabei überhaupt ins Leere. Die Logik der Gefühle ist vielmehr buchstäblich der Um-gang mit ihnen: um sie herumgehen, auf sie hören, sie nutzen, überflüssig machen usw. In der Landschaft der Gefühle herrschen nicht die geradlinigen Bewegungen vor, sondern die gebogenen, gewundenen, kurvilinearen. Schon für Kleist („Marionettentheater") waren es etwa elliptische Bewegungen. Daher sind Erfolge hier eine Frage der Wahrscheinlichkeit. Unser psychiatrisches Handeln hat deshalb darauf aus zu sein, möglichst viele gute Gelegenheiten zu schaffen, die Chancen für den Zufall systematisch zu erhöhen. Das gilt natürlich für alle psychiatrischen Probleme. Für Abhängigkeitsprobleme jedoch insbesondere, da ihre Landschaft körperlich, seelisch und sozial besonders weit verzweigt ist. Unsere Aufmerksamkeit sollte auch noch das scheinbar Nebensächlichste umfassen.

Beispiel: Eine alleinstehende 50jährige Frau war wegen M-Abhängigkeit zum 3. Mal zwangseingewiesen, blieb danach seit vielen Jahren frei. Auf die Frage des Sozialarbeiters vom Gesundheitsamt, was beim 3. Aufenthalt für den Erfolg ausschlaggebend war, meinte sie: „Bei der Aufnahme, noch ganz genebelt, gab mir eine sehr behutsame Ärztin eine Vitaminspritze. Der Geschmack erinnerte mich irgendwie an die Kindheit. Mit einem Schlage wußte ich, daß ich loslassen konnte und daß diesmal alles gut gehen würde."

Die berufliche Unterschiedlichkeit des Teams macht seine Aufmerksamkeit umfangreicher. Nehmem 2 Team-Mitglieder widersprüchlich wahr, sind sie u. U. einem widersprüchlichen Bedürfnis des Patienten auf der Spur, das dieser selbst gar nicht sehen kann. Die Aufmerksamkeit muß drei Richtungen gleichwertig berücksichtigen:

- Die Oberfläche: Auch die fadenscheinigsten Begründungen sind nicht zu „durch-schauen" und abzutun, sondern ernst zu nehmen, weil der Patient subjektiv in ihnen lebt.
- Die Tiefe: Wir haben den Patienten „im Tiefgang" des Verstehens (z. B. seiner Verzweiflung, seines Versuchens) noch zu übertreffen, um das Absolute der Sehn-Sucht, der Ängste und Wünsche für die Begegnung offen zu machen.
- Die Breite: Dies geht von den „Nebensächlichkeiten" des sozialen Kon-

textes (wieviel Kneipen liegen am Arbeitsweg?) bis zu den oft verborgenen Schäden des körperlichen Kontextes, wobei mal die Gebißsanierung, mal die neue Brille „zufällig" entscheidend sein können. Gerade eine geeignete Nebensache läßt sich gut zum entscheidenden Wendepunkt aufbauen.

c) Vertrauen und Kontrolle

Erst muß durch die Grundhaltung die Begegnung vertrauensvoll werden, bevor im Schutz dieses Vertrauensrahmens auch Kontrolle akzeptiert werden kann. Insofern ist Lenin's berühmter Lehrsatz umzukehren: Kontrolle ist gut, Vertrauen ist besser. Die Art der Kontrolle (z.B. Urinprobe) und die Folgen nicht eingehaltener Abstinenz müssen mit dem Patienten im voraus und sehr genau vereinbart werden. Hier darf es keine Grauzone geben. Im übrigen ist nichts verhängnisvoller als das „Starren auf die Droge" („Starren auf Symptom"). Vielmehr ist im täglichen Umgang das Interesse an der jeweiligen Droge, am Trinken/Schlucken herunterzuspielen: Je mehr der Patient sich statt dessen mit sich selbst, seinem Lebensproblem und seiner stolzen Vereinsamung beschäftigt, desto eher gerät das Symptom, die Droge, „in den Nebenschluß". Die Abstinenz ist dann nur noch eine ziemlich uninteressante Voraussetzung für das interessante Ziel des Teilens der zukünftigen Lebensgestaltung mit Anderen.

d) Selbst-Interesse

Auch wenn es gegenteilig aussieht, haben wir es immer beim Patienten und beim Angehörigen mit hilflosen, isolierten, kranken Menschen zu tun, zutiefst in ihrem Stolz verletzt und ohne Selbstachtung. Vielleicht sind wir aber auch ebenso anspruchsvoll und ungeduldig wie der Abhängige, vor allem da er sich geradezu anbietet, für ihn sein Selbst-Interesse zu „wecken", ihn zu aktivieren, ihm Ratschläge und Werte zu geben. Alles, was von uns kommt, treibt ihn leicht weiter in seine Abhängigkeit hinein, verringert noch einmal seine Selbstachtung: *Wir* setzen dadurch den Impuls für Aggressionen und Selbsttötungen. Noch mehr sind wir verführt, das riesige Vakuum, „das Loch", zu füllen, das durch die Abstinenz entsteht. Er selbst muß es durch alternative Aktivitäten füllen. Wir können ihn dabei nur begleiten, ihm unser engagiertes Interesse und unsere aufmerksame Gegenwärtigkeit zeigen, Gelegenheiten schaffen, ihn seine Stärken und Interessen entdecken und geduldig ausprobieren lassen. Zeit darf dabei keine Rolle spielen. Nicht selten wird sonst „das Loch" später mit depressiven oder anderen Psychosen gefüllt. Auch für den Angehörigen entsteht „das Loch", das er anderweitig zu füllen hat!

e) Team als Modell

Wie der einzelne psychiatrisch Tätige durch seine Person wirkt, so das Team durch die Beziehungen seiner Mitglieder. Daher sollte das Team nicht nur beruflich, sondern auch nach Alter, sozialer Schicht, Temperament und Lebenserfahrungen unterschiedlich sein. Es wird dadurch zu einem diagnostischen und therapeutischen „Breitband-Instrument“. So vermehren sich die Chancen für den Zufall, das Glück. Wenn es dem Team zudem gelingt, Kontroversen öffentlich auszutragen, Gefühle glaubwürdig auszutauschen, Unterschied und Gemeinsamkeit, Nähe und Distanz, Abhängigkeit und Unabhängigkeit ausgewogen, also normal zu leben, dann kann das das beste Modell sein, wie man als Teil von etwas leben kann, ohne stets alles selbst schaffen und können zu müssen.

f) Der Rückfall

Noch schlimmer als das „Starren aufs Symptom“ ist das gespenstische Warten auf den Rückfall. Die ängstliche Erwartung des Rückfalls produziert ihn. Solange sind wir noch im Teufelskreis. – Was haben wir hier zu tun? Wir haben in doppelter Hinsicht dem Rückfall zuvorzukommen: Einmal haben wir den Rückfall zu etwas Nützlichem umzuwerten. Wir erklären ihn zu einer fabelhaften Gelegenheit, etwas in sich selbst zu entdecken, was bisher noch verborgen geblieben ist. Zum anderen können wir ihn – etwa für einen Wochenendurlaub – geradezu verschreiben, machen ihn unter erschwerten Bedingungen (z. B. Kneipenbesuch) zu einer Übungsaufgabe.

4 Spielverlauf

Je früher die therapeutische Arbeit beginnt, desto besser. Angehörige können damit schon beginnen, auch wenn der Patient noch nicht so weit ist. Für den Patienten kann schon die Bearbeitung des Entzugs-Erlebens (in der Regel ohne Dämpfung durch Medikamente) oder des Delir-Erlebens ein wichtiger Hebel für die Eigenmotivation sein.

Für die *Vereinbarung* der Zusammenarbeit ist wichtig: 1. Sie darf weder den Patienten noch uns überfordern. Weiche ich nur „unbedeutend“ davon ab, bricht das Vertrauen zusammen, da ja vom Patienten ein maßloser Verzicht verlangt wird. 2. Wichtiger als die Abstinenz ist die Formulierung nicht negativer, sondern positiver Ziele im Sinne des „Ehrlich-Werdens“, des Sich-Wahr-Machens. 3. Wichtiger als aktive Ziele sind passive: z. B. Gelassen-Sein; Dinge auf sich zukommen und in sich hineinlassen; Abhängigkeit und Geborgenheit auch genießen können; Nichts-Tun-Können; vor allem Kapitulieren-Können, z. B. gegenüber der Droge. 4. Wichtiger als die vereinbarte Veränderung ist ein annehmendes Inne-Werden der Eigenart der gegebenen persönlichen Besonderheiten.

Wir sind Ersatzspieler, nicht Mitspieler. Deshalb ist es für den Spielverlauf entscheidend, daß wir nicht an die Stelle der Spieler treten wollen. Statt dessen können wir sie begleiten, sie auf günstigere Spielmöglichkeiten aufmerksam machen, bis sie sich ihr eigenes Spiel wieder zutrauen. Das gilt für die Findung des Selbstwertes ebenso wie für das Loch und den Rückfall.

Das wichtigste an der Wiederherstellung einer lebensfähigen Landschaft ist die Wiederherstellung von *Öffentlichkeit.* Die neu erworbene Selbstachtung und Fähigkeit, nicht zu trinken/schlucken/fixen darf nicht – wie bisher – heimlich bleiben. Sie muß öffentlich und immer öffentlicher werden, bis sie selbstverständlich ist. Das ist zu üben: Erst mit den Mit-Patienten, dann mit dem Partner, dann mit den anderen Angehörigen und Nachbarn und schließlich mit den Arbeitskollegen, u. U. in der gewohnten Kneipe. Das ist ebenso schwer wie not-wendig: Jeder neue Mitwisser ist ein Garant, entlastet den Patienten von der anfänglichen Strapaze, die er bei Aufrechterhaltung der Verheimlichung nie durchhalten würde. Dies ist im Rollenspiel ebenso zu trainieren wie die Befreiung aus der sozialen Isolation.

Endlich ist der Patient von Anfang an – auch begleitend bei einer stationären Therapie – an eine ambulante Betreuungsperson und eine Selbsthilfegruppe zu vermitteln, so daß der Kontakt schon stabil ist, wenn der Patient entlassen wird, denn jetzt beginnt der schwierigste Teil der Arbeit. – Im eigenen Problemfeld – sowohl für den Patienten als auch für den Angehörigen. Von vornherein ist auch eine Betreuungsdauer von 2 Jahren zu vereinbaren. Die meisten Rückfälle finden nämlich innerhalb der ersten 6 Monate nach Therapieende statt. Wer dagegen 2 Jahre zurechtgekommen ist, hat nur noch die Wahrscheinlichkeit von einem Prozent für einen Rückfall.

Zum Schluß noch einmal zur Erinnerung: Nie den Abgrund vergessen – weder den im Abhängigen noch den in mir selbst!

5 Der Langzeit-Abhängige - Ersatzspiel ohne Ende

Wie bei allen psychiatrischen und medizinischen Problemen gibt es Menschen, bei denen ist die Zeit der Therapie irgendwann erfolglos am Ende. Sei es, daß die Kostenträger nicht mehr zahlen, sei es, daß wir vor dem Elend resignieren. Die Gesellschaft, die Angehörigen, die zuständigen Suchteinrichtungen und die meisten von uns zucken dann die Achseln: „Schade, kann man nichts machen!“ – Das ist ein Irrtum. Jetzt fängt unsere Aufgabe erst richtig an. Ist Selbst- und Fremdgefährdung hinreichend groß, dann ist der Langzeit-Bereich des zuständigen PKH der richtige Ort. Er muß sich nur auf ein hierfür geeignetes eigenes Konzept des Handelns einigen. Dazu gehört die regelmäßige Arbeit in einem der Betriebe des Krankenhauses, ein Minimum an vereinbarten Freizeit-Aktivitäten, die Behandlung der Körperschäden, (ökotrophologisches) Hauswirtschaftstraining, sowie Angehörigenarbeit. Wichtiger ist jedoch jetzt eine neue Grundhaltung: Der Abhängige ist nunmehr als Abhängiger zu akzeptieren. Die Abhängigkeit gilt jetzt als eine Eigenart des Patienten – wie seine Haarfarbe oder sein Temperament. Therapeutischer Ehrgeiz findet nicht mehr statt (das fällt nicht so schwer, wenn wir bedenken, wie abhängig die meisten von uns – z. B. vom Fernsehen – leben.) Der Patient muß sich nicht mehr ändern. Die Station entwickelt eine

Atmosphäre, die ein dauerhaft stützendes Korsett darstellt. Jetzt ist auch nicht mehr so sehr der Patient für Selbstachtung, für „das Loch“ oder für den Rückfall zuständig, sondern mehr wir – als Dauer-Ersatzspieler. An die Stelle der Abhängigkeit vom Alkohol tritt ersatzweise die Abhängigkeit von der Station – bestehend aus vielen sozialen Teil-Abhängigkeiten. Oft ist schon Teilabstinenz (gelegentliche Exzesse oder Phasen unterschwelligen Trinkens) ein ausreichender Erfolg. Damit werden die meisten Patienten zu zufriedenen und zugleich in der Arbeitsleistung nützlichen Mitarbeitern des Krankenhauses. Damit ist unsere Aufgabe aber keineswegs am Ende. Denn abgesehen von einem Teil der Patienten, die körperlich und sozial so geschädigt sind, daß sie den dauerhaften Schutz eines Pflegeheimes benötigen, können die meisten nach einer Zeit von 1 bis 5 Jahren (Mittelwert 3 Jahre) wieder den Schritt aus dem Krankenhaus herauswagen. Sie können sich allein, zu Zweit, zu Dritt oder in einer Gruppe eine eigene Wohnung suchen, die aber jetzt auch in der Regel eines nachsorgenden, ambulanten Dauer-Ersatzspielers bedarf. Für diesen Arbeitsschritt gilt dasselbe, was wir vom depressiven Langzeit-Patienten gesagt haben. Allerdings mit einem wesentlichen Zusatz: Abhängige und insbesondere Langzeit-Abhängige sind, wenn sie schon nicht mehr so viel trinken, ersatzweise davon abhängig, daß sie ständig „etwas um die Ohren“ haben, etwas zu tun haben. Dies jedenfalls mehr als andere Langzeit-Patienten. Sie sind mit der Hauswirtschaft, ihrer Wohnung nicht ausgelastet. Sie brauchen es vielmehr, außerdem noch einer gesellschaftlich nützlichen Arbeit in gebundener Arbeitszeit, wenn auch vielleicht nur in geringem Umfang, nachzugehen. Es bietet sich an, daß sie auch nach der Entlassung ihren vertrauten Arbeitsplatz im Krankenhaus beibehalten. Besser, aber auch schwerer zu verwirklichen, ist eine Tätigkeit außerhalb des Krankenhauses, eine Hilfstätigkeit in den Randzonen des sich verengenden Arbeitsmarktes. Genauso wichtig ist es, daß sie ihre sozialen Teil-Abhängigkeiten (z. B. Skatrunde) und möglichst viel von dem Stationsklima des Kontrolliertseins und der Zugehörigkeit in die eigene Wohnung mitnehmen. Aufgrund vorschneller Resignation ist dieser psychiatrische Aufgabenbereich bisher kaum wahrgenommen worden. Wahrscheinlich fehlen uns dafür noch die richtigen Phantasien. Die bisherigen Erfahrungen ermutigen uns jedoch dazu, die hier kurz beschriebene Aufgabe der Schaffung einer neuen Landschaft im Sinne eines dauerhaften Stützkorsetts, eines Dauer-Ersatzspieles für Langzeit-Abhängige für eine der spannendsten und lohnendsten psychiatrischen Arbeiten überhaupt zu halten (s. Weinbrenner).

6 Berufsbezogene Schwerpunkte

Pflegeberufe: als Spezialisten für die allgemeinen und „hautnahen“ Bedürfnisse der Menschen sind sie unersetzlich für abhängige Patienten, die ja nicht zufällig oft infantil bzw. oral verwöhnt oder frustriert genannt werden. Vertrauensbildung geht hier über die besondere Aufmerksamkeit für Ernährung, Körperpflege, Kleidung, Umgang mit dem Körper, mit Schmerzen, für die „kleinen" persönlichen Eigenheiten und Empfindlichkeiten. Fixierung auf ein Bedürfnis bei Vernachlässigung des anderen bedarf des Ausgleiches. Der verwahrloste Alkoholiker, der antibürgerliche Fixer und die zwanghaft saubere M-abhängige Hausfrau sind aus *ihrer* Wertwelt heraus zu verstehen. Bedürfnisdiagnose und -therapie obliegt dem Pflegepersonal, das daher auch in keiner Fachambulanz/Beratungsstelle fehlen darf.

Der *Sozialarbeiter* hat es mit der sozialen Selbstvernichtung zu tun. Die Entlassung in eine unveränderte soziale Situation ist der häufigste Grund für Mißerfolge. In der Angehörigengruppe wird es darum gehen, daß die Partner beginnen, sich um ihre eigenen, bisher vernachlässigten Bedürfnisse zu kümmern und dem Patienten dadurch mehr Handlungsfreiraum geben.

Der *Werktherapeut* hat auf das Verhältnis der Abhängigen zu ihrem körperlichen Einsatz, zu Arbeit und Freizeit zu achten. Anstelle des Pendelns zwischen überbemühtem Leistungsehrgeiz und resigniertem Vermeiden ist der sinn- und lustvolle Wechsel von An- und Entspannung und die Wechselbeziehung (aktiv-passiv) in der Gruppe zu üben. Ähnliches gilt für den *Bewegungstherapeuten.*

Dem *Arzt* bzw. *Psychiater* obliegt neben den Körperschäden die Frage, ob die Therapie medikamentös zu unterstützen sei. Nach Möglichkeit ist darauf zu verzichten, weil dies die Hoffnung auf Hilfe von Außen und damit die Abhängigkeitshaltung fördert.

Von dieser Regel gibt es Ausnahmen:

Neuroleptika: Wenn bei der ambulanten Therapie Entzugssymptome zu erwarten sind, kann es für die Selbstachtung bedeutsam gemacht werden, daß der Patient diese schwere Zeit aus eigener Kraft durchsteht und die unangenehmen Nebenwirkungen der Neuroleptika, falls nötig, bewußt in Kauf nimmt (daher kein Distraneurin!): Er läßt sich auf Unangenehmes willentlich ein, statt es, wie bisher, zu vermeiden.

Apomorphin. Bei diesem Brechmittel kann eine ähnliche Bedeutung gemeinsam erarbeitet werden. Das Verfahren wird auch ambulant angewandt, und zwar bei A-, M- und R-Abhängigen sowie bei Polytoxikomanen. Schema (nach H. Beil): 2 Wochen 3mal, dann 2 Wochen 2mal täglich 10 (5–15) mg. Apomorphin subkutan, u. U. bis zum Erbrechen. Wiederholungskur in 2 bis 6 Monaten.

Antabus (Disulfiran): Zur praktischen Anwendung dieser Technik (siehe Kap. 14). Ähnlich wirken Dipsan, Clont und Rastinon. Antabus kann implantiert werden. Antabus hat enttäuscht, weil es als Medikament verordnet wurde. Es ist aber erfolgreich, wenn es innerhalb eines Therapieplans eine Bedeutung bekommt, als „Krücke" etwa, damit die Therapie Zeit gewinnt, um sich zur Selbst-Therapie entwickeln zu können. Minutiös müssen alle Einzelheiten abgesprochen werden. Die Tablette darf z. B. dem A-Abhängigen nicht vom Ehepartner zugeteilt werden, da das den Kontrolldruck verstärken würde. Vielmehr wird die Tablette etwa Teil des gemeinsamen Frühstücks, bei dem der Partner nur zusehen darf, wie der Patient selbst die Tablette nimmt.

Der *Psychologe* wird für das diagnostische Mittel der Verhaltensanalyse zuständig sein, d.h. für das Sammeln sämtlicher Bedingungen, die für das Symptom (z.B. Trinken) förderlich und hinderlich sind, wenn sich das Team entscheidet, die Grundhaltung durch verhaltenstherapeutische Techniken zu ergänzen. Zur Verhaltenstherapie s. Kap. 18. Der Psychologe wird meist auch die gewählte therapeutische Technik einüben und darauf achten, daß sie sich nicht von der Grundhaltung als „bloße Technik" verselbständigt. Genauso wie er dafür sorgt, daß das Team den Zusammenhang des Symptoms mit dem eigentlichen Lebensproblem des Patienten beachtet.

V Epidemiologie/Prävention

Der Ärger, den Abhängige auslösen, liegt auch daran, daß zumindest das Wachstum des Abhängigkeitsproblems unnötig wäre, wenn verschiedene gesellschaftliche Bedingungen anders wären. Wer mit Abhängigen zu tun hat, sollte daher auch an solchen Änderungen präventiv mitarbeiten, damit er sein therapeutisches Tun nicht für sinnlos halten muß. Die Daten dazu liefert die Epidemiologie.

1 Verbreitung

Gesichert ist: Je höher der pro-Kopf-Verbrauch eines Suchtmittels in einer Gesellschaft, desto höher die Zahl der Abhängigen. Also finden wir:

A-Abhängigkeit: Anstieg des pro-Kopf-Verbrauchs an reinem Alkohol in der BRD pro Jahr von 3,2 l 1950 auf 12,3 l 1976 (größter Anstieg gegenüber vergleichbaren Ländern). Anstieg der alkoholbedingten Aufnahmen in PKH's auf 30% der Gesamtaufnahmen. Zahl der A-Abhängigen 1,2 bis 1,5 Mill. Mit den Familien leiden 4 Mill. Menschen am A-Problem. Als gefährdet gelten 7% der Bevölkerung. In den USA sind 7% der A-konsumierenden Menschen abhängig.

Tendenz: Weiterer Anstieg, Ausdehnung auf Frauen (20%) und Jugendliche (10%), Kombination vor allem mit (ärztlich verschriebenen) Tranquilizern und „Schlafmitteln".

M-Abhängigkeit: Anstieg des Arzneimittelumsatzes der Apotheken auf 6,8 Mrd. DM 1971, davon 1–2 Mrd. DM für freiverkäufliche. Von 48 Mill. erwachsenen Bundesbürgern nehmen 10% regelmäßig, 16% gelegentlich und 13% selten „Schlafmittel"; also 18,5 Mill. Menschen konsumieren jährlich 48 Mill. Packungen, zu 2/3 ärztlich verschrieben. Tranquilizer bei 20% der Krankenhausaufnahmen. 500000 M-Abhängige in der BRD.

Tendenz: Weiterer Anstieg, besonders bei Frauen (Männer:Frauen = 1:2) und Jugendlichen. Bei einer Umfrage gaben von den 12–14Jährigen 6% an, Aufputschmittel und 10% „Schlaf-“ und Beruhigungsmittel zu nehmen, die Hälfte ohne ärztliche Verordnung.

R-Abhängigkeit: Abnahme des pro-Kopf-Verbrauches in der BRD. 10000 R-Abhängige und 40000 Dauerkonsumenten, von denen ein Teil abhängigkeitsgefährdet ist.

Tendenz: Weiteres Abklingen der „Welle“, Stagnieren der von „harten“ Drogen Abhängigen (vor allem Heroin). Beginn in jüngerem Alter, Verschiebung in untere Sozialschichten, von der Stadt aufs Land. Statt Subkulturbildung bleiben die Abhängigen mehr in ihrer Familie. Anpassung an die bürgerlich etablierten Suchtmuster. Das gilt für Angleichung der Heroin-Abhängigen an das „klassische“ Muster der Morphium-Abhängigkeit ebenso wie für die Tendenz, mit Medikamenten und/oder Alkohol zu kombinieren oder umzusteigen.

2 Bedingungen

Genetik: Bei manchen A-Abhängigen begünstigt ein angeborenes Enzymmuster den Alkoholabbau und damit die Abhängigkeit. In Familien Abhängiger hat man vermehrt Abhängige bzw. Persönlichkeitsstörungen gefunden. Dies läßt sich freilich nicht von der „sozialen Vererbung“ von Gewohnheiten, eben auch „Abhängigkeitshaltungen“ trennen.

Persönlichkeit: z. B. abhängig-depressive, oral fixierte oder frustrierte, frühkindlich regredierende, ich-schwache, passive, narzißtisch-verletzbare, verzichtunfähige, unersättliche, sich mit der Geschlechtsrolle nicht wohlfühlende, sexuell ängstlich-gehemmte und daher prägenital orientierte Persönlichkeiten. Da man aber die Menschen erst untersucht, nachdem sie abhängig sind, sind solche Schimpfwortarsenale eher nicht Ursache, sondern Wirkung der Abhängigkeit.

Erziehung: Überzufällig unvollständige oder gestörte Herkunftsfamilien („broken home“), eine verwöhnende Mutter und ein abhängig-schwacher, brutaler oder abwesender Vater. „Schaukelerziehung“ (unberechenbar, mal zu verwöhnend mal zu strafend).

Soziale Lage: Sozialschichten zunehmend gleich, Ab- und Aufsteiger mehr gefährdet. Berufe können durch ihre Tätigkeit, Griffnähe oder „weil es dazugehört“ suchtgefährdet sein, z. B. Künstler, Intellektuelle, medizinische Berufe. Beschäftigte am Bau, in Druckereien, Medien, Brauereien oder im Gaststättengewerbe, Nacht- und Schichtarbeiter.

Soziale Wertung: In Gesellschaften, die Alkohol verbieten (islamische Kulturen) oder die mäßiges Trinken erlauben, jedoch Betrunkenheit ablehnen (Italien), werden eher nur Menschen abhängig, die individuell geschädigt sind. Bei Toleranz gegen Betrunkenheit (Frankreich) ist dies weniger nötig.

Auch in der BRD wird Betrunkenheit oft eher augenzwinkernd entschuldigt (z.B. Betriebs- oder Familienfeiern). Das soziale Leben ist von alkoholkonsumfördernden Wertungen durchzogen, wie „Männlichkeit" oder „Gemütlichkeit".

Übung: Finden Sie 10 ähnliche, alltagswirksame Wertungen. Nach dieser Übung werden Sie mehr Respekt vor der Anstrengung eines Patienten haben, dem Sie lässig Abstinenz verordnen. Wie ist das bei M-Wertung?

Krisen jeder Art können Abhängigkeitskarrieren ausklinken: angefangen von schweren Körperkrankheiten und Schmerzzuständen, Entwicklung- und Reifungskrisen, Identitäts- und Wertkrisen bis zu chronischen Spannungszuständen, Vereinsamung, Überforderung und Unterlastung (z.B. Hausfrauen), Konkurrenz und Rivalität, Rollen- und Statuskrisen, Arbeitslosigkeit sowie sonstige ökonomische Notlagen – sowohl individuelle als auch kollektive Konjunkturkrisen.

3 Bedeutung

Umgang mit Rauschmitteln zur Selbstbehandlung gehört zum Wesen des Menschen. Aber warum sind daraus in den letzten 120 Jahren Massenverelendungsmittel (Massenvernichtungsmittel!) geworden? Warum leisten sich gerade die entwickelteren Gesellschaften Milliarden Folgekosten des Suchtmittelgebrauchs, Erhöhung der Sterblichkeit und der Suizidrate, Zerstörung der Familien, Beteiligung des Alkohols an Kriminalität (bei 50% der Straftaten) und am Verkehrsterror (bei 25% der tödlichen Unfälle), körperliche und geistige Schädigung von Neugeborenen, Dauerimprägnierung der Jugend und die längst in uns allen ausgeprägte Abhängigkeitshaltung, mit der „normalen" Tendenz, Schmerzen, Probleme und Konflikte zu maskieren und zu vermeiden, als ob sie nicht zum menschlichen Dasein gehörten? Natürlich hat es Abhängige immer schon gegeben, aber die Massenhaftigkeit gibt es erst seit 120 Jahren. Daher hilft uns die Aufzählung einzelner Bedingungen so wenig. Ein historischer Hinweis: Als um die Mitte des 19. Jahrhunderts die ersten „modernen" ökonomischen Konjunkturkrisen (Überproduktionskrisen) das sich industrialisierende Europa erfaßten, kamen Großgrundbesitzer auf die geniale Idee, ihr überschüssiges Getreide, auf dem sie sitzenblieben, vermehrt zu Schnaps zu verarbeiten. Damit kamen sie über die Absatzkrise hinweg, etablierten einen neuen Markt, indem sie systematisch größere „Griffnähe" herstellten, „trösteten" die verelendeten, arbeitslosen Massen und trugen durch deren Betäubung und Ablenkung von ihren wirklichen Schmerzen und Problemen und durch Weckung von künstlichen Bedürfnissen zur „Ruhe im Lande" und zur Anpassung geradezu körperlichdurchgreifend bei. Dies Prinzip gilt bis heute in allen an Industrialisierung und Wachstum orientierten Volkswirtschaften. Nur daß inzwischen die wirksameren Werbemethoden der Getränkeindustrie ihr Angebot „demokratisiert" haben: sie stellen freie und gleiche, d. h. absolute Griffnähe her – erfassen alle Sozialschichten und dehnen sich aus auf Frauen und Jugendliche, von den ökonomischen (Armut) auf die psychosozialen Probleme (Wohlstand, Sinnleere). Die mitgelieferte Betäubung und Vermeidung der wirklichen (seelischen, ökonomischen und politischen) Probleme garantiert zugleich die stillschweigende Billigung des jeweiligen Staates – in Ost wie in West. In der BRD brachte 1976 Alkohol 5 Mrd. DM Steuern, Tabak 9 Mrd. DM. – Wer gegenwärtig Wirtschaftswachstum will, sagt „ja" zur Energiegewinnung um jeden Preis, zur Wegrationalisierung von Arbeitsplätzen, zu hoher Arbeitslosigkeit und zum weiteren Anstieg der Abhängigkeit und Frühinvalidität.

Nicht anders der M-Mißbrauch: Als Hufeland 1836 den Begriff „Opiumsucht" prägte, meinte er noch einzelne Kranke. Sonst hätte Karl Marx nicht kurz darauf Religion „Opium für das *Volk*" nennen können. Aber die Pharma-Industrie vergaß das Volk nicht, tröstete es wirksamer als Marx: Vom Systemzwang ständigen Wachstums getrieben, produzierte sie nicht nur für den medizinischen, sondern auch für den Volksgebrauch. 1912 fanden immerhin schon 60 Staaten gesetzliche Maßnahmen erforderlich. Die Pharma-Industrie des 20. Jh. arbeitet wirksamer und expansiver: 1. Da „Konsum" selbst heute ein wichtiger Wirtschaftsfaktor ist und immer mehr Daseinsbereiche in Konsumbereiche entfremdet werden, wurde auch „Medikamente-Nehmen" und „Selbstbehandlung" als Konsum deklariert und durch Werbung propagiert. 2. Daher die wahnwitzige Überproduktion der meisten abhängigmachenden Mittel über den medizinisch begründeten Bedarf hinaus. 3. Der Verbrauch ließ sich über die Selbstbehandlung hinaus (Apotheken als Selbstbedienungsläden) dadurch steigern, daß über die Pharma-Vertreter die Ärzteschaft sich in einen Apparat zur Befriedigung künstlich geweckter Maskierungs- und Vermeidungsbedürfnisse umfunktionieren ließ. Dies war kein Problem, da zumindest auch die freie Ärzteschaft vom Marktgesetz des Wachstums abhängig ist. 4. Schließlich macht die Angst der Verwaltung vor der freien Wirtschaft es möglich, daß die Pharma-Industrie – ebenso flexibel wie die Abhängigen – auf immer neue chemische Substanzen umsteigt und dadurch der Verwaltung immer um mehrere Nasenlängen voraus ist.

Der R-Mißbrauch hat eine z. T. andere gesellschaftliche Bedeutung. Immerhin gibt es in der Geschichte kaum eine vergleichbare Jugendlichen-Bewegung. Ausgehend von der politischen Studentenbewegung von 1967/68 war die R-Bewegung teils ein persönliches Ernstnehmen der politischen Idee der „totalen Verweigerung" und der „neuen Sensibilität", teils ein entpolitisierender Anpassungsvorgang. Anders als beim A- und M-Konsum reagierten Staat und Wirtschaft hier einheitlich. Verständlich; denn für die Wirtschaft ist der schwarze Markt des R-Konsums ein schädlicher unlauterer Wettbewerb, und für den Staat ist eine sich verweigernde Jugend gefährlicher, weil unangreifbarer, als eine Jugend, die wenigstens so viel Interesse an der öffentlichen Ordnung hat, daß sie sie politisch bekämpft. Deshalb war in kurzer Zeit Aufmerksamkeit und Geld da. Und die Getränke- und Pharma-Industrie ist dabei, die Jugend durch Herstellung von Griffnähe in ihren besser angepaßten Griff zu bekommen.

4 Prävention

Auch sie ist im Rahmen dieser gesellschaftlichen Bedeutung zu sehen. Jede Prävention hat von den wenigen harten Tatsachen auszugehen: Eine Gesellschaft hat je weniger massenhaftes Abhängigkeitselend, 1. je geringer der pro-Kopf-Verbrauch der jeweiligen Droge und je eindeutiger die Gelegenheiten des Drogenkonsums definiert sind, 2. je toleranter sie gegenüber passiven, weichen Rückzugsbedürfnissen sowie systemübersteigenden (absoluten) Bedürfnissen ist, weil dadurch die Individuen eher zur *Selbst*kontrolle dieser Bedürfnisse kommen, und 3. je eindeutiger Produktion und Handel kontrolliert werden.

Daraus ergeben sich zahlreiche Einzelmaßnahmen:

- Einstellung der Überproduktion der Getränke- und Pharma-Industrie sowie Kontrolle der Werbungs- und Handelsmethoden. Zahllose Medikamente sind medizinisch überflüssig. Ausdehnung der gesellschaftlichen Bereiche, in denen Drogen (Alkohol, Nikotin) nicht konsumiert werden (Betriebe). Abbau der Griffnähe. Herstellung untoxischer Präparate für die Selbstbehandlung. Herstellung kleiner Packungen.
- Strafrechtliche Haltung nur gegenüber Verstößen bei Produktion, Werbung und Handel, nicht gegenüber Konsumenten.
- Aufklärung erhöht die Gefahr eher, solange sie mit Angst arbeitet. Krankenhäuser und freie Ärzte haben sich – in Selbstaufklärung – auf einen kleinen Kanon benutzter Medikamente zu einigen. Es senkt z. B. die Suchtgefahr erwiesenermaßen, wenn man Schmerzmittel über längere Zeit nur mit Zusatz eines Neuroleptikums gibt.
- Engagement für gesellschaftliche Ziele, für wirkliche Bedürfnisse: z. B. wachstumskritisches Engagement gegen die selbstzerstörerischen, toxischen Gefahren, also Umweltschutz im weitesten Sinne, Friedensbewegung, Umverteilung der noch vorhandenen freien Arbeit, Umwandlung der „Freiheit" in freie und soziale Arbeitszeit. Dies macht Abhängigkeit von allen Ersatzbefriedigungen überflüssig, gerade weil sie nicht mehr bekämpft werden müssen.

Literatur

BATESON, G.: Die Kybernetik des „Selbst": eine Theorie des Alkoholismus, in: Ökologie des Geistes, Frankfurt, Suhrkamp 1983

BATTEGAY, R.: Sucht und Depression, in: Sucht und Psyche. Freiburg, Lambertus 1981

Fallada, H.: Der Trinker, Reinbek, Rowohlt 1959
Faust, V.: (Hrsg.): Suchtgefahren in unserer Zeit. Stuttgart, Hippokrates 1983
Feuerlein, W. u.a.: Alkoholismus. Stuttgart, Thieme 1975
Herhaus, E.: Kapitulation. München Hanser 1977
Herhaus, E.: Der zerbrochene Schlaf, dtv 1666
Kielholz, P. u. D. Ladewig: Die Drogenabhängigkeit des modernen Menschen, Lehmanns 1972
Liepmann, H.: Der Ausweg. Ullstein Tb 3540
London, J.: König Alkohol. dtv 899
Mein Name ist Adam, ein anonymer Alkoholiker berichtet. München, Mosaik 1980
Steinbrecher, W. u. H. Solms: Sucht und Mißbrauch. Stuttgart, Thieme 1975
Weinbrenner, H.: Wie kann ich Abhängigkeit akzeptieren und nutzen? in: Dörner, K. (Hrsg.): Die Unheilbaren, Rehburg-Loccum, Psychiatrie Verlag 1983

9 Der sich und Andere bemühende Mensch – neurotisches Handeln –

I Die Aufgabe, die Landschaft, das Problem

Es ist unausbleiblich, daß sich die Bezugssysteme von Menschen ändern. Durch die eigene Entwicklung: durch Krankheiten, Unfälle, Verluste, Gewinne, Bindungen, Abenteuer, Geburten, Tode, Schwankungen der Vitalität, Ermüdungen, Kraftverlust oder Kraftgewinn, Altern.

Durch Veränderung der Umwelt: Umzüge, Partnerwechsel, Arbeitsplatzverlust, Kollegen oder Chefwechsel, durch das Heranwachsen der Kinder, durch die Veränderungen, die der Partner erfährt (Emanzipation, Krise des mittleren Lebensalters);

Durch Veränderungen des weiteren Ökosystems: Aufrüstung, Arbeitslosigkeit, kapitalistische Ausbeutung der Natur, Veränderungen der gesellschaftlichen Struktur.

Dies sind nur einige Anhaltspunkte zur Verdeutlichung. Es gilt, daß die Gestaltung eines erwachsenen Lebens vielen Gefahren, Rückschlägen, Risiken, Umwegen, Stillständen, Krisen, Neuanfängen ausgesetzt ist. Den ständigen Änderungen entspricht die mehr oder weniger große Offenheit unserer Zuwendungsanlage (Anpassungsfähigkeit). Sie ist allerdings nicht beliebig und Schwankungen ausgesetzt. Zur Anpassung gehört die Fähigkeit, sich binden und sich lösen zu können. Somit wird das Leben Mühe. Es läuft nicht, ist nicht glatt, ist nicht eine Frage des Willens und der Selbstbestimmung allein, ist nicht ein kosmetisches Problem. Die Norm, es sei so, schafft eher mehr Leid als weniger, denn in einer Atmosphäre des technischen Zwangs, in der auch Psychotechnologien entwickelt werden, besteht die Gefahr, das Erleben der Sinne, das Leben der Gefühle, der Stimmungen zu vernachlässigen, nicht ernst zu nehmen. Es besteht die Gefahr, daß bei der Suche nach Lösungen leichter der technische, d.h. auch der medikamentöse, Weg beschritten wird, der Weg der Verwaltung, der Trennung, der Ausgrenzung. Damit stehen wir in der Gefahr, nicht mehr zu sehen, daß im inneren Leben Leid auch eine aufrufende Kraft sein kann, und daß unsere Antwort auf diese Kraft auch die Maßstäbe mitbestimmt, mit denen wir den Wert eines Charakters messen. Wir stehen in Gefahr, die Mühe zu leugnen, gerade damit tragen wir zur Mühe bei. Zum Gelingen des menschlichen Lebens gehört das Finden eines Lebenssinnes. Die bloße Erhaltung des Lebens kann immer nur Voraussetzung, aber nicht Sinn des Lebens sein. Dabei ist auch die Frage nach dem Sinn, den jeder dem Leben gibt, der Krise, der Wandlung, der Möglichkeit und manchmal auch der Notwendigkeit der Änderung ausgesetzt. Damit sind jeder einzelne und die Gruppen immer neu vor die Aufgabe gestellt, die Lösung für soziale Beziehungen zu finden. Das Wägen zwischen Bewahren und Wandel ist eine ständige Aufgabe. Dabei kommt es darauf an, die Synthese von relativ konstanten Naturgegebenheiten und jeweiliger historischer Situation zu suchen. Dieser letzte Satz ist bewußt offen formuliert, denn die Bestimmung der historischen Situation hängt auch vom Standpunkt ab. Politisch kommt es heute darauf an, das demokratische Gesellschaftsbild für alle lebensfähig zu machen und das Ziel sozialer Gerechtigkeit nicht aufzugeben. Die Bewegung daraufhin verursacht – wie jede Bewegung, jede Veränderung im sozialen System – Angst. Wenn man sich der Angst stellt, bekommt man vorübergehend noch mehr Angst, greift nach dem vertrauten Zuwendungs-, Anpassungs- und Abwehrsystem, um ihr zu entgehen. Die Notwendigkeit der Bewegung meldet sich wieder, es entsteht wieder Angst: Im Individuellen wie im Kollektiven, im Kleinen wie im Großen wird so die Lösung zum Problem, Um uns zu befreien, müssen wir durch die Angst durch, Angst nutzen lernen.

Psychoanalytisches Denken, angeregt durch FREUD, ADLER und JUNG, *hilft*, eine erklärende Theorie für die Entstehung und Entwicklung neurotischen Handelns zu beschreiben. Der Fortschritt für die Psychiatrie und die nach wie vor bestehende Provokation, liegt darin, daß nicht das Neurotische, das Pathologische fein säuberlich vom Gesunden getrennt wird, sondern es wird für jeden Einzelfall überlegt, warum dieser Mensch nicht mit einer Anforderung fertig wird, mit der fertig zu werden nun mal „normal" ist, und warum in seinem Fall so viel Leid ausgelöst wird. Egal, ob FREUD über die Entwicklung der Libido nachgedacht hat, ADLER über Minderwertigkeitskomplexe, oder ob über narzistische Kränkungen gesprochen wird: immer wird eine Aussage über jeden einzelnen von uns gemacht. Denn bei jedem von uns entwickelt sich die Libido, jeder von uns erleidet narzistische Kränkungen, jeder von uns fühlt sich dann und wann minderwertig. Wichtig für die Bewertung dieser Theorien ist, daß sie die Natur des Menschen, die Triebe, und ihre mühsame, konflikthafte – und damit oft scheiternde – Ausformung im gesellschaftlichen Leben zu fassen versuchen. Ausgangspunkt dieses Menschenbildes ist immer der einzelne Mensch und seine Auseinandersetzung mit der (sozialen) Realität. Das bleibt auch so, wenn die Familie berücksichtigt wird. Es wird keine Aussage über die Gesellschaft gemacht. Schon der Blick auf die Gestaltung der Sexualität, auf die Möglichkeit, wirklich frei mit ihr umzugehen, zeigt die gesellschaftliche Abhängigkeit, auch die Abhängigkeit von der Arbeitsweise der Menschen.

Soll die Psychiatrie in der heutigen Zeit immer auch die soziale Gerechtigkeit und den sozialen Ausgleich im Auge haben, so muß sie nach den Konflikten suchen, die durch Ungerechtigkeit und soziale und ökonomische Ungleichheit bedingt und gestaltet sind. Gerade wenn die psychiatrischen Institutionen sich wandeln, wenn ihre Verankerung in der Lebenswelt von Menschen sein soll, so ist nicht mehr nur die Bemühung des Einzelnen zu beschreiben, sondern auch und vor allem die Bemühung sozialer Gruppen. Die Betrachtung des normalen und konflikthaften Umgangs mit der Arbeitskraft als einen wesentlichen Teil der Lebensenergie wird sachlich erforderlich. Ein zweiter Bereich ist der des Umgangs (und damit ist nicht die hemmungslose Überschwemmung gemeint) mit Information und Bildung.

Der Mensch kann nicht existieren, wenn er sich nur damit beschäftigt, aktuelle Bedürfnisspannung momentan zu beseitigen. Er entwickelt sich hinein in einen sozialen Verband und in eine gesellschaftliche Wirklichkeit, die durch Arbeit entstanden ist. Die Teilnahme an der gesellschaftlichen Realitätskontrolle kann nur durch Arbeit geschehen. Dieser Prozeß dauert an, solange der Mensch lebt. Dadurch, daß der Mensch an dem, was in der Gesellschaft entsteht, teilnimmt und Einfluß darauf hat, entsteht ein Gefühl der Sicherheit. Hierzu gehört jedoch, daß er bei der Art, an Information teilzunehmen, gerüstet ist, für ihn bedeutsame Information wirklich zu erhalten.

Vieles, was neurotisch genannt wird, ist der Versuch, inadäquat, einseitig Lebensprobleme zu bewältigen. Da die für den Menschen adäquaten Lösungen ihm nicht zur Verfügung stehen, klammert er sich an alte Lösungen, bemüht andere für sich, verhält sich, als ob er das Wissen und die Fähigkeit habe, seine momentane Krise zu bewältigen.

Einige Gesichtspunkte sollen noch verschärft werden, um den Bezug zu dem anthropologisch gemeinten „bemühend" im Titel deutlicher zu machen. Von einem bestimmten Alter an, spätestens vom 25. Lebensjahr an ist es in der Biographie der Menschen die Hauptaufgabe, die wesentliche Erwartung, daß sie in der Kommunikation gleichwertige Beziehungen auf derselben Ebene herstellen und halten können. Auch in Bezug zur Arbeit wird eine solche Beziehungsfähigkeit erwartet. Diese Beziehungen sollen gleichberechtigt, ausgewogen, autonom sein. Grenzen und Verschmelzung, Trennung und Bindung, Anpassung und Empörung – um nur einige Aspekte zu nennen – sollen gekonnt werden. Dies ist zwar die Aufgabe des erwachsenen Lebensalters, jedoch ist sie unmöglich zu erfüllen. Deshalb kommt es immer wieder neurotisch-beziehungskränkend dazu, daß (undemokratische) Abhängigkeit als Problemlösung gesucht wird. Gleichzeitig wird am Partner-Ideal oder auch am Autonomie-Ideal festgehalten. Ich bemühe mich, strenge mich an, Schwäche leugnend, angstvoll bekämpfend, vor den anderen und mir verbergend, daß ich im Moment oder für längere Zeit die Lebensaufgabe nicht erfüllen kann. Die Bemühung kostet unendlich viel Kraft. Meine und die der Anderen. Ich will nicht aufgeben, nicht verlieren, was ich schon erreicht hatte, also kann ich nur klammern, festhalten, trotzen, mich unterwerfen, gehorchen, folgen, passiv werden, kratzen und beißen, krank werden.

Die Krisen tauchen immer auf, in jedem Leben. Für manche führt das ständige und unaufhörliche Bemühen oder das Bemüht-Werden (oder: wenn ich mich bemühen lasse, bemühe ich dann nicht auch gleichzeitig?) in eine Sackgasse, an deren Ende die Auflösung des Konfliktes nur mittels Anderer möglich ist. Für Professionelle ist wichtig, daß sie nicht sofort das Bemühen-Spiel mitspielen. Denn es ist naheliegend, daß der Professionelle sich bemüht. Er muß Distanz halten können, die Art des Bemühens des Anderen sehen lernen können, nicht sofort was tun wollen, sondern dem Anderen die Zeit lassen, seine Ziele, seine Möglichkeiten und seine Wege wiederzufinden. Der psychiatrisch Tätige muß auch die anderen Bemühten oder Bemühenden berücksichtigen. Auch die Berücksichtigung derzeit geltender Normen und Werte ist wichtig. Z. B. zur Zeit liegt der Ausweg der Scheidung, des Arbeitsplatzwechsels besonders nahe, auch das Ausweichen auf Alkohol und Tabletten als vermeintliche Problemlösungen. Auch die Frage, was die Männer davon halten, daß die Frauen sich emanzipieren, gehört hierher.

Bisher ist unausgesprochen, daß die Partner immer auch Gegner sind. Wo Subjekte, Individuen sich gemeinsam entwickeln wollen, ist immer zu bedenken, daß der jeweils Andere auch Freund bleibt, daß man, indem man sich begegnet, Gegner wird. Das kann gesehen werden als notwendige Gegnerschaft wie bei einem Tennisspiel. Das kann gesehen werden als Hindernis: wo Du mich hinderst, bist Du mein Gegner. Das kann gesehen werden als Feindschaft: indem sich herausstellt, daß Du mein Gegner bist, erkläre ich Dich zu meinem Feind. Es lohnt sich, die sprachliche Vielfalt des Wortes „gegen" zu berücksichtigen, das auch die Bedeutung „neben" zum Ursprung hat.

Wenn man Menschen fragt, was ihnen in einer bestimmten beziehungskränkenden Krise geholfen hat, so antworten sie oft: daß wir uns auseinandergesetzt haben. Auch hierin liegt eine Doppeldeutigkeit vor. Das wirklich Auseinandersetzen schafft die Distanz die man braucht, um sich gegenseitig vollständiger zu sehen, um zu staunen, wer der Andere ist, wer der Andere für einen ist, wer man selber ist und wer man selber für den Anderen ist. So kann man sich mit sich, der Ehe, der Elternrolle, im Verein, in der Partei, am Arbeitsplatz auseinandersetzen. Nicht um zuzuschlagen, sondern um zu gucken und dann den Weg festzulegen. Dies ermöglicht, die Beziehungen, die man lebt, mit dem jeweils Anderen teilweise auch zur gemeinsamen Sache zu machen. Man kann lernen, versachlichend und damit beziehungsentlastend mit Beziehungsstrukturen umzugehen. Auf diese Weise kann es gelingen, das Bemühen zu verringern, denn das ewige Bemühen gestattet einem und den anderen nicht die Versachlichung, die damit verbundene Entlastung und die dann erst mögliche Sinngebung. So kann man sich der Unmöglichkeit, Zweier-Partner-Gegner-Beziehungen auf derselben Ebene zu halten, erst stellen. So kann man in erwachsene Abhängigkeiten übergehen und sich dazu bekennen.

All dies ist angstfreier gesagt und wiederholt als gelebt. Darüber müssen wir uns immer wieder klar werden, wenn jemand beginnt, sich auseinanderzusetzen. Die Angst, die dabei auftritt, kann genutzt werden: als Signal, daß man auf dem richtigen Weg ist, daß man lernt, Gefahren zu erkennen, daß man lernt, sein Tempo zu bestimmen. Angstabwehr bietet zwar Schutz, führt aber auch zu Panzerung, zur Starre, macht gerade das, was man lernen könnte, unmöglich.

II Auffälligkeiten

(psychopathologisches Wahrnehmen)

Beispiel: Zum Aufnahmegespräch kommt Herr F.: 29 Jahre alt, Angestellter, seit einem halben Jahr verlobt, lebt bei der Mutter, die sehr herzkrank ist. Er leidet unter massiven Schlafstörungen. Er war in den letzten Tagen zu Hause, machte sich dort noch mehr kaputt, konnte nichts tun, grübelte sich fest, machte sich auch Vorwürfe, daß er die Mutter so belaste. Zuspitzung am Tag zuvor, als er so sehr weinen mußte, daß der Notarzt geholt werden mußte, der Valium spritzte und den Einweisungsschein ausschrieb. Herr F. ist eingefallen, nach vornübergebeugt, „er läßt den Kopf hängen", hat tiefe Ringe unter den Augen, die Hände zittern, er spricht ganz leise (in dem folgenden Gesprächbeispiel spricht Herr F. mit 2 Therapeuten).

F: Ich leide an Schlafstörungen.
Th 1: Das steht ganz im Vordergrund für Sie.
F: Jetzt kann ich gar nicht mehr schlafen, Sie müssen mir doch helfen, es muß doch auch alles mal untersucht werden, ob es in Ordnung ist.
Th 1: Sie suchen nach den Zusammenhängen: Womit hängt das zusammen, daß ich nicht schlafen kann?
F: Ja, es muß doch etwas im Kopf sein, im Schlafzentrum. –
Th 1: Andere Zusammenhänge mit Ihren Lebensbedingungen können Sie nicht sehen?
F: Nein, alles ist in Ordnung.
Th 1: Was sagen denn die anderen zu Ihren Schlafstörungen?
F: Die sind natürlich furchtbar bekümmert. Meine Mutter macht sich große Sorgen. Sie spricht abends immer ganz lange mit mir, damit ich mich nicht so quäle, dabei ist sie doch selbst ganz krank, sie hat es mit dem Herzen.
Th 1: Sie sind gleichzeitig dankbar und schuldbewußt?
F: Ich wüßte nicht, was ich ohne sie machen soll.
Th 1: Sie fühlen sich ganz stark gebunden?
F: Ja, meine Mutter und meine Verlobte, das sind die wichtigsten Personen in meinem Leben. Meine Mutter 50% und meine Verlobte 50%
Th 2: Und wo sind Sie?
F: Guckt erstaunt und versteht die Frage nicht.
Th 1: Das verblüfft Sie richtig, daß wir nach Ihnen fragen, wenn Sie sagen, daß Ihre Verlobte und Ihre Mutter je 50% in Ihrem Leben ausmachen.
Th 2: Da ist noch etwas. Ich fragte mich gerade, ob nicht manchmal einer von denen versucht, die Überhand zu gewinnen?
F: Nein, die verstehen mich sehr gut. Sonntags gehen wir auch zu dritt aus, meine Verlobte kann mich sehr gut verstehen. Meine Mutter möchte auch gern, daß ich heirate.
Th 1: Wann wollen Sie heiraten?

F: Eigentlich wollten wir schon diesen Monat heiraten, aber diese verfluchte Krankheit. Jetzt haben wir es verschoben, erstmal um ein halbes Jahr.

Th 2: Waren Sie und Ihre Verlobte traurig?

F: Meine Verlobte hat viel Verständnis für mich. Ich kann ja auch nichts dafür. Warum fragen Sie mich das alles, das ist ganz in Ordnung. Ich muß wieder schlafen, verstehen Sie das nicht?

Th 1: Es fällt Ihnen leichter, von Ihren Schlafstörungen zu sprechen und Sie fühlen sich nicht angenommen, wenn wir nach Ihren Beziehungen fragen. Das macht Sie ungeduldig.

F: Nein, Sie wissen sicher, was Sie tun müssen.

Th 1: Vielleicht ist es besser für unsere Beziehung, wenn Sie uns noch von den Schlafstörungen erzählen.

F: Ich leide nämlich schon lange darunter, seit meinem 17. Lebensjahr, aber es war nie so schlimm wie jetzt. Damals bin ich schon mit meiner Omi zum Arzt gegangen, das war ganz kurz vor ihrem Tod, als die Lehre anfing. Ich habe damals Valium bekommen, das hat eine Weile auch geholfen, dann brauchte ich andere Schlafmittel und jetzt hilft einfach gar nichts mehr. Sie müssen mir doch helfen können.

Th 2: Sie haben während der ganzen Zeit nicht das Schlafen ohne Mittel kennengelernt?

F: Praktisch nicht, nein. Manchmal habe ich auf Rat des Arztes versucht, ohne Mittel auszukommen, aber dann ging es gleich wieder schlechter und dann brauchte ich wieder was.

Th 1: Haben sie je etwas anderes versucht als Medikamente, ich meine irgendwie auf natürliche Weise müde zu werden. Wie ist es im Urlaub?

F: Im Urlaub, wenn ich von zu Hause weg bin, ist es noch schlimmer. Wenn ich dann den ganzen Tag an der frischen Luft war und immer noch nicht schlafen kann, das ist furchtbar.

Th 1: Sie haben sich doch sicher schon oft gefragt, was das ist, was Sie vom Schlafen abhält. Zu welchen Antworten sind Sie gekommen?

F: Wenn ich das nur wüßte. Ich glaube in meinem Gehirn ist etwas nicht in Ordnung, so daß man es mit Medikamenten kontrollieren muß.

Th 1: Damals als die Schlafstörungen das erste Mal auftraten, gab es da einen Grund?

F: Nein, eigentlich nicht. Vielleicht war ich ein bißchen überfordert mit der Lehre. Schwaches Nervenkostüm (lacht).

Th 2: So ganz ernst mögen Sie das nicht nehmen.

F: Doch, doch, das wird's schon sein. Wenigstens hat der Arzt das damals gesagt. Das paßt ja auch, daß irgendetwas in meinem Gehirn eben schwächer ist.

Th 1: Mir ist noch im Gedächtnis, daß Ihre Großmutter damals eine große Rolle für sie gespielt hat.

F: Sie war alles für mich. Ich bin quasi bei ihr groß geworden. Sie hat immer für mich gesorgt. Ich habe sehr an ihr gehangen. Als sie starb, brach für mich eine Welt zusammen.

Th 1: Sie fühlten sich furchtbar verlassen.

F: Ja, genau. Sie war immer für mich da gewesen. Es gab gar nichts anderes. Das war, als wenn man in die Kälte geht.

Th 1: Sie plötzlich dachten: Ich muß erfrieren!

F: Ja, genau. Erst allmählich ist das Gefühl wieder verschwunden, als ich merkte, daß mich meine Mutter doch verstand, da ging es mir ein bißchen besser.

Th 2: Was war vorher mit Ihrer Mutter?

F: Ach, wissen sie, meine Eltern, ich habe meinen Vater nie gekannt, und meine Mutter mußte immer arbeiten. Sie wollte mich wohl haben, aber Sie hatte nicht die Zeit für mich, sagte sie.

Th 2: Wenn Sie an Ihre Kindheit denken, das macht Sie jetzt noch bitter.

F: Ja.

Th 1: Wollen Sie selbst Kinder haben?

F: Meine Verlobte möchte eins oder zwei.

Th 1: Und Sie?

F: Ich kann darüber gar nicht nachdenken. Solange ich nicht gesund bin, kann ich keine Kinder haben.

Th 1: Sie fühlen sich da auch unter Druck gesetzt?

F: Nein, nein, meine Verlobte ist sehr geduldig.

Th 2: Das ist kein Thema für Spannungen? An was für Punkten gibt es Spannungen?

F: Es gibt keine Spannungen. Wir verstehen uns ausgezeichnet.

Th 1: Mir fällt auf, daß wir schon die ganze Zeit so ein Frage- und Antwortspiel spielen. Fast wie ein Verhör. Irgendwie habe ich den Eindruck, als setzten wir Sie erheblich unter Druck.

F: Sie müssen ja wissen, was Sie tun.

Th 1: Irgendetwas ist an uns, was Sie ärgert.

F: Ärgert, nein! Ich ärgere mich nicht. Ich möchte, daß Sie mir helfen, meine Schlafstörungen loszuwerden.

Th 1: Mir ist in dem gleichen Zusammenhang aufgefallen, daß es Sie irritiert, über Ihre Beziehungen zu sprechen. Ist es auch, daß Sie befürchten, wir können Ihnen nachweisen, daß da...

F: Da ist nichts, Sie können mich ruhig fragen.

Es wird deutlich, daß die Gesprächspartner unterschiedliche Vermutungen haben über das, was den Patienten kränkt. Er sieht vorrangig seine Schlafstörungen und begründet sie mit einer Unsicherheit der Funktionen des Gehirns. Die Therapeuten sehen die Schlafstörung als Symptom; sie sehen die *Kränkung* in der Art, wie der Patient *Beziehungen aufnimmt*. Und zwar zu sich *selbst* und zu *Anderen*. Dabei ist die Zahl der Anderen in dem Gesprächsausschnitt beschränkt auf drei weibliche Personen seines Lebens. Natürlich ist die Vermutung des Patienten zu prüfen, evtl. mit einem EEG. Aber selbst bei einem Hirnbefund wäre nicht auszuschließen, daß er „benutzt" wird, um die kranken Beziehungen zu verstecken, also: die Benennung eines Handelns als „neurotisch" ist nicht das Ergebnis von Ausschlüssen (da nicht hirnorganisch, muß es ja neurotisch sein): *sondern für „neurotisch" muß stets eine positive Bestimmung gefunden werden!*

1 Umgang mit Begriffen

Bei neurotischem Handeln ist der Mensch entweder deswegen unfrei und eingeschränkt, weil er einen dauerhaften seelischen Schmerz nicht zulassen kann, weil er die mit dem Schmerz verbundene (normale) Angst abwehren muß, sie damit aber gleichzeitig verstärkt. Oder der Mensch ist unfrei und eingeschränkt, weil ein frühkindliches seelisches Trauma (Verletzung) ihn festhält, so daß die Angst die damit verbunden ist, nur als Signal für weitere Angstunterdrückung genommen werden kann (s. Kap. 3).

Psychogene Reaktionen (oder auch neurotische Reaktionen) sind im Unterschied dazu solche Störungen des Handelns, die bei akuten Belastungen (Streß) auftreten (bei Arbeitsplatzverlust, Verlust eines Partners, Versagen in Prüfungssituationen z. B.), die im Aussehen den neurotischen Störungen ähnlich sind. Der Bereich diffuser körperlicher Mißempfindungen bis hin zu nachweisbaren organischen Befunden mit psychogener Beteiligung oder Verursachung wird unter dem Begriff psychosomatische Medizin zusammengefaßt.

Eine strikte Trennung der Kategorien neurotisch und psychosomatisch scheint uns künstlich. Kränkungen der Beziehungen zu sich selbst oder zur Umwelt sind nicht nur eine Sache der Seele, sondern in jedem Fall auch eine des Körpers. Nur wird beim einen – der seelisch makellos sein muß – mehr der Körper sprechen, während beim anderen – der körperlich nicht krank sein kann oder darf – mehr die Seele sprechen wird. Wenn neurotisch gelegentlich nur der genannt wird, der die Kränkung seiner Beziehung nur mit der Seele ausdrücken kann ist das eine Einengung, ein Mangel, ein Zeichen dafür, daß dem Betroffenen möglicherweise das Gesamt seiner Ausdrucksformen nicht zur Verfügung steht. Ein Therapieziel muß sein, ihm auch seinen Körper erfahrbar zu machen. Wenn wir hier einerseits davon sprechen, daß es nicht nur eine Überbewertung des Körperlichen gibt, sondern auch eine Überbewertung des Seelischen, so möchten wir auch die strenge Unterscheidung von „neurotisch" einerseits und „neurotische Reaktion" andererseits anfechten. Sicher ist bei dem als neurotisch zu bezeichnenden Menschen die Panzerung älter und fester; und die Chancen, daß sich die Einengungen, die jemand erfährt, der (nur) „neurotisch" reagiert, von allein wieder geben, sind größer. Die Typen neurotischen Reagierens auf einen akuten schweren Konflikt sind ähnlich wie die neurotischen Typen. Jeder Mensch löst ihm unlösbar erscheinende Situationen auf ihn charakterisierende Weise.

Während bei den Begriffen neurotisch, psychosomatisch und psychogene (neurotische) Reaktion die lang hingezogene, aber auf jedem Fall erworbene Einschränkung des Handelns eine Rolle spielt, so werden noch einmal davon abgesetzt solche Einschränkungen des Handelns, die mit einer angeborenen Eigenart des Individuums (abnorme Persönlichkeit, Psychopathie, Persönlichkeitsstörung) begründet werden.

Wir machen bei unserer Arbeit zwischen neurotischen und psychopathischen Menschen keine Unterschiede. Denn in jedem Falle liegt eine Störung im Umgang mit Beziehungen zu sich selbst und zu anderen vor. Psychopathische Anteile eines Menschen gelten als ererbt. Damit fallen sie nicht unter den üblichen Krankheitsbegriff, sondern werden als Normvarianten begriffen, als abweichende Äußerungsformen des eigentlichen Normalen. So wie es ganz große und ganz kleine Menschen gibt oder ganz helle und ganz dunkle, so gibt es Menschen, die z. B. ganz langsam oder ganz schnell sind oder ganz nervös, erregbar oder ganz stumpf sind. Diese Menschen haben es schwer, sich den durchschnittlichen Erwartungen zu stellen, egal woher sie kommen: Ob am Arbeitsplatz oder in der Familie, ob den eigenen Erwartungen gegenüber oder auch ihren eigenen Möglichkeiten gegenüber. Damit ist gemeint, daß jemand nicht einheitlich psychopathisch ist. Einige seiner Eigenschaften müssen so gesehen werden, daß er sich in ihnen erheblich von anderen Menschen unterscheidet, während er mit anderen Eigenschaften ganz gut lebt oder zu leben in der Lage wäre. Meist geschieht es im Umgang mit Menschen, daß sich die auffälligen Merkmale in der Wahrnehmung verdichten, daß jemand eben ganz „das ist", was sein hervorstechendstes Merkmal ist, und daß er selbst und andere vergessen, ihm die Auseinandersetzung mit dem zu ermöglichen, was sonst noch ist. Wichtig ist, daß häufig das, was psychopathisch erscheint, die Art ist, wie jemand sich mit der Welt auseinandersetzen kann.

Beispiel: Jemand wird schwächer als andere geboren, lebt aber dort, wo seine Schwäche nicht wahrgenommen wird, sondern wo er in den ersten Lebensjahren Anpassungsweisen und Umgehensweisen entwickeln muß, die seiner Schwäche entsprechen. Er mag eng (anankastisch) werden, um so mit seiner Kraft Haus zu halten oder zu einer selbstunsicheren (sensitiven) Persönlichkeit werden, weil er sich in seiner Schwäche nicht gut binden kann.

Im Umgang mit diesen wie aber mit jedem Menschen in der Psychiatrie kommt es entschieden darauf an, mit ihm herauszufinden, was der somatische endogene, ererbte, biologische, natürliche Anteil an ihm ist und wie er mit diesem als Panzer mit sich, den Anderen und den Anforderungen umzugehen gelernt hat. Psychopathische Anteile gehören unweigerlich zu uns und es ist therapeutisch zu fragen, was an dem Menschen und was in der Umgebung bisher verhindert hat, sich so, wie er ist, in seiner einmaligen Individualität, zu akzeptieren. Gerade hier ist die Frage nach der Wertwelt der Umwelt ganz dringend: Denn bestimmte Eigenschaften gelten als besser für die Anpassung, so daß die anderen, die es nicht so gut tun, dann immer als psychopathische Anteile gelten. Zur Therapie gehört hier auch: die zu dem Menschen passende Umwelt zu finden. So hat sich in Untersuchungen gezeigt, daß als eindeutig psychopathisch diagnostizierte Menschen nach 5 Jahren nichts Psychopathisches mehr an sich hatten, als sie in ihrer *geänderten* Umwelt aufgesucht wurden. Dann gibt die Betrachtung des Psychopathischen die Möglichkeit, herauszufinden, welche Eigenschaften und Charakterzüge eine Gesellschaft „bevorzugt".

Hier lassen sich weitere Beispiele für die Therapie des Kontextes und die damit verbundene Änderung des Textes denken.

Übung: Jeder sucht bei sich die eigenen psychopathischen endogenen Anteile, d.h. Eigenschaften, die insofern von der Norm abweichen, als daß ich denke, sie sind bei mir besonders stark ausgeprägt. – Dabei werden wir auf das Problem stoßen, daß es die unerkannten positiven Psychopathen gibt, Leute, die nicht arbeitsscheu sind, sondern extrem viel arbeiten, Leute, die nicht haltlos sind, sondern extrem gehalten, Leute, die nicht anankastisch sind, sondern extrem flexibel. Hier wird die Abhängigkeit von der Wertung sehr deutlich.

Möglicherweise wird eine primär-biologische Äußerungsweise im sozialen Feld zur Abweichung deklariert. Die mangelnde Eindeutigkeit und soziale Wertung zeigt sich auch in der Namengebung und die Zeitabhängigkeit. Es werden asthenische, sensitive, anankastische, schizoide, depressive, hyperthyme (antriebsstarke), haltschwache, erregbare, gemütsarme, querulatorische, hysterische Psychopathen beschrieben (die Reihe ist je nach idealisiertem Menschenbild beliebig veränderbar und verlängerbar). Es wird schon aus den genannten Begriffen ersichtlich, daß es die Menschen sind, die mit den in der Gesellschaft negativ bewerteten Eigenschaften ausgestattet sind, die es mit der Psychiatrie zu tun haben. Daher ist es nicht verwunderlich, wenn sich diese Menschen tief minderwertig fühlen, obwohl intellektuell leicht einsehbar ist, daß sie anders, nicht jedoch schlechter oder minderwertiger sind.

In unserem Verständnis sind auch „Psychopathie" und „Charakterneurose" gleichzusetzen. Wir meinen auch, daß in der Charakterneurose ebenso ein Bewältigungsversuch deutlich wird wie im neurotischen Handeln (häufig als Symptomneurose bezeichnet). Was ist „Charakterneurose"? Gemeint ist, daß jemand einen ganzen Charakter in seine Panzerung so integriert, daß die „Not" sehr deutlich ist, und daß auch in dem Menschen und seiner Umgebung nicht das Gefühl von „fremd", „krank" aufraucht.

Jemand, der immer ordentlich, unauffällig, makellos, zuvorkommend, unangreifbar ist, ist nicht als neurotisch zu bezeichnen. Sein Handeln ist insgesamt ein Versteck, weist auf das, was gesehen werden soll und auf das, was möglicherweise nicht gesehen werden darf. So hilft diese Art der Selbstgestaltung, der Panzerung, Beziehungen zu gestalten. Oder: ist ständige Angriffslust (aggressives Handeln) ein Zeichen für einen psychopathischen Anpassungsversuch, eine Symptomneurose, oder ist sie als Charakterzug ein Versteck? Für uns ist wichtig zu wissen, daß Menschen mit symptomneurotischen Problemlösungsversuchen leichter den Status von Kranken erwerben, während sogenannten Psychopathen oder Charakterneurotikern nur ungern die Krankenrolle zugebilligt wird, eher den Vorwurf moralischen Versagens. Möglicherweise liegt in meiner Abwehr der Grund für's Mißverständnis und für meine gestörte Fähigkeit, denen, an denen ich leide, zu helfen.

Noch ein Begriff muß eingeführt werden, nämlich der der „Entwicklung“. Situationen können für einen Menschen so unüberschaubar, brisant, schwierig, widersprüchlich, unlösbar, beladen werden, daß er eine lebensbestimmende, vereinfachende Sichtweise entwickelt, die z. B. „verrückt“ sein kann.

Beispiel: Ein erfolgreicher Geschäftsmann hatte sich im Zusammenspiel mit seinem Aufstieg die Gewohnheiten der Menschen um ihn herum angewöhnt. Mit Freundinnen, Lässigkeit, Alkohol usw. Gleichzeitig jedoch die Beziehung zu seiner Frau nicht weiter gestaltet. Diese hätte es auch sehr schwer gehabt, sich der Leichtlebigkeit, der Unbekümmertheit und Geselligkeit anzupassen, so war sie nicht geboren! Es paßte nicht zu ihrem Charakter! Sie verstand die Handlungen ihres Mannes immer als ein Komplott der Anderen gegen sie, dessen sie sich sicher war, obwohl sie nicht wußte warum. Als der Mann weniger erfolgreich wurde, sich ihm weniger Möglichkeiten boten, er den Grund des Versagens jedoch auch nicht bei sich sehen konnte, verstand es die Frau in ihrer Zweifelsfreiheit, ihn von der Eifersucht, der Mißgunst und Böswilligkeit der Anderen zu überzeugen. Er fing an, überall Feinde zu sehen, überall Drohungen und Gefahren zu wittern und „entwickelte“ ein Umgehen mit seinen Problemen, das dazu führte, daß er sich schließlich auch von seiner Frau bedroht fühlte, sie tätlich angriff und als akut wahnkrank (paranoid) behandelt werden mußte.

In der Tat spielen alle genannten Gesichtspunkte im täglichen psychiatrischen Tun eine erhebliche Rolle, jedoch leiten wir aus den bestehenden Unterschieden zwischen Menschen nicht den Anspruch einer sich verfeinernden Diagnostik ab, sondern sehen in der Anerkennung der Unterschiede eine Möglichkeit der differenzierten Selbstwahrnehmung. Wir sehen darin eine Möglichkeit für den einzelnen Betroffenen herauszufinden: Woran leide ich eigentlich, und welches sind die Bedingungen meines Leidens.

Wenn der Begriff „neurotisch“ angewendet wird, wird davon ausgegangen, daß irgendwann im Laufe des Lebens so gravierende Mißverhältnisse entstehen zwischen 1. den Wünschen, Bedürfnissen, Antrieben des Menschen und 2. den einschränkenden Bedingungen, die entweder real (nicht vorhandene Nahrung z. B.) oder sozial (Mutter denkt, es ist gut, nicht soviel zu schmusen, oder auch: Mutter hat keine Zeit, zu schmusen) sein können, und 3. der Art, wie sie sich beim Menschen festsetzen, daß im Handeln Störungen auftreten. Sie können sich gleich in der Kindheit äußern oder zu späteren kritischen Zeitpunkten in typischer Ausformung wieder auftreten.

Wir versuchen jetzt anhand des Fallbeispieles eine positive Bestimmung des neurotischen Anteils von Herrn F. vorzunehmen. Dann werden die allgemeinen Erörterungen fortgeführt. Bisher wurde deutlich, daß Herr F. es schwer hat, seine Beziehungen zu sich selbst zu beschreiben und zu bestimmen. In seinem jetzigen Leben sind 50% die Mutter und 50% die Braut. Zudem fällt es ihm schwer, Gefühle der Selbstbehauptung zu äußern (Unzufriedenheit, Ärger):

Th 1: Als Sie vorhin kurz über Ihre Eltern sprachen, da klang das so ein bißchen bitter.
F: Es waren ja aber auch schlimme Zeiten damals, Wiederaufbau, ich habe meinen Vater nie gekannt und meine Mutter mußte immer arbeiten.
Th 1: Ich kann mir vorstellen, daß Sie unglücklich waren.
F: Ich kann mich nicht genau erinnern, später habe ich manchmal gedacht, daß ich eigentlich das Kind meiner Großmutter sei.
Th 1: Sich von Ihrer Mutter vergessen fühlten und ganz zur Großmutter gehörig.
F: Jetzt ist es anders, jetzt weiß ich ja, wieviel ich meiner Mutter bedeute. Sie hat es weiß Gott auch nicht leicht gehabt.
Th 1: Jetzt wissen Sie, wie wichtig Ihre Mutter für Sie ist. Sie hängen sehr an ihr.
F: Ja, deswegen ist es ja auch alles so schlimm.
Th 2: Ist es so, daß Sie sich manchmal vorstellen, wie es ist, wenn sie stirbt?
F: Ringt mit Tränen.
F: Ich weiß gar nicht, was dann werden soll. Sie ist immer so gut zu mir.
Th 2: Sie haben so gar nichts, was das aufwiegen könnte.
F: Ich weiß nicht. Mit meiner Verlobten habe ich schon darüber gesprochen. Sie sagt, sie sei ja auch noch da, aber das ist ja nicht dasselbe. – Und dann jetzt diese Schlafstörungen. Einerseits ist meine Mutter krank und sie sollte viel Ruhe haben, andererseits quält sie sich so mit mir. Bleibt jede Nacht auf, damit ich nicht so grüble.
Th 2: Sie sind richtig in der Zwickmühle. Einerseits haben Sie furchtbare Angst, Ihre Mutter zu verlieren, auf der anderen Seite beanspruchen Sie sie noch – das macht Sie richtig fertig.
Th 1: Da ist momentan nichts in Ihrem Leben, was Sie auch noch wichtig nehmen könnten.
F: Was meinen Sie?
Th 1: Ich dachte an Beruf oder Freunde oder ein Hobby.
F: An Beruf mag ich momentan gar nicht denken, und das andere habe ich nicht. Wozu auch.

Th 1: Ist es so, daß Sie nie irgendetwas allein gemacht haben, so ganz für sich. Ich meine, schon mit anderen, aber ohne Ihre Mutter oder früher Ihre Großmutter.
F: Nein.
Th 1: Die Frage erstaunt Sie richtig?
F: Die Großmutter hat schon manchmal gesagt, ich solle doch mal mit den anderen was unternehmen, aber ich habe doch immer gespürt, wie sie sich gefreut hat, wenn ich zu Hause geblieben bin, und das ist heute bei meiner Mutter auch so.

Wir können jetzt sehen, daß der Patient Selbständigkeit nicht gelernt hat, daß er abhängig geblieben ist. Zudem wird nun ganz deutlich die Angst des Patienten, und so wird sichtbar, daß die Schlafstörungen einen Sinn haben, daß der Patient nicht nur darunter leidet, sondern daß er sie auch herstellt, sie damit sinnvoller Ausdruck seines Handelns sind, und gleichzeitig auch die gekränkte Beziehung zwischen Mutter und ihm aufzeigen.

2 Was machen wir mit Angst?

Bisher ist von der Angst noch kaum die Rede gewesen. Wir wollen nicht auf die einzelnen Theorien der Angst eingehen, vielmehr gehen wir davon aus, daß wir alle in bestimmten Situationen Angst erleben, mit der wir entweder so umgehen können, daß sie weniger wird, oder so, daß sie sich vermehrt. Wenn wir so mit ihr umgehen, daß sie weniger wird, kann es gelungene und verfehlte Lösungen geben. Gelungene sind solche, die in der gleichen Situation einen größeren Handlungsspielraum möglich machen, in denen die Angst zur Gefahrenkontrolle genutzt werden kann. Verfehlt (neurotisch) sind solche, die mich einengen, die mich panzern, wenn der Signalwert der Angst nicht erkannt wird, sondern die Angst als Gefahr krampfhaft vermieden wird. Es gibt viele unstrukturierte Situationen, also solche, die man (noch) nicht kennt, die man (noch) nicht benennen kann, die man nicht voll verstehen kann; zudem ändert sich unentwegt irgend etwas. Jeder erfährt, daß Teile dessen, was er selbst tut, unliebsam sind, unerwünscht, Ärger, Wut, Zorn, Angst im Anderen auslösen. Die Folge ist, ich fange an, so zu tun, als ob bestimmte Gefühle nicht zu mir gehören. Immer, wenn sie wieder auftauchen, irritieren sie mich, und ich sorge dafür, daß sie noch weiter abgespalten werden (verdrängt), bis es fast so aussieht, als seien sie nicht mehr da. Und damit mich diese Gefühle (Wünsche nach mehr Zärtlichkeit, nach mehr Macht, nach weniger Angst, nach weniger Bevormundung, nach mehr Geselligkeit, nach mehr Aggression, Gefühle von Neid, Liebe und Haß) nicht mehr irritieren, damit der Panzer (die Abwehr) stabil wird, handle ich so, daß ich mich so sehen kann, wie ich denke, daß man mich zu sehen wünscht. Dabei geht oft bereits sehr früh die Fähigkeit verloren, manche Gefühle als zu mir selbst gehörig zu erleben. Jede neue Begegnung, jede neue Beziehung, die man aufnimmt, birgt in sich die Gefahr, daß die Gefühle, die weggepanzerten, wieder auftauchen, so daß der Mensch angstvoll verzweifelt, mit Angst vor Blamage und Lächerlichkeit, mit Minderwertigkeitsgefühlen reagiert, die ihn unfähig machen, in eine reife Beziehung zu treten. Daher auch die Angst vor Neuem überhaupt. Da der Mensch seine Wirklichkeit selbst macht, fällt der Panzer häufig lange nicht auf. Erst in Krisensituationen, wenn von den verdrängten Gefühlen welche gebraucht werden, um eine neue Beziehung aufzunehmen oder um sich trennen zu können, kommt es zum Versagen der Abwehr und zur Ausformung eines Symptoms (das untergründig auch vorher schon existiert haben mag).

Also für die Bestimmung eines neurotischen Anteils muß ich 1. einen langjährigen – sich im Laufe der Zeit stabilisierenden – Panzer beschreiben können. Die Kenntnis der frühkindlichen Entwicklung hilft dabei, mit dem Patienten herauszuarbeiten, wo die wesentliche Kränkung liegt, welche Teile von sich selbst er oder die Umwelt nicht annehmen konnten. 2. Muß die Panzerung zu einer so starken Einengung geführt haben, daß der Mensch einer jetzt bestehenden Anforderung nicht gewachsen ist. Neurotische Anteile lassen sich nach zwei weiteren Gesichtspunkten beschreiben, die jedoch voneinander abhängig sind und sich miteinander verweben.

3 Typen des Auslebens (neurotische Syndrome)

Zum einen unterscheidet man die Typen des Auslebens (Agierens): Angstneurotisches, phobisches, hysterisches, hypochondrisches, zwanghaftes, depressives Ausleben. Die Arten treten in Wirklichkeit natürlich meist gemischt auf.

- *Angstneurotisches Handeln:* wenn jemand mit einer Reihe von körperlichen und psychischen Angstsymptomen reagiert (Herzklopfen, feuchte Hände, Fluchtgedanken, Totstellreflex), ohne daß für ihn oder Andere eine reale Gefahrenquelle ergründbar wäre. Die Angst ist auch nicht an ein Objekt gebunden, sondern ist diffus bedrohlich und kann sich bis zur Panik steigern, ohne daß der Betroffene sich zu helfen wüßte (freiflottierende Angst).
- Bei *phobischen Ängsten* kann eine Angstquelle angegeben werden, die jedoch häufig anderen Menschen keine Angst oder kein ausgeprägtes Unwohlsein bereitet. Bei Kindern werden eine Reihe von phobischen Ängsten meist als normales Durchgangsstadium in der Entwicklung verstanden (z. B. Angst vor Hunden oder vor zu schnellen Bewegungen). Man kann agoraphobische Ängste (Angst in Verkehrsmitteln, Kaufhäusern, Menschenmengen, Fahrstühlen) von sozialen Ängsten (Angst, dem Vorgesetzten zu widersprechen, sich möglichen Partnern zu nähern. Fremde um Hilfe zu bitten) und konkreten Ängsten (wie Tierphobien, Angst beim Zahnarzt, Angst vor anstecken-

den Krankheiten) unterscheiden. Meist wird gegen die vermeintliche Angstquelle ein starkes Vermeidungsverhalten aufgebaut.

- *Hysterisch* wird ein Handeln benannt, wenn jemand sich durch nicht organisch-bedingte, also psychogene Körperfunktionsstörungen wie Lähmungen, Stimmverlust, Taubheit, Blindheit, auch Atemstörungen, Tics oder Krämpfen in seinen Kontaktaufnahmen behindert. Neben dem Krankheitsgewinn, der dabei abfällt, wird die Aufmerksamkeit von möglichen unliebsamen Gefühlen abgelenkt. D. h., ein Mensch handelt hysterisch, wenn er zwischen sich und Anderen auf keinen Fall Spannungen zulassen kann, auf jeden Fall sozial erwünscht handeln möchte, so daß auftauchende Spannungen als „Symptom" versteckt werden. Mehr noch als andere Typen neurotischen Auslebens ist der hysterische abhängig von kultureller Umgebung und Mode sowie von den Werten der Bezugsgruppe.
- In hysterischen Anteilen wird vor allem die Kränkung in Beziehung zu Anderen angstvoll abgefangen. *Hypochondrische Anteile* lassen sich als Vorsicht im Umgang mit sich selbst verstehen. Es gibt viele Signale aus dem Körper, die wir überhören, auf sie nicht achten, solange nicht Eindeutigkeit besteht (z. B. Fieber), Hypochondrisch wird das Handeln eines Menschen, wenn er sich und seine Partner zwingt, nur auf mögliche Signale aus seinem Körper zu achten, auf sie einzugehen und sie zu pflegen. Die einzige Möglichkeit, angstfrei Kontakt aufzunehmen, besteht darin, über mögliche Beschwerden zu sprechen.
- Menschen, die *zwanghaft* handeln, müssen eine bestimmte Handlung immer wieder ausüben, bestimmte Gedanken immer wieder durchgrübeln. Dabei kann dieses gezwungene Tun soviel Zeit kosten, daß der Mensch zu nichts anderem mehr kommt. Während Pedanterie oder genaues Kontrollieren noch als angemessen erscheinen können, weiß der Zwangshandelnde, wie unsinnig sein Tun oder Denken ist. Er kann es jedoch nicht lassen, weil unmittelbare, extreme Angst die Folge des Unterbrechens von Zwangshandlungen sein kann. Oder weil anstelle der Zwangsgedanken plötzliche Wünsche auftauchen, die für seine zwischenmenschliche Beziehung gefährlich werden können.
- Es gibt Menschen, für die *depressives Handeln* ein Versuch ist, mit Kränkungen der Beziehungen umzugehen. Jede Kränkung führt zu Traurigkeit, zu Gefühlen, nicht zu genügen oder versagt zu haben, zu Gefühlen der Schuldhaftigkeit und der eigenen Unveränderbarkeit oder Unverbesserlichkeit. Wichtig im Unterschied zu den endogenen Depressionen ist hier, den Patienten noch mehr als den Gestaltenden zu sehen. Er ist weniger Opfer seiner depressiven Gefühle, als vielmehr jemand, der in Abwehr seiner Kränkung Beziehungen depressiv gestaltet.

4 Abwehr- oder Panzermethoden

Ein anderer Gesichtspunkt, der bei der Beschreibung neurotischer Anteile berücksichtigt werden muß, ist der der Abwehr. Bei der Beschreibung der Abwehr ist vor allem zu berücksichtigen, welche Gefühle oder Wünsche jemand wie abwehrt. Da Abwehrmethoden normal gelernt werden, jedoch der weniger gepanzerte Mensch mehr Möglichkeiten der Wahl hat, ist vor allem auch auf die Beweglichkeit bzw. die Eingeengtheit zu achten, mit der ein Mensch handeln kann. Die Psychoanalyse hat den Begriff „Abwehr" eingeführt, der besonders in der Zusammensetzung Abwehr-Mechanismus fragwürdig ist. Folgende Abwehrmethoden können bei zu starker Ausprägung die Selbstwahrnehmung eines Menschen beeinträchtigen, und die Beziehungen zu sich und seiner Umwelt charakterisieren.

- *Verdrängen* ist eine Handlung, bei der ich unliebsame Gefühle soweit aus meiner Aufmerksamkeit für micht selbst heraus dränge, daß ich sie nicht mehr als zu mir gehörig erlebe: ich kenne Haß oder Begierde, Neid, oder den Wunsch nach Geborgenheit nur bei Anderen, ich habe solche Gefühle nicht; und sie bei mir zu entdecken, wäre eine herbe Enttäuschung. Verdrängung richtet sich vor allem gegen Gefühle aus mir selbst und beleuchtet also wie ich mit mir umgehe, wie offen ich für mich sein kann, oder wie eng ich mich sehen muß.
- *Regredieren* ist eine Handlung, bei der ich unliebsamen Anforderungen dadurch ausweiche, daß ich auf das jeweils kleinkindlichere Verhalten zurückgreife. Unliebsame Anforderungen können tatsächliche Anforderungen (auch Überforderungen) sein, aber auch Versuchungen, die mich ängstigen oder genieren.
- *Reaktionsbildung* hilft die Verdrängung aufrechtzuerhalten.
- *Isolieren* von Gefühlen meint eine Handlung, durch die es gelingt, rein intellektuell über Wut oder Zuneigung zu sprechen, jedoch das entsprechende Gefühl nicht zu empfinden. Wenn man mit einem Gefühl so umgehen kann, als betrachte man es als Gegenstand, der mit einem nicht zu tun hat, ist man sowohl nach innen als nach außen abgesichert (z.B. wissenschaftliche Begriffsbildung).
- *Ungeschehenmachen* ist im Alltag z.B. sich für etwas entschuldigen: „es war nicht so gemeint"; „wir wollen so tun, als sei nichts gewesen!" Diese Handlung setzt man ein, wenn man sich verraten zu haben glaubt, und wenn man vor allem gegen die Verurteilung durch das eigene Gewissen oder die befürchtete Strafe angeht. Oder man will den Verrat, von dem man glaubt, ein Anderer habe ihn an einem begangen, ungeschehen machen: eigentlich fühle ich mich gekränkt, aber der Andere meint das sicher nicht so. Diese Abwehr dient der Aufrechterhaltung einer harmonischen Beziehung und vor allem der Vermeidung von Vorwürfen und Schuldgefühlen.
- Wenn bei Anderen die Gefühle gesehen und bekämpft werden, die man bei sich nicht mag bzw. nicht ertragen kann, dann wird diese Handlung *Projek-*

tion genannt. Nicht: ich habe etwas gegen einen Anderen, sondern: alle haben etwas gegen mich. Oder: ich will nie verführen, aber die Anderen haben nichts anderes im Sinn.

- Genauso wie man unliebsame Gefühle projizieren kann, kann man sie auch *introjizieren*, d.h. sich zu eigen machen. Die beiden zuletzt genannten Abwehrhandlungen haben mehr als alle anderen mit dem Problem Distanz und Nähe zu tun. Zum einen distanziert man Gefühle über Gebühr, zum anderen holt man sie über Gebühr in sich hinein, um sie von außen nicht als Gefahr zu erleben.
- Eine häufig zu beobachtende Abwehrhandlung ist die *Wendung gegen die eigene Person* (s. Kap. über Selbsttötung): da es nicht gelingt, Wut und Haß gegen die Leute zu richten, die diese Gefühle betreffen, kann man nur die eigene Person hassen und alle Gefühle der Wut gegen sich selbst richten. Erlebte Unzufriedenheit wird immer nur als aus einem selbst kommend betrachtet. Man hat nicht den Mut, die quälende Unzufriedenheit außerhalb seiner selbst zu suchen.
- Eine für den sozialen Bereich wirksame Abwehrhandlung ist die *Verkehrung ins Gegenteil.* Im normalen Umgang häufig als Höflichkeit verbrämt, kann diese Art der Abwehr dazu führen, daß man Personen, die man am allerwenigsten mag, mit besonderer Nettigkeit bedenkt oder umgekehrt, Personen, die man begehrt, schnöde und zurückweisend behandelt. Wenn es mit dieser Art der Abwehr nicht ganz gelingt, das unliebsame Gefühl wegzupanzern, kann es zu der Art von zweideutigem Handeln kommen, wo gleichzeitig das abgewehrte und das – gegenteilige – abwehrende Gefühl vorhanden sind: etwa in der Art „Komm her – geh weg", oder wie es auch als Haßliebe beschrieben wird.

Bei der Darstellung der Abwehrhandlungen sind wir der Systematik von Anna Freud gefolgt. Noch einmal: Die Abwehr hat ihren Sinn als Schutz der Person vor ihr unliebsamen Impulsen und Gefühlen. Der Preis ist die Einengung.

Wir möchten noch eine Art beschreiben, Abwehr aufzubauen bzw. Panzer zu bilden, die nicht isoliert zu benennen ist, sondern (s. Charakterneurose) wo eine bestimmte Haltung den Menschen so prägt, daß nur schwer beschreibbar ist, zu welchen Anteilen dieser Mensch mit der Haltung einen Panzer macht.

Beispiel: Eine Patientin, körperbehindert, an den Rollstuhl gebunden, die jahrelang in der Abhängigkeit von den Eltern gelebt hatte, hat es geschafft, sich eine eigene Wohnung zu nehmen und sich auch innerlich von den Eltern zu distanzieren. Nach einer enttäuschten Liebesbeziehung war sie in die Klinik gekommen, die Eltern waren bereit, die Patientin wieder ins Haus zu nehmen, ihre Haltung war jämmerlich, eingefallen, genau die Haltung, die man von einem Menschen erwartet, der körperbehindert an einen Rollstuhl gebunden ist. Diese Haltung war so stark, daß jeder in der Umgebung darauf einging, und auch die Psychotherapeutin erst nach vielen Stunden und in der Supervision darauf aufmerksam wurde, daß die Patientin gleichzeitig in ihren Äußerungen sehr viel Zuversicht, Mut, Willensstärke, Durchsetzungsbereitschaft, Trotz, Aufbegehren, Eigenständigkeit äußerte. Die Therapeutin, die bis dahin in ihren Handlungen eher durch Mitleid bestimmt war, auch Angst hatte, die Patientin zu überfordern, die sich ganz in die Jämmerlichkeit hatte einwickeln lassen, konnte nun unbefangener und freier auch die selbständigen Gefühle der Patientin ansprechen und fördern.

Zur Auseinandersetzung mit dieser Art von Abwehrhandlungen empfehlen wir besonders das Buch „Charakteranalyse" von Wilhelm REICH.

Übung: Denken Sie sich für die einzelnen Abwehrmethoden Beispiele aus Ihrem Alltag aus. Zum Lernen ist es nicht wichtig, die einzelnen Methoden auswendig zu lernen, sondern ein Gespür dafür zu bekommen, wie sie selbst mit unliebsamen Gefühlen umgehen. Mit der Benennung der Abwehrhandlungen oder auch der vermuteten Konflikte können Sie leider auch zusätzliche Kränkungen setzen: Da Abwehrhandlungen von dem Betroffenen genauso schwer zu erkennen sind, wie die abgewehrten Gefühle, ist es wenig hilfreich, jemanden zu konfrontieren: „Sie projizieren ja"! Das kann nur zu einer Verhärtung der Abwehr führen.

Besonders schädlich ist Konfrontation im psychomatischen Bereich: einerseits kommen Patienten mit körperlichen Mißempfindungen zu uns, für die es keine organische Ursache gibt (Bettnässen z.B. oder – wie in unserem Beispiel – Schlafstörungen). Die Ursachen für solche Lösung von Spannungszuständen wird dann psychogen genannt. Dann gibt es auch die Lage steter körperlicher Befunde (Magengeschwüre, Krebs, Hautausschläge, Bluthochdruck); wo aber eine organische Behandlung allein den Menschen nicht von seinen Beschwerden befreit, sondern erst das Erkennen der Zusammenhänge von körperlichen und seelischen Beschwerden. Selbst bei akuten, rein organischen Krankheiten ist oft an psychogene Auslöser zu denken. Wird ein Mensch nun damit konfrontiert, seine Beschwerden seien psychosomatisch, so erlebt er das als zusätzliche Kränkung und Verunsicherung. Jemand, der von sich höchstens sagen kann, er sei krank, der es aber mit seinem Selbstbild nicht vereinbaren kann, Probleme mit seinen Gefühlen oder in seinen Beziehungen zu haben, wird bei der Konfrontation mit seinen psychischen Anteilen zutiefst erschrecken und noch mehr Angst bekommen. Wer in einer gestörten Beziehung nicht fühlen und nicht sagen kann: „Mir ist zum Kotzen, es geht mir an die Nieren, es schlägt mir auf den Magen, das ist um die Krätze zu kriegen, das halte ich im Kopf nicht aus", und mit Hilfe solcher Äußerungen die Beziehung beschreiben und ändern kann, der kann diese Beschwerden eben nur noch haben. Damit ändert er die Beziehung auch, nur nicht im Sinne größerer Freiheit im Handeln, sondern größerer Einengung. Der einzige noch bleibende Gewinn besteht darin: „krank“ zu sein. Also: es nützt nichts, daß ich für einen Menschen seine Abwehr erkennen und benennen (diagnostizieren) kann; ich muß vielmehr so handeln, daß *er* sie sich sichtbar und akzeptierbar macht.

III Die Begegnung

Übung: Mit anderen darüber sprechen, wie man Fremden begegnet. Professionell, förmlich, herzlich, wie hätte man es gern selbst, wenn man in einer solchen Situation wäre. Wovor fürchtet man sich, kann man selbst sich ändern – und wie? Kann ich mich selbst als befangen, schüchtern, passiv, vorlaut, selbstbewußt, herrisch, mitleidsvoll, teilnehmend kennenlernen? Rollenspiele helfen, die Eigenart des Handelns zu verdeutlichen.

Ein zweiter Teil der Übung: mit Anderen darüber sprechen, wie man Partnern begegnet. Und dann ein dritter Teil der Übung, wie kann ich mich für jede Begegnung offen machen, so daß ich mich und den Anderen darin wirklich sehen lernen kann.

In der ersten Begegnung kann der neurotische Mensch mir sein „Symptom“ zeigen und er kann von mir wollen, daß ich nur mit diesem Teil von ihm umgehe. Er kommt mit einem von ihm gesehenen Defekt zu mir als Werkmeister, liefert sozusagen das reparaturbedürftige Stück von sich ab, um dann kurz darauf wieder funktionstüchtig zu sein. Diese Sicht von sich selbst gehört zunächst nicht zu den neurotischen Anteilen, vielmehr zu dem Lernen, wie man mit „kaputten“ Gegenständen umgeht.

1 Selbstwahrnehmung

Bei dem Beginn der Beziehungsaufnahme liegt die Chance für das Kennenlernen, auch das Risiko des Verzögerns, Verstellens und Scheiterns. Zwei Aspekte sind für meine Selbstwahrnehmung bedeutsam: Bin ich frei, über meine oralen, zwanghaften, sexuellen, gewaltsamen, minderwertigen Handlungsanteile nachzudenken und darüber mit dem Partner der Begegnung, dem Gegner zu sprechen? Davor steht die Frage: mit welchen Gefühlen reagiere ich auf einen dieser Anteile im Partner?

Das Kennenlernen der Gegenübertragung und damit die Ermöglichung der Selbstwahrnehmung ist Voraussetzung für die Normalisierung der Beziehung zwischen dem Patienten und mir. Uns kommt es darauf an, jeden zu ermutigen, sich selbst und seine Art, Beziehungen aufzunehmen, zu berücksichtigen, sich selbst ernster zu nehmen und entsprechend die Suchhaltung, die er sich später für den Patienten wünscht, zunächst bei sich selbst herzustellen, sich selbst zu gönnen, sich zu stellen.

Beispiel einer Gruppe: Was würde geschehen, wenn Dir einer sagt, Du bist neurotisch? – Na, jeder ist ja ein bißchen neurotisch. – Nein, ich meine richtig. Du bist richtig neurotisch und nicht nur das, Du bist hysterisch. – Du spinnst wohl, das bin ich nicht. – Doch, ich bestehe drauf, guck Dich mal genau an. – Und Du? Bist Du nicht hysterisch, was willst Du eigentlich von mir? – Ja, doch, ich bin in gewissem Umfang auch hysterisch, zumindest kenne ich mich da jetzt besser. Aber es hat auch lange genug gedauert. – Das sagst Du jetzt bloß so, das kannst Du doch eigentlich nicht einfach so zugeben, nicht ohne Angst. – Ich habe auch Angst. Habe ziemliches Herzklopfen, und meine Stimme ist auch nicht ganz sicher, schließlich weiß ich ja nicht, was Ihr daraus macht. Ich liefer mich ja ganz schön aus. Obwohl das auch ein Teil von dem ist, ich kann das jetzt besser riskieren. Das ist es, was ich vorhin auch bei Dir meinte. Ich hab bei Dir beobachtet, wie ich früher immer alles verharmlosen und verniedlichen mußte. An alles noch ein „chen" dranhängen, – bloß damit es mir keine Angst macht. Vor Pferden kann man Angst haben, aber vor Pferdchen? Na, und so sprichst Du auch. So als ob Dir etwas ziemlich viel Angst macht, – ganz deutlich habe ich das vorhin gesehen, als Du von dem Herrn Müller als Müllerchen gesprochen hast und der ist doch nun wirklich kein „chen", das ist ein ziemlicher Brocken. – Jetzt fühle ich mich fast ertappt, vor dem habe ich wirklich ziemlich Angst. – Und was ist es, was Dich beunruhigt? – Der ist so, ich denk immer, der will mir was –. Was? – Na, so... – Fühlst Du Dich sexuell angesprochen? – Herrgott ja, es ist die gleiche Angst, die ich habe, wenn ich abends allein spazierengehe, aber das ist noch lange nicht hysterisch, das ist ziemlich normal und schließlich, wer garantiert mir, daß ich nicht Recht habe? – Das habe ich nicht gemeint, daß Du für Dich momentan nicht Recht hast. Du hast ja diese Angst. Nur was Du damit machst, dieses „chen". Machst Du das immer, wenn Du Dich in Gefahr fühlst? Weißt Du, ich denke, Du nimmst Dir damit ja auch die Möglichkeit zu prüfen, ob Du wirklich in Gefahr bist, wenn Du immer mal ein „chen" dranhängst. – Ja, so leuchtet es mir ein.

Auf diese Weise ist es für diese Situation gelungen, eine Suchhaltung herzustellen, eigene gestörte Handlungsweisen in der Beziehungsaufnahme, eigene Anteile der Angstabwehr sichtbar und damit bearbeitbar zu machen.

Übung: Den Ekel, die Wut, die Angst, die Zuneigung, die Verliebtheit in mir wahrnehmen und prüfen. Es ist zu einfach, die Gefühle nur wahrzunehmen und sie dem anderen entgegenzuschleudern, obwohl das schon manchmal besser ist, als gar nichts zu tun. Wichtig sind die Fragen: Was gibt mir mein Gefühl von mir und dem Anderen zu erkennen? Und: Wie kann ich ihm den Teil, der ihm gehört, hinhalten, damit er ihn annehmen kann, für sich was damit anfangen kann: auch dabei gilt: was du nicht willst, das man dir tu...

Gefahr: in bestimmten Kreisen hat es sich eingebürgert, mit den „eigenen Anteilen“ zu spielen, z. B.: Eine Kollegin hat es schwer, ihre sexuell-erotische Verwebung mit Klienten zu sehen. Ein Kollege hämmert auf ihr rum, nun müsse sie es doch mal begreifen. Er sagt dann sehr selbstüberzeugt, ich kenne meine sadistischen Anteile, aber Du gibst Dir gar keine Mühe.

Die Suchhaltung kann schon in kleinen Quanten dem Anderen gegenüber eine Einstellung herstellen, die ihn nicht zum Objekt meiner Gefühle macht. Ich kann sie ihm vermitteln, weil es meine Haltung ist: Man kann sich selbst zuwenden und sehen, wie die Art der Beziehung ist, die man zu sich, zur Welt, zu Anderen aufnimmt. Ich kann den Patienten ermutigen, das gleiche zu tun. Wissend, wie schwer es ist aber auch wissend, daß diese Geduld sich lohnt.

2 Vollständigkeit der Wahrnehmung

Der Patient wird mit seinen kranken Anteilen mit mir als Partner so umgehen, daß er bei mir wichtige Aspekte seiner früheren Beziehungen wiederholt, obgleich ich keinen angemessenen Anhalt dafür biete. Diese Übertragung wird besonders dann gefördert, wenn ein Wunsch nach Verständnis vorliegt und die Situation nicht zu stark vorstrukturiert ist.

Den meisten psychiatrisch Tätigen mißfällt es, wenn sie als Menschen gesehen werden, die selbst keine Probleme haben. Man fühlt sich nicht vollständig, sondern einseitig und parteiisch wahrgenommen. Genauso einseitig ist es umgekehrt, wenn man sich nicht bemüht, die „normalen“ Anteile eines Patienten zu sehen. So steckt in jedem neurotischen Problemlösungsversuch auch ein echter Sinn, und in jedem Widerstand, sich zu ändern auch echte Kraft und Stärke. Das macht das Ringen oft so schwer.

Zwei Fehler sind leicht möglich. Einmal die Angst oder Unzufriedenheit als Teile der Krankheit zu sehen, wo doch der Patient erfahren soll, daß Teile der Unzufriedenheit oder Angst gesund sind. So z. B. hat sich die Psychoanalyse erst kürzlich der Angst vor dem Krieg als realer Angst angenommen. Der andere Fehler, den wir machen können, ist Leugnung. So ist der Wunsch nach Emanzipation sicher in jedem Fall etwas zu Förderndes, oft ist dahinter jedoch die – neurotische – Angst weggepanzert, sich zu binden und sich einzulassen. So sind gesellschaftliche Verhältnisse sicher immer zu kritisieren, oft jedoch ist dahinter die – neurotische – Unwilligkeit weggepanzert, die Verantwortung für das eigene Handeln zu übernehmen. Also: ich darf es mir und dem Patienten gleichzeitig nicht zu schwer („läßt sich leider nichts machen, völlig neurotisch“) und nicht zu leicht („werden wir schon kriegen, da Sie ja gute Ziele verfolgen“) machen. Daher ist jede Meinung probehalber einmal in Zweifel zu ziehen: z. B. das ständige Gefühl, ich sei ein Versager, kann auch das – neurotisch – introjizierte Vorurteil meines Partners sein und damit meinem Wunsch nach Emanzipation im Wege stehen; oder mein ständiges Schuldgefühl, verknüpft mit dem Eindruck, immer für alles verantwortlich zu sein, kann auch die – neurotisch – ins Gegenteil verkehrte Wut gegen einen autoritären Vater, Vorgesetzten, Betrieb oder Teil dieser Gesellschaft sein!

Beziehung sehen wir umfassend. Wenn neurotisch immer heißt „Kränkung der Beziehung", so schließen wir ein, daß sich diese Kränkung äußern kann in der Beziehung zum Partner, zur Arbeit, zur eigenen Person (d.h. auch zum eigenen Körper und zum eigenen Temperament), zur Welt. Deswegen haben wir zur Unterscheidung „neurotisch" – „normal" stets nach der subjektiven Bedeutung der einzelnen Lebensbereiche zu fragen und nach der Zufriedenheit oder Unzufriedenheit mit ihnen.

3 Normalisierung der Beziehung

Sie ist Voraussetzung für Selbstwahrnehmung und Therapie – und ist sie schon selbst. Was heißt das?

1. Beispiel: daß ich die Bitte um „Schlaf-" oder Kopfwehtabletten weder rundweg erfülle noch ablehne, sondern erstmal verstehe als einen, etwa im Krankenhaus angemessenen, Versuch und Wunsch eines Menschen, mit einem Anderen in Kontakt zu treten. Das sofortige Geben eines Medikamentes kann auch Zurückweisung heißen. Bevor der Patient und ich eine Entscheidung treffen, werden wir die Beweggründe, d.h. die subjektive Bedeutung des hier und jetzt auftretenden Wunsches nach Tabletten erörtern.
2. Beispiel: Patienten wollen oft einen Rat. Wir wissen, daß Ratschläge in der Regel nichts nützen. Vielmehr sehen wir die Bitte um einen Rat als Versuch des Patienten, seine Hilflosigkeit auszudrücken. *Gebe* ich ihm einen Rat, bestätige ich ihm, daß er Recht hatte, hilflos zu sein. Diskutiere ich mit ihm, was *ihm* als Lösungsmöglichkeit einfällt, womit er zufrieden ist und was er sich gerade eben zutraut, so helfe ich ihm, an seiner Hilflosigkeit zu arbeiten.
3. Beispiel: Ein Patient steht weinend auf dem Flur; er hat soeben gemerkt, daß die Tasse, aus der er getrunken hat, nicht abgewaschen war; jetzt ist er davon überzeugt, sterben zu müssen, weil sich die Bakterien mit Windeseile in ihm ausbreiten. Trost oder der Hinweis, daß auch andere Leute sich durch solche Versehen nicht vergiftet hätten, treiben den Patienten weiter in seine Angst hinein. Angemessener ist ein Gespräch, das den Patienten ermutigt, seine Angst, den Tiefgang seiner Angst kennenzulernen, d.h. zu helfen, daß er die Angst nicht vermeidet, sondern sie sich ansieht.

Rückgreifend auf das 3. Beispiel sind u.a. folgende Arten des Eingehens möglich, wovon nur die letzten beiden der von uns vorgeschlagenen Grundhaltung entsprechen:

1. Da müssen wir unbedingt den Arzt informieren.
2. Och, Sie wissen doch, daß das nicht so tragisch ist, gehen Sie mal in die Beschäftigungstherapie, das lenkt Sie bestimmt ab.

3. Wir werden mal sehen, daß Sie eine Tablette bekommen können, dann werden Sie wieder ruhiger.
4. Sie sind jetzt ganz sicher, sterben zu müssen, und Sie haben fürchterliche Angst. Ich frage mich, wieviel Zeit Sie sich noch geben? (Diese letzte Frage ist keineswegs zynisch, sondern kann das Gespräch in die Richtung vertiefen, was der Patient fühlt, wenn er seine eigenen Ängste und die für sich selbst gestellte Prognose überlebt und auch in die Richtung, daß er sich seinen Ängsten stellen kann.)
5. Sie sind jetzt ganz panisch und aufgeregt, was können Sie tun, um mit der Angst umzugehen? (Mit einer solchen Frage läßt sich das Gespräch in die Richtung vertiefen, ob und inwieweit sich der Patient in der Lage sieht, sein eigenes Umgehen mit der Angst zu ändern.)

Die Haltung, die von mir gefordert wird, ist patienten-zentriert: Mir mag das ungewöhnlich erscheinen, daß man solche Angst bekommt, wenn man aus einer beschmutzten Tasse trinkt; für den Patienten jedoch stellt dies eine große Bedrohung dar. Die Haltung, die von mir gefordert wird, ist immer auch kontext-zentriert. Im Fallbeispiel: Wie kann ich in gleicher Weise auf Großmutter und Verlobte eingehen.

Übung: Anhand eigener Ängste die Zuwendung und das Verständnis proben.

Die Haltung, die wir anstreben, läßt sich nicht erzwingen. Jeder von uns ist seinen Stimmungen und seinen eigenen Wahrnehmungs- und Einstellungsmöglichkeiten unterworfen und durch sie begrenzt.

IV Handeln

1 Die Angehörigen

Bei der Aufrechterhaltung der Symptome sind immer Angehörige beteiligt. Sie fühlen sich in der Krise ebenfalls hilflos mit ihren Mitteln. Wichtig ist, sie nicht nur den Kranken verstehen zu lassen, sondern zu erarbeiten, sich selbst zu verstehen, was sie dazu beitragen können, die Beziehung zu verändern. Das Beispiel der Mutter von Herrn F. soll hier noch einmal aufgegriffen werden.

Herr F. z.B. hatte erzählt, wie seine Mutter sich für ihn aufopfere und er sich deswegen gleichzeitig Vorwürfe mache, andererseits aber auf ihren Beistand bei seiner Schlaflosigkeit angewiesen sei. Seine Haltung, seine tiefen Ringe unter den Augen, sein Eingefallensein machten einen so jammervollen Eindruck, daß es zu überfordernd erschien, ihm nahezulegen, er solle seine Schlaflosigkeit allein durchstehen und seine Mutter zum Schlafen schicken. Leichte Andeutung in diese Richtungen wehrte er auch damit ab, daß er sagte, seine Mutter werde ihn sowieso nicht allein lassen, wenn es nach ihm ginge, könnte sie ja schlafen, aber sie wolle dann auch gar nicht. Die Mutter wurde zur Mitarbeit in der Angehörigengruppe eingeladen. Auch sie wirkte eingefallen, übermüdet, machte einen ähnlich jammervollen Eindruck, so daß sie als erstes gefragt wurde, ob sie in der letzten Zeit auch mal an sich gedacht habe oder sich etwas Gutes habe zukommen lassen. Sie sagte daraufhin, das ginge nicht, sie hätte keine Ruhe, solange ihr Sohn krank sei. Wie könnten wir von ihr verlangen, daß sie sich etwas Gutes zukommen lasse, wenn doch der Sohn unser Patient sei und wir doch eigentlich sehen, wie schlecht es ihm gehe? In dieser Äußerung zeigt sich, wie stark die Mutter auf die Krankheit des Sohnes eingeht, wie abhängig sie bereits in ihrem Handeln von der Befindlichkeit des Sohnes ist. Sie sieht nur, daß er „krank" ist, kann kaum sehen, daß sie mindestens genauso fertig ist, dies Gefühl hat für sie keinen Bestand. An diesem Gruppenabend entwickelt sich zwischen den Angehörigen ein Gespräch über die Opferhaltung, über die Wichtigkeit, nicht nur den Anderen zu sehen, sondern auch sich selbst, über die Schwierigkeit, mit den auftauchenden Schuldgefühlen fertigzuwerden. Wie kann ich dem Anderen sagen, daß ich jetzt was tue, was nur für mich gut ist, wo er doch so leidet? Diese Art des Egoismus führt zu Schuldgefühlen, und es ist in der therapeutischen Arbeit wichtig, nicht zu viel zu fordern. Sicher könnte die Mutter von Herrn F. zu Beginn unserer Beziehung nicht einfach dann schlafen gehen, wenn sie sich müde fühlt; vielmehr muß auch ihr erleichtert werden, bei sich zu suchen, wie sie zu einer Veränderung im Handeln kommen kann. Einige Gruppenmitglieder schlagen vor, sie solle es sich gemütlich machen, wenn sie wieder eine schlaflose Nacht auf sich zukommen sieht, solle denken, *sie* sei schlaflos, und lesen oder sich wenigstens in eine Decke hüllen; sie mache sich und den Sohn ja ganz fummelig, wenn dann immer nur seine Schlaflosigkeit zur Debatte stehe. Dieses Angebot von „wenigstens", das Aushandeln von Minimalmöglichkeiten ist sehr bedeutsam. Auf diese Weise kann auch verhindert werden, daß Angehörige mit noch mehr desselben reagieren: noch mehr Besorgnis, noch mehr eigene Aufopferung, noch mehr das Gefühl, selbst nicht zu zählen, weil es „seine" Krankheit ist. Angehörige können sich umgekehrt auch weigern, auf die Zuwendungswünsche „ihrer" Patienten einzugehen: „Wo kämen wir da hin, wenn wir bei jedem hysterischen Anfall gleich springen, wer denkt denn da an uns?" Auch hier wäre das Aushandeln von Minimal-Zuwendungsmöglichkeiten wichtig.

Übung: Denken Sie darüber nach und/oder diskutieren Sie, was für Beispiele Ihnen noch einfallen, wo bisher erfolgreiche Lösungen von Konflikten selbst zum Problem werden. Denn sicher ist die Aktualisierung des Konfliktes nur ein Aspekt der momentanen Krise des Patienten; ein anderer ist, da die bisher erprobte Lösung nicht mehr klappt, alle Partner können „mehr desselben" nicht mehr leisten, weder psychisch noch physisch.

---

2 Therapie und Selbst-Therapie

a) Wer hat mit Beziehungskranken zu tun?

Leichtere neurotische Handlungsweisen werden sich häufig durch „Spontanheilung“ geben, etwa indem sich im Leben eines Menschen etwas Entscheidendes ändert, „die Richtung wieder stimmt“. Manchmal kann auch die Begegnung mit einem Psychotherapeuten das Entscheidende sein, was sich ändert. Sicher ist bei schweren und dauerhaften Störungen der Beziehungsgestaltung die Möglichkeit, bei sich selbst andere Lösungsversuche kennenzulernen, mit mehr Anstrengung, auch mit mehr Hilfestellung von außen verbunden. Die Möglichkeiten von Hilfe werden leichter sichtbar, wenn das neurotische Handeln mit einem seelischen Symptom verknüpft ist. Sie werden schwerer sichtbar, wenn die neurotischen Anteile zum Charakterzug oder zu einem Teil der Persönlichkeit geworden sind oder sich psychosomatisch äußern.

Seit Beginn dieses Jahrhunderts etwa kennt man systematische Psychotherapie. Bei den meisten psychotherapeutischen Schulen (s. Kap. 18) bedeutet Therapie Hilfe bei der Selbsthilfe. Jedoch unterscheiden sich die Schulen im Weg. Es hat lange gedauert, bis neurotisches Handeln als Handeln anerkannt war, das die Hilfe des psychiatrisch Tätigen braucht. Vorher waren es die „neurotischen Endzustände“, die als Bewahrfälle in psychiatrische Krankenhäuser kamen; oder es waren Zwangskranke, Hysteriekranke, die bei akuten Krisen aufgenommen, mit Pflege und den jeweils üblichen Medikamenten entlastet und meist nur beruhigt wieder entlassen wurden. Auch heute noch wird gerade bei neurotischem Problemlösungsverhalten häufig die Entscheidung verlangt, ob sie Krankheitswert haben oder nicht –, so als ob man dann anders vorgehen müsse. Wir finden noch sehr oft die Unterteilung in „echt“ psychiatrisch Kranke, womit psychotisch und organisch bedingte Erkrankungen gemeint sind, und „nur“ neurotische Menschen (die Kränkung, selbst im Krankenhaus noch minderwertig zu sein, kann Fehlhandlungen verschlimmern).

Nicht in jedem Fall wird der psychiatrisch Tätige die hilfegebende Bezugsperson. Für den Fall, daß er's wird, ist immer die Frage zu stellen, was macht es dem Anderen möglich, seine Lösungs- und Bindungsfähigkeit – seine Beziehungsfähigkeit – zu verändern? Die Maßnahme Psychotherapie ist dabei eine mögliche Maßnahme, genau diese Frage anzugehen. Aber auch ohne den Psychotherapie-Spezialisten (Techniker) wird in jeder Begegnung mit einem neurotisch Handelnden bereits ein Stück des Weges von der Hilfe bei der Selbsthilfe zurückzulegen sein. Damit ist gemeint, den Anderen wissen zu lassen, daß er nicht erwarten kann, daß ich für ihn arbeite und er sich abhängig machen und in meine Hand geben kann, sondern daß es seine Anstrengung sein wird, bei der ich ihn unterstützen kann. Das kann ich natürlich nicht, indem ich Erklärungen abgebe, sondern nur, indem ich Modell bin für die Haltung, die ich erzeugen will.

b) Die „Härte" der therapeutischen Haltung

Es geht leicht, wer sich unwohl fühlt oder „nicht fühlt", ohne genau beschreiben zu können, welches die Grundlage seines Unwohlseins oder seiner Unzufriedenheit ist, zu dem bisher für Unwohlsein Berufenen zu schicken, nämlich zum Arzt, der wiederum aufgrund seiner beruflichen Sichtweise vom Menschen das Unwohlsein im Individuum ansiedelt, nicht aber nach verletzten Beziehungen fragt. Auf diese Weise lernt der Mensch die Quellen seines Unwohlseins in seinem Körper zu suchen. Die Lösungen sind meist medizinisch-medikamentös. Sie engen die Sichtweise des Patienten darauf ein, seine Gefühle als Ausdruck oder Signal für körperliches Befinden zu werten. Menschen, die mit dieser Einstellung in psychiatrische Einrichtungen kommen, haben es schwer, die von uns beschriebene Suchhaltung einzunehmen. Den meisten kommt es „hart" vor, in dieser Weise gefordert zu sein. Sie genießen es zwar, daß man sich ihnen zuwendet, daß sie mehr Zeit bekommen als bisher; gleichzeitig aber löst die Forderung nach eigener Anstrengung (nach Eigenbeteiligung) Protest aus. Wir begegnen immer wieder dem Einwand, daß wir die Hilflosigkeit und die momentane Schwäche nicht hinreichend akzeptieren, sondern gleich Leistung fordern. Dies ist ein Mißverständnis. Denn wir denken, daß auch jeder in der Lage ist, das Maß seiner Wünsche nach Regression, nach Sich-Gehen-Lassen und Sich-Fallen-Lassen, nach Entspannung selbst zu bestimmen. Gleichzeitig ist auch jeder in der Lage, nach seinen Möglichkeiten und Wünschen von Regression zu suchen. Nur eine Möglichkeit besteht darin, sich im Krankenhaus ins Bett zu legen, jedoch ist es die Möglichkeit, die die Institution am leichtesten zur Verfügung stellen kann.

Übung: Überlegen Sie sich eigene, gemochte, d.h. akzeptierte und abgelehnte Handlungen, die Regression beinhalten.

Die Distanzierung, die „Objektivierung" ist im Umgang mit Menschen, deren Beziehungsaufnahme gekränkt ist, noch weniger möglich als sonst, da die Begegnung bereits Teile dieser Kränkung enthält, so daß auch der Therapeut sich selbst besonders wenig schonen kann. Weiter gilt, daß „Kränkung" hier noch nichts über die Beweggründe dessen aussagt, mit dem wir zu handeln haben. Sicher tut ihm was weh, aber oft wäre es völlig falsch, wenn man mit den Schmerzgefühlen auch nur freundlich umgehen wollte, da es gleichzeitig sein kann, daß der Betreffende sich rächen will, daß er klammern will, daß er lästig sein will, bloß daß er nicht sagen kann, daß er genau das will. Häufig wird gerade von Patienten in diesem Zusammenhang das Wort des „unbewußt-Handelns" gebracht: Ein Anzeichen für Verstellung, irgendetwas nicht gewesen sein zu wollen, daß der Partner und vor allem Sie selbst nicht erkennen sollen, daß Sie bestimmte Handlungen absichtlich ausführen. Wenn ich also nur freundlich mit dem Schmerz umgehe, kann es gut sein, daß ich gleichzeitig damit die anderen Absichten auch bestärke, so daß der Patient sich nett behandelt und aufgehoben fühlt, nicht aber sich ändern kann, weil ein wesentlicher Zugang, den er zu sich selbst gewinnen könnte, durch mich versperrt bleibt.

Beispiel: Gallenschmerz kann Ausdruck von zuviel und zuwenig Bitterkeit sein; beide Möglichkeiten sind zu erwägen und, wenn nötig, ist Bitterkeit hinzuzufügen.

Dem Patienten ist also zu ermöglichen, daß er *alle* seine Gefühle, die im Symptom gebunden sind, entdecken kann, gerade auch die, die er nicht mag oder von denen er fürchtet, daß sie von anderen nicht gemocht werden. Ihn mit der Nase auf die ihm unangenehmen Seiten seines Handelns zu stoßen oder ihn in Verdacht zu haben, „daß sich dahinter sicher was verbirgt", erleichtert es ihm, sich zu verstecken und erschwert, selbst zu suchen, was sich verbergen könnte. Man kann eben nicht darauf vertrauen, daß man nur nett zu sein braucht, damit der Patient sich traut, die ihm verborgenen Seiten anzugucken. Vielmehr muß ich ihn darauf vorbereiten, daß er sich in dem, was ihm ungeheuerlich erscheint, annehmen kann. Dies gelingt leichter, wenn man ihn nicht nur in dem akzeptiert, was er sowieso schon sehen kann, sondern wenn ich mich ihm aufdränge, ihn zwinge, ihm Möglichkeiten vorhalte, auch das anzugucken, was auf der anderen Seite der Abwehr sein kann. Sicher macht das ihm – und mir – Angst, er wird erschrecken, sich wehren. Wenn ich dann zurückschrecke, weil ich meinerseits nicht brutal sein möchte, weil ich ein schlechtes Gewissen kriege, weil ich nicht gern kämpfe, vermeide ich aktiv, dem Patienten bei der Herstellung einer Suchhaltung zu helfen. Im Gegenteil: Die Gefahr ist groß, daß man bestärkt, er habe zurecht Angst, auf das Verborgene zu schauen; oder ich bestärke seine Abwehr: Er merkt, daß nicht nur seine Angehörigen sich durch seine Kampfmaßnahme zurückschrecken lassen, sondern er spürt auch im Kampf mit mir Überlegenheit. Gleichzeitig ist das für ihn ein trügerischer Sieg.

Dazu ein *Beispiel:* Ein Patient kommt mit tief verzweifeltem Ausdruck, läßt Kopf und Schultern hängen, es geht ihm sichtlich schlecht und sagt: „Mir kann keiner helfen." Normalerweise lockt dieser Ausspruch den gesamten Ehrgeiz von uns therapeutisch engagierten Menschen auf den Plan. Wir denken dann leicht: „Na, das wollen wir doch mal sehen." Dieser Gedanke schon macht uns zu wahrscheinlichen Verlierern, macht uns anfällig für Manipulation. Solche Patienten haben eine lange Beweiskette, daß ihnen nicht geholfen werden kann; sie haben schon mehrere Ärzte verschlissen, wenigstens einen Kuraufenthalt, wenigstens einen Krankenhausaufenthalt, sicher auch einige magische Versuche wie Akupunktur oder Yoga, und nichts hat bisher geholfen. Wieso in aller Welt fühle ich mich stark genug, den Kampf aufzunehmen? Was berechtigt mich mehr als andere dazu, dem Klienten zu versichern, daß ich ihm helfen kann? Die Wahrscheinlichkeit, daß ich in die Reihe derer eingehe, die auch nicht helfen konnten und daß nach mir noch viele andere therapeutisch Engagierte aufgesucht werden, ist sehr groß. Deswegen sollte ich mir lieber gleich überlegen, ob ich ein Hilfsversprechen gebe und welches. Ich werde dem Patienten vermutlich nützlicher sein, wenn ich ihm nicht helfen will, ihm sage: „Das sehe ich genauso wie Sie." Es hätten sich schon so viele Kollegen um ihn bemüht, und ich könnte auch nicht sehen, was die Situation so geändert hätte, daß ausgerechnet ich ihm helfen könnte. Ich kann hinzufügen: Eigentlich wüßte ich nur einen einzigen Menschen auf der ganzen Welt, der ihm helfen könnte, und das wäre er selbst. Zu dieser Antwort muß man sich selbst ermutigen; denn es gehört zu den Ängsten von Therapeuten und „Helfern" zu denken, daß auf Verweigerung von Hilfe Strafe steht. Sicher wird dies eine beleidigte, gekränkte, eingeschnappte Äußerung zur Folge haben. Derart: „Das ist mir noch nie passiert, da kann ich ja gleich aus dem Fenster springen, aber irgendjemand muß mir doch helfen, was soll denn aus mir werden!" Hier bieten sich für mich schon mehrere Möglichkeiten, konstruktiv zu handeln, vorausgesetzt, ich bleibe dabei, daß ich sicher nicht der bin, der zu helfen beansprucht, sondern der, der akzeptiert, daß er sich nicht helfen kann. Das Wort „helfen" sollte gestrichen werden, denn es gibt auch dem Patienten die Gelegenheit, Fallen zu stellen und Schlingen zu legen. Wenn ich mich zum Vertreter der Selbsthilfe mache, es mir auch gelingt, den Patienten ein Stück auf den Weg zu locken, und er dann, wenn ich gerade ein bißchen erleichtert bin, fragt: „Und sind Sie sicher, daß mir das hilft?", dann darf ich alles außer „ja" sagen; denn erstens bin ich wirklich nicht sicher, und zweitens hätte ich garantiert, daß das Spiel von vorne losgeht.

Übung: Rollenspiel zwischen „unheilbarem" Patient und Therapeut.

Es ist freilich unerläßlich, unterscheiden zu lernen, wann Hilfe wie nötig ist. Auch Verweigerung läßt sich nicht verallgemeinern. Denn auch den anderen Menschen gibt es: Den, der seine Beziehungsstörung dadurch versteckt hat, daß er nie um Hilfe nachgekommen ist. Für ihn mögen die ersten Schritte in die Bindung (Abhängigkeit) die bedeutsamsten sein.

c) Der therapeutische Rahmen: Ort, Zeit, Ziele

Während früher vorrangig die niedergelassenen Psychotherapeuten mit der Therapie der neurotischen Anteile befaßt werden, übernehmen immer mehr Institutionen wie Beratungsstellen, Ambulanzen und Abteilungen die Versorgung. Die niedergelassenen Psychotherapeuten arbeiten stundenweise mit den Patienten, sie führen Einzel- oder Gruppentherapie durch, sie unterscheiden sich in ihrer Methodik je nach ihrer Ausbildung. Für die meisten Patienten ist die freie Behandlung günstig, weil sie in ihrem gewohnten Lebensbereich bleiben können. Das fördert die Auseinandersetzung und es verhindert Nachteile am Arbeitsplatz. Jedoch ist der Arbeitsplatz des niedergelassenen Therapeuten nicht hinreichend: a) quantitativ wie b) qualitativ. Zu a) ist sicher das Bewußtsein für Erkrankungen der Beziehungen gestiegen, vermutlich sind auch mehr Menschen „beziehungskrank", so daß mehr Behandlungsplätze notwendig werden. Zu b) ist immer deutlicher geworden, daß bei den niedergelassenen Psychotherapeuten vor allem die jungen, intelligenten, sprachlich differenzierten, zahlungskräftigen, den mittleren und oberen Schichten angehörigen Patienten aufgefangen wurden, daß jedoch für die Patienten der unteren sozialen Schichten, der schlechteren sprachlichen Ausdrucksfähigkeit und des geringeren Einkommens, die „beziehungskrank" sind, kaum Behandlungsplätze zur Verfügung standen. Dieser Patienten nahmen sich zuerst die Institutionen an. Hierin zeigt sich ein merkwürdiges Verständnis von „Sozial"-Staat: Daß nämlich der Staat immer dort unterstützen muß, wo sich die private Wirtschaft und so auch die niedergelassenen Therapeuten zu fein sind.

Häufig ist gerade die Vereinbarung über den therapeutischen Rahmen bei den Beziehungskranken vernachlässigt und verschwommen. Es wird von „allgemeiner Persönlichkeitsveränderung", Stabilisierung usw. gesprochen, ohne daß klar würde, was das ist, und ohne daß die Legitimität solcher Zielsetzung mit dem Patienten abgesprochen ist. Dies ist nur möglich, weil die Erwartungen der Patienten diffus sind, denn die Fähigkeit zur genaueren Bestimmung von „beziehungskrank" setzt das Einsetzen der Suchhaltung bereits voraus. Für alle Menschen ist es schwer, Auskünfte über sich selbst zu geben, „sich im Spiegel zu betrachten", auch mit Angst verbunden. Das Angehen dieser Angst gehört zum Abstecken des therapeutischen Rahmens. „Zeitlos" sich auf einen nach vorn offenen Lebenslauf als Entwicklung einlassen ist oft auch mit der Vorstellung von „unheilbar" verknüpft. Der Therapeut sollte wissen, für welche Zeit er Kontakte eingehen kann, ob er ein Mensch ist, der sich lange binden kann oder dem Beziehungen nach einer Weile schal werden; denn der Patient ist mehr, als wir ahnen, abhängig von der Person und Toleranz des Therapeuten, und nur Eindeutigkeit kann ihm erleichtern, diese Abhängigkeit zu meistern.

Bei der Vereinbarung der Ziele gilt, daß die Veränderung des Patienten in Abhängigkeit vom Menschenbild des Therapeuten geschieht. Wenn wir hier von „beziehungskrank" sprechen, ist eben dies Teil unseres Menschenbildes. Genau wie „Persönlichkeit" ein Teil eines Menschenbildes ist.

V Epidemiologie, Prävention, Bedeutung

1 Verbreitung

Es gibt wenige feste Zahlen, und zwar, denken wir, zurecht. Geht man von der Feststellung aus, daß in wirtschaftlich stabilen Zeiten mehr Menschen als „beziehungskrank" gesehen werden als in Notzeiten oder daß in Abhängigkeit von der sozioökonomischen Einordnung Frauen leichter diese Diagnose erhalten als Männer, so stellt sich die Frage nach der Kausalität dieses Zusammenhanges. Auch das Phänomen der spontanen Heilung, das gerade bei neurotischen Anteilen oft genannt werden kann, legt die Frage nahe, wie das wohl kommt. Zu vermuten ist, daß Ereignisse, die der Therapeut nicht wahrnimmt, weil sie nicht in seinen Bezugsrahmen gehören, stärker sind.

Epidemiologische Fragestellungen bei der Erforschung von Neurotischem müßten immer die Veränderung beinhalten, nie nach dem Ist fragen. Also: Was trägt dazu bei, daß etwas so oder so geworden ist? Welche innere oder äußere Bedingung muß verändert werden, damit der Mensch zu sich und seiner Umwelt wieder normale Beziehungen herstellen kann? Nirgendwo kann Wissen so trügerisch sein, wie in diesem Bereich, weil durch die darin enthaltene Möglichkeit der Festschreibung gegeben ist, daß immer dieselben Lösungen angewendet werden, wo längst neue erforderlich sind.

2 Bedingungen

In jedem Einzelfall ist über das Verhältnis zwischen eigenem Vermögen (endogene, somatische Anteile) und den Anforderungen des Lebens nachzudenken. Ohne die Fähigkeit, erprobte Lösungen für künftige Wiederverwendung zur Verfügung zu haben, wäre unser Leben chaotisch; und ohne die Fähigkeit, aus Erfahrungen Leitfäden für das eigene Handeln zu abstrahieren und in neuen Situationen anzuwenden, könnten wir Identität nicht entwickeln; jedoch liegt darin auch die Gefahr der Vereinfachung, nämlich Regeln rein gedanklich von den konkreten Anlässen zu trennen, die zu ihrer Aufstellung führten, und diese von ihrer Erfahrung amputierten Regeln dann auf alle Hürden, Hindernisse, innere wie äußere Aufgaben, Schwierigkeiten, Beziehungslosigkeiten und Beziehungskränkungen anzuwenden. So berichtet ein älterer Mann, der großes Verständnis für die Entfremdung der Jugend in unserer heutigen Welt aufbringt, von einer typischen Enttäuschung: Er bot zwei Jungen, die sehr an Autos interessiert waren, freie Ausbildung in seiner Reparaturwerkstatt an, was beide mit Freuden annahmen. Als er ihnen aber sagte, daß sie zur Vermeidung von Unfällen zur Arbeit ihr langes Haar zurückkämmen müßten, konnten beide in dieser Sicherungsmaßnahme nur das typische Vorurteil der älteren Generation für diesen Ausdruck ihrer Individualität sehen und sie lehnten sein Angebot ab. Viele neurotische oder unreife (überholte) Handlungsweisen und Lösungsversuche sind das Ergebnis der unentwegten Anwendung einer und derselben „bewährten“ Lösung auch dann, wenn sich die Umstände längst geändert haben. Wie schon gesagt, Wiederanwendung ist nicht an sich falsch; die Herauskristallisierung dessen, was ich für „typisch“ halte, durch die private wie durch die berufliche Brille gesehen, ist Voraussetzung für Vereinfachung, Ökonomie und Vertrauen in allen Lebensbereichen. Doch sind Lösungen an einen bestimmten Kontext gebunden und werden zu „schrecklichen Vereinfachungen", wenn sie sich nicht den Veränderungen des Kontextes anpassen. Das gilt auch für die Lösung, zwanghaft *nur neue* Lösungen zu suchen. Die Bedingung des Neurotischen, so betrachtet, ist, daß es dem Individuum nicht gelingt, sein Handeln in einem Kontext neu zu arrangieren oder einfallsreich zu sein. Alle Menschen organisieren, disorganisieren und reorganisieren sich lebenslang. Wenn ich die Lust oder Kraft verliere, zu faul, zu ängstlich bin, nicht belohnt werde dafür, daß ich mein Handeln diesen Veränderungen anpasse, oder auch mich schon für vollendet halte, die Lösung schon „habe", d.h. dieselben alten Lösungen nicht aus Rat- und Hilflosigkeit, sondern auch aus Überheblichkeit anwende, ist eine Beziehungskränkung sehr wahrscheinlich. Am wahrscheinlichsten ist die Kränkung der Beziehung zu mir selbst, denn in einem solchen Moment bin ich nicht in der Lage, mir Einfälle zu machen, was heißt, daß ich bestimmte Anteile von mir übersehe und dadurch in die Klemme gerate. Das läßt sich von der individuellen Ebene auf die soziale übertragen. So kann es sein, daß ich nicht aus mir heraus in der Lage bin, eine angemessene Lösung zu finden, sondern daß Andere die Information haben, die mich befähigen könnte. Und es kann sein, daß ich in einer Gruppe lebe, in der wir alle nicht die nötigen Informationen haben. Es gibt z.B. „betriebsspezifische" psychosomatische Erkrankungen. Etwa die Anfälligkeit der Postboten für Erkältungskrankheiten im Sommer, jedoch ihre stabile Gesundheit zur Weihnachtszeit. Der einzelne Postbote kann kaum feststellen, daß er nicht der einzige ist, der im Sommer erkältet ist. Die Personalabteilung kann Fehlzeiten festhalten; erst der Betriebsarzt kann die betriebsspezifische Erkrankung feststellen, wobei die Lösung darin läge, den Postboten auch im Sommer das Gefühl dafür zu geben, daß sie eine wichtige Berufsgruppe im öffentlichen Dienst sind und nicht nur zur Weihnachtszeit.

3 Bedeutung

Es ist gerade die Herausforderung an uns, nicht nur für den einzelnen Patienten, sondern auch im Sinne einer Gesamtverantwortung herauszufinden, wie es zu dem „verfehlten Leben" kommt, so daß nicht der Einzelne in Verantwortung genommen wird für etwas, worunter wir möglicherweise alle leiden. Eine Bedeutung des Kennenlernens von Beziehungsstörungen liegt darin, daß ich meine Wahrnehmungsgrenzen, meine Tabus kennenlerne und dann an der Veränderung des Individuums und meiner Umgebung arbeiten kann. Was hindert uns, da wir alle um den Zusammenhang zwischen bestimmten Aspekten von Arbeit und Störanfälligkeit in den Beziehungen wissen, veränderte Formen von Arbeit zu schaffen?

4 Prävention

Das klingt pathetisch: in allen Vorstellungen über Prävention, ob sie von der freien Entfaltung der Persönlichkeit, der freien Sexualität, der Freiheit der Kommunikation sprechen, davon, daß nicht zu früh im Leben eines Menschen tabuierende Einengungen stattfinden sollen oder daß der Zwang der Leistungsgesellschaft uns alle in der freien Äußerung einengt: – in allen ist der Gedanke von „frei“ enthalten.

Menschen, die zu neurotischen Lösungen neigen, sind aus Gründen innerer Unausgeglichenheit genötigt, sich im Sinne unseres Wunschbildes und damit auch auf sozial erwünschte Weise darzustellen. Sie und wir lassen nicht zu, sie als emotional labil, unterwürfig, mutlos (um nicht zu sagen: feige), argwöhnisch, schwankend, schuldhaft, undiszipliniert und gereizt wahrzunehmen und leben zu lassen. Und häufig dienen therapeutische Maßnahmen dazu, bessere Verstecke für diese Seiten menschlicher Existenz zu finden, als diese wirklich aufzudecken. In dem Zusammenhang haben wir uns zu fragen: können wir das Labile, Schwankende, Mutlose, Unterwürfige in uns zulassen. Können wir leben, daß wir nicht immer funktionieren und nicht immer stabil sind. Nur die Anerkennung dieser allgemeinmenschlichen Bedingung macht Prävention und macht Therapie möglich!

Literatur

Balint, M.: Der Arzt, sein Patient und die Krankheit. Stuttgart, Klett 1957
Balint, M.: Angstlust und Regression. Reinbek, Rowohlt 1972
Bräutigam, W.: Reaktion, Neurosen, Psychopathien. Stuttgart, Thieme 1972
Bräutigam, W., P. Christian: Psychosomatische Medizin. Stuttgart, Thieme 1975
Erikson, E. H.: Ich-Identität und Lebenszyklus. Frankfurt, Suhrkamp 1966
Finke, J.: Sinn und Ursache des neurotischen Symptoms. Zschr. Psychiat. Neurol. 36: 340 bis 347, 1977
Freud, A.: Das Ich und die Abwehrmechanismen. London 1956
Groddeck, G.: Das Buch vom Es. München 1972
Kretschmer, E.: Der sensitive Beziehungswahn. Berlin, Springer 1966
Mitscherlich, A.: Der Kampf um die Erinnerung. München 1975
Reich, Fromm, Bernsfeld: Materialismus und Psychoanalyse. Berlin, Raubdruck 1968
Reich, W.: Charakteranalyse. Frankfurt, Fischer 1976
Schwidder, W.: Klinik der Neurosen, in: Psychiatrie der Gegenwart, Bd. II/I. Berlin: Springer 1972
Watzlawick, P. u.a.: Lösungen. Bern, Huber 1974

10 Der sich und Andere tötende Mensch (Selbst-/Fremdtötung, Krise, Krisenintervention)

I Landschaft mit Sprung

Töten ist die radikalste und endgültigste Art des Menschen, seine Ausweglosigkeit auszudrücken, sein Lebensproblem zu lösen. Sich oder den Anderen zu töten, ist zugleich grundsätzlich eine der Lösungsmöglichkeiten jeder Krise. Jedesmal, wenn ein Mensch mit uns psychiatrisch Tätigen in Berührung kommt, befinden sich mehrere Menschen in einer Krise, mit der sie selbst nicht fertig werden. Deshalb ist dieses Kapitel wichtig für alle psychiatrischen Akutsituationen.

Wie sieht die Landschaft der Krise aus? Voraussetzung ist stets ein langfristig ungelöstes Lebensproblem, am häufigsten ein Partnerproblem im Erwachsenenalter. Da dessen Angstsignale seit langem überwiegend abgewehrt wurden, ist der oder sind die Betroffenen bereits von vielen Landschaftsbezügen abgekoppelt und in ihrer Privathölle vereinsamt – wie im Depressionskapitel systematisch beschrieben. Die Landschaft ist eng und hart geworden. Aufmerksamkeit und Energie werden zunehmend nicht in die Lösung des Problems, sondern in die Kontrolle seiner Angstsignale investiert – nicht selten über Alkohol, Medikamente, depressive, neurotische oder somatische Symptome. Nach dem Motto: „Mehr desselben" sind der oder die Betroffenen längst im Teufelskreis der Angst vor der Angst... Die Verarmung der Landschaft treibt die Hochspannung immer höher, da es für Handlungen keine unschuldigen Realitätsbezüge und damit Entlastung mehr gibt. Loslassen oder Wechsel des Weges (der Angstabwehr, der Problemlösungsmethode) ist nicht mehr möglich. Möglich ist nur noch, den eingeschlagenen Weg noch konsequenter weiterzugehen. Jeder Schritt bewirkt, daß die damit verbundene Aktivität noch mehr nach innen schlägt, die Gefühlsspannung höher, ambivalenter, totaler und diffus-allgemeiner wird. Irgendwann ist der nächste Schritt buchstäblich der letzte: So geht es nicht mehr weiter, dieser Weg ist am Ende. Die Krise ist zugespitzt – so spitz, daß die gesamte psychische Aktivität von einem oder zwei Menschen sich auf einen Punkt zusammengezogen hat und daß die zugehörige Landschaft sich zu einem Punkt verdichtet, zu einer Wand verhärtet, zu einem Abgrund abgeschlossen und – geöffnet hat. Hier ist der Rücktritt ebenso ausgeschlossen wie das Auf-der-Stelle-Treten. Möglich und zugleich zwingend ist nur der gewaltsame Sprung. Nur einem Wesen, das wie der Mensch ohnehin gegenüber seiner Landschaft über einen Antriebsüberschuß verfügt, ist eine so ungeheure totale und ungerichtete Antriebszuspitzung möglich. So ungerichtet, daß dabei auch ein zielgerichtetes Töten herauskommen kann. Der Sprung geht ins Offene. Und die Sprung-Fragen sind mehrfach und lauten etwa: 1. So oder anders. 2. Ich oder Du. 3. Ich oder Nichts. Und 4. das „Gottesurteil", d.h. so springen, daß man „es darauf ankommen läßt“, was der präzise Sinn des merkwürdigen Wortes Suizidversuch ist.

Jede Krise von Menschen ist also auch eine Frage von Leben und Tod. Jeder noch so lächerliche „unernste“ Suizidversuch ist auch als ein Stück vollendeten Suizides ernst zu nehmen. Und jeder vollendete Suizid ist auch ein Stück Versuch. Denn in beiden Fällen ist weniger der Tod das Ziel. Mehr geht es um den verzweifelten, gewaltsamen Sprung – im Rahmen einer Begegnung mit mir und dir. Ob dabei im Ergebnis mehr Selbst- oder Fremdtötungen herauskommen, entscheidet wieder mehr die Landschaft: Im 19. Jahrhundert stieg in den sich industrialisierenden Gesellschaften nicht die Mordrate, wohl aber (gemeinsam mit der Gewaltsamkeit gegen die Natur) die Suizidrate – um bis zu 400 Prozent. In traditionellen Gesellschaften, in denen die menschliche Aktivität mehr nach außen, in körperliche Arbeit, in den Kampf ums Überleben fließt, enden zwischenmenschliche Krisen eher in Fremdtötungen. In unseren heutigen ent- und verwickelten Gesellschaften dagegen, in denen menschliche Aktivität sich weniger im Außenfeld umsetzen kann, sondern durch die Veränderung der Arbeitsweise und durch die „Entlastung vom Negativen“ mehr als psychische Aktivität innere Dauerspannung erzeugt, sich leichter gegen sich selbst richten kann, ist auch in Krisen die Hemmschwelle vor der Selbsttötung wesentlich geringer geworden als vor der Fremdtötung.

Wie verflochten Selbst- und Fremdtötung in Begegnungskrisen für uns sind, mag eine Situationssammlung (Hansen) zeigen: Der erweiterte Suizid, bei dem die Tötung des Anderen die Selbsttötung bahnt; die Fremdtötung, um selbst getötet zu werden; die Selbsttötung, um der Tötung zuvorzukommen (im Kampf); der Suizid nach Tötung eines Anderen; der Suizid statt der Tötung des Anderen oder statt des ewigen Streites („um endlich Ruhe zu haben, um des lieben Friedens willen“); der Suizid nach Partnerverlust (Mitgehen in den Tod); der Amoklauf, bei dem das Ungerichtete der Gewalttätigkeit besonders deutlich wird; Harakiri (auf Mittäter angewiesen); das Duell („Gottesurteil“); die Tötung aus Eifersucht; der nach innen geschlagene Haß bei depressiven oder neurotischen Störungen. Menninger hat die Verflechtung auf den Begriff gebracht. Für ihn gipfeln in der Selbsttötung die 3 Wünsche: Töten, Getötet-Werden und gemeinsames Sterben. Wo ist der Mensch mehr der Souverän, der Beherrscher seines Selbst?

Aber auch bei der Fremdtötung kann man von einer „Tötungskrise“ sprechen, ähnlich wie wir gewohnt sind, von einer „suizidalen Krise“ zu sprechen (Rasch, de Boor): Sie setzt einen zermürbenden, chronischen Partnerkonflikt voraus und dauert bei ihrer krisenhaften Zuspitzung in der Regel mehrere Tage. Ob sie wirklich zur Tötung führt, hängt nicht wenig von situativen Zufällen, mehr noch vom „Mitspielen“ des Partners ab. Wenn es zur Tötung kommt, kann dies in der beschriebenen zugespitzten, affektiven Aktivitätssummierung erfolgen (Maximalaffekt). Es kann auch der Zusammenbruch des körperlichen und/oder sozialen Kontextes die Tötungshemmung abbauen (Hirnerkrankung, Erschöpfung, auslösende Rolle dritter Personen). Bei Sexualtötung bahnt die sexuelle Aktivitätszuspitzung die Tötung. Man kann auch sprechen von Selbst- oder Fremdtötung zum Zwecke der eigenen Abgrenzung, zur Identitätsfindung sowie zur Rettung des Selbstwertes (Amery), als Sprung in die Landschaft der Freiheit (Heinrich).

Schließlich gibt es die Tötung als Zuspitzung einer psychotischen Isolation, wenn verselbständigte Stimmen das Töten des oder eines Anderen befehlen.

Inzwischen werden Sie – so hoffen wir – nachvollziehen können, warum wir im Kapitel über die Krise Selbst- und Fremdtötung (von „Selbstmord" sprechen wir nicht mehr) gemeinsam durchdenken wollen. Eine Krise setzt einen derart festgefahrenen Zustand voraus, daß ein Ausbruchsversuch, ein Ausweg, ein Sprung nur gewalttätig sein kann – in irgendeine Richtung. Daß Sie unser Vorgehen anfangs befremdlich fanden und daß auch wir uns dazu „vergewaltigen" mußten, liegt daran, daß wir psychiatrisch Tätigen gern alles Gewalttätige aus unserer hilfreichen Arbeit verdrängen wollen. – Wie wir ja auch die psychisch kranken Straftäter in Sondereinrichtungen ausgrenzen und über unsere dort arbeitenden Kollegen herziehen, weil die Atmosphäre dort so gewalttätig sei. Unsere Angstabwehr gibt uns auch ein geschicktes Argument an die Hand: „Mit suizidalen Krisen haben wir dauernd zu tun, aber wann sehen wir schon mal einen Menschen in einer Tötungskrise?" In Wirklichkeit ist das natürlich wieder mal ein Produkt unserer hospitalisierten Wahrnehmungs- und Arbeitsweise: Es liegt daran, daß Menschen, die gegen sich selbst sind, leichter zu uns kommen, während Menschen, die sich zu helfen versuchen, indem sie zuschlagen, nicht zu uns kommen, obwohl ihre innere Not genauso groß ist. Wenn wir aber „gemeindepsychiatrisch" nicht nur reden, sondern auch arbeiten wollen, dann haben wir durchaus Gelegenheit genug, Menschen und Familien in Tötungskrisen zu treffen und ihnen mit Krisenintervention zu helfen. Es liegt also an uns. Wenn wir im folgenden dennoch häufiger vom suizidalen Menschen sprechen, da er gleichwohl häufiger ist, ist die Anwendung auf die Tötungskrise stets mitzudenken. – Und noch eins vorweg: Der Mensch in der Krise, der springende Mensch, der immer zwischen Untergang und Neuanfang steht, handelt als freier Mensch, wie groß gleichzeitig auch der Druck und Zwang der inneren und äußeren Umstände sein mag. So schrecklich das Ergebnis auch sein mag, haben wir ihn dennoch im inneren Recht seines Handelns, zu dem er im Augenblick der Tat keine bessere Alternative wußte, aufzusuchen, wenn wir ihm gerecht werden wollen.

Übung: Wie kommt es, daß um 1900 aus demselben liberalen Fortschrittsglauben erstmals gleichzeitig das Recht auf Selbsttötung („Freitod") und das Recht auf „Freigabe" der Tötung Anderer, des „lebensunwerten Lebens", der „Ballastexistenzen", der seelisch und geistig Behinderten, der „Unheilbaren" gefordert wurde? Welche Konsequenzen hat das für uns?

II Krisen-Diagnose

Nicht nur bei der Selbst- und Fremd-Tötung, sondern auch bei jeder ausweglos gewordenen und zum Sprung nötigenden Angstabwehr/Problemlösungsmethode können wir von „Krise" sprechen: z.B. depressive, manische, paranoide, autistische, Leistungs-, Wert-, Selbstwert-, Partner-, Entwicklungs-, Reifungs-, Vereinsamungs- oder Zwangskrise usw. Stellen Sie daher bei jedem akuten Kontakt eines Menschen mit der Psychiatrie zunächst nur eine Krisen-Diagnose.

1 Befragung der Krise

Damit mir und dem Patienten die Gefahren und Chancen der aktuellen Krisensituation allmählich klar werden, habe ich folgende Aspekte zu berücksichtigen und in Fragen zu übersetzen:

- *Beschreibung* der Krise, wie sie jetzt und hier erlebt wird: „Was ist es, daß Ihre Lage, Ihr Leben jetzt ausweglos macht?" Unterscheidung zwischen Lebensproblem („Wie leben Sie eigentlich?") und Problemlösungsmethoden („Haben Sie die ganze Zeit gegen Ihre Angst, Wut, Wünsche angekämpft?").
- *Ernsthaftigkeit* der Krise: „Sie sind sicher, daß es so wie bisher auf keinen Fall weitergeht, daß nichts mehr möglich ist, daß Sie nur noch Schluß machen können, daß nur noch ein Sprung Sie retten kann?!" Das gilt auch für scheinbar banale Krisen.
- Was *verstärkt* die Krise, was nicht? Welche Antworten sind den Anderen, Angehörigen (Familie, Arbeit, Leute) auf Existenz, Signale, Symptome, Handeln des Patienten noch möglich?
- *Schuldzuschreibung:* „Welche Anteile Ihrer Krise sind durch Sie, welche durch Andere bedingt?"
- *Erwartungen* an Andere und sich selbst: „Wie empfinden Sie das, wie die Anderen auf Ihren Zustand eingehen?" Oder „Stellen Sie sich vor, alle für Sie erreichbaren Menschen sind weg, was täten Sie?" D.h. ist der Patient hilfefordernd, abhängig, verschämt, hilfeablehnend („Ich muß allein fertig werden")?
- *Frühere Krisen* (wichtig für Prävention): „Als es Ihnen schon einmal schlecht ging: Wie kam das? Wie haben Sie herausgefunden – durch Andere, durch Selbsthilfe?"
- *Krisensinn:* „Welche Bedeutung hat Ihr jetziger Zustand für Sie?" Jeder ist nach seinen Todes-/Tötungswünschen zu fragen.
- *Krisenvertiefung:* Da viele Patienten, wenn wir sie kennenlernen, ihre alte, ungünstige Abwehr ein Stück weit schon wieder hochgezogen haben, ist es notwendig, daß Sie den Tiefgang der Krise womöglich noch ernsthafter sehen als der Patient selbst und darauf auch bestehen, z.B. nach einem Suizid-

versuch: „Eigentlich sind Sie ja schon drüben gewesen, haben Ihre Freiheit gefunden."

● *Krisennutzungspotential:* Dazu dürfen Sie erst kommen, wenn Sie im Gespräch den Grund der Krise erreicht haben; sonst wird Ihre Begegnung ein billiges Trostmittel.

„Was mögen Sie an sich? Was sind Ihre Stärken?" (z.B. Daß ich bescheiden/stolz bin", „Wie ich mich kleide") Bestehen Sie hartnäckig darauf, daß der Patient drei Stärken nennt! –

„Was mögen Sie an sich nicht? Was ist Ihr Ziel? Wohin wollen Sie? Wollen Sie anders sein, als Sie sind oder wollen Sie sein, wie Sie sind?" Dazu die Kontrollfrage: „Ist dies Ihr Wunsch oder der Wunsch der Anderen?" Dasselbe beim Suizid: „Wie sehr wollen Sie sich Ihretwegen, wie sehr des Anderen wegen umbringen?" –

„Was mögen Sie an Ihrem Partner, was nicht? Was könnte das mit Ihnen zu tun haben?" – „Welche Zugehörigkeiten wünschen Sie sich?"

Selbstwahrnehmung von Zusammenhängen: „Immer wenn X der Fall ist, fühlen Sie sich schlechter/besser?" Wem dies ungewohnt ist, bekommt als Hausaufgabe, sich diesbezüglich für einen Tag oder eine Woche zu beobachten – möglichst schriftlich. So kommt der Patient selbst von der Grübelfrage „Warum bin ich so?" zu der Frage „Wie kann ich mich und mein Schicksal beeinflussen?" –

Der erste Schritt: „Wenn wir dies nun gemeinsam so sehen, was wäre das Einfachste, das Wichtigste, was können Sie als Erstes (bis morgen) tun?" Kontrollfrage: „Ist das nicht zu schwer, wollen Sie nicht zu viel auf einmal? Es soll Ihnen auf jeden Fall gelingen! Es soll Ihnen und uns ein Signal sein, daß Ihr Sprung geglückt ist, daß Sie am anderen Ufer, auf einem anderen Weg, auf einer anderen Ebene sind!"

Sie merken, wie diese Aufeinanderfolge von Begleitfragen Sie mit dem Patienten allmählich von der Selbst-Diagnose zur Selbst-Therapie bringt. – Gleichwohl ist die Gefahr der Krise nicht immer auszuloten. Ihr suizidales Tun kündigen 80% mit Worten/Handlungen an (Aufräumen, Verschenken, Rückzahlen). Zudem gibt es Umstände, Signale für ein vergrößertes Risiko:

1. Bei wiederholt ruhig und offen geäußertem Todes/Tötungswunsch, 2. bei panisch gesteigertem Kampf gegen die Angst (Angst vor der Angst) und 3. wenn dieser Kampf psychotisch ist (wenn depressiv, dann eher Selbst-, wenn paranoid, dann eher Fremdtötung). 4. Weitere Umstände: Frühere Selbst- oder Fremdtötungsversuche; dasselbe in der Umgebung („Griffnähe" einer Problemlösungsmethode); Neigung zu gewaltsamen Methoden; häufige Unfälle bzw. Selbstverletzungen; frühere psychotische Krisen; chronische oder aussichtslose Körperkrankheiten; Krise nach einer Geburt oder nach (verstümmelnder) Operation; jede Form von Abhängigkeit und Unabhängigkeitssucht; hypochondrische Überaktivität; nichtakzeptiertes Altern; soziale Isolation, auch homosexuell bedingt; aussichtslose Beziehung zum Partner,

zu den Eltern; Fehlen einer Aufgabe oder des Lebenssinnes über längere Zeit; Verlust eines Menschen; finanzielle oder psychosoziale Perspektivlosigkeit; jede Berührung mit der Psychiatrie, vor allem wenn die Therapie medikamentös (Anti-Depressiva!), psycho- oder soziotherapeutisch zu schnell und zu aktivierend-anstoßend ist und nicht von den Selbsthilfemöglichkeiten des Patienten ausgeht. Besonders bei antriebsmäßiger „Besserung" eines depressiven oder paranoiden Patienten, wenn dieser noch nicht hinreichend seine Traurigkeit und andere weiche Ausdrucksformen zugelassen hat, besteht Gefahr. Ansporn ist daher verboten! – Insbesondere bewirken Alkohol und Schmerz eine ungerichtete psychische Aktivierung und erhöhen dadurch, vor allem wenn auch noch durch Fremdantriebe aufgeladen, die Selbst- oder Fremdtötungsgefahr. Endlich ein oft übersehenes Signal, je mehr jemand die Tötung „für sich" unternimmt, „braucht", und je weniger „für/gegen Andere" (Hilfsappell, Rache, Erpressung), desto wahrscheinlicher ist das Gelingen.

2 Krisen-Theorien

Es gibt sie bisher in der Psychiatrie – wohl wegen ihrer Gewalt-Verleugnung – überwiegend nur als Suizid-Theorien. Sie harren der Ergänzung. Krisen-Theorien passen natürlich nie auf den Einzelfall, sind aber für's Verstehen hilfreich. Die wichtigsten Theorien:

- Die zeitlich erste Theorie ist *soziologisch* und stammt von Durkheim: Zur Selbsttötung kommt es, wenn jemand zu wenig oder zu viel Distanz zu den gesellschaftlichen Werten und Einrichtungen hat oder wenn seine Ziele und Mittel in eine für ihn unauflösbare Verwirrung (Anomie) geraten.
- *Psychoanalytisch* gesehen, kommt jemand zum Suizid, wenn er einen Menschen verliert, an den er ambivalent – liebend und hassend – gebunden ist. Im Schmerz über den Verlust macht er die verlorene Person zu einem Stück von sich selbst. Liebe und Haß richtet er somit gegen sich selbst. Der Haß wird zum Selbsthaß. Das Morden des 1. Weltkriegs hat Freud dazu gebracht, dem Lebenstrieb den Todestrieb selbständig gegenüberzustellen. Diese Theorie macht der Mehrheit der Theoretiker heute noch Angst, ist also offenbar noch fruchtbar; sie betont die nahe, oft alternative Beziehung zwischen Töten und Selbsttöten.
- Aus dem *medizinischen* oder Krankheitsaspekt hat Ringel das „präsuizidale Syndrom" konstruiert: 1. Einengung der Wahrnehmung, Rückzug auf sich, Gefühl der Vereinsamung, Sinn- und Ausweglosigkeit; 2. ohnmächtige Aggressionen und Vorwürfe gegen Andere, schmerzliche Resignation, Ankündigung der Suizidabsicht; und 3. Flucht in der Phantasie, die zunehmend von der Selbsttötungsabsicht und der den Anderen entstehenden Leiden besetzt wird. Gilt z.T. auch für die Tötungskrise.

• *Narzißmustheorie:* Neo-psychoanalytisch (z.B. Henseler) sind suizidale Menschen besonders (narzißtisch) kränkbar: Verluste oder Angriffe werden als Katastrophen erlebt, können nicht als Chance der Selbstkorrektur genutzt werden. Vielmehr Vermeidungs-Schwanken zwischen Minderwertigkeits- und Größenphantasien oder Rückzug (Regression) in Verschmelzungsphantasien: Geborgenheit des Mutterschoßes, „Einswerden mit dem All", „an nichts mehr denken müssen", „endlich Ruhe haben", „ewiges Leben". So wird der Todeswunsch oft ausgedrückt. Solche kränkbaren Menschen suchen oft „passende" Partner.
• *Lerntheoretisch-sozialpsychologisch* kommt es zu einer Krise, wenn eine Situation zu neu, zu schnell, zu selten, zu ungewohnt, zu fremd, zu schwer, zu schmerzhaft ist, so daß das bisher gelernte Verhalten unbrauchbar wird, keine Bestätigung (reinforcement) mehr bekommt. Experimentell kann man solche Zustände erzeugen, durch Reizentzug (sensorische Deprivation) in einem reiztoten Laborraum (camara silens) oder mißbräuchlich in der Gefangenschaft totalitärer Regime zum Zwecke der Gehirnwäsche (brainwashing) bzw. in „totalen Institutionen" (z.B. in schlechten psychiatrischen Krankenhäusern): Alle bisherigen Erwartungen werden sinnlos gemacht, so daß der Betroffene für jeden neuen Reiz (Selbst- oder Fremdschädigung) suggestibel-empfänglich wird, den der jeweilige „Veranstalter" für wünschbar hält. Suizid/Tötung als Antwort auf eine solche Situation istder Versuch, wenigstens durch den Tod doch „noch" und „wieder" eine Beziehung zu den Anderen (Trauer, Schuldgefühle, Rache) und zum Selbst (Selbstwert) herzustellen.

III Grundhaltung

1 Selbstwahrnehmung

Daß ich mich in einer ausweglosen Krise von jemandem verstanden fühle, ist paradox: Verstehen hebt den Beziehungsabbruch zu meiner Landschaft und damit die Ausweglosigkeit auf. Daher auch der Versuch, einen Menschen „vor dem Sprung" solange im Gespräch zu halten, bis die Ausweglosigkeit geteilt ist und aus dem Sprung ins Töten, ins Nichts, ein gemeinsames Springen an ein anderes Ufer, auf eine andere Ebene werden kann. Das kann nur jemandem gelingen, der so intensiv lebt, daß er seine eigenen (suizidalen) Ausweglosigkeiten erlitten hat. Einige Anregungen fürs Nachdenken: „Ich kann/will nicht mehr; will kapitulieren, das Schwächere wählen. Was ich tue, ist nichtig. Ich will Ruhe, Entlastung, will weg sein. Ich will einer schlimmeren Zukunft zuvorkommen. Ich spüre, während ich leben will, meine Todesneigung. Ich kann nein sagen, lehne mich ab. Ich kann mit meinem Tod leben. Ich bin innerlich zum Platzen gespannt, kann keinen klaren Gedanken mehr fassen, keinen Weg sehen, mir wird schwarz vor Augen, will Schluß machen, will um mich schlagen, will draufhauen. Ich habe in Gedanken schon oft meinen Partner, meine Eltern getötet. Mein Leben, meine Beziehung ist ein „Spiel auf Leben und Tod." Für weitere Selbstaufklärung sei Amerys „Hand an sich legen" empfohlen, wenn auch der Stolz, mit dem hier alles durchgestrichen wird, was nicht Ich ist, nicht jedermanns Sache ist. – Wer in einer Krise ist, schont sich nicht. Ich bin für ihn nur glaubwürdig, wenn ich mich ebenso wenig schone. Einen ausweglosen Menschen kann man nur und ausschließlich bei seiner Ausweglosigkeit erreichen, sonst zunächst nirgends. Das ist ein hartes, brutales Geschäft. Wer darin erfahren ist, sagt: „Ich bin zu mir und zu ihm brutal, wie er zu sich selbst." Ich muß mir den naheliegenden, tödlichen Trost verkneifen: „Denken Sie doch daran, wie schön das Leben sein kann..., denken Sie denn gar nicht an Ihre Frau, Ihre Kinder?" Trost für einen Trostlosen ist Spott. Statt dessen habe ich denjenigen, der sich oder den Anderen töten will oder wollte, der vielleicht im Begriff ist, seine alte Abwehr wieder hochzuziehen, bei seinem Sprung, bei seiner Tötungsabsicht, festzuhalten, sie gar noch zu übertreiben („eigentlich waren Sie schon drüben, haben sich frei gemacht"), um seine Verzweiflung und Ausweglosigkeit zu erreichen, zu vertiefen, auf den Grund zu bringen, mit ihm zu teilen. Er und ich müssen uns die Freiheit nehmen, davon auszugehen, daß die Verzweiflung so groß war, daß Selbst- oder Fremdtötung die einzige Möglichkeit zu sein schien, also innerlich erlaubt und rechtens war. Mehr noch: Daß es die einzige noch mögliche und zugleich seit langer Zeit die erste wirklich selbständige und freie Handlung war nach einer langen Zeit zermürbender Handlungsunfähigkeit, vielleicht die erste wirklich freie Handlung im ganzen bisherigen Leben. Nur dadurch kommen wir beide in der Begegnung dahin, daß es in der Krise nicht nur um das Töten ging oder geht, sondern auch um den Sprung. Und nur so komme ich vom Risiko zur Chance des Sprunges, die immer auch enthalten ist, zur Chance des Neubeginnes, die stets nur nach Erreichen des Nullpunktes, der Talsohle sichtbar werden kann. Dieses Tun verlangt von mir den tiefsten Respekt vor der Selbstbestimmung und dem wirklichen Privatbereich („Ich gehöre mir selbst") eines Menschen. Nur dann kann er mit meiner Begleitung etwas anfangen, und dadurch ahnen, daß er vielleicht nicht nur sich selbst gehört. Unser häufigster Fehler: Nach den Gründen und Motiven einer Selbst- oder Fremdtötungskrise ist erst sehr viel später zu fragen. Hertha Kräftner schrieb 1951 kurz vor ihrer Selbsttötung: „Aber ich bin überzeugt, daß es keinen geben wird, dessen Trauer um mich so groß ist, daß die Frage nach dem Motiv in seinem Herzen keinen Platz findet." Wollen und können wir sie widerlegen?

2 Vollständigkeit der Wahrnehmung

Jeder erlebt sich und seine Landschaft in der Krise als unerträglich, und zugleich sich als entschlossen, das Unerträgliche nicht länger so ertragen zu wollen. Er nimmt sich wahr als total eingeengt und zugleich auf dem Wege zur ebenso totalen Befreiung, als total ausgeliefert seinem negativ bewerteten Sozial- und Körper-Ich und zugleich auf dem Sprung zur totalen Unabhängigkeit („ich gehöre nur mir"). Daher das Nebeneinander von Wunsch nach Ende und Veränderung (Ambivalenz) der Haltung, selbst zu entscheiden, und, das Schicksal entscheiden zu lassen, „es darauf ankommen zu lassen"; das Nebeneinander der Entscheidung, alle Beziehungen loszulassen, und, die Beziehungen verändert fortzusetzen – mit den Gefühlen, die Anderen zu ängstigen, zu beschämen, sie oder sich zu bestrafen, sich für Kränkungen zu rächen, zu fliehen, sich zurückzuziehen, Ruhe zu haben, abzuschalten, in den Mutterschoß zurückzukriechen oder auch das Leben als Leben nach dem Tode fortsetzen zu wollen. Dies ist für den Betroffenen in der Krisenzuspitzung meist eine für ihn undurchdringliche Einheit – selbst in der entlasteten oder heiteren Ruhe nach dem eigentlichen Selbsttötungsentschluß („wie zwei fröhliche Luftschiffer", Kleist). Alle diese Anteile sind vollständig wahrzunehmen, zu entzerren, aufzudröseln, die Unterschiede der Bedeutung im Gespräch herauszuarbeiten (Lina-Brake-Effekt: Die alte Frau in diesem Film konnte wieder leben, als sie wußte, wogegen). Es geht um den Unterschied zwischen den Anteilen, die leben wollen, und denen, die sterben wollen. Bei jedem tötungsentschlossenen Menschen finden Sie diese beiden Seiten – ebenso wie bei Ihnen selbst. Das Trennen und gleichwertige Ernstnehmen beider Seiten gemeinsam durchzustehen, ist für Sie und den Anderen schmerzhaft und maßlos anstrengend, aber auch schon wieder ein Stück normales Leben.

Herr O., 36 J., Facharbeiter, 12 Jahre lang darin erfolgreich, seiner Frau jeden (materiellen) Wunsch zu erfüllen. Seine Frau wurde dennoch immer unzufriedener, weil sie keinen Widerstand und damit keine Persönlichkeit bei ihrem Mann spürte, provozierte und kränkte ihn zunehmend, bis sie ihn mit seinem besten Freund betrog, die Scheidung und das Sorgerecht für die von ihm heißgeliebten Kinder erzwang und den Freund heiratete. Herr O. konnte nichts davon verstehn, weder Schmerz noch Zorn empfinden, isolierte sich, versuchte sich buchstäblich totzusaufen. In der Geborgenheit der Station taute er auf und konnte nach 5 Wochen zuversichtlich sich von dem Team verabschieden: Man hatte ihn gestärkt! Nach 4 Wochen kam er auf dieselbe Station: Ein sehr entschlossener Suizidversuch hatte ihn nur knapp am Tod vorbeigeführt. Das Team merkte jetzt, daß es sich von ihm zum Bestärken hatte verführen lassen, ihn also nicht vollständig wahrgenommen hatte. Es versuchte daher jetzt, ihn vor allem in seinem Schmerz, seiner Traurigkeit und seiner Gekränktheit zu verstehen. Folge: Herr O. verlor seine „Fröhlichkeit", wurde still, nachdenklich, war „bei sich". Er konnte den Sinn seiner Suizidhandlung selbst wahrnehmen: Nämlich zum ersten Mal im Leben radikal Nein zu sagen, genau das, was ihm während seiner Ehe nie gelungen war. Damit hatte er endlich einen Zugang zu seinem Lebensproblem. Jetzt konnte er seine Erfahrung für die zukünftige Lebensplanung berücksichtigen.

3 Normalisierung der Beziehung

Welche Gefühle bewirkt schon die Zeitungsnotiz über die Selbsttötung/Tötung eines mir unbekannten Menschen? Angst, Aufregung, Unsicherheit. Hat er mir das angetan? Bin ich verantwortlich? Hätte ich das verhindern können, wenn ich dies getan oder jenes gelassen hätte? Absolute (narzißtische) Allmachts- und Rettungsphantasien steigen in mir auf: Ich bin für alles verantwortlich, muß alles wahrnehmen und regeln können? Oder absolute Ohnmachtsphantasien: Man kann sowieso nichts ändern. Oder: Was der Andere getan hat, könnte ich ja auch tun; bloß nicht dran denken! Das führt zu dem Gedanken: Der tötende Mensch, der ja ebenso wie ich weiß, daß er solche Gefühle auslöst, könnte gerade die Absicht haben, das mit seinen Angehörigen oder mit mir zu machen. Also er setzt mich seinem Zwang aus, ich versuche, ihn abzuwerten. Nur wenn ich mich diesen bei mir ausgelösten Gefühlen öffne, kann ich meine häufigsten Fehler erkennen:

- Die meisten kündigen ihr Vorhaben an. D.h., daß ich oft die Signale gar nicht wahrhaben will (bloß keine schlafenden Hunde wecken!) oder sie bagatellisiere (bellende Hunde beißen nicht), weil ich meine eigene Angst vor dem Tod abwehre.
- Um meine Angst zu beruhigen, rede ich auf den Anderen ein, bis er Einsicht zeigt, das Positive sieht – mir zuliebe, verhindere so, daß er seine Verzweiflung mitteilt, fördere also seinen späteren Suizid.
- Ich werde ihm zwar Fragen stellen, meine Gefühle aber für mich behalten. Ich bin verantwortlich für ihn, was geht ihn also meine Angst an? So treibe ich ihn noch mehr in die Isolation.
- Verantwortlich treffe ich Maßnahmen, setze medikamentöse, psychotherapeutische oder soziale Eingriffe, ohne Rücksicht darauf, ob die Veränderung schon von dem Patienten selbst ausgehen und ertragen werden kann. Ich forciere die Krise nach meinem Tempo. Damit begünstige ich die zahllosen Selbsttötungen, die gerade zu Beginn und am Ende therapeutischer Aktivitäten häufig sind. Und warum? Weil ich mich zum Herrn über Leben und Tod mache, ohne den Anderen an sich selbst zu beteiligen.

Aus diesen Fehlern ergibt sich, wie ich zu einer Be-gegnung freier Gegner komme: 1. Ich lasse die Angst so zu, daß ich Tötungssignale wahrnehme und offen zum Gegenstand des Gesprächsaustauschs mache. Je offener, desto eindeutiger kann ich mich (notfalls auch für Zwang) entscheiden. 2. Ich mindere nicht die Verzweiflung, sondern vertiefe sie noch, damit wir gemeinsam an ihren Grund gelangen. Es hat sich kaum je ein Mensch umgebracht, mit dem das hinreichend gelungen ist. C. Rogers: „Wenn jemand damit einverstanden ist, daß u. U. auch der Tod gewählt wird, wird das Leben gewählt werden.“ 3. Ich teile „schonungslos“ alle ausgelösten Ängste und Gefühle mit, womit ich Einengung und Isolation des Anderen aufhebe. 4. Ich zeige dem Anderen, daß ich sein Recht auf Tod als eine für ihn in diesem Augenblick sinnvoll erscheinende Lösung achte. D. h. ich nehme Beziehung auf nicht nur zu seiner Fremdbestimmung (Krankheit, soziale Lage), sondern auch zu seiner Selbstbestimmung, an der meine Bestimmungsgewalt ihre Grenze findet. Es hat sich bisher noch jeder Mensch umgebracht, der dies vollständig und dauerhaft gewollt hat. Ich bin auch als psychiatrisch Tätiger nicht Herr über Leben und Tod um jeden Preis. Darüberhinaus mache ich bei jedem Patienten seine Todeswünsche zum Thema. Denn Therapie hat immer mit Veränderung zu tun. Merke: Jede Veränderung jedes Menschen hat stets einen möglichen Ausgang in der Selbst- oder Fremdtötung.

Mit dieser solidarischen Haltung kann ich die Zahl der Selbsttötungen, die die Berührung eines Menschen mit der Psychiatrie mitbedingt, verringern. Ganz kann ich sie nicht verhindern. Denn Chance und Risiko sind bei jeder Therapie wie bei jeder Hilfe und bei jeder Veränderung untrennbar. Das hat jeder zu sehen und auszuhalten, der psychiatrisch arbeitet.

IV Krisenintervention
(Selbst-Therapie)

Jede Gemeinde braucht für die in ihr auftretenden zwischenmenschlichen Krisen einen Kriseninterventionsdienst (KID), der rund um die Uhr zugänglich, beruflich gemischt, die Gefahrenorte mobil erreichen und im Hintergrund über tagesklinische und stationäre Möglichkeiten verfügen muß: Keimzelle dafür kann je nach den Gegebenheiten sein: Der SpD des Gesundheitsamtes, das Allgemeinkrankenhaus (Sozialdienst oder psychiatrischer Konsiliardienst), Telefonseelsorge oder Beratungsstelle eines freien Trägers, Sozialstation, Kontaktstelle, Gemeindepsychiatrisches Zentrum oder – in der letzten Zeit häufig – die jeweilige PSAG, von wo aus mit Laien und psychosozial Tätigen ein KID aufgebaut wird. Bei hinreichender Ausstattung kann ein großer Teil der Krisen heute ambulant, d. h. im Problemfeld mit den Krisenpartnern, genutzt werden. Bei anderen Krisen ist stationäre Aufnahme auf 3 Tage zu begrenzen, da die Gründe dafür dann meist entfallen sind. Wieder andere Patienten können danach oder sofort in eine Kriseninterventions-Tagesklinik, die den Vorteil hat, daß die Krisenpartner in ihrem unerträglichen Krisenfeld für 8 Stunden getrennt, sich dann aber auch wieder ausgesetzt sind. Befristung des Aufenthaltes schon am 1. Tag auf 4 Wochen, was die Krisennutzung fördert. Der jeweilige Partner bedarf getrennt davon der Stütze (Angehörigen-Gruppe). Ein weiterer Teil früherer stationärer Patienten geht in der kritischen Anfangszeit (ein bis vier Wochen) in eine täglich stattfindende ambulante Therapiegruppe. Danach läuft die Gruppe einmal pro Woche weiter.

Folgende Grundsätze der Krisenintervention (KI) haben sich für eine auch präventiv wirksame Selbst-Therapie praktisch bewährt, wobei jeder akute psychiatrische Zustand (= Krise) verstanden wird als Zuspitzung eines langwierigen Problems, Zusammenbruch der bisherigen Abwehrstrategie, Zunahme der Angstspannung, die nur noch einen Sprung als möglich erscheinen läßt, wobei die geballte und ungerichtete Aktivitätskonzentration die Gefahr gewalttätiger Selbst- oder Fremdgefährdung bedeutet, aber auch Offenheit, Schutzlosigkeit und Bereitschaft zur Neuorientierung, d.h. also auch eine Chance.

- KI so schnell wie möglich, um den Sprung noch umzulenken oder wenigstens danach seinen Schwung zu nutzen. Denn jeder von uns weiß: Im akutesten Zustand der Psychose oder direkt nach Aufwachen aus der Bewußtlosigkeit, nach Sprung aus dem Fenster oder nach Tablettenvergiftung ist der Patient extrem schutzlos, offen und vermag im Gespräch Anteile von sich wahrzunehmen und mitzuteilen, an die er sonst nicht herankommt. Schon Stunden später begegnet er uns wieder mit seiner alten, lächelnden Abwehrfassade, kann die Chance der Selbst-Therapie schon vertan sein. Die Station muß jedoch zur sofortigen Weiterbetreuung bereit sein.
- Daher muß er von mir möglichst tief verstanden sein, vor allem so, daß sein Suizid oder sonstiges Krisenhandeln Selbsthilfe ist, womit wir die notwendige andere Ebene der Problemsicht schon erreicht hätten. Achtung: Meistens muß ich den Patienten ernster nehmen, als er sich selbst nehmen kann.
- KI so nah wie möglich dort, wo der Patient seine Krise lebt. Entfernung so lange wie nötig für sein oder des Partners Leben. Dies zur präventiv wichtigen Erfahrung, Krisen in der eigenen Situation nutzen zu können.
- Krise so lange wie möglich offen halten: Da jeder nach Entblößung schnell wieder seine Abwehrfassade hochzieht, habe ich die Krise zu verlängern und zu vertiefen, nicht zu beruhigen und abzukürzen. Seine und meine Angst ist das Material, mit dem wir gemeinsam arbeiten. Daher ist es ein Fehler, den Patienten zu beruhigen, ihm seine Angst zu nehmen – mit Worten oder Medikamenten. Medikamente nur, um ihn begegnungsfähig zu halten, wenn die Angst überwältigend ist.
- Den Sinn der Krise hat der Patient aus sich zu finden, sonst nehmen Fremdbestimmung und Suizidgefahr zu. Er soll Beziehungen wieder als für ihn sinnvoll erleben. Oft kann er (wie wir) schneller lernen, gegen etwas als für etwas zu leben.
- Sämtliche Bedürfnisse sind Entlastungsmöglichkeiten. Daher darf die pflegerische, körpermedizinische und soziale Kontextarbeit an der KI nicht

übersehen werden. Krankschreibung ist jedoch nicht selten ein Fehler, weil dies dem Patienten mit dem Arbeitsfeld seine letzte Beziehung nimmt und seine Isolation vergrößert. Oft ging dem Suizid oder der „Tötung" des Intimpartners" eine Krankschreibung voraus – ohne gleichzeitige angemessene KI-Hilfe.

- Fast jede Krise hat einen Krisenpartner, der – zunächst getrennt – dieselbe Nutzungshilfe braucht.
- Dieselben Schwierigkeiten, die den Patienten in seiner Alltagswelt in die Krise gebracht haben, sind durch die KI in den Beziehungen zu uns wiederherzustellen. Nur dann kann man Alternativen zunächst im therapeutischen Milieu üben, bevor man das Gelernte auf die eigene Alltagswelt überträgt. Erst dies zeigt, ob das Gelernte geeignet ist, die bisherigen Vermeidungsstrategien (Symptome) bzw. Todeswünsche überflüssig zu machen.
- Fazit: Ohne Nullpunkt keine Krise. Ohne Krise keine Entwicklung des Menschen.

Im Verlauf der KI hat der Patient Problemlösungen auch für künftige Krisen schon im Vorgriff durchzuspielen, etwa mit Hilfe der Frage: „Was tun Sie, wenn..."? Dies schon deshalb, weil die größte Wahrscheinlichkeit für die Wiederholung eines Suizidversuchs in den ersten 6 Monaten danach besteht. Daher sind in Abständen Nachbetreuungsgespräche zur Selbstkontrolle zu vereinbaren. Bei isolierten Patienten werden Sie oft Ersatz-Bezugspartner („Hilfs-Ich"), weil Selbstvertrauen anders nicht zu lernen wäre. Sie haben auf Ihren „Ersatz"-Charakter hinzuweisen und auf die spätere Trennungs-Enttäuschung vorzubereiten. Eine solche Enttäuschungs-Krise muß durchgearbeitet werden, bevor man vom Erfolg einer KI sprechen kann. Das KI-Team hat einen Teil seiner Arbeitszeit für die Beratung anderer Personen oder Einrichtungen zu reservieren, z. B. für das Pflegeteam einer internistischen Station, für einen praktischen Arzt, Laienhelfer, Polizei, Lehrer, Pfarrer, Sozialamt. Weitere präventive Aufgaben (s. u.) sind nach Möglichkeit wahrzunehmen.

In eine Krise gerät das Team selbst, wenn während oder nach der Therapie ein Patient sich oder den Anderen tötet. Alle Gefühle sind mit den Team-Mitgliedern und Mitpatienten offen auszutauschen. Dabei sind zwei Aspekte ins Verhältnis zu setzen: Einerseits die selbstkritische Aufmerksamkeit für eigene Angst-Vermeidung, die die Wahrnehmung eingeschläfert hat; zum anderen die Achtung vor der harten Tatsache, daß ein Mensch (trotz oder wegen der therapeutischen Hilfe?) seine Selbsthilfe in der Selbst- oder Fremdtötung gefunden hat. Verbunden mit der verzweifelten Einsicht: Es ist nicht alles machbar. Die psychiatrische Arbeit kann und darf nicht um jeden Preis helfen. Immerhin hat ein so über jeden Zweifel erhabener und engagierter Mensch wie Adolph Meyer (selbst Patient und Psychiater) dazu gesagt: „Ein psychiatrisches Krankenhaus, in dem kein Suizid vorkommt, kann kein gutes Krankenhaus sein".

V Epidemiologie und Prävention

1 Verbreitung

In der BRD haben sich 1971 12838 Menschen umgebracht, etwa so viel wie die Opfer des motorisierten Verkehrs. 1978 gab es 2537 Fremdtötungen (0,001% aller Delikte) – also viel weniger als Suizide. Suizid ist die dritthäufigste Todesursache im Alter von 15 bis 45 Jahren. Die Suizidziffer ist seit 1951 von 18,5 pro 100000 Einwohner auf 21,0 im Jahre 1971 gestiegen. Diese Rate ist im Verhältnis zu vergleichbaren Gesellschaften recht hoch. Die Zahl der Suizidversuche beträgt das Zehnfache, in der BRD also 100000 jährlich. Suizid begehen eher Menschen in Selbst-Krisen, männlichen Geschlechts und vor allem mit zunehmendem Lebensalter. Dagegen sind Suizidversuche häufiger bei Menschen in zwischenmenschlichen Krisen, Frauen und Jüngeren. Die Suizidrate bei Kindern und Jugendlichen ist in den letzten Jahren gestiegen. Je eindeutiger die Suizidhandlung, desto härter die Mittel (Erhängen, Sprung aus dem Fenster, Erschießen, E 605). Insgesamt werden zunehmend Schlafmittel benutzt ($^2/_3$ der Fälle), wobei die Griffnähe, die Verwandtschaft von Todes- und Ruhewunsch und der offene Ausgang der Handlung ausschlaggebend sind. Ein Drittel erleichtern sich die Selbsttötungsentscheidung mit Alkohol.

2 Bedingungen

Menschen sind unter folgenden demographischen Bedingungen eher suizidgefährdet: Wohnort in der Stadt (vor allem in anonymen Ballungszentren); Familienstand: Geschiedene, verwitwete und kinderlose Personen (Familie als „leeres Nest“); höherer Sozialstatus (z.B. Studenten eher als andere Gleichaltrige, was nicht gesichert ist); Zeiten extremen wirtschaftlichen Elends (oder Reichtum); Fehlen tragfähiger psychosozialer, kultureller Bindungen (z.B. Flüchtlinge, Emigranten, Gefangene; aber auch Protestanten eher als Katholiken); zunehmendes Alter, wenn dies in der Bezugsgruppe mit Rollenverlust einhergeht. All diese Bedingungen haben als Gemeinsames die Sinnentleerung der Beziehung zu sich, zu Anderen und zur eigenen Tätigkeit, sowie die Vereinsamung, die auch in der „einsamen Masse“ stattfinden kann.

Über das Verhältnis zwischen Selbst- und Fremdtötung haben wir schon nachgedacht: In einer Partnerkrise kann beides nahe beieinanderliegen oder im „erweiterten Suizid“ zusammenfallen. Im „Amoklauf“ kann das Töten für das Selbsttöten stehen. In vielen Mordfällen provoziert das Opfer seinen Mörder. Der Familienstand des Verheiratetseins ebenso wie der Zustand des Krieges und Bürgerkrieges zeichnen sich durch eine niedrige Selbsttötungs- und eine hohe Fremdtötung aus.

Aber merke: Sämtliche Zahlen der Suizidforschung sind ungenau! Es ist schon schwer zu entscheiden, was als Suizidhandlung zu gelten hat: Sie können auf dem Balkon das Gleichgewicht verloren, aus Versehen zu viel Tabletten genommen haben oder mit dem Auto am Baum zerschellen, weil Sie geblendet waren, wie Ihre Familie hinter Ihnen hinterher nachruft. Noch nach Ihrem Tod wird Ihre Tat den unterschiedlichsten Bewertungen unterliegen. Im katholischen Irland, das den Suizid scharf verurteilt, wird die Anerkennung einer Handlung als Suizid weit weniger Chancen haben als in Japan, wo dasselbe Tun als Heldentat verehrt werden kann. J. Douglas hat nachgewiesen, daß es für eine brauchbare Suizidstatistik erforderlich wäre, zunächst einmal die Theorien, Vorurteile und Absichten der feststellenden Behörden bzw. Forscher zu untersuchen. Und so weit ist man bisher nirgends.

Es ist daher verboten, leichtfertig so ungenaue Zahlen zur Panikmache oder als Schuldzuweisungswaffe zu mißbrauchen – etwa das Krankenhaus, die Ambulanz, die Reha-Station usw. produziere mehr Suizide. Dazu wissen wir alle zu wenig. Fragen freilich sind erlaubt, etwa: Senken oder erhöhen Kontakte mit der Psychiatrie die Suizidrate? Sollen wir psychiatrisch Tätigen mehr die Selbstverwirklichung von Menschen (Gefahr therapeutischer Selbst-Sucht – „ich gehöre nur mir") fördern oder die Herstellung von Zugehörigkeiten von Menschen (Gefahr des Kollektivismus – „du bist nichts, dein Volk ist alles")? Oder: Benutzen wir nicht manchmal zu leichtsinnig die Suizidgefahr als Mittel, um eine Krankenhausaufnahme oder eine Schwangerschaftsunterbrechung durchzusetzen?

3 Bedeutung

Eine Selbst- oder Fremdtötung hat immer einen freien Anteil, unterliegt aber gleichzeitig nicht nur dem sozialen, körperlichen oder seelischen Kontext, sondern auch dem Kontext der Bewertung durch die nähere (familiäre) und weitere (gesellschaftliche) Umgebung. Auch dies haben wir zu berücksichtigen, wenn wir den Sinn vollständig erfassen wollen. Wie kam es überhaupt zu der allgemeinen Verurteilung des Tötens? Die Kirche wandte ihr „Du sollst nicht töten" erst auf den Suizid an und verdammte ihn zur Sünde, als zu viele Christen vorzeitig das Jammertal gegen das Paradies einzutauschen suchten und man um den Bestand der Gemeinden fürchten mußte. Die Regierungen erklärten Blutrache, Selbstjustiz überhaupt und damit den Suizid erst zum Verbrechen, als sie machtpolitisches Interesse am Besitz möglichst vieler gesunder Menschen entwickelten. Bis dahin gab es z. B. unbeanstandet die Sitte des Zweikampfes oder Duells, wobei Tötung, Selbsttötung und Hinnahme eines Gottesurteils noch nah beieinander lagen. Die Psychiatrie interessierte sich erst Ende des 19. Jh. für das Töten, im Rahmen der Entwicklung des gegenseitigen Verpflichtungsbewußtseins aller Menschen einer Gesellschaft, der Entwicklung zur Sozialversicherung und zum Sozialstaat. Erst seither kann sich jeder von uns von einem beliebigen Tötungsfall betroffen fühlen. In diesem Zusammenhang erklärte die Psychiatrie den Suizid, später zunehmend auch die Fremdtötung, zum Krankheitsfall. Sie machte sich damit zur zuständigen Instanz, schuf zugleich eine Möglichkeit der Entlastung von Schuldgefühlen (allerdings beginnen Versicherungsträger und Arbeitgeber, Suizidhandlungen lieber als „böse", weil freiwillig und nicht als Krankheit anzusehen und deshalb die Lohnfortzahlung zu verweigern). Parallel hatte E. Durkheim 1897 die erste empirische soziologische Untersuchung überhaupt vorgelegt: Über den Suizid. Damit beanspruchte er nicht nur Suizid-Zuständigkeit für die Sozialwissenschaften, sondern machte auch mit dieser Untersuchung die Soziologie zur anerkannten Wissenschaft. Heute wird freilich fundamentale Methoden-Kritik an dieser Art psychosozialer Wissenschaften geübt, wieder am Beispiel des Suizids. Der schon erwähnte Douglas formuliert das so: Soziologen, Psychologen und Psychiater stülpen ihre Theorien und Interessen dem (suizidalen) Menschen über, schreiben ihm den Sinn seiner Handlungen zu, ohne ihn zu fragen. Es müßte aber umgekehrt sein: der (suizidale) Mensch muß bei dem, was er sagt, so ernstgenommen werden, daß er den Sinn seines Tuns aus sich selbst findet. Erst daraus können Theorien entwickelt werden. Dies entspricht unserer hier vorgeschlagenen Praxis. – Freilich wirft das Nachdenken über Sterbehilfe, NS-Euthanasie und Freitod Fragen auf: Wenn wir Herr über unser Leben sind, sind wir dann auch Herr über das Leben anderer? Läßt sich das trennen? Sollen wir uns an Normen binden, die das Leben schlechthin schützen?

4 Prävention

Schon die Therapie bzw. Beratung muß präventiv sein, was uns allen nach unserer bisherigen Ausbildung wenig vertraut ist. Wir haben versucht, die Prävention bei der Darstellung der KI zu berücksichtigen. Es hat also einen Sinn, Therapie als *tertiäre Prävention* zu bezeichnen. Beweis: 10% der Personen mit Suizidversuchen sterben später durch Suizid. Wer einen Suizidversuch unternommen hat, ist also 500mal stärker gefährdet als der Bevölkerungsdurchschnitt (10%:0,02%). Andererseits kann ein Suizidversuch auch ohne Therapie sich im Nachhinein als wirksamer Akt der Selbsthilfe erweisen. Wer „über den Grund gegangen ist", „am Nullpunkt neu angefangen hat", „mit einem Bein drüben war", „gesprungen ist", kann sich nicht selten aus einer zwanghaft engen Bindung oder aus einer Vereinsamung lösen, der er bis dahin hilflos ausgeliefert war. Nachuntersuchungen haben ergeben, daß die Hälfte $^1/_4$ Jahr nach einem Suizidversuch ohne Therapie die eigene Situation zufriedenstellender erlebt – durch Änderung der eigenen Haltung und/oder der Haltung der Bezugspartner. Ettlinger hat 2 Patientengruppen nach Selbsttötungsversuch verglichen, die eine ohne, die andere mit großzügigen KI-Maßnahmen: Lebenssituation sowie Suizidrate unterschieden sich nach 5 Jahren in beiden Gruppen nicht wesentlich. Es kommt also – wenn überhaupt – mehr auf die Haltung an als auf die Maßnahme! Das bezieht sich ebenso auf Gefängnis und Maßregelvollzug.

Das gilt auch für die *sekundäre Prävention*, also für die möglichst frühe Beziehungsaufnahme zu Menschen, die in eine Tötungskrise hineinzugeraten drohen. Hier sind ständige Erreichbarkeit und Mobilität des KID entscheidend, vielleicht aber mehr noch die schon erwähnte Beratung und Fortbildung für Personen, die eine große Chance haben, mit gewalt-krisengefährdeten Menschen zusammenzukommen. Wer meint, das sei mit Informationsvermittlung (z. B. nur kleine Medikamentenpackungen zu verschreiben) getan, der irrt. Denn z. B. die unsinnige Meinung „wer darüber spricht, bringt sich nicht um", hat ja die Absicht, die eigene Angst vor dem Töten zu beschwichtigen. Ziel der Beratung und Fortbildung wäre also, diese Ängste anzusprechen, damit in der alltäglichen Arbeit die Frage nach Gewalt gegen sich und Andere immer wieder aktiv gestellt werden kann. Denn z. B. schon zur Pflege einer ernsteren Körperkrankheit gehört die Frage an den Patienten, wofür oder wogegen zu leben es für ihn sich lohne.

Die *primäre Prävention* geht über den psychiatrischen Bereich hinaus. Sie ist daher nicht nur Aufgabe des KID und der psychiatrisch Tätigen, sondern auch von uns allen als politisch am Gemeinwesen interessierten Bürger. Hier geht es um den Kampf gegen die gewaltfördernden Bedingungen im weitesten Sinne, also um den Kampf gegen alles, was die Beziehungen der Menschen zu sich selbst und Anderen und was ihre Tätigkeiten entwertet, gegen alles, was sie vereinsamt oder zwanghaft einengt, ob es sich dabei um Wohnungsbau, Stadtplanung, um die Situation der Alten oder der unehelich Schwangeren oder um die blind am Wachstum orientierte Wirtschaft handelt. Dies ist zugleich ein Kampf für alles, was die wechselseitige Solidarität der Menschen untereinander fördert, verbunden freilich mit der Frage, wie unsere bei der „Entlastung vom Negativen", von motorischer Aktivität freiwerdenden Gewaltwünsche zu Gegnerbeziehungen werden können. Aber erst wenn dieser Kampf sich verbindet mit der Achtung vor der Entscheidung des Einzelnen, selbst vor der Entscheidung des Tötens, die wir nicht zwecks Abwehr unserer eigenen Angst verurteilen oder vertuschen müssen, sondern betrauern und respektieren können: Erst dann wird unsere therapeutische Beziehung wirksam; werden unsere Statistiken nicht mehr frisiert sein; wird unser soziales und KI-Betreuungsnetz nicht zur angstvermehrenden(!) Gewalt- und Suizidschnüffelei sich verengen; und können wir schließlich zu einer angstfreien Atmosphäre der Öffentlichkeit kommen, in der die Möglichkeit der Gewalt gegen sich und Andere ein „normales" Gesprächsthema ist. Gerade das wird zugleich die beste Prävention sein. Zur Hilfe bei weiteren Präventionsfragen bietet sich an: die Geschäftsstelle der Deutschen Gesellschaft für Selbstmordverhütung, Böblinger Str. 24, 7000 Stuttgart 1 (Dr. Michel Heinrich).

LITERATUR

AMERY, J.: Hand an sich legen. Stuttgart, Klett 1975
DE BOOR, W.: (Hrsg.): Antrieb und Hemmung bei Tötungsdelikten. Basel, Karger 1982
DIETZE, G. (Hrsg.): Todeszeichen. Freitod in Selbstzeugnissen. Darmstadt, Luchterhand 1981
DOUGLAS, J.: The social meanings of suicide. Princeton N.J. 1970
DURKHEIM, E.: Der Selbstmord. Neuwied, Luchterhand 1973
ESER, A. (Hrsg.): Suizid und Euthanasie. Stuttgart, Enke 1976
HANSEN, J.: Suizid und Homizid, in: C. REIMER (ed): Suizid. Heidelberg, Springer 1982
HENSELER, H.: Narzißtische Krisen. Reinbek, Rowohlt 1974
HENSELER, H. u. CH. REIMER: Selbstmordgefährdung, Stuttgart, Frommann-Holzboog 1981
MORRICE, J.: Crisis intervention – studies in community care. Pergamon Oxford 1976
RASCH, W.: Tötung des Intimpartners. Stuttgart, Enke 1964
RINGEL, E. (Hrsg.): Selbstmordverhütung, Bern, Huber 1969
STENGEL, E.: Selbstmord und Selbstmordversuch. Frankfurt, Fischer 1969
„Suicidprophylaxe", Zeitschrift, Regensburg, S. Roderer Verlag
WOLTER, D. K.: Warum Menschen Hand an sich legen, Rehburg–Loccum. Psychiatrie Verlag 1984
WOLFF, St.: Sozialpsychologische Anmerkungen zur psychiatrischen Krisenintervention. Soziologen-Korrespondenz, München 1975.

11 Der sich und Andere körperkränkende Mensch (Körperbedingte Psychosyndrome)

A Landschaft ohne Boden

Wie bewegen sich meine Landschaft und ich, wenn eine Körperschädigung vorübergehend oder dauerhaft, seit der Jugend, meist in der Erwachsenenphase und zunehmend mit dem Altern, uns so fundamental in Frage stellt, daß wir den gemeinsamen Boden verlieren? Das Leben wird zum Kampf ums Überleben. Wie soll ich meine Landschaft er-fahren, wenn ich mich auf mein Fahr-zeug nicht mehr verlassen kann, sei es körperlich (Lähmung), sei es hirnbeteiligend (Bewußtseins- und Wahrnehmungsverunsicherung). Wie soll ich in der Öffentlichkeit, in der Arbeitswelt Bestand haben, wenn mir meine Werkzeuge nicht mehr zur Verfügung stehen und ich für die sozialen Funktionsträger unbrauchbar geworden bin? Wohin soll ich mich entwickeln, wenn ich mich erinnere, daß meine Landschaft mir früher Orientierung gab, jetzt aber erlebe, daß meine Orientierungsversuche in Gegenwart und Zukunft immer seltener auf etwas treffen, das mir Halt gibt? Wie kann ich in der Begegnung ein wertgleicher Gegner sein, wenn ich dauernd auf Sicherheit aussein muß, mir der Abstand tolpatschig-distanzlos mißlingt und ich den zwangsläufigen Schritt zurück des Partners verkenne und mit Wut und Gewalttätigkeit beantworte? Ein lebensunwerter Klotz am Bein, Krüppel, Wrack, Ballastexistenz inmitten einer immer wieder entgleitenden Welt erniedrigend-mitleidigen Lächelns, das ich am liebsten zerstören möchte.

Und doch habe ich mein mühselig-absurdes Leben jeden Tag aufs neue weiterzuleben, wie Sisyphos. Mein Körper, mein Gehirn haben auf ein primitives Notaggregat zurückgeschaltet, das sie mir zur Verfügung stellen. So bewege ich mich wie auf Fließsand, wie in einer Moorlandschaft: Es gibt einen engen, vorgezeichneten Weg, den ich zu gehen habe. Ein Schritt nach vorn – und ich falle (Anfall). Ein anderer Schritt, nur ein wenig ab vom Wege, nur ein kleiner (menschlicher) Umweg – und ich versinke. Schon den Fuß zu einem Schritt zu heben, ist gefährlich und mühsam, da mir alle Schuhe zu groß sind. Die Wegmarken des schmalen Moorweges, an denen ich mich zwanghaft genau entlanghangeln muß, bestehen aus den noch vorhandenen eingeschliffenen Gewohnheiten von früher, an denen ich auch die geringste Kleinigkeit nicht ändern darf: Denn der soziale Kontext muß mir den Halt, das blinde Vertrauen ersetzen, das mir der Körper, das Gehirn nicht mehr geben kann. So taste ich mich von einem zerbrechlichen Strohhalm zum anderen weiter, ohne Aussicht auf ein lohnendes Ziel, nur um den Weg zu gehen. Aber gerade das und mein Bewußtsein davon gibt mir meine menschliche Würde: Daß ich nicht nur Opfer eines strafenden Schicksals bin, sondern auch Täter, daß ich das Schicksal zu meinem Geschick mache und es bewußt in die eigene Hand nehme. Wie Sisyphos, der endlos immer wieder denselben Stein denselben Berg heraufwälzt, sich immer wieder dieselbe Aufgabe macht, voll Verachtung der Götter, Haß gegen den Tod und Liebe zum Leben – ein glücklicher Mensch (A. Camus)!

Diese Kränkung und mein Umgangsstil mit ihr unterscheidet sich von anderen psychiatrischen Kränkungen etwa so: 1. Ich kann den Kampf offener und direkter führen, weil der Angreifer, die körperliche Schädigung, mir eher äußerlich ist, ich mich nicht so leicht durch Schuldgefühle und Angst lähme und weil es oft genug um das bloße, bodenlose Überleben geht. 2. Ich bin gleichwohl in diesem Kampf abhängig von dem Umgangsstil mit Kränkungen, den ich mir in meinem bisherigen Leben angeeignet hatte, und davon, welchen Wert ich meinem Körper und meinem Leben überhaupt gebe. Dabei hat 3. der Angreifer, die Körperschädigung, mir einen Teil der mir gewohnten Waffen genommen, weshalb es darauf ankommt, wie ich Selbstvertrauen verlagere und auf den mir übriggebliebenen Möglichkeiten neu oder anders wiederbegründe, wie ich Einbußen kompensiere und wie ich Hilflosigkeit bzw. fremde Hilfe annehme. 4. Da aber Kränkung Kränkung bleibt, bin ich darauf angewiesen, beim Gehen meines Sisyphos-Weges ständig meinen Boden suchend, als Ausdruck meines Suchens, als meine Antwort mich und Andere zu beeinträchtigen, zu stören, zu testen – mit meinem Körper zu kränken. Ich brauche das Anecken zur Orientierung, Selbsthilfe: Es sichert mir den Zusammenhang zwischen mir und den Anderen, meine Landschaft. So sehr alle sich daran stoßen werden.

Kraepelin unterschied 1896 zwischen den von innen entstehenden, endogenen und den durch körperliche = äußerliche Schädigungen entstehenden, exogenen Psychosen. Andere Bezeichnungen: „Organische Psychosen“ oder „körperlich begründbare Psychosen.“ Aber schon 1911 formulierte K. Bonhoeffer seine bis heute gültige Kritik: Weil jede Körper- oder Hirnkrankheit zu verschiedenen (unspezifischen) psychischen Syndromen führen kann, und jeder Mensch unterschiedlich auf dieselbe organische Schädigung (= Noxe) reagieren kann, dürfe man nicht von Psychosen sprechen, sondern von „exogenen Reaktionstypen“. In der Folge richtete sich die Aufmerksamkeit auf die Hirnlokalisierung: Beobachtbare seelische Funktionsstörungen wurden bestimmten Hirnregionen zugeordnet. Das ging von der Aphasieforschung aus und führte zur möglichst präzisen Beschreibung „hirnlokaler Syndrome“, besonders durch M. Bleuler. Nach dem Prinzip der Mengenwirkung galt: Je mehr Hirngewebe, desto mehr Funktionen gehen verloren. Inzwischen weiß man, daß dies nur z. T. zu halten ist. Der gestaltpsychologische Ansatz von K. Goldstein, Neuropsychologie, Neurobiochemie und kybernetische Modelle selbstregulatorischer Steuerungssysteme ermöglichen eine wohl vollständigere Wahrnehmung der komplizierten Zusammenhänge zwischen Hirn und Handeln. Die hirnlokalen Syndrome werden auf ihren richtungsdiagnostischen Wert beschränkt. Das Prinzip der Mengenwirkung, das z. B. für Intelligenzstörungen kaum zutrifft, wird ergänzt durch das Prinzip der Äquivalenz. Danach können bei manchen herdförmigen = fokalen Hirnschäden andere Hirnregionen als „funktionelle Reserve“ das bisherige Handeln aufrechterhalten. Während manche Funktionen im Gehirn vorprogrammiert sind, werden andere erst durch Lernen bzw. Konditionierung in bestimmten Regionen lokalisiert, was z.T. änderbar zu sein scheint, wichtig für die Rehabilitation. Hochspezifische Hirnsysteme steuern offenbar nicht nur ihre eigene, sondern auch die Aktivität anderer Hirnsysteme. Vor allem bestehen zwischen der entwicklungsgeschichtlich jüngeren Hirnrinde (Cortex) und den älteren (subcorticalen) Hirnregionen mehr Wechselwirkungen, als früher vermutet. Gerade die kompliziertesten Steuerungen funktionieren nur bei wechselseitiger Integration jüngerer und älterer Hirnbereiche (die wertenden Begriffe „höhere“ und „niedere“ Hirnbereiche sind zu vergessen). Die Unterscheidung von hirndiffusen und hirnlokalen Störungen gilt nur noch bedingt. Gegenwärtig wird kommunikationstheoretisch die Bedeutung der Unterschiede zwischen den beiden Hemisphären des Großhirns diskutiert: Danach reguliert bei einem Rechtshänder die jüngere linke Hälfte mehr die (digitalen) Mitteilungen von Inhalten mittels Sprache, dagegen die ältere rechte Hälfte mehr die bildhaften (analogen) Mitteilungen über Beziehungen zwischen Menschen mit nichtsprachlichen, gefühlsmäßigen Ausdrucksmöglichkeiten, die Gesamtgestalt von etwas. Dies erklärt Schwierigkeiten, wenn etwa jemand sprachlich und nicht-sprachlich Gegensätzliches ausdrückt (double bind-Theorie) oder wenn in einer Streß-Situation die Verbindung zwischen beiden Großhirnhälften weniger zuverlässig ist, so daß – bildhaft (= analog) ausgedrückt – „die Linke nicht weiß, was die Rechte tut“ (Watzlawick). Körperkränkungen – zugespitzt – sind ein Kampf zwischen zwei Handelnden. Einerseits wirkt die körperliche Schädigung aktiv auf den Menschen. Andererseits handelt auch der Mensch aktiv, er reagiert nicht nur. Deshalb müßte man vom Aktionstyp, nicht Reaktionstyp sprechen. Er kämpft gegen die Kränkung, die bodenlose Verunsicherung, die Bedrohung seines Bestandes.

Angeführt werden zunächst typische „Psychosyndrome“. Sie müssen wir zunächst kennenlernen. Erst dann wenden wir uns den einzelnen zugrundeliegenden Störungen zu. Einteilung der Syndrome: B Akut-organische Psychosyndrome, auch „symptomatische Psychosen“ oder „akute exogene Reaktionstypen“ genannt. C. Chronisch-organische Psychosyndrome. B. bzw. C. werden von W. Scheid und H. H. Wieck als reversible (= rückbildungsfähige) und irreversible Psychosyndrome unterschieden, was auch nicht ganz zutrifft. Als Faustregel gilt, daß B mehr den hirnbeteiligenden Körperkrankheiten und C mehr den hirneigenen Krankheiten zuzuordnen ist. Hinzu kommen freilich noch unter D. I. Körperkränkungen ohne Hirnbeteiligung, die sich im Befinden und Handeln der Menschen, z.T. als Stigmatisierung, äußern.

B Akut-organische Psychosyndrome (AOP)

Man unterscheidet drei Syndrome mit Bewußtseinstrübung (Delir, Verwirrtheit, Dämmerzustand) sowie die Durchgangssyndrome ohne grobe Bewußtseinstrübung.

- Bewußtsein hat hier weniger das „Unbewußte“ als Gegenbegriff, sondern ist das Bündel von Fähigkeiten, das – nach dem Denkmodell der Steuerungssysteme – Auswahl und Ausmaß der Wahrnehmungen und Vorstellungen zu einem situations- und erlebniseinheitlichen Handeln organisiert, eine Gitter- oder Filterfunktion hat. Das Bewußtsein begleitet reflektierend alles Tun, macht es erinnerungsfähig und ist – zwischen „innen“ und „außen“ vermittelnd – zugleich *Selbstbewußtsein.* Es reguliert die „Gestalt“ des Handelns. Zu diesem Fähigkeitsbündel rechnet man: Wachheit, Orientierung (nach den 3 Richtungen: Zeit, Raum und Person), Aufmerksamkeit, Auffassung, Denkablauf und Merkfähigkeit.

Bewußtseinsveränderungen

- *Quantitative Minderung:* Bewußtseinstrübung als Somnolenz (dösig, schläfrig, benommen), Sopor (getrübt, aber noch beeinflußbar) und Koma (bewußtlos, nicht mehr weckbar, zugleich Enthemmung von älteren Reflexen). Orientierung wird Desorientierung, Aufmerksamkeit herabgesetzt, schwer zu fixieren. Auffassung verzögert sich zur Schwerbesinnlichkeit, Denken verlangsamt, mühsam, verwirrt, inkohärent = unzusammenhängend, wie im Halbschlaf. Merkfähigkeit verringert. Einheitlichkeit der Gedanken und Handlungen geht verloren (Gestaltzerfall). Statt Minderung oft genauer Einengung zu einem inselhaften oder röhrenförmigen Bewußtsein; Gegensatz: zu reizoffene (= hyperprosektische) Weitstellung der Gitter- oder Filterfunktion.
- *Steigerung des Bewußtseins:* Überwachheit, gesteigerte Helligkeit des Bewußtseinsfeldes, Verkürzung der Auffassungs- und Reaktionszeit, um den Preis der Einengung, Sprunghaftigkeit und Konzentrationsunfähigkeit.
- *Qualitative Veränderung des Bewußtseins:* schwer beschreibbare Verschiebungen, Verlagerungen, Ausgangspunkt für illusionäre Verkennung, halluzinatorische oder wahnhafte Umdeutung der Lebenssituation, z. B. Dämmerzustand. Alle Veränderungen können in Stunden oder Minuten sich umkehren. Für die Bewußtseinsveränderung teilweise oder vollständige Amnesie = Erinnerungslosigkeit.

I Syndrom-Diagnose

1 Delir (delirante Syndrome)

Die Patienten sind 1. bewußtseinsgetrübt, verwirrt sowie desorganisiert, erst zeitlich, dann örtlich und nach der Person. Das „Zeitgitter" ist also am empfindlichsten. Aufmerksamkeit und Reaktionsfähigkeit gemindert; wenn gesteigert, dann punktuell und ablenkbar, von einem Reiz zum anderen tanzend. 2. angstvoll, wirken bedroht trotz schläfriger Trägheit schreckhaft-erregt; die Angst hat den Sinn, die Landschaft festzuhalten, aus jedem Reiz, erfaßten „Punkt" der sich entziehenden Realität „etwas zu machen", als Situations- und Personenumdeutungen, die man fast beliebig suggerieren kann, oder als meist optische, auch akustische und haptische Halluzination, oft szenisch oder traumhaft, werden her-halluziniert. Stimmung wie unter Zwang euphorisch. Der Sprechtrieb bezieht sich auf anwesende (und abwesende) Personen, „macht mit ihnen etwas". Die typische Halluzination vieler kleiner Figuren oder Tiere entspricht der Bewegungsunruhe (Greif- oder Zupfbewegungen, „Flockenlesen" auf der Bettdecke oder hilflose Leerlaufmotorik). 3. körperlich-vegetative Symptome: Fieber, Tremor, Kreislaufinsuffizienz, Krämpfe, Dehydration, mit der Gefahr des Komas.

Schwer zu erkennen sind nur leichte Delire bzw. beginnende, prädelirante Zustände: fungerichtete Ängstlichkeit, Konzentrationsstörung, Überempfindlichkeit gegen Geräusche und Licht, fibriläres Wogen der mimischen Muskeln, Verwirr- und Reizbarkeit, eine „danebenstehende" oder befreumdlich oft wiederholte Redewendung, Ablenkbarkeit, schwankende Gefühlslage, vermehrter Sprechantrieb.

Delirante Syndrome können auftreten bei Fieberzuständen, bei Infektions- und schweren Allgemeinerkrankungen, bei Hypterthyreosen, nach operativen Eingriffen,-bei Alkohol- oder Medikamentenmißbrauch, nach Vergiftungen und bei medikamentöser Therapie überhaupt. Sie sind also eine psychiatrische Komplikation in nahezu allen Bereichen der Medizin. Früherkennung dieser lebensbedrohlichen Zustände entscheidend.

2 Verwirrtheit (amentielle Syndrome)

Statt Bewußtseinstrübung und vegetativer Störung im Vordergrund: Unzusammenhängendes Denken, bruchstückhaft wie im Halbschlaf, haftend am einmal aufgetauchten Gedanken, sich daran festhaltend, wobei Angst sich in Ratlosigkeit äußert bezüglich des Mißlingens der Realitätserfassung; oft Erregungszustand. Wenn verbunden mit Umdeutung (traumhaft = oneiroid), Übergang in chronisch-organisches Syndrom. – Bei Enzephalitis, zerebraler Durchblutungsstörung oder Hirnverletzung mit Verschlimmerung bei nächtlichem Blutdruckabfall.

3 Dämmerzustand

Hier überwiegt die qualitative Bewußtseinsveränderung: Einengung und Verschiebung – bis zum Gefühl, eine andere Existenz zu leben. Da die Patienten über Stunden und Tage – traumwandlerisch – vor allem in fremder Umgebung unauffällig wirken, können sich forensische Probleme ergeben. Denn in Wirklichkeit ist der Patient weder bewußtseinsklar noch selbstkritisch, vielmehr von wenigen Affekten gesteuert, die Landschaft verkennend, so daß es (selten) zu überraschenden, einfachen Gewalthandlungen kommt. – Bei Epilepsie, auch im pathologischen Rausch, bei Enzephalitis oder in gefäßleidensbedingten und paralytischen Krisen. Verwandt sind die „akuten amnestischen Episoden“ (Mumenthaler). – Es ist praktisch und theoretisch wichtig, daß ein ähnlicher Zustand auch auf eher psychischem Wege herstellbar ist: Als Nachtwandeln, als hochgradiger, verselbständigter Affektstau („Verdrängungsdelir“) oder – künstlich produziert – als hypnotischer Zustand.

4 Durchgangssyndrome

Psychische Durchgangs-Auffälligkeiten bei Beginn bzw. bei Rückbildung einer hirnorganischen Schädigung: Bewußtseinseinengung kaum sichtbar, daher die Begriffe „geordneter Dämmerzustand“ und „besonnenes Delir“ hier ungenau. Wieck unterscheidet: isolierte Halluzinosen; „akutes Korsakow-Syndrom“ (s.d.); hyperästhetisch-emotioneller Schwächezustand; aspontanes D.; affektives D.: depressiv, maniform oder hysteriform, wobei bei der letzteren Form aufgrund der Abwehr der psychiatrisch Tätigen gegen hysterische Patienten die Gefahr besteht, die hirnorganische Grundstörung zu übersehen („organisches Hysteroid“); ferner paranoid-halluzinatorische D.; und schizoformes D.. Differentialdiagnostisch: wenn hirnorganisch, dann kein Zusammenhang mit einem Lebensproblem, Symptomatik mehr auf Realitätsnäherung, weniger auf Realitätsvermeidung gerichtet. Die Aufmerksamkeit auf Durchgangssyndrome verhindert Fehler bei der Frühdiagnose, Krankschreibung, Berentung und Rehabilitation.

II Grundhaltung – für mich und Angehörige

Für meine Begegnung mit dem „akut-organischen“, meist deliranten Menschen ist wichtig, daß der Andere gerade an seiner Selbstwahrnehmung gehindert ist. Selbst hinterher ist ihm aufgrund der Amnesie sein Zustand kaum zugänglich. Insofern muß ich wirklich *für* den Patienten dasein, z.T. *an seiner Stelle* handeln. Umso mehr bin ich auf meine Selbstwahrnehmung angewiesen, will ich dem Patienten auch nur ansatzweise das Gefühl vermitteln, verstanden zu werden. Vertrauen haben zu können. Gleichsam als Ausgleich für diese Schwierigkeit muß ich im Falle des Delirs nicht so tief in mir suchen wie in anderen Situationen. Jeder von uns kennt akut-organisch bedingte Landschaftsentgleitungen: Fieber, Alkoholeinfluß; Reaktionen auf Medikamente; Abgleiten in bzw. Auftauchen aus Bewußtlosigkeit; Einschlaf- oder Aufwachreaktionen; Schock nach Verkehrsunfall.

Von daher kennen wir – wenigstens in Andeutung – sämtliche akut-organischen Symptome, auch das mehr organisch gelebte als seelisch erlebte akut-organische oder delirante Grundgefühl.

Etwa so: „Ich spüre irgendwie, wie ich in einem Strudel weggerissen werde, weg von jedem Stand und Halt. Das macht Angst. Aber die Angst und Bedrohung sitzt so tief körperlich und ist so umgreifend, daß ich sie kaum als abgehobenes seelisches Gefühl ausdrücken oder auch nur sagen kann „ich habe Angst". Vielmehr ist die Angst ein totales biologisches Alarmsignal. Nicht ich drücke sie aus, schon dazu fehlt mir die Verfügungsmacht. Die Angst drückt sich selbst aus. Weniger ich handle, sondern ich werde auf einer biologisch älteren Ebene von äußeren und inneren Reizen gehandelt, gesteuert. D.h. ich ergreife jeden, noch so unsinnigen Strohhalm (Reiz), versuche ihn zu verwandeln, umzudeuten, zu einem Halt an der mir entgleitenden Wirklichkeit zu machen. Es schaltet in mir gleichsam auf Reserve, auf die Reserve eines einfacheren Instinkt-Umwelt-Steuerungsniveaus, freilich mit der Gefahr, mich in meinen vegetativen, motorischen und halluzinatorischen Alarmreaktionen zu erschöpfen und zu Tode zu strampeln, da diese Reserveschaltung offenbar mit dem menschlichen Dasein auf Dauer unvereinbar ist". Von daher sind alle Symptome nachvollziehbar und vereinbar mit der hirnpathologischen Forschung: Das „Sparprogramm" der Bewußtseinseinengung und -verschiebung; das Tanzen der Aufmerksamkeit von einem Reiz zum anderen, weil keiner befriedigen kann, oder das Haften an einem Reiz; die „Rederitis" und Leerlaufmotorik, die Selbstbestätigung aus sich selbst zu ziehen sucht; das Äußern von sonst scham-kontrollierten Triebanteilen; das euphorische So-tun, als ob nichts ist; das Her-Halluzinieren von irgendetwas Vertrautem; schließlich auch die Amnesie in dem Maße, wie nicht ich, sondern es gehandelt hat.

Kaum irgendwo in der Psychiatrie wird die Einheit der psychischen Anfälligkeit, des Symptoms so deutlich: Es ist zugleich Ausdruck des Krankmachenden bzw. Kränkenden, Versuch der Problemlösung und Selbsthilfe, sowie Angstabwehr mit der Gefahr, darin umzukommen. Diese Symptom-Anteile muß ich unterscheiden. Dabei muß mir oft die Auskunft der Angehörigen helfen. Die Unterscheidung erlaubt mir die Feststellung des Maßes, in dem ich durch mein Tun den Patienten a) als Handelnden und b) als Behandelten sich erlebnisfähig mache, zu a) indem ich seine Steuerungsversuche und zu b) indem ich seine Bedürfnisse nach Sicherheit fördere. Schließlich auch hier: Wie wirkt der Patient auf mich? Vor allem bei leichten Deliren sowie bei Durchgangssyndromen können mir 2 Fallen zum Verhängis werden:

„Der Andere will mir nur Theater vorspielen“ oder „er will mir nur zeigen, daß alles in Ordnung ist; er ist gesund“. Vor einer Fehlentscheidung bewahrt mich dann nur die Wahrnehmung seiner Wirkung auf mich: Es bleibt ein kleiner Rest, z.B. daß das Theater eine Spur zu ungekonnt, zu brüchig oder zu distanzlos ist; daß er eine Spur zu betont, zu bemüht mir (und sich!) seine Normalität beweisen will, eine Spur zu stur auf sofortiger Entlassung besteht, eine Spur zu schnell oder zu langsam seine Aufmerksamkeit wechselt. Das ist das Geheimnis des „klinischen“ Eindrucks „er wirkt organisch auf mich“, ein Eindruck, den ich weniger meiner Beobachtung, sondern meiner Selbstwahrnehmung verdanke, d.h. dem Umstand, daß ich die Begegnungsangst möglichst vollständig in mich eindringen lasse. Da die meisten AOP zu Hause oder in einem Allgemeinkrankenhaus beginnen und ständig schwanken, nützt es mir, an den Orten des Geschehens gerufen, mehr die Angehörigen bzw. die Schwestern hartnäckig zur Selbstwahrnehmung zu bringen.

III Handeln und Behandeln: Therapie

Da ein AOP heute medikamentös gut zu kontrollieren ist, wird es in der Regel im nächstliegenden Krankenhaus behandelt, schwere Delire auf dessen Intensivstation. PKH nur bei schwerster Selbst- oder Fremdgefährdung. Therapie ist Sache der medizinischen Berufe. Da die AOP-Symptomatik weitgehend den Kampf des Patienten gegen die Bodenlosigkeit und um den Halt an sich selbst und an der Realität ausdrückt, also Selbst-Therapie ist, habe ich ihn pflegerisch in seinem Bemühen, selbst zu handeln, zu fördern, aber auch darauf zu achten, daß er sich nicht „zu Grunde kämpft“.

Frau T., 42 J., Hausfrau, kommt nach Herzoperation auf der Intensivstation jetzt schon seit 10 Tagen medikamentös nicht aus einem delirant-ängstlich-halluzinatorischen Zustand heraus, der das Operationsergebnis gefährdet: das Stationspersonal wolle sie umbringen, unkooperativ, erschöpft sich durch ziellose motorische Unruhe. Es wird ein Programm entwickelt, durch das Frau T. Vertrauen selbst buchstäblich „fassen“ soll: Sie wird in Greif- und Sichtkontakt mit ihr vertrauten Gegenständen gebracht, mit einfachsten Dingen beginnend, sich im Gefühls-Anspruch steigernde Reihenfolge: kleine Porzellanfigur aus ihrem Haushalt; ihr Einkaufsportemonaie; ihr Schlüsselbund; Foto ihres Kindes; gemaltes Bild ihres Kindes; Brief ihres Kindes; erst vorgelesen, bevor sie ihn selbst las; Brief ihres Mannes; dann erst Besuch ihres Mannes, den sie abgelehnt hatte, da sie ihre Familie als tot erlebte. All dies durch eine bestimmte Schwester, während die anderen weniger aktiv waren.

Handeln und Behandeln muß im Gleichgewicht sein. Steigerung des leerlaufenden Kämpfens und der motorischen Selbsterschöpfung sowohl durch Reizüberangebot (also auch das Provozieren seiner „lustigen“ Delir-Einfälle!)

als auch Reizarmut (sensorische Deprivation) sind gefährlich. Dienlich ist ruhige Lagerung mit leicht erhöhtem Oberkörper, in der Nähe von anderen Patienten oder Teammitgliedern. Nachts bleibt das Licht an. Da auch die oft notwendige Fixierung Angst und Unruhe steigert, sind die bloße Anwesenheit eines Menschen, Sprechen in suggestiv-ruhigem Tonfall, verläßlich-einfache Informationen, auch sanfte körperliche Berührung wichtig.

Die Qualität dieses therapeutischen Rahmens bestimmt neben dem Zustand des Patienten die dennoch erforderliche Quantität beruhigender Medikamente. Je nach Schwerpunkt der Symptomatik gibt man: Haldol (5–20 mg i.m. oder i.v.), Paraldehyd, Chloralhydrat oder Valium (10–30 mg i.m. oder i.v.). Je mehr der Zustand einem schweren Delir entspricht, Distraneurin, wenn der Zustand nicht mit Haldol beherrschbar ist. Distraneurin nimmt dem Patienten den Kampf ab, mit dem er sich selbst erschöpft, indem es ihn in oberflächlichen Schlaf versetzt (auf Schmerzreize stets deutlich reagierend). Man gibt 2–4 Kapseln, dann alle 60 Minuten 2 Kapseln, bei optimaler Atmungs-Kreislauf-Kontrolle. Ist das nicht mehr möglich, zusätzlich 10 mg Haldol zeitlich versetzt oder/und Infusion von 50–150 ml der 0,8%igen Distraneurin-Lösung bis zum Halbschlaf, dann Regulierung nach Tropfenzahl. Gefahren des Distraneurins sind Atemverschlechterung, Blutdruckabfall, Kreislaufkollaps und Sucht, da immer noch viele Ärzte den Kunstfehler begehen, ambulant Distraneurin zu verschreiben! Bei Abklingen des Delirs (5–10 Tage) ist dieses Mittel abzusetzen oder umzustellen, etwa auf Atosil oder Haldol. Zu Einzelheiten der Distraneurin-Anwendung (s. Kap. 17). Zudem ggfs. Anfallsprophylaxe (z.B. Tegretal), vgl. Finzen, wenn Anfallsneigung bekannt.

Da alle Mittel, besonders bei älteren Patienten und nachts, blutdrucksenkend sind, häufigere Gabe kleiner Dosen sowie Kreislaufmittel (z.B. Novadral ret.) Bei der Verwirrtheit alter Leute sind „ein paar Täßchen Kaffee" (tags, aber auch abends) nicht nur wirksam, sondern stellen zugleich gegenüber der Verunsicherung etwas Vertrautes dar. Ferner ist bei allen AOP zu achten auf: Pneumonie- und Dekubitusprophylaxe; Puls-Temperaturkontrolle; Freihalten der Atemwege; Ein und Ausfuhrkontrolle (Dauerkatheter), u.U. Infusions- oder Sondenernährung; Herz-Kreislaufbehandlung, schon zur Verbesserung der Hirndurchblutung; Auswahl der Infusionsmittel je nach Notwendigkeit dehydrierender Maßnahmen (Schrankenstörung!) und der Korrektur des Volumens und Elektrolythaushalts.

C Chronisch-organische Psychosyndrome (COP)

Wir beschreiben hier Syndrome, in denen sich Zwischen- und Endstationen des Hirnab- und -umbaus äußern.

Herr Sch., 48 J., langjährig-unfallfreier Busfahrer, gerät auf seiner gewohnten Linienbusstrecke in einen unbedeutenden Unfall. Der Polizei fällt das unsinnige und unbeteiligte Verhalten von Herrn Sch. auf; sie bringt ihn ins PKH. Hier wirkt er dement, apathisch, erschöpft sich in der Wiederholung weniger Redensarten; zugleich bewußtseinsgetrübt, benommen. Dies steigert sich unbeeinflußbar, bis er nach 3 Wochen im Koma stirbt. CT und die spätere Sektion beweisen, daß Herr Sch. an Morbus Pick (s.d.) gelitten hat. Die Familie kannte ihn als immer schon ruhigen, friedlichen und verantwortungsbewußten Menschen. Daher war ihr lediglich aufgefallen, daß er seit 1 Jahr noch ruhiger und gelegentlich ohne Grund weggegangen war bzw. unmotiviert gelacht oder geweint hatte. Er habe dann gesagt, es sei nichts, und da er seine Pflichten nach wie vor erfüllte, habe man nichts veranlaßt.

Das Beispiel zeigt die soziale Bedrohlichkeit unerkannter COP und, wie sehr eine Persönlichkeitsstruktur und ein eingeschliffen gewohnter sozialer Außenhalt die Wahrnehmbarkeit auch eines schwersten Hirnabbauzustandes verhindert – für den Betroffenen wie für die Umgebung; wobei ein winziges, aber ungewohntes, ab-wegiges Ereignis alles zum Einsturz bringt. Es zeigt aber auch die Schwierigkeit der Unterscheidung hirn-organisch bedingter Psychosyndrome: Ein Jahr zuvor hätte man vielleicht eine hirnlokale Persönlichkeitsstörung beschrieben, kurz vor dem Unfall eine Demenz, während bei der Klinikaufnahme bereits ein AOP bestand.

I Syndrom-Diagnose

1 Psychoorganische Schwächung

Zu Beginn oder nach einer Hirnschädigung als „Restzustand", also vergleichbar mit den Durchgangssyndromen der AOP. Andere Begriffe: „chron. pseudoneurasthenisches Syndrom" (Huber), „Hirnleistungsschwäche" oder „Enzephalopathie" (v. Baeyer, gemeinsam mit einem Teil von 2.). Mit Mühe ist eine diskrete Hirnschädigung nachweisbar. Menschen mit solch einer Schwächung haben eine gute Chance, in ihrer Landschaft oder von Gutachtern als „immerschon-Versager" oder „Rentenneurotiker" wahrgenommen zu werden. Sie klagen über Erschöpfbarkeit, Konzentrationsschwierigkeiten. Anfangs betonen sie vielleicht nur, daß ihre Arbeit anstrengend sei. Andere sagen gar nichts. Man merkt ihnen nur an, daß sie schneller die Zähne zusammenbeißen als ihre Kollegen oder als früher. Was außerhalb ihrer Routine liegt, bringt sie aus dem Konzept. Resignative oder mürrische Stimmung, Empfindlichkeit bei alltäglichem Flaxen, Ärger über die „Fliege an der Wand", vermehrtes Bestätigungsbedürfnis, Vermutung von Spitzen und Zurücksetzung, leicht „beleidigte Leberwurst", Umstellung als Überforderung erlebt. All das kann man mit „reizbare Schwäche" beschreiben. Während alle Funktionen, einzeln geprüft, eigentlich intakt sind, lassen sich die Beschwerden nur als Minderung der verfügbaren gesamtseelischen Energie begreifen. Die Symptome liegen also in jener Grauzone, in der es (ohne komplexe Diagnostik) keine soziale und medizinische Anerkennung gibt, wo vielmehr der Betroffene und seine Umgebung sich sagen: „Wir haben es doch alle nicht leicht; der kann sich doch allmählich auch mal zusammenreißen“! So etwas lassen wir nach unseren üblichen Leistungserwartungen einem jungen oder erwachsenen Menschen nicht durchgehen, überbewerten es aber beim alten Menschen. Psychorganische Schwächung findet man oft nach frühkindlichen Residualschäden und nach traumatischen, enzephalitischen, sklerotischen oder hunger-dystrophischen Hirnschäden.

2 Organische Persönlichkeitsveränderungen

Störungen des Antriebs, des Tempos, der Affekte und der Stimmung ohne gröbere Intelligenzeinbuße im Sinne der Demenz. Besser: „organische Integrationsstörung“; denn zu der unter 1. genannten Minderung der seelischen Gesamtaktivität kommt eine Integrationsstörung einzelner Funktionen hinzu, weshalb hierher auch die hirnlokalen Psychosyndrome gehören.

a) Persönlichkeitsveränderung

Verlangsamung aller seelischen Aktivitäten, Haften an einem Verhaltensmuster, Perseverieren (Wiederholung desselben), Umstellerschwerung; erregbare, weinerliche, euphorische, ängstliche oder mürrisch-dysphorische Affektinkontinenz (= Entgleiten der Gefühle), entsprechende Labilität der Grundstimmung.

b) „Wesensänderung“ (der Begriff sollte ersetzt werden, denn Wesen bleibt Wesen):

Wenn die ganz persönlichen Eigenheiten eines Menschen nivelliert (abgeflacht), Charakterzüge bis zur Karikatur überspitzt und die differenziertesten Empfindungen und Wertungen einer „persönlichkeitsfremden“ Takt-, Rücksichts- und Schamlosigkeit gewichen sind, „man ihn nicht wiedererkennt“.

c) Hirnlokale Psychosyndrome

M. Bleuler hat nach der Lokalisierung Syndrome unterschieden, die jedoch nach neueren Untersuchungen häufig weder voneinander noch von Syndromen bei diffusem Hirnschaden zu trennen sind. Für Einzelfälle treffen die Beschreibungen freilich zu. Gemeinsam ist eine Störung der integrierenden und steuernden Funktionen, durch Schädigung „strategischer Regelkreise“ im Stirn-, Schläfen-, Mittelhirn, im Hypothalamus oder im limbischen System, was sich als älteres Trieb-Affekt-Handlungsniveau, als „psychischer Infantilismus“ unkontrolliert äußern kann: Zu- oder Abnahme von Einzeltrieben oder -bedürfnissen wie Sexualität, Aggression, Hunger und Durst, Schlaf-, Kälte- oder Wärmebedürfnis; weiter unvorhersehbare Stimmungsänderungen sowie impulsive oder apathische Antriebsmuster. Dies alles episodisch oder dauerhaft. Im einzelnen

• *Stirnhirnsyndrom:* Gleichgültigkeit mit Einbuße an Anteilnahme, Takt, Motivation und Antizipation (= Vorwegnahme der Folgen eines Handelns), bisweilen verbunden mit Euphorie, Witzelsucht und (sexueller) Enthemmung, z.B. bei M.Pick, Tumor und Kontusion.
• *Zwischenhirnsyndrom:* Bei dieser „Dienzephalose" unvermitteltes Einschießen von Impulsen und Verstimmungen, z.B. Heißhunger, Durst, Störung des Schlaf-Wach-Rhythmus, dranghafte Sexualität, Weglaufen (= Poriomanie).
• *Stammhirnsyndrom:* Mürrisch oder euphorische Verstimmung, Antriebsschwäche, psychomotorische Einengung, z.B. bei Hirngefäßsklerose, nach Enzephalitis oder nach Neuroleptika-Gebrauch.
• *Schläfenhirnsyndrom:* Verstimmung und Antriebsveränderung, z.B. bei Temporallappen-Epilepsie und Tumoren.
• *Endokrines Psychosyndrom:* Von den anderen Syndromen nicht regelhaft unterscheidbar, bei fast allen Krankheiten der innersekretorischen Drüsen meist in leichter Form möglich.
• *Appalisches Syndrom:* bei weitgehender Trennung der Hirnrinden- von den Hirnstammfunktionen durch Marklagerschäden, auch „Dezebration" oder „Coma vigile" genannt: Bewußtseinszustand der bloßen Wachheit ohne Bewußtseinsinhalte und komplexe psychische Aktivitäten, eine „vegetative Existenz", wobei entwicklungsgeschichtlich alte motorische Schablonen (Saug-, Greif- oder Schnauzreflexe) an die Stelle treten. Dieses Syndrom nimmt zu – als Folge der Technisierung der Medizin, z.B. als Folge von Operationen mit Herzstillstand, Reanimierungsversuchen, der Dialyse oder auch der Insulinschocktherapie. Pflege gelingt hier nur als Liebe.
• *Aphasien, Agnosien, Apraxien:* Selbst hier geht man nicht mehr von bestimmten Hirnrindenschäden, sondern von einem Miteinander eines spezifischen und eines allgemeinen Funktionsverlustes aus. Deshalb spricht man nicht mehr von „Werkzeugstörungen". Die Unterscheidung „höherer" und „niederer" Funktionen ist ein abendländisches Denkmodell, das der wirklichen Organisation des Gehirns nicht entspricht, wie auch die Hemisphärenforschung zeigt. Mit diesem Vorbehalt kann man folgende Störungen unterscheiden:
• *Motorische Aphasie:* Der Patient kann nicht spontan sprechen (bei intakten Sprechwerkzeugen), höchstens einige Wörter, etwa „überlernte" Redensarten, im Telegrammstil, besonders in Erregung. Er ist sich der Störung bewußt. Nachsprechen eher möglich. Verletzung betrifft meist die dritte Stirnwindung links (Broca-Zentrum). Die linke Hemisphäre ist bei Rechtshändern und bei den meisten Linkshändern für die Sprache zuständig.

• *Sensorische Aphasie:* Der Patient kann Worte und Sätze nicht verstehen, spricht mit Rededrang oft in semantischen Paraphasien, ist sich der Störung meist nicht bewußt. Unfähigkeit zu schreiben und zu lesen (Agraphie und Alexie) tritt oft kombiniert mit der sensorischen Aphasie auf, aber auch selbständig. Lokalisation: Vorderteil der 1. und 2. Schläfenwindung (Wernicke-Zentrum), aber nicht verläßlich. Bei Beteiligung des temporoparietalen Bereichs und der Reilschen Insel meist totale Aphasie und Demenz.

• *Amnestische Aphasie:* Namen vertrauter Objekte werden nicht erinnert (Wortfindungsstörung), mehr in künstlicher Testsituation, weniger in einem vertrauten Handlungszusammenhang, läßt sich auch als leichte motorische Aphasie deuten. Lokalisation im dominanten Gyrus angularis unsicher.

• *Agnosie:* Der Patient kann Objekte nicht wahrnehmen, erkennen, ohne Störung der Sinnesorgane: optisch Seelenblindheit, akustisch Seelentaubheit. Verwandte Störungen: Rechts-Links-Störung (Unterscheidung nicht möglich), Fingeragnosie (Finger können nicht gezeigt werden), vielleicht auch das Phantomglied (das amputierte Glied wird empfunden). Lokalisierung nicht möglich. Isolierte Agnosien gibt es kaum, meist Verbindung mit Demenz-Symptomen. Man diskutiert den Zusammenhang von Agnosien mit seelischen Selbstschutztendenzen gegenüber der allgemeinen Hirnkränkung, etwa als Leugnung (Nicht-Wahrhabenwollen als Selbsthilfeversuch: A-nosognosie).

• *Apraxie:* Der Patient kann ihm vertraute Bewegungen und Handlungen nicht planen und ausführen (ideokinetisch), nicht imitieren (ideomotorisch) oder vertraute Objekte nicht gebrauchen (ideational). Während eine Handlung (Zigarette anzünden) bei Aufforderung mißlingt, kann sie in einem unwillkürlichen, größeren Handlungszusammenhang vollzogen werden. Im Alltag überwiegen Mischformen.

3 Demenz

Wenn ein hirnorganischer Prozeß zum Verlust von Fähigkeiten mehr/weniger in allen Bereichen führt, ist im Unterschied zu den beiden anderen COP-Typen das Handeln weniger differenziert und intellektuell gesteuert: eingeengt aufs stereotyp Gewohnte; „querschnittsmäßig“ (ohne Bezug auf Vergangenheit und Zukunft); abhängig von inneren Reizen (Triebe und Affekte) und äußeren Reizen (Milieu); angewiesen darauf, konkreten Ereignissen zu entsprechen, jedoch überfordert und panisch, wenn es um Initiative, Umstellung, abstrakte Beziehungen, Beurteilung von Bedeutungen bzw. Symbolen geht. Dieser unvollkommene Definitionsversuch zeigt, daß Demenz etwas viel Komplexeres ist als der bloße Defekt von Geistesfunktionen. Was ist, ist schwerer zu beschreiben als das, was nicht ist!

Leitsymptom ist die Gedächtnisstörung: Merkfähigkeit und Frischgedächtnis, eher als Altgedächtnis, da die Hirnstörung zuerst sich auf den besonders energieaufwendigen Eiweißstoffwechsel (Ribonucleinsäuresynthese) und damit auf die Engramme (Erinnerungsträger) auswirkt. Starke Merkschwäche bedingt Desorientiertheit. Werden die Gedächtnislücken mit Einfällen („Konfabulationen") ausgefüllt, um die bedrohte Erlebniskonstinuität mit diesem Kunstgriff aufrechtzuerhalten, spricht man vom *Korsakow-Syndrom:* bei Alkoholiker-Demenz häufig, weil Alkoholiker ein jahrzehntelanges Konfabulations-Training haben: das Erfinden von Gründen für das Trinken.

Ferner verlangsamt sich das Denken, engt sich röhrenförmig ein, wiederholt (perseveriert) Bekanntes. Mit Kritik, Unterscheidung, Bewertung und Schlußfolgerung schwächen sich die Voraussetzungen für den sinnvollen Zusammenhang von Wahrnehmen, Erkennen, Erleben und Handeln ab.

Als Affekt- und Antriebsstörung kommt alles vor, was wir bei den Persönlichkeitsveränderungen gelernt haben. Sie sind Bestandteil des umfassenden Rückzugs auf eine einfachere Handlungsebene: Der Organismus schaltet auf ein älteres Notaggregat herunter. Stimmung: mißmutig-gereizt (= dysphorisch) oder unkritisch-bagatellisierend (= euphorisch). Affektinkontinenz: winzige Reize bringen zum Weinen, Lachen („Zwangslachen"), zum Ausdruck von Angst, Zorn oder Wut, was alsbald beschämt. Antriebsstörung: Abstumpfung, Initiativlosigkeit (Abulie), Minderung – im Unterschied zur depressiven Hemmung, Anregbarkeit nur von außen, durch Fremdantrieb. Triebenthemmung: Kontrollverlust und Regression auf ältere, infantile oder „einfache" Gefühle und Teiltriebe, als Anklammern, Wut oder Auseinanderfallen der Sexualwünsche in ihre Anteile (Selbstbefriedigung, exhibitionistisches, voyeuristisches oder pädophiles Tun), auch Einnässen, Spielen mit oder Essen von Kot. Außer in der Vereinsamung gründen hierin paranoide, halluzinatorische oder zwanghafte Symptome – als Angstabwehr. Psychomotorik: Mimik und Gestik verarmt (Hypomimie und Hypokinese), Sprache monoton, Gang kleinschrittig, Bewegungen steif; ein Gefühlsausdruck braucht länger zum Entstehen und Vergehen.

Gesamtpersönlichkeit: verflacht, verarmt, vergröbert, auf die einfachsten Vollzüge eingeengt, daher „egoistisch" und starr. Jedes COP kann sich, z.B. nachts, zu einer akut-organischen Krise steigern.

II Grundhaltung

Der COP-Patient teilt mir ebenso wie seinen Angehörigen durch seine bloße Existenz mit: „Ich habe auf ewig ein geschädigtes Gehirn, Du nicht. Also, was kannst Du mir überhaupt sagen?" Das macht mich sprachlos. Mein schlechtes Gewissen macht mich handlungsunfähig. Will ich ihm Partner werden, muß ich die Herausforderung seiner Frage annehmen, mich nach eigenen hirngeschädigten Anteilen, nach den neurobiologischen Grenzen meiner Existenz fragen. Und durch dieselbe schmerzhafte Selbstwahrnehmungsaufgabe muß ich auch die Angehörigen, den Partner des COP-Patienten, schikken, wenn unter den veränderten Bedingungen neue Begegnungsmöglichkeiten gefunden werden sollen.

Vorbildlich hat Siegfried Lenz in seinem Roman „Der Verlust“ diesen mühsamen, aber alle auch bereichernden Prozeß beschrieben – am Beispiel eines Schlaganfall-Patienten und seiner Partnerin. Hier kommt niemand um die Frage: „Wofür will ich leben?“ und „Welchen Wert haben Zugehörigkeiten für alle?“ herum. Pflichtlektüre für psychiatrisch Tätige und COP-Angehörige!

Man kann das Gefühl quälender Unzulänglichkeit und beschämenden Versagens geradezu experimentell erzeugen. *Beispiele:* Angenommen, ich spiele leidenschaftlich gern und gut Skat; plötzlich soll ich mit Karten weiterspielen, deren Symbole mir fremd, den Mitspielern aber bekannt sind: Der Widerspruch zwischen einem geradezu blind-vertrauten Handlungsrahmen und der Unfähigkeit, die Handlung auszuführen, kann Merk-, Lern- und Umstellungsfähigkeit aufheben, mich praktisch-dement und vegetativ dekompensiert werden lassen – zum Gespött der Anderen. – Katastrophal wird ein solches Erlebnis freilich nur in Ernstsituationen. – Ich habe jahrelang meine Arbeit spielend bewältigt; jetzt spüre ich, daß ich nachlasse, den Überblick verliere, erschöpft bin, obwohl die Arbeit dieselbe geblieben ist. Was tue ich „dagegen“? – Ein Freund öffnet mir die Augen, daß ich meinem privaten Partner intellektuell und hinsichtlich der Vitalität nicht mehr genüge. Was mache ich damit? – Ich konnte mich bisher auf meinen Kopf „blind“ verlassen, habe damit aber jetzt so sehr Schiffbruch erlitten (z.B. Verkehrsunfall, Betriebsunfall, sportliche, berufliche, private Niederlage), daß ich zutiefst verunsichert bin, das Vertrauen in die körperliche Basis meines Handelns verloren habe und mich davon nie wieder ganz erhole.

Übung: Suchen Sie sich Beispiele, die für Sie zutreffen.

All diese Situationen haben gemeinsam, daß mein Boden, der mir bisher Halt und Vertrauen gab, auf den ich mich bisher selbstverständlich und blind, weil körperlich, stützte, unabänderlich (irreversibel) verlorengegangen ist. In mir geht gleichzeitig oder nacheinander folgendes vor: 1. Die von mir oder Anderen entdeckten Unfähigkeiten, mein Versagen, meine erworbenen Defekte. 2. Meine körperlich tief-empfundene, daher mehr ge- als er-lebte Angst, Beunruhigung, Verunsicherung, eine abgrundtiefe Scham gegenüber meinen bisherigen Erwartungen und den Erwartungen der Anderen. Hilflosigkeit mit kleinkindhaftem Verhalten, Regression, und als Grundstimmung leicht eine dysphorische, selbstmitleidvolle Resignation. 3. Streben nach Problemlösung: Die Realität so schlecht zu sehen, wie sie ist; die Angstsignale anzunehmen; meine Grenzen zurückzunehmen, meine Erwartungen, Wünsche und Träume zu revidieren; mich auf ein einfacheres Handlungsniveau, auf einen engeren und noch überschaubareren Bereich, auf eine auch zeitlich geschrumpfte Perspektive, auf noch verläßliche Gewohnheiten zu beschränken und mir so einen neuen Halt, Basis für Selbstvertrauen zu erkämpfen. 4. Schließlich mein Streben nach Abwehr und Bagatellisieren, „weitermachen"; krampfhaftes Anklammern und Haften an der längst verlorenen Position; Sich-Erschöpfen bei der Beweisführung für mich und Andere, daß es doch noch geht; Entwicklung zwanghafter Rituale gegen die bedrohlich gewordenen inneren und äußeren Reize (gegen die nicht mehr zu tolerierenden Frustrationen); Weg-Rationalisieren oder konfabulatorisches Erfinden von Gründen für die wunschfeindliche Veränderung; illusionäre Umdeutung der Realität zum vermeintlichen eigenen Vorteil; projektive Umkehr der eigenen Schwäche in starrsinnig gegen alle Anderen verteidigte Stärke und Gewißheit; paranoider Kampf gegen Angriffe, die in jedem Blick, in jeder Begegnung vermutet werden; und – besonders wirksam, weil meist z.T. zutreffend – die Neigung, die eigene fundamentale biologische Veränderung als bloß seelisches Tief, als durch familiäre Belastung, durch den Partner, durch die gesellschaftliche Misere oder durch soziale Benachteiligung verschuldet zu erklären.

Dieser „Selbstversuch" der Erlebnisfähigkeit zeigt einmal, daß es vereinbar ist mit den neurobiologischen Erkenntnissen der Demenz, so wenig Sicheres bisher auch bekannt ist. Zum anderen zeigt sich, wie kompliziert jeder einzelne Fall ist, wenn jedes Symptom mehrere Bedeutungen haben kann. Dies um so mehr, als die Persönlichkeitsstruktur, die Biographie (Ausbildung, „Gehirntraining", Beruf, soziale Schicht, Problemlösungsgewohnheiten) sowie die Erwartungen der Angehörigen die Auswirkung des organischen Defektes. mitprägen. Gerade der körperkränkende Mensch verweist uns überdeutlich darauf, daß er nicht nur gekränkt, sondern auch kränkend sein muß. Er zeigt uns darüberhinaus, daß jeder Mensch aus sich selbst und seiner Landschaft, aus Ich und Nicht-Ich besteht. Ein nacktes Selbst, das ich verwirklichen könnte, existiert nicht. Es ist eine abendländische Fortschrittsillusion, was uns heute ökologisch bewußt wird. Dies allen humanistischen Selbst-Therapeuten – auch uns selbst – ins Stammbuch!

Frau D., 53 Jahre, alleinstehend, betreibt seit über 20 Jahren ein kleines Kurzwarengeschäft. Dem Lieferanten fällt sie erstmals als „komisch" auf, als sie bestellte Waren nicht mehr bezahlen kann. Er benachrichtigt den SpD: Beim Hausbesuch in ihrem Laden „funktioniert" sie allen Kunden gegenüber einwandfrei in ihrer Berufsrolle. Der Hausbesuch in ihrer Wohnung offenbart totale Verwahrlosung. Eine Bemerkung über ihre fast schwarze, sicher seit über 1 Jahr nicht mehr gewechselte Bettwäsche provoziert einen Scham- und Wutausbruch: „Wie können Sie eine Frau nur so beleidigen, die immer für blütenweiße Wäsche bekannt war!" Da den Nachbarn nichts aufgefallen ist, ist nur mühsam herauszufinden, daß 2 Jugendliche seit mindestens 3 Monaten ihr regelmäßig die Tageseinnahme weggeholt haben. Frau D. mochte es nicht wahrnehmen, schon gar nicht anzeigen: Sie hätte damit ihre Unfähigkeit zugestehen müssen. Klinisch lag eine Demenz vor. Sie hatte weder von ihrer Anschrift noch vom Datum eine Vorstellung, brauchte das auch in ihrem Alltag nicht.

Gemeinsam und parallel mit meiner Bemühung kann der Patient sich mehr wahrnehmen und die einzelnen Anteile seines Handelns besser unterscheiden: Was ist verloren, was kann ich noch und was könnte ich neu lernen? Was ist berechtigte Angst, Verunsicherung und Trauer um das Verlorene und welche Abwehr treibt die Angst zur Panik? Wo kann ich mir helfen und wo brauche ich Hilfe? Wo kämpfe ich mit Recht um einen Standort, wo mache ich mir was vor? Wie groß ist mein Spielraum und wo mache ich ihn mir größer oder kleiner als er ist?

Bei der Normalisierungs-Frage, was der Patient mit mir macht, wozu er mich verführt, stoße ich für meine Haltung auf mindestens drei Gefahren: 1. „Wenn er einen hirnorganischen Defekt hat, was hat er dann noch mit meinen Gefühlen zu tun?“ Ergebnis: Ich nehme ihn nur noch als Un-Person wahr und vergrößere seine Isolierung. 2. „Wenn er so tut, als ob nichts wäre oder aggressiv wird, dann *will* er eben nicht sehen, dann soll er doch selbst...“ Ergebnis: Ich verstärke seine Abwehr. 3. „Wenn er sich so hilflos gibt, dann *kann* er eben nicht, dann muß ich für ihn planen“. Ergebnis: Ich verstärke seine Unfähigkeit und Vermeidung. – Also nicht nur er, sondern auch ich muß meine Gefühle sortieren: Nur wenn er z.B. spürt, daß ihm ein Recht auf seine Resignation zugebilligt wird, muß er sie nicht immerzu verteidigen, sondern kann einen darüber hinausgehenden Schritt wagen. Mindestens ebensoviel Begleitung bei der Sortierungsarbeit der Gefühle braucht der Angehörige, der Partner. Er hat mit der Frage zu kämpfen, ob er den Patienten jetzt und in der Zukunft noch als Person wahrnehmen kann, steht in der Gefahr, in ihm nur noch einen defektgewordenen Leistungsmechanismus zu sehen, den man entweder ablehnen oder überbefürsorgen kann. Er muß sich fragen, ob er weiter mit ihm leben will. Das kann er aber nur, wenn es ihm – gemeinsam mit mir – gelingt, seine Menschenwürde – unabhängig von dem Defekt – neu oder anders oder vielleicht auch zum ersten Mal im Leben zu entdecken. Anders wäre ein weiteres Zusammenleben unmöglich.

III Handeln und Behandeln: Rehabilitation und Pflege

Für COP-Patienten ist die Therapiezeit zu Ende, sie sind behindert, „unheilbar“. Der Zustand ist „chronisch“ geworden, also entweder stationär oder fortschreitend. Es bleibt also Rehabilitation oder Pflege. Die leichteren COP gehen freilich meist sowohl daran als auch an der Psychiatrie vorbei. Sie werden nach der medizinischen Therapie sich selbst überlassen. Aber gerade hier fand Sperling am häufigsten schwere psychosoziale Folgeschäden: Ohne medizinische und soziale Anerkennung des Defektes und damit der Ermöglichung einer neuen Rolle werden diese Patienten und ihre Angehörigen sich selbst überlassen. Sie scheitern an der unklaren Position, ständigen Mißverständnissen, Ungeduld des Partners oder des Arbeitgebers („auf den muß man ewig Rücksicht nehmen, warum eigentlich?“). Alle an der Landschaft Beteiligten sind sich nicht klar über den gemeinsamen Boden und die darauf befindlichen Positionen. Sie bedürfen der standortklärenden Begleitung durch ein ambulant-mobiles Team, da die wegen ihrer Geringfügigkeit schwer erkennbaren Probleme nur in der Alltagswirklichkeit der Wohnung bzw. des Arbeitsplatzes wahrnehmbar gemacht werden können. Die Ehefrau weiß nicht, wie ihr geschieht, daß sie sich plötzlich in die ungewollte dominante Rolle gedrängt sieht. Der Arbeitgeber weiß nicht, ob der gesund geschriebene Patient nicht kann oder nicht will. Die SpDs ihrerseits sind meist ungeübt im Umgang mit organisch geschädigten Patienten, da Fortbildung in diesem Bereich meist vernachlässigt wird. Dabei kann allen Beteiligten *anfangs* mit wenig Aufwand der veränderte Spielraum und die Rollenumverteilung annehmbar gemacht werden, wodurch viele katastrophale Fehlentwicklungen überflüssig würden.

Die schwerst-dementen Patienten (Gefäßleiden, degenerative Krankheiten), die bzw. ihre Familien mit der Versorgung überfordert sind, können ebenfalls durch die Begleitung der SpD oder der Sozialstation in ihrer Wohnung gehalten werden, durch Hauspflege die notwendige Unterstützung bekommen und u. U. dort auch sterben, was meist ihr Wunsch ist. Nur wo das nicht möglich ist, kommt Pflegeheim-Einweisung in Betracht, wobei immer noch übersehen wird, daß die fachliche Betreuung hier ebenso notwendig ist.

Die Gruppe der stationär gewordenen mittelschweren COP hat – heute auf dem Papier – die Chance der Rehabilitation in Berufsförderungswerken mit späterer Vermittlung entweder auf einen (beschützten) Arbeitsplatz des freien Marktes oder einer Werkstatt für Behinderte. Auf psychiatrische Stationen schließlich kommen COP-Patienten, wenn sie durch ihr Handeln gegen Andere störend oder gewalttätig sind oder wenn in einem anderen medizinischen Bereich das organische Grundleiden behandelt wurde, jetzt aber das Psychosyndrom im Vordergrund steht. Hierbei sollte der stationäre Aufenthalt nur so lange wie nötig sein, da mit jedem Tag Abwesenheit von seinem privaten oder beruflichen sozialen Boden dieser brüchiger wird.

Für Reha-Einrichtungen, psychiatrische Stationen, aber auch Pflegeheime ergeben sich aus der Grundhaltung folgende rehabilitativ-pflegerische Grundsätze, die die jeweiligen Team-Mitglieder für den Umgang mit den Patienten und mit deren Angehörigen mit ihren Berufstechniken in Einklang zu bringen haben:

- Herstellung eines ruhigen, daher verläßlichen Milieus mit mittlerem Reizangebot und klar strukturiertem Tageslaufprogramm, auch – als Nachbetreuung – in der Wohnung des Patienten; jede Verlegung in ein anderes Zimmer, jede zeitliche Rhythmusänderung kann den Patienten „umwerfen“.

- Vertrauensbildung, damit der Patient auf Abwehr und Vermeidung verzichtet, und auch nur das kleinste Leistungsansinnen gewagt werden kann.
- Jeder Austausch muß einfach sein: kurze Sätze; die Worte des Patienten benutzen; gemeinsames Tun oder körperlicher Kontakt oft besser als Worte; an den einfachsten Bedürfnissen (Essen, Körperflege, Kleidung) anknüpfen; genug Zeit lassen; Beschränkung aufs Konkrete und Gegenwärtige; unbedingte Verläßlichkeit besonders meiner Versprechungen (nicht: „Ich gebe Ihnen die Tablette nachher mal").
- Ziele und Reihenfolge der Schritte vereinbaren: Die Reichweite der Ziele richtet sich danach, wie der Patient einen noch so kleinen Spielraum als sinnvoll bewertet. Änderungen sind zunächst in der Vorstellung durchzuspielen, wobei in jeder Wunschillusion auch der Rest an Selbstinteresse, in jeder Aggression auch die Möglichkeit produktiver Aktivitäten mitzusehen ist.
- Unter Anerkennung der Anteile, in denen der Patient „behandelt wird" und verläßlichen Außen-Halt braucht, gilt es, den restlichen Spielraum behutsam zu erweitern, für das Team ein ebenso anstrengender wie lohnender Vorgang: als Unterscheidungsleistung muß das Gekonnte ebenso eindeutig bezeichnet werden wie das Nicht-Gekonnte; jedes Mißerfolgserlebnis ist zu vermeiden; Unterforderung ist genauso gefährlich wie Überforderung; bei jeder Leistung ist nicht nur deren technischer Wert, sondern auch deren Gefühlswert (Zuwachs an Verantwortung und Selbstverwirklichung) wahrnehmbar zu machen.
- Begleitend muß die Neigung zur Selbstüberforderung („ich muß doch können") und Selbstunterforderung („ich kann doch sowieso nicht mehr") bearbeitet werden, der Umgang mit der daraus resultierenden Scham und mit den wirklichen oder vermeintlichen Demütigungen durch die Umwelt (Ballastexistenz, Schande und Last der Familie).
- Der wichtigste Grundsatz: wenn nicht die Angehörigen genauso intensiv und kontinuierlich Stütze bei ihrer Positionsfindung erfahren (Angehörigengruppe) wie der Patient, nutzt die ganze Mühe kaum. Sperling hat nachgewiesen, daß die Hirnbehindertenfamilie unter größerem sozialen Diffamierungsdruck steht als die Körperbehindertenfamilie („bei denen ist jemand nicht richtig im Kopf"), isolierter und resignierter lebt und weniger soziale Aufstiegschancen hat. Verschlechterung der Patienten hat entscheidend mit dem Alleingelassensein und der Vernachlässigung der Familie (und u. U. des Arbeitsplatzes) zu tun.

Bei der Umweltabhängigkeit der COP-Patienten führt die Beachtung dieser Grundsätze zu erstaunlichen Besserungen. Als Beispiel der Brief einer ungünstig eingeschätzten dementen Patientin: nachdem sie eindrucksvoll ihre Aktivitäten $^1/_4$ Jahr nach der Entlassung schildert, schließt sie ironisch „... verbleibe ich mit besten Grüßen, Ihr hirnorganischer Prozeß". Die Grundsätze fördern einen einheitlichen Handlungsstil – wichtig, da gerade der COP-Patient empfindlich und panisch auf die „Zerreißprobe“ durch verschiedene Kompetenzen reagiert.

Pflegerisch gilt, daß COP-Patienten sich oft vernachlässigt haben, vernachlässigt worden sind oder Hilfsbedürftigkeit nicht wahrhaben mögen. Schwestern und Pfleger haben auf folgendes zu achten: Waschen, Baden, Frisieren, Nägelschneiden, sonstige Körperpflege, Kleidung, Sinn für Intimbereich, Regelmäßigkeit und Zusammensetzung des Essens (Füttern – selbst essen – mit Anderen die Mahlzeit einnehmen), Haut- und Zahnpflege, Ein- und Ausfuhr, Dekubitus-, Pneumonie- und Thrombose-Prophylaxe, Bewegung (Gehenlernen – Spazieren – Besorgungen machen) und Gestaltung des Tages. Erst haben wir darauf zu achten, dann den Patienten selbst darauf achten zu lassen. Schon durch solche Pflege entsteht über das Körpergefühl die Basis für eine neue Selbstachtung und damit für alle anderen Entfaltungsmöglichkeiten.

Der Arzt hat neben des Grundleidens auf folgendes zu achten: Stabilisierung der Herz- und Kreislauffunktion, auch wenn das nicht notwendig erscheint, zur Verbesserung der Hirndurchblutung (Digitalisierung, Theophyllinpräparate, Hydergin). Zu Präparaten zur Beeinflussung des Hirngewebes vgl. Kap. 17. Für den Umgang mit alten Leuten s. Kap. 12.).

Was den Verlauf angeht, so ist das unbeeinflußbare Fortschreiten eines COP bis zur schwersten Demenz oder zum Tod eher selten. Andererseits ist Heilung naturgemäß ausgeschlossen. Da wir gerne heilen (therapieren), fällt es uns immer wieder schwer, „Unheilbarkeit“ und Behinderung zu akzeptieren und positiv zu wenden, obwohl wir wissen, daß die meisten COP – bei überraschenden Schwankungen – auf einer bestimmten Ebene zum Stillstand kommen. Ähnlich wie bei chronischen schizophrenen, depressiven oder süchtigen Patienten heißt es auch hier wieder: Nach Feststellung der Unheilbarkeit ist die (Reha-)Aufgabe umzuformulieren und fängt als neue erst richtig an. Wenigstens dann, wenn wir nicht mehr durch das Starren auf die Krankheit verdorben sind und das anstößige Wort „unheilbar“ nicht mal zu denken wagen, den so bezeichneten Patienten jedoch verschämt und schnell in ein Pflegeheim abschieben. Dabei heißt Unheilbarkeit ja nichts anders, als daß ein Krankheitsprozeß einigermaßen an sein Ende gekommen ist, es daher auch nun nichts mehr zu bekämpfen gibt und statt dessen ein Mensch mit bestimmten negativen oder positiven Eigenschaften, so wie er ist, zu akzeptieren und seine weitere Entwicklung zu fördern ist. Im Falle des COP-Patienten gehört dazu, daß dieser Mensch mit einigen definierbaren Defiziten künftig zu leben hat. Im übrigen gilt all das, was in den Kapiteln über chronische schizophrene, depressive und süchtige Menschen gesagt worden ist: Es geht darum, 1. seine Zukunft aus seinem gesamten Lebenslauf zu entwickeln, 2. jedem seiner wichtigen Angehörigen gleichviel Aufmerksamkeit und Stütze zukommen zu lassen, 3. eine mehr oder weniger geschützte Arbeit oder eine sozial sinnvolle Tätigkeit zu finden oder – mit aller Phantasie – herzustellen (für den COP-Patienten besonders wichtig, da seine Einbußen meist gerade auch im Leistungsbereich liegen) und 4. Herstellung und erforderliche Stützung einer freien Wohnform, wobei mit allen verfügbaren Mitteln zunächst der Familienverband durch hinreichende Entlastungsangebote lebensfähig zu machen ist, während in den Fällen, in denen Wohnen in einer eigenen Familie nicht oder nicht mehr möglich ist, das Wohnen allein, zu zweit, zu dritt oder in einer Wohngruppe an die Stelle tritt, wobei wir für den Flankenschutz solch neuer Bodenständigkeit mehr oder weniger Dauer-Ersatzspieler zu sein haben.

D Grundstörungen der organischen Psychosyndrome

Wir wenden uns jetzt den Schäden, Krankheiten und Grundstörungen zu, die zu den bisher beschriebenen Psychosyndromen führen können. Bevor wir aber auf die Grundstörung mit Hirnbeteiligung eingehen, wollen wir uns zunächst um einige Situationen und Schicksale kümmern, bei denen eine Schädigung oder eine Krankheit des Körpers ohne Hirnbeteiligung in den verschiedensten Bereichen der Medizin zu wichtigen Aufgaben für den psychiatrischen Konsiliar- und Beratungsdienst führt.

I Körperkränkung ohne Hirnbeteiligung (Stigmatisierung)

– psychiatrischer Konsiliar- und Beratungsdienst –

In Anlehnung an Goffman verstehen wir unter körperlicher Stigmatisierung: Jede wirkliche oder vermeintliche körperliche Eigenart, die mich durch eigene und/oder fremde Bewertung zu einem „Besonderen“ macht, meist – aber nicht immer – im Sinne der Wertminderung, in jedem Fall aber mit quälender Veränderung der gewohnten Erwartungen. Wieder – wie fast immer in der Psychiatrie – ist nicht die Eigenart selbst das Problem, sondern das Mißlingen der Auseinandersetzung mit der Eigenart, die Abwehr der von ihr ausgelösten Angstsignale, statt ihre Nutzung. Was dann zum „Symptom“ führt, ist nicht selten der langfristige Preis für das Einstreichen kurzfristiger Vorteile mit Hilfe der Eigenart. Solche Körperkränkungen (man könnte unschön von „Somatopsychik“ sprechen) haben bisher wenig Aufmerksamkeit von uns gefunden. Das mag auch daran liegen, daß wir nach der Nazizeit einen großen Nachholbedarf an Aufmerksamkeit für psychische und soziale Stigmatisierungen haben. Da man aber auch in dieser Richtung einseitig werden kann, besteht Anlaß genug, nun auch unsere Wahrnehmung für körperliche Stigmatisierungen zu schärfen.

1 Tödliche Krankheiten – Sterben

Angesichts des Todes sind die Möglichkeiten auch psychiatrischer Angstabwehr zahllos und eingeschliffen – auch im Konsiliardienst. Statt das Besondere dieser Situation vollständig wahrnehmen zu können, greift man zu Begriffen wie regressive oder hysterische Verhaltensstörung, spricht von der „Gefahr" sich aufzugeben und therapiert Symptome mit dem Ziel „Gesundheit". Das entspricht freilich nur der Vermeidungshaltung der meisten medizinischen Krankenhaus-Stationen, etwa einen Krebskranken mit einer Grauzone indirekter Andeutungen, Halbwahrheiten und verlogener Ermutigungen zu umgeben, um hinterher zu sagen: „Der Patient spielt ein Doppelspiel: er tut nur so, als ob er nichts wüßte". In Wirklichkeit spielt der Patient nur das Spiel, was seine Umgebung sich von ihm wünscht. Dabei ist oft genug nachgewiesen worden, daß offenes Sprechen über das Sterben, verbunden mit dem Angebot des Begleitens, so gut man kann, meistens den Bedürfnissen *aller* Beteiligter eher entspricht, Suizide dadurch auch nicht häufiger werden. – Schließlich weiß ich schon von mir selbst, daß ich natürlich Krebsangst habe, wenn ich mit unklaren Beschwerden ins Krankenhaus muß. Viel früher habe ich mich freilich schon zu fragen, ob ich mein Leben führe *gegen* den oder *mit* dem Gedanken an Tod, Sterben und an das Recht, mich auch aufgeben zu dürfen.

Übung: Die internistische Stationsschwester ruft an: „Kommen Sie doch mal zu uns, ein Patient wehrt sich so schrecklich gegen das Sterben, das ist gar nicht mitanzusehen." Was machen Sie? Ein Gespräch mit dem Patienten über das Sterben führen? Ihm eine Spritze geben? Ihn beruhigen? – Das ist alles falsch. Vielmehr haben Sie ausschließlich mit dem Pflegeteam der Station über seine Angstabwehr zu sprechen und es in die Lage zu versetzen, die Sterbebegleitung des Patienten selbst zu übernehmen. Sonst fördern Sie die heillose Tendenz, für alles Schwere, auch für's Sterben, den Psycho-Fachmann zu holen, wodurch Sie beitragen, daß medizinische Stationen zur Pflege eines kranken oder sterbenden Menschen nicht fähiger, sondern unfähiger und unmenschlicher werden.

---

2 Langzeitkrankheiten

(Leberkrankheiten, Tuberkulose, Rheuma, orthopädische Krankheiten, komplizierte Frakturen)

Diagnostisch sehen Sie depressives Nicht-Mehr-Mitmachen, manisches Überspielen, kleinkindhafte Regression, Erregungszustände bis zum deliranten Ausmaß, Entfremdungserlebnisse. Mehr zu achten ist auf das Maß an aufgezwungener Unbeweglichkeit (Bettlägerigkeit), Diät oder sonstige Einschränkungen sowie das Maß an sensorischer und sozialer Reizverarmung (Deprivation), mit Verlust der gewohnten sozialen Rollen und ersatzweisem Anklammern an die Patientenrolle. Ihre Haltung ist angemessen, wenn der Patient spürt, daß ihm ein Recht auf sein Handeln (auch auf die Haltung „ich gebe auf") zugebilligt wird. Erst dann kann er nach Möglichkeiten in sich suchen, nicht gegen sondern mit seiner schweren Situation zu leben, selbst vom Bett aus einen Teil seiner sozialen Rollen aufrechtzuerhalten (durch Nachdenken über seine Lebensprobleme, mündliche oder schriftliche Beratung seiner Angehörigen, sinnvolle manuelle Tätigkeit) und wieder aus einer Perspektive heraus („in 4, 8, 12 Wochen werde ich das und das tun") zu leben.

3 Körperliche Dauerbehinderung

(Z. B. nach schwerem Herzinfarkt oder anderen unsichtbaren leistungseinengenden Schäden)

Hier gilt eine ähnliche Haltung wie für COP. Die Körperkränkung trifft Patienten umso mehr, je mehr sie bisher ihr Selbstgefühl über Leistung und Potenz aufgebaut haben. Deshalb müssen die früh zur Selbstwahrnehmung in dieser Hinsicht kommen und zur Verhinderung eines massiven Leugnungspanzers, andere, nicht-leistungsbezogene Möglichkeiten für Selbstwertgefühl entdecken und ausprobieren. Ambulante Nachbetreuung wegen der Rollenverteilung im familiären und beruflichen Bereich.

4 Entstellende Körperschäden

(Amputationen, Gesichtsentstellung nach Unfall oder Operation, Hautentstellung nach Verbrennungen)

Meine Selbstwahrnehmung sagt mir, daß es nicht auf die objektive Ausdehnung der Entstellung, sondern auf ihre subjektive Bewertung ankommt. Denn gerade bei weniger auffallenden Entstellungen hört der Patient von seiner Umgebung nur: „Das ist doch nicht so schlimm, das macht mir gar nichts aus". Eben das drängt ihn in endlose Beweiswut, daß es für ihn eben doch schlimm sei, daß alle seine Schwierigkeiten darauf zurückzuführen seien, daß er ein Krüppel, eine ästhetische Schande für die Öffentlichkeit und die Menschheit, eine lebensunwerte Existenz sei. Das kann in Selbstisolation führen, schon eine Hasenschartennarbe oder Haarausfall in Selbstzerstörung (Verbrennung, Suizid) treiben, der Verlust eines Fingergliedes das körperliche Selbstgefühl bis zum Ausmaß eines schizophrenen Syndroms vernichten, mit Rachefeldzügen gegen alle anderen, als gesund, vollkommen, schön, heil und „ganz" erlebten Menschen. Aus der Ablehnung eines eigenen Körpermangels und dem Kampf dagegen kann man den Vorteil eines lückenlosen Weltbildes ziehen, freilich ein Gefängnis, in dem man selbst umkommt. (Wilhelm II., Goebbels und Hitler sind Beispiele dafür). – Wichtig für die plastische Chirurgie und die orthopädische Rekonstruktion ist, daß die Ergebnisse oft nur befriedigend sind, wenn der Patient gleichzeitig über eine therapeutische Beziehung oder eine Selbsthilfegruppe zu einer Veränderung seiner Selbst- und Weltwahrnehmung kommt.

5 Verlust von Sinnesfunktionen

Während in den Situationen 4 und 6 meine Wirkung auf die Außenwelt stigmatisiert ist, gilt das hier für die Wirkung der Außenwelt auf mich. Die Folgen können sein: Angst, Verunsicherung, soziale Isolation; das Gefühl, mangelhaft informiert, überhaupt zu kurz gekommen zu sein; die Angst, hintergangen und betrogen zu werden, die Umwelt nicht kontrollieren zu können. Die ungünstige Abwehrbildung beginnt schon da, wo ich schon aus leichter Behinderung der Seh- oder Hörfähigkeit kurzfristigen Vorteil zu ziehen versuche, indem ich den Mangel als Entschuldigung für mir unangenehme Situationen benutze und indem ich nicht sehe/höre, was ich nicht sehen/hören will. In der Abwehrsackgasse stecke ich, je mehr ich mein ganzes Leben von diesem Mangel her bewerte, meine übrigen Fähigkeiten übersehe. Ich kann mich selbst und/oder die Umwelt nicht mehr mögen, sondern nur noch hassen und bestrafen.

Sehbehinderung führt eher zu überangepaßtem, hysterischem Handeln oder zu einem aus Kontrollschwäche geborenen Kontrollbedürfnis der jeweiligen Bezugspartner (Familie, Arbeitskollegen, Team), Hörbehinderung, zu Mißtrauen („es wird über mich geredet") mit der Neigung, alles auf sich zu beziehen bis zu paranoid-halluzinatorischen Verarbeitungen. – Hier geht es darum, daß der Patient sein Stigma akzeptiert sieht, so daß er es nicht mehr ständig beweisen und verteidigen muß, sondern es sich leisten kann, sein Leben wieder vollständig wahrzunehmen.

6 Körperliche Mißbildungen

Je mehr sie öffentlich stigmatisierend sind, also gegen die ungeschriebenen ästhetischen Normen der Umgebung verstoßen, Ekel, Widerwillen, schamhafte Abwendung oder aggressive Verspottung provozieren und damit ständig zu sozialen Niederlagen führen, desto eher kommen Konstellationen wie bei 4. zustande, mit sozialer Isolation und infantilem Handeln, Bosheit und Rache an der Gesellschaft. Haltung wie bei 4., allerdings sind bei einem mißgebildeten Kind zunächst die Eltern die Patienten. Denn sie nehmen die stigmatisierenden Reaktionen der Gesellschaft oft schon vorweg, schützen die Öffentlichkeit vor dem Anblick ihres Kindes, stellen also schon selbst die soziale Isolation und die ungünstigen Abwehrformen ihres Kindes her, so daß ohne Hilfe später nichts übrig bleibt als die Anstalt. Da es sich hier um lebenslanges Schicksal von Geburt an handelt, gilt im übrigen Kap. 2.

7 Körperliche Eigenarten

Sie gehören zu den am meisten unterbelichteten Bereichen des Aufmerksamkeitsfeldes der Psychiatrie. Gemeint sind alle wirklichen oder vermeintlichen körperlichen Gegebenheiten, durch die jemand sich von den Anderen zu unterscheiden glaubt. Es ist dies ein sehr weites Feld, das umso schwerer zur Wahrnehmung und zur Sprache zu bringen ist, als es tief in unseren kaum befragbaren sozialen Selbstverständlichkeiten verankert ist. Und doch kennt es jeder aus seiner Selbstwahrnehmung.

Beispiel 1: Als Kind wurde ich gehänselt, weil ich dick war. Seit 25 Jahren bin ich nicht mehr dick, sondern „normal". Wenn ich mir aber meinen Körper vorstelle, ja, selbst wenn ich mich im Spiegel betrachte, nehme ich immer noch meinen Körper als dick, eklig und negativ wahr, obwohl ich „weiß", daß das Unsinn ist.
Beispiel 2: Ein 18jähriger Junge mit schizophrenen Symptomen fühlt sich durch sein entstelltes Gesicht gequält, mag es sich und anderen nicht zumuten. Im Gespräch habe ich ihm mehrfach mitgeteilt (und ihn getröstet), er sehe aus wie alle Anderen. Plötzlich, durch irgendeinen Zufall, sehe ich anders als üblich hin: ich entdecke, daß die Gesichts-Asymmetrie in der Tat eine Spur anders ist als beim Durchschnitt. Erst jetzt wird mir klar, daß ich es bisher so wahrgenommen hatte, wie es sozial üblich ist: Man „übersieht" so etwas höflich. Erst jetzt kann ich mir vorstellen, daß dem Jungen bisher nur ein solches höfliches „Übersehen" begegnet ist, wodurch ihm seine nicht-akzeptierte Angst vor dem „Anderssein als Andere" immer überwertiger und berechtigter wurde.
Beispiel 3: In kurzer Zeit haben mehrere Leute in meiner Nähe gesagt „es riecht schlecht!" Dadurch „weiß" ich, daß ich einen schlechten Körpergeruch habe, obwohl ich ihn bei mir nicht wahrnehmen kann (ich mag meinen Körpergeruch gern); aber ich weiß, daß Leute mir soetwas nie direkt sagen würden, da ich weiß, daß ich es auch nicht tun würde.
Beispiel 4: Ich bin schön, ich habe einen schönen Körper, die Leute sagen es mir, und ich kann es mir auch sagen, wenn ich mich mit Anderen vergleiche. Aber meine Schönheit, mein Anderssein, wird mir zum Gefängnis. Ich stehe unter einem großen, aber undeutlichen Erwartungsdruck. Wenn Leute mich ansprechen, weiß ich nie genau, was sie meinen: z.B. „die ist schön, das ist aber auch alles" oder „wenn sie schön ist, muß sie auch sonst vollkommen sein" oder „die ist nur was fürs Bett" oder „ein ästhetischer Genuß"! Ich kann nie unbefangen sein, unauffällig, eine unter Vielen. Ich muß immer auf

der Hut sein, mißtrauisch; niemand sagt mir offen, was er denkt oder will. So habe ich mir einen Abwehrpanzer zugelegt, mache mich unnahbar, kalt und ausdruckslos, zeige meine Gefühle nicht, zeige keine Blöße, lasse niemanden an mich heran und veröde allmählich in dieser Isolierung.

Die Beispiele zeigen der Reihe nach: 1. daß ein Stigma noch wirklich sein kann, auch wenn der Anlaß seit Jahrzehnten nicht mehr besteht; 2. daß winzige körperliche Eigenarten mit Hilfe höflicher sozialer Wahrnehmungsverleugnung zum Stigma gezüchtet werden können; 3. daß auch etwas, das gar nicht existiert, aufgrund der vermuteten Zuschreibung durch Andere, zum Stigma werden kann; und 4. daß nicht nur negative, sondern auch positiv-bewertete Eigenarten im Zusammenspiel von eigenen und fremden Erwartungen zum Stigma werden können. – Die Beispiele zeigen ferner, wie leicht der psychiatrisch Tätige, der auch den üblichen Regeln der Wahrnehmung unterworfen ist, – wenn er nicht aufpaßt – das Spiel der gegenseitigen Erwartungen genauso blind mitspielt wie alle Anderen.

Übung: Sammeln Sie Beispiele, die für Sie zutreffen, und stellen Sie fest, wie sie sich in Ihrem Umgang mit Freunden, Arbeitskollegen bzw. Patienten auswirken.

Für unsere Bemühungen um eine Grundhaltung im Umgang mit Menschen fällt hier ein neuer Hinweis ab: Die 7 Stigmatisierungskonstellationen zeigen die Angst vor dem „Anderssein als die Anderen", vor der „Indivudualität", vor dem Unterschied, während „so sein wie die Anderen" zu beruhigen scheint. Wir sind beruhigter, wenn unser „Nächster" so ist wie wir, sind unsicher und ängstlich, wenn er anders und uns fremd ist. Die Begegnungsangst ist größer. Die Nazis haben den „Volksgenossen" die „Gemeinschaftsfremden", gegenübergestellt, die sie auszugrenzen und zu vernichten suchten (Peuckert). Jemanden aus seinem Anderssein heraus zu verstehen und ihn so sein zu lassen, wie er ist, fällt uns besonders schwer – schon bei unserem Partner, unserem Kind oder unseren Eltern. Daher steht und fällt die Chance eines Teams damit, eine Atmosphäre herzustellen, in der ich nicht aus Angstabwehr (Peinlichkeit, Ekel, Scham, Höflichkeit) gerade auch körperliche Besonderheiten und Unterschiede „übersehe", sondern vollständig wahrnehme, den Unterschied gerade nutze, eine Atmosphäre, in der der Patient daher sich aus seiner auch körperlichen Andersartigkeit, Besonderheit und Individualität heraus verstanden und anerkannt fühlen kann. Außerdem fällt gerade hier wieder auf, daß es im Umgang mit Menschen nie nur um einen Menschen geht: Die geschilderten Stigmatisierungen zeigen, daß es grundsätzlich immer mehrere Menschen sind, die eine Landschaft bilden, die sich mit ihren Erwartungen gegenseitig etwas tun, wobei einer von ihnen u. U. über die Klinge springt. Hilfe brauchen alle Beteiligten. Dabei ist die Gesamtsituation oft genug leichter über die Mitspieler zu ändern als über denjenigen, der seinen Opfergang schon angetreten hat. Schon aus diesen Gründen ist psychiatrische Konsiliar- und Beratungstätigkeit (Ärzte, Sozialarbeiter, Psychologen, Schwestern) auf internistischen/chirurgischen Stationen, im Heim, in der Familie und Wohngemeinschaft nicht nur nützlich für die Empfänger, sondern vor allem auch unerhört lehrreich, beinahe notwendig für jeden psychiatrisch Tätigen. Darin besteht einer der großen Vorteile der psychiatrischen Abteilung am Allgemeinkrankenhaus gegenüber dem PKH. Wenn Sie diese Fortbildungschance nutzen, müssen Sie sich nur vor einem Fehler hüten: Mehr als mit dem gerade betroffenen Patienten haben Sie mit dem Stammpersonal der jeweiligen Station zu arbeiten, schon weil die Selbstwahrnehmung des Stationsteams diagnostisch mehr hergibt als mein momentaner Zufallseindruck von dem Patienten. Außerdem geht es darum, diesem Stammpersonal eine angemessene Grundhaltung zu vermitteln, damit sie in Zukunft selbst die Begegnungen mit ihren Patienten vollständiger und offener nutzen können. Daß Sie mit dieser Tätigkeit nach einer gewissen Zeit erfolgreich sind, merken Sie daran, daß Sie seltener gerufen werden: Sie haben dem Team dieser Station nichts ab- und weggenommen, sondern es befähigt, sich selbst dadurch überflüssig gemacht. Während dieser Tätigkeit werden Sie auch entdecken, daß selbst schwer psychotische Patienten oft auf einer internistischen oder chirurgischen Station schneller und leichter wieder zu sich finden als auf einer psychiatrischen Station. Das wird Sie verblüffen und nachdenklich machen und Ihnen hoffentlich Anregungen geben zu einer alltagsnäheren Umgestaltung Ihrer eigenen psychiatrischen Station.

II Körperkränkung mit Hirnbeteiligung

Hier geht es um die Frage, welche hirneigenen oder hirnbeteiligenden Grundstörungen den organischen Psychosyndromen zu Grunde liegen können, wie sie zu diagnostizieren, zu therapieren, zu pflegen und zu rehabilitieren sind. Meist ist Zusammenarbeit mit anderen medizinischen Spezialisten erforderlich, so mit Neurologen, Neurochirurgen, Internisten, Chirurgen, Ophthalmologen. Daher werden die organischen Grundstörungen nur in den für die psychiatrische Praxis wichtigsten Aspekten dargestellt; darüber hinaus wird auf die zuständigen Fachbücher verwiesen.

1 Hirndiagnostische Technik

Die klinisch-neurologische Untersuchung ebenso wie die technischen Zusatzmethoden sind aus neurologischen Fachbüchern zu lernen, hier nur die Grundzüge:

a) Liquordiagnostik

Entnahme der Hirn-Rückenmarksflüssigkeit lumbal, zisternal oder u. U. aus dem Hirnventrikel, wodurch sich die Normalwerte leicht verschieben. Druckmessung: Werte über 200 und unter 50 mm H_2O im Steigrohr (an die Punktionsnadel angesetzt) sind pathologisch.

Queckenstedtscher Versuch: Bei Kompression der Jugularvenen tropft oder spritzt der Liquor schneller; das bleibt aus, wenn die Liquorpassage durch ein Hindernis verlegt ist.

Zellzahl: über $^{9}/_{3}$ nicht mehr normal; bei Eiterbeimengung Liquor trübe, bei älterer Blutung gelb-rötlich (xanthochrom).

Gesamteiweiß (normal 20–30 mg%): Guillain-Barrésches Syndrom (Eiweiß, aber nicht Zellzahl erhöht) bei Polyneuritiden und Sperrliquor.

Liquoreiweißelektrophorese: Erhöhung der Beta-Globuline bei atrophisierenden und degenerativen Krankheiten; Erhöhung der Gamma-Globuline bei Entzündungen; „Serumliquor“, wenn Serumspektrum besteht, d. h. Blut-Liquorschrankenstörung, z. B. bei bakterieller Meningitis, Guillain-Barré oder Sperrliquor.

Eiweißquotient: Globuline/Albumine (normal $^{1}/_{4}$); wenn über 1, dann Hinweis auf progressive Paralyse oder Hirntumor.

Normomastixreaktion: Linkszacke meist bedingt durch Gamma-Globulin-Zunahme z. B. bei Entzündungen; Rechtszacke = Serumkurve bei Gesamteiweißerhöhung durch Serumaustritt infolge Schrankenstörung.

Wassermannreaktion wird heute zum Lues-Nachweis durch Meinecke-, Citochol-, Präcipitations- und Nelsonreaktion ergänzt.

Liquorzucker (und Chloridgehalt) bei Meningitis erniedrigt, bei Enzephalitis eher erhöht.

Kontraindikation für Lumbal- und Zisternalpunktion: schon der kleinste Verdacht auf einen raumfordernden Prozeß der hinteren Schädelgrube, da bei Druckminderung im Spinalkanal die tödliche Einpressung des Kleinhirns in das Hinterhauptloch droht!

b) Luft-Enzephalogramm (PEG) und Echo-Enzephalogramm

Vertauscht man bei der Liquorpunktion den Liquor gegen Luft (30 bis über 100 cm^2), kann man die Hirnventrikel und die Subarachnodalräume röntgenologisch darstellen. So lassen sich raumfordernde und atrophische Prozesse erkennen. PEG heute durch CT meist ersetzbar. – Das Echo-Enzephalogramm läßt raumfordernde Massenverschiebungen dadurch erkennen, daß Ultraschallwellen an der Grenze zwischen unterschiedlich leitungsschnellen Bereichen sich brechen, was von einem Kathodenoszillographen aufgezeichnet wird. Keine Belastung des Patienten.

c) Angiogramm, Hirnszintigramm

Beim Angiogramm bzw. meist beim Arteriogramm wird ein Kontrastmittel in die A. carotis communis (unterhalb der Teilungsstelle) injiziert. Röntgenaufnahmen zeichnen ein Bild über den Verlauf der arteriell-capillar-venösen Hirndurchblutung, für die Diagnostik von Tumoren, Hämatomen, Aneurysmen und sklerotischen Gefäßveränderungen und Verschlüssen. Für den Überblick über die hintere Schädelgrube injiziert man in die A. vertebralis oder – schonender – mit Überdruck in die A. brachialis. Beim Hirnszintigramm werden radioaktive Isotope intravenös injiziert, die im Tumorgewebe mehr als im Hirngewebe gespeichert werden. Das liegt an der Veränderung der Durchlässigkeit der Blut-Hirnschranke.

d) Craniale Computer-Tomographie (CT)

Erlaubt die Darstellung der Hirnstrukturen nach dem Prinzip der Dichtemessung infolge Absorption von Röntgenstrahlen. Der Computer errechnet ein Rasterquerschnittbild des Schädels (80 × 80 Quadrate), ambulant, meist ohne Vorbereitung, ohne Beeinträchtigung und mit geringerer Strahlenbelastung. Dadurch die eingreifenderen Techniken der PEG und der Arteriographie zunehmend überflüssig.

e) Elektroencephalogramm (EEG)

ist die uni- oder bipolare Ableitung der Potentialschwankungen, die als gemeinsame Resultante der elektrischen Aktivität der Hirnzellen auf der Schädeloberfläche, dem Gehirn bzw. aus Einzelteilen des Gehirns abgeleitet werden.

Normales EEG: Alpha-Wellen (8–13/sec) bei Entspannung und Augenschluß, von frontal nach occipital an Amplitude zunehmend, bei Augenöffnen und Anspannung blockiert bzw. durch Beta-Wellen (14–30/sec) ersetzt. Amplitudendifferenz zwischen den Hemisphären und normale Unregelmäßigkeit des EEGs häufig.

Schlaf-EEG und Kinder-EEG (evtl. auch bei Persönlichkeitsstörungen): langsamere Frequenzen, Theta- und Delta-Wellen. Auch am EEG läßt sich also zeigen, daß Schlaf Bewußtseinsaktivität auf regressiven Niveau ist und einem Erholungs- und Entlastungsbedürfnis neurobiologisch wie psychologisch (Realitätsabwehr) dient. Daher auch Traumaktivität nur während der oberflächlichen und bezüglich der EEG-Wellen „schnellen“ Schlafphasen, etwa 6 mal pro Nacht, erkennbar an schnellen Augenbewegungen (rapid eye movements = REM-Phasen). Bloßer Entzug von REM-Schlaf führt ebenso wie totaler Schlafentzug zu Störungen, bisweilen neurotischen oder psychotischen Ausmaßes. Durch Schlafentzugs-EEG oder Provokationsverfahren (Hyperventilation, Flackerlicht, medikamentöse Sedierung) können beim Erwachsenen Krampfpotentiale oder Hirnstörungen deutlicher sichtbar werden.

Pathologisches EEG: Allgemeinstörungen des Gehirns zeigen auch im EEG Allgemeinveränderungen mit langsamen, dysrhythmischen Potentialen, während hirnlokale Störungen (Tumor, Hämatom) Delta-Wellen-Herde und cerebrale Anfallsleiden „Krampfspritzen“, „Spitzen und Wellen“ (spikes und waves) bewirken.

Langjährige ständige EEG-Erfahrung ist unabdingbar. Unzuverlässige, überflüssige oder gefährliche Bewertungen kommen heraus, wenn jemand dieses Instrument so nebenbei mitbenutzt.

2 Psychodiagnostische Technik

Leistungsfunktionsstörungen sind im Rahmen der Landschaft eines Menschen und seiner Ausgangspersönlichkeit zu sehen. Anwendung von Tests ist sinnvoll, wenn sich aufgrund eines Ereignisses im Lebenslauf oder von Beschwerden die Vermutung einer Hirnschädigung verdichtet. Bei Gedächtnisstörungen wird man die Wechsler Memory Scale als allgemeines und den Benton-Test als spezifisches Verfahren anwenden. Auch Untertests allgemeiner Verfahren sind anwendbar. Aussagen über die Gedächtnisfähigkeit sollten sinnvolles Material, mechanisches Material, den Gedächtnisumfang und die Diskrepanz zwischen Alt- und Neugedächtnis betreffen sowie, ob es sich um eine echte Minderung der Gedächtnisfähigkeit handelt oder ob die Leistung gemindert ist aufgrund verlangsamter Aufnahme, durch Störung der Aufmerksamkeit oder durch Abstumpfung im Rahmen eines allgemeinen Abbaus.

Sensomotorische, perzeptive und sprachliche Funktionsstörungen sind mit Leistungstests zu prüfen: 1. Drahtbiegeprobe, Zweihandprüfer, Purdue Pegboard, Tapping, Zahlensymboltest des Hamburg Wechsler Intelligenztest (HAWIE). 2. Bender-Gestalttest, Mosaiktest des HAWIE, Figurenlegen des HAWIE, FLT und Untertests aus anderen allgemeinen Intelligenztests, z. B. IST und LPS. 3. Gemeinsamkeitenfinden des HAWIE, Wortschatztest – sofern sie nicht zur Beschreibung des allgemeinen Intelligenzniveaus herangezogen werden und sofern diskrete Störungen beobachtbar sind.

Bei Reha-Fragen der Berufsfindung bzw. Umschulung ist zu berücksichtigen, daß beruflich sich auswirkende Intelligenzleistungen oft nicht in sprachlichen Tests zum Ausdruck kommen. Daher berufsspezifische Tests und Verhaltensproben sowie Angaben über Belastbarkeit (Intensität und Dauer) und Konzentrationsfähigkeit. Entsprechende Testverfahren sind in Absprache mit dem Patienten auszuwählen, da z. B. eine schlechte Leistung (Schwankungen, Fehlerzahl) im Pauli-Rechentest darauf zurückzuführen sein kann, daß jemand abgeneigt ist, sich einfachen Rechenaufgaben zu stellen.

Aussagen über das Temperament und Störungen aufgrund einer Hirnschädigung im Sinne größerer Enthemmung, Reizbarkeit, Antriebsschwäche, geschwächter Selbstkontrolle sind anhand von Daten aus den Persönlichkeitsfragebogen – jedoch sehr vorsichtig – zu machen. Beeinträchtigung komplexer geistiger Funktionen (Neuanpassung, Differenzierungs-, Organisations- und Steuerungsfähigkeit) sind anhand von Wahrnehmungen der Handlungsweisen eines Menschen, von Daten aus dem Gesprächs-Austausch bzw. durch qualitative Testauswertung zu beschreiben: z. B. wie geht der Patient mit den unterschiedlichen Testanforderungen um? Erhöhter Zeitaufwand, Hafttendenzen, Deutungswiederholung, Verminderung der Deutungsproduktion bei formunscharfen, vermehrten Ganzdeutungen im Rorschach-Formdeuteverfahren weisen auf eine hirnorganisch bedingte Störung der geistigen Flexibilität, des Problemerkennens und der Problemlösung in komplexeren, unstrukturierten, emotionalen Situationen hin.

3 Frühkindliche Hirnschäden

Hierzu rechnen die Folgen aller prä-, peri- und postnatalen Schäden, die das Gehirn während seiner Ausreifungsphase, also zwischen 6. Schwangerschaftsmonat und Ende des 1. Lebensjahres, hemmen. Wird der Schaden nicht kompensiert, lassen sich je nach Schwerpunkt und Ausmaß 3 Störungsgruppen unterscheiden.

a) Zerebrale Kinderlähmung

Spastische Lähmungen, athetotische oder choreatische Bewegungsstörungen, Dysarthrie, epileptische Anfälle, oft kombiniert mit Schwachsinn, (vgl. neurologische bzw. pädiatrische Lehrbücher).

b) Früherworbener Schwachsinn (vgl. Kap. 2)

c) Frühkindlicher Residualschaden

Auffälligkeiten im psychosozialen Handeln, während Intelligenz und Motorik intakt, nur leicht oder teil-beeinträchtigt sind. Ihre praktische Bedeutung zeigt ihre Epidemiologie: Lempp fand sie bei 41 % verhaltensgestörter Kinder, aber auch bei 17 % einer Zufallsauswahl von Schulkindern. Jeder von uns kann also eine solche Beeinträchtigung haben, von der er unter günstigen Umständen lebenslang nichts merkt. Unter schärferen Leistungs- und Konkurrenzanforderungen in Schule oder Beruf oder in dauerbelastenden zwischenmenschlichen Beziehungen kann jedoch die unterschwellige Behinderung zu Versagen und Zusammenbruch führen. Da aber niemand eine hirnorganische Bedingung vermutet, werden fälschlich die Umstände (Schule, Familie, Bezugspartner) oder der Betroffene selbst beschuldigt. Aus der Nicht-Wahrnehmung wird Verleugnung und Abwehrbildung: so wird das trotzige, „unartige“, neurotische oder verhaltensgestörte Kind gezüchtet. (Vgl. Abschnitt „Psychorganische Schwächung“).

Residualschäden äußern sich in körperlichen Merkmalen (Schädelasymmetrie, konstitutionelle Dysplasien), häufiger in der Sprachentwicklung,

Teilagnosien (z. B. Legasthenie), Konzentrationsschwäche, Reizüberempfindlichkeit, Antriebssteigerung bei mangelnder Ausdauer, Gehemmtheit, Distanz- und Beziehungsunsicherheit, scheinbar grundlosen Minderwertigkeitsgefühlen. Manche Kinder bringen es ersatzweise-kompensierend in nicht-behinderten Bereichen zu besonders guten (aber auch spezialisiert-engen) Leistungen. Andere neigen dazu, sich durch ehrgeizige, ständige Selbstüberforderung zu erschöpfen.

Hyperkinetisches Syndrom: Ständige überwache Aufmerksamkeit, psychomotorische Unruhe, aggressives Handeln.

Legasthenie: Frühkindlich erworbene oder erblich-angeborene, bei Jungen 5mal häufigere Lese- und Rechtschreibeschwäche. Vor allem Umlaut und Doppellaute werden schwer erfaßt, Vokale und Endsilben vergessen oder verdoppelt. Das Ausmaß der Hirnbedingtheit ist noch umstritten. – Auch hier Gefahr der Neurotisierung durch Fremd- oder Selbstabwertung. Frühzeitige logopädische Betreuung entscheidend.

4 Körperkrankheiten mit Hirnbeteiligung

a) Infektionskrankheiten

Praktisch alle können zu AOP führen, häufiger: Grippe, Pneumokokken-Pneumonie (mehr delirant), Virus-Pneumonie (dysphorisch-apathisch), Typhus, bakterielle Ruhr, Endocarditis, Sepsis, Erysipel, akutes Gelenkrheuma, Chorea minor, auch Echinokokken- und Askariden-Befall. Ob die Hirnbeteiligung über Erreger-Toxine, die Erreger selbst oder über gleichzeitige Infektion des Körpers und des Gehirns (z. B. bei Tollwut- und Fleckfieber-Enzephalitis) erfolgt, ist nicht immer zu klären.

b) Krankheiten innerer Organe

Bei Herzkrankheiten (bes. Aortenstenose, Mitralinsuffizienz) AOP aufgrund von Hirn-Hypoxie und Angst. Hepatitis: prä- wie postikterisch Durchgangssyndrome. Leberzirrhose (bes. bei portokavalem Shunt): COP. Pankreatitis: schon zum Zeitpunkt noch fehlender Bauchsymptome delirante, paranoide, schizophreniforme Zustände, die fälschlich schon zu Hirnoperation verführt haben. Auch B12-Avitaminose, Porphyrie, Lupus erythematodes, M. Paget, Erythroblastose, Polyzythämie, Gicht, Urämie oder ein Karzinom können als erstes durch ein organisches Psychosyndrom auffallen.

c) Endokrinopathien

Bewirken ein endokrines Psychosyndrom (s. dort) oder in der akuten Stoffwechselkrise ein AOP. Durch medikamentöse Substitution rückbildungsfähig, wenn es nicht durch Hirnatrophie, endogenen Anteil oder Neurotisierung dauerhaft wird.

Besonderheiten je nach Organ: Hypothyreose und Myxödem: antriebsarm, apathisch, paranoid, ohne Substitution Demenz. Hypoparathyreodismus, dysphorisch, schizophreniform. Hyperthyreose: reizbar, ängstlich, argwöhnisch bis paranoid; delirant in der metabolischen Krise; gelegentlich paranoid-halluzinatorische Psychose, die fortbestehen kann. Hypophysäre Simmondssche Kachexie: apathisch oder delirant bis zur Erschöpfung, Stupor, Koma; die Cortison-Behandlung kann selbst ein toxisches Delir erzeugen. Diabetes: AOP oder COP, durch Hirngefäßschwäche mitverursacht. Akromegalie und eosinophiles Adenom: dysphorisch oder paranoid. Diabetes insipidus: hysterisch. Adiposogenitale Dystrophie (Fröhlich): akute oder chronische Syndrome. Addisonsche Erkrankung: dysphorisch, ängstlich, reizbar, delirant. Cushing-Syndrom: apathisch, schizophreniform-introvertiert. Adrenogenitales Syndrom: sexuelle Identitätskrisen bis zu psychotischem Ausmaß. Phäochromozytom: Angstzustände. Hypogonadismus, Hermaphroditismus, Klinefelter-Syndrom: depressive Zustände und Geschlechtsrollenkonflikte.

d) Generationsvorgänge

Endokrine und psychosoziale Bedingungen nicht abgrenzbar, weder bei den teils depressiv, teils endokrin wirkenden Syndromen prämenstruell und im Klimakterium noch bei den Schwangerschafts- und den häufigeren Wochenbettpsychosen. Je kürzer Psychosebeginn nach Entbindung, desto eher AOP, dies auch bei Eklampsie und Hyperemesis. Aber fast alle Wochenbettpsychosen bekommen oder haben einen endogenen Stil, nach Krüger 50% schizophreniform, 25% depressiv, 25% mischpsychotisch. Beginn der Wochenbettpsychose meist um den 10. Tag, wenn mit der Entlassung die Klinikgeborgenheit gegen die neue Mutterrolle getauscht wird. Erstgebärende werden am häufigsten psychotisch. Oft wird eine ambivalent-gestörte Beziehung zum Kind vermutet, die die Mutter nur in der Psychose (interesselos, aggressiv oder zwanghaft besorgt) zu äußern sich traut. Offener Ausdruck *aller* Gefühle während der Schwangerschaft ist also präventiv.

5 Ernährungsmängel (Dystrophien)

Nach langjähriger KZ-Verfolgung oder Kriegsgefangenschaft als Folge schwerer Hungerdystrophie (extreme Abmagerung und Eiweißmangelödeme) kann ein COP überdauern. Symptome: antriebsverarmt, verlangsamt, schnell erschöpfbar, dysphorisch, durchsetzungsunfähig, Schlafstörungen. Im CT geringe Erweiterung der Ventrikel, im EEG Allgemeinveränderungen. Offenbar Hirnschrumpfung durch Hirnödem, wie auch bei Säuglingsdystrophien, Hirntraumata und schweren Infektionen. Die Betroffenen gelten oft lange Zeit als Versager, bis ihre hirnorganische Behinderung technisch und gutachterlich wahrgenommen werden kann. Andere Ernährungsmangelkrankheiten können zu ähnlichen Schäden führen: Pellagra, Beriberi, Wernicke-Enzephalopathie, Magenkarzinom, perniziöse Anämie), Skorbut (Vitamin C-Mangel) sowie die tropische Eiweißmangelkrankheit Kwashiorkor. Therapie: vollständige Ernährung. Dasselbe gilt in Entwicklungsländern für die Prävention.

6 Postoperative Psychosyndrome

Sie sind Alarmsignale des vital verunsicherten Organismus, äußern sich delirant, paranoid-halluzinatorisch, verwirrt oder dysphorisch, treten akut auf, dauern 2–14 Tage und verselbständigen sich selten. Angst (geäußert und abgewehrt) besteht immer, ist zugleich wichtigster therapeutischer Ansatzpunkt. Am häufigsten wenn die Operation Herz (20–50%), Lunge, Gehirn, geschlechtsbedeutende Organe (Gebärmutter, Brust, Prostata), Augen, Hormonorgane, Kiefer- oder Bauchbereich betrifft.

Entstehung: Das Zusammenwirken der Bedingungen ist meist unklar. Hier eine Auswahl: Bedeutung des Organs für den Patienten; Bedeutung der körperlichen Intaktheit oder des Lebens; Angst vor dem Tod; Angst, sich mit der Operation völlig aus der Hand zu geben; Präoperative psychosoziale Belastung; mangelhafte präoperative Vorbereitung (kein Eingehen auf die Angst, keine die Operationsfolgen vorwegnehmende Ausrichtung auf die Zukunft, keine technische Aufklärung); mit der Operation einhergehende Veränderungen im Organismus (Blutverlust, Erschöpfung, endokrine Störung, Elektrolytstörung, vor allem Hypokaliämie, Infektionen); präoperativ bestehender, aber geleugneter Alkohol- oder Medikamentenmißbrauch (Lebensgefahr!); Auswirkungen der prä- oder postoperativen Medikation; Herz-Lungen-Maschine (Dauer der Versorgung durch sie, u. U. toxische Stoffe durch das Material der Maschine, anschließende postoperative reizverarmte Intensivbehandlung); Hirnschädigung durch die Narkose (Dauer der Narkose, technische Fehler oder anders bedingter Sauerstoffmangel).

Längerer Sauerstoffmangel des Gehirns (Hypoxie, Anoxie) führt auch aus anderen Gründen zu Nekrose bzw. Schwund des empfindlichen Hirngewebes und damit zu Delir, Verwirrtheit oder Demenz; z. B. hoher Blutverlust, Anämie, Durchblutungssturz bei Herz- und Gefäßkrankheiten, perinatale Asphyxie, Versuche des Erhängens oder Erwürgens, Höhenkrankheit, Taucher-(Caisson-) Krankheit und Raumfahrt-Schäden.

Der psychiatrische Konsoliardienst kann eine falsch indizierte Operation verhindern, wenn z. B. bei bisher unerkannter Depression oder Medikamenten-Abhängigkeit ein Patient seine Beschwerden in *ein* Körperorgan lokalisiert oder wenn jemand aus der Haltung der Selbstbestrafung, der Abhängigkeit oder des Wunsches, seine Lebensschwierigkeiten durch ein technisches „Wunder“ loszuwerden, den Chirurgen zur Operation drängt („Operationssucht“).

7 Akute und chronische Vergiftungen

a) Medikamente

Die meisten wirksamen Medikamente setzen eine Störung im Organismus, können grundsätzlich keimschädigend wirken und zu AOP bzw. COP führen. Das Einnehmen von Medikamenten ist uns schneller zur alltäglichen Selbstverständlichkeit geworden, als wir das Abwägen ihrer Chancen und Risiken lernen konnten. Das ist nachzuholen. So geht es z. B. um den Unterschied zwischen 2 Situationen: einmal nehme ich das Risiko medikamentös bedingter Psychosyndrome in Kauf, weil im Verhältnis zur Grundstörung der Vorteil größer ist als der nur mögliche Nachteil (etwa bei Antibiotika, Cortison, Neuroleptika). Das andere Mal verweigere ich mich genauso bewußt, nämlich wenn ich nach gründlicher Untersuchung dem Patienten mitteile, daß trotz seiner Beschwerden entweder das Risiko einer Medikamentenverschreibung nicht gerechtfertigt oder er beim Arzt überhaupt an der falschen Adresse ist, etwa weil er mit seinen Beschwerden leben zu lernen hat, weil er Psychotherapie oder eine soziale Problemlösung braucht. Solche Verweigerung ist schwer, da gegen die Erwartung gerichtet, man könne Schwierigkeiten chemisch wegzaubern, gegen den Wunsch, in jedem Fall für seinen Patienten, Klienten, Kunden etwas tun zu können oder zu müssen (z. B. damit der Patient das Gefühl hat, „daß irgend etwas geschieht"), also ein Schritt, u. U. auch gegen die eigenen ökonomischen Interessen.

Der Wirkmechanismus für medikamentös bedingte Psychosyndrome ist oft nicht klar. In Betracht kommt toxische oder allergische Schädigung („zerebrale Arzneimittelallergose") oder Auslösung einer unterschwelligen Psychose.

Im einzelnen: Antibiotika, Sulfonamide, Tuberkulostatika bewirken auch bei therapieüblichen Dosen delirante Syndrome, selten – bei vorgeschädigter Blut-Hirn-Schranke – auch mit tödlichem Ausgang. Bei mehrfacher Plasma-Infusion, verschiedenen Arten eines Heilserums, Antihistaminika, Penicillin, Novocain, Jodoform, Quecksilber, Pyrifer auftretendes AOP kann als allergische Reaktion aufgefaßt werden; zu bekämpfen durch Absetzen des Anti-gen-Medikaments und Dehydrierung. Kortikosteroide können auch heute noch manische, depressive oder paranoide Zustände zur Folge haben. Disulfiram (Antabus), Akineton, Artane, aber auch Digitalis, Atropin, Atebrin können delirante oder paranoid-halluzinatorische Zustände nach sich ziehen, Reserpin und Rauwolfiapräparate eher Depressivsein. Schmerz-, „Schlaf"-, Aufputsch-, Antiasthmamittel, Halluzinogene, Insulin, Neuroleptika und Tranquilizer vgl. Kap. 8 u. 17.

b) Industriegifte

Akute Intoxikationen durch industrieübliche Lösungsmittel: Toluol, Benzol, Schwefelkohlenstoff, Trichlor- oder Tetrachlor-Verbindungen. Schwermetalle, Phosphor, Arsen, Thallium, Ammoniak bewirken delirante Zustände, die in COP übergehen können. Chronische Bleivergiftung führt zu Apathie, Reizbarkeit, Kopfschmerz, Schlafstörung, auch zur Demenz. Ähnliches gilt für Quecksilber-Enzephalopathie. Auch bei einmaliger Vergiftung kann es (z.B. bei Ammoniak, Bleitetraäthyl, E 605) zu einem COP kommen, auch neurologische Spätschäden. Kohlenmonoxyd oder Leuchtgas: nicht nur akute Vergiftungen (als Unfall oder Suizidversuch), sondern zunehmend auch chronische Vergiftungen, z.B. bei zu langer Exposition in Garagen, Flugzeughallen oder im Straßenverkehr. Reizbarkeit, gelegentliche leichte Bewußtseinstrübung oder Leistungsabfall sind erste Anzeichen. Das Arsenal der Industriegifte weitet sich täglich aus.

c) Alkohol: vgl. Kap. 8.

8 Entzündliche Hirnkrankheiten

a) Neurolues

Noch um 1900 litten 20–50% der PKH-Patienten an den Folgen des Lues (Syphilis). Daher war die Entdeckung der Ursache (Spirochaeta pallida) und der ersten wirksamen Therapie (Malariakur durch Wagner von Jauregg 1917) für das psychiatrische Denken lange Zeit richtungsweisend. Seit 1943 wurde Penicillin entscheidend.

- *Frühluische Meningitis* (Sekundärstadium): Symptome dezent, „asthenisches Syndrom": Schwindel, Benommenheit, emotionelle und vegetative Labilität, flüchtige Lähmungen und Verstimmungen. Kann ohne Behandlung abklingen. Reflektorische Pupillenstarre, positiver WaR und Liquor-Zellvermehrung, wenn man daran denkt!
- *Lues zerebrospinalis* (Tertiärstadium): 3–5 Jahre nach Infektion, befällt mesodermale Anteile, also meist als vaskuläre Form (Gefäßverschlüsse und ischämische Erweichungsherde, daher Verwechslungsgefahr mit Hirngefäßleiden, einschließlich Schlaganfall, wenn Pupillen-, Liquor- und Blutbefunde übersehen werden!); seltener als meningitische Form (Spätmeningitis: verläuft subakut, bevorzugt Hirnbasis); gummöse Form selten (Verwechslung mit anderen raumfordernden Prozessen). Therapie auch hier Penicillin.
- *Progressive Paralyse* (Quartärstadium): 5–15 (3–30) Jahre nach Infektion, bei 10% der Infizierten als chronische Enzephalitis (ektodermal, d.h. Hirngewebe befallen). Verlauf: in 1–3 Jahren Demenz und Tod (selten in wenigen Wochen). Kombination mit Tabes möglich. Anatomisch: Rindenatrophie, besonders frontal. Frühdiagnose in den 3 Monaten nach Symptombeginn für volle Heilung entscheidend: Ermüdbarkeit, Vergeßlichkeit, intellektuelles Versagen; Vernachlässigung des Äußeren und der Form, alberne und taktlose „Ausrutscher"; gelegentliches Versprechen oder artikulatorische Sprechstörung (Dysarthrie: verwaschenes oder silbenschmierendes Sprechen, daher Testworte wichtig wie „schleimige schuppige Schellfischflossen", „Flanell-

lappen"); mimische Schlaffheit, Gesichtsflattern oder mimisches Beben um den Mund. Jemand mit so vieldeutigen Symptomen wird leicht auf einen falschen Weg gewiesen. Die Frage nach Geschlechtskrankheiten darf mir genauso wenig „peinlich" sein wie die nach Suizidgedanken! Neurologischer Befund: Argyll-Robertson-Zeichen (reflektorische Pupillenstarre, d.h. fehlende oder herabgesetzte Reaktion auf Licht bei erhaltener Konvergenz- und Naheinstellungsreaktion); Pupillen entrundet, ungleich (Anisokorie), auch mal verengt (Miosis). Liquorbefund: mäßige Zellvermehrung (bis 150/3). Anstieg des Gesamteiweißes auf 50–100 mg ‰, besonders Globulinanstieg, daher Eiweißquotient um oder über 1,0; tiefer und breiter Linksausfall der Mastixreaktion; Erhöhung der Gamma-Globuline und Verminderung der Albumine in der Elektrophorese); WaR und die anderen Lues-Reaktionen meist im Liquor und Serum positiv, wenigstens der Nelson-Test. – Im Verlauf hohe Verwechslungsgefahr mit anderen psychiatrischen Syndromen. Die progressive Paralyse kann sich entwickeln als: 1. COP (Stirnhirnsyndrom); 2. euphorisch-expansives Syndrom (gegenüber einer Manie Maßlosigkeit: Patient ist Obergott, besitzt Millionen Schiffe); 3. Depression (hier Erspüren der „organischen Tönung", besonders schwer); 4. paranoide Beziehungssetzungen (Abwehranteil der Symptome überwiegt); und 5. AOP (Delir). In jedem Fall schreitet die organische Persönlichkeitsveränderung fort.

Die jugendliche Form aufgrund einer angeborenen (kongenitalen) Lues über die infizierte Mutter äußert sich in der Schulzeit zusätzlich durch die Hutchinson-Trias: Innenohrschwerhörigkeit, tonnenförmige Einkerbung der Schneidezähne, Keratitis parenchymatosa. Auch diese Form führt unbehandelt in wenigen Jahren zum Tod.

Therapie: 12 Tage lang je 1 Mill. Einheiten Depot-Penicillin, notfalls Wiederholungskuren. Decortin i.m. mit der ersten Penicillingabe, dann einige Zeit per os. Bei Penicillin-Unverträglichkeit oder Resistenz Tetracyclin, u.U. Kombination mit Fieberkur (Pyrifer) oder der sonst überholten Salvarsan-Wismut-Kur. Erste Liquor-Kontrolle 3 Monate nach der ersten Kur, zweite 2 Monate nach der 2., dritte nach 1 Jahr, dann in größeren Abständen. Die Liquor-Veränderungen verschwinden in der Reihenfolge: Zell-, Eiweißvermehrung, Kolloidkurvenbefund, Luesreaktionen. Letzteres trotz Kurerfolg nicht immer erreichbar. Bei Frühtherapie für 50% Heilung, für 25% wenigstens soziale Anpassung.

b) Andere entzündliche Hirnkrankheiten

- Jede *Meningitis* (Hirnhautentzündung) bewirkt ein AOP, von kaum wahrnehmbarer Bewußtseinstrübung bis zum schwersten delirant-komatösen Syndrom.
- Die *Enzephalitis* (Hirnentzündung) führt häufiger in die Psychiatrie. Die heute seltene *Enzephalitis lethargica* (v. Economo) ging als Epidemie 1916–28 um die ganze Erde, beginnt mit AOP und mit Umkehr des Schlafrhythmus,

mit unfreiwilligem Augenrollen (bei Augenmuskelbefall) und mit aggressiven Zwangsgedanken. Im akuten Stadium stirbt $^1/_3$. Folgeschäden: COP im Sinne eines fortschreitenden Parkinson-Syndroms (auch nach jahrelanger Latenz) oder Demenz, jedoch auch paranoide, katatone, schizophreniforme, manische, depressive, zwanghafte oder aggressive Syndrome. Die Erkrankung kann auch als psychorganische Schwächung (mit gelegentlichen psychotischen Äußerungen) halbwegs ausheilen. Ähnlich andere Formen der Enzephalitis, so die

- *Tollwut* (Lyssa)-Enzephalitis: ohne Frühimpfung 10–30 Tage nach Verletzung durch infiziertes Tier, Delir, Apathie, Reizbarkeit, quälende Kontraktionen beim Essen oder Trinken (daher Hydrophobie), in wenigen Tagen tödlicher Verlauf.
- *Cerebrale Toxoplasmose:* bei fetaler Protozoeninfektion vor oder nach der Geburt allgemeine und Hirnentzündung.
- *Fleckfieber-Enzephalitis:* Bei Rikettsien-Infektion (epidemisch in Kriegen, auch in KZ-Lagern) delirantes Syndrom, im Verlauf oft konfabulatorisch, später psychorganische Schwächung oder Demenz. – Weitere Enzephalitiden nach Grippe, Windpocken, Masern, Mumps, Pocken oder durch Infektion durch andere neurotrope Viren, von denen ständig neue Arten entdeckt werden. Hirnentzündungen im Kindesalter hinterlassen außerdem alle Grade des geistigen Zurückbleibens, Krämpfe und unkontrolliertes (aggressives, sexuelles) Handeln.
- *Multiple Sklerose:* (Enzephalomyelitis disseminata): Entmarkungsschäden im gesamten zentralen Nervensystem, evtl. durch Virus bedingt, beginnt um das 3. Lebensjahrzehnt, schreitet fort, Verlauf aber außerordentlich wechselnd und von Lebensbedingungen abhängig. Symptome: Sehschwäche, Nystagmus, Schwäche oder spastische Lähmung der Beine, Intentionstremor, Blasen-Mastdarmstörungen, häufig „oberflächliche“, unselbständige, euphorische, hysterische, nachgiebige und überschwengliche Haltung (also Verleugnung der Krankheit als bevorzugte Abwehr). Patienten mit besseren Möglichkeiten in der Lebensgestaltung und Hilfsbedingungen haben einen eindeutig günstigeren Krankheitsverlauf. Therapeutisch wichtig: Verhinderung von Berentung und längeren Krankenhausaufenthalten, Strukturierung des Tageslaufs, Gleichgewicht zwischen Ruhe und sinnvoller Aktivität sowie Vermittlung einer Lebenshaltung, die Angst zuläßt, statt sie abzuwehren, und *mit* der Krankheit zu leben erlaubt.

9 Traumatische Hirnschäden

a) Hirnerschütterung (Commotio cerebri):

Durch meist stumpfe Gewalteinwirkung (Schlag und/oder Fall) bewirkte funktionelle, anatomisch nicht faßbare Hirnschädigung ohne Dauerfolgen. Symptome: sofortige Bewußtlosigkeit von Sekunden bis zu 1–2 Stunden (durch plötzliche Hirnbeschleunigung bzw. -abbremsung); retrograde und anterograde Amnesie („keine Erinnerung an eine kurze Zeit vor und nach dem Unfall"); diffuser Kopfschmerz, Schwindel, oft anfangs Übelkeit und Erbrechen. Nach dem Erwachen: verwundert, verwirrt, auch ängstlich und bedroht-mißtrauisch (Durchgangssyndrom).

Therapeutische Haltung anders als früher: Der Patient soll 1. ausführlich seine Gefühle äußern, Ärger über den Unfall, Angst, Befürchtungen („jetzt beruhigen Sie sich erstmal!" verstärkt nur die Beunruhigung); 2. über den Unfall vollständig informiert werden (er wird nicht geschont!); 3. früh und stufenweise belastet werden (Bettruhe nur wenige Tage); und 4. nach Möglichkeit keine Schmerz-, Beruhigungs- und Schlafmittel bekommen (wenn doch, dann mit der Maßgabe: „das Mittel wird zunächst auf 3 Tage befristet; wir wollen Ihnen die Beschwerden nicht nehmen, nur erträglich machen").

Dadurch soll der Patient Unfall und Commotio angemessen bewerten. Denn bei Unterbewertung Gefahr mangelnder Schonung und zu später Wahrnehmung von Komplikationen (Hämatombildung). Bei Überbewertung Gefahr, daß Patient Beschwerden zur Erklärung für bestehende Lebensschwierigkeiten benutzt. Was früher dem Patienten als raffinierte Simulation und Rentenwunsch in die Schuhe geschoben wurde, ist oft durch falsche Haltung der ersten Therapeuten zumindest mitgebahnt. Arbeitsfähigkeit meist nach 3–6 Wochen. Das überwiegend vegetative „postkommotionelle Syndrom" (Kopfschmerz, Schwindel, Puls- und Blutdruckschwankungen, Schwitzen, z.B. beim Bücken und körperlicher Belastung) kann jedoch eine gewisse Erwerbsfähigkeitsminderung bis zu $^1/_2$ Jahr bedingen.

b) Hirnquetschung (Contusio cerebri)

Durch stumpfe oder punktuelle Gewalteinwirkung mit und ohne Schädelfraktur entsteht eine anatomisch faßbare Hirnschädigung, und zwar als Rindenprellungsherd am Ort der Gewalteinwirkung oder am Gegenpol (contre-coup), meist über Hirnödem und Zirkulationsstörungen. Die Hirnatrophie ist im CT erst nach einigen Wochen, meist an den inneren Liquorräumen nachweisbar. Das EEG zeigt Herdbefunde und/oder Allgemeinveränderungen.

Differentialdiagnostisch und gutachterlich gilt gegenüber Commotio: längere Bewußtlosigkeit (über 3 Stunden bis mehrere Tage), außer bei rasanter Gewalteinwirkung (Schußverletzung): längere Amnesie; neurologische Ausfälle; Krämpfe; Blutungen aus Schädelöffnungen, die beschriebenen Veränderungen im EEG und CT. Beschwerden wie beim schweren Kommotionssyndrom. Aus der Bewußtseinstrübung kann ziemlich abrupt ein AOP, die „Kontusionspsychose" entstehen. Im Stil delirant, konfabulatorisch, paranoid-halluzinatorisch oder dysphorisch-euphorisch, dauert sie Tage bis Wochen und ist wegen der unkontrollierbaren Angst, Erregung und Aggressivität ein pflegerisch-therapeutisches Problem.

Dauerschäden: COP, zentral-vegetative Störungen, neurologische Ausfälle oder traumatische Epilepsie, die meist zwischen 2.–4. Halbjahr beginnt. Bei späterem Beginn stets erst Ausschluß einer anderen Ursache (z. B. Tumor!).

Therapie: beginnt mit der Intensivbehandlung: Freihalten der Atemwege, Antibiotica-Prophylaxe, Blasenkatheter und vor allem Infusion zur Kreislaufnormalisierung und mit Zusatz für Elektrolytausgleich und Dehydrierung bei Hirnödem (z. B. Rheomacrodex-Sorbit). Bei Erregung Paraldehyd oder Truxal/Haldol. Keine anderen Sedierungsmittel, Opiate oder Barbiturate. Auch Schmerzmittel und Spasmolytica sind, wenn möglich, zu vermeiden.

Später gibt ein gemeinsam vereinbartes Programm der stufenweisen Wiederbelastung den Rahmen für Hydrotherapie, Gymnastik und Beratung zur Lebensführung (z. B. Alkohol- und Nikotinabstinenz). Größter Fehler: dem Patienten Schonzeit zu verordnen und ihn damit alleinzulassen. Viele wissen nicht, wie man sich schont, den Tag ohne Arbeit gestaltet und sich dabei ein gutes Gewissen erhält. Die „Schonzeit" wird zur Strapaze und kann sich ebenso selbstzerstörerisch auswirken wie ein zu früher Arbeitsbeginn. Ambulante und mobile Nachbetreuung ist also entscheidend.

Gutachterfehler: Solange Psychiater auf die Wahrnehmung von Defekten und nicht von zu entwickelnden Möglichkeiten trainiert sind, werden sie leicht „vergessen", daß Rehabilitation vor Berentung steht.

c) Hirnhautblutungen

Sie gehören zu den gefährlichsten Ereignissen aller psychiatrischer und neurologischer Einrichtungen, da sie bei getrübter Aufmerksamkeit des Teams leicht zu übersehen sind und die sofort erforderlichen neuro-chirurgischen Hilfen zu spät kommen.

- *Epiduralhämatom:* Blutansammlung zwischen Dura und Schädelkalotte (Blutung aus Meningealarterie), schnell zunehmend noch während der Hirntrauma-Bewußtlosigkeit oder nach kurzem freiem Intervall, selten auch ohne Hirntrauma. Alarmsignal: wieder zunehmende Benommenheit und Schläfrigkeit nach vorherigem Wachwerden, weite Pupille, andere Halbseitensymptome und Frakturlinie auf der Seite des Hämatoms.
- *Akutes Subduralhämatom:* Meist bei schwerer Kontusion aus Venenblutung in den subduralen Raum. Symptome: Liquor immer blutig, sonst wie beim Epiduralhämatom. Arteriogramm, CT oder Probetrepanation sichern die Diagnose. Therapie: möglichst schnelle Entlastung von Hirndruck.
- *Chronisches Subduralhämatom:* langsam sich ausdehnendes kleines akutes Hämatom. Nur $^3/_4$ der Patienten erinnern ein vorhergehendes, oft nur leichtes Trauma. Gefährdung bei Antikoangulantientherapie! Das Hämatom wird erst nach Wochen bemerkbar, akut nach 2–3 Monaten. Symptome: wechselnde, aber zunehmende Bewußtseinsstörung, Kopfschmerzen, meist

keine neurologischen Ausfälle, aber xanthochromer Liquor. Beweisend: CT und Arteriogramm. Therapie: neurochirurgisch. Häufiger sind ältere und männliche Patienten betroffen.

d) Hirntraumatische Dauerschäden

Psychorganische Schwächung, hier auch „posttraumatisches Syndrom" genannt, und leichte Persönlichkeitsveränderungen machen $^3/_4$ aller posttraumatischen COP aus. Symptome: Kopfschmerzen, Schlafstörungen, Schwitzen, Ermüdbarkeit, reizbare Schwäche („hyperästhetisch-emotionelles Syndrom"). Entstehungsbedingungen: 1. organische: Schwere des Unfalls, Vorschädigung. 2. psychosoziale: bei unbefriedigender Lebenslage kann die „Rolle" des Hirntraumatikers befriedigender erlebt werden als die bisherige Rolle. 3. therapeutische: wenn das Team Angst, Erregung, Abhängigkeitswunsch oder Untätigkeit des Patienten nicht aktiv aufgreift, sondern z.B. medikamentös unterdrückt, oder wenn die ambulante Nachbetreuung fehlt. Gefahren der Hirntraumatiker-Karriere: hysterische oder hypochondrische Verarbeitung; Alkohol- und Medikamentenabhängigkeit; Impotenz; familiäre Selbsteinengung und -isolation; Resignation oder Kollisionskurs zum sozialen und beruflichen Leben; eher aggressive Delikte. Schwere Persönlichkeitsveränderungen und Demenzen finden wir eher in Pflegeheimen, in Langzeitsituationen oder – SpD-betreut – zu Hause. Auch die „Schlagtrunkenheit" (punch drunk), Berufskrankheit von Boxern, die oft k. o. geschlagen wurden, kann bis zur schweren Hirnatrophie (ähnlich M. Pick) führen. COP-Reha ist schon beschrieben. Da das Selbstwertgefühl des Hirntraumatikers von Leistung abhängig ist, ist im Reha-Plan die Arbeits-Rehabilitation entscheidend. Der Reihenfolge nach sind folgende Möglichkeiten durchzuspielen: sofortige Rückkehr an den alten Arbeitsplatz mit voller Belastung; dasselbe mit ermäßigter bzw. gestufter Belastung; Aufenthalt in neurologischer bzw. psychiatrischer Reha-Einrichtung mit Rückkehr auf den alten, wenn nicht mehr möglich, auf einen neuen Arbeitsplatz im alten Beruf; berufsfördernde Maßnahmen im Berufsförderungswerk, entweder mit Spezialtraining für den alten oder Umschulung auf einen neuen Beruf; wenn auch das unmöglich ist, WfB, Selbsthilfe-Firmen, Heimarbeit oder sozial sinnvolle Tätigkeit von der Wohnung oder vom Heim aus. Im übrigen s. andere Langzeit-Kapitel.

10 Hirntumoren

Hirntumorkranke Patienten werden – wenn auch selten – fälschlich psychotherapiert und neurotische fälschlich probe-hirnoperiert. Dies wird gern für weltanschauliche Schaukämpfe mißbraucht, nach der Art: „Da kannst Du mal wieder sehen, wie unverantwortlich die psychotherapeutisch (bzw. die organisch) Orientierten ihre Psychiatrie betreiben!" Dabei sprechen solche Ereignisse nur dafür: die Frühdiagnose des Hirntumors kann maßlos schwer sein; psychiatrisch-psychotherapeutische Wahrnehmung hat eine Einheit zu sein, daher oberstes Lernziel dieses Lehrbuches. Von 10–20000 Menschen wird einer zu Lebzeiten als hirntumorkrank diagnostiziert. Aber bei Obduktionen wird viel häufiger ein unerkannter, oft operabler Hirntumor als Todesursache festgestellt, nicht zuletzt bei Langzeit-Patienten in PKHs.

Symptome: Wenn neurologisch (epileptische Anfälle, Kopfschmerzen, Sehstörungen, Lähmungen), ist die Diagnose leichter. Aber ebenso oft bestehen über Monate und Jahre nur seelische Signale: gleich häufig neurotische Beschwerden, Sprachstörungen, intellektuelles Nachlassen und Persönlichkeitsveränderungen, etwas seltener Müdigkeit, Verhangenheit, depressive oder paranoide Symptome. Wir haben uns ständig – aus den Symptomen und ihrem „Drumherum" (der Landschaft) – für die Vermutung offenzuhalten, das „Neurotische" könne auch „organisch", speziell hirndruck-bedingt sein: Angst z.B. kann eine Spur zu diffus, dunkel, unerklärlich, „körperlich" wirken. Die persönliche Note der Angstabwehr (hysterisch, zwanghaft usw.) ist abzugrenzen. – Ein hirnlokales Psychosyndrom läßt den Sitz eines Tumors erraten. Erst wenn das Tumorwachstum eine kritische Grenze übersteigt (über Drucksteigerung, Ödembildung oder Blutungen im Tumor) entsteht ein AOP.

Hirndruckzeichen für die Früherkennung entscheidend: Kopfschmerzen (diffus, dauerhaft, stärker morgens); Erbrechen (im Bogen, im Nüchternzustand); Benommenheit, Apathie; Augenbefund (Stauungspupille, die in Stunden entstehen kann, Sehstörungsattacken, Abduzensparese); Einklemmungszeichen (Streckkrämpfe, Atemstörungen, langsamer Puls, Bluthochdruck, Okulomotoriusparese, Pupillenstörungen); Schädel-Röntgenbild (vertiefte Impressiones digitatae, weite Sella, porotisches Dorsum Sellae, Schädelnahtsprengung bei Jugendlichen); EEG (diffus oder rhythmisch-langsam über vorderen Hirnbereichen); und Liquor (Druck über 200 mm H2O), bevor Arteriogramm und CT die Indikation für die neurochirurgische Therapie stellen. Außer Hirntumoren (auch gutartige sind bei Wachstum bösartig!) gehören zu den raumfordernden Prozessen im Schädel: Meningiome, Neurinome, Hämangiome, Hirnmetastasen (bei Bronchialkarzinom oft erstes Symptom, sonst bei Brustkrebs, Melanom und Hypernephrom), Hämatome, Hirnabszesse, Arachnoidalzysten, Enzephalitisfolgen, Parasitenzysten, Tuberkullome, Gummen und sonstige Granulome (Boeck).

11 Hirngefäßkrankheiten

Häufigste Bedingung für organische Psychosyndrome, besonders im Alter (s. Kap. 11). Begriffe wie „Hirnarteriosklerose" oder „Zerebralsklerose" sind falsch, da z. B. bei Bluthochdruck meist die kleineren Arteriolen wandgeschädigt werden (Lipoidose, Kalzinose) und da nicht das Gewebe, sondern die Gefäße sklerotisch werden.

Hirn- und Körpergefäße erkranken unterschiedlich, weil das Hirngewebe nur sparsam durch Kapillaren versorgt ($^1/_{10}$ des Herzmuskels), sein Sauerstoffbedarf aber hoch ist: 15% des Herzminutenvolumens, obwohl es nur 2% des Körpergewichts ausmacht. Die kritische Blutdruckgrenze liegt für Gesunde bei systolisch 70 mmHg, für Gefäßkranke aber höher (mehr Gefäßwiderstand durch Elastizitätsverlust). Der Spielraum ist eingeengt. Unterhalb der kritischen Grenze: relative Blutleere (Ischämie) und damit Zerfall (Nekrose) von Hirnsubstanz. Zerreißung (Ruptur) der geschädigten Gefäße führt zu kleineren oder zu Massenblutungen. Ergebnis: blutleere oder blutige Hirnerweichungsherde (Enzephalomalazie), sekundäre Zysten oder narbige Schrumpfungen (Grenzgebiete zwischen den Versorgungsbereichen der 3 Großhirnarterien am gefährdetsten). Zu hoher Blutdruck fördert weitere Gefäßzerstörung. Therapeutisch geht es also um Finden und Erhalten eines für den Einzelfall optimalen Blutdruckniveaus. 40% aller Gefäßkranken leiden an Bluthochdruck.

Symptome und Verlauf: Der Beginn ist nur schwer vom „normalen Altwerden“ zu unterscheiden. Das Leiden kann plötzlich sichtbar werden: a) organisch wird es durch eine Krankheit (z. B. Grippe) „entmaskiert“ oder „schlagartig“ durch einen Schlaganfall (apoplektischer zerebraler Insult) offenbart; und b) psychosozial durch jede eingreifende Lebensveränderung, z. B. Wohnungswechsel, Partnerverlust, Berentung, Wechsel oder Umstellung des Arbeitsplatzes.

Herr C., 61 J., Schreinermeister, gilt als gesund und leistungsfähig, als er *seine* Werkstatt durch Feuer verliert. Sie wird wieder aufgebaut. Obwohl der Neubau übersichtlicher und bequemer ist, findet Herr C. sich darin nicht mehr zurecht. Ihm gelingen die einfachsten Handgriffe nicht mehr. Klinisch ist „plötzlich“ eine hirngefäßbedingte Demenz festzustellen.

Symptome beim meist allmählichen Beginn: Kopfdruck, Schlafumkehr (Einnicken tags, Schlaflosigkeit nachts), Schwindel, Flimmern vor den Augen, Ohrensausen, reizbare Schwäche, weiter: Voralterung, welke Haut, Abmagerung, Arcus senilis der Augen, Verhärtung der tastbaren Arterien, u. U. Blutdruckerhöhung mit entsprechenden Schäden anderer Körperorgane, gebeugte Körperhaltung, Gang unbeholfen oder kleinschrittig, Mimik und Gestik verarmt, Zittern von Händen und Kopf, Bewegungsablauf starr (Parkinson-Symptome). Unsystematische neurologische Pyramidenbahnzeichen, selten Anfälle, nachts (Blutdruckabfall!) delirante oder Verwirrtheitszustände. Seelische meist früher als neurologische Auffälligkeiten. Später Persönlichkeitsveränderung oder Demenz. Anfangs kann die Leugnung oder die depressive, hypochondrische oder paranoide Abwehr der Angst vor der geahnten Leistungs- und Persönlichkeitsveränderung die Verweigerung jeden Arzt-Kontaktes bewirken.

Diagnose-Technik: Spiegelung des Augenhintergrundes: Arterien verdickt, wechselnd im Umfang, von silbrig-weißem Streifen begleitet; Venen erweitert, geschlängelt, komprimiert bei Kreuzung von Arterien (Kreuzungszeichen); Degenerations- und Blutungsherde. Das Ophthalmodynamogramm erlaubt bei verzögerten Pulsierungen der A. opthalmica Rückschlüsse auf den Hirnblutdruck. Arteriogramm: Carotissinus erweitert, Gefäßschlängelung, Abbruch der Füllung bei thrombotischem Verschluß, kahler Gefäßbaum (infolge des Verlustes an kleinen Gefäßen). CT zeigt die Hirnartrophie als Erweiterung der Ventrikel und der Subarachnoidalräume (Hydrocephalus internus und externus). Heute vor allem die Doppler-Sonographie.

Die Unabhängigkeit der Hirngefäßleiden lehrt, wie sehr wir uns in unsere selbstaufgebaute Landschaft hineinformulieren und uns von ihr steuern lassen. „Fassade“ ist ein hierfür zu negativer Begriff, verdunkelt die Therapiechancen, die in dieser menschlichen Fähigkeit liegen. Denn was wie ein endgültiger Zusammenbruch aussieht, ist nicht selten durch Beeinflussung des organischen und sozialen Kontexges rückbildungsfähig. Grundsätzlich ist der Prozeß fortschreitend, bleibt aber auch lange stationär.

Hirngefäßinsulte sind zu $^3/_4$ ischämisch, d.h. Folge der Sklerose und Thrombose der Hirngefäße (Enzephalomalazie) oder der Hirnembolie, dies als Ruheinsult (bei nächtlichem Blutdruckabfall), Belastungsinsult (z.B. nach schwerer Mahlzeit) und Entspannungsinsult (nach intensiver Beanspruchung). Seltener sind apoplektische Insulte als Gehirnblutung (Enzephalorrhagie,etwa 15%), die akute (jugendliche) subcorticale Blutung, hypertensive Enzephalopathie, Pseudobulbärparalyse und die akute Subarachnoidalblutung (meningeale Apoplexie). – Ebenso können Verengungen (Stenosen) oder Verschlüsse von Arterien außerhalb des Schädels (bes. der A. carotis interna an der Gabelung) sowie Narkosezwischenfälle, Herz- und Atemstillstand, Strangulation, Herzkrankheit und Herzfehler über zerebrale Ischämien zu AOP oder COP führen.

Beispiel: Herr Z., 46 J., Bankfilialleiter, hatte bei einer Wirbelsäulenoperation durch Narkosezwischenfall einen zerebralen Ischämieschaden bekommen. Auf der Intensivstation durchlief er ein delirantes, ein halluzinatorisches, ein expansiv-aggressives und jetzt ein manisches (besser: euphorisches) Durchgangssyndrom: Seine sprachmotorisch mühsam geäußerten anzüglichen Witzeleien belustigten die Station. Als der konsilarische Psychiater Herrn Z. auf seine Gefühle ansprach, brach er in Tränen aus und stammelte: „Meinen Sie, es macht mir Spaß, witzig zu sein? Aber witzig sein geht leichter. Wenn ich normal rede, mache ich Fehler. Ich schäme mich so sehr und habe wahnsinnige Angst, Fehler zu machen!“ Dies verhalf dem Stationsteam zu einer angemesseneren Haltung. – Solche Äußerungen sind Schlüssel zum Verständnis vieler Handlungen älterer, hirngefäßleidender Patienten, z.B. der „Stammtischatmosphäre“, aber auch der Neigung zu Kindern als Sexualpartnern = es geht leichter, man muß sich nicht schämen, Fehler zu machen).

Therapie: 1. Herz- und Kreislaufbehandlung mit Glykosiden zur Verbesserung der Hirndurchblutung. 2. Blutdruckregulierung auf den optimalen, engen Spielraum (Hypertonie langsam senken). 3. Suche nach zusätzlichen Störungsfaktoren (z.B. Polyzytämie, Diabetes). 4. Infusionsbehandlung (z.B. Rheomacrodex) zur Herabsetzung der Blutviskosität, Verbesserung der Mikrozirkulation, für Flüssigkeitsbedarf und Stoffwechselausgleich. 5 Medikamente zur Gefäßerweiterung (z.B. Theophyllin) und zur analeptischen Wirkung (Euphyllin). 6. Bei nächtlicher Zunahme der Symptome abendliche Medikation. 7. Infektprophylaxe der Harn- und Atemwege; Regulierung des Stuhlgangs. 8. Sedierung und Regulierung des Schlaf-Wach-Rhythmus durch Aktivierung am Tage, Kaffee und – wenn nötig – durch Paraldehyd, Chloraldurat, Neuroleptika. Alle Sedativa wirken blutdrucksenkend und können paradox (Erregung) wirken. 9. Diät: fett-, salz- und kalorienarm, eiweiß- und vitaminreich; Nikotin- und Alkoholeinschränkung, soweit dies nicht die letzte Freude am Leben nimmt. 10. Aktivierung durch Hydrotherapie, Gymnastik und Belastungstraining.

Bedingungen: bisher neben familiärer Häufung Fettleibigkeit, Bluthochdruck, Diabetes, Nikotin bekannt, also Faktoren der Lebensweise.

12 Hirngewebskrankheiten

sind „primär hirnatrophische Prozesse“: „primär“, weil bei anderen Krankheiten die Atrophie des Hirngewebes selbst sekundär ist; „Prozeß“, weil fortschreitend. Die Namen „degenerative Hirnprozesse“ oder „erbliche = „Heredo-degenerative Hirnkrankheiten“ sind überholt: das Wort „Degeneration“ ist zu einem Schimpfwort geworden und statt der nicht immer klaren Erblichkeit wird z.T. schon ein Stoffwechseldefekt oder ein Virus diskutiert, womit freilich auch hier der Begriff „primär“ fraglich wird. Es überwiegen seelische Symptome und am Ende oft die Demenz. Es gibt diffuse und umschreibbar-systematische Hirnatrophien. Erstere (a–c) werden zuerst besprochen. Nicht berücksichtigt werden die neurologischen Systemerkrankungen.

a) Senile Demenz

Jeder Mensch unterliegt einem hirnatrophischen Prozeß. Für sein Ausmaß und Tempo ist außer einem Erbfaktor wenig bekannt. Bei seniler Demenz dagegen sind die alterseigenen Einbußen eines alternden Menschen (ab 65 bis 70 Jahre) gesteigert. Ebenso sind anatomisch gegenüber der normalen Alterung gesteigert: diffuser Hirnschwund (Hydrozephalus internus und externus), Ganglienzellschwund, Alzheimersche Fibrillenveränderungen, senile Plaques und Drusen in der grauen Substanz. Die nur quantitative Definition verrät unsere Unkenntnis der wirksamen Bedingungen. Wie fast immer in der Psychiatrie hängt Sichtbarwerden und Auswirkung der senilen Demenz von der Selbständigkeit und sozialen Integration eines Menschen ab.

Symptome: Merkschwäche, (Alt-Gedächtnis noch lange intakt), Wortfindungsstörung („na, wie heißt denn meine Schwester gleich noch!“), Versagen (in ungewohnten Situationen), Urteilsschwäche, Mangel an Selbstkritik, Desorientiertheit (Wohnungstür wird nicht mehr gefunden) und evtl. Konfabulation. Altgewohnte Handlungszusammenhänge und konventionelle Unterhaltung gelingen noch lange Zeit erst mühelos, dann mühsam, bis später nichts mehr geht. Meist besteht eine dysphorisch-apathisch-teilnahmslose Grundhaltung, unterbrochen von panischen Angstreaktionen, Erregungszuständen, deliranten oder Verwirrtheitszuständen; sonst euphorisch-alberne, schallplattenhafte Geschwätzig- und Geschäftigkeit. Aus Angst, Scham und Mißtrauen entwickelt der dement eingeschränkte Mensch eine aggressive Verteidigungshaltung bzw. ein Altersparanoid – über Vermutungen, bestohlen, verfolgt, vergiftet, ermordet oder (häufig!) sexuell begehrt zu werden. Körperliche Auszehrung (Marasmus) und nicht mehr abzuwehrende Körperkrankheiten führen zum Tod, besonders oft nach (zwangsweiser) Verbringung in ein Pflegeheim. Differentialdiagnostisch gegen Hirngefäßleiden: Patienten klagen weniger (da Selbstwahrnehmung gestört), haben seltener neurologische Ausfälle, mehr intellektuelle und weniger affektive Einbußen; der Verlauf ist weniger wechselhaft, mehr gradlinig fortschreitend.

Oft ist aber die Unterscheidung zwischen Demenz und Hirngefäßleiden nicht möglich.

Therapie: Somatisch ist sie – trotz schlechter Chancen – dieselbe wie beim Hirngefäßleiden. Zum psycho- und soziotherapeutischen Rahmen s. Kap. 12.

b) Vorzeitiger hirnorganischer Versagenszustand

Zunehmend kommen Menschen, meist Männer, zwischen 30 und 60 Jahren an die Psychiatrie, die ihre Beschwerden in dem Satz zusammenfassen: „Ich kann nicht mehr so wie bisher.“ Diagnostisch behelfen wir uns mit Begriffen wie „Versagenszustand“, „Erschöpfungszustand“, „Asthenisierung“. Bei der gemeinsamen Suche im Gespräch finden wir meist Zusammenhänge zwischen gesteigerten Anforderungen und ungünstigen Problemlösungsmethoden. Bei einem Teil der Patienten finden wir aber zudem Symptome einer psychorganischen Schwächung, einer leichten Persönlichkeitsveränderung bzw. einer ganz leichten Demenz: Nachlassen des Antriebs, der Lust an allem, des Energiegefühls; Abstumpfen; Einfalls- und Erlebnisleere; körperliche Schwäche, vitale Verstimmung; leichte Merk- und Konzentrationsschwäche. Oft scheint die Kraft nicht mal für die üblichen Abwehrsymptome zu reichen. Im CT leichte bis mäßig diffuse Hirnatrophie oder auch nichts. Die Interpretation von CT-Befunden bei Hirnatrophie ist noch sehr unsicher, die Bedeutung des Befundes wird oft überschätzt! Sowohl Psychosyndrom wie Hirnatrophie schreiten kaum fort. Das Leben geht auf einem niedrigeren Energieniveau weiter. Eine Erklärung fehlt oft. Am ehesten mag ein frühkindlicher oder auch später erworbener Hirnschaden sich auswirken, der zeitlebens unerkannt geblieben wäre, wenn nicht die Summe der Streß-Faktoren oder die Alterung die kritische Grenze der Belastbarkeit überschritten hätte.

Jedenfalls wird der Leistungsknick im mittleren Lebensalter ein immer wichtigeres soziales und therapeutisches Problem. Oft werden solche Patienten aufgrund sehr zweitrangiger Körperkrankheiten berentet. Dadurch tragen die Gutachter zwar dazu bei, daß die Zahl der Frührentner die der Altersrentner schon überschritten hat, aber den Patienten wird durch die Berentung oft mehr geschadet. Stattdessen ist ein kombiniertes somatopsychosoziales Therapieprogramm erforderlich und – vor allem durch die gegenseitige Annäherung von Anspruch und Fähigkeit – erfolgreich.

c) Präsenile Demenz (Typ Alzheimer)

Demenzprozesse gibt es schon im Kindes- und Jugendalter: z.B. infantile Demenz (Heller). Hirnpathologen haben viele andere seltene Typen beschrieben.

M. Alzheimer: auf das 40.–60. Lebensjahr vordatierte senile Demenz, mit denselben anatomischen Veränderungen, aber mehr Alzheimer-Fibrillen. Familiäre Häufung, aber kein Erbgang nachweisbar. Jetzt vielmehr Hinweis für eine langsame Viruserkrankung oder für einen Defekt im Aluminium-Stoffwechsel. Auch bei Enzephalopathien nach Langzeit-Nierendialysen pathologische Aluminium-Konzentrationen im Gehirn und z.T. ähnliche Symptome (Sprachstörungen) wie bei M. Alzheimer.

Symptome: Merkschwäche, räumliche Desorientiertheit, Sprachstörungen: Aphasien, unwillkürliche Wiederholung von Worten und Satzteilen (Echolalie), rhythmisch-gestotterte Wiederholung von Silben (Logoklonie). Nach Antriebsverarmung und extrapyramidaler Symptomatik (Rigor, Tremor) körperlicher Verfall. Tod schon nach 1 Jahr, meist nach 4–8 Jahren.

Therapie: hilflose Beschränkung auf die allgemeine Demenz-Behandlung. Gegenwärtig Versuche, analog zur Wilson-Krankheit (s.d.) mit aluminiumabsorbierenden Stoffen einen Erfolg zu erzielen.

d) Präsenile Demenz (Typ Pick)

Beginnt noch früher (selten schon im 3. Lebensjahrzehnt) als der Typ Alzheimer. Der Begriff „Dementia praecox", den Kraepelin für schizophrene Patienten erfand, wäre hier logisch richtig. Frauen werden häufiger krank. Ein Teil der Familien zeigt dominanten Erbgang. Der Prozeß führt unaufhaltsam in 6–8 (3–12) Jahren über die tiefsten Demenzstadien zum Tode.

Die systematische Hirnatrophie bevorzugt die jüngsten = spezifisch menschlichen Regionen, das Stirn- und Schläfenhirn. Daher z.T. Stirnhirnsyndrom mit Gefühlskontrollverlust, Triebenthemmung und anderen persönlichkeitsfremden Handlungen. Später Antriebsverlust, Abstumpfung, Zerfall oder Stereotypien („stehende Redensarten") der Sprache, weniger extrapyramidale Symptome als beim Typ Alzheimer, bis die eigentliche Demenz in den Vordergrund tritt.

e) Parkinson-Syndrom

Es ist das häufigste der extrapyramidalen Syndrome, zu denen noch Chorea, Athetose, (Hemi-) Ballismus, Torticollis spasticus, Torsionsdystonie, Morbus Wilson und Myoklonien gehören. Sie stellen unterschiedliche Schäden in den komplexen Regelkreis-Systemen des Stammhirns dar, wodurch die Ausarbeitung automatischer Bewegungsabläufe, die Tonusregulierung und die Harmonisierung der motorischen Aktivität gestört ist.

Dem Parkinson-Syndrom entspricht eine Atrophie der Substantia nigra, u. U. auch anderer melaninpigmenthaltiger Kerne des Hirnstamms. Biochemisch liegt ein Mangel an Dopamin vor, Ansatzpunkt der modernen Therapie.

Neurologisch-extrapyramidale Symptome:

- Bewegungsverarmung (Hypokinese) mit starrer Mimik (Hypomimie), seltenem Lidschlag, „harziger" Verlangsamung aller Bewegungen (wie steife Holzpuppen). Gang kleinschrittig, Schriftbild verkleinert (Mikrographie). Sprache leise, monoton. Bei Stoß oder Stolpern wird das Gleichgewicht nicht durch Gegenbewegungen wieder hergestellt (Pro- bzw. Retropulsion), außer bei starker Gefühlserregung (paradoxe Kinesie).
- Im Rigor äußert sich die Zunahme des extrapyramidalen Muskeltonus: gegen passive Bewegung zähflüssiger, „wächsener" Widerstand, u. U. mit „Zahnradphänomen" (Widerstandsüberwindung stufenweise), beides gut am Handgelenk zu testen. Zunahme des Halte- und Antagonistentonus: Knie, Ellenbogen und Rumpf leicht gebeugt bzw. im Liegen wird der Kopf in der Luft gehalten.
- Ruhetremor der Finger („Geldzählen") und Beine, rhythmisch, 4–8/Sek. Frequenz, stärker bei Erregung, nicht im Schlaf, weniger bei Anpassung und Zielbewegung.
- Zentral-vegetative Symptome: Zunahme des Speichelflusses, des Schwitzens, der Talgsekretion bis zum „Salbengesicht" und Hitzewallungen. – Zusätzlich Zunahme der Eigenreflexe der Gesichtsmuskeln, je nach Ursache auch Krämpfe einzelner Gesichtsmuskeln.

Seelische Symptome:

Persönlichkeitsveränderung (z. T. als hirnlokales Syndrom): also dysphorische Verstimmung, Antriebsminderung, Dehnung aller Abläufe, Gleichgültigkeit, gelegentlich Drangzustände, Entwicklung zur Demenz selten.

Für unsere Grundhaltung wichtig: Der Parkinson-Patient wird von Anderen als „schwerkranke Erscheinung", also hilfloser und abgebauter wahrgenommen, als er ist. Ohnehin verunsichert, ist er in Gefahr, der Fremdwahrnehmung mehr zu glauben als sich selbst und nicht mehr auszuprobieren, was er kann.

Das Leiden ist durchaus noch nicht immer zu erklären. Nur z. T. liegt der dominant erbliche Morbus Parkinson (= Paralysis agitans) vor, der besonders bei Männern zwischen 50 und 60 Jahren auftritt. 60% der angenommenen Anlageträger entwickeln Symptome. – Symptomatischer Parkinsonismus besteht, wenn die Symptome z. B. auf Enzephalitis (Latenz einige Monate bis 30 Jahre), Hirngefäßleiden, Hirntrauma (auch bei punch drunk), Vergiftungen mit CO und Mangan, selten auch auf Schlafmittel- und Alkoholintoxikation, auf Hirntumor oder chronisches Subduralhämatom rückführbar sind. – Psychiatrisch wichtig ist schließlich, das medikamentöse Parkinson-Syndrom bei der Therapie vor allem mit Neuroleptika (s. dort).

Therapie: Zunächst haben wir organische Defekte und Abwehr des Patienten zu unterscheiden. Im Vordergrund steht die Krankengymnastik. Medikamente: Anticholinergica, Amantadin, Bromocreptin. Wegen des Wirkungsverlustes abwarten mit Dioxyphenylalanin (L-Dopa, als Vorstufe des Katecholamin Dopamin). Bei 50–80% wirksam, vor allem hinsichtlich der Hypokinese/Akinese. In schwersten Fällen vorgeschädigter Organismus das Risiko postoperativer Schäden zu groß werden zu lassen.

f) Chorea-Syndrom

Entsteht durch systematische Atrophie, vor allem des Corpus striatum (Putamen und Nucleus caudatus). Biochemisch: Verminderung der GABA-Konzentration. Die *Symptome* sind das Gegenstück zum Parkinson-Syndrom: Motorik hyperkinetisch-hypoton (schlaffer Muskeltonus und regellose, unsymmetrische, einschießende, unwillkürliche Bewegungsunruhe), anfangs als „Verlegenheitsbewegungen" zu mißdeuten. Später verhindern die ziellosen, ausfahrenden, zuckenden und schleudernden Bewegungen jede geordnete Tätigkeit der Arme und äußern sich im Gesicht als Grimassieren, Schmatzen und Artikulationsstörungen. Bisweilen Kombination mit zentralvegetativen Störungen wie Magersucht oder Diabetes (Hypothalamus), mit zentralen Schmerzen (Thalamus), mit Parkinson-Syndrom oder mit Athetose.

Die dominant erbliche, im 4. bis 5. Jahrzehnt auftretende Form, die Chorea Huntington (= Erbchorea, Erbveitstanz) zeigt neurologisch oft Beimengung athetotischer Symptome: unwillkürliche, unregelmäßige, langsame, gequält-verkrampfte Hand-, Arm- und Fußbewegungen, Überstreckung und Überbeugung der Gelenke, bizarr-verkrampfte Stellungen der Gliedmaßen. Jedoch kann sich die Erbchorea auch lange Zeit nur psychisch äußern: einschießende affektive Äußerungen oder mürrische Verstimmungen, Reizbarkeit, aggressive Ausbrüche, überraschende und persönlichkeitsfremde triebhafte oder strafbare Handlungen oder euphorische Gleichgültigkeit („Choreopathie"); – oft erst in 10–20 Jahren Fortschreiten zur schweren Demenz mit völliger Pflegebedürftigkeit und Tod.

Symptomatische Chorea-Syndrome sind z. B.: Chorea minor (nach Infektionen bei Kindern, meist ausheilend); Chorea gravidarum (3.–5. Schwangerschaftsmonat); Formen, die durch Hirngefäßleiden (z. B. Apoplex), Hirntumor, Vergiftungen, Residualschäden oder längere Neuroleptika-Medikation bedingt sind. Ähnlich können psychogene Zustände („Schüttelneurose") aussehen.

Therapie: Nur symptomatisch und unbefriedigend mit starken Neuroleptika. GABA- und Kainsäure-Beeinflussung in Erprobung. Stereotaktische Operation (Ausschaltung prämotorischer Felder) kann in manchen schweren Fällen das Leiden ermäßigen.

g) Wilsonsche Krankheit

= Hepatolentikuläre Degeneration oder Morbus Westphal-Strümpell-Wilson, entsteht durch Zelluntergang im Putamen, ist rezessiv erblich, beginnt zwischen dem 10. und 40. Jahr und endet nach sehr unterschiedlicher Dauer (Durchschnitt 4–5 Jahre). Es kommt hier durch Mangel an Zäruloplasmin zu vermehrter Kupferablagerung in den Basalganglien und in der Leber. Neben neurologischen Symptomen (zunehmender Tremor nach Art des „Flügelschlagens" bei ausgestreckten Armen, Rigor, Artikulationsstörungen, Torsionsbewegungen, grün-gelb-brauner Kayser-Fleischer-Kornealring) kann sich eine Leberzirrhose entwickeln. – Psychisch geht dem oft eine Chorea-ähnliche Persönlichkeitsstörung voran, dann Verwechslung mit schizophrenen Auffälligkeiten möglich. (Man kann diese Kupferstoffwechselstörung auch zu den metabolisch-genetischen Oligophrenien rechnen.)

Therapeutisch: sind die Kupferablagerungen mit Penicillamin, Dimercaprol anzugreifen.

Auch bei anderen Leberkrankheiten finden wir Wilson-ähnliche Syndrome. Daher die Hypothese, daß Leber und Hirnstamm ein Funktionssystem darstellen, wobei Störungen des einen Teils sich im anderen äußern können.

h) Heredoataxien

sind ebenfalls Systematrophien von Hirngewebe: der spinale Typ (Friedreich) beginnt im Kindesalter, der zerebellare Typ (Nonne-Marie) im 4. Lebensjahrzehnt. Neben den neurologischen Symptomen entsteht im ersteren Fall Schwachsinn, im letzteren Fall ein organisches Psychosyndrom. Mit fortschreitendem Verlauf nimmt auch der dementive Abbau zu.

E Epileptische Anfallsleiden

Für den Anfallskranken gilt insbesondere, daß er in einer Landschaft ohne Boden lebt. Mehr noch: Nicht einmal auf die Bodenlosigkeit kann er sich verlassen. Vielmehr kann er sich über kürzere oder längere Zeit einreden, er habe dieselbe Bodensicherheit wie alle anderen. Dafür lebt er in der ständigen Erwartung, daß schon der nächste Schritt im Anfall brutal und unvorhersehbar ihm den Boden unter den Füßen wegreißt, ihm die eingebildete Sicherheit nimmt. Er hat sein Leben also in einer buchstäblich fundamentalen Verunsicherung zu leben – und alle Mitspieler seiner Landschaft ebenfalls. Er ist für sich, alle anderen und die Öffentlichkeit Unsicherheitsfaktor. Daher wird ihm in unserer Gesellschaft, die immer strenger auf der Kalkulierbarkeit menschlichen Handelns aufbaut, die Öffentlichkeitsfähigkeit, mindestens aber die Arbeits-, Verkehrs- und Ehefähigkeit am liebsten pauschal bestritten. – Das Gemeinsame aller epileptischen Anfallsleiden ist die Befähigung zur Herstellung des Anfalles. Sie hat die Epilepsie seit dem Altertum zur „heiligen Krankheit" (morbus sacer) gemacht, was die damit begabten Menschen in den Augen der Anderen zu etwas Besonderem, Andersartigem werden ließ, egal, ob sie nun als Auserwählte, Erleuchtete, Heilige oder Genies verehrt oder als Teufelsbesessene, Träger des Bösen, verfolgt oder diskriminiert wurden – und werden. Neuere historische und transkulturelle Untersuchungen (Jilek) haben zudem gezeigt, daß die positive soziale Bewertung des Anfallskranken eher die Ausnahme war und ist. In der Alltagswirklichkeit der abendländischen Geschichte und der Kulturen der heutigen Entwicklungsländer ist der Anfallskranke durchgehend negativ bewertet, löst Angst und Schrecken aus (mehr noch als die Lepra), gilt sozial, religiös und hygienisch als auszustoßend. Sein Anfall wird immer wieder neu als Tod oder als ansteckende Gefahr wahrgenommen, so daß sein Krankheitsschicksal als Strafe für Sünde, als Verhexung oder Besessenheit oder als ansteckende Krankheit gewertet und entsprechend gewaltsam (mit Vorliebe Brennen und Schneiden) behandelt/verfolgt wurde und wird.

Da auch eine noch so lange zurückliegende Vergangenheit nie abgeschlossen ist, finden sich Spuren davon noch heute bei uns. Natürlich dort am meisten, wo das einschneidend Gewaltsame der Anfallskrankheit sich am bedrohlichsten auswirkt: Bei den „Nächsten" des Anfallskranken, den Angehörigen, dem Partner, der Familie. Grundsätzlich – das haben wir uns auch hier in den Kopf zu hämmern – leidet nicht ein Mensch an Epilepsie, sondern eine Familie: Meist als solche gar nicht wahrnehmbare Schuldgefühle auf Grund der geheimnisvollen wirklichen oder vermeintlichen Erblichkeit, die tagnächtliche Allgegenwärtigkeit der Gefahr des nächsten Anfalles, die Schutzlosigkeit und Ohnmacht, sich gegen den nächsten An- oder Unfall zu schützen, die wirklichen oder vermeintlichen Angriffe durch die Umwelt („so ein Mensch bringt ja das ganze Haus in Gefahr!"), verschlechterte Heiratsaussichten der Geschwister usw. führen dazu, daß hier auch der Problemlösungsversuch der Familie gewaltsamer ist als in anderen Behinderten-Familien: Häufiger findet man entweder (und seltener) gnadenlose Ausstoßung oder ebenso gnadenlose Überfürsorge. Das beginnt schon damit, wie die Mutter sich um ihr anfallskrankes Kind dreht: Aus Anfallsangst Schlafen im selben Bett, Aufgeben der Berufstätigkeit, minutiöse Medikamentenkontrolle, Einengung der Lebensgewohnheiten des Kindes, wogegen sich dieses nicht selten dadurch wehrt, daß es seine Fähigkeit zur Anfallsherstellung um psychogene Anfälle erweitert (Schernus). Und es endet bei der kontrollierenden Haltung des Lebenspartners des Anfallskranken noch lange nicht. Für diese Gefahr einer ungünstigen Familienentwicklung hat Broussaud die Diagnose „epileptische Familie“ gefunden, eine Diagnose, die er schon aus den alltäglichen Sprechgewohnheiten der Familienmitglieder – „epileptisches Sprechen“ – stellt. Auch hier ist die Angehörigengruppe die mindeste Hilfe, die solch eine Familie braucht, um nicht zum Gefängnis für alle ihre Mitglieder zu werden.

Wir behandeln die Anfallsleiden in diesem Kapitel wegen ihrer AOP und COP. Wir könnten sie auch in der Nähe der „konstitutionell-endogenen“ Probleme der Psychosen sehen (s. u.), was wieder mal die Hilflosigkeit unserer Systematisierungsversuche gegenüber der Wirklichkeit zeigt. Ermutigend ist es dagegen, daß gerade neurologische Epilepsieforscher (D. Janz u. a.) auch die psychischen Aspekte der Epilepsien vollständiger wahrnehmbar gemacht haben, womit sie auch für die Lösung anderer psychiatrischer Probleme methodisch richtungweisend sein können. Denn die gegenwärtigen Erfolge der Epilepsieforschung verdanken wir nicht nur der verbesserten diagnostischen (EEG) und therapeutischen (Medikamente) Technik, sondern auch der vollständigeren Wahrnehmungsmethode: 1. Was objektiv beobachtbar ist, wird eingebettet in die Selbstwahrnehmung des Patienten, der aus sich heraus verstanden wird. 2. Diagnose und Therapie gehen nicht mehr primär vom Krankenhaus-Patienten aus, sondern vom Patienten in seiner Landschaft und damit von der Ambulanz. 3. Durch eine nicht berufs-, sondern sachorientierte Organisation, die „Liga gegen Epilepsie“, können die angemessenen Behandlungseinrichtungen und -maßnahmen leichter durchgesetzt werden.

1 Was ist der epileptische Anfall?

Neurophysiologisch gilt folgendes Bild: während die einzelne Nervenzelle jederzeit maximal entladungsfähig ist, kann das Gehirn normal funktionieren, weil durch anhaltende Bremsaktivitäten ein mittleres Erregungsniveau in einem labilen Gleichgewicht gehalten wird. Nachlassen der Bremsfunktion ermöglicht den Anfall: einzelne Nervenzellen entladen sich ungebremst, d. h. geben ihre Energie an die Bewegungs- bzw. Sinnesapparate weiter, wobei sie Teile des Gehirns (kleine Anfälle) oder das ganze Gehirn (große Anfälle) in die Entladung hineinreißen. Wie bei anderen psychischen Symptomen (z. B. zum Zweck der Angst- oder Spannungsbewältigung) läßt sich so vorstellen, daß der *einzelne* Anfall (vor allem der erste) eine biologisch zweckmäßige Handlung, Selbsthilfe, darstellt: Ausgleich einer Überspannung durch Entladung.

Zwar ist jedes menschliche Gehirn anfall-fähig (vgl. Elektroschock). Aber das eine Gehirn benötigt massive äußere Reize für eine Entladung, das andere Gehirn nur kleine oder keine für uns erkennbare Reize. Daher bekommen

4–5% der Bevölkerung epileptische *Gelegenheitsanfälle*, z.B. bei Fieber, Vergiftungen, Alkohol oder Pharmaka, besonders Kinder. Hirnschäden aller Art führen zum Symptom epileptischer Anfälle, also zu *symptomatischen Epilepsien*, wobei eine gewisse Anfallsbereitschaft dennoch erforderlich ist. Ihr Anteil liegt jetzt schon – dank besserer Methode – bei fast 50%. Bei den restlichen Patienten findet man bis heute (selbst bei Sektionen) keine Hirnschädigung. Wir finden für sie die auch zyklothyme und schizophrene Patienten üblichen Verlegenheitsbegriffe (Epilepsie galt früher als 3. Geisteskrankheit): genuine, idiopathische, kryptogene oder *endogene Epilepsien*. Letzterer Begriff erlaubt – wie bei anderen psychiatrischen Problemen – die Vermutung, daß hier die konstitutionelle Besonderheit des Individuums, sein vegetativ-psychosozialer Umgang mit sich selbst und damit seine *Selbstreizung* für die Anfallsproduktion eine Rolle spielen. Im Einzelfall können endogene und exogene Anteile zusammenkommen. Freilich stammt das Begriffspaar, endogen-exogen aus dem polaren Denken des 19. Jahrhunderts, wird der Komplexität der Wirklichkeit heute nicht mehr gerecht.

Folgt man dem neurophysiologischen Modell, d.h. hält man den einzelnen (ersten) Anfall für eine sinnvolle Handlung, dann beginnt das Pathologische nicht aus dem ehemaligen Anfall, sondern mit der Anfallswiederholung, also mit dem uns aus anderen Problemen bekannten Mechanismus des „mehr desselben" (Watzlawick). Epilepsie-krank wird man also, wenn Spannungsausgleich immer wieder durch Entladung erkauft wird, um den Preis größerer Labilität und Wiederholungswahrscheinlichkeit, d.h. zunehmende Anfalls-Bahnung: Die Epilepsie „kommt in Gang" (Janz). Über diesen Teufelskreis kommen hirnorganische und psychische Schäden zustande, wird auch die endogene durch die Anfallshäufung sekundär zur symptomatischen Epilepsie. Auch dies wie bei psychotischen oder neurotischen Symptomen, vorausgesetzt, wir nehmen sie vollständig wahr, nämlich auch als Selbsthilfe- und Abwehrversuche des betreffenden Menschen. Daher die zunehmende Aufmerksamkeit für die fördernden und hemmenden Bedingungen der einzelnen Anfälle. Und daher die Erfahrung, daß sich die Selbstwahrnehmung des Anfallspatienten durch angemessene Grundhaltung fördern, vertiefen und therapeutisch nutzen läßt.

Epidemiologie: 0,6–1% der Bevölkerung leiden an Epilepsie. Jedoch haben 10% von uns nach EEG-Befunden eine erhöhte Anfallsbereitschaft. Obwohl heute schon 60–80% der Kranken anfallsfrei werden können, gehen von den 340000 der BRD etwa 110000 gar nicht zum Arzt und nur 34000 werden angemessen behandelt, ein Zeichen für das Mißverhältnis zwischen Vorurteil und Aufklärung. Nur 5–10% müssen längere Zeit oder dauerhaft im Krankenhaus bzw. Heim sein. Auch für sie beginnen wir erst, freiere Wohnformen zu erproben (z.B. Bethel). Epilepsie ist inzwischen also eine prognostisch günstige Krankheit.

2 Anfallstypen

a) Generalisierter Krampfanfall (Grand mal)

Zur Hälfte Beginn mit subjektiver Vorempfindung, der Aura (s. dort), die oft mit Initialschrei in Bewußtlosigkeit übergeht; zugleich plötzliches steifes Hinstürzen (tonischer Krampf) mit Atemstillstand (etwa 10 Sekunden), dann rhythmisches Zucken der Glieder (klonischer Krampf) selten länger als 1 min., oft Zungenbiß, blutiger Schaum vor dem Mund, Urinabgang. Wachwerden über Verwirrtheit, Dämmerzustand oder (postparoxysmaler) Übergang in Erschöpfungs- oder Nachschlaf. Verletzungen besonders bei fehlender Aura. Bestand zuvor ein Zustand quälender psychobiologischer Unruhe, wird der Anfall eher als befreiend erlebt. Kam der Anfall „aus heiterem Himmel", fühlt sich der Patient danach eher bedrückt.

b) Altersgebundene oder generalisierte kleine Anfälle

Treten im Kindes- oder Schulalter auf, entweder allein oder mit Übergang in andere Anfallstypen.

- *Blitz-, Nick- oder Salaamkrämpfe:* im 1. und 2. Lebensjahr auftretend, bei kurzem Bewußtseinsverlust blitzartige Kopfbewegung nach vorn, Einknicken des Körpers oder gedehntes Vorbeugen des Kopfes; nach der Richtung der Kopfbewegung auch Propulsiv-Petit mal genannt.
- *Myoklonisch-astatisches Petit mal:* im 2. bis 4. Lebensjahr auftretend, wechselnde Bewußtseinsbeeinträchtigung, mal nur als kurzes Nicken, mal als Zusammensinken, mal als Hinstürzen mit meist klonischem Krampf.
- *Absencen:* meist im 6. bis 8. Lebensjahr beginnend, Bewußtseinstrübung wenige Sekunden, wirkt oft nur wie Zerstreutheit: kurzes Starren oder Verharren in einer Tätigkeit, die dann fortgesetzt wird. Wegen ruckender Bewegungen der Augäpfel nach oben und des Kopfes nach hinten: Retropulsiv-Petit mal. Häufige Absencen als einzige Anfallsart = Pyknolepsie. Angst, Konzentration und Hyperventilation können eine Absencen-günstige vegetative Lage schaffen; deshalb vor der EEG-Ära oft als hysterisches Handeln verkannt.
- *Impulsiv-Petit mal:* beginnend meist im 14. bis 17. Lebensjahr: bei vollem Bewußtsein einmaliger (selten salvenartig wiederholter) Stoß meist der Schultern oder Arme, wie elektrischer Schlag oder jähes Erschrecken; Gegenstände werden fortgeschleudert; wenn Beine betroffen, knicken die Kranken ein, schnellen aber gleich wieder hoch. Dabei volles Bewußtsein, daher von der Umgebung oft als Unart verkannt (vgl. Einschlafzuckungen bei uns allen).

c) Altersungebundene oder fokale Anfälle

Sie sprechen in der Regel für eine lokalisierbare Herdstörung (= fokale Form der symptomatischen Epilepsie).

- *Kortikale Halbseiten- oder Jackson-Anfälle:* klonische Zuckungen, (75%), sensible Mißempfindungen (5%) oder beides, die lokal beginnen (50% Arm, Hand, Finger; 30% Gesicht; 20% Bein, Fuß), sich auf derselben Seite ausdehnen, bei freiem Bewußtsein miterlebt werden, die ganze Körperhälfte erfassen und mit Bewußtseinsschwund in einen generalisierten Krampfanfall münden können. Selten Aura, hinterher (postikal) vorübergehende Lähmung oder Taubheit der erfaßten Region möglich. Dies spiegelt die Ausbreitung der Entladungen auf der Gegenseite des Gerhirns, den „march of convulsion". – *Anfälle:* Allmähliche tonische Wendung von Augen, Kopf, auch Arm oder Schulter auf die Gegenseite des Herdes, wobei das Bewußtsein nur bei sekundärer Anfallsgeneralisierung erlischt. Manche Patienten lernen durch Selbstwahrnehmung, ihre Anfälle zu fördern oder zu hemmen.
- *Psychomotorische Anfälle:* früher = temporale oder Schläfenlappenepilepsie, jedoch kann der Herd auch tiefer (z.B. näher zum limbischen System) liegen. Sie stehen daher zwischen den fokalen und den generalisierten (Hirnstamm, Zwischen- und Mittelhirn) Epilepsien. Sie vereinigen Anteile von beiden. Periodische (zykloleptische) Häufung: alle 1–6 Wochen während 2–4 Tagen je 2–8 Anfälle. Von allen Anfallstypen haben sie die meisten subjektiven Anteile. Schon die Aura ist hier am häufigsten und vielgestaltigsten: Vertrautes oder Fremdes wird verschoben oder verkehrt erlebt (déjà-vu oder jamais-vu-Erlebnis); die Wahrnehmung erfährt eine teilweise oder „Allsinnsveränderung", beschleunigt oder verlangsamt sich, vergrößert oder verkleinert die Außenwelt, wird „es-haft", „anders als", „als ob". Der Patient kann mit einzelnen Sinnen wie mit seinem Gemeinsinn illusionär verkennen oder szenisch halluzinieren, oft mit Elementen aus dem Ernährungsbereich (epigastrische Aura) oder aus dem sexuellen oder religiösen Erleben. Oft scheint sich Verdrängtes zu äußern, ein Sich-Verlieren in die Sehnsucht nach Bedürfnisbefriedigung, eine Ahnung, die Gewißheit will, ein Hinsteuern auf eine Wandlungskrise, für die der eigentliche Anfall mit Aufhebung des Bewußtseins Scheitern oder Erlösung bedeuten kann. So wirkt der Zusammenhang von Aura (oder dreamy state) und Anfall bisweilen wie ein neurotisch-biologischer Kreislauf. Daher das häufige religiöse Interesse epileptischer Patienten (Wiedergeburt, Kenntnis einer anderen Welt). Der eigentliche Anfall – er muß nicht folgen – entspricht einer ausgedehnteren Absence, allerdings mit bestimmten motorischen Erscheinungen: meist mit Kauen, Schmatzen, Schlucken (oraler Typ), mit Kopf- oder Körperwendung (versiver Typ) oder mit Äußerung von Lauten oder Worten (dysphasischer Typ). Der 3. Akt besteht im postparoxysmalen Dämmerzustand. Hier haben die Bewegungen meist wieder Handlungscharakter eines Subjekts. Die Handlungen können kurz und stereotyp sein (Fußscharren, Auf- oder Zuknöpfen der Kleider),

oder ausgedehnt und szenisch, können sich als „besonnene Dämmerzustände“ über Stunden und Tage erstrecken. Auch wenn es sich dabei nicht um die berühmten epileptischen Wanderzustände und Reisen („fugue epileptique“ oder Poriomanie) handelt, hat man den Eindruck, daß viele Patienten in diesem Zustand ihre „zweite Natur“ (Janz) ausleben, also das, was sie sich normalerweise selbst verbieten, insgeheim aber ersehnen. Daher sowohl die Amnesie als auch ihre relative Aufhebbarkeit bei Suchhaltung in der therapeutischen Begegnung. – Verwechslung ist möglich z. B. mit hysterischen „Anfällen“, zumal diese Epilepsie-Zeichen im EEG haben, psychomotorische Anfälle aber einen EEG-Befund vermissen lassen können.

Auch bei den epileptischen Formen der Körperkränkung sind also Gelebtes und Erlebtes, Natur und Geschichte eines Menschen nicht trennbar. Jedes der organischen Psychosyndrome ist *zugleich* als Ausdruck des Defektes, der Angst, der Bewältigungs- und der Abwehrversuche eines Menschen vollständig wahrzunehmen. Sonst bleibt die Systematik der Psychosyndrome tot.

3 Akut-organische Psychosyndrome

Delirante, verwirrte und Dämmerzustände können nach einem Anfall, unabhängig vom Anfall oder bei einem epileptischen Status auftreten. Status epilepticus – Zustand, in dem Anfälle sich so schnell wiederholen, daß zwischendurch der Normalzustand nicht erreicht wird; er ist eine vitale Notfallsituation.

Als Durchgangssyndrom sind Verstimmungszustände aufzufassen: sie dauern Stunden, Tage oder Wochen, können sich durch Anfall entladen, sind mißmutig-dysphorisch, ängstlich-gespannt, gehoben-euphorisch bis ekstatisch, dranghaft oder aggressiv-gereizt, wobei Fremd- wie Selbstgefährdung in der Methodenwahl die Neigung zu gewaltsamen Lösungen verraten, was Krankenhausaufnahme erfordert. Paranoid-halluzinatorische Durchgangssyndrome sind als Lösungsversuch für ein vitales Selbsteinengungsgefühl anzusehen. So werden Patienten alternativ dadurch psychotisch, daß ihnen medikamentös die Anfälle genommen und ihr EEG normalisiert wird: forcierte Normalisierung (Landolt). Offenbar brauchen sie Anfälle in einem gewissen Maß für ihr Gleichgewicht, wofür in diesem Fall die u. U. anfallfördernden und psychosehemmenden Neuroleptika hilfreich sind. Suizide finden wir gerade dann, wenn Anfallsfreiheit medikamentös „erzwungen“ ist. Da dies oft auch die Zeit ist, in der von dem therapierten Patienten mit einem Mal die Bewältigung seiner „normalen Probleme“ wieder erwartet wird, ist die Frage angezeigt, ob in diesem (wie im psychotischen) Fall die therapeutische Begeisterung zu einseitig medikamentös war, während es an der Grundhaltung zur Vorbereitung auf die Anfallsfreiheit fehlte?

4 Chronisch-organische Psychosyndrome

Daß Demenz und „Wesensänderung“ schicksalhafte Folgen der Epilepsien seien, ist heute als von Anstaltspatienten abgeleitetes Vorurteil erkannt. Demenz ist vielmehr nur Folge der Häufigkeit und Schwere der Anfälle, d.h. der durch Hirnmangeldurchblutung und Hirntraumatisierung (Sturz im Anfall) bedingten Hirnatrophie. Beweis: wo wir durch frühzeitige und konsequente Therapie Anfallsfreiheit erreichen, vermeiden wir in aller Regel auch die Demenz.

„Wesensänderung“: Hier ist das Problem komplizierter: Schon der Begriff sollte entfallen. Wesen läßt sich nicht ändern, nur durch Anfälle, Medikamente, Versagungen, Hospitalismus akzeptuieren. Daher besser Persönlichkeitsänderung, – umbau. Früher ordnete man sie gerade der endogenen Epilepsie zu: Verlangsamung und Haften aller Handlungsabläufe (= enechetische Struktur); Denken und Handeln zähflüssig, umständlich, sich wiederholend (perservierend); Patienten überangepaßt, halten an Gewohnheiten fest, wirken unterwürfig, selbstgefällig, selbstgerecht und rechthaberisch, schießen in ihren positiven (Freude, Hilfsbereitschaft) wie negativen (Wut bis zur Gewaltanwendung) Gefühlen oft ungebremst übers Ziel hinaus, manövrieren sich also im Umgang mit Anderen und mit sich selbst leicht in eine Sackgasse. Bei der Bewertung dieser enechetischen Züge kommt es auf die Vollständigkeit unserer Wahrnehmung an: im Zusammenhang mit Struktur und Entwicklung des Menschen, also nach dem beobachtbaren Aspekt und nach der Art, wie die Patienten sich selbst verstehen und mit sich umgehen, entsteht ein lebendigeres und therapeutisch hilfreicheres Bild von der Situation anfallskranker Menschen – wie vor allem Janz uns gezeigt hat:

Enechetische Wesenszüge sind nämlich unter den Patienten mit großen Anfällen oft bei den Schlafepileptikern (S) zu beobachten, die vorwiegend aus dem Schlaf heraus ihre Anfälle bekommen, ferner bei Kranken mit psychomotorischen Anfällen. Dagegen zeigen die Aufwachepileptiker (A), die vorwiegend nach dem Erwachen oder Aufstehen sich mit Grand mal entladen, und die Pyknoleptiker entgegengesetzte Züge: eher oberflächlich, leichtfertig, unstet, labil, nehmen alles leicht. Bei den Patienten, deren große Anfälle sich diffus über den Tag verteilen (D), und den mit Jackson-Anfällen ist auch die Verteilung der Wesenszüge uneinheitlich. Nach der Häufigkeit verteilen sich A zu S zu D wie 33:44:23%. Während Gruppe A als endogen und D überwiegen als symptomatisch anzusehen ist, nimmt S eine Mittelstellung ein. Entsprechend verteilen sich die Hinweise auf familiäre Häufung. Also gerade die endogenen Formen (A) zeigen nicht die enechetischen Verhaltensmuster.

Noch wichtiger sind die Unterschiede des konstitutionell-vegetativen Umgangs mit sich selbst. A-Patienten schlafen schlecht ein, schlafen unruhig, kommen erst morgens in den Tiefschlaf, haben – daraus geweckt – ihre Anfälle, kommen schwer in Gang, werden erst abends munter. S-Patienten umgekehrt: schlafen rasch ein, fallen bald in Tiefschlaf, vertiefen den Schlaf im Laufe der Nacht ein zweites Mal, haben ihre Anfälle während der zwei Einschlafvorgänge, wachen morgens frisch auf, sind vormittags aktiv, werden abends müde. Gruppe A hat gegenüber Gesunden ein Schlafdefizit von 40 bis 50 %, S ein Schlafüberschuß von 48–55 %, D unterschiedliche Schlafstile, bei Schlafdefizit zwischen 18 und 48 %. Schon von diesem Schlaf-Wach-Rhythmus her ist also die S-Gruppe eher zu einem pflichtbewußten, sozialangepaßten Tageslauf disponiert, die A-Gruppe eher zu einem sozial-unzuverlässigen Tagesverhalten. So auch die vegetativen Reaktionen: bei A eher labil, bei S eher stabil; körperlich konstitutionell wirken A-Patienten eher muskulär-robust oder gestreckt, S-Patienten eher dysplastisch (z. B. öfter gesichtsasymmetrisch oder mit kleinerem Hirnschädel).

Schließlich: wenn wir nicht – wie die Umgebung – uns von „negativen" Charakterzügen abstoßen lassen, sondern alle Anteile der Wirkung der Patienten auf uns ihnen mitteilen und ihnen so Gelegenheit geben, sich aus sich selbst zu verstehen, kommen wir zu einem volleren Verständnis, das sich zudem durch psychologische Tests bestätigen läßt: A-Patienten leben ihre Konflikte nach außen aus, sind und machen sich von äußeren Reizen abhängig, nutzen sie aus, verkehren ihre Angst (auch die vor Anfällen) ins Gegenteil, bagatellisieren und harmonisieren gern, wirken insofern kindlich, geben sich ihren Neigungen hin, wirken großzügig, leben ungebremst, überschätzen sich, sind natürlich schlecht auf ein therapeutisches Regime festzulegen. S-Patienten dagegen sind von inneren Reizen (autonomen Schwankungen, Triebwünschen, inneren Wertvorstellungen) geleitet, fühlen sich von sexuellen und aggressiven Neigungen bedroht, die sie aber am liebsten nicht wahrnehmen, sondern verdrängen, weshalb sie sich als besonders sozial angepaßt geben, gerade dadurch aber übergebremst, zwanghaft, unecht oder gar devotverlogen wirken; sie leben nichts aus, was sie daher gelegentlich „zum Platzen" erregbar macht; ihr starker Wunsch nach Nähe wird oft als distanzlos und aufdringlich erlebt und abgelehnt, was sie mit Ressentiments füllt. Dem neurophysiologischen Modell der Epilepsie entsprechend verhalten sich A zu S wie bremsschwach zu übergebremst.

Diese Forschungsergebnisse werfen sicher mehr Fragen auf als sie beantworten. Sie ermöglichen es jedoch, die Epilepsien nicht mehr nur als Krankheit zu sehen, sondern auch als Äußerungsformen des körperlich-seelisch-sozial ge- und erlebten Lebens von Menschen. Natürlich können die aufgezeigten Handlungsstile sich steigern und vergröbern: durch lokale oder sekundäre diffuse Hirnschäden (als Anfallsfolgen), durch medikamentöse Beeinträchtigung, ungünstige Umweltreaktionen und/oder durch eine neurotische Entwicklung, die sich aus der beschriebenen Art des Umgangs mit dem Selbst und mit Anderen ergeben kann.

5 Therapie – Beratung – Rehabilitation

Im Rahmen der Grundhaltung ist zunächst die medikamentöse Technik entscheidend. Bei Aufwachepilepsien (und bei manchen altersgebundenen Petit mal-Epilepsien) sind die dämpfenden Barbiturate (Malisin, Mylepsinum) angezeigt, schon zur Regulierung des Schlafdefizits und damit des Tageslaufs. Umgekehrt stehen bei Schlafepilepsien die weniger dämpfenden Hydantoine (Mesantoin, Zentropil, Phenhydan) im Vordergrund. Bei diffusen Epilepsien und bei corticalen Herdanfällen zunächst Phenytoin oder Carbamazepin, in zweiter Linie Barbiturate. Ein Signal für gute medikamentöse Einstellung ist die Annäherung der Schlafmenge und -kurve an Gesunde. Tegretal soll psychische Veränderungen, besonders bei psychomotorischen Epilepsien beeinflussen. Außerdem wirken Sukzinimide und Valpromat bei Absencen und Benzodiazepine bei frühkindlichen Anfällen und beim Status epileptikus. Frühestens 2 Jahre nach dem letzten Anfall kann man die Medikamente allmählich absetzen; plötzlicher Entzug kann einen Status epileptikus provozieren! Bei therapieresistenten Epilepsien mit konstantem Herd im EEG ist ein operativer Eingriff zu erwägen.

Wir haben noch zu lernen, für das Alltagsleben des Anfallskranken bzgl. anfallsfördernde und -hemmende Situationen hinreichend aufmerksam zu sein. Gerade unser Wissen über den Schlaf-Wach-Rhythmus gibt uns Möglichkeiten in die Hand, den Patienten zu einem seinen Gegebenheiten angemesseneren Selbstumgang zu bringen. Verhaltenstherapeutisches Training ist möglich. Die eher „ordentliche" S-Gruppe hat den Vorteil, ein einmal vereinbartes Regime pedantisch einzuhalten, während es bei der A- und D-Gruppe leichter ist, auslösende Situationen zu finden (A: Schlafmangel, vorzeitiges Wecken, Alkohol, unregelmäßiges Leben; D: akute Anstrengungen und Aufregungen, extremes Wetter, manche öffentlichen Verkehrsmittel). Patienten müssen auf Anfallsfreiheit therapeutisch vorbereitet werden: ich darf ihnen nicht etwas medikamentös wegnehmen, was bisher zu ihnen gehörte (Anfälle), ohne daß sie dafür etwas anderes bekommen (ein auch vegetativ wirksames Selbstvertrauen).

An die Stelle der Frühberentung bzw. Anstaltsverwahrung hat die Rehabilitation zu treten. Aber noch 1962 waren bei der Rentenantragstellung nur 15% der Patienten medizinisch ausreichend, 40% unzureichend und 45% noch nie behandelt worden! Der Grundsatz „Rehabilitation vor Berentung" muß sich offenbar erst noch gegen unsere eigenen Vorurteile durchsetzen. Die Arbeitsunfallgefahr wird eher überschätzt. Ungeeignet sind nur – wenn noch Anfälle vorkommen – gefährliche Arbeitsplätze (Absturzgefahr, ungeschützte Maschinen, Kfz-Benutzung), Schichtdienst bei Aufwach-Epilepsie (wegen der notwendigen regelmäßigen Lebensführung) und allenfalls Arbeitsplätze mit Publikumsverkehr, solange kein Anfallsfreiheit erreichbar ist. Anfallsfreie Personen sind für den Öffentlichen Dienst so geeignet wie eingestellte Diabetiker. Für Jugendliche sind Berufsfindung und Arbeitserprobung im Berufsbildungs- bzw. für Erwachsene im Berufsförderungswerk erforderlich. Die soziale und berufliche Rehabilitation hat zugleich mit der Therapie – da sich gegenseitig fördernd – zu beginnen: berufsübergreifende und auch ambulante Team-Arbeit ist Voraussetzung. Grundsätzlich besteht keine Kraftfahrtauglichkeit bei gesicherten Anfällen. Aber die Verkehrsunfallgefahr wird überschätzt und jeder Fall verlangt individuelle Beurteilung. Die Deutsche Sektion der „Liga gegen Epilepsie" stellt Richtlinien zur Verfügung. Ähnlich die genetische Beratung: auch wenn ein Erbgang für Anfallsbereitschaft unbekannt ist, ist das Risiko etwa für gewünschte Kinder das Zehnfache des Gesunden (5–7%). Auch hier hilft die individuelle Prüfung weiter; denn das Risiko z. B. bei symptomatischer Epilepsie mit fokalen Anfällen ist niedriger, bei endogener Epilepsie mit generalisierten Anfällen höher als der Durchschnitt.

F Epidemiologie und Prävention

So klein die Zahl der Signale ist, mit denen wir als Organismus und Person eine Körperkränkung anzeigen können, so vielfältig ist die Zahl der körperlichen, individuell-seelischen, familiären und sozialen Bedingungen, die jeden Einzelfall zu einem einmaligen Problem des diagnostischen und therapeutischen Handelns machen. Wie groß ist nun das Problem und wie können wir es als Ganzes präventiv beeinflussen?

Nach der epidemiologisch-ökologischen Untersuchung der Stadt Mannheim waren 26,3% aller Menschen, die 1965 als psychiatrisch behandlungsbedürftig ersterfaßt wurden, den Diagnosen der Körperkränkung zuzuordnen (s. Enquête, S. 70). Das sind 3 pro 1000 Einwohner, fast soviel wie die größte Gruppe der Neurosen/Reaktionen (27,6%), während z. B. schizophrene nur 4,6% und zyklothyme Patienten 6,8% ausmachen. Die 26,3% setzen sich so zusammen: 8,6% akute und chronische Hirnschädigungen, 13,8% Abbauprozesse (präsenile und senile Demenz) und 3,9% Anfallsleiden, wobei die organischen Folgen der Sucht (6,3%) noch ausgenommen sind. – Oder: von den 140990 Patienten, die nach der Stichtag-Erhebung am 30. 5. 1973 in den stationären psychiatrischen Einrichtungen der BRD waren, galt für 16,77% eine der Körperkränkungs-Diagnosen (davon 5,45% Anfallsleiden). Das ist nächst den geistig Behinderten (30,68%) und den Schizophrenen (26,67%) die drittgrößte Gruppe (Enquête S. 105).

Bei dieser Bedeutung der körperlich bedingten seelischen Leiden haben wir ihre Zu- oder Abnahmetendenzen zu erkennen und in den Zusammenhang unserer beruflichen und politischen Verantwortung für Prävention zu stellen.

Schon bezüglich der frühkindlichen Residualschäden genügt nicht die Verbesserung der Schwangeren-Fürsorge, der Geburtshilfe und der kinderneurologischen Prävention. Je mehr nämlich das Schulbildungssystem „für's Leben" auf spätere Hochleistung oder Arbeitslosigkeit vorsortiert, desto schonungsloser werden auch die uns allen eigenen hirnorganischen Schwächen aufgedeckt, was zu Angst, dann zu kompensierender und scheinbar entlastender Symptombildung führt und damit immer mehr Menschen zu Patienten macht, die bei gerechterer Verteilung von Arbeit und Einkommen nie Patienten geworden wären. Dasselbe gilt für die vielschichtig, aber eben auch organisch bedingten Versagenszustände im mittleren Lebensalter sowie für das präsenile und senile Leistungsversagen, also für die leichteren Formen der Demenz. Deren Zunahme hängt ebenfalls nicht nur mit höherer Lebenserwartung, sondern auch mit höherer Leistungserwartung zusammen.

Das Zusammenspiel zwischen körperlichen und psychosozialen Bedingungen bei Psychosyndromen im Wochenbett, nach Operationen und bei Hormonstörungen ist zwar noch unklar. Jedoch ist die Bedeutung einer präventiven Beratung bzw. Betreuung gesichert.

Die Leiden aufgrund akuter oder chronischer Vergiftungen nehmen ebenfalls zu. Bei den Industriegiften können jeden Tag neue Stoffe zu neuen Risikoquellen werden. Dieselbe Zuwachsgefahr geht von den Medikamenten aus, an deren kritikloser Benutzung Pharmaindustrie, Apotheken und Ärzte so erfolgreich arbeiten, daß schon mehr Menschen sich an Medikamenteneinnahme als an regelmäßiges Zähneputzen gewöhnt haben. Mit dem „Medikamentenmüll" ist bereits ein Problem des Umweltschutzes entstanden. Sollte hier der Prävention eine grundlegende Änderung gelingen, hätten ihre Auswirkungen nachgerade den Rang einer Kulturrevolution.

Bei den entzündlichen Hirnkrankheiten kann niemand voraussagen, wann und wo enzephalitische Epidemien welche Schäden verursachen. Dagegen ist der Niedergang der luetischen Infektionen und damit der progressiven Paralyse ein eindrucksvolles Beispiel für die Wirkung konsequenter Prävention. Denn ähnlich wie bei der Tuberkulosebekämpfung ist der Erfolg durch die Entdeckung wirksamer Medikamente zwar ermöglicht, aber durch präventive Maßnahmen erst quantitativ verwirklicht worden.

Die Zunahme der Hirnverletzungen ist vor allem durch Verkehrs- und Betriebsunfälle verursacht – vorausgesetzt, wir können weiterhin Kriege verhindern. Also sind nach wie vor in erster Linie Männer der sozialen Unterschicht die Opfer. Auch hier also ein präventives Problem im Zusammenhang mit den Industrialisierungsfolgen, aber auch mit dem Konkurrenzprinzip und mit dem privaten Auto als Statussymbol. Hier wäre jeder präventive Erfolg an eingreifende politische Entscheidungen geknüpft. Gegenwärtig bedürfen in der BRD jährlich 1–200000 Schädelhirnverletzte stat. Behandlung, davon 10000 Schwerverletzte einer Rehabilitation. Verbesserung des Rettungswesens, Vermehrung und Dezentralisierung neurochirurgischer Abteilungen, Frührehabilitation an der Akut-Abteilung und Langzeit-Rehabilitation an Spezialeinrichtungen, ambulante Nachbetreuung und spezielle Pflegeabteilungen (auch für die zunehmenden apallischen Syndrome) sind erforderlich, um diese bedrückenden Auswirkungen unseres industriellen Entwicklungsstandes wenigstens in ihrer Ausdehnung zu beeinflussen (Enquête S. 289 ff).

Hirntumoren sind präventiv durch Vorsorgeuntersuchungen bisher kaum anzugehen. Dies ist abhängig vom Stand der allgemeinen Tumorforschung.

Hirngefäßleiden machen gegenwärtig 20% der Todesursachen der über 65-jährigen aus. Die Erforschung ihrer Risikofaktoren (Ernährung, Nikotin, Streß) gibt uns immerhin für präventive Maßnahmen einige Voraussetzungen in die Hand.

Für die Anfallsleiden schließlich gelten die meisten hier erwähnten präventiven Maßnahmen, im übrigen das, was in dem betreffenden Abschnitt bereits dargestellt wurde.

Literatur

Bleuler, M.: Endokrinologische Psychiatrie. Stuttgart, Thieme 1954

Bonhoeffer, K.: Die symptomatischen Psychosen. Leipzig. Deuticke 1910

Brossand, G.: Les parents de lènfant èpileptique, Gaz. Med. de France 87: 1161–70, 1980

Camus, A.: Der Mythos von Sisyphos, Düsseldorf, Rauch 1950

Finzen, A. u. C.: Medikamentenbehandlung bei psychischen Störungen. Bonn, Psychiatrie-Verlag, 1987

Goffman, E.: Stigma. Frankfurt, Suhrkamp 1967

Huber, G.: Klinik und Psychopathologie der organischen Psychosen, in: Psychiatrie der Gegenwart. Band II/2, Berlin, Springer 1972

Janz, D.: Die Epilepsien, Stuttgart, Thieme 1969

Jilek, W. u. L.: Die soziale Stellung des Epileptikers, in: Pfeiffer/Schoenfeld (ed): Psychopathologie im Kulturvergleich. Stuttgart 1980

Krüger, H.: Die Wochenbettpsychosen im Wandel der Anschauungen, Nervenarzt 35, S. 448, 1964

Kübler-Ross, E.: Interviews mit Sterbenden, Gütersloh, Mohn 1974

Lauter, H.: Organisch bedingte Alterspsychosen, in: Psychiatrie der Gegenwart, Band II/2, Berlin, Springer 1972

Lempp, R.: Frühkindliche Hirnschädigung und Neurosen, Bern, Huber 1970

Lenz, S.: Der Verlust, Hamburg, Hoffmann und Campe 1981

Liga gegen Epilepsie (Hrsg.): Die epileptischen Anfallskrankheiten, ein Leitfaden für Erzieher, Fürsorger, Arbeits- u. Berufsberater, Heidelberg, Verlagsanstalt 1972

Peukert, D.: Volksgenossen und Gemeinschaftsfremde, Köln, Bund-Verlag 1982

Scheid, W.: Lehrbuch d. Neurologie, Stuttgart, Thieme 1968

Schernus, R.: Vom Sinn psychogener Anfälle bei Kindern, unveröffentl. Manuskript Bethel

Sperling, E.: Die psychosoziale Lage von Hirnverletzten, Stuttgart, Thieme 1967

Watzlawick, P.: Kommunikation und Interaktion in psychiatrischer Sicht, in: Psychiatrie der Gegenwart, Berlin, Springer 1978

Watzlawick, P.: Die Möglichkeit des Anderssein, Bern, Huber 1978

12 Der alte Mensch

I Alter: Was ist das heute?

Meist begegnen wir Menschen, die die Beschäftigung mit dem Alter vermeiden: verrückte Idee, wenn man jung ist, Fimmel, jeder ist so jung, wie er sich fühlt. Oder: Alt, das sind die Anderen.

Dabei durchzieht „alt" und „altern" das ganze Leben. Es hat jedoch seine Bedeutung, daß wir die Vorstellung von „alt" an das hohe Lebensalter und den Verlust gesellschaftlicher Aufgaben knüpfen. Wenn wir nicht widerstandslos werden wollen, brauchen wir die Erfahrung der Alten. Die Erfahrung mit der Geschichte, mit der Politik, mit dem persönlichen Tempo, mit Partnerschaften, mit der Moral, mit den Gewohnheiten, der Mode, der Gesundheit und vielem mehr ändern sich im Laufe eines Lebens und von Generation zu Generation. Erst der Disput, die Reifung, die Wahrnehmung der Unterschiede ermöglicht uns Distanz und Kritikfähigkeit gegenüber unseren Lebensbedingungen.

Heutzutage kann die Lebenszeit, die wir Alter nennen, sehr lang sein. Und dennoch ist sie so wenig durchleuchtet, daß die meisten sich vor dem Alter fürchten. Z.B. gibt es kaum Entwicklungsbeschreibungen des höheren Lebensalters. Die meisten Jüngeren haben das Vorurteil, daß alle alten Menschen arm, hilfebedürftig, zerbrechlich und traurig sind, sich nicht mehr entwickeln, daß sie sich langweilen und eigentlich nur auf den Tod warten, ihn heimlich sogar herbeisehnen. Nur so sei die hohe Suizidrate bei alten Menschen zu erklären. Ein Verständnis etwa, das den Suizid zu einer bewußten Handlung macht, scheint nicht möglich. Aus der Zeit, als es noch nicht so viele alte Menschen gab, stammt der Mythos: Weisheit, Güte, Menschlichkeit sind Eigenschaften der Alten. Schon weil der Alte selten war, hatte er einen besonderen Status. Erst seit Alter etwas Durchschnittliches, auch Proletarisches (denn früher alterten vor allem Leute aus den besseren Schichten, erst jetzt gilt Alter für alle) geworden ist, wird man gewahr, daß die ehemaligen Vorurteile nicht mehr gültig sind.

Die Gefahr des Abschiebens in ein soziales und psychisches Ghetto ist z.Zt. von allen Bevölkerungsgruppen für die Alten am größten. Von Soziologen wird als Grund für die Entwertung des Alters oft angeführt, daß die Erfahrungen, die die jeweils Älteren gemacht haben, für die jeweils Jüngeren nichts mehr besagen: Maschinen, Lebensweisen, Notwendigkeiten im Umgang mit der Welt ändern sich so schnell, daß oft die Jüngeren den Älteren Meister sein können und nicht umgekehrt (Generationenkonflikt, Margeret Mead). Jedoch: die Erfahrung, älter und alt zu werden, ist nach wie vor an den Menschen gebunden, damit auch die Erfahrung, menschliche Aufgaben übernommen zu haben, etwa Kind gewesen zu sein, Eltern gewesen zu sein,

Großeltern zu sein, Bindungen eingegangen und gelebt zu haben, ob erfreulich oder unerfreulich, Menschen verloren zu haben durch Unfall, Krankheit oder Tod im Alter.

Gerade darum sind wir in diesen Erfahrungen, die ans Individuum gebunden sind, wo nie die Jüngeren den Älteren zum Meister werden können, auf die Alten und deren Bewältigungsversuche angewiesen. Auch angewiesen auf die Kenntnis von mißlungenen Bewältigungsversuchen. Tod und Sterben sind normal, über das Leben alter Menschen erfahrbar. In den letzten Jahren hat es eine professionelle Zuwendung zu alten Menschen gegeben. Damit gelingt es, die Not zu veröffentlichen. Es wird gerade aus solchen Berichten deutlich, daß die Not der Alten nicht die Not der Alten ist, sondern eine gesellschaftliche.

Die Renten bestimmen sich nicht nach den Bedürfnissen der Alten: man hat zufrieden zu sein mit dem, was man bekommt (Bedürfnislosigkeit in schlicht allen Bereichen, von der Sexualität bis zur Gesundheitspflege als ein, wenn nicht der Mythos des Alterns!). Im Alter sind die sozialen Ungleichheiten viel größer als in jedem anderen Lebensalter. Für die meisten ist Altsein mit finanziellen Einbußen verbunden. In unserem Staat ist keiner arm, sagen wiederum die Jüngeren. Und dennoch kennen viele die – vor allem weiblichen – Rentner, die die Scheiben Brot zählen, die sie täglich essen dürfen, um über den Monat zu kommen. In der Bundesrepublik sind knapp 20 Prozent der Bevölkerung älter als sechzig. Schon jetzt geht jede siebte Mark, die verdient wird, an Rentner und Pensionäre. Die Rentenlast wird noch schwerer. Eine Million alter Menschen in der Bundesrepublik haben ein Einkommen, das unter dem Regelsatz der Sozialhilfe liegt. Diese Menschen an der untersten Schwelle zur Armut sind wesentlich häufiger auf dem Land anzutreffen als in der Stadt. Bemerkenswert ist, daß die Mehrzahl dieser Menschen, etwa 70%, nie eine Kur gemacht hat, und daß etwa die Hälfte dieser Gruppe nie in Urlaub war. Der Wunsch nach Selbständigkeit ist sehr groß. So entspricht es auch meist den Wünschen aller, wenn die ältere Generation getrennt von den jüngeren lebt. Als ideal wird die Wohnung in der Nähe der jüngeren gesehen. Dieser Abstand verbessert die Beziehung.

Vier Prozent der über 65jährigen leben in Wohn- und Pflegeheimen. Für die meisten ist das Motiv der Wunsch nach größerer Bequemlichkeit und nach Sicherheit im Pflegefall. Vor allem ältere alleinstehende Menschen verlieren bei längerer Krankheit leicht ihre Wohnung und werden gegen ihren Willen in Heimen untergebracht. Der Unterschied zwischen denen, die freiwillig in ein Heim ziehen, und denen, die untergebracht werden, ist oft ein sozialer. Eine Ursache für die Heimunterbringung bei sozial schwachen Alten ist die verteilte Zuständigkeit der Finanzierung. Häusliche Pflege wird nur von der Kasse bezahlt, wenn ein längerer Klinikaufenthalt nachweislich abgekürzt oder vermieden werden kann. Für längere häusliche Pflege müssen die Betroffenen bzw. muß die Sozialhilfe aufkommen. Es scheint zu schwer, die notwendigen Dienstleistungen nach Hause zu organisieren. Viel mehr ambulante Hilfsdienste, Sozialstationen und ehrenamtliche Helfer wären nötig, um älteren Menschen ihre Selbständigkeit in ihrer gewohnten Umgebung zu erhalten. Auch Wohngemeinschaften von Alten und Jungen entstehen nur langsam und selten.

Die abrupte Beendigung des Arbeitsverhältnisses ist oft der Zählbeginn des Alters. Wir halten nichts von der strikten Altersgrenze. Auch gibt es zu wenig vernünftige Beschäftigungsmöglichkeiten für Alte. Uns betrübt, daß alte Menschen sich seltener ihrem körperlichen und seelischen Befinden entsprechend verhalten, sondern häufiger so, wie man es von ihnen erwartet. Das heißt: passiv und hilflos.

II Auffälligkeiten: Die Aufgabe zur Wahrnehmungsschärfung

1 Überblick über normale Altersveränderungen

a) Körperliche Veränderungen

- *Organe:* Einige altern schneller als andere, wobei z. B. der Grad der sexuellen Funktionseinbuße wesentlich von der Existenz eines interessierten Partners abhängt. Kein einzelnes Organ konnte bisher als eines gefunden werden, das Altern macht. Auch gibt es keine spezifischen Funktionen, die als erste altern. Wichtig: Auch das Klimakterium bei Frauen ist nicht ein Signal für beginnendes Altern, es hört zwar die Gebärfähigkeit auf, aber die sexuelle Vergnügungsfähigkeit läßt nicht nach. Insgesamt werden die aktiven Zeiten mit dem Alter weniger.
- *Haut:* Wird zunehmend trocken und faltig, unelastisch. Vitamine und Hormone sind für die Verzögerung dieses Vorganges von geringem Wert, beeinflussen eher die Einstellung, die jemand zu sich selbst hat. Es gibt schneller blaue Flecken und Beulen und sie halten länger, da die Blutgefäße in der Haut zerbrechlich sind. Pigmentierung ist üblich, vor allem an den sichtbaren Partien der Haut.
- *Haar:* Neues Haar hat weniger Farbe, es ist grau oder weiß, das Ergrauen ist ein langsamer Vorgang. Kahlköpfigkeit kommt wegen der Androgene bei Männern häufiger vor als bei Frauen.
- *Blutgefäße:* Auf ihren Funktionsverlust wirken unter anderem zwei Faktoren: ein möglicher erblicher Defekt des Fettkreislaufes und ein Abbau des elastischen Gewebes in den Arterienwänden, was möglicherweise auch durch psychische Belastungen unterstützt wird (s. Kap. 11).
- *Bewegung:* Die Muskeln zeigen Schwäche und Schwund (atrophische Prozesse), vor allem an Händen und Beinen. Ein gewisses Zittern während der Wachheit ist üblich (Altersparkinsonismus). Das führt weniger zu objektiven Einschränkungen (Schrift wird krakeliger), oft jedoch zu Scheu und dem Ver-

such, das Zittern zu verbergen, was zu mehr Zittern führt. Gebrauch der Hände und Beine beugt dem Abbau der Fähigkeiten am ehesten vor. Knochen werden brüchiger, vor allem, weil der Proteinhaushalt einem Wandel unterliegt, wodurch weniger Kalzium freigesetzt wird. Jedoch sollte aus Angst vor Stürzen der tägliche Spaziergang nicht vermieden werden. Die Wirbelsäule beugt sich, was das Ausbalancieren erschwert. Die Gesichtszüge werden starrer und die Gesamtgestik weniger und langsamer.

- *Sinnesorgane:* Die Augenlinse wird zunehmend weniger elastisch, das Auge kann weniger gut auf nahe Dinge fokussiert werden. In hohem Alter läßt die Lichtempfindlichkeit der Linsen nach. Das Ohr wird gradweise taub für hohe Töne, so daß Laute und Worte falsch zugeordnet und verstanden werden. Komplette Taubheit ist insofern eine Katastrophe, als sie zu größerer sozialer Isolation führt als der Verlust aller anderen Sinnesorgane. Von 100 sozial isolierten alten Menschen haben 50% Schwerhörigkeit (geholfen werden könnte durch frühzeitigen Abbau der Scheu vor Hörgeräten). Geschmack und Geruch werden weniger fein, so daß Blumen den Duft und Tabak den Geschmack verlieren. In bestimmten Situationen bedeutet das Gefahr, z.B. wenn Brand nicht gerochen wird.
- *Verdauung:* Die Sekretion der Verdauungssäfte läßt nach, die Bewegungen der Verdauungsmuskeln (Peristaltik) werden weniger. Für das Leben notwendige Vitamine und Mineralien, wie z.B. Vitamin B, Kalzium und Eisen werden nicht mehr so gut absorbiert und Säfte, die helfen, Protein zu verdauen, werden weniger produziert.
- *Anpassung:* Die Fähigkeit zur Anpassung an sich ändernde Bedingungen, die für alle Lebewesen fundamental ist, wird mit dem Alter weniger wirksam und langsamer, teilweise durch strukturelle Veränderungen, teilweise durch Mißbrauch bedingt. Faulheit ist im Alter eine große Gefahr, denn geschwächte Muskeln und schlechte Gesundheit sind häufig Folge von Unbewegtheit und nicht Ursache. Selbst bei bester Kondition wird die Anpassungsfähigkeit schwächer, was sich besonders deutlich in Belastungssituationen zeigt. Die Muskel- und Atemreserven sind bei alten Menschen schneller erschöpfbar, und die stabilisierende Möglichkeit des Körpers sich Temperaturen anzupassen, arbeitet nicht mehr so präzise. Wasser- und Elektrolythaushalt geraten bei Infekten leichter aus dem Gleichgewicht.

b) Seelische Veränderungen (noch abhängiger von Erziehung und Tun des Individuums)

- *Geistige Fähigkeiten:* Schon bei der Betrachtung der Veränderung der geistigen Fähigkeiten, wie sie z.B. durch Intelligenztests gemessen werden, zeigt sich die Bedeutung der Vorbildung. Ging man früher davon aus, daß Menschen mit dem Alter dümmer werden (gradweiser Abbau der intellektuellen Fähigkeiten durch das Alter), so weiß man heute, daß das Alter nur eine Nebenrolle spielt, und das z.B. die letzte berufliche Stellung, die Schulbildung, die Gesundheit, die Motivation, der derzeitige Umgang, die derzeitige Umgebung – anregend oder nicht – sehr viel bedeutsamer für die intellektuellen Fähigkeiten im Alter sind als das schiere Alter.

- *Lernfähigkeit:* Lange Zeit ging man davon aus, daß alte Menschen nicht mehr dazu lernen können. Nach heutigem Wissen läßt sich das nicht mehr so eindeutig sagen. Lernfähigkeit und Gedächtnis gehen nicht „verloren", jedoch ergeben sich charakteristische und schwerwiegende Änderungen. Neue Erlebnisse werden nicht so gut erinnert, neue Lerninhalte nicht so gut gelernt. Für das Lernen im Alter sind die Beweggründe (Motivation) von großer Bedeutung: Warum soll etwas gelernt werden, lohnt sich das noch? Die Frage des Arztes oder Richters beim Entmüdigungstermin nach dem Datum des Tages ist eine Diskriminierung, denn was interessiert das den alten Menschen! Bedeutsam für das Lernen im Alter ist auch die Darbietung. Lerninhalte müssen anschaulich und konkret dargeboten werden, um behalten zu werden. Sicher ist auch, daß sich das Tempo verändert. Alte lernen nicht so schnell – und der Vergleich der Schnelligkeit des Lernens läßt oft den Eindruck entstehen, weniger lernfähig zu sein. Aber bei genügend Zeit können Alte genauso lernen wie Junge (natürlich mit der Einschränkung, daß die Lerninhalte sowohl der Interessenlage als dem geistigen Niveau entsprechen müssen).
- *Gedächtnis:* Alte Menschen haben ein gutes Gedächtnis für Erlebnisse ihrer Jugendzeit, jedoch ein schlechteres für neuere Erlebnisse. Es ist nicht eindeutig, ob wirklich eine Verbesserung des Altgedächtnisses auftritt oder ob lediglich das Nachlassen von Kontrollmöglichkeiten den Eindruck der Verbesserung hervorruft. Auch hier ist dem Faktor des Interesses große Bedeutung beizumessen. Ein alter Mensch mag sich wieder mehr für seinen Lebenslauf interessieren, auch sich „gern" an vergangene Zeiten erinnern, während er das Interesse an zeitgensössischen Ereignissen verliert. Bei alten Menschen können die peripheren Gedächtnisinhalte (Selbstverständlichkeiten in Zeitabläufen oder Logik von Handlungen) so an Bedeutung verlieren, daß es zu kleineren oder größeren Desorientierungen kommen kann. Sicher hängt damit auch die Vergeßlichkeit zusammen. Dabei ist zu erwähnen, daß die subjektive Bedeutung einer Sache prägend ist. Wenn ein junger Mensch vergeßlich ist, wird er der Schusseligkeit geziehen und angehalten, den z. B. verlorenen und verlegten Gegenstand so lange zu suchen, bis er ihn gefunden hat, oder gemahnt, nächstes Mal nicht mehr so vergeßlich zu sein. Bei alten Menschen reicht die Benennung der Vergeßlichkeit zusammen mit dem Schluß: das ist das Alter, aus, um die subjektiv empfundene Angst zu vergrößern und damit die Gedächtnisleistung, analog Prüfungssituationen, zu verschlechtern und weiterführende Handlungen zu unterlassen.
- *Psychomotorik:* Vom 30. Lebensjahr an läßt sich eine zunehmende Verlangsamung des psychischen Tempos und der psychomotorischen Fähigkeiten beobachten, wobei entscheidend die Verlängerung der Reaktionszeit ist. Jedoch zeigt sich im Bereich der Psychomotorik (Autofahren, Schreiben, Nä-

hen, Basteln), wie abhängig Veränderungen vom sozialen Status sind und dem, womit man sich immer beschäftigt (Übung), auch von Gesundheit und Motivation (warum soll ich einen Brief schnell schreiben, ich habe doch soviel Zeit, bzw. warum soll ich schnell gehen).

● *Persönlichkeit:* Die Aussagen darüber, ob sich im Alter die Persönlichkeit verändert, starrer, enger, bizarrer, ausgeprägter, tiefer, flacher wird, sind einmal davon abhängig, wie man solche Fragen untersucht. Wendet man Längsschnittuntersuchungen an, so bleiben die Menschen eher gleich (Konstanz der Persönlichkeitsmerkmale). Querschnittsuntersuchungen, die z.B. eine 70jährige Gruppe mit einer Gruppe 80jähriger vergleicht, zeigen, daß sich Persönlichkeitsmerkmale ändern. Soziale und motivationale Einflüsse sind zu bedenken. Jemand, der jetzt 10 Jahre älter ist, lebt nie unter gleichen Bedingungen wie der, der 10 Jahre jünger ist. Mit einiger Sicherheit kann man sagen, daß sich für den Alten die sozialen Kontrollen ändern, was einen Einfluß auf die persönlichen Handlungsweisen hat (in gewissem Umfang genießen die alten Menschen Narrenfreiheit, nicht selten ist der Satz zu hören: ich kann mir das jetzt ja leisten). Das reine Altern ist für Persönlichkeitsänderungen weniger bedeutsam als die Ausgangssituation, soziale uhd biographische Aspekte.

Am Ende dieses Abschnittes über die „normalen" Verläufe im Alter ist folgendes zu betonen: 1. Die große Zahl der Menschen über 65 kommt nicht dadurch zustande, daß die Lebenserwartung gestiegen ist (die Menschen werden heute im Durchschnitt nur 5 Jahre älter als vor 100 Jahren, wobei für bestimmte Gruppen – männliche Industriearbeiter – nicht einmal das gilt), vielmehr gibt es mehr Alte, weil verbesserte soziale Bedingungen und medizinische Versorgung dazu beitragen, daß mehr Menschen alt werden. Auf Grund der schwankenden Geburtenrate ist der Anteil der Alten an der Gesamtbevölkerung Schwankungen unterworfen. 2. Die Kränkungen, die sich im Alter ergeben, sind wesentlich nicht durch das Alter bedingt, sondern durch die psychische und soziale Situation alter Menschen. Am gerechtesten wird man der Frage wohl, wenn man Alter ganz klar als psychosomatische und soziosomatische Einheit sieht. Die Kränkungen, die im Alter zu verkraften sind, sind dann u.a.

● *das Gefühl, unerwünscht zu sein:* Der alternde und alte Mensch hört oft, er solle sich nicht bemühen, lieber aus dem Wege gehen, Dinge liegen lassen, sich bloß nicht kümmern. Er darf nicht mehr berufstätig sein (wie Kinder, nur noch in der Phantasie). Es hängt nichts mehr von ihm ab; viele werden sich lieber aus dem Staube machen und sich zurückziehen, still werden, sich lieber nicht einmischen, um diesem Gefühl, unerwünscht zu sein, begegnen zu können.

● *finanzielle Unsicherheit und das Gefühl finanzieller Unsicherheit:* Das Alter bringt für die meisten ein gewisses Maß an Verarmung mit sich. Besonders auffallend ist das für Witwen, die keine eigene Rente haben. Entscheidend ist nicht allein die absolute Höhe des monatlich zur Verfügung stehenden Betrages, sondern auch die Kluft zum vorher Gehabten. Die Arbeitskraft ist nicht mehr einsetzbar und damit erhöht sich die Abhängigkeit. Von daher steht man jeder wirtschaftlichen Veränderung, auch jeder größeren Anschaffung, ängstlich und bedroht gegenüber. Das Gefühl schwindelnder körperlicher Kraft und Sicherheit wird auch aufs Geld übertragen (Verarmungsangst). In manchen Fällen mag zutreffen, daß für alte Menschen Geld gleichbedeutend ist mit Stärke und Einfluß. Auf der anderen Seite sollte man nicht vergessen, wie abhängig man als Rentner tatsächlich von der wirtschaftlichen Situation eines Landes und von dessen Politikern ist.

- *Das Gefühl, unbrauchbar zu sein:* Mit dem Wegfallen der Arbeit entsteht für die meisten Menschen ein großes Zeitloch, das sie nicht füllen können. Arbeit stellt im Leben eines Menschen nicht nur ein notwendiges Übel, sondern auch ein Teil seiner Selbstverwirklichung dar. Wenn er dieses Teiles beraubt ist, kann der Mensch in tiefe Krisen geraten. In manchen Ländern begegnet man dem, indem man Werkstätten oder Arbeitsplätze für alte Menschen organisiert. Dies ist sicher leichter möglich in Ländern, in denen eine Arbeitsplatzplanung möglich ist. Nicht unwidersprochen blieb die Aussage einiger Soziologen, daß nur der gesund altern könne, der in der Lage sei, sich von seinen Erwachsenen-Rollen zu entfernen (Disengagement), wobei gelegentlich hinzugefügt wird, daß ein neues Engagement an neue Aufgaben förderlich sein kann. Dem einen ist entgegenzuhalten, daß eine langsame Loslösung aus gewohnten Aufgaben und Rollen das Gefühl der Unbrauchbarkeit verstärkt und daß auf der anderen Seite, selbst wenn man ein neues Engagement bejaht, so viele Aufgaben gar nicht zur Verfügung stehen. Bei den bisher aufgeführten Gesichtspunkten sind soziale Unterschiede zu berücksichtigen. Jedoch ist zu vermuten, daß bei dem Gefühl, unbrauchbar zu sein, soziale Unterschiede in Abhängigkeit von der letzten beruflichen Situation am deutlichsten zutage treten. Allerdings spielen andere Faktoren, wie die Nähe zur Familie, das Engagement in Hobbyclubs oder in der Politik u.ä. eine Rolle.
- *Einsamkeit:* Einsamkeit ist nicht gleich Isolation. Wesentlich für das Erlebnis der Einsamkeit ist, daß man nicht seinesgleichen findet und keinen Gesprächspartner hat. Ein Mensch, der einsam ist, sorgt sich um seine Seele, wobei er aus Gründen der Ablenkung und der Vermeidung totaler Einsamkeit häufig Ärzte aufsuchen mag, die ihm Zeit gönnen. Auch bei den kirchlich organisierten Altenhilfen ist darauf zu achten, daß das seelsorgerische Element bei der Begegnung mit der Einsamkeit nicht vernachlässigt und zugunsten der Versorgung (z.B. mit Essen und Gesundheitspflege) hintenangestellt wird. In einer von Blume durchgeführten Untersuchung hat sich ergeben, daß viele Alte behaupten, nicht einsam zu sein, obwohl sie es objektiv sind. In dieser Art des Umgangs mit der Einsamkeit zeigt sich möglicherweise Selbstschutz und Abwehr.
- *Langeweile, Ziellosigkeit:* Häufig ist nicht der Mangel an Arbeit oder Be-

schäftigung Auslöser für Gefühle von Langeweile und Sinnlosigkeit, sondern der Mangel eines Zieles. Eine gute Möglichkeit, Ziele zu finden, ist dort verwirklicht, wo für Alte eine Unmenge von Aktivitäten wie Busreisen, Gymnastik, gemeinsames Kaffeetrinken, gemeinsame Diskussionsabende u.ä. angeboten werden, wobei wichtig ist, die bereits eingeschlichene Langeweile zu diskutieren und nicht durch Programme zuzuschaufeln. Anzumerken ist, das nach BLUMES Befunden organisiertes Reisen das einzig effektive BSHG-Angebot ist.

- *plötzliche Veränderungen:* Desorientiertheit und Verwirrtheit treten weniger auf, wenn der alte Mensch Gelegenheit hat, sich auch in seinen Tätigkeiten, seinen Besuchen und seinen Erlebnissen eine gewisse Routine anzueignen. Es ist günstiger, regelmäßig Besuche zu haben bzw. regelmäßigen Aktivitäten nachzugehen als plötzliche Aufschwünge. Den gleichen Ausflug mit 14 Tagen Erwartungszeit gemacht, erlebt eine alte Frau wesentlich angenehmer, als wenn er nach einem plötzlichen Entschluß am Abend zuvor erfolgt. Alte Menschen brauchen längere Zeit, sich von einem Ort zum anderen zu bewegen, sich anzukleiden, ihre Sachen zusammen zu haben, so daß plötzliche Ereignisse sie überfordern und in eine überstarke Hektik hineintreiben.
- *Komplexität der Anforderungen:* Zwei alte Frauen wollen eine Straße überqueren, obwohl die gegenüberliegende Ampel rot zeigt. Deutlich hörbar nähert sich ein Unfallwagen, so daß alle Autos an der Kreuzung anhalten. Es sprechen also zwei Signale, sowohl das Rot der Fußgängerampel als auch das Aufheulen des Martinshornes gegen das Überqueren der Straße, dennoch nehmen die beiden Frauen das Halten aller Autos zum Anlaß, auf die Straße zu gehen. Für sie ist diese Situation sicher zu komplex und die einfache Orientierung, an die sie sich sonst halten, reicht nicht aus.
- *Angst vor dem Tod:* Es ist unwahrscheinlich, daß alte Menschen nur noch leben um zu sterben. Vielmehr leben sie aus diesem oder jenem Grund oder einfach auch nur so vor sich hin, aber häufig wird das Warten aufs Sterben als Grund für das Leben angegeben. Dieses muß immer als Ausdruck erlebter Sinnlosigkeit oder erlebter Angst verstanden werden. Die älteren Menschen bevorzugen normalerweise, über ihre Angst vor dem Sterben und über ihre Wünsche, wie sie gern sterben möchten, offen zu sprechen. Auch über die Art der Beerdigung, die ja schließlich ihre Beerdigung ist, sollte nicht geschwiegen werden. Häufig beginnen alte Menschen solche Gespräche, die ihre Furcht vor dem Sterben, aber auch ihre Gedanken daran, wie es denn sein wird, beinhalten und häufig genug wird ihnen mit einer Bemerkung über den Mund gefahren: „Unsinn, du lebst doch mindestens noch 10 Jahre" (als ob das nicht Unsinn ist). Für den alten Menschen wird die Angst vor dem Tod zunehmend Wirklichkeit, so daß man ihr offen begegnen muß. Die Einstellung zum Tod ist in unserer Gesellschaft diffus. Viele erleben ihn als etwas Grauenvolles, manchmal wird vom Sterben als etwas Stillem, manchmal als etwas Bewegtes gesprochen. Je nach Einstellung und Erziehung wird man gefaßt oder aufgewühlt.

Diese Aufzählung will nur die Nachdenklichkeit anregen und es ist sicher, daß jedem einzelnen Leser, mehr noch den Gruppen, Probleme einfallen, die den alternden Menschen in besonderem Maße gefährden oder beeinträchtigen. Nicht ausführlich benannt sind hier z. B. die soziale Isolation, die mangelhafte Wohnsituation, Probleme, die sich durch den Verkehr ergeben, oder auch Schwierigkeiten der Freizeitbedingungen.

2 Schwierigkeiten bzw. Krankheiten

Zu den häufigsten psychiatrischen Erkrankungen im hohen Lebensalter gehören die Beeinträchtigungen, die mit Hirngefäßleiden einhergehen (s. Kap. 11). Wesentliche Symptome betreffen die

- *Sprache:* Die Beeinträchtigung kann darin bestehen, daß Wörter nicht richtig artikuliert und benutzt werden können (motorische Aphasie), daß Wörter nicht richtig verstanden werden (sensorische Aphasie). Meist sind beide Bereiche betroffen, jedoch selten vollständig. Beeinträchtigungen der Fähigkeiten zu lesen, zu schreiben und zu rechnen, sind meist Begleitsymptome. Es kann jedoch auch vorkommen, daß Menschen eine komplette motorische Aphasie haben, also nicht mehr sprechen können, sich schriftlich aber ganz gut verständigen können. Es ist in jedem Einzelfall neu zu diskutieren, ob man die Anstrengung auf sich nehmen soll, „Ersatzsprachen" (z. B. über Bewegung) zu trainieren, da die Enttäuschung, trotz der Anstrengung mangels Partner nichts mit der Ersatzsprache anfangen zu können, schlimme Folgen haben kann. Neben der Sprache können Beweglichkeit und Orientierung gestört sein. Räumliche Orientierung kommt in fast allen Alltagshandlungen vor, beim Aufstehen, Anziehen, Haare kämmen, Zähne putzen usw. Wie beim Verlust der Sprache zeigt sich die Beeinträchtigung der räumlichen Orientierung leichter bei Handlungen, die nicht zur Routine eines Menschen gehören. Bei der Auswirkung dieser Störung sind soziale und psychische Faktoren von Bedeutung.
- *Senilität:* Veränderungen sind z. T. irreversibel (nicht mehr rückgängig zu machen). Heute weiß man aber, daß z. B. die Hebung der Gefühlslage und die Besserung der Kooperationswilligkeit Folgen von angemessenem psychischen und sozialen Zugang sind. Zur Senilität gehören als Symptome: a. Verlust des Gedächtnisses für neue Ereignisse – im schweren Falle Korsakowsyndrom. b. Veränderung der Persönlichkeit in den Bereichen Sozialverhalten, Temperament, Beeinflußbarkeit, Selbsteinschätzung. Es kann auch zur Beeinträchtigung der Urteilsfähigkeit kommen. c. Emotionale Labilität ist häufig, wobei sie sich äußert einmal in einer Kluft zwischen der gefühlsmäßigen Reaktion und dem auslösenden Reiz. Es besteht die Tendenz, aus keinem sichtbaren Anlaß extrem zu lachen oder zu weinen; zum zweiten äußert sie sich in heftigen Stimmungsschwankungen in kürzester Zeit. d. Es

kann ein Sprechzwang auftreten, wobei ununterbrochen gebrabbelt wird, meist wird dieselbe Geschichte oder dasselbe Wort oder derselbe Satz wiederholt (die Gewohnheit des Selbstgespräches in Isolation ist uns allen bekannt). e. Ruhelosigkeit und der Zwang herumzuwandern sind Ausdruck seniler Erkrankungen, beides tritt periodisch auf und ist nicht andauernd. Es kann jedoch sein, daß der Zwang herumzuwandern einigermaßen kontrolliert ist, die Ruhelosigkeit sich darin äußert, daß der Betreffende ständig an sich herumfummelt, mit den Händen spielt, etwas trinkt oder Gegenstände in der naheliegenden Umgebung begreift. f. Auch bei senilen Handlungsweisen können spezielle Störungen wie Sprachstörungen und Störungen der räumlichen Orientierung vorkommen. Es gibt für senile Handlungsweisen nicht *eine* Ursache, vielmehr sind sie auch als Ausdruck eines psychosomatischen Geschehens zu verstehen, dessen Zusammenhänge noch nicht geklärt sind.

Wenn man Senile ermutigt, sie in anregende und gefällige Umgebung bringt, alle Anforderungen vereinfacht, sie in Gemeinschaft hält, sie zu Aktivität anregt, ihre körperliche Gesundheit fördert, gleichzeitig neue Gewohnheiten, z.B. auf die Toilette zu gehen, ausbildet, desto wahrscheinlicher wird eine Besserung des physischen Gesundheitszustandes. Anmerkung zu dem auf die Toilette gehen. Ruhelosigkeit und Umherirren könnte häufig dazu führen, daß Menschen den ihnen gewohnten Weg zur Toilette nicht finden bzw. die Zeiten falsch einschätzen, so daß sie in die Hose machen. Dies ist allen Menschen äußerst peinlich, sowohl den Betroffenen als den Angehörigen, so daß es meist verheimlicht wird.

Beispiel: Eine alte Frau stapelte Berge schmutziger Unterhosen, die sie nicht wusch, weil die Angehörigen dann von ihren Mißgeschicken erfahren hätten.

● *Störung der Beziehung zu Anderen und sich selbst:* Depressiv sein gehört im Alter zu den häufigsten Umgehensweisen mit Schwierigkeiten. Die Klärung des Ausmaßes endogener und reaktiver Beteiligung ist eher belanglos. Die Anlässe, depressiv zu handeln, häufen sich. Eine alte Person, deren Handeln vorwiegend depressiv ist, wird extrem langsam, sie verliert Interesse an fast allem, vor allem an Kontakten mit Menschen und mit der Umwelt. Die Einstellung zu sich selbst ist die größter Wertlosigkeit. Die Schuld in vielen kleinen und großen Vorkommnissen gilt als erwiesen. Die Beschäftigung gilt vorrangig der Verdauung. Der Ausdruck geht verloren oder er wird starr. Es ist nicht immer einfach, Personen, die depressiv sind, von solchen, die senil sind, zu unterscheiden. Ein guter Indikator ist das Gedächtnis: bin ich depressiv, so antworte ich langsam aber richtig. Depressive Handlungsweisen folgen Schockerlebnissen und starker Verzweiflung. Häufiger schleicht sich allmählich eine depressive Haltung ein. Menschen, die von früher her zu depressivem Handeln neigen, sind bei Anforderungen im Alter leicht depressiv, weil sie diese Art des Umgehens mit Schwierigkeiten gelernt haben. Hat ein alter Mensch den Gedanken, sich umzubringen, so tötet er sich auch eher wirklich als ein jüngerer Mensch. Der Gebrauch von Alkohol, Schmerzmitteln, „Schlafmitteln", Tranquilizern als Mittel gegen Gefühle der Einsamkeit und Sinnlosigkeit ist häufiger geworden.

- *Paranoide und schizophrene Handlungen:* Jede motorische und sensorische Beeinträchtigung, vor allem die im Bereiche des Hörens und Sehens, kann zu paranoider Verarbeitung führen. Wahninhalte beziehen sich meist auf die Situation des alten Menschen (die Familie will ihn umbringen, damit das Erbe angetreten werden kann). Nicht nur sensorische Beeinträchtigungen, sondern auch sensorische Deprivation (wie soziale Isolation, wenn die durchschnittlich gebrauchte Anregung über ein subjektiv tolerierbares Maß hinaus sinkt) kann zu paranoidem Handeln führen.

Beispiel: für das Zusammenspiel organischer, seelischer und sozialer Bedingungen: Ein alter Mensch begegnet seiner Merkschwäche (er hat die Geldtasche verlegt), die er nicht wahrhaben mag, mit der Äußerung: „Ich verlege nie etwas!" (Scham-Abwehr der Angst vor Verlust der eigenen Fähigkeiten). Aber eine Erklärung für die verschwundene Geldtasche muß her. Also: „Da ich die Geldtasche nicht verlegt habe und auch nicht weggenommen habe, muß jemand anderes in der Wohnung gewesen sein!" (paranoide Umdeutung und Abwehr). Er sucht Beweise und findet sie: z. B. um das Schlüsselloch der Wohnungstür von außen herum sind Kratzspuren (bedingt durch die eigene Zitterigkeit). Er weiß auch, wer es war: junge Leute, die unter ihm wohnen und ihn durch „sexuelle Orgien" sowieso stören (Abwehr selbst-verbotener sexueller Wünsche). Evtl. wird er sich an ihnen rächen, z. B. durch Klopfen auf den Fußboden oder indem er mit Nachbarn über sie herzieht. – Akute schizophrene Erkrankungen gibt es im Alter so gut wie überhaupt nicht; allerdings können alte Menschen, die früher zu schizophrenen Handlungsweisen geneigt haben, bei Nachlassen der sozialen Kontrolle im Alter wieder ihre schizophrenen Züge und Anteile mit gedanklicher Verworrenheit, sprachlicher Zerfahrenheit und abstrusen Gedanken (Paraphrenie) verstärken.

III Die Begegnung

Mitleid ist nicht das Gefühl, das man sich selbst als Alter wünscht. Denn schließlich hat man ja gelebt, ist 60, 70, 80 Jahre alt geworden und dann Mitleid: das kann nur noch zur Verbitterung beitragen. Unterschied zwischen den Generationen ist nicht zu leugnen, von keiner Seite. Es ist etwas anderes, jetzt 80 zu sein und jetzt 20 zu sein. Anerkennung des unaufhebbaren Generationsunterschiedes fördert nicht den Generationskonflikt, auch nicht Resignation und Entfremdung, sondern führt zur Auseinandersetzung und damit zum Verständnis. Wenn ich nicht alt bin, kenne ich Altsein nur aus der Fremdwahrnehmung, aber Altwerden aus der Selbstwahrnehmung; denn wir alle sind ständig für etwas alt genug oder zu alt.

Beispiel: In eine Klinik wird eine alte Frau gebracht, fast steif, zerzaust und verschmutzt, Unverständliches brabbelnd. Sie war wimmernd unter ihrem Bett gefunden worden, nicht mehr ansprechbar, kaum noch auf Reize reagierend. Nachdem sie gewaschen war, sollte sie ins Bett gelegt werden, was sich wegen der anhaltenden Steife nur schwer machen ließ. Folgender Dialog entspann sich zwischen zwei Pflegekräften:

1: Mensch, laß die doch einfach liegen.
2: Ich weiß nicht, die tut mir leid, wahrscheinlich war sie völlig isoliert.
1: Da brauchst du auch nicht gleich unters Bett zu kriechen und zu verkommen, also mir passiert das bestimmt nicht.
2: Stell dir vor, du bist über Wochen allein, da wirst du doch ängstlich, vielleicht konnte sie auch nicht mehr die Treppen runtergehen, um sich was zu essen zu holen.
1: Hätte ja auch telefonieren können.
2: Ich kann mir vorstellen, daß man irgendwann das Telefon auch nicht mehr benutzt. Es muß doch furchtbar sein, gleichzeitig ganz allein sein zu müssen und immer, wenn du mit jemandem sprechen willst, ist es, um Hilfe zu bitten, das macht doch krank.
1: Ich würde eben rechtzeitig in ein Altersheim oder Altenpflegeheim gehen, da kann so was nicht passieren.
1: Trotzdem können wir hier nichts machen. Die liegt so ganz gut, muß Medikamente kriegen oder 'ne Sonde.
2: Ich weiß nicht, wenn die wirklich so lange unterm Bett gelegen hat, vielleicht tut es ihr gut, wenn wir sie massieren oder streicheln.
1: Igitt, ich graul mich vor alter Haut, ich stell mir das entsetzlich vor, wenn ich die kriege. Kann ich nicht anfassen.

1 Selbstwahrnehmung

Was fühle und empfinde ich, wenn ich es mit alten Menschen zu tun habe? Wie verwandelt sich meine Ungeduld? Wie möchte ich nicht sein, wenn ich alt sein werde? Was denke ich, wann ist jemand „normal" alt und wann muß ich jemand in die Psychiatrie einweisen. Landeskrankenhäuser sind heute noch viel überalterter als die Bevölkerung.

Wichtig: Wie oft beim Lesen der Fragen taucht die Neigung zu leugnen, zum Verwerfen, zum „Ich-doch-nicht" auf. Wenn Alter etwas mit Isolation zu tun hat und Isolation etwas mit psychiatrischer Symptomatik, wenn in Altersheimen neben Hospitalismus auch andere Fehlhandlungen auftreten und wenn Kontaktdichte zwischen Alten und Jungen einer Familie etwas mit psychischer Gesundheit zu tun hat: wie denke ich, daß meine Eltern altern sollen und wie will ich selbst altern (ganz ehrlich, ohne Idyllisierung)? Dürfen Alte zärtlich, sexuell, sehnsüchtig, albern sein oder sind solche Gefühle Grund für Entmündigung? Und einfacher: mit wieviel Alten habe ich Kontakt, war ich schon einmal in einem Altersheim, kenne ich Alte, die in psychiatrischen Einrichtungen sind? Sind sie da, weil sie alt sind oder weil sie krank sind, oder ist das schwer auseinanderzuhalten? Wenn ein alter Mensch mich auf der Straße anguckt, was empfinde ich?

Ich empfinde Neugier darauf, was dieser Mensch alles erlebt hat, ich bin ungeduldig, wenn er zu lang, zu umständlich erzählt, ich bin froh, wenn er selbständig ist, es ist schwer, ein Gleichgewicht zwischen tun und tunlassen zu finden, es ist interessant, das ganze Leben eines Menschen wahrzunehmen. Ich empfinde Angst bei der Vorstellung meines Alters, Angst vor Abhängigkeit und Hinfälligkeit. Ich weiß nicht, wovon es abhängt, ob man gesund bleibt, ich kann den Zufall nur schwer akzeptieren. Es fiel mir schwer, Jämmerlichkeit und Kläglichkeit zu akzeptieren. Der Widerstand, die Empörung dagegen, daß jemand, der ein gutes Leben geführt hat, siech und elend verkümmert, ist gegen niemanden zu richten. Die Zuneigung, die der gesunden Person galt, ist zu bewahren.

Wie gehe ich damit um, daß alte Menschen meist als Notfall in die Psychiatrie kommen? Meist lassen wir uns mit den Alten Zeit, obwohl wir wissen, daß ein Hinauszögern oder eine Verschiebung des Kontaktes eine Normalisierung der Störung unmöglich machen kann. Und noch ein anderer Aspekt der Zeit: die meisten von uns, nicht nur die Nervenärzte, haben einen ziemlich genauen Zeitplan, der mit den gewöhnlichen Mittelschichterwachsenen klappt. Der alte Mensch braucht mehr Zeit. Die Gefahr besteht also: ich diagnostiziere Verlangsamung; die Selbstdiagnose wäre aber: ich habe nicht soviel Zeit, wie dieser Mensch braucht, oder: wenn der alte Mensch etwas von mir will, muß er wieder die Abhängigkeit lernen. Probleme der Zeit und der Abhängigkeit können in den psychiatrisch Handelnden Unwillen und Aggressivität hervorrufen. Wie gehe ich damit um? Auch können der Auftrag, eine möglichst genaue Anamnese zu erheben, und das Gedächtnis des alten Partners im Widerspruch stehen. Dann auch die Frage der Motivation: selten wird ein alter Patient von sich sagen, er habe emotionale Probleme. Wahrscheinlicher ist, daß er jemanden sucht, von dem er denkt, daß er ihn versteht. Wie gehe ich damit um, daß es häufig schwer ist, die unmittelbaren Gefühlsausbrüche von älteren Menschen anzunehmen? Das ständige Hin und Her auf dem Kontinuum Nähe und Distanz kann zu einem Problem zwischen mir und dem alten Menschen werden. Ist für den alten Menschen die Zukunft weniger wichtig als die Gegenwart? Es ist ziemlich unmöglich, ihn durch die gegenwärtige Krise zu führen, indem ich ihn für sein zukünftiges Leben vorbereite. Wichtig ist auch, daß ich meine Geduld und meine Ungeduld dort kennenlerne, wo ich dafür verantwortlich bin, alte Menschen vor den moralischen Urteilen der Umgebung zu schützen, aber auch, wo ich dafür verantwortlich bin, Rede und Antwort zu stehen, was in einem Leben fehlt. Ist es wirklich wert, jetzt das Rauchen aufzugeben oder das Trinken? Ist es wirklich wert, sich neue Aufgaben zu suchen? Ist es wirklich wert, neue Selbstkontrolle aufzubauen? Wie will man das entscheiden?

Die Gefahr liegt darin, daß man dem Alten das antwortet, von dem man denkt, daß er es gerne hören will, daß man sich nicht auf ihn einläßt, es nicht auf eine Beziehung ankommen läßt, sondern eher eine autoritäre Beziehung herstellt. Was bewerte ich im Umgang mit dem alten Menschen als Erfolg? Die für den psychiatrisch Tätigen sowieso notwendigen Frustrationstoleranz, wie groß muß sie im Umgang mit alten Patienten sein, wo immer wieder Stellung zu nehmen ist zu Unfähigkeit, Tod, Verlust, Abbau. Wie stehe ich selbst da, wenn ich genau weiß, wie schmerzlich es ist, Bindungen aufzugeben und dennoch vermitteln zu sollen, daß diese Loslösung (disengagement) notwendig ist. Eine wichtige Frage: Wie können Menschen, die aufgrund der eigenen Lebensentwicklung noch gar nicht richtig im Leben drin sind, sich mit Menschen beschäftigen, die viel mit Abschied, Tod, Trennung, Lösung zu tun haben.

2 Vollständigkeit der Wahrnehmung

Die alten Menschen halten viel Aggression und Gewalt aus. Das verstärkt ihre Angst und ihre Abkapselung. Oft werden die Urteile, die alte Menschen haben, aggressiv als Vorurteile bekämpft, ohne daß man sich um die Erfahrungen, die ein Leben währen, kümmert. Aber gerade das Ertragen aller Erfahrungen, die ein Mensch gemacht hat, auch wenn sie mir gegen den Strich gehen, führt zur Vollständigkeit der Wahrnehmung. Alte Menschen wünschen dauerhafte, vorhersagbare und kontinuierliche Beziehungen. Es ist eine der Erfahrungen, daß sie vor ihrem Tod am ehesten hin und hergeschoben werden. Ihre Bitte um Anhänglichkeit wird oft als klammern verstanden. Gelegentlich ist auch nur noch Abwehr und Aufbegehren zu spüren.

Übung: Jeder sollte jetzt mutwillig und absichtlich im Café, auf der Bank, im Zug, in der Rathauskantine – wo sind die alten Menschen zu treffen – ein Gespräch mit einem alten Menschen herbeiführen und versuchen, etwas von dessen Altern mitzubekommen.

Dies Treffen ist sowohl für die Selbstwahrnehmung als für die Vollständigkeit der Wahrnehmung auszuwerten.

3 Normalisierung der Beziehung

Alt zu sein, ist für die psychische Gesundheit riskant, nicht so sehr jedoch, weil man alt ist, sondern weil man mit mehr Problemen zu tun hat, die man auch in der Jugend nicht gut verkraftet hätte. Es soll noch einmal das Beispiel von vorhin aufgegriffen werden:

Bei der alten Frau begann sich nach einer Weile nicht nur der Massageeffekt im Sinne besserer Durchblutung durchzusetzen, sie wurde auch zunehmend entspannter, konnte sich ohne weitere Medikamente ruhig und behaglich im Bett einrichten und konnte nach anfänglichen Schwierigkeiten auf die Frage: ist es ihnen lieber, ich füttere sie oder wollen sie selbst essen? eine Suppe selbständig mit einem Röhrchen einnehmen. Für den weiteren Aufenthalt in der Klinik, der nur ein paar Tage dauerte, war wichtig, daß sie nicht „die Alte" oder „das Ohmchen" sondern Frau W. war. Es war ihr peinlich, unter den beschriebenen Umständen in die Klinik gekommen zu sein. Sie war lange allein gewesen, hatte allmählich den Überblick über die Wochentage und die Tageszeit verloren, obwohl sie gewissenhaft das Kalenderblatt jeden Tag abriß. Sie war dann eines Sonntag morgens aufgewacht mit Hunger, ohne etwas zu Essen im Hause zu haben und sich zu schwach fühlend, rauszugehen. So hatte sie begonnen, jeden Winkel der Wohnung nach etwas Eßbarem abzusuchen. Da sie häufig im Bett aß, hatte sie die Hoffnung gehabt, unter dem Bett ein Stück Brot, Schokolade oder ähnliches zu finden. Dabei muß sie einen Schwächeanfall erlitten haben. An mehr konnte sie sich nicht mehr erinnern.

Sie fühlte sich nach ihren eigenen Angaben in der Klinik nicht entwürdigt, sondern verstanden. Auch spürte sie, daß die Menschen sie nicht bemitleideten, sondern sie in ihren Handlungsweisen zu verstehen versuchten. Das trug dazu bei, daß sie selbst das Ungeheuerliche der Situation und ihre Scham besser ertrug. Bedeutsam für sie war: daß man sie nicht zum Fall machte; daß man sich für ihre Wünsche und Bedürfnisse (z.B. Fernsehen, Baden, Frisieren, nicht im Flügelhemd auf den Flur zu müssen) interessierte; daß sie spürte, wie die Höflichkeit aufrechterhalten wurde; daß man ihr keinen Vorwurf machte und auch nicht einfach nur sagte, sie sei jetzt senil, sondern ihr half, zu verstehen, was geschehen war; daß man sie nicht noch mehr isolierte, so daß ihr „kalt" wurde, sondern daß sie „Wärme" spürte; daß man ihr nicht mit der Vorstellung begegnete, nun endgültig in Pflege zu müssen; daß man ihr das Gefühl gegeben hat, es lohnt sich noch: sie hatte zwar keine Angst vor dem Sterben, jedoch hätte sie bei dem Eindruck, es lohne sich nicht mehr, die Anstrengung der Gesundung gescheut; daß sie sich ernst genommen fühlte darin, daß man sie auch in ihren Sorgen und „Pusseligkeiten" zu verstehen versuchte und sie nicht abtat. Für sie war entscheidend, daß man ihr als Mensch begegnete, der seine besonderen Schwierigkeiten hat und nicht als Altem, um den man sich nicht besonders zu kümmern brauchte.

IV Handeln

1 Angehörige

Die Angehörigen psychisch kranker alter Menschen erschrecken oft besonders stark, wenn ein ihnen vertrauter Mensch plötzlich verwirrt ist oder sich verfolgt und bedroht fühlt. Egal, ob sie dem schwächer werdenden alten Angehörigen gegenüber sowieso schon Distanz haben, oder ob eine vertrauensvolle Beziehung besteht, es wird auf jeden Fall darauf ankommen, daß die Angehörigen sich von der Schuld freisprechen können. Erst, wenn sie dazu Gelegenheit gehabt haben, und so auch die Bindungen zu ihren alten Angehörigen überprüfen können, können sie frei handeln. Oft ist es schwer, die jahrelange, inzwischen festgefahrene Eltern-Kind-Beziehung in eine ruhige und distanziertere und wohlmeinende Beziehung zu wandeln.

1. Beispiel: Die Tochter einer alten, gebrechlichen und verwirrten Frau, die eigentlich gern helfen wollte und unterstützen wollte, daß ihre Mutter nicht in ein Heim käme, war immer noch gekränkt durch die Ablehnung, die sie in der Kindheit von der Mutter erfahren hatte. So nutzte sie jedes Treffen, sich doch noch zu rechtfertigen, um noch späte Anerkennung von der Mutter zu erhalten. Das brachte die beiden regelmäßig in Streit, die Mutter in emotionale Erregung, so daß sie nach dem Weggehen der Tochter noch verwirrter war. Die Tochter, die sich erkannte, entwickelte nun Schuldgefühle der „armen, kranken" Mutter gegenüber, und sie bemühte sich, den Wunsch nach Rechtfertigung zu unterdrücken. Das gelang nicht. Erst als die Tochter mit dem Sozialarbeiter und dann in einer Angehörigengruppe ihre Beziehung wahrnehmen konnte, wurde ihr klar, daß sie die Mutter in ihrem Haushalt nicht haben wollte. Sie fühlte sich jedoch in der Lage, die Mutter oft zu besuchen und sie zu Besuch zu haben. Entsprechend wurde ein Heimplatz in der Nähe der Wohnung der Tochter gesucht.

2. Beispiel: Der Vater eines Mannes wurde paranoid, und die Mutter, die sich nicht gewachsen und durch ihren Mann bedroht fühlte, rief den Sohn um Hilfe. Da dieser mit seiner Familie in einer anderen Stadt wohnte, verstrickte er sich in tiefe Schuld. Er war so erzogen worden, den Eltern in schwierigen Situationen auf jeden Fall beizustehen. Das brachte ihn dazu zu denken, er müsse seine Familie, die ja auch ohne ihn leben könne, verlassen, um den Eltern zu helfen. Er konnte sich in einer Eheberatungsstelle von der Schuld freisprechen, und es konnte eine Lösung gefunden werden. Die Eltern übersiedelten in die Stadt, in der die jüngere Generation wohnte, sie zogen in eine Wohnung „in der Nähe", wo der Vater auch ambulant psychiatrisch betreut werden konnte.

Obwohl in den letzten Jahren die Situation der alten Menschen bewußter wahrgenommen wird, und obwohl immer wieder die Einsamkeit der alten Menschen als eine wesentliche Bedingung ihres Leids benannt wird, versäumen es psychiatrisch Tätige immer wieder nicht nur nach leiblichen Angehörigen zu fahnden, sondern auch nach Menschen, die sich in den Lebenswelten der alten Menschen angehörig fühlen. Die Einsamkeit wird leicht als etwas Selbstverständliches genommen. Es gibt jedoch Beispiele, wo sogar über den Tod von alten Menschen hinaus Nachbarn sich angehörig fühlen und die Gräber von Verstorbenen betreuen, weil sonst niemand da ist. Auch die Mitarbeiter von Beratungsstellen können zu Angehörigen werden. Die Erfahrung, die alten Menschen mit ihnen machen, daß sie mit zu Beerdigungen gehen, daß sie Hausbesuche machen, nimmt ihnen die Angst, unbemerkt zu sterben und zu verrotten, was bei alleinstehenden Alten eine tiefe Angst ist.

2 Institutionen

Häufig werden gerade in Institutionen alte Menschen entmündigt, zu Kindern gemacht. Nur zu leicht wird der alte Mensch behandelt wie jemand, der nicht weiß, was gut für ihn ist, wie jemand, der noch nie in seinem Leben auch nur eine Schwierigkeit bewältigt hat, wie jemand, dem man nicht zutraut, daß er über sein Wissen, wie er eine Situation angegangen wissen möchte, verfügt. Sowohl im ambulanten wie im stationären Bereich kommt der Pflege ganz besondere Bedeutung zu. Der Arzt muß zwar die somatischen Beschwerden kontrollieren, jedoch ist gerade die Unterstützung der Pflege von sich selbst, der Pflege der unmittelbaren Umgebung und der Pflege der Beziehungen von ganz besonderer Bedeutung. Viele Menschen, die als „Chroniker" die Institutionen füllen, könnten mit pflegerischer Unterstützung in den eigenen vier Wänden wohnen.

Folgende Überlegungen sollten eigentlich zur Gewohnheit werden. Zur Entscheidung, ob ein alter Mensch in ein Psychiatrisches Krankenhaus soll, sollte jemand aus dem Krankenhaus in die Wohnung des Alten gehen und dort die Entscheidung treffen, denn nur dort sind Indikationen bzw. Alternativen zu finden. Es ist sogar vorstellbar, daß eine gemeinsame Konferenz mit dem Richter, dem Sozialarbeiter und den Angehörigen durchgeführt wird.

Wenn jemand in ein Psychiatrisches Krankenhaus kommt, können zur Entinstitutionalisierung unterschiedliche Wege gegangen werden. Einer wird von Erwin Böhm, einem Wiener Pfleger, beschrieben: vom PKH aus kann der alte Mensch seine Wohnung und seine Umwelt, sein Ökosystem zurückerobern. Als Übergangspflege wird er von einem Mitglied des Pflegepersonals begleitet. Diese Person ist vor allem dazu da, da zu sein, nicht einzugreifen, zu helfen, sondern nichts zu tun, die Hände in der Tasche zu behalten, wenn der alten Frau der Wohnungsschlüssel hinfällt, wenn sie mehrmals die Treppen steigt, um sich zu versorgen usw... Ein anderer Weg wird z.B. in Bielefeld von den Mitgliedern des „Vereins freie Altenhilfe" gegangen. Dort werden Hilfsangebote jeder Art durch jene Leute gemacht, mit dem Ziel, daß der alte Mensch zu Hause sterben kann, nicht ins Heim muß. Die Hilfen werden mit zehn Mark in der Stunde bezahlt, entweder selbst oder von der Krankenkasse oder über die Sozialhilfe (BSHG §§ 68, 69), wodurch die Jungen zugleich sich ihren Arbeitsplatz schaffen.

Der Aufbau von Sozialstationen ist ein Weg dahin. Es hat sich als außerordentlich günstig erwiesen, auch in Kontakt- und Beratungsstellen mit Pflegekräften zu arbeiten. Von dort aus können nicht nur Gruppen organisiert werden und Hausbesuche gemacht werden, sondern Kontakte gepflegt werden in Pflegeheime hinein. So kann man die, die in solchen Heimen arbeiten, unterstützen, nicht stumpf zu werden. Als günstig hat sich gerade im Bereich der Pflege die Verantwortung für Personen (Personenpflege) erwiesen.

Im Umgang mit alten Menschen werden wir an unsere Grenzen des Handelns geführt, und wir finden uns der Herausforderung gegenüber, uns Originalität bei der Bewältigung von Lebensproblemen zu gestatten, den Alten aus sich heraus zu verstehen, mutig zu sein, auch gegen Sitte und Anstand und gegen mögliche Erwartungen von Angehörigen und Berufskollegen zu verstoßen.

Beispiel: Eine Frau, die lange allein gelebt hat, möchte noch einmal eine Beziehung eingehen, wobei ihr die Vorstellung von intimen Kontakten und körperlicher Zärtlichkeit – sie ist 70 – Konflikte bereitet. Einerseits möchte sie keine Zweckgemeinschaft, andererseits stehen ihr Scham- und Schuldgefühle im Weg. Da sie ihrer stark erlebten Einsamkeit wegen schon mit erheblichen Störungen und neuerlich mit einem Suizidversuch mehrfach zur Beratung war, wird jetzt mit ihr erarbeitet, wie sie ausprobieren kann, welche Art von Partnerbeziehung ihr möglich ist. Es wird vereinbart, daß sie – wie in früheren Jahren – versucht, mit einem Mann Zeit zu verbringen, später in Urlaub zu fahren und zu sehen, was sie dabei empfindet, wenn sie sich nahekommen. Die auftauchenden Gefühle sind Inhalt der therapeutischen Begegnung.

Im Umgang mit Alten wird Hoffnungslosigkeit häufig dadurch bestärkt, daß ich denke: so jemandem kann man keine Hoffnungen mehr machen. Die Antwort lautet: ich tue es gar nicht, ich nehme die Wünsche des alten Menschen ernst und suche in seiner Wirklichkeit nach Lösungen, von denen Verzicht eine mögliche ist, aber auch nur eine.

Beispiel: Alte Menschen kommen (bisher) selten mit Partnerproblemen zur Beratung, obwohl Störungen der Partnerbeziehung krankes Handeln des Einzelnen bedingen. Einem seit fünf Jahren nicht mehr berufstätigen Ehepaar war es nicht gelungen, nach der Berentung die Frage der Distanz und der Nähe neu zu bestimmen. Früher hatte jeder seinen Beruf, Freizeit verbrachten sie zusammen. Nach der Berufszeit fiel die Möglichkeit, eigene Wege zu gehen deswegen weg, weil man sich geschworen hatte, die Zeit gemeinsam zu verleben: beide waren betroffen zu sehen, daß sie sich gegenseitig so beschränkt hatten, daß sie krank geworden waren und nun im Streit darüber waren, wer wen pflegen mußte. Es wurde vereinbart, daß sie beide tagsüber unterschiedlichen Aktivitäten nachgehen sollten, in dem Rahmen, den sie sich zutrauten. Die Frau besuchte eine Tagesklinik für Alte, der Mann baute Kontakte zu einer Gruppe auf, in der frühere Berufskollegen schon waren.

Oft sind die Widerstände, auf die wir stoßen, eine so feste Mischung von subjektiven und objektiven Gründen, daß Lösungen Kompromisse sein müssen.

Beispiel: Es bricht ein Mann zusammen, unmittelbar nachdem er seine zusammengebrochene Frau gefunden hat, weil er denkt, daß sie gestorben ist. Selbst als er später erfährt, daß sie noch lebt, handelt er, als wäre sie tot. Er freut sich nicht, ist nicht erleichtert, besucht sie nicht, sondern benimmt sich „komisch", realitätsfern, desorientiert, ist voll Verzweiflung und Trauer. Innerlich hat er den Moment der endgültigen Trennung von der Frau sehr befürchtet, und so war es für ihn „klar", daß der Moment, in dem er sie wie leblos hat daliegen sehen, der Moment der Trennung war. In dieser Situation kann es für den Mann nicht die richtige Lösung sein, überredet zu werden, seine Frau zu besuchen, sondern es kommt darauf an, ihm Zeit zu lassen, ihn gegen die Anforderung der Verwandten, doch die Frau zu besuchen, zu schützen, ihm zu ermöglichen, seine Gefühle der Traurigkeit und der Verzweiflung anzunehmen als etwas, was selbst, wenn es jetzt nicht Wirklichkeit ist, in unmittelbarer Zukunft Wirklichkeit werden kann.

Da viele Alte ihre Beschwerden und Probleme verheimlichen wollen, ist es bei Gesprächen – und vor allem in Zusammenhang mit Medikamentenvergabe – unerläßlich, auf sogenannte „kommerzielle Selbsthilfe" zu sprechen zu kommen, die darin besteht, daß von der Industrie angebotene Produkte gegen Altern, für die Hirndurchblutung, für stabilen Kreislauf, gegen Verkalkung, gegen Verdauungsbeschwerden usw. eingenommen werden. Die Aussage, daß jemand „keine" Medikamente nehme, ist insofern richtig, als diese freiverkäuflichen pharmazeutischen Produkte nicht vom Arzt verordnet sind, also nicht als „Medikamente" definiert werden. Daher müssen die Gewohnheiten angesprochen und Alternativen diskutiert werden. Verdauungsfördernde Präparate bei absoluter Bewegungshemmung oder hirndurchblutende Tropfen bei gleichzeitiger Reizarmut in der Umgebung führen zu Mehreinnahme desselben und somit zu nichts. Ähnliche Gespräche müssen über Schlaf- und Eßgewohnheiten geführt werden. Häufig kommen alte Menschen mit Klagen über Schlaflosigkeit, wobei es eine Rolle spielt, daß alte Menschen im Durchschnitt weniger Schlaf brauchen und außerdem tagsüber häufiger ein Nickerchen machen. Dennoch bringen leichte Schwankungen des Schlafs den Menschen oft so durcheinander, daß er sich als leidend und krank oder alt erlebt. Hier „Schlafmittel" zu verordnen, ist fahrlässig; vielmehr gilt es, die Schlafgewohnheiten zu betrachten und möglicherweise neu zu strukturieren. Viele Beschwerden, auch psychische, hängen mit einem dem Alter nicht gemäßen Essen zusammen. Die Eßgewohnheiten können so entgleiten, daß Verdauungsstörungen die Folge sind. Es ist nicht nur wichtig, das Ende einer möglichen Kette zu betrachten, sondern nach dem Anfang zu suchen und mögliche Änderungen der Handlungsweisen herbeizuführen.

Ich habe mich hier auf Dispute einzulassen, nicht locker zu lassen und nicht gleichgültig zu sein. Auch hier wird wieder die Richtung deutlich: Ich nehme dem alten Menschen nicht das Alter, nicht die Gebrechen, nicht das Sterben weg, sondern ich stelle mich dem, helfe ihm dabei, daß Maß der Verleugnung so gering wie möglich zu halten.

V Epidemiologie und Prävention

1 Verbreitung

Es gibt bisher kaum epidemiologische Untersuchungen über psychiatrische Erkrankungen im Alter. Es interessieren uns das Auftauchen und die Zusammenhänge psychischer Probleme. Fragen sind z.B. welche alten Menschen kommen eher mit psychiatrischen Institutionen in Kontakt, welchen Einfluß hat das Alter auf das Erscheinen in der Psychiatrie, wieviele alte Menschen werden ambulant versorgt, wieviele stehen in stationärer Behandlung? Fest steht, daß der Anteil der über 65jährigen in den psychiatrischen Krankenhäusern in fast allen Ländern zugenommen hat. Es sind zuviele Alte in PKHs (misplacement-Problem).

Vereinzelt vorkommende epidemiologische Untersuchungen lassen sich schwer vergleichen, da sie sich auf unterschiedliche Fragen beziehen oder unterschiedliche diagnostische Kategorien benutzen. So muß zuerst eine größere Menge Wissen zusammengetragen werden, bevor sichere Aussagen möglich werden. Psychiatrie (und Medizin) entdecken endlich die Alten. Dadurch werden neue Fragen, neue Sichtweisen möglich.

2 Bedingungen

Wir wissen, daß Verwitwung mit großer Wahrscheinlichkeit in eine psychische Krise führt. Frauen, die über 65 ihre Männer verlieren und nicht unmittelbar Rückhalt in der Familie haben, werden wahrscheinlich krank. Zumindest Eindeutigkeit der Aussagen gibt es über das Aufgeben der Berufstätigkeit: Rentenschock und Pensionierungstod sind zwei Schlagwörter, die die Situation kennzeichnen. Jemand, dem die Arbeit das Wichtigste in seinem Leben war, der die Arbeit mit der Altersgrenze aufgibt und der danach keine neue zeit- und sinnfüllende Tätigkeit finden kann, wird mit größerer Wahrscheinlichkeit psychiatrische Hilfe brauchen. Entscheidend für den psychiatrisch Tätigen ist das Wissen, daß die Ausgangssituation, d.h. die Situation des 17 bis 25jährigen für den 60 bis 80jährigen von Bedeutung ist: Bildung, Berufsausbildung, Schulabschluß, die Organisation von Freizeit, die Bereitschaft, Bücher zu lesen, sich neuen Situationen zu stellen, die Art und Weise, wie ich das Leben anpacke, auch die körperliche und psychische Gesundheit mit allen sozialen Verknüpfungen lassen bereits darauf schließen, wie jemand sich zu einem alten Menschen sozialisiert. Gebildete und Leute mit höherem Sozialstatus werden mit den Problemen des Alterns leichter fertig, möglicherweise, weil sie sich früher schon gedanklich mit den Aufgaben des Alters auseinandergesetzt haben. Sicher aber auch, wie Blume zeigt, weil sie die Hilfsquellen besser beanspruchen können. So zeigt sich für die alten Menschen, was Hollingshead und Redlich mit ihrer Untersuchung allgemein festgestellt haben: daß sozialstatus höhere alte Menschen mit geringeren psychischen Problemen früher ambulante psychiatrische Hilfe in Anspruch nehmen, während sozialstatusniedrigere alte Menschen mit schweren Erkrankungen in höherem Lebensalter im PKH landen. Wenige lernen früh genug, mit soviel freier Zeit, wie man im Alter hat, umzugehen.

3 Bedeutung

Es besteht die Neigung, psychischen Störungen in den Handlungsweisen des Alters die Bedeutung von Verfall, Desorganisation, Beeinträchtigung des Hirns, Verkalkung und Zerbröckelung zu geben. Dann hat dies mit mir nichts zu tun. Heute, wo wir das Alter nicht nur als „Minus" gegenüber dem leistungstüchtigen Erwachsenen messen, sondern wo wir auch die eigenen psychischen Anforderungen und Chancen des Alters berücksichtigen, neigen wir zur Interpretation der Störungen als Vermeidung, nicht Sehen- und nicht Begreifen-Wollen des Alterns, sich wehren, aber auch der Situation ausgeliefert und nicht gewachsen zu sein.

Gerontopsychiatrie sollte nicht nur zu einem Fach für Spezialisten werden, sondern die in der Psychiatrie Tätigen haben über die Ergebnisse der Altersforschung, besonders der alterspsychiatrischen Forderung, orientiert zu sein. Dort wird nicht nur Wissen über Alte erworben, sondern auch Wissen über uns. Eine Anmerkung noch: Es ist bei der Betrachtung des Alters wichtig, die *Natürlichkeit* der biologischen Veränderungen und des Lebensendes gegen die sozialen und psychischen Einschränkungen abzuheben und zu berücksichtigen.

4 Prävention

Altern beginnt dann, wenn wir Abschied nehmen müssen von Möglichkeiten. Dies beginnt sehr früh im menschlichen Leben, es wird nur immer akzentuierter, immer notwendiger und immer auswegloser. Wichtig für die Prävention ist es, Jugend zu entmythologisieren, nicht um dem Alter wieder den Glorienschein zu geben, sondern um dem Alternden und den alten Menschen einen Zwang zu nehmen und ein Eigenrecht zu geben. Gleichzeitig werden damit wieder betulichere und beschaulichere Aktivitäten möglich, die jetzt als „undynamisch" verpönt sind. D.h. es kann mehr Möglichkeiten für ein Individuum geben, sich an Tätigkeiten zu binden. Auch auf die Geselligkeit kann sich das auswirken. Es würde sich lohnen, in vielen Städten das einzurichten, was in Gießen 1977 ein 75stes Jubiläum feierte: Dort nämlich wird jeder Mann, der das fünfzigste Lebensjahr erreicht, eingeladen, von nun an regelmäßig einen Stammtisch zu besuchen und mit den Stammtischbrüdern allmählich alt zu werden. Jede Kneipe beherbergt einen Jahrgang. Gleichzeitig werden ein-, zweimal jährlich Tanzfeste auch mit Damen organisiert, auch Ausflüge gehören zum Programm. Ursprünglich ist diese Idee sicher von Gastwirten ausgegangen, die ein bestimmtes Stammpublikum an ihre Kneipen binden wollten. So aber wird jeder, der 50 wird, erstens auf das bevorstehende Altern hingewiesen, zweitens wird ihm die Möglichkeit des Kontaktes mit Gleichaltrigen angeboten, den er von nun an pflegen kann, drittens wird der Tendenz Rechnung getragen, daß, wenn es ans Altern und Sterben geht, die beiden Geschlechter wieder etwas mehr auseinandertreten und viertens wird auf diese Weise jeder erreicht, was für eine wirksame Prävention entscheidend ist. Ähnliches für Frauen zu organisieren, könnte Aufgabe von Cafébesitzern sein. Wenn Sie wollen, können Sie dies in ihrer Gemeinde anregen. Weil man die Bedeutung der Betätigung im Alter für die Lebenszufriedenheit kennt, ist man in manchen Staaten mit zentraler Arbeitsplatzregelung dazu übergegangen, für Alte angemessene Arbeitsplätze zu errichten. Wir sollten die Tendenz unterstützen, die wegführt von der Kleinfamilie und von Familienmitgliedern weniger geographische Mobilität verlangt. Und wir sollten die Architekten ermutigen, Oma- bzw. Großeltern-Wohnungen um die Ecke zu bauen.

Entscheidend zur Prävention der Störungen der Handlungsweisen im Alter ist für uns, mit dem alten Menschen über die Frage nach dem Sinn des Lebens und die Frage nach dem Sinn des Sterbens zu sprechen, womit ich mir zusätzlich selbst einen (präfentiven) Gefallen tue. Sinn kann in diesem Zusammenhang auch heißen, zu begreifen und anzunehmen, daß am Ende eines Lebens das Altern und das Sterben stehen und daß selbst, wenn ich mich 2000 Jahre einfrieren lasse, um dann wieder aufzutauen, ich diesen Vorgang nicht vermeiden kann.

Literatur

Beauvoir, S. de: Das Alter, Reinbek, Rowohlt 1972

Beauvoir, S. de: Das Alter, Reinbek, Rowohlt 1972

Böhm, E.: Krankenpflege – Brücke in den Alltag. Bonn, Psychiatrie-Verlag, 1987

Blume, O.: Möglichkeiten und Grenzen der Altenhilfe, Tübingen, Mohr 1968

LEHR, U.: Psychologie des Alterns, (UTB) Heidelberg 1972
MÜLLER, C.: Alterspsychiatrie, Stuttgart, Thieme 1967
OESTERREICH, K.: Psychiatrie des Alterns, (UTB) Heidelberg 1975
LEWS, H. P.: Soziologie des Alterns, I und II (UTB) Heidelberg 1971
WIESENHÜTTER, E.: Blick nach drüben, Selbsterfahrungen im Sterben, Gütersloh, Mohn 1976

13 Spielräume (Ökologie der Ver- und Entsorgung)

Seit der eine von uns beiden Autoren sich im Rahmen einer „Psychosozialen Kontaktstelle“ in die sprachlose Gewalttätigkeit der Begegnungen von psychisch Kranken, Arbeitslosen, Rockern und Ausländern begibt und der andere mit den anderen Mitarbeitern eines Großkrankenhauses an dessen struktureller Auflösung arbeitet, Teile seiner Aufgaben an die Gemeinden zurückgebend, wird uns beiden zunehmend schwindelig, wenn wir an das „psychiatrische Versorgungssystem“ denken, wie es die Psychiatrie-Enquête entworfen hat. Denn während wir unsere Arbeit an den Enquête-Grundsätzen ausrichten, spüren wir, daß sie schon weitgehend überholt ist. Nicht nur, daß sie – wie wir in der 1. Auflage schrieben – zu wenig präventiv, zu arzt-lastig, zu perfekt-technokratisch und daher nicht finanzierbar formuliert ist. Sie ist auch zu sehr vom Versorgungssystem als Selbstzweck und vom Krankenhaus aus gedacht, zu wenig von der Frage aus, was seelisch gestörte und störende Menschen eigentlich brauchen. Die Feststellung ihrer Überholtheit ist keine Kritik, eher ein Lob der Enquête. Sie hat es ermöglicht, daß wir so arbeiten, wie wir arbeiten. Jetzt müßte sie von den neuen und eigentlicheren Fragen aus neu geschrieben werden. Das können wir in diesem Kapitel nicht leisten. Wir werden daher das System nach wie vor beschreiben, wie es ist oder sein sollte, die Darstellung jedoch mit den notwendigen weiterführenden Fragen verbinden, soweit wir sie heute erkennen können, dabei vor allem nicht nur die Ein-, sondern auch die Ausgänge („Entsorgung“) bedenkend.

1 Grundsätze der Spielraumgestaltung

a) Welche Begleitung brauchen seelisch gestörte/störende Menschen?

Welche Begleitung brauchen sie selbst, ihre Angehörigen und ihre Gemeinde, a) um wieder zu sich selbst zu kommen, b) als Wohn- und Lebensraum und c) als sinnvolle Zeitgestaltung – einmal als gebundene Arbeitszeit, zum anderen als freie, soziale Arbeitszeit (Freizeit). Dies ist die vollständige für jede Teilfrage gültige Leitfrage und somit oberster Grundsatz. Sie gilt gleichermaßen für alle unterscheidbaren Gruppen: 1. Für Menschen, die einmalig oder längerfristig ambulante Begleitung brauchen; 2. für Menschen, die einmalig oder gelegentlich kurzfristig stationäre Begleitung brauchen, sonst nichts; 3. für Menschen, die dies brauchen, zusätzlich aber kurz- oder längerfristig ambulante Nachbegleitung; 4. für Menschen, die längerfristig stationär

Begleitung brauchen und anschließend Begleitung bei der Herstellung eines neuen Lebensraumes und einer neuen Zeitgestaltung; 5. für Menschen, die dauerhaft stationäre Begleitung, einen geschützten „Ort zum Leben" brauchen. – Dies könnte das Grundschema einer neu zu schreibenden Psychiatrie-Enquête sein, die von der vollständigen Wahrnehmung der Bedürfnisse der Menschen ausgeht.

b) Gemeindenähe

Als oberster Grundsatz der bisherigen Enquête verlangt dies die Rückverlagerung psychiatrischen Handelns von der Länder- wieder auf die Gemeinde-Ebene, Wiedereingemeindung. Seelische Störungen finden dort ihre Problemlösung, wo sie entstehen und gelebt werden: in der Stadt, in der Gemeinde, am Arbeitsplatz, in der Familie. Daher *Dezentralisierung* aller Dienste.

c) Sektorisierung (Regionalisierung)

Organisationseinheit eines umfassenden, bedürfnisgerechten, chancengleichen und integrierten Versorgungsangebotes ist ein Standardversorgungsgebiet (SVG), auch Sektor genannt, umfaßt etwa 250000 Einwohner, also eine Stadt, einen Stadtbezirk oder einen Landkreis. Diese Einheit bedarf weitergehender Untergliederung.

d) Selbsthilfe vor Fremdhilfe

Das gilt nicht nur für den einzelnen Menschen, sondern auch für seine Angehörigen und die übrigen Mitglieder seiner Landschaft. Auch sie haben Anspruch auf Hilfe bei der Selbsthilfe, insbesondere die Angehörigen. Lassen wir sie allein, wird ihr Recht auf Selbsthilfe zur Selbstjustiz.

e) Aufklärung

Sie richtet sich – als Selbstaufklärung – primär an die psychiatrisch Tätigen selbst. Denn ihre glaubwürdig gelebte Haltung überträgt sich besser auf Politiker und Verwaltungsverantwortliche als noch so überzeugend vorgetragene Forderungen. Dies gilt umso mehr, als seelisch gestörte/störende Menschen beinahe die einzige benachteiligte Gruppe darstellen, die nicht für sich sprechen können.

f) Aus-, Weiter- und Fortbildung

Wichtiger als Versorgungsplanung sind alle Bemühungen, das Handeln der psychiatrisch Tätigen an den wirklichen Bedürfnissen der Betroffenen zu orientieren.

g) Prävention geht vor Behandlung

Psychiatrisches Handeln darf nie nur therapeutisch für die Gegenwart dasein, sondern hat vom ersten Tag an präventiv die Selbsthilfebefähigung für die Zukunft anzuzielen.

h) Ambulante geht vor stationärer Begleitung

Ausweitung des ambulanten Teiles des psychiatrischen Spielfeldes, so daß der stationäre Teil sich auf die nur ihm möglichen Aufgaben konzentrieren kann.

i) Kontext geht vor Text

Die Logik des Umganges mit Seelischem verbietet den Frontalangriff; daher ist die Arbeit am Kontext des Patienten, mit seinen Angehörigen, die Herstellung seiner Wohn- und Arbeitsmöglichkeiten, die Landschaftsgestaltung weniger gewalttätig dazu geeignet, daß ein Patient wieder zu sich selbst kommt, als die Arbeit mit ihm selbst. Dies ist auch der vernünftige Sinn des Begriffes „Hilfe zur Selbsthilfe".

j) Be-gegnung von Gegnern

Psychiatrische Patienten sind nicht nur gestört, sondern auch störend, können nur etwas anderes wollen als ich, sind in ihren Problemlösungsmethoden immer gewalttätiger gegen sich und/oder Andere, als es für das zugrunde liegende Lebensproblem gut wäre. Der Gewaltaspekt ist daher bei der Planung nicht nur der einzelnen Begegnung, sondern auch des Spielraumes und der Begleitungsdienste zu berücksichtigen, damit Freundschaft nicht enttäuscht wird und in Feindschaft umschlägt.

k) Kontinuität

Institutionell: Alle Begleitungsdienste haben voneinander zu wissen und zu kooperieren;
Personell: Die Begleitperson eines Patienten sollte möglichst dieselbe bleiben.

l) Koordination

Jedes SVG braucht ein Forum oder Gremium, um den Austausch über die Spielraumgestaltung der Gemeinde offen und in Fluß zu halten.

2 Der selbstheilend-präventive Spielraum der Gemeinde

Übung: Spielen Sie folgende, Sie vielleicht erschreckende, aber notwendige Vision im Rollenspiel durch: Sie spielen einen Gemeinderat und haben beschlossen, Ihre Gemeinde zur „psychiatriefreien Zone" zu erklären und sämtliche psychiatrischen Dienste abzuschaffen, verbunden mit dem Verbot, auch nur einen psychisch kranken oder behinderten Menschen nach außerhalb wegzugeben. In der Debatte haben Sie zu beschließen, wer die nun anfallenden Aufgaben übernimmt. Beispiele: Die Polizei übernimmt den mobilen Kriseninterventionsdienst. Die niedergelassenen Ärzte werden wieder Hausärzte, machen nicht nur die medikamentöse Behandlung, sondern auch die Angehörigenarbeit. Die kirchlichen Gemeinden und Pfarrer erweitern ihr seelsorgerisches Angebot auf psychotherapeutische Arbeit an sich selbst. Bürger schließen sich zu Nachbarschaftsgruppen zusammen und übernehmen Einzel- und Familienbetreuungen, gründen einen Club und eine Teestube, bekommen vielleicht Geld dafür. Unternehmerverband und Gewerkschaften tun sich zusammen, um die Begleitung am Arbeitsplatz zu garantieren. Das örtliche Krankenhaus und das Gefängnis teilen sich die stationäre Begleitung. Wohnungsamt, Arbeitsamt und Sozialamt bilden einen Ausschuß, um den Bedürfnissen der Langzeit-Kranken, der geistig und seelisch Behinderten gerecht zu werden. – Machen Sie weitere Beispiele und malen Sie sich vor allem aus, welche negativen oder auch positiven Auswirkungen dies auf die gesamte Öffentlichkeit und auf das Gemeindeleben hätte.

Wenn Sie dies durchphantasiert haben und sich von dem Schrecken über den Verlust Ihres Arbeitsplatzes erholt haben, könnte man auf die paradoxe Idee kommen, daß das Experiment der italienischen Psychiatrie nicht deshalb in Schwierigkeiten geraten ist, weil es zu radikal war, sondern weil es nicht radikal genug war, nämlich die Herrschaft der psychiatrisch Tätigen gerettet hat.

Nun, soweit sind wir – trotz aller Einsparungen im psychosozialen Bereich – nicht, wollen auch nicht dahinkommen. Dennoch hilft uns dieses Rollenspiel zu erkennen, wer unsere natürlichen Bundesgenossen und Kooperationspartner im Gemeindespielraum sind. Denn in jedem Fall haben wir alle Aufmerksamkeit und soziale Phantasie darauf zu richten, wie wir den sozialen (öffentlichen und privaten) Raum unserer Gemeinde so gestalten, daß möglichst wenige Menschen psychiatriebedürftig werden. Dafür gibt es zahllose Möglichkeiten für uns alle und für jedes Gemeindemitglied, wenn wir nur lernen, mehr in „Gesundheit“ als in „Krankheit“ zu denken.

Beispiele: 1. In einer Neubausiedlung wurde durchgesetzt, daß Sitzbänke an den Straßen und in den Anlagen installiert wurden. Erst jetzt konnten sich auch alte Menschen frei bewegen: eine Hilfe, um ihrer Isolationsgefahr entgegenzuwirken. – 2. In einem Großbetrieb wurden Beratungsgespräche zwischen den Lehrlingsausbildern und einem Mitglied des SpD vereinbart, was sich günstig auf den Umgang mit den Problemen der Lehrlinge auswirkte. – 3. Der Leiter eines Bezirksamtes wurde zu der Empfehlung ermutigt, daß die Angestellten sämtlicher Dienststellen, die wegen eines Problems (Psychose, Abhängigkeit, Konflikt) selbst keine Lösung finden, zur präventiven Beratung zum SpD des Gesundheitsamtes kommen. Bis dahin hatte man zugesehen, wie solche Angestellte allmählich dienstunfähig wurden, und sie erst danach dem Gesundheitsamt „gemeldet“.

Etwas künstlich können wir folgende unmittelbar gemeindewirksamen Aktivitäten beispielhaft aufzählen:

a) Bürgerinitiativen

Zunächst kann jeder von uns – als Bürger seiner Gemeinde – allein, über eine Partei, eine Gewerkschaft, eine Kirchengemeinde, über seinen Betrieb oder über eine Bürgerinitiative tätig werden. Er kann sich um das Erziehungswesen, um Schulen, Wohnungsbau, Arbeitsverhältnisse, Kinderläden, Nachbarschaftshilfe, Freizeitangebote, Altentagesstätten, Umweltschutz in seiner Gemeinde kümmern. Zudem kann er als Mitglied oder Gründer einer PSAG, eines Hilfs- oder Trägervereins, als Laienhelfer oder als Mitglied eines Gemeindeclubs dazu beitragen, daß Teile des Psychiatrie-Bereichs in das Gemeindeleben „normalisiert“ werden. Auch PKHs können sich mit der sie tragenden Gemeinde verflechten, z.B. Laienhelfergruppen, Patenschaften, „Tage der offenen Tür“ Mitbenutzung (Turnhalle, Cafeteria) durch die Bevölkerung. Förderung von Patienten- und Angehörigen-Selbsthilfegruppen wirkt in dieselbe Richtung. Bürger können auch daran verdienen (Aufnahme eines Langzeitpatienten in die Familie gegen Pflegegeld). Sie können sich einen Arbeitsplatz schaffen (Gründung eines kleinen Übergangs- oder Wohnheims). Anderes Beispiel: „Verein freie Altenhilfe Bielefeld“, der gegen Stundenlohn alten Leuten hilft, statt im Pflegeheim in ihrer Wohnung leben und sterben zu können. Oder: In Offenbach pachtet jemand mit Finanzhilfe der Mitarbeiter der psychiatrischen Abteilung des Allgemeinkrankenhauses eine normale Kneipe; Gegenleistung: jetzige und ehemalige Patienten dürfen dort allein oder als Gruppe jederzeit sein – die ökologische Durchmischung mit den bisherigen Stammbesuchern der Kneipe gelingt und jeder kommt auf seine Kosten.

b) Gemeindeclubs und Clubs

Sie setzen sich zusammen aus entlassenen Patienten, aus Personen, die auf Grund von Isolation, Mißtrauen, Angst oder Minderheits-Diskriminierung gefährdet sind, aus interessierten sonstigen Bürgern sowie aus 1–2 psychiatrisch Tätigen. Der bisherige Begriff „Patientenclub“ ist aufzugeben, zumal die Ex-Patienten von ihrer Patienten-Rolle freikommen wollen. Schwer gestörte Patienten kommen nur, wenn sie „unter sich“ sind: hier sprechen wir von „Club“. Zweck beider Einrichtungen ist gemeinsame Freizeit- und Lebensgestaltung, gegenseitige Hilfe, Teilhabe am öffentlichen Leben, Arbeit für soziale Ziele (z.B. Spielzeug-Produktion für einen Kindergarten). Gemeindeclubs und Clubs sind das natürlichste und vielleicht wirksamste präventiv-rehabilitative Mittel überhaupt: Menschen, die immer wieder ins Krankenhaus mußten, brauchen dies jetzt nicht mehr oder seltener und kürzer. Wer in einem Club mitgearbeitet hat, weiß um seine anfängliche Angst und weiß, daß dies die natürlichste Art ist, Psychiatrie „von innen" zu lernen. Wer diese Erfahrung nicht hat, versteht schwerlich etwas von Psychiatrie. Daher sollten alle Lernenden und alle psychiatrisch Tätigen eine Zeit lang einen Abend in der Woche für solche Clubarbeit reservieren. Günstig: Anbindung des Clubs an SpD, des Gemeindeclubs an Sozialstation – wie in Hamburg (Schwerdtfeger).

Gelungene Beispiele: Club 55 in Freiburg, Frankfurter Werkgemeinschaft, die Clubs in Hannover, die Clubs der SpDs in Hamburg und der Gemeindeclub in Hamburg-Langenhorn.

c) Beratung sozialer Begleiter

Lehrer, Erzieher, Juristen, Lehrlingsausbilder und Werkmeister, Seelsorger, Polizisten, Bewährungshelfer, Sozialarbeiter, Krankenhausärzte und -schwestern usw. gehen täglich mit Menschen in Not um. Sie können Weichen stellen. Sie bedürfen daher der Beratung (Counseling). Zu empfehlen für sie sind z.B. die 2-jährigen, berufsgemischten und berufsbegleitenden Fortbildungskurse der DGSP.

d) Beratungsstellen, Sozialstationen

Hier herrscht in der BRD ein Dschungel. Er beginnt mit schulpsychologischen Diensten, Beratungsstellen der Arbeitsämter und Sozialversicherung und den Diensten des Fürsorgesystems und endet mit den teils öffentlichen, teils privaten Erziehungs-, Ehe-, Familienberatungsstellen und der Telefonseelsorge noch lange nicht. Hier sind psychosozial Professionelle am Werk. Aber ob sie nun Beratung oder Therapie treiben, ist ein Streit um Worte (Erziehungsberatungsstellen z.B. „dürfen" therapieren). Ständig ergeben sich neue Spezialisierungen. Aber auch hier sollte die Grenze des Wachstums erreicht sein. Die Neuordnung muß sich nach den gemeindeorientierten Grundsätzen richten: Dezentralisierte Lokalisierung, fachlich vielseitige Teams, die möglichst vielen Bedürfnissen eines kleinen Wohnbereichs entsprechen. Statt Zweierbeziehung mobile Öffnung gegen Familie, Nachbarschaft und Gemeindeöffentlichkeit. Angliederung eines Clubs. Nur so können beratungsmißtrauische Unterschicht- und Randgruppen erreicht werden. Die Enquête fordert mit Recht zumindest den Zusammenschluß von Erziehungs-, Familien-, Ehe- und Lebensberatung.

Sozialstationen, für Pflege, Rehabilitation, präventive Gesundheitsberatung und Gemeindearbeit zuständig, haben den hautnahesten Kontakt zur Bevölkerung und können – bisher unentdeckt – Modell auch für psychiatrische Kontextarbeit sein! Für unterversorgte (z.B. ländliche oder sozial desintegrierte) Wohnbereiche schlägt die Enquête als neuen Typ die „Psychosoziale Kontaktstelle" vor: Sie soll eng verflochten mit einem kleinen Wohnbereich (10000 bis 50000 Einwohner) sein. Das dort tätige Team hat vor allem auf die Bedürfnisse der sozial Schwachen zu achten, hat familien-, gemeinwesen-, kontext-orientiert und gegnerschaftlich zu arbeiten. –

Gute Beispiele: „Lotse" HH-Wilhelmsburg, „Treffpunkt" Berlin-Tiergarten.

e) Praktische Ärzte

Sie gehören zu den gemeindenahesten psychiatrischen Begleitern – oft ohne es zu wissen. 10% der Bevölkerung gehen jedes Jahr zu ihnen wegen seelischer Schwierigkeiten. Sie – „die Hausärzte" – sind der einzige Teil der Medizin, der noch systematisch familienorientiert auf der Basis eines oft großen Vertrauens und mobil (Hausbesuche!) arbeitet. Daher können sie leicht den körperlichen, seelischen und sozialen Bedingungen einer Familie gleich große Aufmerksamkeit widmen. Mit Hilfe unserer bei einiger Übung zeitsparenden Grundhaltung ist entscheidbar, wann eine Störung Ausdruck eines Konfliktes im Arbeits- oder Familienbereich ist; wann eine Beratung, wann eine Vermittlung sozialer oder psychiatrischer Hilfe angemessen ist; wann die richtige Hilfe in der Verweigerung der Hilfe und damit in der Stärkung der Selbsthilfe besteht; wie der Hausarzt selbst eine Kurzpsychotherapie durchführt; und wie er durch Depot-Neuroleptika auch die Rehabilitation richtig steuert. Zum Erlernen der Grundhaltung und zum Verlernen berufsausbildungsbedingter Fehler (z. B. um der Sicherheit willen etwas lieber zu tun als es zu lassen) empfiehlt sich die *Balint-Gruppe*, d. h. berufsbegleitendes Bearbeiten der eigenen Schwierigkeiten am Beispiel des Umgangs mit „schwierigen" Patienten in einer Gruppe mit Hilfe eines psychiatrisch Tätigen. Auch für praktische Ärzte sind die regional angebotenen DGSP-Kurse sinnvoll.

3 Ambulanter Spielraum

Die Begleitung ist von der Ambulanz her zu organisieren. Zahlenmäßig wird sie von den über 100 nervenärztlichen und psychotherapeutischen Kassenpraxen in der BRD getragen, die aber den RVO-Sicherstellungsauftrag nicht erfüllen. Einmal zahlenmäßig: Bei 1 Nervenarzt auf 50000 Einwohner gibt es noch zu wenige, zumal 60% in Großstädten sitzen und auch die neurologische Versorgung zu leisten haben. Die Kinder- und Jugendlichen-Ambulanz wird weitgehend von den Erziehungsberatungsstellen abgedeckt. Zum anderen strukturell: So haben Degkwitz u. a. gezeigt, daß die Patientengruppen der Nervenärzte und die der Krankenhäuser sich überschneiden, aber auch unterscheiden (Abb. 1., Enquête, S. 210).

Patienten mit alterspsychiatrischen und schizophrenen Störungen, Abhängige, Geistig Behinderte sowie Angehörige der sozialen Unterschicht und

Prozentuale Verteilung einzelner Krankheitsformen bei Aufnahmen in psychiatrischen Krankenhäusern und Behandlungsfälle in nervenärztlichen Praxen

Diagnosen	Hamburg		Baden-Württemberg		Oberbayern	
	Kran-ken-haus	Praxis	Kran-ken-haus	Praxis	Kran-ken-haus	Praxis
Gerontopsychiatrische Erkrankungen	17,2	1,1	20,5	1,3	10,9	4,4
andere organische psychiatrische Erkrankungen	11,1	3,6	7,0	7,6	6,1	5,1
Schizophrenie	18,7	9,1	26,0	10,4	29,7	7,7
Affektive und andere Psychosen	18,2	40,4	9,5	28,0	17,8	23,6
Neurosen, abnorme Reaktionen	8,1	32,0	9,5	40,8	9,8	45,2
Persönlichkeitsstörungen	5,1	8,2	3,0	6,9	3,5	5,7
Alkoholkranke und Süchtige	19,7	4,4	21,0	2,6	19,2	2,9
Oligophrenie	1,5	1,2	3,5	2,4	1,9	4,4
andere, oben nicht klassifizierbare	0,5	–	–	–	1,1	1,1

Randgruppen – die wichtigsten Problemgruppen – werden also durch Nervenärzte nicht hinreichend begleitet. Weiter gehen nach Dilling sowie Bosch 70–85% der Krankenhauspatienten nicht in fachpsychiatrische Weiterbehandlung. Selbst von den manisch-depressiven Patienten gingen nur 27% zum Nervenarzt. – Die ambulante Begleitung ist wie folgt zu ergänzen:

a) Nervenärztliche und psychotherapeutische Praxis

1. Die Weiterbildung zum Arzt für Psychiatrie (und Neurologie) wird ergänzt durch Ambulanztätigkeit und psychotherapeutische Methoden – etwa im Wert des „psychotherapeutischen Zusatztitels". Damit würde auch hier der unsinnige Unterschied zwischen Psychiatrie und Psychotherapie abgetragen. Psychotherapeuten haben Gruppentherapien sowie gesprächs- oder verhaltenstherapeutische Methoden soweit zu lernen, daß ihre Tätigkeit für die Versorgung überhaupt ins Gewicht fällt. 2. Für die Integration in die Gemeinde ist ein Teil der Arbeitszeit für Angehörigengruppen, Betreuung von Reha- und Beratungsdiensten zu reservieren. 3. Es ist eine Rechtsform zu finden, die es erlaubt, daß niedergelassene Nervenärzte bzw. Psychotherapeuten mit Angehörigen anderer psychiatrischer Berufe gleichberechtigt zusammenarbeiten. Damit hätte das Teamprinzip auch hier Eingang gefunden. Dies auch als Befreiung des Nervenarztes aus seiner Isolation zur Ermöglichung gegenseitiger Kontrolle. So kann die nervenärztliche Praxis vollständig das werden, was sie zu Beginn war: die historisch erste gemeindepsychiatrische Einrichtung. – Beispiel für diesen Weg: Praxis H. Jacobi, Sinsheim.

b) Krankenhausambulanz

Sie ist auf Grund der RVO-Änderung von 1976 gestattet. Die Ambulanz eines PKH bzw. einer Abteilung hat folgende Aufgaben: 1. Nachsorge unter Wahrung der personellen Kontinuität, vor allem für die Patienten, deren Nachsorge nervenärztlich unzureichend ist, insbesondere als Begleitung für Langzeit-Patienten. 2. Vorbeugung von Rückfällen und Verhütung unnötiger stationärer Aufnahmen. 3. Kriseninterventíon durch Aufsuchen eines gefährdeten Menschen in seinem Lebensraum. 4. Konsiliarische Betreuung anderer Krankenhäuser, Altenheime, Sozialstationen. 5. Übernahme von Intensiv-Team-Therapie in so komplexen Fällen, wo der SpD überfordert ist. 6. Psychiatrische Therapie alter Leute in der Wohnung. 7. Angehörigengruppen. 8. Als Institutsambulanz macht sie alle PKH-Mitarbeiter auch für ambulante Begleitung zuständig: das PKH hat nicht nur, sondern sie ist eine Ambulanz. Sie besteht aus einem „mobilen Team“ von Ärzten, Sozialarbeitern, Pflegepersonen und Psychologen. Sie wird „vor Ort“, also familien- und arbeitsplatzorientiert tätig.

Gelungenes Beispiel: Psychiatrische Klinik Hannover, mit einer integrierten Beratungsstelle für Erwachsene, Kinder und Jugendliche, also gemeindeorientiert-therapeutisch.

c) Sozialpsychiatrischer Dienst am Gesundheitsamt (SpD)

Er arbeitet mobil und berufsübergreifend. Ihm obliegen alle gemeindepsychiatrischen präventiven und rehabilitativen Aufgaben sowie Krisenintervention. Er berät die anderen Gemeindebegleiter und startet Initiativen zur Primärprävention, z.B. Herstellung von mehr Öffentlichkeit, um Isolationsentwicklung der Bürger zu verhindern oder Wiederherstellung großfamiliärer bzw. nachbarschaftlicher Beziehungen, d.h. Ausschöpfung des Potentials an Hilfsbereitschaft und Selbsthilfefähigkeit der Gemeinde. Er sorgt für die Bildung von Selbsthilfegruppen sowie für Angehörigen- und Clubarbeit. Bei SpD ohne Gesundheitsamt Gefahr von Kontrollverlust: Mitarbeiter sind dann lieber für die „guten“ Patienten da, nicht für die hoffnungslosen und gewalttätigen „Unmotivierten“!

Vom SpD aus kann ein psychiatrischer Notdienst rund um die Uhr organisiert werden, wofür das Hamburger PsychKG gute gesetzliche Voraussetzungen geschaffen hat. Amsterdam zeigt, daß hierdurch die Zahl der therapie-ungünstigen Zwangseinweisungen gesenkt werden kann – auch mit Nichtärzten und/oder Laien (Solingen, Münster, Detmold).

Gelungene Beispiele: SpDs an den Gesundheitsämtern in Berlin, Hamburg, München.

d) Ambulanz durch „Nicht-Ärzte"

Diese Frage berührt ein Ärzte-Monopol, wie die Auseinandersetzungen um das „Gesetz zum nichtärztlichen Therapeuten" zeigen. Es ist erwiesen, daß bei entsprechender Aus-, Weiter- und Fortbildung die Befähigung zur Therapie bei den unterschiedlichen Berufsangehörigen gleichermaßen vorliegt. Wir halten es aber für ungünstig, daß Psychologen und andere Berufsangehörige – nach dem Modell der Arztpraxis – den Weg der freien Niederlassung gehen. Dies wegen der genannten Mängel des „Einmannbetriebes" in der Psychiatrie, wegen des Vorrangs der Förderung der Selbsthilfe und aus ökonomischen Gründen. Daher ist es günstiger, mehr Arbeitsplätze in SpDs und Beratungsstellen zu schaffen. DGSP, DGVT und GWG haben ein integriertes Modell für den ambulanten Spielraum vorgelegt. (s. Lit.)

4 Stationär-teilstationärer Spielraum

a) PKH und Psychiatrische Abteilung

Die Enquête fordert, daß die stationäre Psychiatrie von der Landesebene („*Landes*krankenhaus") auf die Gemeindeebene zurückgeholt wird. Daher soll bevorzugt stationäre Psychiatrie in der psychiatrischen Abteilung des zuständigen Allgemeinen Krankenhauses stattfinden.

Ein SVG benötigt höchstens 200 stationäre und teilstationäre Behandlungsplätze (Beachte: Es wird nicht mehr in „Betten", sondern in „Plätzen" gerechnet). Diese Zahl verringert sich, je mehr ambulante und komplementäre Begleitung ermöglicht wird und je mehr auch die stationären Teams sich weniger auf den Stationen aufhalten, sondern gemeinsam mit dem Patienten dessen Landschaft erkunden, womit sie den Spielraum des Krankenhauses derart erweitern, daß man es nur noch als ein stationärambulant wirkendes Begleitinstrument des Patienten bezeichnen kann – allen Zuständigkeiten, Krankenhausgesetzen und Pflegesatzverhandlungen zum Trotz. Denn anders kann das Krankenhaus heute seinen Auftrag nicht mehr erfüllen. In welchem Umfang die Zahl der stationären Plätze gesenkt werden kann, zeigt in der BRD z. B. das PKH Lengerich (0,4 pro 1000 Einwohner) – wesentlich weniger als in Italien Triest.

Ein Großkrankenhaus (PKH) befindet sich in der nicht nur von der DGSP geforderten Auflösung, wenn es 1. in der gerade beschriebenen Weise, am Kontext des Patienten orientiert, sich ambulant macht; 2. seine Langzeit-Patienten im Krankenhaus hauswirtschaftlich so verselbständigt, daß es ihnen regelhaft außerhalb des Krankenhauses in ihren Heimatgemeinden Wohnmöglichkeiten (Einer-, Zweier-, Dreier-Wohnungen, Wohngruppen und kleine Wohnheime) sowie Tätigkeitsmöglichkeiten verschafft; 3. sich intern sektorisiert, d.h. bestimmte Stationen für ein bestimmtes SVG seines Einzugsbereiches zuständig macht; 4. seine hierarchisch-bürokratische Struktur durch Dezentralisierung und Demokratisierung abbaut; 5. durch Umstellung der kameralistischen auf die kaufmännische Wirtschaftsweise die Arbeit der Patienten gerechter entlohnt; 6. in den SVGs eines Einzugsbereiches die gemeindepsychiatrische Spielraumerweiterung anstößt; 7. trotz der dabei resultierenden Verkleinerung auf etwa 400 Plätze pro 1 Million Einwohner spezialisierte Angebote für die Akutkranken und für alle Langzeit-Kranken (psychotische, abhängige, hirnorganische, geistig behinderte, geriatrische Patienten) mittel- bis längerfristig vorhält, darüber hinaus u. U. bestimmte überregionale Aufgaben wahrnimmt (s. u.).

Ob alle psychiatrischen Abteilungen – wie z. B. Bad Driburg – all die genannten Aufgaben erfüllen kann, steht noch dahin. Möglicherweise ist auch das selbständige Kleinkrankenhaus für ein SVG (Mönchengladbach) als „3. Weg" das Modell der Zukunft. Jedenfalls haben Abteilungen neben der Gemeindenähe auch den Vorteil, daß durch ein Konsiliarsystem a) die körpermedizinische Mangelversorgung der psychiatrischen Patienten aufhört und b) die ebenso wichtige psychiatrische Versorgung der körpermedizinischen Stationen garantiert ist. – Die Enquête empfiehlt, daß auch ein Teil der Uni.-Kliniken die Versorgung eines SVG übernehmen soll. Damit würde der erwiesene Mißstand entfallen, daß in Univ.-Kliniken „angenehme" Patienten – nach Diagnose, Prognose, Alter und sozialer Schicht – überwiegen. Univ.-Kliniken würden nicht mehr auf der Grundlage einer so verzerrten, unrealistischen und unrepräsentativen Patientenzusammensetzung in Forschung und Lehre meinungsbildend sein. Dies würde automatisch zu einer (nur zu Anfang enttäuschenden) Wirklichkeitsannäherung in Ausbildung, Weiterbildung und Forschung führen. Die Univ.-Kliniken Hannover und Hamburg sind diesen Weg gegangen. – In jedem Fall ist der stationäre Bereich nicht mehr der Nabel der psychiatrischen Welt. Vielmehr dient er nur noch der mal kürzeren, mal längeren Distanzierung zwischen den an einem Problem Beteiligten, damit sie wieder zu sich selbst kommen und dann das Problem besser lösen oder tragen können. Und zwar eben nicht im Krankenhaus, sondern innerhalb der gemeinsamen Landschaft. Daher ist – wie Kapapa es für das LKH Gütersloh formuliert hat – das Stationsteam als „Miniteam" nur Bestandteil (Ersatzspieler) des „Maxiteams", das aus allen Menschen der Landschaft eines Patienten besteht. Und daher – so komisch es klingen mag – arbeitet jeder Mitarbeiter eines Krankenhauses in Wirklichkeit nicht innerhalb, sondern außerhalb des Krankenhauses.

Wir werden noch lange brauchen, um dies richtig in unser Handeln umsetzen zu können. Um die Voraussetzungen dafür zu schaffen, haben wir hartnäckig und unnachgiebig zu fordern, daß der Stellenplan nicht nach den belegten Betten festgesetzt wird. Vielmehr ist die Zahl der psychiatrisch Tätigen nach der Größe des SVG und der Zahl der zu versorgenden Einwohner zu gewähren. Je nach dem Entwicklungsstand des psychiatrischen Handelns in einer Region arbeitet dann ein größerer oder kleinerer Teil der psychiatrisch Tätigen im Krankenhaus bzw. außerhalb desselben.

b) Tagesklinik

Sie soll die „Schwundquote“ der Patienten verkleinern, die in das „Loch“ zwischen ambulanter und stationärer Begleitung fallen, und somit Teil des gerade beschriebenen „Fließgleichgewichts“ zwischen beiden Seiten sein. Daher gibt es 2 Typen:

- *Vorschalt- oder Kriseninterventions-Tagesklinik:* Zur Verhinderung einer stationären Aufnahme für alle Krisen und Krankheiten, einschließlich Psychosen, evtl. vorher 3 Tage Station. Sie ermöglicht Aufrechterhaltung der sozialen Beziehungen. Aufenthaltsdauer begrenzt (z.B. 4 Wochen). Hoher präventiver Wert.
- *Nachsorge- oder Rehabilitations-Tagesklinik:* Zur Verkürzung des stationären Aufenthalts und der schrittweisen Wiederzumutung der sozialen Beziehungen, vorwiegend für Langzeit-Patienten.

Jedes SVG braucht beide Typen. Die ersten Tageskliniken in der Sowjetunion kurz nach 1917. Nach England, Kanada, USA, Skandinavien und Holland 1960 erste Tagesklinik in der BRD. Derzeit in England 350 Tageskliniken, in der BRD etwa 40, davon 6 in Hamburg (eine geriatrische) und 6 im Einzugsbereich des PKH Gütersloh (eine psychosomatische). Inzwischen auch an körpermedizinischen Krankenhäusern bewährt.

Die Arbeitsweise wird deutlich durch die Art, wie Sie sie einem neuen Patienten beschreiben könnten: „Sie machen sich jeden Werktagmorgen zu einem normalen 8-Stunden-Arbeitstag auf den Weg, nur daß sie in der Tagesklinik an sich selbst und nicht für den Arbeitgeber arbeiten. Unser Ziel ist es, Ihnen Gelegenheit zu geben, mit sich und Anderen besser umgehen zu lernen. Daher haben wir das Programm aus solchen Situationen zusammengesetzt, die Ihrem Alltag entsprechen. Aber mit dem Unterschied, daß wir ständig über diese Situation sprechen können: Sie können mit Anderen über Schwierigkeiten sprechen (Gruppentherapie). Sie arbeiten einige Stunden (Arbeitstherapie). Sie versuchen, Ihre Freizeit produktiver zu gestalten (Beschäftigungstherapie). Und beim gemeinsamen morgendlichen und abendlichen Kaffeetrinken können wir Rück- und Vorschau halten, was Sie sich für den Feierabend bzw. das Wochenende vorgenommen haben und wie Ihnen das gelungen ist.“ Die Atmosphäre muß Ausprobieren neuer Handlungsweisen fördern. Viele Patienten legen auch Wege bis 30 km zurück. – *Tagesstätten* dienen der Tagesgestaltung für alte und isolierte Menschen.

Arbeit in einer Tagesklinik ist gut zum Lernen vollständiger Wahrnehmung. Denn hier leben Sie mit Patienten zugleich unter Krankenhaus- und Alltagsbedingungen eine Zeit lang zusammen. Sie kommen anfangs nicht selten in eine persönliche Krise und in eine Krise ihrer Berufsrolle.

Gelungene Beispiele: Für den Kriseninterventions-Typ: Universitätsklinik Hamburg oder Sozialpsychiatrische Klinik Berlin. Für den Rehabilitations-Typ: Mönchengladbach oder Universitätsklinik Tübingen.

c) Nachtklinik

vor allem für Langzeit-Patienten, die keinen oder einen ungünstigen familiären Hintergrund haben, aber mit einem systematischen Halt arbeitsfähig sind. Sie gibt ihnen Gelegenheit, sich schrittweise auf die Verselbständigung ihrer Lebensführung vorzubereiten. Die Atmosphäre muß in gleichem Maße wohnlich sein und zur Herstellung einer eigenständigen Wohnlichkeit in der Gemeinde (allein oder mit Anderen) auffordern. – In Halle/DDR z. B. werden dieselben Räume umschichtig als Tages- und Nachtklinik benutzt. – Isolationsgefährdete oder angestrengt lebende Menschen kann man in einer Wochenendklinik nur zu den Wochenenden aufnehmen.

5 Spielräume für Langzeit-Patienten (komplementäre und rehabilitative Dienste)

Sie werden von der Enquête mit Recht als Voraussetzung dafür gesehen, daß ein großer Teil der bisher stationären Langzeit-Patienten gemeindenähere und wirklichkeitsnähere Bedingungen außerhalb des Krankenhauses findet. Folgendes ist notwendig (Bedarfszahlen in ‰ der Bevölkerung):

a) Wohnraum- und Tätigkeitsbeschaffung

Die Enquête, aber auch unsere eigenen Denktraditionen haben uns verdorben, vorschnell immer an „Einrichtungen“ zu denken, weniger einzelnen Menschen zu trauen, daher oft lange Umwege zu machen, um auf das einfachste zuletzt zu kommen. Die Erfahrung hat uns korrigiert: Ein beträchtlicher Teil der Langzeit-Patienten braucht keine neuen „Übungseinrichtungen“, sie haben vielmehr dieselben Bedürfnisse wie wir alle, wollen und können in einer Wohnung allein, zu zweit oder zu dritt wohnen und leben, brauchen darüber hinaus z. B. Arbeit oder eine auch sozial sinnvolle Tätigkeit. Hierzu ist nur eins erforderlich, dies aber unbedingt: Jedes PKH, jede Abteilung und jeder SpD haben einen psychiatrisch Tätigen ganz oder schwerpunktmäßig dafür freizustellen, daß er die Mechanismen des Wohnungsmarktes zu nutzen lernt und mit den Verwaltern des Wohnungsmarktes so gut steht, daß ständig hinreichend Wohnraum zur Verfügung steht. Wieder einmal: Kontextarbeit statt Patientenarbeit. Es lohnt sich, und die Mühe zahlt sich vielfach aus. Dieser Mitarbeiter hat auch die Einrichtung der Wohnungen sowie die Betreuung (auch Übergangspflege) zu organisieren. Sinnvoll ist ferner, daß einige Mitarbeiter (oder Laien) einen Trägerverein gründen, da oft besser der Verein die Wohnung mietet und an die Patienten weitervermietet. Unter diesen Bedingungen sind die Mitarbeiter des Wohnungs- und Sozialamtes wesentlich kooperativer und flexibler, als unser Vorurteil es sich träumen läßt.

Beispiele: Trägerverein Solingen, PKH Gütersloh.

Einen weiteren Mitarbeiter sollten die genannten Einrichtungen schwerpunktmäßig freistellen für die Beschaffung von Arbeits- und Tätigkeitsmöglichkeiten. Hier geht es darum, die Rand- oder Grauzonen des Arbeitsmarktes zu entdecken und für Langzeit-Patienten zu nutzen, gleichgültig, ob es sich dabei um ein reguläres Arbeitsverhältnis handelt oder um sozial sinnvolle Hilfstätigkeiten wie das Zusammenschieben der Einkaufswagen eines Supermarktes. Für nicht wenige in Wohnungen entlassene Langzeit-Patienten ist es auch sinnvoll, weiter zu ihrem aus der Arbeitstherapie vertrauten Arbeitsplatz im PKH zu gehen, solange wir keine besseren Möglichkeiten finden. Bloß, es muß auch hier wieder jemand dasein, der dies organisiert.

Beispiel: PKH Osnabrück. Schließlich sollten alle stationären Einrichtungen so etwas wie eine „Lebensschule“ einrichten, wo Langzeit-Patienten im Kursform – wie in der Volkshochschule – insbesondere hauswirtschaftliche und lebenspraktische Fähigkeiten lernen können. Auch eine dankbare Aufgabe für Laienhelfer. Endlich sollten wir daran denken, daß viele Langzeit-Patienten – wie wir alle – einen Teil des Tages anonym in der Bevölkerung leben wollen, einen anderen Teil des Tages aber auch „unter ihresgleichen“ sein wollen. Ihre lange gemeinsame Geschichte legt dies nahe. Clubs, Gemeindeclubs, Kneipen, Teestuben, Kontaktstellen, Tagesstätten sind hier nur u.a. wichtig. Es geht hier also zusammenfassend darum, so etwas wie eine eigene Kultur für wieder frei lebende Langzeit-Patienten zu entdecken und zu pflegen.

b) Selbsthilfe-Firmen

Hier gilt ähnliches wie unter a): Anders als wir träumen, wollen viele Langzeit-Patienten keine Reha-Einrichtungen, um sich immer besser trainieren zu lassen. Vielmehr wollen sie mit den ihnen noch verfügbaren Fähigkeiten schlicht und einfach nur arbeiten, wenn nur der Lohn um einiges besser ist als der Sozialhilfeanspruch. Dann sind sie endlich von jeglicher Mildtätigkeit und Fürsorgeabhängigkeit frei, leben auch ökonomisch als freie Menschen. Eine ganze Reihe von Ansätzen dieser Art gibt es inzwischen in der BRD, z.B. als eigene Unternehmungen, z.B. als Zulieferfirmen für größere Betriebe. Dies ersetzt nicht die „Werkstätten für Behinderte“, sondern stellt eine notwendige Ergänzung dar für Patienten, die eigentlich – wenn auch nur begrenzt – arbeitsfähig sind, jedoch bei der zunehmenden Arbeitslosigkeit und bei den immer härteren Bedingungen des üblichen Arbeitsmarktes keine Chancen haben.

Beispiele: Firma HADIE, Freiburg, Rümpel-Fix Münster, Dalke-Werkstatt Gütersloh, Backstern Berlin, Integra Walldorf, Hof Sondern Wuppertal. Darstellungen in „Firmen für psychisch Kranke“, Psychiatrie-Verlag 1985.

c) Übergangsheim (0,2 ‰)

Für Langzeit-Patienten, die man – nach dem Sprachgebrauch des bisher finanziell zuständigen BSHG – „seelisch Behinderte“ nennt und die erwarten lassen, daß sie von hier aus einer Arbeit nachgehen und in ein bis zwei Jahren die volle Selbständigkeit der Lebensführung finden. Atmosphäre, Programm und Tagesablauf müssen ein schrittweises Unabhängigwerden von Fremdhilfe ermöglichen. Entsprechend sollten im Team alle psychiatrischen Berufsgruppen vertreten sein. Zur medizinischen Betreuung geht der Patient allerdings zu einem niedergelassenen Arzt. Das Heim soll nicht zu groß und wohnungsähnlich untergliedert sein. Nach dem kulturellen Klima ist das Übergangsheim eher auf jüngere mittel- und langfristige Patienten zugeschnitten, die hier ihre Abnabelungs- und Autoritätsprobleme bearbeiten und den Übergang zum Erwachsenen-Dasein finden können. Entsprechend ist auch hier der anderen Seite zu helfen: Angehörigen-Arbeit ist unerläßlich.

d) Wohnheim (0,25 ‰)

Nicht wenige Langzeit-Patienten sind für die zeitliche Befristung des Ü-Heimes ungeeignet, da sie entweder ohnehin längere Zeit brauchen oder gegen jeden Druck ankämpfen müssen. Hier ist das Wohnheim angemessen, in dem man grundsätzlich unbefristet wohnen und von dortaus nach Lust arbeiten oder nicht arbeiten kann. Alllerdings nur bei strenger Indikation, da wir alle noch unter dem Schock stehen, daß auf Grund der Verkleinerungseuphorie der beginnenden Psychiatriereform in den 70er Jahren Zehntausende von Langzeit-Patienten in den PKHs z. T. zu Transporten zusammengestellt und in weit abgelegene Heime „deportiert“ worden sind: So jedenfalls haben es die sie betreuenden Pfleger und Schwestern erlebt, fühlten sich an die Nazizeit erinnert, konnten sich aber gegen die Koalition von Ärzten, Sozialarbeitern und Psychologen nicht durchsetzen. Die Mehrzahl der Patienten hat sich dadurch verschlechtert, nicht wenige sind an der Verlegung selbst zu Grunde gegangen.

Daher kommt heute Verlegung in ein Wohnheim nur in Betracht, 1. wenn es sich um ein kleines, familien- oder wohnungsähnlich organisiertes Heim handelt, 2. wenn es durch die Nähe zu Heimatgemeinde und Angehörigen für den Patienten Gefühlsbedeutung hat, 3. wenn die Möglichkeiten der sinnvollen Tagesgestaltung und Förderung sachlich und personell nicht schlechter oder besser als im PKH sind – einschl. Pflege der Angehörigenkontakte; und 4. wenn es für das Heim selbstverständlich ist, nach Möglichkeit die weitere Verselbständigung und Normalisierung des Patienten in eine Wohngruppe oder in Einzelwohnungen zu betreiben, die Einrichtung also buchstäblich als half-way-house anzusehen ist. Für einen anderen Teil der Patienten soll das Heim freilich dauerhafte Heimat sein.

Beispiele: Wohnheim des Trägervereines der Klinik Hannover, Heim des Reha-Vereins Ulm, wobei hier vorbildlich 3 Wohnungen à 6 Plätzen in 3 nebeneinander liegenden Häusern zu einem pflegesatzfähigen Wohnheim mit 18 Plätzen zusammengesehen worden ist und schon nach 2 Jahren ein Drittel der Patienten in normalere Wohnformen weitergewandert ist.

e) Wohngruppen

Sind schon unter a) besprochen worden. Zu beachten ist nur, daß die meisten Patienten diese Lösung nur als eine Übergangslösung ansehen – wie die meisten für uns auch, die die Wohnform der Wohngruppe nur im Übergangsalter zum Erwachsenendasein eine Zeitlang wählen, im Sinne der Lebensform der „Wahlverwandtschaft". Insofern sind normale Wohnungen wichtiger als Wohngruppen, obwohl wir über letztere mehr reden. Die Begleitung für Wohngruppen ist in Baden-Württemberg vom überörtlichen Sozialhilfeträger als Kann-Leistung anerkannt und finanziert, in Hessen sind Wohngruppenplätze pflegesatzwirksam, wodurch Betreuung möglich wird. Im übrigen erfolgt sie über SpD, Ambulanz, Laienhelfer oder durch Krankenhausmitarbeiter (ehrenhalber oder als Nebentätigkeit über Pflegegeld nach § 68/69 BSGH als „Übergangspflege" bezahlt). Sie sollten einen Patienten nur dann in ein Ü-Heim oder Wohnheim verlegen, wenn dieses auch über weiterführende Wohngruppen und Wohnungen verfügt, da es nämlich sonst seine Aufgaben gar nicht wahrnehmen kann.

Beispiel: Wohngruppen und Wohnheim des Trägervereines Solingen.

f) Familienpflege und Pflegefamilien

Nach wie vor ist die ehrwürdige Tradition Familienpflege für manche Langzeit-Patienten – insbesondere im ländlichen Raum – gut. Denn es handelt sich um Wohnung und Arbeit im Rahmen eines Familienverbandes. Die manchmal harte Arbeit und karge Wohnung als Ausbeutung zu bezeichnen, ist nicht immer, aber oft Vorurteil von Intellektuellen, die weder etwas vom Landleben, noch von der Massenkasernierung einer Langzeit-Station wissen. – Umgekehrt wird aber in Zukunft die Pflegefamilie eher von zunehmender Bedeutung sein: Da die noch in PKHs weilenden Langzeit-Patienten zunehmend durch Alter und Medikamentenbehinderung kaum noch arbeitsfähig sind, ist es angemessener, ihnen zwar den Rahmen eines Familienverbandes zu geben, ihre Pflegebedürftigkeit aber insofern anzuerkennen, daß die aufnehmende Familie dafür Pflegegeld bekommt.

g) Werkstätten für Behinderte (1 $^0/_{00}$)

Sie dienen der Eingliederung geistig (0,8 $^0/_{00}$) und seelisch (0,2 $^0/_{00}$) Behinderter ins Arbeitsleben. Wichtig ist a) die Stufung in Eingangs-, Trainings- und Produktionsstufe; b) die regionale Verteilung kleinerer Werkstätten im Verbund; c) die Unterscheidung der Behinderungsarten (für seelisch Behinderte ist Arbeit nicht so sehr als Fertigkeit, sondern als zwischenmenschliche Beziehung ein Problem); d) die gerechte Entlohnung. Viele WfB schaffen in der letzten Zeit getrennte Filialen für seelisch Behinderte, mit Erfolg. Je nach Behinderungsgrad steht am Ende die Vermittlung auf dem freien Arbeitsmarkt, in eine Selbsthilfefirma oder einen Dauerarbeitsplatz in der Werkstatt.

h) Beschützende Arbeitsplätze

Eine WfB hat über beschützende Arbeitsplätze in den umliegenden Betrieben der freien Wirtschaft bzw. der öffentlichen Hand zu verfügen. Der Rehabilitationswert ist höher, wenn Behinderte allein oder als Gruppe in einem normalen Betrieb sich den Belastungen eines Arbeitsplatzes auszusetzen lernen. Sie grenzt dann weniger aus und überträgt das oberste Prinzip der Gemeindenähe auch auf den Arbeitsbereich. Dies zu unterstützen, ist eine bisher zu wenig gesehene Aufgabe der Gewerkschaften, die die Solidargemeinschaft der Arbeitnehmer vertreten. England und die DDR sind hier weiter. – Ähnliches gilt für die 6% Arbeitsplätze für Schwerbehinderte, von denen sich Arbeitgeber freikaufen können. Die sich dabei sammelnden hohen Summen sollten nicht nur körperlich und geistig, sondern endlich auch seelisch Behinderten zukommen, z.B. für Begleitpersonen in Selbsthilfefirmen (nach § 11 der Ausgleichsabgabeverordnung über die Hauptfürsorgestellen).

i) Berufsbildungs- (0,1 ‰) und Berufsförderungswerke (0,18 ‰)

Erstere dienen der Erstausbildung jeglicher Behinderter, letztere der Umschulung erwachsener Behinderter. Sämtliche Einrichtungen dieser Art – außer Heidelberg – sind noch zu motivieren, sich auf die Besonderheiten auch seelisch Behinderter einzustellen. Grundhaltung auch der Werkmeister ist Voraussetzung dafür.

k) Gemeinde-Psychiatrisches Zentrum (GPZ)

Es faßt alle wichtigen außerklinischen Dienste für seelisch Behinderte einer Region zusammen, was sich aus Gründen der Gemeindenähe, der Flexibilität und Ökonomie bewährt. Zwei GPZ werden von der DGSP getragen: Sie bestehen aus Übergangsheim, Wohnheim, Tagesstätte (im Sinne einer Rehabilitations-Tagesklinik) und Werkstatt (im Verbund mit einer größeren WfB) und können damit die Begleitung von Langzeit-Patienten in den SVG'en Hamburg-Eimsbüttel und Hamburg-Eilbek organisieren. Ambulante und präventive Angebote können angegliedert werden. Stellt man sich einen solchen Angebotskomplex für jeden Bezirk in Hamburg vor, entstände das, was in Wien vom Kuratorium psychosozialer Dienste mit Erfolg verwirklicht wurde. Bremen ist auf dem Weg dahin.

6 Begleitung für einzelne Gruppen

Hier ist auf die zuständigen Kapitel zu verweisen.
Wir ergänzen wie folgt:

a) Geistig Behinderte

Sie benötigen neben den schon beschriebenen Einrichtungen an regionalen komplementären Heimdiensten 0,6 ‰ Plätze, davon 0,4 ‰ Plätze für Schwerst- und Mehrfachbehinderte. Überregional sind Behindertenzentren mit 200–400 Plätzen erforderlich, die auch die regionalen Einrichtungen zu betreuen, einen Teil kürzer oder länger auch einen „Ort zum Leben" einzuräumen haben.

b) Kinder und Jugendliche

Ihre Standardversorgungsgebiete werden doppelt so groß wie die für Erwachsene veranschlagt, obwohl doch die Nähe der Angehörigen für deren Begleitung noch wichtiger ist. Daher zunehmend kinder- und jugendpsychiatrische Abteilungen am Allgemeinkrankenhaus. Stationärer Bedarf für geistige Behinderung 0,6 ‰, für seelische Störungen 0,3 ‰. Heime für geistig und seelisch Behinderte 0,45 ‰, davon für Schwerstbehinderte 0,15 ‰. Plätze für längerfristige stationäre Versorgung an „Zentren für Kinder- und Jugendpsychiatrie" 0,2‰. Dienste mit besonderen psychotherapeutisch-sonderpädagogischen Angeboten 0,15 ‰. Dienste für therapiebedürftige Jugendliche (Tagesdienste, Wohnheime, Wohngruppen in der Gemeinde) 0,15 ‰. – Die Mängel gegenüber den Bedürfnissen gerade von Kindern und Jugendlichen zeigt die fehlende präventive Ausrichtung unseres Sozial- und Gesundheitssystems besonders drastisch.

c) Seelisch kranke alte Menschen

Die Enquête empfiehlt für jedes SVG eine Gerontopsychiatrische Einheit, angeschlossen an das zuständige PKH oder Allgemeinkrankenhaus. Sie besteht aus 1. einer Assessment-Einheit (15 Plätze) mit einer mobilen Ambulanz, zwecks a) körperlich-seelisch-sozialer Diagnostik, b) Intensivtherapie bei akuter Erkrankung und c) Zuweisung des alten Menschen zu dem für ihn optimalen Dienst. 2. Tagesklinik (25 Plätze). Und 3. 55 weitere Behandlungsplätze. Im übrigen sind 60 Plätze in Altenkranken-/Altenpflegeheimen erforderlich. Entscheidung über den richtigen Ort der Hilfe ist in der Wohnung zu fällen. Für Rückkehr in die Wohnung Übergangspflege (s. 5e).

Gelungene Beispiele: Lausanne, Genf, Wien.

d) Abhängige, Anfallskranke, Hirnverletzte, Suizidgefährdete

Hier ist die Begleitung – wie in den einzelnen Kapiteln beschrieben – von mobilen Ambulanzen her zu organisieren. Nur so ist gemeindenahe Prävention, Rehabilitation und z.T. auch Therapie möglich. Aus den Problemen, die auf diese Weise nicht gelöst werden können, ergibt sich der Bedarf an stationären und komplementären Diensten.

e) Nichtseßhafte

Ihre Zahl wird z.Zt. auf 70000 geschätzt. Sie wächst vor allem im Zusammenhang mit der strukturellen Wirtschaftskrise. Für eine angemessene Versorgung ist die Einrichtung spezieller Beratungsstellen, die Verdopplung der Heimplätze auf 25000 und der Abbau des karrierefördernden Asylcharakters der Obdachlosenunterkünfte erforderlich.

f) Psychisch kranke Straftäter

Hierzu Kap. 15 u. 10. – Die Enquête schlägt vor, daß die gesicherten Sonderabteilungen für die nicht schuldfähigen psychisch kranken Straftäter nicht im Krankenhaus, sondern benachbart lokalisiert sein sollen. Sie sollen höchstens 100 bis 150 Patienten umfassen. Mitbenutzung der Einrichtungen des Krankenhauses, die spätere Verlegung auf offene Stationen und die Nachsorge durch das Krankenhauspersonal soll möglich sein. Ähnliches gilt für solche Menschen, die in einer Entziehungsanstalt untergebracht sind. Die erst noch zu eröffnenden sozialtherapeutischen Anstalten für schuldfähige, aber zugleich therapiebedürftige Straftäter sollen – entsprechend den Erfahrungen in den Niederlanden – therapeutisch geleitet sein.

7 Zusammenarbeit der Begleiter

a) Standardversorgungsgebiet (SVG)

Wir geben im folgenden das Schema wieder, das nach der Enquête die Angebote eines SVG darstellt (Abb. 2, Enquête, S. 310). Die Übersetzung in die Wirklichkeit wird noch viel soziale Phantasie für eine Vereinfachung des Schemas, für Flexibilität und teilweise Verbindung der Angebote (z.B. GPZ) erfordern.

Nach unserem Konzept bilden psychiatrische und psychotherapeutische psychosomatische Tätigkeit und Versorgung eine Einheit. Daher erübrigen sich einige psychotherapeutische stationäre Angebote, von Besonderheiten, wie Forschung, abgesehen. Vergleiche auch Enquête-Sondervotum von H. Häfner, S. 416: „Die Kenntnis und Anwendung psychotherapeutischer Verfahren sind ein unerläßlicher Bestandteil jeder modernen psychiatrischen Tätigkeit, der sich nicht annähernd auf die Versorgung neurotisch und psychosomatisch Kranker beschränkt."

Angebote in einem Standardversorgungsgebiet

Das Vorfeld psychiatrischer und psychotherapeutisch/psychosomatischer sowie rehabilitativer Dienste

Allgemeine professionelle und nicht-professionelle Beratung in den Bereichen: Erziehung, Seelsorge, Rechtspflege, Gesundheitsämter, Arbeitsverwaltung und Sozialversicherung, Sozialarbeit	Beratungsstellen praktische Ärzte und Ärzte für Allgemeinmedizin	psychosoziale Kontaktstellen Fachärzte anderer Disziplinen

Ambulante Dienste

niedergelassene Nervenärzte niedergelassene ärztliche und nicht-ärztliche Fachpsychotherapeuten Beratungsstellen für Kinder, Jugendliche und Eltern	niedergelassene Psychagogen (Kinder- und Jugendlichenpsychotherapeuten) psychosoziale Versorgungseinrichtungen (in unterversorgten Gebieten)

Ambulante Dienste an Krankenhauseinrichtungen	*Halbstationäre Dienste*	*Stationäre Dienste*	*Komplementäre Dienste*	*Spezielle rehabilitative Dienste*	*Dienste für Behinderte*
ambulante Dienste an psychiatrischen Behandlungszentren psychotherapeutisch/psychosomatische Polikliniken Fachambulanzen	Tageskliniken und Nachtkliniken Tageskliniken und Nachtkliniken für besondere Patientengruppen	psychiatrische Abteilungen an Allgemeinkrankenhäusern psychotherapeutisch/psychosomatische Abteilungen an psychiatrischen Krankenhäusern und Allgemeinkrankenhäusern gerontopsychiatrische Abteilung Assessment-Unit für psychisch kranke alte Menschen	Übergangsheime Wohnheime und Wohnheime für besondere Patientengruppen Beschützende Wohngruppen und Wohnungen Familienpflege Tagesstätten Patientenclubs Einrichtungen für Schwerst- und Mehrfachbehinderte	Werkstätten für Behinderte Beschützende Arbeitsplätze	Einrichtung zur Früherkennung, Frühdiagnose und Frühbehandlung Sonderkindergärten Sonderschulen Sonderklassen Wohnangebote Bildungs-, Freizeit- und Erholungsstätten

KOORDINATION — Psychosozialer Ausschuß / Kooperation der Träger / Psychosoziale Arbeitsgemeinschaft — PLANUNG

b) Überregionale Versorgungsdienste

Auch für sie läßt sich die Enquête-Liste um einige Elemente verkürzen. Es bleiben: 1. PKH, auch mit Suchtfachabteilung für längerfristige Therapie (neben selbständigen Suchtkliniken) und mit Diensten für psychisch kranke Straftäter. 2. Zentren für Kinder- und Jugendpsychiatrie mit den beschriebenen Zusatzdiensten, gemeindenah zu verwirklichen. 3. Behindertenzentren. 4. Epilepsiezentren und -abteilungen (-ambulanzen im SVG). 5. Rehabilitationseinrichtungen für Hirnverletzte. 6. Berufsbildungs- und Berufsförderungswerke.

Es gibt in der BRD noch kein SVG, in dem in der angestrebten Weise ambulante, stationäre und komplementäre Dienste integriert und gemeindenah organisiert sind. Auf dem Wege dahin sind u.a.: die PKHs Mönchengladbach, Lengerich, Riedstadt, Langenfeld, Bremen, Weinsberg, Düren, Osnabrück, Weißenau, Gießen, Gütersloh, Wunstorf, die Klinik Häcklingen für den Landkreis Uelzen; Bad Driburg, Darmstadt, Offenbach, Freudenstadt, Hamburg-Eilbeck als Psychiatrische Abteilungen am Allgemeinkrankenhaus; die Psychiatrischen Universitätskliniken Hannover und Hamburg.

c) Psychosoziale Arbeitsgemeinschaften und Ausschüsse

Der beste Vorschlag der Enquête zur Ermöglichung einer wirklich lebendigen Zusammenarbeit an der Gemeindebasis ist die „psychosoziale Arbeitsgemeinschaft“: Sie ist der Zusammenschluß aller an der Versorgung eines SVG beteiligten Personen und Dienste, kann von jedem von uns in Gang gesetzt werden, ist also bewußt als „Selbstorganisation“, wenn Sie so wollen, als Bürgerinitiative, von der Enquête gedacht. Mit dem zwar nicht juristisch einklagbaren, aber umso größeren moralisch-politischen Gewicht einer solchen Initiative. Die PSAGs haben vielleicht am meisten in Bewegung gebracht. Sie sind zudem der richtige Ort zur Förderung seelischer Gesundheit – über die Beschäftigung mit Krankheit hinaus (s. Lit.: „Bundesvereinigung für seelische Gesundheit“).

Gelungene Beispiele: Gießen, Freiburg, Herford, Oberbergischer Kreis.

Daneben empfiehlt die Enquête für Planungsaufgaben „psychosoziale Ausschüsse“, aus Vertretern der Dienste, der Betroffenen, der Träger und der Gemeinde. Sie sollen als beratende Gremien Bestandteil der kommunalen Selbstverwaltung sein. – Auf Länderebene soll ein Referat für psychosoziale Versorgung bestehen sowie ein Beirat, in dem alle beteiligten Gruppen vertreten sind. – Auf Bundesebene schließlich soll einmal eine gemeinsame Institution der 11 Bundesländer für Austausch und Dokumentation von Erfahrungen bestehen, zum anderen beim zuständigen Bundesministerium ein entsprechendes Referat und ein gemischter psychosozialer Beirat, „zur Realisierung der Empfehlungen der Sachverständigenkommission, zu ihrer Fortschreibung und gegebenenfalls Verbesserung“. Das ist noch weitgehend Zukunftsmusik.

8 Versorgung – Entsorgung – Selbstversorgung

Wir wollen dieses Kapitel mit einem Blick auf die nächste Zukunft schließen. Die BRD, aber auch viele andere Länder, stehen in einem Dilemma: Einerseits ist das Versorgungssystem, gemessen an dem berechtigten Bedarf, unvollständig. Dies haben wir deutlich genug gemacht. Es ist zu vervollständigen. Hier sind die Richtlinien der Enquête verdienstvoll. Ebenso die Maßnahmen der Länder und Gemeinden, etwa bauliche Veränderungen, neue

Trägerschaften, auch Krankenhausbedarfspläne, die dringend durch Heimbedarfspläne zu ergänzen sind. – Andererseits haben wir dieses Versorgungsdenken immer auch „gegen den Strich zu bürsten". Wer versorgt wird, wird leicht auch verwaltet. Je besser ein Versorgungssystem funktioniert, desto mehr verselbständigt es sich gegenüber den Bedürfnissen und desto schwerer haben es einmal von ihm erfaßte Menschen, es nicht mehr zu brauchen, sich zu „normalisieren" und es zu verlassen. Deshalb sind bei aller Versorgungsplanung folgende Entsorgungs-Fragen immer mitzustellen:
1. Welche gemeinde-präventiven Maßnahmen schränken das Ausmaß notwendiger Versorgungsmaßnahmen ein? Etwa: Herstellung von mehr öffentlichem Leben, Wohnungsbau- und Stadtplanung, Umweltschutz, Erziehungshilfe, Sicherung der Arbeitsplätze. 2. Wie kann ich bei der Versorgungsplanung von den am wenigsten aufwendigen, am wenigsten einschneidenden und bürger-nahesten Einrichtungen ausgehen? Etwa: Planungsbeginn von den Beratungsstellen und ambulanten Diensten aus. 3. Wie kann ich bei bestehenden oder zu erstellenden Einrichtungen genausoviel Aufmerksamkeit auf die System-Ausgänge wie auf die System-Eingänge für Patienten richten? Etwa: Gemeindeclubs; Wohnungsbeschaffung für PKH und Heime, Selbsthilfefirmen, Wohngruppen für den Heimbereich, Selbsthilfegruppen'

Der erstere Aspekt verlangt rechnerisches Denken, der letztere soziale Phantasie. Aber erst beides zusammen macht Vernunft aus (s. Kap. 14), macht Normalisierung möglich.

Abschließend: Wer von Versorgung und Entsorgung redet, muß Selbstversorgung im Auge haben: Für den Problembereich der Abhängigkeit haben uns die Sucht-Selbsthilfegruppen gezeigt, daß diese Formen der Selbsthilfe bzw. Selbstversorgung wichtiger ist und mehr bringt als alle unsere helfenden Bemühungen. Die „Lebenshilfe" und die „Liga gegen Epilepsie" machen deutlich, daß wir weiterkommen, wenn die Betroffenen – selbst oder stellvertretend – sich zusammenschließen. Der „Reichsbund" und die DGSP können Interessen von Betroffenen wenigstens teilweise wahrnehmen. Die psychisch Kranken und seelisch Behinderten selbst können sich – so scheint es – nicht zusammenschließen und nicht für sich sprechen, von kleinen lokalen Initiativen abgesehen, die dann oft wieder aus eher gesunden „Berufspatienten" bestehen. Das mag damit zusammenhängen, daß es sich – wie wir gesehen haben – hier nie um nur individuelle Krankheiten, sondern um Beziehungsstörungen mehrerer Menschen handelt. Um so wichtiger ist es daher, daß sich in der letzten Zeit Angehörigen-Gruppen auch zum Zwecke der Interessenvertretung zusammengetan und geäußert haben – in ersten Ansätzen auch auf Bundesebene. (Sie scheinen sich – gemeinsam mit der Laienhilfe – am ehesten zu organisieren im „Dachverband psychosozialer Hilfsvereinigungen, Thomas-Mann-Str. 49a, 5300 Bonn 1). Das bedeutet, daß die Angehörigen beginnen, zur Selbstversorgung überzugehen. In England, Frankreich, Italien und Österreich ist man hier schon weiter. Allerdings sollte uns gerade das Beispiel Italiens warnen: Hier haben die psychiatrisch Tätigen die Angehörigen weitgehend allein gelassen, ihnen die psychisch Kranken zugemutet, ohne ihnen etwas dafür zu geben. Das hat zur Folge, daß sich die Angehörigenverbände in Italien mit hohem moralischem Gewicht für die Wiederherstellung der psychiatrischen Krankenhäuser einsetzen. Daraus können wir lernen: Je mehr wir die Angehörigen alleine lassen, desto mehr müssen sie auf ihren Schutz bedacht sein; je mehr wir den schweren Weg mit ihnen gemeinsam gehen, desto mutiger können sie sein. Anders ausgedrückt: Ohne oder gegen die Angehörigen können wir nur Rückschritte machen; nur mit ihnen können wir – wenn auch vielleicht langsamer – nach vorne gehen.

Literatur

Basaglia, F.: (Hrsg.): Die negierte Institution, Frankfurt, Suhrkamp 1971

Bauer, M.: Sektorisierte Psychiatrie, Stuttgart, Enke 1977

Bericht über die Lage der Psychiatrie in der BRD, Deutscher Bundestag, Drucksache 7/4200

Bundesvereinigung für seelische Gesundheit: Was können Psychosoziale Arbeitsgemeinschaften zur Förderung seelischer Gesundheit tun? BSG-Geschäftsstelle: Ruth Baumeirster, Eppendorfer Landstr. 148, 2000 Hamburg 20, 1984

DGSP, DGVT, GWG: Psychosoziale Hilfen im regionalen Verbund, Tübingen: DGVT-Verlag 1982

Dörner, K. u.a.: Gemeindepsychiatrie, Stuttgart, Kohlhammer 1980

Dörner, K.: (Hrsg.): Edelpsychiatrie oder Arme-Leute-Psychiatrie, Großkrankenhaus und Psychiatrische Abteilung, Rehburg, Psychiatrie-Verlag 1983

Dörner, K. (Hrsg.): „Die Unheilbaren", Rehburg, Psychiatrie-Verlag 1983

Finzen, A., H. Schädle-Deininger: Die Psychiatrie-Enquête – kurz gefaßt. Werkstattschriften zur Sozialpsychiatrie, Heft 25, Wunstorf, Psychiatrie-Verlag 1978

Finzen, A.: Tags in die Klinik – abends nach Hause, Bonn, Psychiatrie-Verlag 1986

Goffman, E.: Asyle, Frankfurt, Suhrkamp 1972

Hohm, H.: Berufliche Rehabilitation von psychisch Kranken, Weinheim, Beltz 1977

Kabanov, M. u. K. Weise (Hrsg.): Klinische und soziale Aspekte der Rehabilitation psychisch Kranker, Leipzig, Thieme 1981

Köchert, R. und K. Scherer: Sozialstationen und psychotherapeutische Versorgung, Weinheim, Beltz 1982

Kunze, H.: Psychiatrische Übergangseinrichtungen und Heime, Stuttgart, Enke 1982

Matthäi, J. u. J. Schwerdtfeger: Clubarbeit – Gemeindeclubs, im Druck 1984

Mechanic, D.: Psychiatrische Versorgung und Sozialpolitik. München, Urban und Schwarzenberg 1975

Planungsgruppe Ulm: Ein Bett ist keine Wohnung. Bedürfnisse und Wünsche psychiatrischer Langzeitpatienten. Rehburg, Psychiatrie-Verlag 1983

Pörksen, N.: Kommunale Psychiatrie, Reinbek, Rowohlt, 1974

Psychiatrische Praxis, Stuttgart, Thieme (alle Hefte dieser Zeitschrift)

Reimer, F. (Hrsg.): Krankenhauspsychiatrie. Ein Leitfaden für die praktische Arbeit, Stuttgart, G. Fischer 1977

Sozialpsychiatrische Informationen, Bonn, Psychiatrie Verlag, (Fast alle Hefte dieser Zeitschrift)

Stumme, W.: Psychische Erkrankungen im Urteil der Bevölkerung, München, Urban und Schwarzenberg 1975

14 Wege der Psychiatrie (Psychiatrie-Geschichte)

1 Unsinn und Sinn der Psychiatrie-Geschichte

Wir haben in diesem Buch die Landschaft jeder einzelnen psychischen Störung oder Kränkung durchmessen – nach ihren Beziehungen und ihrer Geschichte – räumlich und zeitlich. Genauso ist auch die Psychiatrie selbst als Landschaft darzustellen – räumlich und zeitlich. Im 13. Kapitel haben wir sie nach ihren Spielräumen – räumlich – beschrieben. Hier wollen wir sie zeitlich durchmessen, also historisch. Praktisch wie theoretisch, als Einrichtung wie als Wissenschaft. Dabei müssen wir gleich um Nachsicht bitten: Denn die Geschichte der Psychiatrie ist noch ziemlich unbekannt. Allzu lange haben sich die Historiker damit aufgehalten, sie uns als eine Aneinanderreihung von Verdiensten und Denkwürdigkeiten zu erzählen. Das ist aber weit von einer halbwegs vollständigen Wahrnehmung entfernt. Ganz schüchtern beginnen nun Historiker, Nachforschungen anzustellen darüber, wie es wirklich war, die Psychiatriegeschichte vom Alltag her zu verstehen: Wie sah der Alltag für psychisch Kranke, für ihre Angehörigen und für die Gesellschaft in der Vergangenheit wirklich aus? Und wie sah der Alltag der psychiatrisch Tätigen aus? Wie haben sie miteinander und gegeneinander gehandelt? Wie gingen beide Seiten mit Angst, mit Gewalt um? Welche Bedeutung hatten psychische Störungen für die Familien, für die Gemeinden, für die Wirtschaft, für die Religion, für die Gesellschaft? Vielleicht als erster hat der gelernte Historiker Blasius uns in seinem Buch „Der verwaltete Wahnsinn“ gezeigt, wie man all diese Fragen aus dem Alltag heraus stellt, untersucht und beantwortet. So praxisbezogen und komplex muß die Psychiatriegeschichte also neu geschrieben werden. Da stehen wir am Anfang, und wir können hier nur einige Anregungen in diese Richtung geben.

Aber schon jetzt stellen wir die Geschichte nicht mehr so dar, als ob wir nur auf lauter Verdiensten unserer Vorgänger aufbauten (spätestens die NS-Psychiatrie hat uns das zerschlagen), als ob wir nur Stein auf Stein zu setzen hätten und selbst immer gerade an der Spitze eines ewig fortschreitenden Fortschritts stünden. Das kann heute keiner mehr glauben und Sie hätten für Ihre Praxis nichts davon. In Wirklichkeit ist es eher wie mit der Begegnung zwischen Ihnen und dem Patienten in den klinischen Kapiteln: Sie haben von dem auszugehen, was Sie in der Gegenwart, jetzt und hier, tun und denken. Je vollständiger Sie das Gegenwärtige wahrnehmen, desto mehr erschließt sich Ihnen die Vergangenheit. Nur sie öffnet Ihnen die Augen für Sinn und Rechtfertigung Ihres jetzigen Tuns. Und nur von daher können Sie eine Perspektive für den nächsten Schritt finden, für Ihr Handeln in die Zukunft hinein. Ohne Sinn, Rechtfertigung und Perspektive können wir nicht leben, weder privat-persönlich noch beruflich. Wir können in der Psychiatrie mit Spaß,

Interesse und Engagement umso dauerhafter tätig sein, je vollständiger wir unser Tun aus der Vergangenheit und aus der Zukunftsperspektive bestimmen. Und wer kann schon jahrelang dasselbe mit Interesse tun, wenn er nicht an der Weiterentwicklung desselben Interesse hat?

Auf diese Weise machen wir die historische Wahrnehmung für das Lernen der Psychiatrie wie für den Praxisalltag nützlich.

Zu diesem Zweck müssen wir noch andere Einseitigkeiten früherer Geschichtsschreibung ausgleichen. Zwar beeinflußt Ihr Denken Ihr Handeln, aber auch umgekehrt. Diese Wechselwirkung gilt für die Psychiatrie wie für jede Wissenschaft. Wir wissen heute, daß selbst in so eindeutigen Wissenschaften wie Mathematik oder Physik eine neue Sicht (Paradigma) möglich wird durch neue sozioökonomische Erfordernisse (Kuhn). Das schmälert nicht die Leistung „großer Individuen". Vielmehr macht es sie erst verständlich. Umsomehr trifft das für eine praktische Wissenschaft wie die Psychiatrie zu. Hier hängt eine neue Sicht davon ab, was eine Gesellschaft 1. als „vernünftig" und als „unvernünftig" definiert; 2. wie sie das Unvernünftig-Auffällige bewertet; und 3. welche Umgangsformen und Einrichtungen (Institutionen) sie für die Unvernünftigen erfindet. Hierfür sind ökonomische und geistige Bedingungen einer Zeit gleich wichtig. Eine neue psychiatrische Sicht (Paradigma, handlungsleitende Theorie, Psychopathologie) ist also immer nur aus einem *gesamt*gesellschaftlichen Rahmen verständlich. Eine Einrichtung erlaubt bestimmte Wahrnehmungen der Unvernünftigen, verhindert andere. (Nachbarschaftshilfe, Anstalt, Praxis, Tagesklinik, Heim, Familientherapie lassen Unterschiedliches sichtbar werden).

Merke: Zwischen dem, was eine Zeit als Vernunft und Unvernunft bewertet, besteht immer eine wechselseitige (dialektische) Abhängigkeit.

2 Altertum

Heute lösen bestimmte Handlungsweisen die Wahrnehmung „psychisch krank" aus. Die gleichen Handlungsweisen lösten in mythischen, naturreligiös-dämonischen Zusammenhängen Verehrung und/oder Entsetzen aus. An ihnen konnten die Wünsche und Ängste der Zeit festgemacht werden. Mit ihnen beschäftigten sich (oder sie waren es selbst!) Schamanen, Zauberer, Medizinmänner und Priester. Sie wurden Opfer magisch-religiöser Praktiken (Tempelschlaf, Aussetzung, Exorzismus) und dienten gerade dadurch als Beweismittel für die Macht dieser Riten und Institutionen. Über semitische, pythagoräisch-gnostische, mystisch-christliche und romantische Traditionen leben auch solche Sichtweisen in je anderer Form bis heute in jedem von uns weiter. Selbst Exorzismus mit Todesfolge und Hexenprozesse sind Möglichkeiten des 20. Jh.

Die griechische Kultur, vor allem die Schule des Hippokrates (später Galenus), bevorzugte eine nüchternere Sicht der psychischen Krankheiten. Sie waren eben Krankheiten wie andere auch – freilich im weitgefaßten psychosomatischen Rahmen einer Humoralpathologie des Säftegleichgewichts, die noch das 18. Jh. beeinflußte. Die präzisen Beschreibungen von Manie, Depression, Fieberdelir, Wochenbettpsychose und Epilepsie (der Hippokrates den heiligen Charakter absprach) sind ein Beleg, daß seelische Leiden auch im historischen Sinne allgemein-menschliche Möglichkeiten sind. Der angemessene Umgang war schon damals strittig: körperliche Gewalt, diverse Medikationen oder die heilende Kraft des Gesprächs, worauf vor allem die für den Dialog zuständigen Philosophen schworen. Der Begriff „Psychotherapie" stammt immerhin von Plato. Der Philosoph und Arzt Aristoteles entwickelte als Lebensziel die mesotes, den Begriff der rechten Mitte. Philosophie und Medizin waren eine Einheit.

3 Mittelalter

Das Erbe der Griechen wurde vor allem von der arabischen Kultur bewahrt. Daher gab es im damals arabischen Spanien erstmals besondere psychiatrische Spitäler. Mitteleuropa blieb davon unberührt. Hier waren im Mittelalter Gesundheit und Soziales eine Sache der Kirchen und Ordensgemeinschaften. Aus ihren Schwestern und Brüdern wurden die heutigen Krankenschwestern und -pfleger. Sie betrieben und leiteten die Hospitäler, die für alle offenstanden, die aus körperlichen, seelischen und sozialen Gründen in Not geraten waren (Hospital kommt von hospes = der Fremde; es war der allem Fremden geweihte ökologische Ort). Pflege hieß also die vollständige Wahrnehmung aller sozialen, seelischen und körperlichen Bedürfnisse, einschließlich der Rollen des Arztes und des späteren Sozialarbeiters und Psychologen (das hat sich nie ganz geändert: auf jeder Krankenhausstation finden Sie auch heute Menschen, die eigentlich aus seelischen oder sozialen Gründen dort sind). Die meisten psychisch Kranken freilich blieben im Verband der eigenen Großfamilie, in Pflege oder sonstwie in der Dorfgemeinschaft. Grundsätzlich entsprach dem christlichen Geist dieser Zeit ein umfassender Begriff von Vernunft: Alle Menschen, auch die Geringsten, also auch die „Irren", waren nicht auszugrenzen, sondern anerkannt als Kinder Gottes, als „der einen Welt Gottes" zugehörig. Manchmal sogar in besonderem Maße: so wurden bei einzelnen Klöstern und Wallfahrtsorten (z. B. Gheel/Flandern) Irrensiedlungen angelegt und, unter Wahrung größtmöglicher Selbständigkeit, betreut. So etwas wie Solidarität zeigt sich auch in den „Narrenfesten" (vgl. Karneval!), die kirchlich gefördert wurden, um auch der angeborenen Narrheit des Menschen, „unserer zweiten Natur", zu ihrem Recht zu verhelfen. Kehrseite der Medaille: klösterliche Tugenden wie Keuschheit, Armut, Gehorsam, Weltflucht, Arbeit, Hausordnung gelten z. T. noch heute als Behandlungsprinzipien für „Verirrte". Der Theologe Vinzenz von Paul hat in

Frankreich praktische Psychiatrie organisiert, lange bevor Ärzte auf eine solche Idee kamen.

Die Inquisition hingegen, der viele seelisch Kranke als „Besessene“ oder „Hexen“ zum Opfer fielen, begann erst mit Ausgang des Mittelalters und dauerte bis weit in die Neuzeit: Erst als die Kirche im Konkurrenzkampf um die Macht dem weltlichen Staat endlich unterlag, schuf sie sich mit der Inquisition ein ebenso erbärmliches wie unwirksames Mittel, um ihre Macht dennoch zu demonstrieren. Seelisch Kranke und andere „eigenartige“ Menschen wurden hier zum ersten (und nicht zum letzten) Mal als Sündenbock benutzt.

4 Renaissance

Das 15. und 16. Jh. war die Zeit der aufblühenden Städte, die miteinander um die Herrschaft über Handelswege und Handelskapital konkurrierten. In diesem Konkurrenzkampf bemühten sich die Bürger, ihre Stadt zur reichsten, ästhetisch schönsten, ordentlichsten, saubersten und sichersten Stadt zu machen. Daher das Streben, die eigene Stadt von „unsozialen“, bettelnden, vagabundierenden, unsauberen, gefährlichen und störend-auffälligen Menschen zu reinigen, das Streben, solche Menschen unsichtbar zu machen oder auszugrenzen, eben auch die nicht familiengebundenen Irren.

Einrichtungen für dies Streben:

1. Die Bürger gründeten eigene Stadtkrankenhäuser. An diesen haben nun auch Ärzte Interesse. Denn im Gegensatz zum Ordens- ist das Stadthospital eine Einnahmequelle. Und zudem finden Ärzte in den armen Patientenmassen günstige „Versuchskaninchen“ für vergleichend-experimentelle Untersuchungen, im Rahmen ihrer zunehmend naturwissenschaftlichen Sichtweise. Daher wünschen sie nur Körperkranke in den Krankenhäusern, während seelisch und sozial Notleidende als nicht mehr recht zugehörig gelten. (*Wichtig:* Ärzte bleiben bis heute Gäste im Krankenhaus. Sie gehen entweder zwecks Ausbildung horizontal durch und lassen sich nieder oder sie gehen vertikal durch und werden Chefarzt, während das Pflegepersonal bleibt. Diese uralte und schlichte Tatsache ist eine Quelle für zahllose Mißverständnisse in jedem Stations-Team!)
2. Unsoziale (und seelisch Kranke) werden aus der Stadt ausgewiesen oder Händlern mitgegeben.
3. Die als störend-gefährlich Angesehenen werden in Zellen in der Stadtmauer oder in Türmen untergebracht („Narrenturm“) – gleichsam auf der Grenze zwischen zivilisierter Stadt und naturhaftunzivilisierter Nicht-Stadt. Oder sie werden in transportable „Dollkisten“ gesperrt.
4. Manche werden als ansteckende Kranke „ausgesetzt“, z. B. in abgelegene

Häuser, die früher Pest- oder Leprakranken dienten, den „Aus-sätzigen". (Heute werden ehemalige Tbc-Einrichtungen und Hotels zur Deportation von Langzeitpatienten gewinnbringend genutzt).

5 Absolutismus und Aufklärung

Wir sind jetzt im 17. und 18. Jh. Unter absoluten (und aufgeklärten) Monarchen bilden sich in Europa die meisten modernen Staaten. Die Bürger versuchen, unter der Fahne der Aufklärung sich von allem Irrationalen (Unvernünftigen) zu befreien und ihr gesamtes öffentliches und privates Leben auf die Rationalität (Vernunft) zu gründen. Beides hat Folgen für uns. Es wiederholt sich auf der Ebene der Staaten, was zuvor auf der Ebene der Städte stattfand. Die Rationalisierung erfaßt von der Landwirtschaft aus immer mehr Lebensbereiche. Die Wirtschaftsform des Merkantilismus mit vorindustriellen Manufakturbetrieben sieht den Monarchen als obersten Unternehmer. Damit ist dieser bzw. der Staat zum ersten Mal in der abendländischen Geschichte vital am Besitz einer möglichst großen Zahl gesunder und arbeitsfähiger Untertanen interessiert. Man versucht durchaus dirigistisch, sie „vernünftig" zu machen, d.h. sie in kinderreiche und moralisch-anständige Eheleute, fromme Soldaten, gehorsame Manufakturarbeiter und pünktliche Steuerzahler zu verwandeln. Dieses schon engmaschigere Sieb der Vernunft läßt mehr Menschen als „Unvernünftige" durchfallen. Da die Aufklärung aber sagt, daß jeder Mensch „an sich" vernünftig ist, entsteht auch der Wille, die gesamte Gesellschaft restlos vernünftig zu machen – nach den obigen Prinzipien der Vernunft. Wer nicht will, muß erzogen werden. Wer sich auch dem widersetzt, wird sozial unsichtbar gemacht.

Zu den Mitteln für diese Ziele gehören: 1. das Militär als „Schule der Nation" (allgemeine Wehr- und Schulpflicht). 2. Statt des kirchlichen ein zunehmend engerer bürgerlicher Moralkodex. 3. Die Entmündigung, z.B. um das vernünftige Gut „Besitz" gegen Verschleuderung zu schützen. 4. Die Medizin, die jetzt logischerweise zu den Polizei- oder Staatswissenschaften gerechnet wird, da für die innere Ordnung und Sicherheit zuständig, vor allem ihre ersten Spezialisierungen Hygiene, Geburtshilfe, Kinderheilkunde und Orthopädie. 5. Schließlich die großen Reservoirs für die halsstarrigen Unvernünftigen, die ersten Konzentrationslager Europas, im Sinne von Umerziehungslagern. In England wurden sie workhouse genannt, in Frankreich hôpital général, in Deutschland Zucht-, Arbeits-, Korrektions-, Toll-, Versorgungs- oder Verwahrungshäuser. Es war dies ein imponierendes Netz von Zwangseinrichtungen. Wer den bürgerlich Vernünftigen unvernünftig erschien, konnte hier mit der Vorform der heutigen Zwangseinweisung für die Öffentlichkeit unsichtbar gemacht werden. Es konnten dies sein: Bettler und Vagabunden, Besitz-, Arbeits- und Beruflose, Asoziale, Unmoralische und Straffällige, Dirnen und Lustseuchenkranke. Politische Aufrührer und religiös

Irrgläubige, entjungferte Töchter, verschwenderische Söhne und mißliebige Ehefrauen; und eben auch Alkoholiker, Idioten, Sonderlinge, Narren und Irre. – Das Elend dieser Einrichtungen ist aktenkundig. Die Demonstration tobender Irrer gegen Entgelt galt ebenso wie die Besichtigung wilder Tiere in den damals aufkommenden Zoos als pädagogisch lehrreiches und abschreckendes Vergnügen bei den vernünftigen Bürgern der europäischen Großstädte.

Ohne Zweifel stehen wir heute noch in der Tradition der menschenbefreienden Aufklärung mit ihren Zielen der Freiheit, Gleichheit und Brüderlichkeit. Aber wir haben auch zu lernen, daß die Aufklärung, wie jede Idee, zum Terror wird, wenn die jeweils Herrschenden sie als alleingültige „Vernunft“ absolutsetzen. Diese „Dialektik der Vernunft“ (Horkheimer) mitsamt den Schattenseiten der folgenden Revolution meinte der Maler Goya, als er um 1800 einem Bild den Titel gab: „Der Traum der Vernunft gebiert Ungeheuer“. Auch die Nazis setzten ihre Werte (der gesunde, leistungs- und anpassungsfähige Mensch) als ihre Vernunft absolut.

6 Industrialisierung und Romantik: Entstehung der Psychiatrie

Die Entstehung einer eigenständigen Psychiatrie hängt zeitlich mit der industriellen Revolution zusammen: d.h. im gesellschaftlich fortgeschrittenen England ab 1750, in Frankreich kurz vor und nach der bürgerlich-politischen Revolution um 1800, und in Deutschland wegen der Kleinstaaterei („die verspätete Nation“) verzögert zwischen 1800 und 1850. Zeitgleich waren diese Länder in denselben Phasen außer von der Aufklärung auch stark von einer ersten romantischen Welle geprägt. Wie kann man dieses merkwürdige zeitliche Zusammentreffen von Industrialisierung, Romantik und Psychiatrie verstehen?

Die Umstellung der Wirtschaft auf die industrielle Produktionsweise erfordert: 1. Kapital für die großen Investitionen zur Erstellung einer Fabrik. 2. Technische Erfindungen (Dampf-, Spinn- und Webmaschinen). 3. Besitz einer wachsenden Zahl geeigneter Arbeiter, da die Wirtschaft jetzt eindeutiger nach dem kapitalistischen Prinzip des expansiven, quantitativen Wachstum und der sich verschärfenden Konkurrenz betrieben wurde. Und 4. mußten die Bürger sich durch die bürgerliche Revolution vom staatlichen Zwang befreit haben, um als freie Privatunternehmer durch freie Arbeitsverträge über „freie“ (nämlich jetzt nicht mehr ständisch geschützte) Arbeiter verfügen zu können. Da die fortschreitende Rationalisierung nach dem Kleinbauerntum auch das Handwerk und Kleingewerbe zu zerstören begann, hatte man zunächst genug arbeitslose Arbeitskräfte. Aber diese reichten bald nicht mehr, waren auch nicht mehr geeignet. Denn die Frage der Eignung führte jetzt zu neuen Kriterien der Vernunft: Als vernünftig für das neue industrielle System galt jetzt die Fähigkeit zum reibungslosen, monotonen Funktionieren, Freisein von störenden persönlichen Eigenarten sowie Kalkulierbarkeit und Vorausberechenbarkeit des Verhaltens. Denn Maschinen (und Verkehr) werden von nun an immer kostspieliger und störanfälliger. Sie verlangen immer mehr diszipliniertes, genormtes und selbst-verbietendes Verhalten. Einer der Gründe für die Zunahme unbrauchbarer, gestörter, frühinvalider und psychiatrisierter Menschen – bis heute.

Da entsann man sich der Umerziehungslager für die Unvernünftigen des aufgeklärten Absolutismus. Man löste sie aber nicht bloß auf, sondern man verteilte um: Nur die Brauchbaren nach den obigen neuen Kriterien der Vernunft kamen in die Fabriken, wurden zum Proletariat. Für die anderen schuf man je nach der Art ihrer Unvernunft oder Unbrauchbarkeit Spezialeinrichtungen. Damit entstanden die Grundzüge des heute noch gültigen sozialen Versorgungssystems. Diese ungeheuer tiefgreifende gesamteuropäische Reformation hatte zugleich den Sinn, die Familien von solchen zu pflegenden Mitgliedern zu „befreien", die – gemessen an der eingeengten industriellen Vernunft – unnütze Ballastexistenzen sind: So konnte aus der Großfamilie die für den industriellen Produktionsprozeß zweckrationale Kleinfamilie werden, mit deren schädigenden Folgen wir heute zu tun haben, beruflich und persönlich! Im Zuge dieser sozialen Umverteilungsformen wurden immer systematischer: für unbrauchbare Alte Altersheime errichtet, für Pflegebedürftige Pflegeheime, für unversorgte oder störende Kinder Waisenhäuser und Kindergärten (Pestalozzi), für geistig Behinderte Idiotenanstalten, für „Arbeitsscheue" Arbeitshäuser, für Straffällige erstmals eigene Gefängnisse und für die Irren eben Irrenanstalten. Dies ist die Geburt der Psychiatrie *als Einrichtung*, nach den obigen Zeitangaben erst in England, dann in Frankreich, dann in Deutschland. So gesehen, ist die Psychiatrie ein Spaltprodukt der damaligen Lösung der „sozialen Frage". Denn es handelte sich ja um das Schicksal der „*armen* Irren". Für Irre aus begüterten Familien gab es nach wie vor andere Möglichkeiten: Hauspflege, Hausärzte, Sanatorien oder die damals beliebten Bäderreisen in Begleitung. So pflegten die besseren Bürger ihre „unvernünftigen" Anteile. Es gehörte fast zum guten Ton, daß man seine „Hypochondrie", seine „Hysterie" oder seinen „english spleen" hatte. Dies war dadurch begünstigt, daß Th. Willis (1622–1675) die Erforschung der Nerventätigkeit gefördert und Begriffe wie „Neurologie", „Reflex" und „Neurose" hoffähig gemacht hatte: seit Willis konnten die Bürger „es an den Nerven haben", während die „armen Irren" in die Irrenanstalten „aus-gemeindet" wurden!

Den Zusammenhang von Industrialisierung, „sozialer Frage" und Psychiatrie-Entstehung können Sie sich am besten mit Hilfe von Jeremy Bentham merken. Dieser berühmte liberale Nationalökonom legte 1791 einen geradezu technokratischen Organisationsplan für die industriell-kapitalistische Wirtschaftsgesellschaft vor. Da die Bürger nun auf die nicht-bürgerlichen unsozialen Unvernünftigen angewiesen seien, müßten sie auch für deren ständige Kontrolle sorgen. Diese lasse sich perfekt und billig durch sog. „panoptische Anstalten" machen: nach dem Prinzip des Spinnennetzes könne von einem zentralen Überwachungsraum aus im Idealfall eine Person alle davon ausgehenden Gänge mit den an ihnen liegenden Zellen oder Arbeitsplätzen kontrollieren. Diese panoptische und durchaus human gemeinte Konstruktion, die in vielen Varianten architektonisch verwirklicht wurde, empfahl er gleichermaßen für Gefängnisse, Arbeits- und Waisenhäuser, für Fabriken und Irrenanstalten. Darin wird das Gemeinsame dieser Gruppen besonders deutlich. – Herzog hat inzwischen die besondere Gemeinsamkeit von Gefängnis und Irrenanstalt nachgewiesen: Freiheitsentzug für die beiden jetzt gewaltsam-störendsten Gruppen.

Seither und bis heute fordert die Industriegesellschaft mit Hilfe der von ihr finanzierten Einrichtungen Konzentration und Kontrolle der Unvernünftigen. Das ist die eine Seite. Die andere Seite besteht darin, daß durch die spezialisierte Lokalisierung auch die besonderen Bedürfnisse der einzelnen Gruppen besser gesehen und befriedigt werden konnten. Die Irrenanstalten waren also Voraussetzung dafür, daß die in ihnen Tätigen durch die tägliche Erfahrung mit den Insassen erst die Psychiatrie als eigene Wissenschaft mit Theorie und therapeutischer Praxis entwickeln konnten, allerdings: als „Insassen-Wissenschaft"! Forderten nun die Wirtschaftsbürger Kontrolle und soziale Absonderung, so forderten die Bildungsbürger humane Hilfe und soziale Annäherung für die Unvernünftigen. Die Triebkraft hierfür kam einerseits aus der Aufklärung mit ihrer Forderung nach Erziehung und Befreiung des Menschen zu sich selbst. Andererseits kam sie aber mindestens ebenso stark aus der zeitgleichen Protestbewegung der Romantik. Diese erzeugte Faszination für psychisches Kranksein wie überhaupt für alle dunklen Gefühle, die „Nachtseiten" (Novalis), d.h. gerade für die Seiten des Menschen, die sich naturhaft der Einzwängung in berechenbares Verhalten widersetzen. Ph. K. Moritz ist mit seiner „psychologischen" Autobiographie „Antons Reisen" (1785–90) eine Art Urvater aller späteren Selbsterfahrungsbewegungen geworden. Auch die Romantik ist gesamteuropäisch und erneuert sich bis heute als Gegen-Bewegung gegen die industrielle Rationalisierung aller Lebensbereiche immer wieder. Damals führte sie zur gefühlsmäßigen Zuwendung zu den psychisch Kranken, aber auch dazu, daß Irrenanstalten mit Vorliebe auf dem Lande gegründet wurden. Die Irren sollten den hektischen Einflüssen der Stadt entzogen und der Heilkraft der Natur zugeführt werden.

Das erste Modell (Paradigma) für eine eigenständige, nach Theorie und Praxis vollständige Psychiatrie als Einrichtung und Wissenschaft entwickelt England – entsprechend seinem Fortschrittsvorsprung: William Battie (1704–1776) gründete 1751 das St. Luke's Hospital als Gegenmodell gegen das Unwesen des Londoner Unvernunft-Reservoirs Bedlam. 1758 veröffentlichte er seine „Psychiatrie als Wissenschaft". Dies geschah erstmals auf der Basis wirklicher Erfahrungen täglichen Umgangs, während die Ärzte bisher meist nur erfahrungslose Klassifikationen psychischer Symptome nach Art des Botanikers Linné produziert hatten. Batties epochale Zusammenfassung seiner Erfahrung: „Management did much more than medicine". Die Beeinflussung des Kontextes der Patienten schien ihm wirksamer als Medikamente. Darauf baute das „moral management" von F. Willis und des Quäkers Tuke (1796) auf, später auch die No-Restraint-Bewegung (Behandlung ohne Zwangsmittel) von J. Conolly (1856).

In Frankreich wird die Befreiung der Irren von ihren Ketten als Akt der bürgerlichen Revolution gefeiert und Philippe Pinel (1745–1826) zugeschrieben. Bezeichnender ist jedoch, daß aus den großen Pariser Unvernunft-Reservoirs Salpêtrière und Bicêtre alle Unvernunft-Gruppen schon befreit oder umverteilt, die Irren allein übriggeblieben waren. Das ist verständlich. Denn wenn die neue industrielle Vernunft die Vorausberechenbarkeit des Verhaltens am höchsten bewertet, dann stellen die Irren das Gegenextrem dar: noch heute wird in Meinungsumfragen den psychisch Kranken von der Bevölkerung an erster Stelle die Eigenschaft „Unberechenbarkeit" zugesprochen. 1793 hat Pinel die Ketten durch das z.T. von den Engländern übernommene pädagogische Regime des „traitment moral" ersetzt. 1801 publiziert er seine Erfahrungen des Umgangs mit den Irren als eigenständige psychiatrische Wissenschaft. Er faßt psychische Störungen als Selbst-Entfremdung (alienation) auf: Irre sind Leute, die sich und Anderen fremd werden. Dagegen entspricht seine Methode der minutiösen Symptombeobachtung schon mehr der neuen naturwissenschaftlichen Wahrnehmungsweise der Medizin. Sein Schüler Esquirol (1772–1840) hat diesen Ansatz ausgearbeitet. Er hat die therapeutische Lehre aus den Schrecken der Revolution gezogen, daß Freiheit nur gut ist, wenn sie sorgfältig kanalisiert wird.

Für den zersplitterten und sich langsamer entwickelnden deutschsprachigen Raum ist es schwieriger, das erste vollständige Modell der Psychiatrie als Wissenschaft zu bestimmen. Zwar werden auch hier ab 1800 spezielle Irrenanstalten gegründet (oft in den leerstehenden Klöstern und Schlössern). Wichtig: 1784 in Wien Zusammenschluß des „Narrenturms" mit anderen Einrichtungen zu einem Allgemeinkrankenhaus durch Joseph II.; 1805 die „psychische Heilanstalt" im preußischen Bayreuth durch G. Langermann; 1806 Charité in Berlin durch E. Horn, der die pädagogische Therapie zum militärischen Drill abwandelte. 1811 Sonnenstein/Pirna als erste reine „psychische Heilanstalt" Deutschlands durch C. Hayner und E. Pienitz; 1814 Marsberg/Westfalen durch W. Ruer, der als erster die Ausbildung des gesamten Personals verwirklichte. 1820 das damals dänische Schleswig durch P. W. Jessen. 1927 verwirklichte G. H. Bergmann in Hildesheim erstmals den für das 19. Jh. endgültigen Anstaltstyp, die „relativ verbundene Heil- und Pflegeanstalt". Hier wurden die akut und chronisch Kranken zwar getrennt behandelt, jedoch baulich benachbart untergebracht. Bis heute ist dies ein Kernproblem jeder Versorgungsplanung: „das Ärgernis sind immer die Unheilbaren"! Blasius zeigt, wie die 1. Reform-Anstalt Siegburg schnell für die Heilbaren reserviert war, wodurch die Lage der Unheilbaren noch schlechter wurde. Und heute? Lange blieb es in Deutschland dabei, daß die praktisch tätigen Psychiater wenig schrieben, während ihre bücherschreibenden Kollegen kaum Erfahrung hatten, so J. Heinroth, der die Tradition vom Irresein als Sünde wiederbelebte, oder J. C. Reil mit seinen naturphilosophischen „Rhapsodien“ von 1803.

Es bedurfte schon des kurzlebigen geistigen Aufschwungs der nachgeholten und halben bürgerlichen Revolution von 1848, um auch in Deutschland ein vollständiges Modell der Psychiatrie auch als Wissenschaft herzustellen: W. Griesinger (1817–1868) verarbeitete seine Erfahrungen 1845 in „Pathologie und Therapie der psychischen Krankheiten“. Hier faßte er in noch heute exemplarischer Weise die seelischen und körperlichen, die subjektiven und objektiven, die idealistischen und materialistischen Aspekte des Problembereichs Psychiatrie zusammen, ausgehend vom Schmerz und dem Umgang mit ihm! Er setzte sich für die englische No-Restraint-Bewegung ein. Zugleich entwickelte er die Idee der „Stadtasyle“: kleine stationäre Einheiten in der Gemeinde, Hausbesuche, Beachtung der Lebensbedingungen, ambulante Nachsorge. Damit forderte er als erster Gemeindepsychiatrie. Diese Idee mußte also über 100 Jahre warten, bis sie heute mit der Psychiatrie-Enquéte wenigstens allgemein gefordert wird. So massiv waren und sind die Widerstände.

Zusammengefaßt zeigt die Entstehung der Psychiatrie, daß wir psychiatrisch Tätigen von der Gesellschaft für 2 Aufgaben bezahlt werden, die oft im Streit liegen: für die Kontrolle und für die Befreiung der psychisch Kranken. Wäre Psychiatrie mit Angehörigen, mit Kontext-Beachtung der Mittelweg?

7 19. Jh.: Die Psychiatrie wird medizinische Wissenschaft

Zu Anfang war die Zuordnung des neuen Bereichs Psychiatrie offen. Die Leitung der Anstalten hatten neben Ärzten auch Lehrer, Apotheker, Geistliche, Philosophen, Juristen, Kaufleute. Im übrigen arbeiteten in den Anstalten entlassene Soldaten, Straffällige mit und ohne Bewährung, stellenlos gewordene oder ruinierte Bauern, Landarbeiter oder Handwerker. Wenn man für die Irren arbeitete und mit ihnen aß und lebte, galt man als kaum weniger ausgegrenzt. Die Grundhaltung war aktiv, pädagogisch, um die Beeinflussung der inneren Bedingungen (Aufmerksamkeit, Leidenschaften) und der äußeren Bedingungen (Lebensgewohnheiten) bemüht. In heutigen Begriffen: sozio-, arbeits- und verhaltenstherapeutisch. Letzteres z. T. in heute noch lehrreicher Weise, z. T. aber auch mit terroristischen Torturen verbunden. So steckte man Patienten in Zuber mit lebenden Aalen, brachte sie in Drehmaschinen zur Bewußtlosigkeit, traktierte sie mit schmerzenden Wasserkuren, kurz, man versuchte, sie *um jeden Preis* zur Vernunft zu quälen. Auch diese Versuchung ist heute noch bekannt. Ob Neuroleptika weniger quälend sind? Das Anstaltsregime war patriarchalisch-familiär. Bei diesem human-begeisterten therapeutischen Aktivismus waren die Anstaltsaufenthalte entsprechend kurz. Offen war auch, ob die Psychiatrie als Wissenschaft zur Medizin oder zur Philosophie mit ihren pädagogischen, psychologischen und soziologischen Anteilen gehöre. Die wichtigen Philosophen der Zeit haben auch eine Psychiatrie entwickelt, so Kant, Hegel und Schelling. Endlos wie heute stritten „Psychiker" (Heinroth, Reil, Ideler) und „Somatiker" (Nasse, Jacobi) darum, ob die seelischen oder körperlichen Ursachen wichtiger seien.

Warum gilt nun am Ende des 19. Jh. die Psychiatrie überall als Unterdisziplin der Medizin? Wir nennen einige Gründe:

1. ist das 19. Jh. die Zeit der größten Fortschritte in der Medizin. Körpermedizinische Erklärungen hatten also große Überzeugungskraft.

2. Liberal-humane Einstellung und Fortschrittsglaube waren im 19. Jh. meist kombiniert mit naturwissenschaftlichem und antiphilosophischem Denken. Es war 1848 eine Revolutionsforderung von Virchow und anderen sozial-engagierten Medizinern, das „Philosophikum" für Medizinstudenten durch das „Physikum" zu ersetzen.

3. Es war daher human, Irresein als Körperkrankheit anzusehen: die Patienten waren so von den Schuldgefühlen religiösen oder moralischen Versagens und auch von den pädagogischen Torturen der psychiatrischen Pionierzeit zu befreien.

4. Der größte psychiatrische Erkenntnisfortschritt des 19. Jh. war die Rückführung der progressiven Paralyse auf die Lues bzw. Spirochäten-Infektion. Dies mußte die Psychiater um so mehr faszinieren, als damals bis zur Hälfte der Anstaltspatienten an dieser fast alle psychischen Syndrome imitierenden Krankheit litten. Was lag näher, als nun für alle seelischen Störungen hirnorganische Ursachen bzw. Erreger zu suchen.

5. Das berufspolitische Interesse: durch die Vermehrung der Anstalten entfaltete sich ein Berufsstand, der Anerkennung, Prestige, bessere Bezahlung, Alterssicherung und akademische Rechte (Lehrstühle, Prüfungsrecht, Forschungsgelder) beanspruchte. Dafür war der Anschluß an die damals so erfolgreiche Medizin am günstigsten. Auch das half den Schlachtruf zu begründen: „Geisteskrankheiten sind Gerhirnkrankheiten".

Diese Selbsteinengung der Wahrnehmung auf den Körper hatte Erfolg: ab 1900 hatte man ziemlich allgemein die Anerkennung als medizinische Disziplin durch die medizinischen Fakultäten. (Freilich nie ganz: Mediziner belächeln die psychiatrisch Tätigen bis heute – mit Recht – als nicht vollständig zugehörig.) Fortan durften Nervenärzte als Fachärzte sich niederlassen und Pflegekräfte das Milieu der Anstalten medizinisch prägen. Die neuropathologische Aufmerksamkeit zeitigte die Erkennung alkohol- und infektionsbedingter Psychosen. Vor allem verfeinerte die naturwissenschaftlich-objektivierende Fallbeobachtung nach Symptomatik und Verlauf die Kunst des Diagnostizierens und Klassifizierens. Die Zusammenfassung der zahllosen, unendlich mühseligen und sorgfältigen Beobachtungen (freilich: an „Insassen") ist das uns bis heute prägende Werk Emil Kräpelins (1856–1926) ergänzt durch E. Bleuler (1857–1939). Wieviel von der psychiatrischen Wirklichkeit damit immerhin beschreibend erfaßt war, zeigt sich daran, daß Kräpelins diagnostisch-nosologische Grundbegriffe heute, nach 70 Jahren, noch gelten, und zwar weltweit: in der Sowjetunion ebenso wie in Europa, in den USA und in der internationalen Klassifikation (ICD) der WHO. Ein wissenschaftsgeschichtlich ziemlich einmaliger Vorgang, wenn man bedenkt, wie schnell die Grundbegriffe etwa der Physik sich wandeln. Er spricht freilich auch für die Angst der Psychiatrie sich der *ganzen* Wirklichkeit zu öffnen.

Soweit die Vorteile dieser Entwicklung. Nun die Nachteile, die vor allem auf Seiten der Patienten liegen. Sie gelten jetzt zwar als körperlich krank, haben aber wenig davon, da die Entdeckung der körperlichen Ursachen stets ein Versprechen für kommende Generationen bleibt. Entsprechend verändert sich die „therapeutische Haltung" ihnen gegenüber: Das Interesse an ihnen ist vorwiegend diagnostisch, klassifikatorisch oder beschreibend-psychopathologisch (K. Jaspers 1913), an ihren Leichen hirnpathologisch. Als Körperkranke werden sie vermehrt in Betten behandelt, was die Mehrzahl zusätzlich hospitalisiert. Aus der therapeutischen Begeisterung der moralisch-pädagogischen Ära der Anfangszeit wird „therapeutischer Nihilismus". Die Aufenthaltsdauer in den Anstalten steigt rapide an. Da die Meinungsbildung nun an den Universitäts-Kliniken erfolgte, werden die Anstalten provinziell, zum Arbeitsplatz für abgebrochene Karrieren. Die Universitäts-Kliniken hingegen nehmen verzerrt wahr, weil sie nur eine Auswahl günstigerer und besserer Patienten sehen. Das gilt z. T. auch für die Nervenarztpraxen. Die Gesamtheit des seelischen Elends wird wieder unsichtbarer.

Jeder weiß aber von sich selbst, daß Einseitigkeit der Wahrnehmung *ideologieanfällig* macht: um die Lücken zu füllen bzw. um die Einseitigkeit zu verschleiern. So füllt sich die Psychiatrie mit unzulässigen Wertungen auf, die in der Imperialismus-Ära der Wende zum 20. Jh. (Nationalismus, Abwehr der erstarkenden Arbeiterklasse, expansive Erschließung der Kolonialmärkte, beginnender Monopolkapitalismus) auch gesellschaftlich bereitlagen. Aus z. T. wichtigen Einzelbeobachtungen werden schein-naturwissenschaftliche, sozialdarwinistische und biologistische Verabsolutierungen gemacht:

Morel nimmt verdienstvollerweise die ersten umfangreichen Familienforschungen vor, entwickelt daraus aber eine kulturpessimistische Degenerationstheorie, die bis zur Wertung von angewachsenen Ohrläppchen als Entartungszeichen reicht. Aus denselben Gedanken entwickelt Möbius sowohl den „physiologischen Schwachsinn des Weibes" als auch das Endogenitäts-Konzept. Lombroso erfindet den „geborenen Verbrecher", Koch den Psychopathen als „moralisch Schwachsinnigen". Die wichtige Entdeckung der Erblichkeit verführt Psychiater (z. B. Rüdin) dazu, Psychosen zu „Erbkrankheiten" zu vereinseitigen. Aus der Beobachtung kulturell-„landsmannschaftlicher" Unterschiede werden rassistische und antisemitische Theorien. Hoche und Binding fordern als extreme Zuspitzung der industriellen Verwertungs-Vernunft die Befreiung von unnützen „Ballastexistenzen", d.h. „die Vernichtung lebensunwerten Lebens".

All dies brachte solche Psychiater, die trotz des therapeutischen Nihilismus als Ärzte wirksam sein wollten, zu der Haltung: Wenn schon keine Therapie und Befreiung des einzelnen Patienten möglich ist, dann wenigstens die staatstragende Therapie und Befreiung der Gesellschaft von den psychisch Kranken. So hielten Kraepelin u.a. es schon für einen Fortschritt, möglichst viele psychisch Kranke über das fortpflanzungsfähige Alter hinaus in den Anstalten zu bewahren. Dasselbe „gesellschaftstherapeutische" Ziel, die Sehnsucht nach einer Gesellschaft ohne seelische Leiden, nach der heilen Welt, machte viele Psychiater, subjektiv reinen Herzens und bester Absicht, mit dem Nationalsozialismus einverstanden. Aufgrund der biologischen Weltanschauung konnten ohnehin die meisten Mediziner glauben, daß die Medizin jetzt endlich wichtigste Wissenschaft geworden sei und daß sie all ihre Ideale verwirklichen könnten. In der Tat bestand das innenpolitische Programm der Nazis in der *medizinischen* Lösung der „sozialen Frage": *alle* Menschen, die gemessen am technischen Produktionsfortschritt nicht mehr ganz gesund, leistungs- und anpassungsfähig waren, sollten medizinisch diagnostiziert, selektiert und – bei Unverbesserlichkeit – medizinisch beseitigt = getötet werden. Als gesetzliche Grundlage wurde das „Gemeinschaftsfremdengesetz" entwickelt. (Peukert) Was ist hier aus dem Fremden-Begriff des Mittelalters geworden? (Aber denken Sie die heutige Ausländerfeindlichkeit mit?) Der Medizinprofessor H.W.Kranz schrieb 1940 ein Lehrbuch dafür: „Die Gemeinschaftsunfähigen", in dem er die vielen auszumerzenden Gruppen u.a. als „Ballastexistenzen" und „Lebenskünstler" bezeichnete. – Das psychiatrische Töten war zwar das erste systematische Massentöten, aber nur ein Test für das umfassende gesellschaftliche Gesundungsprogramm. Schon kurz nach der Machtergreifung von 1933 begann das Programm der Zwangssterilisierung zur Beschleunigung der Abschaffung seelischen Leidens, ohne nennenswerten Widerstand. 300000 Menschen sind Opfer dieser Maßnahmen geworden, etwa 1000 sind dabei gestorben: Erst jetzt, nach über 40 Jahren, können die noch lebenden Opfer auf Antrag mit Attest beim Bundesfinanzministerium eine pauschale Entschädigung von 5000 DM bekommen, ein symbolischer Akt, der sie, meist mehr noch ihre Familien, von Scham- und Schuldgefühlen befreit. Durch die Zwangssterilisierungsaktion und ähnliche Maßnahmen wurden die psychiatrisch Tätigen unmerklich auf die „Endlösung der psychiatrischen Frage" vorbereitet: Mit dem 1. September 1939 begann Nazi-Deutschland nicht nur den Vernichtungskrieg nach außen, sondern auch nach innen. Schon 14 Tage nach dem Einmarsch der deutschen Truppen in Polen begannen die nachrückenden Einsatzkommandos systematisch, die Patienten der psychiatrischen Krankenhäuser in Polen zu töten – und dies noch ziemlich öffentlich! Wir wissen durch zahlreiche Zeugenaussagen, daß die deutschen Teilnehmer am Polenfeldzug, auch die Ärzte, dies wußten und diskutierten, wenn auch meist ablehnten oder nicht wahrhaben wollten. Dieses Wissens- und Gefühlsgemisch bestand auch bei den meisten Psychiatern, als 1940 die Meldebögen in die deutschen psychiatrischen Krankenhäuser gelangten und als 1941 die Patiententransporte zusammengestellt wurden. Wir wissen, daß die weitaus meisten Psychiater und Pflegekräfte dies ablehnten und daß sie z. T. bemüht waren, einzelne Patienten zu retten. Gleichwohl war man so eingeschworen und verängstigt, daß es in den staatlichen Einrichtungen kaum systematischen Widerstand gab, so z. B. durch Ewald in Göttingen und Müller in Lindenhaus/Lemgo. Man machte im Regelfall mit, weil man sich nichts anderes vorstellen konnte. Wohin führt Sie heute die Frage: „Was hätte ich gemacht?"

Im kirchlichen Bereich war man mutiger, wobei es sicher eine Rolle gespielt hat, daß man sich hier noch einer anderen höheren Obrigkeit verpflichtet fühlte, so z. B. in Bethel; aber auch diejenigen staatlichen Krankenhäuser, in denen Ordensschwestern arbeiteten, haben sich systematischer und erfolgreicher um Rettung von Patienten bemüht. Wer heute gern von Vorurteilen der Bevölkerung gegen psychisch Kranke spricht, sollte bedenken, daß es der Widerstand aus allen Kreisen der Bevölkerung, von Angehörigen und der Kirchen war, der dazu beigetragen hat, daß die Ermordung psychisch Kranker als einziges Programm offiziell von Hitler im August 1941 gestoppt oder zumindest verschoben wurde. Gleichwohl ging das systematische Töten bis zum Ende des Krieges weiter, jetzt nicht mehr durch Vergasen, sondern mit den medizinischen Mitteln der Diät (Nahrungsentzug) und der Medikamenten-Injektion sowie dezentralisiert auf mehr Krankenhäuser verteilt – also mehr schon im Sinne der Regelversorgung, weshalb dieser Teil nach 1945 noch aktiver vergessen wurde! Es ist auch immer noch nicht genug bekannt, daß die Nazis das systematische Töten von Menschen an den psychisch Kranken erprobt haben, einschließlich der technischen Perfektion bis zum Vergasen, um es dann auf andere Gruppen zu übertragen. Das Personal der psychiatrischen Vergasungseinrichtungen hat z. T. die Kz's in Vernichtungseinrichtungen umgerüstet und betrieben. Als man sich in Auschwitz anschickte, Menschen umbringen zu wollen, hat man das Verfahren im psychiatrischen Krankenhaus Sonnenstein studiert. Der Historiker Lifton hat nachgewiesen, daß das Töten in Auschwitz von Anfang bis Ende ärztlich geleitet war, es daher als „therapeutisches Töten" (therapeutic killing) bezeichnet. So war auch das Selbstverständnis der Täter. Zusammen mit der Ermordung psychisch Kranker in Polen und der Sowjetunion sind sicher etwa 200000 Menschen auf diese Weise umgebracht worden. Wir kennen heute genug Dokumente, u. a. ein Gutachten der 5 führenden „Euthanasie-Professoren" von 1943 über die Entwicklung der Psychiatrie nach dem Ende des Krieges, um die eigentliche Absicht genauer benennen zu können: Das Ermordungsprogramm richtete sich nämlich ausschließlich gegen „Unheilbare", also gegen die heutigen Langzeit-Patienten.

Es war also die medizinisch eingeengte Sichtweise, die die Psychiater dazu brachte, die unheilbaren Patienten, die ihre therapeutische Ohnmacht deutlich machten, als medizinisch sinnlos und gesellschaftlich nutzlos zu beseitigen. Dagegen wollte man alles tun, um die psychiatrischen Krankenhäuser für die Heilbaren, d.h. die akut Kranken, immer besser auszubauen, auch in psychotherapeutischer Hinsicht. Man kann sogar sagen, daß diese 5 Euthanasie-Professoren so fortschrittlich waren, daß sie für die Zeit nach dem Kriege ein gemeindepsychiatrisches Programm entwickelt haben (mit Ambulanzen und Abteilungen an Allgemeinkrankenhäusern), so wie wir dies erst in den 70er Jahren mit der Psychiatrie-Enquête zustande bringen konnten. Ihr Motto war: Radikal alles für die Heilbaren, radikal nichts für die Unheilbaren. Zu aktives Vorgehen gegen Krankheiten wird – nicht nur in der Psychiatrie – leicht zu einem zu aktiven Vorgehen gegen die Kranken, gegen Menschen. – Bis heute sind die ermordeten psychisch Kranken, ihre Hinterbliebenen und Angehörigen nicht als Verfolgte anerkannt. – Liegen wir falsch, wenn wir behaupten, daß wir auch für unsere praktische psychiatrische Tätigkeit aus der NS-Psychiatrie das Entscheidende erst noch zu lernen haben?

Noch einmal zurück: Daß die Anpassung der Psychiatrie an die Körpermedizin im 19. Jh. neben den Vorteilen auch die beschriebenen Nachteile brachte, war nicht zwangsläufig. Dies war vielmehr Folge des Umstandes, daß die Medizin sich selbst im 19. Jh. auf den Körperaspekt einengte. Bis etwa 1800 – Sie können es in jedem alten Lehrbuch nachprüfen – fühlte sich die Medizin 1. an die philosophische Disziplin der Selbstwahrnehmung gebunden und war es ihr 2. selbstverständlich, bei jeder Krankheit körperliche, seelische und soziale Ursachen gleichwertig zu erwägen. In diesem letzteren ganzheitlichen Sinne hätte sich die Psychiatrie ohne Schaden als „medizinische Wissenschaft“ verstehen können, nicht aber in Orientierung an ein verkrüppeltes, den Menschen auf einzelne Körperorgane reduzierendes „medizinisches Modell“. Dies mußte zur blinden Überanpassung und zur Verblendung gegenüber den wirklichen psychischen Problemen führen.

8 20. Jh.: Aufhebung der medizinischen Einseitigkeit

In unserem Jh. sind wir durchaus noch von den beschriebenen Tendenzen geprägt, wie nicht nur die NS-Zeit zeigt. Es gibt jedoch gegenläufige Tendenzen. Diese laufen erstens auf größere Eigenständigkeit der Psychiatrie gegenüber der Medizin hinaus, zweitens auf vollständigere Wahrnehmung psychischer Probleme und drittens auf die möglicherweise epochale Umkehr der seit 250 Jahren wirksamen „Aus-Gemeindung“ der psychisch Kranken zugunsten ihrer Wiedereingemeindung in ihren und unseren Lebensbereich. Offenbar können wir sie wieder näher an uns heranlassen, sie und uns so sein lassen, wie sie und wir sind, wenn auch ohne „die eine Welt Gottes“ des Mittelalters. Dem müssen tiefgreifende Gesellschaftsprozesse zugrunde liegen. Folgende kann man erwägen: a) alle Bürger unterliegen jetzt gleichermaßen auch seelisch krankmachenden Lebens- und Arbeitsbedingungen; b) die Mittel der sozialen Kontrolle sind jetzt psychologisch und chemisch derart verfeinert, daß man auf brutalere Kontrollmittel wie die körperliche Ausgrenzung, Aus-Gemeindung, Tötung unliebsamer Menschen verzichten kann; c) das bisherige Wirtschaftsprinzip des unbegrenzten Wachstums und der Arbeitspflicht für alle gilt nicht mehr. Damit muß sich auch das ändern, was als Vernunft, Wert und Sinn des Menschen gilt. Genauer können wir diese Gesellschaftsprozesse noch nicht benennen. Denn wir haben nicht genügend Abstand: wir selbst stellen sie täglich her.

Was sind die wichtigen Veränderungen der Psychiatrie im 20. Jh.? Angefangen haben sie wohl mit Freuds Psychoanalyse. Unter den Bedingungen der nervenärztlichen Praxis entwickelt Freud eine wirklich psychische Therapiemethode. Noch wichtiger sind seine Modelle für die Persönlichkeitsentwicklung, für Abwehrmethoden und für die therapeutische Beziehung. Hieran kommt seither keine „Grundhaltung" vorbei. Dies wirkte derart provozierend auf die medizinisch eingeengte Psychiatrie, daß sie die zahlreichen Gemeinsamkeiten mit Freud nicht wahrnahm, sondern sich ideologisch, auch politisch gegen die Psychoanalyse verhärtete, bis weit nach 1945. Ausnahmen waren etwa E. Bleuler, der aus Freuds und Kraepelins Wahrnehmungen das erste Schizophrenie-Konzept kombinierte. Oder E. Kretschmer, der damit begann, konstitutionell-biologische, psychodynamische und sozialsituative Bedingungen zusammenzusehen. Über die Psychosomatik schlägt die Psychoanalyse eine Brücke zu der ebenfalls wieder ihren Wahrnehmungsradius erweiternden Körpermedizin. – So groß der Nutzen der Psychoanalyse für die therapeutische Haltung ist, so gering ist er für die Versorgung. Hierfür sind neue Therapiemethoden, wie Gesprächs- und Verhaltenstherapie wichtiger. Mit ihnen kommen als eigene Berufsgruppe die Psychologen in die psychiatrischen Einrichtungen. Seither ist von einer einheitlichen medizinischen Ausrichtung der Psychiatrie nicht mehr zu sprechen.

Zeitgleich mit der Psychoanalyse setzt auch die Wiederentdeckung der sozialen Aspekte ein. Ab 1900 beginnt in England und anderen Ländern die Förderung gemeindenaher Einrichtungen. In Deutschland empfiehlt Kolb 1908 das Erlanger Modell der „offenen Irrenfürsorge" (= Nachsorge geht vom Krankenhaus aus), während das Gelsenkirchener Modell nachsorgende und psychohygienische Dienste beim Gesundheitsamt verankert. Damit wird der Sozialarbeiter zum integralen Bestandteil der Psychiatrie: ein weiteres Stück medizinischer Einseitigkeit ist rückgängig gemacht. Die soziale Wahrnehmung wird von Psychiatern wie Bürger-Prinz, Kisker, Häfner, Bosch, Kulenkampff und Wulff sowie von Psychoanalytikern wie W. Reich, E. Fromm und H. E. Richter mitvollzogen und später von Soziologen aufgegriffen. All dies führt zu dem eigentlich überflüssigen Begriff „Sozialpsychiatrie"; denn es dreht sich dabei nur um die Vervollständigung der Psychiatrie in sozialer Hinsicht. Dazu gehört etwa: 1. Epidemiologie-

Forschung mit der Erarbeitung präventiver Möglichkeiten. 2. Untersuchung der psychiatrischen Einrichtungen selbst, ihren negativen und positiven Wirkungen (z.B. Hospitalismus). 3. Von daher Entwicklung günstigerer Einrichtungen (z.B. Tagesklinik). 4. milieu- und soziotherapeutische Ansätze. 5. Untersuchung des psychiatrischen Handelns (z.B. Diagnostizieren als Etikettieren; „labeling“-Ansatz nach Szasz, Th. Scheff). 6. Entwicklung eines chancengleichen Versorgungssystems. 7. Untersuchung der Isolationsfolgen (sensorische Deprivation, Gerhirnwäsche, Haftpsychosen, KZ-Schäden). 8. aus sozialpsychiatrischen und psychotherapeutischen Erfahrungen werden rollen- und kommunikationstheoretische Konzepte erarbeitet, die der Tatsache gerecht werden sollen, daß nie nur Individuen, sondern Beziehungen (Interaktionen) mehrerer Menschen gestört und daher zu therapieren sind: z.B. die double bind-Theorie von Bateson, Watzlawicks „Lösungen“ sowie alle Formen der Gruppen-, Partner- und Familientherapie, also der Angehörigenarbeit. – Diese soziale Wahrnehmung bedeutet auch Wiederanknüpfung an die moralisch-pädagogische Haltung der Anfangspsychiatrie, die Herstellung lebensnäherer Orte der Begegnung mit psychisch Kranken und ist damit Voraussetzung für eine Haltung, in der wir uns unserer Begegnungsangst eher öffnen können. Sie tritt an die Stelle oder ist die Vervollständigung der nur symptom- und fallobjektivierenden klassischen Psychopathologie.

Es wurde in psychiatrischen Anstalten in einem gewissen Umfang immer schon gearbeitet, und sei es nur, um die Betriebskosten zu verringern. Auch hier beginnt Anfang des 20. Jh. eine neue Ära, indem z.B. H. Simon in Gütersloh am Beispiel des Arbeitens entdeckt, daß pädagogisches Handeln wichtiger als medizinisches ist, nicht ohne z.T. auch der Faszination der (zu) „aktivierenden Heilbehandlung“ zu erliegen. Vor allem England und die Sowjetunion entwickeln eine umfangreiche industrielle Fertigung und ein System beschützender Werkstätten, später mit z.T. leistungsgerechter Bezahlung und – je nach dem Gesellschaftssystem – mit nicht geringem Leistungszwang. Aber erst wo Arbeit als eine für die Selbstverwirklichung des Menschen bedeutsame Situation erlebnisfähig gemacht wird, kann man mit einigem Recht von Arbeits*therapie* reden. Daneben tritt – überwiegend erst nach dem 2. Weltkrieg – die Beschäftigungstherapie, die mehr das schöpferisch-produktive (kreative) Umgehen mit sich selbst anhand von Material bezweckt. Damit bereichern als neue Berufe Arbeits- und Beschäftigungstherapeuten die Psychiatrie um einen weiteren, im weitesten Sinne pädagogischem Bereich.

Eine ähnliche Entwicklung sehen wir in der Aufmerksamkeit für den Körper: Sport und Krankengymnastik entwickeln sich zur Bewegungstherapie, die – mit Anleihen bei Psychodrama, Rollenspiel, Musik- und Gestalttherapie – sich nicht nur um die Leistungs-, sondern auch um die Sinn- und Ausdrucksmöglichkeiten des Körpers kümmert.

Endlich erfolgt im 20. Jh. auch die Wiederannäherung von Psychiatrie und

Philosophie – erstmals seit 1800. Das beginnt 1913 mit Jasper's „Psychopathologie", die sich auf Husserls Phänomenologie stützt, welche die Existenzphilosophie Heideggers und Sartres trägt. Von ihr leiten sich die daseinsanalytische (Binswanger, v. Baeyer) und die anthropologische Psychiatrie (v. Gebsattel, V. v. Weizäcker) ab. Ihnen ist gemeinsam, daß sie den Menschen – auch den psychisch kranken – als selbständig handelndes Subjekt wieder in die Psychiatrie einführen, auch mit der Möglichkeit der „Daseinsführungsschuld". Verwandt ist das „dialogische Prinzip", die Subjekt-Subjekt-Beziehung, der Philosophie M. Bubers. Verwandt ist auch die Idee des weltoffenen, sich in die Umwelt hineinformulierenden Menschen von Bürger-Prinz, der sich auf die Anthropologie A. Portmanns und A. Gehlens bezieht und der den Glauben an die Erklärbarkeit des (psychisch kranken) Menschen durch irgendeine *Einzel*wissenschaft verspottete. Auf die Philosophie von Karl Marx schließlich berufen sich z.B. F. Basaglia, E. Wulff und K. Weise (DDR). Die englischen Antipsychiater (Laing, Cooper), die mit der Idee der Aufhebung der Psychiatrie freilich eher nur spielen, gleichwohl damit ebenso viel Angst wie Abwehr auslösen, verbinden Existenzphilosophie und Marxismus.

Daß im deutschsprachigen Raum ausgerechnet die jüngere Generation der Daseinsanalytiker (Kulenkampff, Bosch, Kisker, Häfner, Wulff) seit 1960 die praktische Sozialpsychiatrie eingeführt und maßgebend die Reformvorstellungen der Psychiatrie-Enquête geprägt haben, muß auch mit ihrem philosophischen Ansatz zusammenhängen: Ausgehend vom „handelnden Subjekt", Bereitschaft zur Selbst-Reflektion, heute wieder Ausgangspunkt des Wissenschaftsbegriffs auch der Naturwissenschaften (Prigogine).

Eine scheinbare Kleinigkeit ist bezeichnend: die neuerliche Einführung von Psychologie und Soziologie (und Pädagogik) in die Pflege- und in die Ärzte-Ausbildung stellt die Wiederherstellung von Kernstücken des ehemaligen Philosophikums dar. Wurde dieses 1848 durch revolutionäre Ärzte abgeschafft, so geht seine teilweise Wiedereinführung auf eine ebenfalls revolutionäre Forderung der Studentenbewegung von 1967/68 in der BRD zurück! Dieselbe Bewegung erreichte in Frankreich die Einbeziehung der Psychiatrie in die medizinische Ausbildung überhaupt.

Was bedeutet nun diese umfassende Zurücknahme der medizinischen Einseitigkeit im 20. Jh. für den *medizinischen* Anteil der Psychiatrie? Das Gegenteil von dem, was Sie vielleicht erwarten. Natürlich ist er erheblich geschrumpft, aber er hat sich gesundgeschrumpft, hat sich weitgehend von den Ideologien der Jahrhundertwende freigemacht, konnte sich auf wirklich naturwissenschaftliches Vorgehen beschränken. Daher ist der medizinische Anteil im 20. Jh. ungleich erfolgreicher gewesen als im 19. Jh. Das begann 1917 mit der Malaria-Kur gegen die progressive Paralyse, die Wagner-v. Jauregg den bisher einzigen Nobel-Preis der Psychiatrie einbrachte. Es folgte in den 30er Jahren die „Schock-Ära", die erste einigermaßen erfolgreiche Therapie für die bisher als schicksalhaft hingenommenen, als endogen bezeichneten Psychosen: Insulin-Koma-Therapie (1932), Kardiazol-Schock (1933) und Elektrokrampftherapie (1937). Die medikamentöse Epilepsie-Therapie konnte bis heute ständig verbessert werden. Endlich eröffnete 1952 das Chlorpromazin die heute noch nicht abgeschlossene Zeit der Psychopharmaka. Diese machte gemeinsam mit sozialpsychiatrisch veränderten Einrichtungen und psychotherapeutisch verändertem Umgangsstil ein seit der Pionierzeit der Psychiatrie unbekanntes Engagement möglich. Die Aufenthaltsdauer sinkt so, daß nach 6 Monaten etwa 80% der Patienten entlassen sind. Ambulante Vor- und Nachsorge können dadurch zur Hauptsache werden. Aufgrund dieser Fortschritte kann auch die biologische Grundlagenforschung zu treffenderen Erklärungsmodellen für seelische Leidenszustände kommen. Ebenso konnte sich die Genetik von ihren Ideologien befreien und dadurch ihre wirkliche Bedeutung vor allem für die Prävention zeigen.

Obwohl wir wegen der inkaufzunehmenden Nachteile mit keiner dieser Errungenschaften zufrieden sind, kann der Erfolg des medizinischen Anteils der Psychiatrie das Selbstbewußtsein der Ärzte so steigern, daß sie ihren nicht mehr gerechtfertigten alleinigen Führungsanspruch ohne Sorge abgeben und sich als gleichwertig in das psychiatrische Team einreihen können.

9 Perspektiven für die Zukunft

Diese kritische Befragung der Gegenwart und Vergangenheit muß jeder für sich selbst so übersetzen, daß er daraus Perspektiven für sein zukünftiges und gegenwärtiges Handeln gewinnt. Darum hier nur noch ein paar Anregungen für Ihre soziale Phantasie. Immer noch behindern unser Handeln etliche alte *und neue* Absolutheitsansprüche: „Marktbeherrschend" für den psychiatrischen Alltag sind noch viele idelogische Verfestigungen des 19. Jh., mit denen Macht ausgeübt wird, sowohl auf Patienten als auch auf vor allem nichtärztliche psychiatrisch Tätige. Daneben gibt es längst den psychoanalytischen Absolutheitsanspruch. Er verhindert, was jeder Laie mit gesundem Menschenverstand fordern würde: das Einswerden von Psychiatrie und Psychotherapie. Ferner gibt es inzwischen den sozialpsychiatrischen oder soziologischen Absolutheitsanspruch, der, nicht weniger unsinnig als seine Konkurrenten, alles auf soziale Bedingungen zurückführen will. Schließlich ist ein moderner technokratischer Absolutheisanspruch zu beachten. Er tritt in 2 Varianten auf: 1. als „multikonditionaler Ansatz", der zwar mit Recht mehrere Bedingungen für eine seelische Krankheit behauptet, jedoch mit einer solchen Beliebigheit, daß die Bedeutung des lebendigen handelnden Menschen für die Entstehung seines Leidens ausgeblendet bleibt. Und 2. als „Versorgungstechnokratie", die für jede Krankheitsgruppe perfektionistisch ein eigenes Versorgungssystem fordert, was im Ergebnis das Ende jeder Selbsthilfe wäre. Dies ist ein Zug, von dem auch die Psychiatrie-Enquête nicht frei ist.

Wenn das so ist, was ist dann für die nächste Zeit unsere Aufgabe? Wir haben uns aus den beschriebenen Verfestigungen zurückzuziehen. Stattdessen haben wir uns mehr den als banal und allzu schlicht übergangenen Fragen auszusetzen: Was bedeutet es für uns Menschen überhaupt, daß wir uns über seelische Krankheiten ausdrücken können (anthropologische Frage)? Was ist das für eine Landschaft, für ein Kontext, daß aus winzigen Besonderheiten und Auffälligkeiten im Miteinander von Menschen so schwerwiegende und angstmachende Zustände des Leidens und Störens entstehen (ökologische Frage)? Wie können wir als psychiatrisch Tätige, als Angehörige oder als Patienten uns der Angst vor gewaltsamen Lösungen und vor der Begegnung so öffnen, daß wir allen subjektiven und objektiven Anteilen der Situation entsprechen und sie normalisieren können (Frage der Be-gegnung von Gegner)? Und wie können wir begreifen, daß wir nur mit Familien arbeiten und weiterkommen können (Angehörigenfrage)?

Solange diese Fragen uns leiten, müßte es möglich sein, die brauchbaren Kerne des bisherigen Wissens zu beerben und sie für die Antworten auf unsere Fragen nutzbar zu machen. Aus biologischer Orientierung müßten wir es nicht mehr ideologisch finden, die seelischen und sozialen Beziehungen handelnder Menschen ernstzunehmen. Umgekehrt müßte uns die psychosoziale Wahrnehmung nicht mehr verführen, biologische Prozesse auszublenden, weil sie unser Konzept stören. Ja, wir brauchen nicht einmal mehr den Spott der Anderen zu fürchten, wenn wir – neben der kulturellen Prägung – von der Natur sprechen, sowohl von der Natur des Menschen im allgemeinen als auch von der Natur des einzelnen Menschen, von seiner körperlich-seelischen Besonderheit und Einmaligkeit, von seiner wirklichen Privatheit, deren Grenzen er und wir nicht um jeden Preis zwanghaft nach irgendeinem theoretischen Konzept verstehend oder erklärend sprengen müssen. Es wird uns also in Zukunft gut anstehen, wie als Bürger, so auch als psychiatrisch Tätige, neben der Quantität mehr auf die Qualität zu achten, neben der Begrenzung mehr auf die Möglichkeiten des Lebens und damit auf die Grenzen unseres Wachstums zu sehen.

Solche Grenzen des Wachstums und unseres Einflusses zeichnen sich überall ab: Die Grenzen des Verstehens haben wir in unserer Grundhaltung zu akzeptieren. Die Grenzen der Manipulierbarkeit betreffen die Moral unseres psychiatrischen Handelns, vor allem unserer therapeutischen Techniken.

Die Grenzen des ökonomischen Wachstums leiten unser präventives Handeln. Hier haben wir vor allem eines zu verhindern: daß nämlich das Sieb der Vernunft noch einmal engmaschiger wird und noch mehr „unvernünftige" Ausschußware produziert. Im 18. Jh. galt der „wohlanständige Mensch" als vernünftig. Im 19. Jh. fordert die Industrialisierung den „vorausberechenbaren Menschen" als vernünftig. Jetzt haben wir daran zu arbeiten, daß die Sachzwänge der Automatisierung und der Kernenergie nicht den „total verfügbaren Menschen" – als für das 20. Jh „vernünftig" – von uns verlangen!

Die Grenzen neben den Möglichkeiten des Wachstums sind schließlich auch bei der Verwirklichung der Gemeindepsychiatrie zu beachten: die eine Seite ist die Schaffung neuer Einrichtungen in jeder Gemeinde mit dem Ziel eines bedürfnisgerechten Versorgungssystems. Die andere Seite, an der die erstere zu messen ist, ist jedoch die Aktivierung jeder Form von Selbsthilfe – des betroffenen psychisch Kranken, der betroffenen Familie, der Nachbarschaft, des Wohnbezirks, der Gemeinde und ihrer Organisationen und eben auch aller psychiatrischer Einrichtungen. Dies mit dem Ziel, mit ihnen so selbsthilfeorientiert zu arbeiten, daß sie im Laufe der Zeit möglichst weitgehend wieder überflüssig werden. Mit dem Ziel also, daß Fremdverwaltung wieder Selbstverwaltung werden kann.

Literatur

Blasius, D.: Der verwaltete Wahnsinn, Frankfurt, Fischer 1981

Bock, G.: Zwangssterilisation im nationalsozialistischen Staat, hist. Habil. TU Berlin, im Druck 1984

Dörner, K.: Bürger und Irre, Frankfurt, Syndikat 1984

Dörner, K. u.a. (Hrsg.): Der Krieg gegen die psychisch Kranken, Rehburg, Psychiatrie-Verlag 1980

Foucault, M.: Wahnsinn und Gesellschaft. Frankfurt, Suhrkamp 1969

Güse, H.-G. u. N. Schmacke: Psychiatrie zwischen bürgerlicher Revolution und Faschismus (2 Bde), Kronberg, Athenäum 1976

Habermas, J.: Strukturwandel der Öffentlichkeit, Neuwied, Luchterhand 1962

Herzog, G.: Besondere Gewalt: Das Gefängnis als eine Wurzel der Psychiatrie, in: Dörner (Hrsg.): Edelpsychiatrie oder Arme-Leute-Psychiatrie, Rehburg, Psychiatrie Verlag 1983

Herzog, G.: Krankheits-Urteile, Rehburg, Psychiatrie-Verlag 1984

Horkheimer, M. u. Th. W. Adorno: Dialektik der Aufklärung, Frankfurt, Suhrkamp 1972

Klee, E.: Euthanasie im NS-Staat, Frankfurt, Fischer 1983

Köhler, E.: Arme und Irre, Berlin, Wagenbach 1977

Kuhn, Th.: Die Struktur wissenschaftlicher Revolutionen, Frankfurt, Suhrkamp 1973

Kranz, H. W.: Die Gemeinschaftsunfähigen, Gießen, Christ 1940

Leibbrand, W. u. A. Wettley: Der Wahnsinn, Freiburg, Alber 1961

Medizin im Faschismus, Hrsg.: Akad. f. ärztl. Fortbildung d. DDR, Berlin 1983

Peukert, D.: Volksgenossen und Gemeinschaftsfremde, Köln, Bund 1982

Siemen, H. L.: Das Grauen ist vorprogrammiert. Gießen, Focus 1982

Späte, H., A. Thom, K. Weise: Theorie, Geschichte und aktuelle Tendenzen in der Psychiatrie, Jena, G. Fischer 1982

15 Recht und Gerechtigkeit

I Das Problem (die Landschaft)

Gesetze sind allgemeine Gebote, nach denen Bürger und Behörden handeln sollen. Vor dem Gesetz sind alle Menschen gleich. Die Psychiatrie hat es ihrerseits von vornherein mit „Ungleichen" zu tun, mit Menschen, die, aus welchen Gründen auch immer, den „normalen" Anforderungen der Gesellschaft nicht entsprechen. Früher, als es noch kein Arzt mit sozial Auffälligen zu tun haben wollte, diese jedoch schon in Asyle, Orte der Verwahrung verwiesen wurden, unterstanden sie allein dem System der Justiz. Es hat lange gedauert, bis solche Asyle Ärzte zu Rate zogen und schließlich von diesen geleitet wurden (s. Kap. 14). Lange Zeit entwickelte sich die Psychiatrie geradezu als System, in das hinein von der Justiz befreit wurde.

In diesem Zusammenhang ist zu bedenken, daß die Tötung psychisch Kranker („Lebensunwerter") allein in dem System Psychiatrie entstanden ist. Die Tötungen selbst hatten innerhalb des Rechtssystems des Dritten Reiches zunächst keine gesetzliche Grundlage.

Psychiatrische und strafrechtliche Unterbringung gehörten von Alters her wie Lehensherrschaft und elterliche Gewalt zur „besonderen Gewalt" (besonderes Gewaltverhältnis), die seit Anfang der 70er Jahre aufgrund der Rechtsprechung des Bundesverfassungsgerichts allerdings ihren rechtlichen Ausnahmecharakter (Ausnahme von dem Grundsatz, daß alle Eingriffe in Freiheitsrechte der Person einer gesetzlichen Grundlage bedürfen) eingebüßt hat. Hieraus sind jedoch insbesondere für den Bereich der Psychiatrie noch nicht alle Konsequenzen gezogen worden. Entsprechendes gilt beispielsweise für das Entmündigungs-, Vormundschafts- und Pflegschaftsrecht.

Zum Teil gelingt es heute allerdings, die Spannung zwischen den beiden Systemen Psychiatrie und Recht deutlicher werden zu lassen, als dies früher der Fall war. Dazu haben etwa Beschwerdezentren beigetragen, die von Rechtsanwälten unterstützt werden, dazu trägt die Öffentlichkeit von Organisationen wie die Humanistische Union bei. Ein Zeichen dafür ist auch die Gründung der Zeitschrift „Recht & Psychiatrie" im Jahre 1983. Allgemein hat die Auseinandersetzung mit dem Bezugsfeld „Psychiatrie" und „Recht" auf allen Ebenen – auf Seiten der betroffenen Patienten, der in der Psychiatrie Tätigen, der breiten Öffentlichkeit, der Politik wie auch der Wissenschaft – zugenommen.

Dadurch, daß Gegensätze deutlicher formuliert werden, fühlen sich allerdings vor allem die im Bereich der Psychiatrie Tätigen (Ärzte, Pfleger u.a.) bedroht. Sie wehren sich auch gegen die „sachfremden Argumente" aus dem System Justiz, sie kämpfen gegen die „bürokratisch-formalistischen Gefährdungen des therapeutischen Prozesses". Wenn dadurch die psychiatrisch

Tätigen eine größere Sensibilität dafür entwickeln, daß psychisch Kranke und Behinderte die gleichen Rechte wie Gesunde besitzen, kann sich daraus auch ein klareres Bewußtsein für „menschenunwürdiges“ Handeln ergeben. Seit in den 70er Jahren öffentlich anerkannt wurde, daß vieles im Bereich des Systems Psychiatrie „menschenunwürdig“ ist, haben wir uns um institutionelle Veränderungen und um Veränderung der Umgangsweisen der einzelnen mit den psychisch Kranken (namentlich durch Aus- und Fortbildung) bemüht.

Um jedoch eine wirkliche Änderung zu bewirken, brauchen wir die spannungsreiche Auseinandersetzung mit Juristen und Politikern über die rechtliche Situation psychisch Kranker und Behinderter. Daß diese Auseinandersetzung dringend notwendig ist, zeigt sich sowohl bei der Formulierung der Datenschutzgesetze, die den Belangen der psychisch Kranken nur unzureichend Rechnung tragen, als auch bei der Kritik am Strafgesetzbuch, in dem immer noch der Begriff der „Abartigkeit“ tradiert wird, weil Psychiater das so wollten. Es gilt, sich bewußt zu werden, daß Gesetze von Menschen für Menschen gemacht sind und in einer bestimmten politischen Situation ihre Geltung erlangen. Wenn sich die gesellschaftlichen Voraussetzungen ändern, muß dem die Änderung des Rechts nachfolgen. Illustrieren läßt sich diese Notwendigkeit beispielsweise an der gegenwärtigen Diskussion um die Reform des Entmündigungs-, Vormundschafts- und Pflegschaftsrechts, das in seinen Grundzügen vor der Jahrhundertwende konzipiert worden ist und trotz aller Veränderungen, die seit dieser Zeit eingetreten sind, bis heute fortgilt.

Da Recht und Gesetz für alle gelten, wir es im System Psychiatrie jedoch mit Menschen zu tun haben, die zu einem bestimmten Zeitpunkt jedenfalls nicht wie alle sind, müssen Recht und Gesetz auch Vorkehrungen für Ausnahmesituationen treffen. Konflikte rühren dabei daraus her, daß die Anerkennung eines Menschen als „Ausnahme“ wiederum durch Menschen erfolgt und insoweit stets fehlbar ist. Oft wird auch übersehen, daß derjenige, der in bestimmten Bereichen eine „Ausnahme“ darstellt, in anderen Bereichen der „Norm“ entspricht und gleichbehandelt werden muß. So hat z.B. auch jemand, der sich langfristig in einem Psychiatrischen Landeskrankenhaus aufhält, nach wie vor Anspruch auf Schutz seiner Menschenwürde und persönlichen Freiheit; die Grundrechte, z.B. das Recht auf Eigentum stehen ihm nach wie vor zu, und Entsprechendes muß (zumeist) auch für andere Rechte, z.B. das Wahlrecht gelten.

Für beide Systeme – Recht und Psychiatrie – gilt die Forderung nach Herstellung größtmöglicher Gerechtigkeit und gilt vor allem die Grundsatznorm unserer Verfassung, daß die Würde des Menschen unantastbar ist (Art. 1 Grundgesetz). Je mehr dieser Grundsatz verwirklicht wird, desto humaner ist auch das System Psychiatrie, desto humaner ist dann – wenn Recht und Gesetz mit Hilfe der Psychiatrie den „Ungleichen“ schützen – auch das System Recht, *ein* Kriterium für das Maß verwirklichter Gerechtigkeit in einer Gesellschaft. Mit Recht ist darauf hingewiesen worden, daß sich der sittliche und kulturelle Reifegrad einer Gesellschaft in ihrem Umgang mit Minderheiten zeigt. Eine Demokratie ist immer nur so gut, wie sie ihren Minderheiten entgegenkommt.

Es soll schließlich darauf hingewiesen werden, daß Entscheidungen in diesem Bereich nicht immer leicht zu treffen sind und häufig geduldige und beharrliche Auseinandersetzungen verlangen. So z. B. beim Datenschutz: Der Wissenschaftler hofft, durch das möglichst genaue und vollständige Sammeln von Daten wichtige Erkenntnisse gewinnen zu können. Dafür mag es ihm nützlich erscheinen, von möglichst vielen Menschen möglichst viele und genaue Daten über einen möglichst langen Zeitraum zu sammeln. Steht dies mit den Anforderungen des Rechts, namentlich mit dem Grundgesetz im Einklang? Würde er Gleiches auch für sich – in der Situation des psychisch Kranken und im Wissen um die historischen Erfahrungen der psychisch Kranken in Deutschland in den vergangenen Jahrzehnten – als mögliches Objekt wissenschaftlicher Fragestellung gelten lassen? Wo ist die Grenze? Von wo ab gilt der Datenschutz unbedingt als Gebot des „Grundrechts auf informationelle Selbstbestimmung", wie es vom Bundesverfassungsgericht in seinem grundlegenden Volkszählungs-Urteil konkretisiert worden ist? Wie muß auf diesem Hintergrund ein zeitgemäßes, die Anforderungen von Wissenschaft und psychisch Kranken gleichermaßen Rechnung tragendes, diese unterschiedlichen Interessen zu einem ausgewogenen Verhältnis bringendes Datenschutzrecht aussehen?.

II Wie gehen wir um mit Recht und Gerechtigkeit?

Wie gehen wir eigentlich mit dem Recht in der Psychiatrie um? Vermutlich sind uns die Gesetze in den meisten Fällen relativ gleichgültig, weil wir genug zu tun haben mit den Alltagsanforderungen, die im System Psychiatrie an uns gestellt werden. Tauchen Rechtsfragen auf, so verweisen wir gern an Experten, d. h. an Rechtsanwälte oder sonstige Juristen. Allenfalls bei der Stellung von Anträgen und der Erstellung von Gutachten können wir (Psychiater, Psychologen, Sozialarbeiter) uns am System Recht nicht vorbeimogeln, wir tun es gleichwohl gern – nicht selten auf Kosten des Patienten. Wir wollen deshalb an dieser Stelle den Umgang mit dem Recht erarbeiten: Es ist ein wesentlicher Teil unserer Gesamtwirklichkeit.

1 Selbstwahrnehmung

Im Regelfall nehmen wir die Gesetze, nach denen wir leben, kaum wahr. Meist konzentrieren wir uns nicht auf das Recht, das uns geschieht, sondern auf das, das uns nicht geschieht: Wir fühlen uns verärgert, eingeengt, gestört, zu Umwegen gezwungen, kontrolliert, überwacht, ungerecht behandelt. Von demjenigen, der mit dem Gesetz in Konflikt geraten ist, ist häufiger die Rede, als von dem, der gesetzestreu lebt. Weithin wird der Umstand, mit dem Gesetz und insbesondere mit dem Gericht zu tun zu haben, als Makel erlebt, sowohl in der Selbst- als in der Fremdwahrnehmung. Der Umgang mit dem Strafrichter, Unterbringungsrichter oder Vormundschaftsrichter wirkt stigmatisierend. Das Personal der Verwaltung wird weithin als lästig, überflüssig und mit seinen Anforderungen als arrogant erlebt. Gleichwohl nehmen wir gerne die Vorteile wahr, die sie uns als Professionellen des Systems Psychiatrie gewähren, und gerne verstecken wir uns hinter ihnen, wenn Anliegen von unseren Patienten an uns herangetragen werden, die uns lästig erscheinen. Zugleich teilen wir in gewisser Weise gefühlsmäßig auch die Vorurteile, die sie gegenüber dem psychischen Kranksein haben.

Es ist jedoch darauf hinzuweisen, daß für viele, die im Bereich des Systems Psychiatrie tätig sind, so z.B. für psychotherapeutisch tätige Psychologen, bislang keine hinreichenden berufs- und sozialrechtlichen Regelungen getroffen worden sind, so daß ihre Einbindung in das Gesundheitssystem sehr prekär erscheint. Die Grenzen des Erlaubten sind häufig unzureichend geregelt, z.B. was das Zeugnisverweigerungsrecht etwa von Sozialarbeitern angeht. Infolgedessen stehen viele der in der Psychiatrie Tätigen in einem Normenkonflikt (etwa zwischen dem Gebot der Schweigepflicht, das ihnen gegenüber ihren Patienten obliegt, und der fehlenden rechtlichen Verankerung eines Zeugnisverweigerungsrechts).

2 Vollständigkeit der Wahrnehmung

Auch wenn es uns unangenehm ist, uns vielleicht in unseren idealistischen Berufsvorstellungen stört oder von uns als nebensächlich übergangen wird: Wenn wir vollständig wahrnehmen wollen, müssen wir davon ausgehen, daß jemand, der mit dem System Psychiatrie in Berührung kommt, es mit großer Wahrscheinlichkeit irgendwie und irgendwann auch mit dem System Recht zu tun bekommt. Dies ist nicht zuletzt deshalb so, weil die Systeme Recht und Psychiatrie sich sehr nahe sind: Die Gesellschaft setzt sie beide als Kontroll- und Reaktionssysteme für Abweichungen von den Formen des menschlichen Zusammenlebens ein, die als „normal“ angesehen und als „Regel“ betrachtet werden. Weil Verstöße gegen „Regeln“ der Psychiatrie in vielen Fällen auch Rechtsverstöße sind, müssen die in der Psychiatrie Tätigen um Recht und Gesetz wissen, um sowohl der Gesellschaft als insbesondere auch ihren Patienten „gerecht“ werden zu können. Dazu gehört auch, daß die im Gesetz vielfach enthaltenen Möglichkeiten, so oder anders zu handeln, ausgeschöpft werden. Mangelndes Verständnis für das System Recht hindert uns allzu häufig daran, den Spielraum, den das Recht läßt, so oder anders zu handeln, zugunsten unserer Patienten, aber auch zu unserem eigenen Nutzen voll auszuschöpfen.

Zur Vollständigkeit der Wahrnehmung gehört deshalb auch, daß psychiatrisches Handeln darauf überprüft wird, ob dadurch die Hilfe, die von Rechts wegen möglich ist, gewährt wird. Auch geben uns Recht und Gesetz wichtige Hinweise darauf, wie eine Psychiatrie mit „menschenwürdigem Antlitz“ aussehen muß. Kein Patient streitet sich gern mit seinem Arzt, jeder Patient – und auch jeder in der Psychiatrie Tätige – fürchtet die Auseinandersetzung mit Juristen. Gleichfalls haben wir uns gegebenenfalls dieser Notwendigkeit zu stellen, zumal das Recht nicht zuletzt auch die Arzt/Psychologe/Sozialarbeiter-Patient-Beziehung regelt, und zwar (jedenfalls weithin) von der neutralen Warte eines „unparteiischen Dritten“ aus, der in vielen Fällen ein besseres Augenmaß für die Pflichten des Behandlers wie für die (Mitwirkungs-)Pflichten des Patienten hat. So sind uns die von der Justiz aufgenötigten Aufklärungs- und Beratungspflichten, die wir gegenüber unseren Patienten haben, in vielen Fällen gewiß lästig, ja häufig mögen wir sie für therapeutisch schädlich und der Arzt/Psychologe/Sozialarbeiter-Patient-Beziehung abträglich halten. Gleichwohl müssen wir uns diesen Anforderungen stellen, die eben nicht allein die Interessen des Behandlers und das Wohl des Patienten (welches ja auch Ziel der Tätigkeit des Behandlers ist) zum Gegenstand haben, sondern auch die Freiheit des Patienten, die es zu respektieren gilt; auch da, wo sie „unvernünftig“ gebraucht oder gar mißbraucht zu werden und dem objektiven Wohl des Patienten zu widersprechen scheint.

3 Normalisierung der Wahrnehmung

Warum haben wir Gesetze? Gesetze können vor Willkür schützen, können die Freiheit des einzelnen einschränken, können gleichfalls aber Freiheit gewährleisten und Leistungen verbürgen. Das Recht bindet, aber schützt zugleich. Wie die Vergangenheit gezeigt hat, kann sich das Recht auch gegen den Menschen wenden. Dies gilt auch heute noch. Insofern gehört zur Normalisierung auch, daß ich mein Vertrauen in die rechtssetzenden und rechtsanwendenden Instanzen überprüfe. Normalisierung heißt, aus der Neigung, zwischen unbegründetem Vertrauen und unbegründetem Mißtrauen hin- und herzuschwanken, herauszutreten. Normalisierung heißt, Bewußtsein, Kenntnis herzustellen, Partei zu ergreifen und Veränderung herbeizuführen.

III Welche Gesetze müssen wir kennen?

Vorbemerkung: „Das Recht der Hilfen und Zwangsmaßnahmen für psychisch Kranke“ ist der Titel einer Veröffentlichung des Psychiatrie-Verlages. Der erste Band enthält Auszüge aus Gesetzestexten, die in diesem Bereich von Bedeutung sind. Im Jahre 1987 soll ein zweiter Band folgen, mit Gesamtdarstellungen einzelner Rechtsgebiete und Beiträgen zur Problematik „Recht und Psychiatrie“.

1 Grundgesetz (GG)

Das Grundgesetz vom 23.5.1949 ist die formelle Verfassung der Bundesrepublik Deutschland. Neben dem Staatsorganisationsrecht werden im Ersten Abschnitt in Art. 1–19 GG die Grundrechte geregelt, die für Legislative, Exekutive und Judikative gleichermaßen verbindlich sind: Nach Art. 20 Abs. 3 GG ist nämlich die Gesetzgebung an die verfassungsmäßige Ordnung, sind vollziehende Gewalt und Rechtsprechung an Gesetz und Recht gebunden. Gemäß Art. 1 GG ist die Würde des Menschen unantastbar. Sie zu achten und zu schützen ist Verpflichtung aller staatlichen Gewalt. Gemäß Art. 1 Abs. 3 GG binden die nachfolgenden Grundrechte Gesetzgebung, vollziehende Gewalt und Rechtsprechung als unmittelbar geltendes Recht.

Art. 2 GG (Persönliche Freiheitsrechte): Jeder hat das Recht auf die freie Entfaltung seiner Persönlichkeit, soweit er nicht die Rechte anderer verletzt und nicht gegen die verfassungsmäßige Ordnung oder das Sittengesetz verstößt. Jeder hat das Recht auf Leben und körperliche Unversehrtheit. Die Freiheit der Person ist unverletzlich. In diese Rechte darf nur auf Grund eines Gesetzes eingegriffen werden.

Art. 3 GG (Gleichheit vor dem Gesetz): Alle Menschen sind vor dem Gesetz gleich. Männer und Frauen sind gleichberechtigt. Niemand darf wegen seines Geschlechtes, seiner Abstammung, seiner Rasse, seiner Sprache, seiner Heimat und Herkunft, seines Glaubens, seiner religiösen oder politischen Anschauungen benachteiligt oder bevorzugt werden.

Die weiteren Grundrechte sind:
Art. 4: Glaubens-, Gewissens- und Bekenntnisfreiheit, Art. 5: Recht der freien Meinungsäußerung, Art. 6: Ehe, Familie, nichteheliche Kinder, Art. 7: Schulwesen, Art. 8: Versammlungsfreiheit, Art. 9: Vereinigungsfreiheit, Art. 10: Brief-, Post- und Fernmeldegeheimnis, Art. 11: Freizügigkeit, Art. 12: Berufsfreiheit, Art. 12a: Wehrdienst- und andere Dienstverpflichtungen, Art. 13: Unverletzlichkeit der Wohnung, Art. 14: Eigentum, Erbrecht und Enteignung, Art. 15: Sozialisierung, Art. 16: Ausbürgerung, Auslieferung, Asylrecht, Art. 17: Petitionsrecht, Art. 17a: Einschränkung von Grundrechten bei Soldaten, Art. 18: Verwirkung von Grundrechten, Art. 19:

Einschränkung von Grundrechten. Soweit nach diesem Grundgesetz ein Grundrecht durch Gesetz oder auf Grund eines Gesetzes eingeschränkt werden kann, muß das Gesetz allgemein und nicht nur für den Einzelfall gelten. Außerdem muß das Gesetz das Grundrecht unter Angabe des Artikels nennen. In keinem Falle darf ein Grundrecht in seinem Wesensgehalt angetastet werden.

Die genannten Grundrechte gelten entweder für alle Menschen oder für alle Deutschen. Ein Unterschied zwischen Gesunden und Kranken, körperlich Kranken und psychisch Kranken besteht nicht. Auch Personen, die sich in psychiatrischen Landeskrankenhäusern aufhalten, stehen im vollen Genuß ihrer Grundrechte. Einschränkungen dürfen nur durch Gesetz oder auf Grund eines Gesetzes, z. B. auf Grund der landesrechtlichen Unterbringungs- oder Psychischkrankengesetze vorgenommen werden. So bedarf beispielsweise die Einschränkung des Briefgeheimnisses bei untergebrachten Personen einer besonderen Regelung, ist insbesondere die Freiheitsentziehung selbst gesetzlich zu regeln. Dazu findet sich eine besondere Regelung in Art. 104 GG (Rechtsgarantie bei Freiheitsentziehungen). Die Freiheit der Person kann nur auf Grund eines förmlichen Gesetzes und nur unter Beachtung der darin vorgeschriebenen Formen beschränkt werden. Festgehaltene Personen dürfen weder seelisch noch körperlich mißhandelt werden. Über die Zulässigkeit und Fortdauer einer Freiheitsentziehung hat nur der Richter zu entscheiden. Bei jeder nicht auf richterliche Anordnung beruhenden Freiheitsentziehung ist unverzüglich eine richterliche Entscheidung herbeizuführen. Das Nähere ist gesetzlich zu regeln. Von jeder richterlichen Entscheidung über die Anordnung oder Fortdauer einer Freiheitsentziehung ist unverzüglich ein Angehöriger des Festgehaltenen oder eine Person seines Vertrauens zu benachrichtigen. Die Maßregelvollzugsgesetze der Länder und die landesrechtlichen Unterbringungs- und Psychischkrankengesetze tragen diesen Anforderungen Rechnung. Auch die vormundschaftliche Unterbringung in einem psychiatrischen Landeskrankenhaus muß ihnen genügen. Mit Recht wird allerdings angezweifelt, ob dies derzeit in hinreichendem Maße gewährleistet ist.

Generell gilt, daß die in der Psychiatrie Tätigen ein scharfes Bewußtsein dafür haben müssen, daß Bewohner psychiatrischer Krankenhäuser und Heime (häufig aus therapeutischen Gründen) wesentlichen Einschränkungen und Gefährdungen ihrer Grundrechte ausgesetzt sind. Deshalb ist auch bei der Ausgestaltung derartiger Einrichtungen und bei der Durchführung therapeutischer und sonstiger Maßnahmen darauf hinzuwirken, daß die Grundrechte nur in dem absolut notwendigen Umfang und auf die schonendste Weise eingeschränkt werden.

2 Maßregelvollzug

Abweichendes, sozialschädliches Verhalten von einiger Relevanz führt häufig zu Reaktionen der Gesellschaft bzw. des Staates gegen denjenigen, von dem dieses Verhalten ausgeht. Schuldhaftes Verhalten, d. h. Verhalten, das auf einen Menschen zurückgeht, dem unterstellt wird, daß er in der Lage war, sich anders (nämlich normgemäß) zu verhalten, führt zur Strafe. Allerdings kann infolge krankhafter psychischer Störungen u. a. die Schuldfähigkeit ausgeschlossen sein: Ohne Schuld handelt nämlich gemäß § 20 StGB, „wer bei Begehung der Tat wegen einer krankhaften seelischen Störung, wegen einer tiefgreifenden Bewußtseinsstörung oder wegen Schwachsinns oder einer schweren anderen seelischen Abartigkeit unfähig war, das Unrecht der Tat einzusehen oder nach dieser Einsicht zu handeln“. Ist die Fähigkeit des Täters, das Unrecht der Tat einzusehen oder nach dieser Einsicht zu handeln, aus einem der in § 20 StGB bezeichneten Gründe bei Begehung der Tat erheblich vermindert, so liegt verminderte Schuldfähigkeit vor mit der Folge, daß die Strafe gemildert werden kann. Ohne Schuld darf es keine Bestrafung geben. Allerdings reagiert die Gesellschaft auch auf „schuldlose“ Täter mit öffentlicher Gewalt. Sanktionen sind hier die Maßregeln der Besserung und Sicherung, die aufgrund der von schuldlosen Tätern ausgehenden Gefahr in diesen Fällen den Freiheitsentzug ermöglicht und legitimiert. Zu Recht wird darauf hingewiesen, daß diese freiheitsentziehende Maßregeln eine doppelte Funktion haben: Zum einen befriedigen sie das Bedürfnis der Gesellschaft nach Schutz vor den Schäden und Verletzungen, die von manchen schuldlos handelnden Menschen ausgehen können. Zum anderen ermöglichen sie erst die konsequente Verwirklichung des Schuldprinzips im eigentlichen Strafrecht. Zugleich ist darauf hinzuweisen, daß der untergebrachte schuldlose Täter als Patient zu betrachten ist: mit der Freiheitsentziehung eng verbunden ist deshalb die medizinische und psychosoziale Behandlung.

Maßregeln der Besserung und Sicherung sind gemäß § 61 StGB (1) die Unterbringung in einem psychiatrischen Krankenhaus, (2) die Unterbringung in einer Entziehungsanstalt, (3) die Unterbringung in der Sicherungsverwahrung, (4) die Führungsaufsicht, (5) die Entziehung der Fahrerlaubnis, (6) das Berufsverbot. Grundsätzlich darf eine Maßregelung der Besserung und Sicherung nicht angeordnet werden, wenn sie zur Bedeutung der vom Täter begangenen und zu erwartenden Taten sowie zu dem Grad der von ihm ausgehenden Gefahr außer Verhältnis steht. In dieser Vorschrift des § 62 StGB ist der verfassungsrechtliche Grundsatz der Verhältnismäßigkeit für Maßregeln der Besserung und Sicherung verankert. Er beherrscht Anordnung und Fortdauer der Unterbringung in einem psychiatrischen Krankenhaus. Das hieraus sich ergebende Spannungsverhältnis zwischen dem Freiheitsanspruch des betroffenen Einzelnen und dem Sicherungsbedürfnis der Allgemeinheit vor zu erwartenden erheblichen Rechtsgutverletzungen verlangt nach gerechtem und vertretbarem Ausgleich. Je länger die Unterbringung in einem psychiatrischen Krankenhaus andauert, umso strenger werden die Voraussetzungen für die Verhältnismäßigkeit des Freiheitsentzuges sein (so BVerfGE 70, 297). Neben der Unterbringung in einem psychiatrischen Krankenhaus (§ 63 StGB) ist die Unterbringung in einer Entziehungsanstalt (§ 64 StGB) gegenwärtig der zweite Typ der strafgerichtlichen Unterbringung zur Behandlung. Eine dritte Behandlungsmaßregel, die Unterbringung in einer sozialtherapeutischen Anstalt, war zwar vorgesehen (§65 StGB a. F.), ist mittlerweile aber aufgehoben worden.

Der Vergleich der Maßregelvollzugsgesetze ergibt eine sehr unterschiedliche Regelung gleicher Tatbestände in den einzelnen Bundesländern. Sie fallen oft hinter das zurück, was für Strafgefangene durch das Strafvollzugsgesetz erreicht wurde. Alle weisen zudem schwerwiegende Lücken auf.

Folgende Gesetze regeln gegenwärtig den Maßregelvollzug in den Ländern: Schleswig-Holstein: Gesetz für psychisch Kranke (PsychKG) v. 26.3.1979, §§ 33–35. Hessen: Gesetz über den Vollzug von Maßregeln der Besserung und Sicherung in einem psychiatrischen Krankenhaus und in einer Entziehungsanstalt (Maßregelvollzugsgesetz) v. 3.12.1981. Bayern: Gesetz über die Unterbringung psychisch Kranker und deren Betreuung (Unterbringungsgesetz – UnterbrG) v. 20.4.1982. Niedersachsen: Niedersächsisches Maßregelvollzugsgesetz v. 1.6.1982.

3 Landesrechtliche Unterbringungsgesetze und Gesetze über Hilfen und Schutzmaßnahmen bei psychischen Krankheiten

In den landesrechtlichen Unterbringungsgesetzen und den landesrechtlichen Gesetzen über Hilfen und Schutzmaßnahmen bei psychischen Krankheiten ist auch die Unterbringung psychisch Kranker in einer geschlossenen psychiatrischen Einrichtung geregelt. Die Unterbringung muß den Anforderungen des Art. 104 GG (s. III 1) entsprechen. In jüngster Zeit haben sich die Landesgesetzgeber verstärkt bemüht, die alten Verwahr- und Unterbringungsgesetze, die sehr stark polizeirechtlich geprägt waren, durch modernere Gesetze abzulösen, die zwar gleichfalls polizeilichen Charakter haben, d.h. den Bedürfnissen des Schutzes der öffentlichen Sicherheit und Ordnung Rechnung tragen, zum anderen jedoch auch in verstärktem Maße die Fürsorge für den Betroffenen zum Anliegen haben.

Insbesondere die neuen Gesetze über Hilfen und Schutzmaßnahmen bei psychischen Krankheiten

- rücken die Hilfen in den Vordergrund,
- stellen den Anspruch auf vorausgehende (präventive) und nachgehende (rehabilitative) Hilfen fest,
- schreiben diese Aufgaben in der Regel den Gesundheitsämtern zu, die dadurch zu gemeindepsychiatrischen Diensten entwickelt werden,

- suchen die Zwangseinweisung als Schutzmaßnahme in den Zusammenhang dieser Hilfen zu stellen, um sie entweder zu erübrigen oder humaner auszugestalten,
- bemühen sich um die Sicherung der Rechte untergebrachter Patienten und
- betonen ganz allgemein das Recht psychisch Kranker, ein menschenwürdiges Leben in der Gemeinschaft zu führen.

Bei dem Ausbau dieser Gesetze spielt das Bemühen eine große Rolle, die Zahl der Unterbringungen herabzusetzen. Dies geschieht zum einen unter dem Eindruck der verfassungsrechtlichen Erfordernisse (s. III 1), zum anderen unter dem Einfluß internationaler Erfahrungen, die lehren, daß eine Vielzahl von Zwangsunterbringungen bei rechtzeitiger Hilfe überflüssig wären. Aus den ausländischen Erfahrungen (z.B. dem „Amsterdamer Modell“) wird etwa deutlich, daß ein Teil der Zwangsunterbringungen, die einen erheblichen Einschnitt im Leben eines Menschen darstellen, vermieden werden könnten, wenn ein psychiatrischer Kriseninterventionsdienst rund um die Uhr zur Verfügung steht, der als Alternative zur Zwangseinweisung Hilfe vor Ort geben kann.

Eine Vorreiterfunktion bei den landesrechtlichen Unterbringungsgesetzen spielte das nordrhein-westfälische Gesetz über Hilfen und Schutzmaßnahmen bei psychischen Krankheiten (PsychKG) v. 2.12.1969. Dieses Gesetz stellt eine Abkehr von den früheren, mehr oder weniger reinen Polizeigesetzen und den, polizeirechtlich herkömmlichen Unterbringungsgesetzen dar, ohne allerdings die polizeirechtliche Komponente völlig zu verleugnen. Sie kommt deutlich in der Bestimmung des § 11 Abs. 1 PsychKG NW zum Ausdruck: „Die Unterbringung von Personen, die an einer Psychose, einer psychischen Störung, die in ihrer Auswirkung einer Psychose gleichkommt, einer Suchtkrankheit oder an Schwachsinn leiden, ist nur zulässig, wenn und solange durch ihr krankhaftes Verhalten gegen sich oder andere eine gegenwärtige Gefahr für die öffentliche Sicherheit und Ordnung besteht, die nicht anders abgewendet werden kann. Die Unterbringung ist auch dann zulässig, wenn nach dem krankhaften Verhalten eine nicht anders abwendbare gegenwärtige Gefahr besteht, daß die betroffene Person Selbstmord begeht oder sich selbst erheblichen gesundheitlichen Schaden zufügt. Die fehlende Bereitschaft, sich behandeln zu lassen, rechtfertigt für sich allein keine Unterbringung.“

Das Fürsorgeelement tritt in der Vorschrift des § 2 PsychKG NW zutage, wo es zur Aufgabe der Hilfen für psychisch Kranke heißt: „Die Hilfen sollen Personen aller Altersstufen mit psychischen Störungen oder Erkrankungen durch individuelle, ärztlich geleitete Beratung und Betreuung befähigen, ein der Gemeinschaft angepaßtes Leben zu führen. Sie sind als vorsorgende und als nachgehende Hilfe zu gewähren. Befinden sich die im Satz 1 genannten Personen in ärztlicher Behandlung, werden die Hilfen erforderlichenfalls begleitend gewährt.“ Die Regelungen über vorsorgende und nachgehende Hilfen und die darin verbürgten Leistungen (frühzeitige ärztliche Behandlung, Beratung u.a.) sollen vor allem dazu dienen, psychisch Kranken möglichst ambulante Hilfe zuteil werden zu lassen und eine stationäre Behandlung zu vermeiden.

Kritisch ist anzumerken, daß die neuen landesrechtlichen Unterbringungs- und Psychischkrankengesetze zu einem Nebeneinander von „fürsorglicher" öffentlich-rechtlicher und „fürsorglicher" privatrechtlicher (vormundschafts- und pflegschaftsrechtlicher) Unterbringung führt. Dies führt zu erheblichen Rechtsunsicherheiten und erscheint deshalb reformbedürftig. Insbesondere ist eine klare Abgrenzung der Regelungen der Unterbringung aus Gründen der Gefahrenabwehr für Dritte und der Unterbringung aus Gründen der Selbstgefährdung des Betroffenen zu fordern.

4 Bürgerliches Gesetzbuch (BGB)

Entmündigung, Vormundschaft und Pflegschaft sind zivilrechtliche Schutz- und Hilfsmaßnahmen für psychisch Kranke und Behinderte, die in ihrem materiell-rechtlichen Kern und in ihrer grundsätzlichen verfahrensrechtlichen Ausgestaltung seit Inkrafttreten des Bürgerlichen Gesetzbuchs (BGB) am 1.1.1900 im wesentlichen unverändert geblieben sind.

Gemäß § 6 BGB kann durch staatlichen Hoheitsakt *entmündigt* werden:

- wer infolge von Geisteskrankheit oder Geistesschwäche seine Angelegenheiten nicht zu besorgen vermag,
- wer durch Verschwendung sich oder seine Familie der Gefahr des Notstandes aussetzt,
- wer infolge von Trunksucht oder Rauschgiftsucht seine Angelegenheiten nicht zu besorgen vermag oder seine Familie der Gefahr des Notstandes aussetzt oder die Sicherheit anderer gefährdet.

„Geisteskrankheit" und „Geistesschwäche" sind juristische Begriffe, die nicht mit in der Medizin gebräuchlichen Termini übereinstimmen, sondern quantitative Abstufungen eines Schutzbedürftigkeit auslösenden geistig/seelischen Gestörtseins bezeichnen. Bei diesen Entmündigungsgründen steht der Schutz des zu Entmündigenden (Betroffenen) im Vordergrund. Bei Verschwendung und Sucht spielen demgegenüber die Interessen Dritter (der Familie, der Öffentlichkeit) eine erhebliche Rolle. Das Bürgerliche Gesetzbuch ist diesbezüglich durch eine Betonung wirtschaftlicher Interessen und der Belange des Rechtsverkehrs gekennzeichnet, während die psychische und soziale Befindlichkeit des Einzelnen nur geringe Berücksichtigung finden. Deshalb weist das zivilrechtliche Institut der Entmündigung auch durchaus eine Nähe zur öffentlich-rechtlichen Unterbringung nach den landesrechtlichen Unterbringungs- und Psychischkrankengesetzen auf (vgl. III 3) und erscheint in der Praxis zuweilen als gegen diese Institute austauschbar.

Die Entmündigung wegen Geisteskrankheit führt den völligen Verlust der Geschäftsfähigkeit und damit den völligen Ausschluß vom Rechtsverkehr herbei, während die Entmündigung in den übrigen Fällen lediglich eine Beschränkung der Geschäftsfähigkeit zur Folge hat, d.h. der Betroffene wird rechtlich einem Kind gleichgestellt, welches das 7. Lebensjahr vollendet hat und dessen Geschäfte, soweit sie ihm nicht lediglich einen rechtlichen Vorteil bringen, zu ihrer Wirksamkeit der Zustimmung des gesetzlichen Vertreters bedürfen. Das Entmündigungsverfahren ist in der Zivilprozeßordnung (ZPO) geregelt, gehört mithin zur streitigen Gerichtsbarkeit. Das Entmündigungsverfahren wird nur aufgrund eines Antrages durchgeführt. Antragsberechtigt sind der Ehegatte des zu Entmündigenden, ein Verwandter, gegebenenfalls der personensorgeberechtigte gesetzliche Vertreter, sowie – im Falle der Entmündigung wegen Geisteskrankheit und Geistesschwäche – der Staatsanwalt (§ 86 ZPO). Der zu Entmündigende ist persönlich unter Zuziehung eines oder mehrerer Sachverständiger zu vernehmen. Die Entmündigung darf nur ausgesprochen werden, wenn das Gericht zuvor einen oder mehrere Sachverständige über den Geisteszustand des zu Entmündigenden gehört hat (§ 655 ZPO). Zur Vertretung seiner Interessen kann dem zu Entmündigenden ein Rechtsanwalt beigeordnet werden. Die Entmündigung wird in der Regel mit Bestellung des Vormundes wirksam.

Vormundschaft ist die unter staatlicher Aufsicht gehandhabte Fürsorge für Personen und Vermögen eines Menschen, der außerstande ist, seine Angelegenheiten selbst zu regeln. Das materielle Vormundschaftsrecht ist im Bürgerlichen Gesetzbuch geregelt (§ 1773ff. BGB). Der Vormund hat gegenüber dem Entmündigten (Mündel) die Personen- und Vermögenssorge (allerdings erstere nur insoweit, wie es der Zweck der Vormundschaft erfordert). Bestimmte Rechtsgeschäfte und Maßnahmen – so etwa auch die mit einer Freiheitsentziehung verbundene Unterbringung (§§ 1631 b, 1800 BGB) – bedürfen der vormundschaftsgerichtlichen Genehmigung. Auch Bestellung des Vormundes und Aufsicht über ihn obliegen dem Vormundschaftsgericht (das im übrigen mit dem Entmündigungsgericht nicht identisch ist). Bereits vor Vorliegen eines Entmündigungsantrags kann das Gericht eine vorläufige Vormundschaft anordnen, wenn es dies zur Abwendung einer erheblichen Gefahr für die Person oder das Vermögen des Betroffenen für erforderlich hält (1906 BGB). Diese Gefahr muß auf Umständen beruhen, die einen Entmündigungsgrund darstellen.

Das Verfahrensrecht richtet sich nach dem Gesetz über die Angelegenheiten der freiwilligen Gerichtsbarkeit (FGG). Sachlich zuständig sind die Amtsgerichte (§ 35 FGG). Örtlich zuständig für die Vormundschaft ist das Gericht, in dessen Bezirk das Mündel zu der Zeit, in der die Anordnung der Vormundschaft erforderlich wird, seinen Aufenthalt hat (§ 36 FGG). Das Vormundschaftsgericht hat die im streitigen Verfahren ausgesprochene Entmündigung zu vollziehen und von Amts wegen die Vormundschaft anzuordnen, wenn der Entmündigungsbeschluß wirksam geworden ist. Als Vormund sind die Eltern des Mündels berufen (§ 1899 BGB). Abweichend von diesem Grundsatz darf der Ehegatte des Mündels vor den Eltern zum Vormund bestellt werden. Ansonsten erfolgt die Auswahl des Vormundes durch das Vormundschaftsgericht nach Anhörung des Jugendamtes. Das Vormundschaftsgericht soll eine Person auswählen, die nach ihren persönlichen Verhältnissen und ihrer Vermögenslage sowie nach den sonstigen Umständen zur Führung der Vormundschaft geeignet ist. Jeder deutsche Staatsangehörige ist grundsätzlich zur Übernahme der Vormundschaft, für die er von dem Vormundschaftsgericht ausgewählt wird, verpflichtet, sofern nicht seiner Bestellung zum Vormund einer der gesetzlich benannten Ausschlußgründe entgegensteht.

Neben der vorstehend beschriebenen Form der Einzelvormundschaft kennt das Bürgerliche Gesetzbuch die Vereins- und die Amtsvormundschaft. Ein rechtsfähiger Verein kann zum Vormund bestellt werden, wenn er vom Landesjugendamt hierfür für geeignet erklärt worden ist. Eine Vereinsvormundschaft kommt allerdings nur dann in Betracht, wenn eine als Einzelvormund geeignete Person nicht vorhanden ist. Unter diesen Voraussetzungen kommt auch die Bestellung des Jugendamtes zum Amtsvormund in Frage.

In den Aufgaben- und Zuständigkeitsbereich des Vormundes fällt auch die Entscheidung über eine *Unterbringung* des Mündels (§§ 1631 b, 1800 BGB). „Unterbringung" meint jede mit Freiheitsentziehung verbundene Maßnahme in einer dafür vorgesehenen Einrichtung, z. B. einem psychiatrischen Krankenhaus oder sonst einer geschlossenen Anstalt. Seit einer richtungsweisenden Entscheidung des Bundesverfassungsgerichts aus dem Jahre 1960 (BVerfGE 10, 302) ist diese Unterbringung mit Rücksicht auf die Freiheitsgarantie des Art. 104 GG (vgl. III 1) von einer Genehmigung durch das Vormundschaftsgericht abhängig. Der Richter hat im Verfahren über die Genehmigung einer Unterbringung das Mündel persönlich in Gegenwart eines Sachverständigen anzuhören. Die Genehmigung der Unterbringung darf dann erst nach Erstattung des Gutachtens eines Sachverständigen erfolgen.

Die *Pflegschaft* ist in ihren Hauptanwendungsfällen eine vormundschaftliche Fürsorge aus anderen Gründen als wegen Fehlens oder Beschränkung der Geschäftsfähigkeit. Sie ist in den §§ 1909 ff. BGB geregelt. Entsprechend ihrer Konzeption als vormundschaftlicher Schutz für besondere Angelegenheiten werden grundsätzlich die für die Vormundschaft geltenden Vorschriften für anwendbar erklärt. Anordnung der Pflegschaft und Pflegerbestellung erfolgen in einem einfacheren, weniger langwierigen und weniger belastenden (und deshalb auch vielfach der Entmündigung und der Vormundbestellung vorgezogenen) Verfahren.

Im vorliegenden Zusammenhang besonders bedeutsam ist die sog. Gebrechlichkeitspflegschaft (§ 1910 BGB). Ein Volljähriger, der nicht unter Vormundschaft steht, kann einen Pfleger (Gebrechlichkeitspfleger) erhalten, wenn er infolge körperlicher Gebrechen seine Angelegenheiten nicht zu besorgen vermag. Kann ein Volljähriger infolge geistiger oder körperlicher Gebrechen lediglich einzelne seiner Angelegenheiten oder einen bestimmten

Kreis seiner Angelegenheiten nicht besorgen, so kann er für diese Angelegenheiten einen Pfleger erhalten. Gebrechen ist kein medizinischer Begriff, sondern bezieht sich auf jede Behinderung, die den Betroffenen außerstande setzt, seine Angelegenheiten selbst zu regeln. Auch die Gebrechlichkeitspflegschaft beruht grundsätzlich auf dem Prinzip der Freiwilligkeit, d.h. sie darf nur mit Einwilligung des Gebrechlichen angeordnet werden, „es sei denn, daß eine Verständigung mit ihm nicht möglich ist" (§ 1910 Abs. 3 BGB). Für diesen gesetzlichen Ausnahmefall ist eine sog. Zwangspflegschaft zugelassen, die – als gesetzliche Ausnahme konzipiert – heute praktisch den Regelfall der Gebrechlichkeitspflegschaft darstellt.

Hat der Pfleger das sog. Aufenthaltsbestimmungsrecht, so kann er den Pflegling mit Genehmigung des Vormundschaftsgerichts zwangsweise unterbringen und dabei auch die mit der Unterbringung zusammenhängenden Fragen (z.B. Heilbehandlung) regeln.

Unter in der Psychiatrie Tätigen wie auch unter Juristen herrscht heute weitgehend Einvernehmen darüber, daß das gesamte Entmündigungs-, Vormundschafts- und Pflegschaftsrecht reformbedürftig ist. Grundlegende Kritik am geltenden Recht hat die „Psychiatrie-Enquête" geübt. Bemängelt wurden darin die Uneinheitlichkeit und Schwerfälligkeit des Verfahrens, die zu hohe Entmündigungsrate, die Überlastung von Vormündern und Pflegern durch eine zu große Zahl zu betreuender Mündel oder Pfleglinge, die mangelhafte Information von Ärzten und Vormündern über die rechtlichen und sozialen Folgen der Entmündigung, der Mangel an Fachärzten mit ausreichenden Kenntnissen und Erfahrungen für die Begutachtung in Vormundschaftssachen, überholte Terminologie u.a. Im Hinblick auf die Unterbringung psychisch Kranker und Behinderter in einem Krankenhaus ohne ihre ausdrückliche Einwilligung aus primär fürsorgerischen Gründen zur Behandlung werden die geltenden Regelungen gleichfalls für unzureichend erachtet. So fehlt es an einer eindeutigen Abgrenzung zu den landesrechtlichen Regelungen der Unterbringung (vgl. III 3), da auch hier in zunehmendem Maße der Fürsorgegesichtspunkt eine Rolle spielt.

Als vordringliche Maßnahmen zur Verbesserung der Versorgung psychisch Kranker und Behinderter in diesem Bereich werden vorgeschlagen: Die Entwicklung eines abgestuften Systems von Betreuungsmaßnahmen an Stelle und in Ergänzung der bisherigen Vormundschaft und Pflegschaft unter Einbeziehung der fürsorglichen Unterbringung; der Ersatz der Entmündigung durch die Feststellung von „Betreuungsbedürftigkeit" und die gleichzeitige Bestellung eines „Betreuers" mit festgelegtem Aufgabenkreis in einem einheitlichen, auf das individuelle Betreuungsbedürfnis abgestellten Verfahren; die Lösung des im geltenden Recht angeordneten untrennbaren Zusammenhangs von Anordnung einer Betreuung und damit Gewährung von Hilfe einerseits und der Einschränkung der Geschäftsfähigkeit des Betreuten andererseits; der Wegfall der Rechtsfolge der völligen Geschäftsunfähigkeit bei der Entmündigung, die den Betroffenen heute einem weniger als 7 Jahre alten

Kind gleichstellt; die interdisziplinär orientierte Aus- und Weiterbildung aller Verfahrensbeteiligter und – damit im Zusammenhang stehend – die Bereitstellung einer genügenden Anzahl hinreichend qualifizierter Betreuer.

Aus psychiatrischer Sicht läßt sich die Kritik am geltenden Entmündigungs-, Vormundschafts- und Pflegschaftsrecht auf eine kurze Formel bringen: Der Entmündigte erhält den Stempel der Geschäftsunfähigkeit, der polizeirechtlich Untergebrachte den Stempel der Gefährlichkeit. Angesichts der engen Beziehungen zwischen Ausmaß psychischer Störung und Art und Umfang der zu besorgenden Angelegenheiten des Betroffenen wird im Rahmen der für die Feststellung eines Betreuungsbedürfnisses vorzunehmenden Diagnose eine stärkere Berücksichtigung sozialer Aspekte gefordert.

Die aktuelle Reformdiskussion in der Bundesrepublik Deutschland, die mit der Aufnahme der Arbeiten an einem Referentenentwurf im Bundesministerium der Justiz bereits zu ersten konkreten Schritten geführt hat, profitiert gegenwärtig sehr stark von der Reform in Österreich. Dort ist an die Stelle der Entmündigungsordnung aus dem Jahre 1916, die sich sehr stark an die Regelung dieser Rechtsmaterie im deutschen Bürgerlichen Gesetzbuch anlehnte, das Bundesgesetz über die Sachwalterschaft für behinderte Personen getreten. Was das Unterbringungsrecht – in Österreich: Anhaltungsrecht – angeht, so ist eine Regierungsvorlage zu einem Bundesgesetz über die Rechtsfürsorge für psychisch Kranke in Krankenanstalten vorgelegt worden (deren baldige Verabschiedung allerdings wohl noch nicht zu erwarten steht). Die Veränderung der Rechtsstellung des psychisch Kranken im Bürgerlichen Recht, die in Österreich erreicht worden ist und die durch die Vereine für Sachwalterschaft eine Organisationsform erhalten hat, die konkrete Änderungen auch der entsprechenden Praxis erwarten läßt, verdient auch in der Bundesrepublik Deutschland Beachtung.

Bleibt an dieser Stelle zu erwähnen, daß die psychische Erkrankung nicht allein im Entmündigungs-, Vormundschafts- und Pflegschaftsrecht zu beachten ist, sondern auch im Ehe-, Kindschafts- und sonstigen Familienrecht sowie im Erbrecht eine wichtige Rolle spielt.

5 Sozialgesetzbuch (SGB)

Um der Zersplitterung des Sozialleistungsrechts entgegenzuwirken und die Bürger über die ihnen zustehenden Sozialleistungen zu informieren, hat der Gesetzgeber die Schaffung des Sozialgesetzbuchs in Angriff genommen. Angesichts der Bedeutung sozialstaatlicher Leistungen und Hilfen gerade auch für psychisch Kranke ist auf dieses Gesetzeswerk auch an dieser Stelle hinzuweisen. Das Sozialgesetzbuch soll insgesamt nach seiner Fertigstellung zehn Bücher umfassen. Gegenwärtig sind das Erste Buch – der Allgemeine Teil des Sozialgesetzbuchs (SGB I), das 1. Kapitel des Vierten Buches – Gemeinsame Vorschriften für die Sozialversicherung – (SGB IV) sowie das

Zehnte Buch – Verwaltungsverfahren – (SGB X) fertiggestellt. Geplant sind ferner Bücher zu den Bereichen Ausbildungsförderung (SGB II), Arbeitsförderung (SGB III), Sozialversicherung (SGB IV), Soziale Entschädigung (SGB V), Wohngeld (SGB VI), Kindergeld (SGB VII), Jugendhilfe (SGB VIII), und Sozialhilfe (SGB IX). Diskutiert wird über ein Sozialgesetzbuch „Rehabilitation", das für psychisch Kranke und Behinderte natürlich von besonderer Bedeutung wäre.

Die Gliederung des Sozialgesetzbuchs in einzelnen Büchern entspricht weitgehend den sog. sozialen Rechten, die im ersten Abschnitt des SGB I geregelt sind. Aus diesen sozialen Rechten können unmittelbar keine Rechtsansprüche geltend gemacht werden; der einzelne Bürger muß sich vielmehr bei der Rechtsdurchsetzung auf die Vorschriften der besonderen Teile des Sozialgesetzbuchs berufen. Bis zur Einordnung in das Sozialgesetzbuch als „besondere Teile" desselben, d.h. bis zur Schaffung der vorstehend aufgeführten einzelnen Bücher des Sozialgesetzbuchs gelten bestehende Sozialgesetze als „besondere Teile", so das Bundesausbildungsförderungsgesetz (BAföG), das Arbeitsförderungsgesetz (AFG), das Schwerbehindertengesetz (SchwbG), die Reichsversicherungsordnung (RVO), das Bundessozialhilfegesetz (BSHG), das Gesetz über die Angleichung der Leistungen zur Rehabilitation (RehaAnglG) u.a. Bei der Auslegung der Vorschrift dieser Gesetze sind die im Sozialgesetzbuch im Ersten Abschnitt verbrieften sozialen Rechte zu beachten, d.h. die sozialen Rechte Bildungs- und Arbeitsförderung (§ 3 SGB I), Sozialversicherung (§ 4 SGB I), Soziale Entschädigung bei Gesundheitsschäden (§ 5 SGB I), Minderung des Familienaufwands (§ 6 SGB I), Zuschuß für eine angemessene Wohnung (§ 7 SGB I), Jugendhilfe (§ 8 SGB I), Sozialhilfe (§ 9 SGB I) sowie Eingliederung Behinderter (§ 10 SGB I). Die sog. Einweisungsvorschriften des SGB I geben Auskunft über die diesen Sozialrechten entsprechenden einzelnen Sozialleistungen und über die zuständigen Leistungsträger.

a) Ausbildungsförderung

Nach dem Recht der Ausbildungsförderung, geregelt im Bundesausbildungsförderungsgesetz (BAföG) können Zuschüsse und Darlehen für den Lebensunterhalt und die Ausbildung in Anspruch genommen werden. Zuständig sind die Ämter und die Landesämter für Ausbildungsförderung.

b) Arbeitsförderung

Nach dem Recht der Arbeitsförderung, geregelt im Arbeitsförderungsgesetz (AFG) können in Anspruch genommen werden Berufsberatung (einschließlich der Beratung über Ausbildungsfragen sowie Vermittlung in berufliche Ausbildungsstellen), Arbeitsberatung und Arbeitsvermittlung, Zuschüsse und Darlehen zur Förderung der beruflichen Ausbildung, Fortbildung und

Umschulung, der Arbeitsaufnahme, der beruflichen Eingliederung Behinderter, des Winterbaus, von Maßnahmen zur Arbeitsbeschaffung, Kurzarbeitergeld und Schlechtwettergeld, Arbeitslosengeld, Arbeitslosenhilfe und Konkursausfallgeld, sowie ergänzende Leistungen (z. B. Beiträge zur gesetzlichen Kranken- und Rentenversicherung). Zuständig sind die Arbeitsämter und die sonstigen Dienststellen der Bundesanstalt für Arbeit.

Im Rahmen der institutionellen Förderung von Einrichtungen zur beruflichen Rehabilitation kann die Bundesanstalt für Arbeit Zuwendungen gewähren für bestehende oder neu zu errichtende Einrichtungen der Ausbildung, Fortbildung oder Umschulung Behinderter und darüber hinaus für die notwendige Ausstattung zur begleitenden medizinischen Behandlung und Betreuung Behinderter. Förderungswürdig sind auch Werkstätten für Behinderte (WfB), die solchen Personen Arbeitsplätze bieten, die wegen ihrer Behinderung nicht, noch nicht oder noch nicht wieder auf dem allgemeinen Arbeitsmarkt tätig sein können. Dabei handelt es sich um Kann-Leistungen, d. h. es besteht kein absoluter Rechtsanspruch auf Hilfe.

Neben dieser institutionellen Förderung besteht die Möglichkeit der individuellen Förderung, wobei die Bundesanstalt für Arbeit zur beruflichen Eingliederung des einzelnen Behinderten geeignete Maßnahmen der Arbeits- und Berufsförderung zur Erhaltung, Besserung oder Herstellung der Erwerbsfähigkeit trifft, soweit nicht andere Rehabilitationsträger, z. B. die Träger der gesetzlichen Rentenversicherung (Landesversicherungsanstalten – für Arbeiter – oder die Bundesversicherungsanstalt für Angestellte) zuständig sind.

Eine weitere Möglichkeit der individuellen Hilfe besteht darin, den Arbeitgebern Behinderter für eine begrenzte Zeit sog. Einarbeitungszuschüsse zu zahlen oder für die Zeit der Ausbildung einen Zuschuß zu gewähren, der es den Arbeitgebern erleichtern soll, spezifische Arbeitsplätze freizustellen.

c) Schwerbehindertenrecht

Nach dem Schwerbehindertenrecht, geregelt im Schwerbehindertengesetz (SchwbG) können zusätzliche Hilfen zur Beschaffung eines angemessenen Arbeitsplatzes, zusätzliche Hilfen zur Erhaltung des Arbeitsplatzes, sowie nachgehende Hilfen im Arbeitsleben in Anspruch genommen werden. Zuständig für die Gewährung dieser Leistungen sind die Arbeitsämter und die Hauptfürsorgestellen.

Schwerbehindert sind gemäß § 1 SchwbG Personen, die körperlich, geistig oder seelisch behindert und infolge ihrer Behinderung nicht nur vorübergehend in ihrer Erwerbsfähigkeit zu einem bestimmten Prozentsatz gemindert sind. 1986 ist eine Novellierung des Schwerbehindertengesetzes in Kraft getreten, die darauf abzielt, durch (z. T. fragwürdige) Änderungen insbesondere im Bereich des arbeitsrechtlichen Schutzes dieses Personenkreises dessen Möglichkeiten des Zugangs zum Arbeitsmarkt zu verbessern.

Zu den wesentlichen arbeitsrechtlichen Schutzmaßnahmen zugunsten

Schwerbehinderter gehört die Erschwerung der ordentlichen Kündigung dieser Personen (wobei entgegen in der Öffentlichkeit vielfach bestehender Vorurteile von einer Unkündbarkeit keineswegs die Rede sein kann), ein verlängerter Urlaub sowie bestimmte Erleichterungen bei der individuellen Ausgestaltung der Beschäftigung. Hinzuweisen ist schließlich darauf, daß Unternehmen ab einer bestimmten Größenordnung verpflichtet sind, Schwerbehinderte einzustellen; allerdings besteht zugleich die Möglichkeit, gegen Zahlung einer Abgabe, aus der wiederum Maßnahmen zugunsten Schwerbehinderter finanziert werden, sich von dieser Einstellungsverpflichtung zu befreien. Diese Abgabe beläuft sich allerdings lediglich auf 150 DM monatlich.

d) Gesetzliche Krankenversicherung

Nach dem Recht der gesetzlichen Krankenversicherung, das in der Reichsversicherungsordnung (RVO) geregelt ist, können in Anspruch genommen werden Untersuchungen zur Früherkennung von Krankheiten, Vorsorgekuren und andere Leistungen zur Verhütung von Krankheiten, Krankenpflege, Krankenhauspflege, Behandlung in Kur- und Spezialeinrichtungen sowie Krankengeld bei Krankheiten, ärztliche Betreuung und Hilfe, Hebammenhilfe, Arzneien, Heilmittel, Pflege in einer Entbindungs- oder Krankenanstalt und Mutterschaftsgeld bei Mutterschaft, Hilfe zur Familienplanung und Leistungen bei nicht rechtswidriger Sterilisation und bei nicht rechtswidrigem Schwangerschaftsabbruch, Freistellung von der Arbeit wegen Beaufsichtigung, Betreuung oder Pflege eines erkrankten Kindes, Krankengeld, Haushaltshilfe, Betriebshilfe für Landwirte, sowie Sterbegeld. Zuständig für die Gewährung dieser Leistungen sind die Orts-, Betriebs- und Innungskrankenkassen, die See-Krankenkasse, die landwirtschaftlichen Krankenkassen, die Bundesknappschaft und die Ersatzkassen. Dieses bunte Spektrum von Leistungen und Zuständigkeiten ist nicht allein in der Reichsversicherungsordnung, sondern in einer Vielzahl weiterer Gesetze geregelt; allerdings kommt der Reichsversicherungsordnung eine systemprägende Funktion zu.

Die einzelnen Krankenkassen – mehr als 1300 in der gesamten Bundesrepublik – unterscheiden sich nicht allein in ihrer Beitragshöhe, sondern auch darin, daß bestimmte Leistungen – sog. Mehrleistungen – zusätzlich zu dem Kanon der Regelleistungen aufgrund der Satzung der jeweiligen Krankenkasse vorgesehen werden können. Dies gilt z.B. für Zuschüsse zu Kuren (z.B. auch Entziehungskuren), aber etwa auch für psychotherapeutische Leistungen durch Ärzte und (im Delegationsverfahren tätige) Diplom-Psychologen.

Die wichtigsten Leistungen der gesetzlichen Krankenversicherung wie Krankenpflege (z.B. ärztliche Behandlung, Arzneimittel, Heilmittel, Krankenhauspflege), Krankengeld (das den Lohnausfall ausgleicht, soweit nicht der Arbeitgeber nach dem Lohnfortzahlungsgesetz zur Fortzahlung des Lohnes verpflichtet ist), Früherkennungsmaßnahmen, Mutterschaftshilfe, Familienhilfe (durch die Ehegatten und Kinder des Versicherten Anspruch auf Krankenpflege in gleichem Umfang haben wie der Versicherte selbst) sowie Sterbegeld sind Leistungen, die als Regelleistungen von allen Krankenkassen in gleicher Weise und in gleichem Umfang gewährt werden.

e) Gesetzliche Unfallversicherung

Nach dem Recht der gesetzlichen Unfallversicherung, geregelt in der Reichsversicherungsordnung (RVO), können in Anspruch genommen werden Maßnahmen zur Verhütung und zur Ersten Hilfe bei Arbeitsunfällen, bei gleichgestellten Unfällen und bei Berufskrankheiten sowie Maßnahmen zur Früherkennung von Berufskrankheiten, Heilbehandlung, Berufsförderung und andere Leistungen zur Erhaltung, Besserung und Wiederherstellung der Erwerbsfähigkeit sowie zur Erleichtung der Verletzungsfolgen (einschließlich wirtschaftlicher Hilfen), Renten wegen Minderung der Erwerbsfähigkeit, Renten an Hinterbliebene (Witwen/Witwer und Waisenrenten), Sterbegeld und Beihilfen, Rentenabfindungen, Haushaltshilfe, Betriebshilfe für Landwirte.

Zuständig sind in der Allgemeinen Unfallversicherung die gewerblichen Berufsgenossenschaften, Gemeindeunfallversicherungsverbände, Feuerwehrunfallversicherungskassen, Unfallkassen sowie die Ausführungsbehörden des Bundes, der Länder und der zu Versicherungsträgern bestimmten Gemeinden, in der landwirtschaftlichen Unfallversicherung die landwirtschaftlichen Berufsgenossenschaften, die Unfallkassen sowie die Ausführungsbehörden des Bundes und der Länder, in der See-Unfallversicherung die See-Berufsgenossenschaft, die Unfallkassen sowie die Ausführungsbehörden des Bundes und der Länder.

Ziel der Unfallversicherung ist es vor allem, zur Vermeidung von Arbeitsunfällen (= echte Unfallversicherung) sowie auch von Unfällen in Kindergärten, Schulen u. a. (= unechte Unfallversicherung) beizutragen. Außerdem stellt die gesetzliche Unfallversicherung bei Eintritt von Arbeitsunfällen die Erste Hilfe bereit und gewährt Leistungen bei Heilbehandlung für den Verletzten, wenn er arbeitsunfähig ist. Besonderes Gewicht wird auf Maßnahmen zur Wiedereingliederung ins Erwerbsleben (z. B. Umschulung) gelegt. Kommt eine derartige Wiedereingliederungsmaßnahme nicht in Betracht, werden Renten (z.B. Verletztenrente) gezahlt.

Der Begriff des „Arbeitsunfalls“ wird weit gefaßt. Auch der Weg zur Arbeitsstelle („Wegeunfall“) wird abgedeckt. Schließlich gibt es eine Liste anerkannter Berufskrankheiten, die gleichfalls zu – im Vergleich zu anderen Sozialleistungszweigen besseren – Leistungen der gesetzlichen Unfallversicherung berechtigen.

f) Gesetzliche Rentenversicherung

Nach dem Recht der gesetzlichen Rentenversicherung, geregelt in der Reichsversicherungsordnung (RVO), können in Anspruch genommen werden Heilbehandlung, Berufsförderung und andere Leistungen zur Erhaltung, Besserung und Wiederherstellung der Erwerbsfähigkeit einschließlich wirtschaftlicher Hilfen, Renten wegen Berufsunfähigkeit, Erwerbsunfähigkeit und Alter, Renten an Hinterbliebene, Witwen- und Witwerrentenabfindungen sowie Beitragserstattungen, Zuschüsse zu den Aufwendungen für die Krankenversicherung, Zuschüsse und andere Leistungen zur Förderung der Gesundheit der Versicherten und ihrer Angehörigen. Ähnliches gilt für die Altershilfe der Landwirte sowie der Bergleute.

Zuständig sind in der Rentenversicherung der Arbeiter die Landesversicherungsanstalten, die Seekasse und die Bundesbahn-Versicherungsanstalt, in der Rentenversicherung der Angestellten die Bundesversicherungsanstalt für Angestellte (BfA), in der Knappschaftlichen Rentenversicherung die Bundesknappschaft, in der Altershilfe für Landwirte die Landwirtschaftlichen Alterskassen.

Auch in der Gesetzlichen Rentenversicherung gilt der Grundsatz „Rehabilitation vor Rente", d.h. zunächst soll Sorge dafür getragen werden, daß jemand, der arbeitsunfähig geworden ist, wieder in das Erwerbsleben eingegliedert wird. Insofern gewähren die Träger der gesetzlichen Rentenversicherung Leistungen der medizinischen und beruflichen Rehabilitation. Scheidet eine Rehabilitation aus, kommt die Gewährung von Renten – Berufsunfähigkeits- bzw. Erwerbsunfähigkeitsrente, die sich durch den Grad der Minderung der Erwerbsunfähigkeit unterscheiden – in Frage. Desweiteren ist natürlich die Rentenversicherung zuständig für die Gewährung von Alters- und Hinterbliebenenrenten.

g) Sozialversicherung Behinderter

Nach dem Gesetz über die Sozialversicherung Behinderter vom 7.5.1975 sind körperlich, geistig oder seelisch Behinderte, die in Werkstätten für Behinderte oder Blindenwerkstätten beschäftigt werden, in der gesetzlichen Kranken- und Rentenversicherung versichert. Werkstätten für Behinderte sind die nach dem Schwerbehindertengesetz, Blindenwerkstätten die nach dem Blindenwarenvertriebsgesetz anerkannten Werkstätten. Ferner sind nach diesem Gesetz versichert körperlich, geistig oder seelisch Behinderte, die in Anstalten, Heimen oder gleichartigen Einrichtungen beschäftigt werden.

Als beschäftigt gelten Behinderte, die ohne oder gegen Entgelt in gewisser Regelmäßigkeit eine Leistung erbringen, die einem Fünftel der Leistung eines vollerwerbsfähigen Beschäftigten in gleichartiger Beschäftigung entspricht. Zu den Beschäftigungen zählen auch Dienstleistungen für den Träger der Einrichtung. Durch diese Einschränkung in § 2 des Gesetzes über die Sozialversicherung Behinderter (SVBG) werden allerdings gerade die Schwerstbehinderten, welche die vorgeschriebene Leistung nicht „schaffen“, ausgeschlossen. Für die Berechnung der Beiträge, die von Versicherten und Arbeitgebern in der Sozialversicherung zu entrichten sind, gibt es ebenfalls besondere Regelungen.

Die Versicherteneigenschaft, bei Arbeitnehmern durch das Beschäftigungsverhältnis begründet, ist Anspruchsvoraussetzung für alle vorstehend (III 4d–g) beschriebenen Leistungen.

h) Soziale Entschädigung bei Gesundheitsschäden

Nach dem Recht der Sozialen Entschädigung bei Gesundheitsschäden können in Anspruch genommen werden Heil- und Krankenbehandlung sowie andere Leistungen zur Erhaltung, Besserung und Wiederherstellung der Leistungsfähigkeit einschließlich wirtschaftlicher Hilfen, besondere Hilfen im Einzelfall einschließlich Berufsförderung, Renten wegen Minderung der Erwerbsfähigkeit, Renten an Hinterbliebene, Bestattungsgeld und Sterbegeld, Kapitalabfindung, insbesondere zur Wohnraumbeschaffung. Zuständig sind die Versorgungsämter, die Landesversorgungsämter und die orthopädischen Versorgungsstellen, für die besonderen Hilfen im Einzelfall die Kreise und kreisfreien Städte sowie die Hauptfürsorgestellen. Bei der Durchführung der Heil- und Krankenbehandlung wirken die Träger der gesetzlichen Krankenversicherung mit.

Die genannten Leistungen kommen im wesentlichen den Personen zugute, die ein besonderes Opfer im Dienste der Allgemeinheit erbracht haben. Dabei handelt es sich in erster Linie um Kriegsbeschädigte und deren Hinterbliebene. Einzelheiten regelt das Bundesversorgungsgesetz (BVG), auf das eine Vielzahl anderer Gesetze – z.B. das Soldatenversorgungsgesetz (SVG), das Zivildienstgesetz (ZDG), das Opferentschädigungsgesetz (OEG), das Häftlingshilfegesetz (HHG) – verweisen. Die Leistungen nach diesem Gesetz werden aus Steuermitteln finanziert. Leistungsgrund ist jeweils das „Opfer“ im Interesse der Gemeinschaft. Leistungen der Sozialen Entschädigung sind somit „erdient“, nicht wie die Leistungen der Sozialversicherung, für die Beiträge zu entrichten sind, „erkauft“.

i) Rehabilitationsangleichungsgesetz

Nach dem Gesetz über die Angleichung der Leistungen zur Rehabilitation (RehaAnglG) ist es Aufgabe der medizinischen, berufsfördernden und ergänzenden Maßnahmen und Leistungen zur Rehabilitation, körperlich, geistig oder seelisch Behinderte möglichst auf Dauer in Arbeit, Beruf und Gesellschaft einzugliedern. Den Behinderten stehen bei der Anwendung des Rehabilitationsangleichungsgesetzes diejenigen Personen gleich, denen eine Behinderung droht. Das Gesetz bezweckt, die Vielzahl der Leistungen, Leistungsträgern und Zuständigkeiten sowie die unterschiedlichen Gründe und Kriterien, nach denen Rehabilitationsleistungen gewährt werden, einander anzugleichen. Es gilt für die gesetzliche Krankenversicherung, die gesetzliche Unfallversicherung, die gesetzliche Rentenversicherung, die Altershilfe für Landwirte, die Kriegsopferversorgung und die Arbeitsförderung. Als wichtiger Rehabilitationsträger ausgenommen bleibt die Sozialhilfe.

Die Rehabilitationsträger haben den Behinderten alle sachdienlichen Auskünfte über die Möglichkeit zur Durchführung medizinischer, berufsfördernder und ergänzender Maßnahmen und über die Leistungen zur Rehabilitation zu erteilen und sie im Rahmen ihrer Zuständigkeit rechtzeitig und umfassend zu beraten. Maßnahmen zur Rehabilitation bedürfen der Zustimmung des Behinderten. Der Behinderte ist verpflichtet, bei Durchführung derartiger Maßnahmen nach Kräften mitzuwirken. Im Interesse einer raschen und dauerhaften Eingliederung des Behinderten haben die Rehabilitationsträger eng zusammenzuarbeiten. Durch die Errichtung von Auskunfts- und Beratungsstellen ist eine umfassende Beratung der Behinderten zu gewährleisten. Anzustreben – und inzwischen auch zum Teil vorhanden – sind gemeinschaftliche Auskunfts- und Beratungsstellen. Jeder Rehabilitationsträger hat im Rahmen seiner Zuständigkeit unter Berücksichtigung der Grundsätze der Wirtschaftlichkeit und Sparsamkeit die nach Lage des Einzelfalles erforderlichen Leistungen so vollständig und umfassend zu erbringen, daß Leistungen eines anderen Trägers nicht erforderlich sind. In allen geeigneten Fällen, insbesondere wenn das Rehabilitationsverfahren mehrere Maßnahmen umfaßt oder andere Träger und Stellen daran beteiligt sind, hat der zuständige Träger einen Gesamtplan zur Rehabilitation aufzustellen. Der Gesamtplan soll alle Maßnahmen umfassen, die im Einzelfall erforderlich sind, um eine vollständige und dauerhafte Eingliederung zu erreichen; dabei ist sicherzustellen, daß die Maßnahmen nahtlos ineinandergreifen. In der Praxis ist diese Zielsetzung des Gesamtplans bislang nicht erreicht worden.

Die Bundesanstalt für Arbeit ist von den anderen Rehabilitationsträgern vor der Einleitung berufsfördernder Maßnahmen zur Rehabilitation, insbesondere bei der ersten Beratung des Behinderten, zu beteiligen, damit rechtzeitig Feststellungen über Notwendigkeit, Art und Umfang der Maßnahmen getroffen werden können. Dies zeigt einmal mehr die Bedeutung, die im Rahmen der Rehabilitation der Wiedereingliederung in das Erwerbsleben geschenkt wird. Allerdings führt die Arbeitsmarktlage gegenwärtig in der Praxis dazu, daß die tatsächlichen Eingliederungschancen Behinderter recht gering sind.

Die Zuständigkeit des einzelnen Rehabilitationsträgers ergibt sich nicht aus dem Rehabilitationsangleichungsgesetz, sondern richtet sich nach den für ihn geltenden gesetzlichen Vorschriften (z.B. dem AFG, der RVO). Ist ungeklärt, welcher Rehabilitationsträger zuständig ist oder ist die unverzügliche Einleitung der erforderlichen Maßnahmen aus anderen Gründen gefährdet, so hat in Fällen medizinischer Maßnahmen zur Rehabilitation der

Träger der gesetzlichen Rentenversicherung, bei dem der Behinderte versichert ist, in Fällen berufsfördernder Maßnahmen zur Rehabilitation die Bundesanstalt für Arbeit, längstens nach Ablauf einer Frist von 6 Wochen, vorläufig Leistungen zu erbringen.

Ausdrücklich im Gesetz verankert (§ 7 RehaAnglG) ist der Vorrang der Rehabilitation vor Rente: Renten wegen Minderung der Erwerbsfähigkeit oder wegen Erwerbsunfähigkeit sollen erst dann bewilligt werden, wenn zuvor Maßnahmen zur Rehabilitation durchgeführt worden sind oder wenn, insbesondere wegen Art oder Schwere der Behinderung, ein Erfolg solcher Maßnahmen nicht zu erwarten ist.

Im übrigen regelt das Gesetz, welche Leistungen – medizinische, berufsfördernde, ergänzende Leistungen – von den Rehabilitationsträgern zu erbringen sind. Dieser Katalog entspricht dem, was im vorstehenden an Rehabilitationsleistungen etwa im Arbeitsförderungsrecht, Krankenversicherungs-, Unfallversicherungs-, Rentenversicherungsrecht und im Recht der Sozialen Entschädigung beschrieben worden ist (vgl. III 4 d–h).

Eine Unterscheidung zwischen psychisch Kranken und somatisch Kranken wird vom Gesetz nicht gemacht. Auf einem anderen Blatt steht freilich, daß in der Praxis erhebliche Unterschiede bestehen. So sind beispielsweise die „Rehabilitationschancen" (= die Aussichten, in den Genuß einer Rehabilitationsmaßnahme zu kommen) für psychisch Kranke sehr viel geringer als für somatisch Kranke. In der Praxis stellen sich für psychisch Kranke größere Probleme, eine Rehabilitation, auf die kein unmittelbarer Rechtsanspruch besteht, sondern die als Kann-Leistungen der Rehabilitationsträger ausgestattet ist, bewilligt zu erhalten. Hier ist in der Öffentlichkeit wie in der Praxis der Sozialverwaltung und in der Sozialgerichtsbarkeit noch sehr viel Aufklärungsarbeit zu leisten.

k) Sozialhilfe

Nach dem Recht der Sozialhilfe, geregelt im Bundessozialhilfegesetz (BSHG), können die beiden Leistungsarten *Hilfe zum Lebensunterhalt* (die den notwendigen Lebensunterhalt deckt und in der Öffentlichkeit vielfach zu Unrecht mit der Sozialhilfe überhaupt gleichgesetzt wird) und *Hilfe in besonderen Lebenslagen* in Anspruch genommen werden. Die Hilfe in besonderen Lebenslagen umfaßt Hilfe zum Aufbau oder zur Sicherung der Lebensgrundlage, *vorbeugende Gesundheitshilfe*, *Krankenhilfe*, Hilfe bei nicht rechtswidrigem Schwangerschaftsabbruch und bei nicht rechtswidriger Sterilisation, Hilfe zur Familienplanung und Hilfe für werdende Mütter und Wöchnerinnen, *Eingliederungshilfe für Behinderte* (einschließlich der Hilfe zur Teilnahme am Leben in der Gemeinschaft als „soziale Rehabilitation"), Tuberkulosehilfe, Blindenhilfe, *Hilfe zur Pflege*, Hilfe zur Weiterführung des Haushalts, Hilfe zur Überwindung besonderer sozialer Schwierigkeiten, Altenhilfe sowie Hilfe in anderen besonderen Lebenslagen.

Treffend wird die Sozialhilfe in § 9 SGB I unter Einbeziehung der wesentlichen Grundsätze des Sozialhilferechts definiert: „Wer nicht in der Lage ist, aus eigenen Kräften seinen Lebensunterhalt zu bestreiten oder in besonderen Lebenslagen sich selbst zu helfen, und auch von anderer Seite keine ausreichende Hilfe erhält, hat ein Recht auf persönliche und wirtschaftliche Hilfe, die seinem besonderen Bedarf entspricht, ihn zur Selbsthilfe befähigt, die Teilnahme am Leben in der Gemeinschaft ermöglicht und die Führung eines menschenwürdigen Lebens sichert."

Die Sicherung der Führung eines Lebens, das der Würde des Menschen entspricht, ist Aufgabe der Sozialhilfe (§ 1 Abs. 2 S. 1 BSHG). Die Sozialhilfe hat somit im Sozialleistungsbereich dem Grundwert der Menschenwürde, der an der Spitze der Verfassung steht (Art. 1 GG; vgl. III 1), Rechnung zu tragen. Die Sozialhilfe gewährleistet mithin das soziale Minimum für jedermann, d. h. insbesondere auch für denjenigen, der (gleichgültig aus welchen Gründen) nicht in der Lage ist, für sich selber zu sorgen und der auch von anderer Seite – unterhaltsverpflichteten Dritten (z. B. Eltern) oder anderen Leistungsträgern – nicht die notwendige Unterstützung erfährt. Gerade für psychisch Kranke und Behinderte spielt die Sozialhilfe eine große Rolle, weil sie häufig nicht die (z. B. beitragsmäßigen) Voraussetzungen erfüllen, die an Leistungsansprüche in anderen Bereichen (z. B. in der Sozialversicherung) geknüpft sind.

Neben der Hilfe zum Lebensunterhalt, die den allgemeinen Lebensunterhalt sichert, kommen insbesondere die Hilfe zur Pflege (für pflegebedürftige Personen) und die Eingliederungshilfe für Behinderte in Betracht, die auch für geistig und psychisch Behinderte Leistungen der medizinischen, schulischen/beruflichen und sozialen Rehabilitation vorsieht. Auch im BSHG wird nicht zwischen psychisch Kranken und somatisch Kranken differenziert: Anspruchsberechtigt sind Personen, „die nicht nur vorübergehend körperlich, geistig oder seelisch wesentlich behindert sind" (§ 39 Abs. 1 S. 1 BSHG). Diese Personen haben einen Rechtsanspruch auf Eingliederunghilfe (Muß-Hilfe). Personen mit einer anderen körperlichen, geistigen oder seelischen Behinderung kann Hilfe gewährt werden (Kann-Hilfe). Den Behinderten stehen die von einer Behinderung Bedrohten gleich.

Die Verordnung nach § 47 des Bundessozialhilfegesetzes (Eingliederungshilfe-Verordnung) v. 27. 5. 1964 definiert in § 2 als „geistig wesentlich behindert" „Personen, bei denen infolge einer Schwäche ihre geistigen Kräfte die Fähigkeit zur Eingliederung in die Gesellschaft in erheblichem Umfange beeinträchtigt ist". Als „seelisch wesentlich behindert" werden Personen bezeichnet, „bei denen infolge seelischer Störungen die Fähigkeit zur Eingliederung in die Gesellschaft in erheblichem Umfange beeinträchtigt ist. Seelische Störungen, die eine Behinderung im Sinne des Satzes 1 zur Folge haben können, sind 1. körperlich nicht begründbare Psychosen, 2. seelische Störungen als Folge von Krankheiten oder Verletzungen des Gehirns, von Anfallsleiden oder von anderen Krankheiten oder körperlichen Beeinträchtigungen,

3. Suchtkrankheiten, 4. Neurosen und Persönlichkeitsstörungen" (§ 3 VO zu § 47 BSHG).

Neben dem bereits erwähnten Grundsatz des Nachrangs der Sozialhilfe (= Nachrang gegenüber eigenem Einkommen, Einsatz der eigenen Arbeitskraft, Unterhaltsverpflichtungen und Leistungen Dritter) ist der Grundsatz der Individualisierung hervorzuheben, demzufolge bei Ermittlung des sozialhilferechtlich anzuerkennenden Bedarfs sowie bei der Ausgestaltung der Hilfe vor allem die Person des Hilfeempfängers, die Umstände seiner Notlage und die örtlichen Verhältnisse zu berücksichtigen sind. Daraus erklärt sich die Vielzahl von Leistungen, die im Rahmen der Hilfe in besonderen Lebenslagen gewährt werden können. Neben der von der Hilfe zum Lebensunterhalt, welche die Grundbedürfnisse des täglichen Lebens (Ernährung, Kleidung, Wohnung usw.) befriedigen soll, abgedeckten allgemeinen Hilfsbedürftigkeit wird auch die besondere Hilfsbedürftigkeit, d.h. die Hilfsbedürftigkeit in bestimmten Situationen wie Krankheit, Schwangerschaft, Behinderung, Pflegebedürftigkeit, Obdachlosigkeit u.a. berücksichtigt; derjenige, dessen allgemeiner Lebensunterhalt gesichert ist, der aber infolge eines aus diesen Situationen erwachsenen besonderen Bedarfs Unterstützung benötigt, erhält Hilfe in besonderen Lebenslagen. Die Hilfe zum Lebensunterhalt und die Hilfe in besonderen Lebenslagen unterscheiden sich im Hinblick auf die wirtschaftlichen Voraussetzungen der Leistungsgewährung, d.h. hinsichtlich des Einsatzes von Einkommen und Vermögen des Hilfesuchenden.

Die Hilfe zum Lebensunterhalt wird (in gewisser Weise in Durchbrechung des Individualisierungsgrundsatzes) nach sog. Regelsätzen gezahlt, die unterschiedlich hoch sind für Haushaltsvorstände bzw. Alleinstehende einerseits und Haushaltsangehörige andererseits, ansonsten aber pauschaliert sind (1.1.1986: 385 DM im Bundesdurchschnitt; die Leistungssätze innerhalb der einzelnen Bundesländer schwanken). Hinzu kommen Mehrbedarfszuschläge für bestimmte Gruppen (z.B. Personen über 60, werdende Mütter ab dem 6. Schwangerschaftsmonat, Diätkostbedürftige), einmalige Leistungen (z.B. für größere Haushaltsgegenstände und Kleidungsstücke, die vom Regelsatz nicht abgedeckt werden), sowie die tatsächlichen Kosten der Unterkunft (z.B. die tatsächlich bezahlte Warmmiete). Die Differenz zwischen Bedarf (Regelsatz, evtl. Mehrbedarf und Unterkunftskosten) sowie dem vorhandenen und anrechenbaren Einkommen und Vermögen wird als laufende Hilfe zum Lebensunterhalt bezahlt.

Für die Leistungen der Hilfe in besonderen Lebenslagen sei auf den einleitend wiedergegebenen Katalog der einzelnen Hilfen verwiesen.

Zuständig für die Gewährung der Sozialhilfe sind die Kreise und kreisfreien Städte als örtliche Träger der Sozialhilfe, sowie die – nach Landesrecht unterschiedlichen (z.B. in Nordrhein-Westfalen die Landschaftsverbände, in Bayern die Bezirke) – überörtlichen Träger. Letztere sind insbesondere für die stationäre Hilfe sowie für die finanziell aufwendigeren Hilfen der Hilfe in besonderen Lebenslagen zuständig. Die Träger der Sozialhilfe arbeiten im übrigen gemäß ausdrücklicher gesetzlicher Verpflichtung (§§ 10, 93 BSHG) eng mit den *Trägern der Freien Wohlfahrtspflege* zusammen, die insbesondere im Bereich der persönlichen und stationären Hilfe in weitem Umfang in die Leistungserbringung eingeschaltet sind.

Die vorstehenden Ausführungen mögen hinreichend dargetan haben, daß die Sozialhilfe von besonderer Bedeutung ist für das im SGB I gleichfalls verankerte soziale Recht der Eingliederung Behinderter (§ 10 SGB I):
„Wer körperlich, geistig oder seelisch behindert ist oder wem eine solche Behinderung droht, hat ein Recht auf die Hilfe, die notwendig ist, um
1. die Behinderung abzuwenden, zu beseitigen, zu bessern, ihre Verschlimmerung zu verhüten und ihre Folgen zu mildern,
2. ihm einen seinen Neigungen und Fähigkeiten entsprechenden Platz in der Gemeinschaft, insbesondere im Arbeitsleben, zu sichern."

Alle die hier im Kapitel „Sozialrecht" erwähnten sozialen Leistungen sollen mit dazu beitragen, dieses soziale Recht zu verwirklichen, auch im Interesse psychisch Kranker.

IV Was können wir tun?

Auch in diesem Kapitel ist die Frage zu stellen: Wie können wir nicht nur wahrnehmen, sondern auch wahrmachen? Verfassungs- und Gesetzestext und -wirklichkeit decken sich nie vollständig. In sämtlichen dargestellten Rechtsbereichen und Gesetzen gibt es Ungerechtigkeiten, die entweder noch gar nicht zum öffentlichen Problem gemacht worden sind oder die zwar schon mit Hilfe eines Gesetzestextes abgeschafft worden sind, wo aber die Übertragung in die Wirklichkeit, die Verwirklichung von Recht und Gerechtigkeit, von uns erst noch zu leisten ist. Beispiele haben wir genügend erwähnt. Was können wir tun, um Anspruch und Wirklichkeit einander anzunähern?

- Als psychiatrisch Tätige haben wir alle Gesetze bis über den Rand ihrer Möglichkeit an Gerechtigkeit und Menschenwürde hinaus auszuschöpfen, womit wir zugleich den Anlaß für die Formulierung besserer Gesetze schaffen.
- Als Bürger und damit als Teile der demokratischen Öffentlichkeit können wir uns selbst und andere kontrollieren, indem wir Druck auf Gesetzgebung und Verwirklichung ausüben: Parteien, Gewerkschaften, Kirchen, unseren jeweiligen Berufsverband, Benutzung der Massenmedien oder über Vereine, die unmittelbar die Verbesserung der Psychiatrieversorgung betreiben, wie die Deutsche Gesellschaft für Soziale Psychiatrie (DGSP) oder die „Aktion psychisch Kranke".

- Als wissenschaftlich und politisch Interessierte können wir die Chancen besser herausarbeiten, über die unsere Gesellschaft zur Verwirklichung von Gerechtigkeit und Menschenwürde eigentlich längst verfügt.
- Dabei ist ein Vergleich mit anderen Ländern nützlich. Wegen der Vorzüge einiger Länder (z. B. Gesetzgebung in Holland, Skandinavien, England) und wegen Gefahren in einigen Ländern (z. B. politischer Mißbrauch in einigen Ländern; oder neuere Tendenzen in den USA zur „Euthanasie unheilbar Kranker").
- Schließlich hat sich in den USA das Verfahren positiv ausgewirkt, daß Betroffene, also Patienten oder Angehörige, vor Gericht das ihnen zugesprochene Recht auf optimale Behandlung in Selbsthilfe eingeklagt haben. Wir sollten solches Handeln nicht vorschnell und überempfindlich aus schlechtem Gewissen nur als inkompetente Angriffe gegen uns als „Experten" abwehren, sondern eher begrüßen als, wenn auch schmerzliche, sicher auch mal ungerechte, Kontrolle und ein hilfreiches Mittel, die Öffentlichkeit aufmerksam zu machen. Wirksame Reformen zur Verbesserung der Lage psychiatrischer Patienten setzen politische Entscheidungen voraus, die gesellschaftliche, auch ökonomische Prioritäten verändern. Die dazu erforderlichen Meinungsbildungsprozesse in der Öffentlichkeit sowie in der Fachwelt können auch durch gerichtliche Bestätigungen von Patientenrechten gefördert werden.

LITERATUR

BERNSMANN, K.: Grundrechtswahrung in staatlichen Verwaltungsverhältnissen, in: Edelpsychiatrie oder Arme-Leute-Pyschiatrie. 34. Gütersloher Fortbildungswoche 1982 (Hg.: K. Dörner), Rehburg-Loccum, Psychiatrie-Verlag 1982

BLEY, A.: Sozialrecht, 5. Aufl., Frankfurt/M. Verlag Beck 1986

BUNDESSOZIALHILFEGESETZ – Lehr- und Praxiskommentar (LPK-BSHG), Weinheim, Beltz 1985

BURDENSKY, W. / VON MAYDELL, B. / SCHELLHORN, W.: Kommentar zum Sozialgesetzbuch – Allgemeiner Teil, 2. Aufl., Neuwied, Luchterhand 1981

CREFELD, W.: Entmündigung – wozu?: „Die Unheilbaren". 35. Gütersloher Fortbildungswochen 1983 (Hg.: K. Dörner), Rehburg-Loccum, Psychiatrie-Verlag 1983

GITTER, W.: Sozialrecht, München, Verlag Beck 1981

KRAUSE, P. / VON MAYDELL, B. / MERTEN, D. / MEYDAM, J.: Gemeinschaftskommentar zum Sozialgesetzbuch – Gemeinsame Vorschriften für die Sozialversicherung, Neuwied, Luchterhand 1978

KRAUSE, P. (HG.): Sozialgesetze, 2. Aufl. Neuwied, Luchterhand 1984

LEIBFRIED, S. / TENNSTEDT, F. (HG.): Politik der Armut oder Die Spaltung des Sozialstaats, Frankfurt/M., Campus Verlag 1985

MROZYNSKI, P.: Rehabilitationsrecht, 2. Aufl., München, Verlag Beck 1986

RULAND, F.: Sozialrecht, in: Von Münch (Hg.), Besonderes Verwaltungsrecht, 7. Aufl., Berlin, Verlag de Gruyter 1984, S. 329ff.

SCHULIN, B.: Sozialversicherungsrecht, 2. Aufl., Düsseldorf, Werner Verlag 1986

SCHULTE, B.: Probleme zwischen Recht und Psychiatrie – Dialog mit Juristen, in: 32. Gütersloher Fortbildungswoche 1980, Münster 1981

SCHULTE, B.: Schutz- und Hilfsmaßnahmen für psychisch Kranke und Behinderte – Zur Situation in der BRD, in: Recht und Psychiatrie. Neue Tendenzen des Persönlichkeitsschutzes und der Rechtsfürsorge – das Österreichische Modell. Kriminalsoziologische Bibliographie 12 (1985) H. 47/48 Spezial (Hg.: Forster/Pelikan)

SCHULTE, B.: Reformvorstellungen unter besonderer Berücksichtigung der ausländischen Regelungen und Erfahrungen, in: Fachtagung zur Reform des Vormundschafts- und Pflegeschaftsrechts, Marburg 1986

SCHULTE, B. / TRENK-HINTERBERGER, P.: Bundessozialhilfegesetz (BSHG) mit Durchführungsverordnungen, München, C. F. Müller Verlag 1984

SCHULTE, B. / TRENK-HINTERBERGER, P.: Sozialhilfe. Eine Einführung 2. Aufl., Heidelberg, C. F. Müller Verlag 1986

VOLCKART, B.: Maßregelvollzug, Neuwied, Luchterhand 1985

ZACHER, H.: Einführung in das Sozialrecht der Bundesrepublik Deutschland, 3. Aufl., Heidelberg, C. F. Müller Verlag 1985

16 Soziotherapeutische Techniken

I Was ist Soziotherapie (Landschaft)

Das Wort „Soziotherapie“ wird unterschiedlich, fast beliebig benutzt. Die einen reden von Soziotherapie, wenn sie psychotherapeutische Maßnahmen meinen, die auf die sozialen Einstellungen von Menschen gerichtet sind; die anderen, wenn sie von Techniken sprechen, die der Beeinflussung der mitmenschlichen Umwelt (auch Milieutherapie) dienen; Dritte wiederum, wenn sie Gruppentherapie mit schizophren Erkrankten im Sinn haben. Dann gibt es solche, die von Soziotherapie sprechen, wenn Sozialarbeiter oder Ergotherapeuten therapeutisch aktiv werden. Schließlich kann aus der Sicht der Pflegeberufe unter Soziotherapie verstanden werden: a) bestimmte Aufgaben, b) alle Aufgaben von Schwestern und Pflegern in der Psychiatrie oder c) eine Weiterbildungsmöglichkeit für den Pflegebereich. – Schon wenn man diese Äußerungen liest, kann einem wirr werden und man fragt ungeduldig, was ist Soziotherapie denn nun wirklich? Vielleicht bringt uns diese Aufzählung schon eine Erkenntnis; Soziotherapie scheint viel zu *allgemein* zu sein, als daß man sie aus der Sicht nur eines Berufes bestimmen könnte. Eher könnte sie mit dem Handeln des Teams zu tun haben. Jedenfalls müssen wir uns nach Lage der Dinge einen *Sinn* von Soziotherapie im Laufe dieses Kapitels erst erarbeiten.

Die Gefahr, die besteht, ist die: Soziotherapie als eine Technik zu verfeinern, die neben Psychotherapie, Körpertherapie, Arbeitstherapie, Bewegungstherapie steht. Dabei würde dann der Gesichtspunkt gelten, daß neben all diesen Aspekten einmal auch wenigstens der soziale in den Brennpunkt der Wahrnehmung gerückt werden sollte.

Wenn innerhalb der Psychiatrie der Körper des Menschen zum Objekt der Betrachtung wird (medizinisches Modell) oder die Seele, so ist es wohl im Ansatz verkehrt, auch ausgeschlossen, das Soziale zu individualisieren. Mehr als die anderen Sichtweisen ist die Betrachtung des Sozialen an den Zusammenhang gebunden. Zu Beginn des letzten Jahrhunderts hat man den Versuch gemacht, einen „sensus communis“ zu identifizieren, jedoch ist beim Umgang mit Sozialem immer der Blick auf die Bezugsgruppe wichtig. Man hat versucht die Unterscheidung zwischen Soziotherapie und Psychotherapie so zu sehen, daß Patienten in der Psychotherapie ihre „Innenpolitik“ regeln und in der Soziotherapie ihre Außenpolitik. Diese Unterscheidung führt zu großer Verwirrung und zu ganz merkwürdig gezwungenen Überlegungen, was wohl in die eine Kategorie gehört und was in die andere. So ist die Angst, eine neue Wohnung zu besorgen z. T. „innenpolitisch“, d. h. psychotherapeutisch, z. T. „außenpolitisch“, d. h. soziotherapeutisch zu verstehen: wie will man da sprechen? Bedeutsam sind zwei Aspekte

• Die Diskussion um die Soziotherapie entstand einmal, als man mehr und mehr zur Kenntnis nahm, wie stark soziale Bedingungen auf die Seele der Menschen wirken und damit die seelische Gesundheit fördern oder gefährden. Soziotherapie wäre dann auch, das Vorhandensein psychiatrischer Hilfe (Beratungsstellen z.B.) in sozial benachteiligten Gebieten zu fördern. Es ist unsozial, gerade diese Wirkung der Landschaft, des Ökosystems dem Individuum anzulasten.
• In unmittelbarem Zusammenhang damit steht der zweite Aspekt: Die Diskussion um die Soziotherapie entstand, als einzelne in der Psychiatrie Tätige begriffen, daß das Leben in einer demokratischen Gesellschaft die Rehabilitation unmöglich macht, wenn das System, in das hinein die Gesellschaft psychisch Kranke weist, anderen, geradezu gegenläufigen Spielregeln unterliegt als das System in das hinein die Psychiatrie rehabilitiert. Ein radikaler Gedanke: Die wirkliche Psychiatrie in der Gemeinde würde die Soziotherapie aufheben.

1 Soziotherapie: neue Spezialisierung (Technik) oder Basis?

Soziotherapie ist (wie Pädagogik in der Schule) die Basis therapeutischen Handelns in psychiatrischen Einrichtungen. Nur was sie *nicht* leisten kann, fällt an Psycho- und Somatotherapie (wie an die Sonderpädagogik in der Schule).

In der Psychotherapie soll Lernen ohne Druck von sozialen Normen unter Berücksichtigung der emotionalen Bedingungen des Einzelnen erfolgen können. Die erforderliche Dynamik kann nur entstehen, wenn die Situation möglichst permissiv (gewährend) gestaltet ist, so daß der Patient auch ihn betreffende Inhalte sagen kann, die man sonst nicht sagen darf. Das heißt in gewisser Weise wirkt Psychotherapie der Wirklichkeit entgegen, stellt den Patienten sogar von den Ansprüchen der Wirklichkeit frei. Im Schutz der Psychotherapie kann er alles an der Wirklichkeit in Frage stellen. Psychotherapie kann aber immer nur einen kleinen Teil des Tageslaufs ausmachen, auch wenn sie in einem psychiatrischen Krankenhaus oder Heim stattfindet. Nun können z.B. auf einer Station entweder Strukturen aufgelöst werden, und es kommt gewissermaßen zu einer Ganztagstherapie; oder es sind Strukturen vorgegeben, die aber nur vordergründig und formal eingehalten werden, weil inhaltlich doch Psychotherapie gemacht wird. Zu beiden Möglichkeiten ein Beispiel.

Beispiel 1:
Man stelle sich eine Station vor, in der die Patienten nur unter psychoanalytischen, verhaltenstherapeutischen oder klientenzentrierten Gesichtspunkten wahrgenommen werden. Bei jeder Begegnung mit einem Psychotherapeuten handelt dieser entsprechend seiner therapeutischen Einstellung und Wahr-

nehmung: Er verbalisiert Gefühle des Patienten, sieht nur den Übertragungsanteil oder überlegt, ob er handeln soll, weil seine momentanen Handlungen eine Vermeidungshaltung bestärken können. Die Regeln, nach denen von den Schwestern das Zusammenleben auf der Station geregelt wird, interessieren die Therapeuten nicht, da sie ein reines Interesse an der Verwirklichung ihrer Psychotherapie haben.

Beispiel 2:
Es gibt eine Station, die einen strukturierten Tageslauf hat, der auch begründet ist, nur scheinbar besteht, weil alle Teammitglieder in allen Situationen des Tagesablaufs die gleichen psychotherapeutischen Umgehensweisen haben, „immer" Psychotherapeuten sind, in jeder Äußerung von Patienten nur eine Möglichkeit sehen, verständnisvoll auf ihn einzugehen. Damit werden Regeln, wird Struktur zur sinnlosen Kulisse, da sich vor ihr immer wieder dasselbe Stück abspielt.

Beide Stationsstrukturen sind gefährlich, weil sie notwendige „soziotherapeutische" Gesichtspunkte außer acht lassen:

Zu 1: Dieser Stil ist gefährlich, weil er dem Patienten eine Wirklichkeit vorgaukelt, die er außerhalb der psychiatrischen Einrichtung nicht wiederfindet. Patienten werden nicht nur zur Regression, sondern zur Hospitalisierung verführt. Die Kluft zwischen Wirklichkeit und Kranksein ist zu groß, ebenso die Kluft zwischen Pflege und Therapie.

Zu 2: Diese Lösung ist noch gefährlicher, weil dieser Stil den Patienten mit den Mitteln des Alltags vorgaukelt, er kann immer und überall in jeder Situation ohne Unterschied und ohne Rücksicht auf die Situation krank sein. Zwar wird beabsichtigt, seine gesunden Anteile zu fördern, jedoch werden wahrgenommen nur die kranken.

Nie wird eine Äußerung nur banal genommen, platterdings; immer ist der Patient gehalten, für sich noch was rauszuholen.

Die daraus folgende Forderung: Psychotherapie kann nur einen kleinen abgegrenzten Teil des Handelns in psychiatrischen Institutionen ausmachen; wesentliche Teile der Begegnung sind nicht im engeren Sinn psychotherapeutisch, sondern „normal". Zum Beispiel während der Arbeit oder während des Mittagessens sollten wir „Psychotherapeutisches" vermeiden bzw. auf die Psychotherapie verweisen. Ein Vorteil dieser Vorgehensweisen: Patienten lernen nicht immer und zu jeder Zeit und an jedem Ort von ihren Beschwerden zu sprechen. Wenn es während der Arbeit zu Symptomhandlungen kommt, haben wir anders damit umzugehen als „psychotherapeutisch". Natürlich muß der Patient z. B. in der Arbeitstherapie neue Handlungsweisen finden und ausprobieren. Er soll sich klar werden, wie er umgeht mit Erfolgserlebnissen oder mit Fehlern und Kritik, wie er den Arbeitsplatz ordnet oder überhaupt zu Gesichtspunkten wie Ordnung, Sauberkeit und Pünktlichkeit steht, wie seine Einstellung zur Arbeit ist, wie er sich in dem Spannungsverhältnis Arbeit und Freizeit einrichtet. Daher sollen aber auch die in nichtpsychotherapeutischen Situationen mit dem Patienten umgehenden Therapeuten, also das Team, nicht mehr die Besonderheit und Besonderung (oder „Eigentümlichkeit“ oder „Eigenart“ oder „Einzigartigkeit“ = Individuation) des Patienten betonen, auch nicht nur seiner Abweichung nachgehen (und sie bearbeiten), vielmehr haben sie ihn mit den Aspekten des Allgemeinen und Gesunden, des Alltäglichen, des Normalen (wieder) anzufreunden: Dies fängt dort an, wo der Patient lernt, die Umwelt nicht als gegen ihn gerichtet wahrzunehmen, sondern wo er sehen kann, daß es Situationen gibt, in denen er „krank sein muß“, und andere, in denen er „gesund sein kann“.

Soziotherapie ist die Basis! Sie kann nicht als Technik neben anderen stehen, sondern macht die Anwendung anderer Techniken erst möglich. Dazu gehört dann auch die Folgerung, daß Pflegepersonen (z.B. wegen ständiger Präsenz) mehr als Andere Ausführende der Soziotherapie sind. Pflegepersonen sind Spezialisten für Bedürfnisse und Notwendigkeiten, es ist zu berücksichtigen, daß Pflege zugleich nicht Spezialisierung ist, sondern das Allgemeine und damit die Basis für Spezialisierung.

Bisheriges Fazit: Soziotherapie fördert die normalen, regelhaften, allgemeinen, alltäglichen, gesunden, nicht an Krankheit gebundenen, d.h. freien Anteile eines Individuums; und: In dem Maße, in dem ein Patient in unbestimmten, in allgemeinen, d.h. auch in informellen Situationen seine Reaktionen auf Anforderungen aus dem Alltag, auf Regeln, auf Normales, Banales kennen und überprüfen lernen kann, in dem Maße findet Soziotherapie statt. Dazu gehört natürlich, daß Regeln, Alltag, Normales (Wirklichkeit) in einen therapeutischen Rahmen auch dem Patienten wahrnehmbar und machbar eingebracht werden. Sich befreien von Zwängen kann er nur, wenn er sich mit ihnen auseinandersetzen kann, d.h. wenn sie da sind.

2 Regelmäßigkeit und Eigenart

Somatische Therapie und Psychotherapie erfassen zwei wesentliche Aspekte menschlichen Handelns, doch selbst bei optimaler Anwendung von Psychotherapie bleibt noch etwas vom Menschen, auf das sie keinen Einfluß hat.

Selbst wenn der Mensch ichstärker, angstfreier, durchsetzungsfähiger, selbstexplorativer geworden ist, auch wenn er Gruppentherapie erhalten hat: Woher nimmt er Kenntnis vom Umgang mit Menschen (Menschen am Arbeitsplatz, Menschen in der Kneipe, Menschen in der Familie, Menschen in der Verwandtschaft, Menschen in der Straßenbahn, Menschen im Club oder im Verein), woher auch nimmt er im Bereich seines Krankseins Bezug zu den Regeln (= Normen), denen auch sein Handeln weitgehend unterstellt ist? Noch wichtiger scheint uns der Aspekt zu sein, daß jedes Krankwerden oder Sich-Krankmachen, jede Benennung als krank, den Menschen absondert, auf sich stellt, zu jemanden macht, der anders ist als andere, wenn man will, ihm Individualität gibt –, aber so, daß er sich von den Anderen eindeutiger unterscheidet. Je länger die Krankheiten dauern, je eindeutiger sie dem psychiatrischen Bereich zugeordnet werden, also je regelwidriger die Handlungsweisen eines Menschen sind, desto gröber wird sein Herausfallen aus den jeweiligen Alltags- und Bezugsgruppen sein und desto schwieriger wird es für ihn sein, seine normalen sozialen Fähigkeiten zu erhalten bzw. wieder kennenzulernen.

Soziotherapie wäre dann das, was Psychotherapie und Somatotherapie nicht liefern, wäre die Möglichkeit zur Auseinandersetzung mit dem Normalen, mit dem, was in mir und Anderen gesund ist.

3 Bedürfnisse und Notwendigkeiten

Essen und Trinken, Schlafen, Wohnen, Tätigsein, Privatsein, Zusammensein, Ruhe, Raum (Territorium), Sexualität, Information (Neuigkeiten, Neugier) sind Bedürfnisse, die jeder hat. Schon in diesem „jeder hat“ liegt die Anerkennung einer Regelhaftigkeit, einer Normalität. Allerdings kann der Ausdruck von und der Umgang mit Bedürfnissen gestört sein. Dabei sind unterschiedliche Ausgangspunkte der Störung möglich. Es kann sein, daß ich aufgrund meiner Umweltbedingungen keine Möglichkeit habe, meine Bedürfnisse zu berücksichtigen. Das ist in Gefängnissen, in psychiatrischen Krankenhäusern, in Lagern, auch in ökonomischen Notsituationen leicht so. Dann kann es sein, daß aufgrund einer besonderen biologischen Behinderung der Umgang mit meinen Bedürfnissen erschwert ist. Und dann kann es sein, daß die Anderen und ich es schwer haben, uns miteinander zu einigen, wie mit Bedürfnissen umzugehen ist. In allen 3 Fällen sind Regeln einzusetzen und das Wahrnehmen und Einhalten von Regeln wird bedeutsam. Im Umgang mit meinen Bedürfnissen stoße ich immer an die Grenze, daß auch die Anderen mit ihren Bedürfnissen umgehen, und zwar jeder Andere. Um nun möglichst Gleichwertigkeit der Bedürfnisse und Gleichwertigkeit der Menschen herzustellen, muß man sich einigen, muß man Regeln haben.

Rücksicht, Kontrolle, Anpassung zum Beispiel sind Notwendigkeiten und Pflichten, deren Wahrnehmung ebenso gestört sein kann, auch aus den gleichen Gründen, wie das bei den Bedürfnissen der Fall ist. Auch hier ist die Organisation im sozialen Feld an Regeln gebunden.

Dem Kennenlernen des Umgangs mit Bedürfnissen ist das Kennenlernen des Umgangs mit Notwendigkeiten gleichgestellt. Daraus ergibt sich das Kennenlernen der Regeln, nach denen ich mich regele, nach denen die Anderen sich regeln, in unterschiedlichsten Bereichen des Zusammenlebens. Für manche mag sich das als das Spannungsfeld von Freiheit und Zwang darstellen, von Individuation und Sozialisation, von Normalität und Abweichung, von Anpassung und Aufbegehren: man kommt um das Wahrnehmen der Regeln und um ein Nachdenken über den Umgang mit Regeln nicht herum!

1. Übung: Wie reagiere ich auf Spieler eines Mensch-ärgere-Dich-nicht-Spieles oder Kartenspieles, die sich eindeutig nicht an die Regeln halten? Nach welchen Regeln und Rhythmen lebe ich? Bei welchen Regeln im Umgang mit Menschen erwarte ich unbedingt, daß sie eingehalten werden? Welche bin ich selbst bereit einzuhalten, bei welchen bin ich in beiden Fällen großzügiger?
2. Übung: Wie schaffe ich in psychiatrischen Institutionen Ämter, die nicht das Ergebnis von Gehorsam den „Hauptamtlichen" gegenüber sind, wie schaffe ich Regeln, die nicht nur von „Hauptamtlichen" getragen werden.

Wie eigentlich, im politischen Sinne, macht sich jemand etwas zu eigen?

II Das Lernen ist der Ernstfall

Ziel all der Bemühungen ist, dem Patienten seine Handlungsfähigkeit im sozialen und politischen Raum erfahrbar zu machen, auch erfahrbar zu machen, in welchen Bereichen seine kranken Teile ein wirkliches Hindernis für ihn sind und wo er sie dazu macht. Dies kann aber nur sein, wenn dort, wo diese Erfahrungen gemacht werden, gleichzeitig die Mitsprache möglich ist. Der Patient muß erfahren können, daß er Einfluß auf Regeln hat, welchen Einfluß er auf Regeln hat, auf welche Regeln er keinen Einfluß hat, wie er den Einfluß ausübt, daß er Ämter übernehmen kann, Ämter auch wieder abgeben kann. So kann er ein Gefühl für Rollen und Positionen erwerben, die in jeder alltäglichen (formalisierten) Gruppierung eine Rolle spielen. In jedem Freizeitverein wird nach solchen Regeln verfahren, bei Gewerkschaftssitzungen, in Parteien oder gemeinnützigen Vereinen.

Die Menschen in einer repräsentativen Demokratie im Zeichen hochentwickelter Technik können in dieser nur auf die Dauer bestehen (und das heißt, daß auch die repräsentative Demokratie nur auf Dauer bestehen kann!), wenn diese durch partizipatorische Demokratie vor Ort ergänzt und begrenzt wird.

Übung: Anhand des Kapitels über das Versorgungssystem für jede einzelne Institution ausdenken, wieviel Mitbestimmung bzw. Selbstverwaltung für Patienten möglich ist, d.h. den Versuch unternehmen, maximal viel Verwaltung in Selbstverwaltung im Planspiel herzustellen.

Wie schwer das ist, erfährt man wirklich erst, wenn man es tut. Reden läßt sich allerlei. Gerade bei der Veränderung der Institutionen ist dieser Gesichtspunkt zu berücksichtigen. Solange „Soziotherapie" „Therapie" ist, nehme ich die schwachen und ungeübten Menschen nicht ernst, will ihnen erst noch „soziale Kompetenz" vermitteln, bevor sie mitbestimmen dürfen.

Auch machen Patienten die Erfahrung, daß sie zu diesem und jenem gehört werden, aber eigentlich geschieht doch das, was „die da oben" (die fest Angestellten) wollen.

In einer psychosozialen Kontakt- und Beratungsstelle hat sich folgendes entwickelt: Zu Beginn bestand der Anspruch, eine gemeindenahe Institution zu sein, an der Mitbestimmung organisiert sein solle. Aber wer und wie, dazu wußte man wenig. Die Vorstellung, einen Verein zu gründen, löste bei den Besuchern viel Angst aus. Zwar konnten sie die Chance sehen, jedoch waren sie mißtrauisch, ob ihre Vereinsmitgliedschaft doch nur der Sicherung der Arbeitsplätze der „Hauptamtlichen" diene, und ob die Gründung eines Vereins Unterschiede in der Behandlung mit sich brächte: die, die im Verein sind, würden besser behandelt. Darin zeigte sich das erheblich gestörte Vertrauen in demokratische Institutionen und die Wahrnehmung eines erheblichen Machtgefälles zwischen ihnen und den „Hauptamtlichen". Die Besucher konnten sich nicht vorstellen, daß der Verein wirklich ihrer wäre. So wurde der Gedanke an die Gründung eines Vereins aufgeschoben. Zunächst wurde monatlich eine Vollversammlung eingerichtet, die den gegenseitigen Informationsaustausch und die Beschlußfassung über gewünschte Aktivitäten zum Ziel hatte. Dieses Instrument erwies sich als sehr nützlich zum Lernen, sowohl für die Besucher als für die Hauptamtlichen. Für diese war die Vollversammlung nämlich anfangs ein „Dienst zu ungünstigen Zeiten" (abends von 18.30 Uhr bis 20.00 Uhr), den es irgendwie zu absolvieren galt. Allmählich zeigte sich ein Zusammenhang zwischen der Glaubwürdigkeit der Hauptamtlichen und dem Erfolg dieses Instrumentes. Durch rechtzeitige Plakatierung, Aushängen von Protokollen, Reden über den Sinn dieser Vollversammlung während der üblichen Öffnungszeiten wurden die Fragen an die Glaubwürdigkeit dringlich, das Interesse wuchs, die Diskussionen wurden grundsätzlicher. Über eine gewisse Zeit entstand ein Besucher-Gremium, in dem Interessen, Anträge, Kritiken formuliert wurden. Entscheidend war die Ausdauer: An der Form festhalten, auch wenn wenige Besucher kommen, nicht einfach weggehen, auch die Sitzung nicht umfunktionieren zu was Privatem: den öffentlichen Charakter durch Einhalten der Form wahren. Bei diesen Vollversammlungen gibt es ständig die Tagesordnungspunkte „Berichte aus den Gruppen" und „Berichte der Mitarbeiter". Es werden auch wichtige Entscheidungen getroffen. Als wir zum Beispiel feststellten, wie miserabel sich arme Menschen, die lange in psychiatrischen Institutionen waren, ernähren, wurde diskutiert, wie man versuchen könnte, dem abzuhelfen. Das Ergebnis war eine Kochgruppe, in der nicht nur zum Spaß gekocht wird, sondern in der auf gesundheitliche und ökonomische Gesichtspunkte geachtet wird. Ein Erfolg ist nicht so sehr das gemeinsame Gruppenerlebnis, sondern auch, daß jemand nach einer Weile sagt: ich esse besser, koche auch für mich selbst und komme besser mit meinem Geld aus. Auf diesen Vollversammlungen werden auch Themen wie die „Volkszählung" und unsere Stellungnahmen dazu besprochen, auch z.B. ob die italienische

Eisdiele nebenan vor der Kontaktstelle auf den Bürgersteig Tische stellen kann. Das wurde abgelehnt und in einer gemeinsamen Besprechung von Besuchern, den Eisdieleninhabern, dem Hauswirt, Vertretern der Behörde und Hauptamtlichen besprochen. – Über die Vollversammlung hinaus wurde versucht, einen politischen Frühschoppen (nur mit Saft) einzurichten. Dahin kamen auch Gesundheitspolitiker. Dieser Versuch war nicht erfolgreich, wohl auch deshalb, weil wir nicht lang genug am Ball blieben und nicht genug „publicity" erzielten. – Nach einer Weile nahmen wir die Diskussion um den Verein – auch in der Vollversammlung – wieder intensiver auf. Es wurde jeder Schritt einer Vereinsgründung und seine Bedeutung gründlich diskutiert. Neben der unmittelbaren Arbeit in der Beratungsstelle, deren einer Bestandteil die Vollversammlung war, entstand die Vereinsarbeit, die wieder neue Anforderungen an die Glaubwürdigkeit der Hauptamtlichen stellte.

Diese Vollversammlung ist ein zeitlich zwar begrenzter, jedoch grundlegender Teil der Arbeit. Natürlich ist das Lernen gleichzeitig der Ernstfall. Sowieso für die Hauptamtlichen. Man kann nicht so tun „als ob". Oft wird dieser Teil der Arbeit (gerade auch von Geldgebern) nicht ernstgenommen oder nicht gewollt. Ein Argument ist, das habe mit Gesundheit nichts zu tun. Es zeigt sich jedoch, daß bei dem Wahrnehmen des Ökosystems, der Lebensbedingungen, dieser Teil der gesellschaftlichen Einbindung sehr wichtig ist. Wenn das Ziel eines therapeutischen Bemühens ist, Menschen zu Autonomie, Selbstbestimmung, zur Fähigkeit der Exploration und Veränderung ihrer Lebensbedingungen zu verhelfen, so müssen die Institutionen, die das zum Ziel haben, auch Elemente enthalten, die das Erreichen des Zieles ermöglichen. Außerdem, analog der Entwicklung eines Kindes in der Familie oder von Schülern in der Schule, muß aus der Phase der Abhängigkeit und des Aufbegehrens eine der gemeinsamen Verantwortung und gemeinsamen Handelns entwickelt werden. Sonst bleibt die Therapeut-Patient-Relation unangetastet. Die Beschreibung der Praxis in der psychosozialen Kontakt- und Beratungsstelle ist nur ein Beispiel. Viel Grundsätzliches dazu findet sich auch in den Büchern von H.E. Richter.

Übung: Wie wird man mit dem Konflikt unterschiedlicher Interessen oder von Interessengegensätzen fertig?

Konflikte ergeben sich auch, wenn man sich gegen gewaltsame Menschen durchsetzen muß. Viele um demokratisches Handeln bemühte Menschen in Institutionen scheitern daran, daß Gewaltsame die Regeln überspringen und ihre Macht einsetzen. Solange in den Institutionen, die in der Gemeinde entstehen kein Umgang für die Begrenzung mit Gewalt entwickelt wird, solange die Neigung besteht, diese Menschen auf Dauer in geschlossene Institutionen zu bringen, solange trägt man zu einer Bestärkung des Bestehenden bei.

Ein Beispiel: Als eine Gruppe von Studenten Triest besuchte, geschah es einer Studentin, daß sie in der Beratungsstelle dort sexuell in massiver Weise von einem Besucher attackiert wurde. Durch ihr „demokratisches“ Bemühen bestärkte sie den Patienten, verhinderte seine Attacke nicht. Schließlich wurde er aggressiv, so daß sie nur schreiend fliehen konnte. Die dort Tätigen, die von ihr zur Rede gestellt wurden, ob das denn nicht zu weit ginge, ob dieser Patient nicht doch in eine Anstalt gehörte, versuchten ihr zu zeigen, wie sie sich rechtzeitig eindeutig hätte schützen können.

Das gleiche gilt für die Anwendung von Zwang. Wenn man sich als Psychotherapeut oder als Arzt rein halten will, dann kann man über die Aufgabe von Soziotherapie nachdenken. Wenn man psychiatrische Institutionen den Regeln der Gesellschaft entsprechend gestalten will, dann muß man Soziotherapie aufheben. Es soll betont werden, daß dies nicht gegen Psychotherapie spricht, auch nicht gegen die Spezialisierung des Arztes. Beides muß jedoch begrenzt sein, womit dem psychiatrischen Handeln eine andere Basis gegeben wird. Es soll auch betont werden, daß es sich hier nicht nur um ein moralisches und politisches Problem handelt, sondern daß man sich in dieser Gesellschaft, verstanden als Ökosystem, als Landschaft, in der wir leben, nur bewegen kann, wenn die Institutionen, in denen die Beweglichkeit gelernt wird, nicht Stationen sind, in die hinein aussortiert wird, sondern als Teil des Ganzen der Ernstfall.

Wenn wir uns auf die Fragen nach Regelmäßigkeit und Eigenart einlassen, müssen wir bereit sein, den Sinn und Unsinn mancher Verpflichtungen, Normen, Regeln, auch Unvollkommenheiten der Mitbestimmung und Demokratisierung nicht nur wahrzunehmen und zu beklagen, sondern zu unterscheiden und a) auf dem Sinnvollen bestehen und b) das Unsinnige in dem Maße, in dem wir können, zu ändern; d.h. nicht gleich umstürzlerischen Gedanken nachzuhängen, aber es geht in die Richtung: Einflußnehmen auf noch so kleine Details, wo wir Unterdrückung, Tabus, Zwanghaftigkeit spüren, mit dem Ziel, eine humanere, sozialere und demokratischere Umgebung zu haben. Dabei meint „sozial“, wofür es ursprünglich stand: daß soziale Ungleichheiten sich nicht fortsetzen als vom Schicksal gefügt. Soziale Gleichheit ist die einzige, die auf dem Hintergrund der biologischen und psychischen Ungleichheit wirklich herstellbar ist. Das ist gemeint, wenn gesagt wird, alle Menschen sind gleich. Psychische und biologische Gleichheit sind nicht herstellbar und vor allem nicht gewollt.

Psychiatrie steht im Spannungsfeld zwischen Gesellschaft und Patient und so stehen wir psychiatrisch Tätigen im Dienste beider. Ganz sicher werden wir von der Versichertengemeinschaft bezahlt, um die Unvernunft, die öffentlicht nicht tolerierbar scheint, gut zu verwalten. Ganz sicher übernehmen wir damit im Interesse der Patienten die Aufgabe, die Grenzen dieser Toleranz mit gestalten zu helfen.

Zum Schluß noch zwei grundsätzliche Überlegungen

- Der Gleichheitsgrundsatz stellt ein Prinzip der Ausgrenzung natürlicher oder sonstwie dem Menschen vorgegebener Unterschiede dar.

Es besteht in unserer Gesellschaft die große Gefahr, daß der Gleichheitsgrundsatz nicht nur politisch, rechtlich, sozial und ökonomisch verstanden wird. Die Notwendigkeit des Lebewesens in der Gruppe zu sein wird zur straffen Forderung der Gesellschaft nach Eingliederung in die Gruppe. So sollten die psychiatrisch Tätigen mithelfen, die Grundrechte unseres Grundgesetzes zu verteidigen, die als Grenzen gegen das Ausgrenzen zu verstehen sind und gegen den politischen Zugriff aufgerichtet werden.

● Im Laufe der Angleichung (Normierung) der Arbeitskraft, der strengen Trennung von Arbeitsräumen einerseits und anderen Lebensräumen andererseits sind (irre) Erscheinungen, die früher vertraut und erträglich waren (s. hist. Kap.) zu etwas Fremdem geworden. Es liegt nun an uns, die Eigenart und Rolle des Gesinnungswechsels zu begreifen, der eine soziale Gruppe allmählich dazu bringt, sich zu reinigen von allem, was nicht der Norm einer Arbeitsgesellschaft entspricht. Diese Teilung endet damit, daß Irren, Wahnsinn und Torheit aus dem Bild des Alltags möglichst entfernt werden.

In der heutigen Zeit der Krise der Verteilung von Arbeit liegt eine große Chance der Veränderung.

Literatur

Abschlußbericht über die Modellphase des „Treffpunktes Waldstraße", Waldstr. 7, 1000 Berlin 21, 1984

Bosch, G.: Psychotherapie und Soziotherapie, Sozialpsychiatrie: 2:111–124, 1967

DGSP: Fortbildungsprogramm I und II, Rehburg-Loccum, Psychiatrie Verlag, 1980

Döll, A.: Philosoph in Haar, Frankfurt, Syndikat, 1982

Edelson, M.: Sociotherapy. Chicago, Un. Press 1976

Finzen, A.: Die Tagesklinik – Psychiatrie als Lebensschule, München, Piper 1977

Foudraine, J.: Wer ist aus Holz? Piper 1973

Goffman, E.: Das Individuum im öffentlichen Austausch, Frankfurt, Suhrkamp 1974

Hohm, H.: Berufliche Rehabilitation von psychisch Kranken. Weinheim, Beltz 1977

Pirella, A. (Hrsg.): Sozialisation der Ausgeschlossenen, Praxis einer neuen Psychiatrie, Reinbek, Rowohlt 1975

Rave-Schwank, M., C. Winter-Lersner: Psychiatrische Krankenpflege, Stuttgart, G. Fischer 1976

Richter, H.E.: Die Gruppe, Reinbek, Rowohlt 1972

ders.: Lernziel Solidarität, Reinbek, Rowohlt 1974

Schädle-Deiniger, H. (Hrsg.): Den psychisch Kranken im Alltag begleiten – Pflege in der Psychiatrie, Rehburg-Loccum, Psychiatrie-Verlag 1981

Schäfer, W.: Erziehung im Ernstfall, Frankfurt, Suhrkamp 1979

Schmid, S.: Freiheit heilt. Bericht über die demokratische Psychiatrie in Italien, Berlin, Wagenbach 1977

Sozialpsychiatrische Informationen: die meisten Hefte dieser Zeitschrift, Bonn, Psychiatrie-Verlag

Skinner, B.F.: Futurum II, Reinbek, Rowohlt 1970

Wolf, St.: Klinisch-psychologische Tätigkeit in sozial-psychiatrischen Institutionen, S. 119ff in: Keupp, H, Zaumseil, M.: Die gesellschaftliche Organisierung psychischen Leidens, Frankfurt, Suhrkamp, 1978

17 Körpertherapeutische Techniken

Wie anders will ein Mensch mich erreichen als über meinen Körper? Insofern sind alle Wege zum Menschen körperlich und auch alle psycho- und soziotherapeutischen Techniken eigentlich körperlich wirksame Techniken. Gerade von psychotherapeutischer Seite hat in der letzten Zeit die körperliche Seite des Austausches zwischen Menschen mehr Aufmerksamkeit gefunden. Die „Bewegungstherapie" ist wohl das bisher wichtigste Ergebnis solcher Bemühungen. Zwar werden auf dem Psycho-Markt darüber hinaus körperwirksame Verfahren angeboten, die wirkungsgenauer sein und weniger Nebenwirkungen haben sollen. Je aktiver und zielgerichteter aber etwas auf Menschen angewandt wird, desto aggressiver dringt es in sie ein. Meist dienen solche Verfahren nur der Selbsterfahrung erlebnisarm lebender psychiatrisch Tätiger als Ersatz für Lebenserfahrung (= Fortbildung). Zur Anwendung auf Patienten kommt es nicht mehr. Zum Glück; denn die Beziehungen zwischen Menschen werden von der Logik des Um-gangs regiert, während man sich nur Sachen im Frontalangriff nähern kann. Damit ist nichts gegen Körpererfahrung im lebendigen Alltag gesagt.

Wir beschränken uns in diesem Kapitel auf solche körpertherapeutische Techniken, mit denen die Medizin immer schon versucht hat, sich der Seele zu nähern, und die auch heute die psychiatrische Alltagsarbeit bestimmen. Dies sind insbesondere Medikamente. Bezeichnend für die Wirkungs-*Weite* der alten Medizin ist es, daß 1584 Lorichius aus Hadamar unter dem Titel „Psychopharmacon, das heißt: Medizin der Seele" eine Sammlung von Gebeten veröffentlichte und damit dies heute so aktuelle Wort prägte. Ganz allgemein gelten für uns folgende Grundsätze: 1. Die Anwendungen aller therapeutischen Techniken stellen Eingriffe in den Körper dar, vor allem in das zentrale Nervensystem. 2. Sie wirken – nur indirekt – auf Seele bzw. Handeln des Menschen, indem sie eine Störung, Verletzung oder Krankheit des Körpers künstlich erzeugen. Deshalb ist 3. in jedem Einzelfall das Risiko von Anwendung und Nicht-Anwendung abzuwägen, was freilich für jede Technik gilt. 4. Neben dieser indirekten Wirkung besteht immer auch eine, im Einzelfall schwer abgrenzbare, direkte Wirkung auf die Seele. Wir nennen sie: Suggestion, Placebo-Effekt, Abhängigkeitswunsch, Erwartung, „daß überhaupt etwas geschieht" oder „Droge Arzt". Daher ist die Übertragbarkeit von Tierexperimenten auf Menschen prinzipiell begrenzt. 5. Körpertherapeutische Techniken sind immer nur im Rahmen einer zu erarbeitenden Grundhaltung anzuwenden. Diese Grundsätze decken auch einen technokratischen Unsinn auf: Denn, wenn es – außer Gebeten – kein Pharmacon gibt, das auf die Psyche wirkt, dann gibt es auch keine „psychotrope Wirkung" und keine „Psychopharmaka", sondern nur die „encephalotrope Wirkung" einiger ZNS-wirksamer Pharmaka, also „Neuropharmaka", die sich psychiatrisch als nützlich erwiesen haben.

I Psychiatrische Pharmakotherapie

Geschichtlich ist nachweisbar, daß fast jedes in der Medizin neu entdeckte Erklärungs- oder Wirkprinzip, also auch fast alle neuen Pharmaka, auch an psychiatrischen Patienten ausprobiert wurden. Jede chemische Substanz kann sich irgendwie auch auf Erleben und Handeln eines Menschen auswirken. Warum hat nun seit 1952 eine Gruppe der Neuropharmaka, die wir fälschlich „Psychopharmaka" nennen, fast alle anderen Pharmaka verdrängt?

- Sie erzeugen weniger ein hirndiffuses Hirnrindensyndrom, sondern eher ein hirnlokales „pharmakogenes Stammhirnsyndrom" mit affektiv-antriebsmäßigem Durchgangssyndrom sowie extrapyramidalen und vegetativen Symptomen, die wohl eng mit der beabsichtigten Wirkung verknüpft sind. Sie verwandeln also einen psychiatrischen in einen neurologischen Patienten, was offensichtlich psychisch entlastend wirkt.
- Sie wirken daher spezifischer, d. h. verändern – dämpfend oder anregend – weniger Bewußtsein und intellektuelle Funktionen, sondern mehr Stimmung, Gefühle und Antrieb, Erleben und Handeln der Menschen, die eben in diesen Bereichen gestört sind, stören oder leiden. Sie wirken also nicht ursächlich, heilen auch nicht, nehmen Symptome (Angst, Unruhe, Halluzinationen) nicht weg, sondern unterdrücken sie, machen sie weniger wahrnehmbar, indem sie die Überempfindlichkeit mit einem „dickeren Fell" (Finzen) umkleiden.
- Sie sind also gezielter einsetzbar. Und ihre Anwendung fördert gemeindenahe (ambulante und rehabilitative) Psychiatrie, da die betroffenen Menschen mit dieser Fremdhilfe, „Korsett", „Krücke" sich leichter bzw. früher wieder in ihrer Landschaft bewegen können.
- Sie haben wegen der auch unangenehm empfundenen Wirkung, die in Kauf genommen werden muß, ein geringeres Suchtrisiko, mit Ausnahme der Tranquilizer.
- Sie haben auch in der Forschung Team-Arbeit zustande gebracht: Zwischen Biochemikern, Pharmakologen, Neurophysiologen, Verhaltensforschern, Psychologen und Psychiatern. Das war Voraussetzung für die Erarbeitung präziserer – zu präziser? – Erklärungsmodelle für die Entstehung psychischer Krankheiten. Ein Beispiel dafür, daß therapeutisches Handeln die Ursachenforschung mehr fördern kann, als dies umgekehrt der Fall ist.
- Sie machen zu Hause und auf der Station, für Angehörige und psychiatrisch Tätige, den Umgang mit psychiatrischen Patienten gewaltfreier und bequemer.

Geschichtlich hat jede therapeutische Technik eine begrenzte Lebenszeit. Auch die Neuropharmaka sind nach der Begeisterungs- jetzt in der Ernüchterungsphase. Anzeichen dafür:

- Es gibt zunehmend Patienten, die lieber an ihren Symptomen als an ihren Pharmaka leiden.
- Wir können jetzt auch besser ihre Nachteile wahrnehmen.
- Alarmierend die epidemische Verschreibungswut: 1970 bekamen $^1/_3$ aller Amerikaner zwischen 18 und 74 Jahren Tranquilizer verordnet. Zeichen für eine Lebenshaltung der Schmerz-, Leidens-, Unlust- und damit Lebensvermeidung mit Hilfe von Pharmaka, für den „Wärmetod des Gefühls" (Konrad Lorenz). So werden auch „normale Probleme" in pharma-abhängige, chronifizierte und dann kaum noch therapierbare Leidenszustände künstlich pathologisiert – dem Komfort des sofortigen, aber eben nur scheinbaren Leidensabbaus zuliebe. Gesamtgesellschaftlich und präventiv ist also die Frage nach Nutzen und Schaden der Neuropharmaka noch offen.

Zum verantwortlichen Umgang mit psychiatrischen Pharmaka gehört:

- die Indikation für Pharmaka ergibt sich aus der Diagnose des Problems, der Zielsymptome und der individuellen Besonderheiten, also aus der Grundhaltung im Einzelfall; solche Indikationskriterien sind noch nicht gut entwickelt.
- Pharmaka setzen einen Therapie-Gesamtplan voraus; d. h. daß der Patient sein Leben auch während der Pharmatherapie sinnvoll gestaltet – zu Hause oder soziotherapeutisch auf Station: 10 Stunden täglich, 7 Tage/Woche!
- Sie sind angezeigt, wenn anders die Problembearbeitung nicht möglich ist.
- Sie sind grundsätzlich zeitlich begrenzt zu geben.
- Die Gefahren der Potenzierung durch Alkohol und der Verkehrsteilnahme (Empfehlung der Bundesärztekammer v. 10. 1. 1974) sind zu berücksichtigen.
- Ohne auf den hohen Nutzen im Einzelfall zu verzichten, ist zu *lernen*, die Verordnung zu *verweigern*, wenn sie bloß „machbar" ist und einen kurzfristigen Frieden mit dem Patienten bedeutet, den Andere auszubaden haben.
- Beschränkung auf wenige Neuropharmaka: nach der WHO kommt man mit 6 aus: 2 Neuroleptika, 1 Depot-Neuroleptikum, 1 Antidepressivum, 1 Lithium-Präparat und 1 Transquilizer. Für alle weitergehenden Einzelheiten verweisen wir vor allem auf das Buch von A. Finzen (s. Lit.).

Für die pharmakologische Forschung ist die Aufgabe immer noch ungelöst (unlösbar?), ein Medikament zu entwickeln, das nicht symptom-unterdrückend, sondern problem-lösend wirkt und das weder durch unangenehme Wirkungen die Belastung des Patienten vergrößert, noch durch angenehme Wirkungen die Abhängigkeitsgefahr vermehrt. Dabei steht die pharmakologische Forschung freilich nicht schlechter da als andere psychiatrische Forschungsrichtungen.

Wir teilen die psychiatrisch wirksamen Neuropharmaka mit Delay 1957 nach dem uralten Prinzip ein:

A. vorwiegend dämpfende Mittel (Psycholeptika): 1. Neuroleptika, 2. Tranquilizer, 3. Schlafmittel.
B. Vorwiegend anregende Mittel (Psychoanaleptika): 4. Antidepressiva, 5. Psychostimulantien sowie Euphorika (z.B. Alkohol, Opium).
C. Vorwiegend verzerrende Mittel (Psychodysleptika): ebenfalls 5. z.B. LSD.

1 Neuroleptika (= Nl)

Ihre Ära ist geprägt durch die Einführung des Phenothiazins Chlorpromazin (Megaphen) 1952 durch Delay und Deniker, des Rauwolfia-Alkaloids Reserpin 1954 durch Kline und der Butyrophenone (z.B. Haldol) 1958 durch Janssen. Ursprünglich sind sie Produkte der tierexperimentellen Suche nach besseren Antihistaminika, Wurm-, Narkose- und Schmerzmitteln.

a) Definition, Wirkprinzip, Einteilung

Nl sind hirnwirksame Pharmaka, die vorwiegend am Stammhirn angreifen, daher Veränderungen des extrapyramidalen und vegetativen Systems setzen und in Zusammenhang damit psychomotorisch dämpfen und Symptome schizophrenen Handelns unterdrücken (entaktualisieren).
Biochemie: Nl verursachen eine Verminderung des am Dopamin-Rezeptor verfügbaren Dopamins im Striatum und im limbischen System. Durch diese Blockade kommt es zu einer kompensatorischen Steigerung der Catecholamin-Biosynthese und des Dopamins. Auch antihistaminische, anticholinerge und antiadrenerge Wirkungen sind u.U. am neuroleptischen Effekt beteiligt. Aus diesen Befunden leiten sich Hypothesen über biochemische Basisstörungen vor allem bei schizophrenen Patienten ab.

Für die Einteilung nach der chemischen Struktur folgen wir z.T. Benkert/Hippius. Bei den trizyklischen Nl unterscheiden wir:

- *Phenothiazin-Derivate*

a) mit aliphatischer Seitenkette: z.B. Chlorpromazin (Megaphen); Laevomepromazin (Neurocil); Promethazin (Atosil); Trifluopromazin (Psyquil);
b) mit Piperidyl-Seitenkette: z.B. Periciazin (Aolept); Thioridazin (Melleril);
c) mit Piperazinyl-Seitenkette: z.B. Butyrylperazin (Randolectil); Fluphenazin (Dapotum, Lyogen, Omca); Perazin (Taxilan) mit breitem mittleren Indikationsbereich, da gleichermaßen dämpfend und antipsychotisch; Perphenazin (Decentan); Trifluoperazin (Jatroneural), dessen Kombinationspräparate zu vermeiden sind.

• *Thioxanthen-Derivate*
Chlorprothixen (Taractan, Truxal), bes. bei gleichzeitiger depressiver Komponente schizophrener Psychosen sowie – wegen geringerer extrapyramidaler Wirkung – ambulant und bei alten Leuten; Clopenthixol (Ciatyl) gut antimanisch; Flupenthixol (Fluanxol); Thiothixen (Orbinamon).

• *Andere trizyklische Neuroleptika*
Clozapin (Leponex), sowohl dämpfend und schlafanstoßend als auch gut antipsychotisch und antimanisch, geringere extrapyramidale, dafür stärkere vegetative Wirkungen. Wegen bes. Gefahr des Blutdruckabfalls und der Agranulozytose nicht im offenen Handel; Prothipendyl (Dominal), gut schlafanstoßend, aber bei hirnorganischen Schäden gehäuft Nebenwirkungen.

• *Butyrophenone und ähnliche Neuroleptika*
Benperidol (Glianimon); Floropipamid (Dipiperon); Fluspirilene (Imap); Haloperidol (Haldol); Penfluridol (Semap); Pimozide (Orap); Trifluoperidol (Triperidol).

• *Rauwolfia-Alkaloide*
Reserpin (Reserpin, Sedaraupin, Serpasil, kombiniert mit Orphenadrin: Phasein), psychiatrisch keine Anwendung mehr, da bei vergleichsweise schwacher Wirkung die z.T. gefährlichen Nebenwirkungen schwer zu steuern sind.

Die Wirkung der Nl läßt sich nach zwei Polen einer gleitenden Skala ordnen: dem einen Pol entsprechen am meisten die Phenothiazine mit aliphatischer Seitenkette: stark dämpfend, schlafanstoßend und vegetativ, antihistaminisch, langsamer Wirkungseintritt. Dem anderen Pol entsprechen ehestens die Butyrophenone und die Phenothiazine mit Piperazinyl-Seitenkette: stark psychisch-neuroleptisch (antipsychotisch), extrapyramidalmotorisch, antiemetisch, schneller Wirkungseintritt. Die übrigen Trizyklika stehen dazwischen. Zur Einteilung der Nl nach der Potenz s. u. Ihre Wirkung auf die Schmerzwahrnehmung nutzt die Anästhesie (Neuroleptanalgesie): z.B. ist Thalamonal die Kombination aus dem rasch wirkenden Nl Droperidol und dem Schmerzmittel Fentanyl.

b) Therapeutischer Umgang

Es schadet nicht, es nochmals zu wiederholen: Wir geben Nl nur als Hilfsmittel im Rahmen unserer Begegnung mit dem Patienten. Daher sollen und können Nl auch nicht einfach seine Symptome wegmachen, zumal er ihren Schutz (Angstabwehr) braucht, bis er innerlich und äußerlich etwas gefunden hat, aus dem heraus er besser leben kann. Nl sollen den Patienten und mich begegnungs- und gesprächsfähig machen, so daß er sich nicht mehr nur in seiner Angstabwehr (Angst vor der Angst) zerkämpfen muß, sondern seine

Angst als Signal für seine Probleme wieder nutzen kann. Quält der Patient sich selbst sehr, wird er Nl meist gern nehmen wollen. Häufiger ist seine Angstabwehr jedoch mehr projektiv (z. B. paranoid, manisch), gegen Andere gerichtet, quält er mehr uns. Er *kann* dann keinen Grund sehen, Nl zu nehmen. Wenn er sie doch nimmt, kann er dies nur gegen seine eigene innere Überzeugung tun. Es ist dann nur fair, wenn ich bzw. das Team dem Patienten zu verstehen geben: „*Wir* brauchen es, daß Du Nl nimmst, wir können sonst nicht mit Dir sprechen, *wir* können Dich sonst nicht aushalten." Insofern geben wir Neuropharmaka dem Patienten immer auch zu unserer eigenen Selbstbehandlung. Solche Ehrlichkeit zahlt sich aus. Wir kommen damit auch um die Lüge herum, dem Patienten das Medikament als „Heilmittel" zu verkaufen. Es ist vielmehr immer auch ein Sozialisierungsmittel, ein Erziehungsmittel – nicht nur für ihn, sondern auch für uns bzw. seine Angehörigen. Dies schreiben wir sehr bewußt gerade angesichts der zunehmenden Bedenken der Gerichte gegenüber Neuropharmaka. So hat das OLG Hamm 1982 in einem Urteil festgestellt, daß Neuropharmaka bei langem, hochdosiertem Gebrauch eine „persönlichkeitszerstörende Wirkung" haben. Die in den letzten Jahren allzu großzügig gepriesene Hochdosierung (bis 150 mg Haldol täglich) hat verzweifelten Einzelfällen vorbehalten zu bleiben und ist auf max. 4 Wochen zu begrenzen. Wir haben im übrigen mit der niedrigsten Dosierung auszukommen, mit dem unser oben definiertes Ziel erreichbar wird. Längerfristig, vor allem ambulant, müssen wir zu einer Dosierung 2 × täglich kommen, schon da ohnehin heute niemand am Arbeitsplatz mittags seine Pillen schlucken wird. In günstigen Fällen kommt man mit einer einmaligen Dosis am Abend aus. Bei Langzeit-Depot-Nl scheint es sich zu bewähren, bewußt zehnmal weniger als die übliche Dosis zu geben, vorausgesetzt, es besteht ein so enger Betreuungskontakt, daß sich anbahnende Rückfälle mit vorübergehend höherer Dosierung auffangen lassen. An der Erprobung solcher Wege sollten sich auch in der BRD Ambulanz-Teams beteiligen. Die Zuverlässigkeit der Medikamenteneinnahme stationär wie ambulant kann nur gering sein. Ein Teil der Nl-Wirkung besteht darin, daß der Patient nicht mehr gegen seine Angst kämpft, sondern gegen seine extrapyramidal-vegetativ-dämpfende Beeinträchtigung durch die Nl. Er tut dies, indem er heimlich Nl wegläßt, regelmäßiger und unangenehmer jedoch dadurch, daß er Kaffee oder Cola konsumiert – und dies bis zu unvorstellbaren Ausmaßen einer Kaffee-Sucht, die nicht nur die Nl-Resorption hemmt, sondern uns auch ziemlich ohnmächtig macht. Es gilt daher auch bei derjenigen Beziehung zwischen mir und dem Patienten, die über Medikamente läuft, daß wir so lange miteinander verhandeln, bis eine Vereinbarung getroffen wird, die beide Seiten einhalten können, aber auch wollen. Die richtige Dosis muß sowieso in jedem Einzelfall neu herausgefunden werden, da die individuelle Nl-Empfindlichkeit außerordentlich unterschiedlich (wie 1:16) ist. Schließlich findet die Nl-Anwendung auch dort eine Grenze, wo wir darauf zu achten haben, daß wir die Plus-Symptomatik (z. B. Wahnideen, Stimmen) nicht so gut „bekämpfen“, daß an ihre Stelle ein Zuwachs an Minus-Symptomatik (z.B. Apathie, Antriebslosigkeit) tritt, womit wir den Startschuß in die Hospitalisierungskarriere geben würden.

Statt zwischen Wirkung und Nebenwirkung der Nl unterscheiden wir zwischen gewünschten, in Kauf zu nehmenden und zu verhindernden Wirkungen. Dabei gibt es drei Wirkungsrichtungen:

1 Psychische Wirkungen

Psychomotorische Dämpfung (indirekt auch intellektuell) mit Müdigkeit, Antriebs- und Interessen-Einbuße, gefühlsmäßige Indifferenz/Wurstigkeit, Einschränkung der Wahrnehmbarkeit von Angst und anderen Gefühlen.

Dies ist in folgenden Situationen therapeutisch nutzbar:
a) bei schwersten akuten Erregungszuständen psychotischer oder nichtpsychotischer Art;
b) bei akuten psychotischen Zuständen (paranoider, halluzinatorischer, kataToner, angst-gespannter oder manischer Art); und
c) bei der ambulanten Langzeitbehandlung von Menschen, deren psychotisches Handeln den Lebensplan immer wieder durchkreuzt.

Indikation a: i.m. oder i.v. 5–10 mg Haldol, falls erfolglos Atosil oder Neurocil (2–3mal 50 mg i.m.). Bei alten und kreislaufschwachen Personen Haldol bzw. Protactyl.

Indikation b: antipsychotisch-hochpotente Nl, wie Haldol, evtl. kombiniert mit Atosil. Anfangs ausreichend hohe Medikation, 3mal 5–10 mg Haldol, Erhaltungsdosis für mehrere Wochen 2–10 mg täglich oral (bis 30 mg). Bei Erfolglosigkeit nach etwa 4 Wochen Wechsel auf ein Präparat mit anderer chemischer Struktur. Absetzen ausschleichend (2–3 Wochen). Bei Katatonie Haldol. Je persönlichkeitsnäher ein Wahnsyndrom, desto unwirksamer sind Nl (ehestens ein niedrig dosiertes Depot-Präparat). Bei schweren Zwangssyndromen z.B. Aolept bis 150 mg + Anafranil bis 300 mg. Schlafstörungen sind durch das gewählte Nl, nicht durch zusätzliches „Schlaf“mittel zu erfassen, z.B. durch Erhöhung der Abenddosis oder Zusatz eines schlafanstoßenden Nl (Neurocil).

Indikation c: durch konsequente Anfangsmedikation ist bei möglichst vielen Patienten die Langzeitmedikation zu vermeiden. Ist sie dennoch erforderlich, kommen folgende oral zu nehmende Mittel in Betracht: Taxilan, Melleril, Orap (1 Dosis am Tag). Ferner sind als Injektion i.m. alle 1–3 Wochen zu geben: Dapotum D, Imap. Hier ist die kleinste, noch wirksame Dosis zu finden. Absetzversuche spätestens bei 6monatiger Symptomfreiheit. Bei Neigung zu extrapyramidalen Symptomen ist ein schwächer potentes Mittel zu suchen. Sonst ist das Akut-Mittel in kleinerer Dosis weiter zu benutzen. Keine vorsorgliche Gabe von Antiparkinsonmitteln, da dies abhängig macht und Spätdyskinesien begünstigt. Wird durch Langzeittherapie eine dysphorisch-depressive Verstimmung (mit Suizidgefahr!) erzeugt, ist sofortige Reduktion bzw. Umstellung des Nl erforderlich, nicht etwa die Gabe von Antidepressiva.

2 Extrapyramidal-motorische Wirkungen

Die Dosis, bei der die antipsychotische Wirkung der Nl beginnt, ist oft am Auftreten einer extrapyramidalen Bewegungsstörung bzw. vegetativen Störung zu erkennen, z. B. an der Feinmotorik der Handschrift. Je geringer die Dosis, mit der ein Nl diese „neuroleptische Schwelle" erreicht, desto größer seine „*neuroleptische Potenz*" (Haase): nach diesem Zeichen können wir alle Nl in einer Reihe einordnen, bezogen auf das mittel-potente Chlorpromazin = 1. Unter 1 liegen z. B. Thioridazin, Chlorprothixen, Laevomepromazin. Für Perazin gilt 2, für Haldol und Fluphenazin 30–60, für Benperidol 100.

Nl können zwar psychotische Symptome „wegdämpfen", verwandeln aber die psychiatrischen Patienten damit in neurologische Patienten, mit dem Aussehen und der Behinderung von Parkinson-Kranken. Die Unterscheidung der extrapyramidalen Wirkung der Nl ist für alle psychiatrisch Tätigen praktisch hochwichtig:

1. *Frühdyskinesien* (hyperkinetische Dystonien): Zungen-, Schlund- oder Blickkrämpfe, Trismus (Kiefernklemme durch Kaumuskelkrampf), Streckkrämpfe des Rumpfes (Opisthotonus), mimische Hyperkinesen, torticollisähnliche, choreatisch-athetoide oder torsionsdystone Hals- und Armbewegungen. Auftreten durch zu schnelle Dosissteigerung bes. potenter Nl. „Wunderheilung" durch Antiparkinson-Mittel (Akineton), i. v. oder oral. Dennoch Akineton nie vorsorglich, da nur 30% diese Dyskinesien bekommen.

2. *Parkinson-Syndrom* (Parkinsonoid, hypokinetisches Syndrom): Einengung der gesamten Beweglichkeit, Verlust der Mitbewegungen, Hypomimie, kleinschrittiger Gang, Erhöhung des Muskeltonus mit Rigor, Tremor, Salbengesicht und Speichelfluß (Hypersalivation). Extremzustand völliger Bewegungs- und Willenlosigkeit (akinetisch-abulisches Syndrom). Auftreten je nach Potenz und Dosis des Nl bzw. der individuellen Disposition, ab der 2. Behandlungswoche. Therapie: Dosisreduktion, Umsteigen bzw. Akineton niedrig dosiert.

3. *Akathisie:* Äußerst quälende Unruhe mit Unfähigkeit, ruhig zu stehen oder zu sitzen; sowie Drang zu ständiger Bewegung (Tasikinesie). Auftreten durch hochpotente Nl, meist nach längerer Gabe. Auch hier ist Dosisreduktion oder Umsteigen erforderlich, zumal Akineton meist unwirksam ist. Achtung: diese „innere Unruhe" ist nicht mit der psychotischen zu verwechseln!

4. *Parkinson-Haltung:* Auch nach Absetzen der Nl ist oft kaum entscheidbar, ob ein Parkinson-Syndrom weiterbesteht oder ob der Patient die Parkinson-Haltung gelernt hat, um seine Gefühlsabwehr auf die parkinsonistische

Gefühlsausdruckssperre umzustellen. Unter dieser Parkinson-Maske kann er sein inneres Elend, seine Angst Anderen und sich noch besser verbergen. Auf diese Möglichkeit ist dringend zu achten; sonst kann ein scheinbar unerklärlicher Suizid das Ergebnis sein.

5. *Spätdyskinesien* (terminales extrapyramidales Defektsyndrom): choreatisch-athetoide, ballistische oder torsionsdystone Hyperkinesen im Bereich des Mundes, des Gesichts, der Hände und Füße als oft irreversible *Dauerschäden.* Degkwitz u.a. fanden sie bei 70% ihrer mindestens 10 Jahre lang mit Nl behandelten Patienten. Begünstigend: vor allem die *Therapiedauer*, evtl. Dosis und Potenz des Nl, häufige Gaben von Anti-Parkinson-Mitteln, Hirnvorschädigung und Alter des Patienten. Daher möglichst enge Indikationsstellung für eine Dauertherapie, die außerdem möglichst oft zu unterbrechen ist. Ist der Schaden da, wirken Antiparkinson-Mittel nur symptomverstärkend, während Nl-Erhöhung oder Nl-Absetzung oder Melleril die Hyperkinesien bisweilen dämpft, gelegentlich auch zum Verschwinden bringt.

3 Vegetative und andere Wirkungen

vor allem bei trizyklischen Nl (Phenothiazine) und Clozapin bedrohliche Blutdrucksenkung, kompensatorische Tachycardie und direkte Herzwirkung. Temperatursenkung oder -anstieg. Weiter Leukopenie, Thrombopenie, Eosinophilie, Panzytopenie und vor allem die u.U. tödliche Agranulozytose (4.–10. Woche). Daher wöchentliche, später monatliche Blutbildkontrollen: Bei schnellem Absinken der Leukozytenzahl Verzicht auf ein Nl überhaupt. Unter Trizyklika in den ersten 3 Monaten keine Schmerz- und Fiebermittel. Andere Untersuchungen: anfangs täglich Puls/Blutdruck, vierteljährlich Harnstoff, Kreatin, Transaminasen, EKG. All dies auch als Voruntersuchung.

Andere Komplikationen: allergisches Exanthem (2.–4. Woche). Fotosensibilität (Vorsicht beim Sonnenbad). Pigmentablagerung in Haut, Linse und Herzmuskel. Allergische Verquellung der Gallenkapillaren mit intrahepatischer Cholestase, Verschlußikterus und Anfälligkeit für Virushepatitis (bes. 2.–4. Woche). Nach 10 Jahren Nl fanden Degkwitz u.a. in 80% pathologische Leberwerte und Cholangitis mit geringer Leberfunktionseinbuße. Thrombosen mit Gefahr der Lungenembolie. Große epileptische Anfälle sowie delirante Syndrome durch zu schnelle Dosissteigerung oder -senkung. Hormonstörungen: Gewichtszunahme (bis Cushing-Syndrom), Menstruationsstörungen, Gynäkomastie, Dämpfung der Libido und Potenz. Zu Beginn der Nl-Therapie Müdigkeit und Konzentrationsschwäche (Autofahrverbot!), was sich später meist bessert.

4 Kontraindikationen

bestehen – zumindest relativ – bei Schwangerschaft, Harnverhalten, Glaukom, Prostatahypertrophie, Pylorusstenose, Vorschädigung des blutbildenden Systems oder der Leber. Vorsicht bei älteren Patienten, Herz-Kreislauf-

Schwäche und Gehirnschädigung. Keine Kombination mit „Schlaf-“ und Schmerzmitteln, Opiaten oder Alkohol.

Beschränkung des Teams auf ein Repertoire von 3–4 Nl erhöht die Sicherheit. Kombinationen mehrerer Nl sind meist unsinnig. Ausnahme: Wenn die neuroleptisch angezielten Symptome („Zielsymptome“) weit auseinanderliegen, z. B. bei gefährlichen Aggressionen einer akuten Wahnpsychose.

Merke: Grundhaltung, Therapie-Gesamtplan, strenge Indikation sowie ständige Anstrengung, die Gefahren gering zu halten, sind die *Voraussetzungen*, damit die Nl sich segensreich auswirken können. Gleichwohl bleiben sie ein Behelf, eine unterdrückende und einengende Krücke – unverzichtbar und verantwortbar nur, solange *wir* nicht besser sind.

2 Tranquilizer (= Tq)

Das Milliardengeschäft der Tq macht Menschen vom praktischen Arzt, von der ambulanten und stationären Psychiatrie mehr abhängig als unabhängig. Daher hat eine verantwortliche Psychiatrie und Medizin Sinn und Unsinn der Tq kritisch zu sichten. Ihre Ära begann 1946 mit dem Meprobamat und trat 1960 mit dem 1. Benzodiazepin-Derivat Librium (der „Sonnenbrille für die Seele“) in die selbst-betrügerische Kommerzialisierungsphase ein.

a) Definition, Wirkprinzip, Einteilung

Tq sind hirnwirksame Mittel, die u. a. am limbischen System angreifen, daher Affektivität, Aggressivität, Angst und das vegetative System dämpfen sowie Schlaf anstoßen. Ferner wirken sie als Interneuronenblocker muskelrelaxierend-entspannend, beeinflussen auch so die motorischen Äußerungen von Angst. Und endlich wirken sie antikonvulsiv der Krampfneigung entgegen. Während Nl (und „Schlafmittel“) in geringen Dosen den dämpfend-beruhigenden Tq-Effekt haben, zeigen Tq nie neuroleptisch-antipsychotische Wirkung. Die Biochemie ist wenig bekannt; am Wirkprinzip dürfte ein Eingriff in den Serotonin-Stoffwechsel beteiligt sein.

Die Einteilung erfolgt nach der chemischen Struktur:

- *Carbaminsäure-Derivate:* Meprobamat (z. B. Aneural, Cyrpon, Meprosa, Miltaun). Diese Gruppe ist wegen Suchtgefahr und Toxizität nicht zu verwenden.
- *Diphenylmethan-Derivate:* Hydroxyzin (Atarax, Masmoran). Auch diese Gruppe ist psychiatrisch überflüssig.
- *Benzodiazepin-Derivate:* Chlordiazepoxid (Librium, komb. mit Amitriptylin = Limbatril, wofür die Indikation fraglich ist, da sich z. T. beide Wirkkomponenten aufheben); Diazepam (Valium); Dikalium-chlorazepat (Tranxilium); Lorazepam (Tavor) im Augenblick wohl größte Abhängigkeits-

gefahr; Medazepam (Nobrium); Oxazepam (Adumbran, Praxiten); Prazepam (Demetrin); Bromazepam (Lexotanil); Clobazam (Frisium).

• *Tri- und tetrazyklische Tranquilizer:* Benzoctamin (Tacitin); Opipramol (Insidon). Diese Gruppe ist vor allem für die Forschung interessant, weil man wegen der strukturchemischen Ähnlichkeit mit den Antidepressiva zumindest hofft, aus ihnen Tq mit verminderter Suchtgefahr entwickeln zu können.

b) Therapeutischer Umgang

Bleiben für den praktischen Gebrauch also die Benzodiazepine. Indikation: nichtpsychotische Erregungs-, Angst-, Spannungs- und Unruhezustände, sofern *organisch* bedingt. Insbesondere Diazepam beim Status epilepticus, bei epileptischen Erregungs- und Verstimmungszuständen, neurologisch bedingten Muskelspasmen sowie bei angstmachenden und belastenden akuten Körperkrankheiten (z.B. Herzinfarkt) oder als operative Prämedikation. Sind diese Zustände aber psychogen, neurotisch oder reaktiv bedingt, handelt es sich um Indikationen für psychotherapeutisches Vorgehen. Allen Werbemaßnahmen und dem gerade hier stattfindenden Geschäft zum Trotz sind Tq hier in der Regel kontraindiziert.

Auch wenn es für den sprichwörtlich vielbeschäftigten Klinik- oder Praxisarzt noch so verführerisch ist, schwierige und lästige Neurotiker mit einem Tq zeitsparend (ab)zuspeisen. Auch wenn eine solche Fütterung (orale Befriedigung) kurzfristig zufriedene und dankbare Patienten erzeugt: Millionenfach machen wir durch Tq aus vorübergehenden Lebenskrisen, Versagens- und Erschöpfungszuständen langfristige neurotische und psychosomatische Entwicklungen. Und wir, die Schädiger, verspotten die Geschädigten, unsere eigenen Produkte, auf Kongressen obendrein als „Zivilisationsschäden". Wie ist das möglich?

• Die Angst, in die man sich durch ungünstigen Umgang mit eigenen Schwierigkeiten hineingelebt hat, wird durch Tq nur schwerer wahrnehmbar, kann sich unter dieser Maske bei unverändertem Leben um so besser weitersteigern.

• Die Angst ist das wichtigste Signal, an dem jemand seine Krise erkennt und ohne das wir nicht therapeutisch arbeiten können.

• Tq wirken angenehm, oft euphorisierend, so daß der Konsument immer „mehr desselben" haben möchte, zumal seine Grundschwierigkeiten durch sie nicht „unangenehm" berührt werden.

• dadurch werden a) manche Tq-Konsumenten körperlich abhängig; b) viele psychisch abhängig; und vor allem c) treiben wir alle Patienten in die Haltung, ihre Schwierigkeiten noch mehr zu maskieren und zu vermeiden. Sie erwarten ihr Heil statt von Arbeit an sich selbst von einem immer anspruchsvolleren Glauben an äußere Mittel. 5. Daher trinken die meisten Tq-Konsumenten auch Alkohol, was wegen der Potenzierung schon allein kontraindiziert ist. Und daher steigt 6. der Anteil neurotischer Patienten an den gerade für sie ungünstig-hospitalisierenden Krankenhausaufnahmen ständig. Dies ist eine makabre Form einer Antipsychiatrie, an der wir alle mitwirken, wenn wir nicht lernen, daß die beste Hilfe auch in der Verweigerung von Hilfe bestehen kann.

Von dieser Kontraindikation gibt es Ausnahmen:

1. nicht-psychotische akute Erregungszustände, auch hier eher Haldol.

2. Ausnahmezustände, die für einen Menschen bedeutungslos und zufällig sind, z.B. Katastrophenreaktionen, nicht jedoch Trauerreaktionen!

3. Angst, die jemanden total besetzt oder die z.B. durch psychosomatische Symptome ganz wegorganisiert ist. Hier können Tq diese Angst in einem mittleren Maß wieder erlebnisfähig machen, was psychotherapeutische Arbeit erst ermöglicht. Auch (chron.) psychotische oder geistig behinderte Patienten, die sich in störende gewalttätige Angstabwehr gegen sich oder Andere rettungslos zerkämpft haben (z.B. Selbstverletzung), können durch befristet gegebene Tq wieder zu der für sie normalen, nutzbaren Angst zurückfinden.

4. Angst-Krisen, die im Rahmen einer therapeutischen Beziehung auftreten, aber nicht mehr zu nutzen bzw. anders aufzufangen sind.

Richtlinien: Sie dürfen Tq 1. nur im Rahmen eines Therapieplans geben, 2. nur kurzbefristet, 1 bis höchstens 3 Wochen, was mit dem Patienten vorher zu vereinbaren und zu begründen ist. 3. Alkoholverbot. 4. Autofahrverbot, zumindest für die 1. Woche. 5. Hauptdosis – oder überhaupt nur eine Dosis – zur Nacht (z.B. 10 mg Diazepam) wegen der langen Halbwertzeit (7–30 Std. oder noch länger) und wegen etwaiger Schlafstörungen. 6. Keine Kombination mit Nl, „Schlafmittel" oder anderen Tq. 7. Bei älteren vorsichtiger Beginn (z.B. 2 mg Diazepam). 8. Bei Erregungszuständen 10 mg Diazepam i.m. oder i.v. (i.v. langsam: Atemdepression)!, Wiederholung nach 30 Min., am 1. Tag selten mehr als 40 mg.

Nebenwirkungen: anfangs Schläfrigkeit, Konzentrationsschwäche, Blutdruckabfall. Bei Überdosierung Verlangsamung, Muskelschwäche, Apathie, Sprechstörung, Doppelbilder, Ataxie, Schwindel. Suizidversuche allein mit Tq praktisch nie tödlich. Bei Abhängigkeit zusätzlich: Vergeßlichkeit, dysphorische Verstimmung, Abmagerung, Muskelschwäche, Delir, Krämpfe. Paradoxe Reaktion als Erregungszustand und Schlaflosigkeit. Entzugs-Syndrom: Tremor, Ataxie, Erbrechen, Delir und Krämpfe (noch nach 2 Wochen Abstinenz!); daher allmählicher Abbau über 10 Tage. Sonstige Kontraindikation: Myasthenia gravis, Ataxie, Potenzierung durch Alkohol, Opiate und Barbiturate.

3 „Schlafmittel"

= alle Pharmaka, nach deren Einnahme Schlaf erfolgt. In geringerer Dosis wirken sie beruhigend (Tq), in stärkerer Dosis narkotisierend. In dieser naiven Definition steckt ein gefährlicher Selbstbetrug. Denn: es gibt keine Schlafmittel, nur Dämpfungs- oder Betäubungsmittel! Was wir fälschlich so nennen, verhindert in Wirklichkeit den natürlichen Schlafrhythmus, bewirkt Entzug sowohl von Tiefschlaf als auch von Traumschlaf (= REM-Schlaf = rapid eye movements). Es zerstört also die körpereigene, endogene Schlaffähigkeit und verschlimmert daher die Schlaflosigkeit. Da sich der Körper schon ab der 2. Woche an das jeweilige Mittel gewöhnt, ist die Verführung zum Dauerkonsum bei abnehmender Wirkung und Dosiserhöhung, also die Suchtgefahr, von vornherein gebahnt. Dies kann – außer der pharmazeutischen Industrie – niemandem nützen.

Wir haben also mit der ebenso lieben wie schädlichen Gewohnheit zu brechen, „Schlafmittel" zu verordnen. Was stattdessen tun? Zunächst haben wir wie bei jedem Symptom den Sinn, den Signalwert sowie den Bedingungskreis der Schlafstörung wahrzunehmen, also auch hier die Grundhaltung zu finden. Oft ist eine zugrundeliegende Körperkrankheit zu behandeln. Bei Hirngefäßleiden hilft eher Digitalisierung oder Kaffee, bei Psychosen abendliche Erhöhung des Nl. – Grundsätzlich ist zu klären, *wie* jemand seine Schlafstörung unterhält. Bei Untätigkeit und Sinnleere im Tagesablauf ist deren Behebung das geeignete „Schlafmittel". Tag-Nacht-Rhythmus und Einschlafgewohnheiten sind zu verändern. Man muß „seinen" Trick finden: z. B. sich einen liebevoll zerlegten Apfel ans Bett stellen; feuchte Socken im Bett an den Füßen trocknen lassen; sich einreden, man wolle gar nicht schlafen, sondern entspannt wachbleiben. So gehen auch Verhaltenstherapie und autogenes Training vor, wobei aber zu beachten ist, daß die Wirkung bald nachläßt, solange ich mich nur auf die *von außen* einwirkende Technik verlasse, statt das Gelernte aktiv in meinen eigenen Lebensalltag zu übersetzen. Andere haben die Haltung zu lernen, sich zu „ihrer" Schlafstörung zu bekennen, sie wenigstens momentan als zu sich gehörig anzunehmen, nicht mehr krampfhaft gegen sie zu kämpfen, „nichts gegen sie zu tun", sondern mit ihr zu leben. Meist ermäßigt schon dies die Schlaflosigkeit wesentlich und dauerhaft. Schlafstörung ist ein gutes Beispiel für unseren ökologischen Grundsatz: kein Frontalangriff, sondern Um-gang, alle Aufmerksamkeit für den Kontext!

Schlaffähigkeit will sich also aus sich selbst heraus verwirklichen. „Schlafmittel" wirken entgegengesetzt. Sie einzusetzen bedeutet, jemandem die Hoffnung auf Selbsthilfe zu nehmen und damit eine möglicherweise lebenslange Einbuße seiner eigenen Schlaffähigkeit billigend in Kauf zu nehmen. Wer von uns jemanden zum ersten Mal im Leben ein „Schlafmittel" gibt, weist ihn auf einen Weg mit einem höheren Risiko als z. B. eine Blinddarmoperation, wenn man den Verlust an Selbstvertrauen und die höhere Wahrscheinlichkeit für Sucht und Suizid bedenkt.

Bleiben als *Indikationen* für „Schlafmittel" übrig: 1. absehbar kurzfristige Krisen. 2. Menschen, die schon soweit auf den Weg der „Schlafmittel" gebracht wurden, daß ihnen zunächst Selbsthilfe unerreichbar ist. 3. Anders unbeeinflußbare schwere Körperkrankheiten und psychotische Zustände.

Richtlinien: 1. Vorher vereinbarte Befristung auf wenige Tage. 2. Beginn mit dem ungefährlichsten Mittel und der kleinsten Dosis (wenn nicht die Abwendung einer Gefahr schnelle sichere Schlafentwicklung erzwingt). 3. Keine Kombinationspräparate! 4. Keine Kombination mit potenzierenden Stoffen, wie Alkohol und anderen dämpfenden Mitteln. 5. Verschreibung nur kleiner Mengen. 6. Ist Dauermedikation unvermeidlich, dann Verteilung von 4–6 Schlafdosen über einen Monat. 7. Im übrigen ist Dauermedikation ein Kunstfehler.

In Frage kommen folgende „Schlafmittel“: ungefährliche pflanzliche Präparate (Valmane, Baldrian-Dispert, Hovaletten), wenn die Placebo-Wirkung bewußt genutzt wird. Im übrigen die im Vergleich weniger riskanten Tq Nitrazepam (Mogadan), Flunitrazepam (Rohypnol) oder Flurazepam (Dalmadorm). Fistraneurin höchstens im Alter. Eher noch sind außer schlafanstoßenden Nl Chloralhydrat (Chloraldurat) oder Paraldehyd zu empfehlen.

Alle anderen Präparate haben ein zu hohes Risiko an Giftigkeit, Suizid- oder Suchtgefahr und sind überflüssig. – Ist in Extremsituationen ein schlaferzwingendes „Schlafmittel“ unvermeidlich, dann ehestens ein – ebenfalls gefährliches – Barbiturat, wenn keine Leber- oder Nierenschäden vorliegen: das kurzwirkende Hexobarbital (Evipan) oder das längerwirkende Cyclobarbital (Phanodorm, Medomin), ganz selten das stark kumulierende Phenobarbital (Luminal).

Bei erkennbarer Suchtgefahr immer Nl!

Das neue Arzneimittelgesetz erleichtert ab 1.1.1978 den Kampf gegen gefährliche Medikamente: Es sieht Rezeptpflicht vor, wenn ein Stoff häufig nicht bestimmungsgemäß gebraucht wird, und wenn er die Gesundheit unmittelbar oder mittelbar gefährden kann.

4 Antidepressiva (= Ad)

Von den anregenden Psychoanaleptika haben nur die Antidepressiva (= Thymoleptika) Bedeutung. 1956 wurden Imipramin und 1957 die Monoaminoxydasehemmer (MAOH) entdeckt. Ferner, etwa ab 1950, die Lithium-Wirkung, bes. von M. Schou erforscht.

a) Definition, Wirkprinzip, Einteilung

Ad sind solche hirnwirksamen Pharmaka, die vor allem an den Zentren des Hypothalamus angreifen, dort auf das vegetative System adrenerg-anticholinerg und im Zusammenhang damit stimmungshebend sowie psychomotorisch teils antriebssteigernd, teils dämpfend wirken. Nl- und Ad-Wirkprinzip lassen sich also als zwei Pole eines Wirkspektrums beschreiben, zumal beide Gruppen – soweit trizyklisch – chemisch verwandt sind. Daher gibt es auch Nl mit stimmungshebender Komponente: Truxal, Melleril.

Biochemie: Ad führen zum Anstieg des am Rezeptor verfügbaren Catecholamins Noradrenalin (z. T. auch des Dopamins und Serotonins) und heben den gegenteiligen Effekt des depressionsauslösenden Reserpins auf. Aus solchen tierexperimentellen Befunden stammt die Hypothese, daß beim Menschen der Depression ein Catecholaminmangel im Gehirn entspricht. Das Wirkprinzip des Lithiums ist unbekannt. Es hemmt offenbar die Freisetzung von Noradrenalin im Neuron, was die anti-manische Wirkung erklären würde, wenn man bei der Manie zuviel Catecholamin am Rezeptor vermuten darf. Zur präventiven Wirkung des Lithiums die Hypothese, daß ständige Lithium-Zuführung die Verfügbarkeit des Noradrenalins am Rezeptor erhöht.

Einteilung der Ad nach Kielholz, indem wir 3 Zielsyndromen endogen-depressiver Zustände 3 antidepressive Wirkungstypen zuordnen:

- Bei ängstlich-erregten Depressionen ist der *Amitriptylin-Typ* einzusetzen (= stimmungshebende und psychomotorisch dämpfende Wirkung): die den Nl ähnlichen Trizyklika Amitriptylin (Saroten), Doxepin, Trimipramin.
- Bei vital verstimmten Depressionen greift der *Imipramin-Typ* (= stark stimmungshebende und psychomotorisch mäßig aktivierende Wirkung): die Trizyklika Imipramin (Tofranil), Clomipramin, Lofepramin, Dibenzepin (Noveril), Dimetracin, Melitracen, Noxiptilin; die Tetrazyklika Maprotilin und Mianserin; sowie das nicht klassifizierbare Nomifensin, das eher munter machen dürfte.
- Bei psychomotorisch gehemmten Depressionen wirkt am ehesten der *Desimipramin-Typ* (= stimmungshebende und psychomotorisch stark aktivierende Wirkung): die Trizyklika Desimipramin, Nortriptylin, Protriptylin; MAO-Hemmer sind nur noch für die Forschung interessant.

b) Therapeutischer Umgang

Zur schwierigen Frage der *Indikation* für Ad überhaupt s. Kap. 7. Nur im Rahmen einer therapeutischen Beziehung sind unter den endogenen Anteilen eines Patienten solche auszumachen, bei denen die Selbsthilfe mißlingt. Sie rechtfertigen den Weg der Ad-Fremdhilfe, sei es als Starthilfe, sei es länger. In jedem Fall ist es schwerwiegend, jemandem das erste Mal Ad zu verordnen: denn wahrscheinlich wird man auch in zukünftigen depressiven Krisen so verfahren; und Ad werden hinfort den Lebensweg des Patienten begleiten, da sein Selbsthilfepotential mit der Häufigkeit der Fremdhilfe abnimmt.

Da Ad zunächst den Antrieb steigern, erst nach etwa 14 Tagen die Stimmung heben, besteht in der Zwischenzeit innere Unruhe und Suizidgefahr. Daher sollte man regelmäßig mit einem dämpfenden Präparat beginnen, etwa Saroten. Erst nach 4 Wochen umsteigen, stark antriebsteigernde Mittel nur notfalls wählen. Denn – wir erinnern uns: kein Frontalangriff, sondern Flankenschutz, Kontextarbeit auch hier: die Depression ist nicht zu bekämpfen, sondern ein Schutz, den es überflüssig zu machen gilt.

Zu beachten ist weiter: bei organischen und Spätdepressionen steht internistische Behandlung im Vordergrund, bei neurotischen die Psychotherapie. Bei larvierten Depressionen wirkt der Amitriptylin-Typ, bei Erschöpfungsdepressionen oft eher ein antidepressiv wirksames Nl. Bei echten Depressionen schizophrener Patienten kann man Nl und Ad kombinieren („Zweizügeltherapie"). Man muß aber sicher sein, daß die Depression nicht schon Nl-bedingt ist. Außerdem würde bei einem zu aktivierenden Ad die Gefahr der Aktivierung schizophrener Symptome bestehen („Symptomprovokation"). – Ist ein Ad nach 4 Wochen unwirksam, legt man eine Woche Pause ein, da Ad wie Nl auch depressiv machen können. Bei starker Unruhe, Qual, Suizidgefahr eher Wechsel auf ein Nl. Mehr als $^1/_3$ der Patienten spricht auf Ad nicht an. Elektrokrampftherapie wird in den USA bei schweren Depressionen heute wieder öfter angewandt, weil sie den Ad gleichwertig sei, aber schneller wirke. Langzeittherapie z.B. mit Imipramin soll bei unipolaren periodischen Depressionen so präventiv wirken wie Lithium.

c) Begleitwirkungen und Gefahren

Die antidepressive Wirkung wird begleitet von vegetativen Veränderungen, und zwar in beide Richtungen: d.h. Blutdruck, Puls, Verdauung, Speichel-, Schweiß- und Harnproduktion, Temperatur und Temperaturempfindung, Hautdurchblutung, Wachheit und Pupillenweite können nach oben oder nach unten auslenken. Ferner: Akkomodationsschwäche, orthostatische Regulationsschwäche, Schwindel, Kopfschmerzen, Stenocardien (bis zum Herzinfarkt), Herzarrythmie, Übelkeit, Erbrechen, feinschlägiger Tremor. Solche oft sehr unangenehmen Wirkungen inkauf zu nehmen, ist als Eigenleistung des Patienten besonders herauszustellen, da es sein Selbsthilfegefühl aufrecht hält. Auch hier (s. Nl) dürfte die Wirkung z.T. über die Nebenwirkung laufen: Umlenkung der Aufmerksamkeit und Abwehr von der Angst auf den Körper – entsprechend der Logik der Gefühle. Daher Skepsis, wenn bei neueren Ad geringere Nebenwirkungen gepriesen werden: ihre Wirkung wird für schwere Depressionen dann auch schwächer sein.

Sofortiges Absetzen: bei Arrythmie, anderen Herzstörungen, Kollapszuständen, paralytischem Ileus, schwerer Harnsperre, und Blutzellschädigung (Agranulozytose), die bei den Trizyklika möglich ist. Behandlung verlangen anhaltende Tachycardie (z.B. Dociton), Kreislaufregulationsschwäche (z.B. Dihydergot 10 mg tägl.), Miktionsstörung (z.B. Doryl 1 Amp.). Parkinson-Syndrom und Akathisie sind seltener als bei Nl, verlangen Akineton oder besser Atosil. – Zu schnelle Dosisänderungen können Krämpfe erzeugen, zu Beginn ferner ein Delir, beim Absetzen eine Art Entzugssyndrom. Stark aktivierende Ad haben weitere Gefahren: paranoid-halluzinatorische Symptomprovokation, „Umkippen" ins Manische und – wie schon gesagt – Suizidgefahr. Aktivierende Ad sind daher bei Suizidalität und bei ängstlich-erregten Depressiven kontraindiziert. – Weitere Kontraindikationen: Glaukom,

Pylorusstenose, Prostatahypertrophie, akute Vergiftungen, Herz-, Leber- und Nierenschäden, Diabetes mellitus und Thromboseneigung.

Weitere Richtlinien: 1. Vor Beginn Routineuntersuchung (Kontrollen wie Nl): Blutbild, Blutdruck, Puls, Harnstoff, Transaminasen und besonders EKG. 2. Wenn möglich langsame Steigerung, z.B. Amitriptylin einige Tage 3 × 25 mg, in der ersten Woche auf 3 × 50 mg, in der 2.–3. Woche auf 3 × 75mg. Absetzen entsprechend. 3. Bei Schlafstörungen abendliche Dosiserhöhung bei Amitriptylin-Typ (oder Retard-Form), sonst eher ein Nl. 4. Kurmäßige Anwendung, da erst nach etwa 4 Wochen Wirkungslosigkeit eines Mittels feststellbar ist, die durch zu hohe, öfter zu niedrige Dosierung bedingt sein kann. Plasmakonzentration soll bald routinemäßig meßbar sein. 5. Grundsätzlich bei einem Ad bleiben. Kombination bei ängstlich-erregten Depressiven, nur anfangs, mit Nl. Kombination mit „Schlafmittel" vermeiden. 6. Eingeschränkte Verkehrstauglichkeit. 7. Selten Abhängigkeit von Ad. Und 8. soll bei Therapieerfolg die Ad-Medikation etwa 6 Monate beibehalten werden, da Symptome nur unterdrückt werden und man schlecht weiß, wann die Depression vorbei ist.

5 Lithium-Salze

Indikation für die präventive (prophylaktische) Wirkung des Lithium: wenn in 2 Jahren 3 oder mehr manische und/oder depressive Phasen vom endogenen Typ auftreten. Erfolg um so größer, je „lehrbuchhafter" der zyklothyme Verlauf. Von den Patienten, die die Therapie durchhalten, treten bei etwa 70% Phasen nicht mehr auf, werden abgeschwächt oder haben längere Intervalle. Einzelne Patienten empfinden den Mischzustand zwischen „gesund" und „krank" so unangenehm, daß sie das Durchleben der Phasen vorziehen. Der Rückfall-Schutz tritt erst nach 6 Monaten ein. Die Patienten müssen lernen, Begleit- von Überdosierungswirkungen zu unterscheiden, erstere inkaufzunehmen und ihren Lebensstil (z.B. Ernährung, Regelmäßigkeit) so einzurichten, daß ein mittlerer Blutspiegel gewährleistet ist. Dies ist der therapeutisch wichtige Selbsthilfeanteil des Patienten. Die Dosierung muß so sein, daß ein Serumspiegel von 0,5–1,0 mval/l erreicht und erhalten wird, bei Älteren weniger.

Therapeutische Lithium-Wirkung bei hypomanischen und manischen Zuständen. Die Dosierung soll einen Serumspiegel von 1,0–1,4 mval/l anstreben. Wirkungseintritt aber erst nach 1–2 Wochen, daher zuvor Nl erforderlich. Kombination von Lithium und Nl bei Älteren wegen Gefahr der Lithium-Intoxikation unterlassen.

Begleitwirkungen zu Anfang: feinschlägiger Tremor (Therapieversuch mit Dociton, nicht bei Herz- und Asthmakranken), Übelkeit, Völlegefühl, Polyurie, Durst, Muskelschwäche, Müdigkeit, EKG-Veränderungen. Nur Dosisreduktion, da die Beschwerden sich meist bessern. –

Spätere Begleitwirkungen: Außer Tremor auch Gewichtszunahme, Gesichts- und Knöchelödeme, Polyurie, Durst. Bei 10% euthyreote Struma oder Myxödem (1/2–1 Tabl. Novothyral). Hier kann Dosisreduktion oder Absetzen erforderlich sein. Insgesamt scheitert die präventive Lithium-Einstellung bei 1/3 der Patienten aus verschiedenen Gründen: nach Degkwitz u.a. senken wir bei Langzeit-Gabe von Lithium die Begleitwirkungen um 60%, wenn wir auf zusätzliche Nl oder Ad verzichten und die Dosis bis an die Grenze von Nebenwirkungen schieben.

Lithium-Intoxikation: ab 1,6 mval/l grobschlägiger Tremor, Erbrechen, Durchfall, Abgeschlagenheit, Schläfrigkeit, Schwindel, Sprachstörungen, später Muskelzuckungen, Rigor, Reflexsteigerung, Krampfanfälle, Verwirrt heit, Bewußtseinstrübung bis Koma. Ab 2,0 mval/l Lebensgefahr; ab 4,0 mval/l sofortige Hämo- oder Peritonealdialyse. Im übrigen gelten die Therapieregeln akuter Vergiftungen. Bleibende Schäden bisher unbekannt.

Ursachen der Lithium-Vergiftung: (suizidale) Überdosierung, Erkrankungen mit Nieren- oder Elektrolytstörungen (Durchfälle, Erbrechen), kalium- oder kochsalzarme Diät, Diuretika, Narkose, Operation.

Verhütung von Komplikationen: Regelmäßige Lithium-Kontrolle: erst wöchentlich, nach 4 Wochen monatlich, nach 6 Monaten alle 3 Monate. Blutentnahme morgens, 12 Std. nach der letzten Tablette. Vor Therapie-Beginn und anfangs wöchentlich Kontrolle von EKG, EEG, Blutzucker, Leukos, Blutdruck, Kreatinin, Harnstoff, Elektrolyten. Nach Einstellung: Lithium und Elektrolyte alle 4 Wochen. Die Patienten müssen auf ausreichende Kochsalz- und Flüssigkeitszufuhr achten, haben ihre Eß- und Trinkgewohnheiten beizubehalten.

Kontraindikation: Niereninsuffizienz, Herzkreislauf-Krankheiten, Addisonsche Krankheit, Elektrolytstörungen, Notwendigkeit kochsalzarmer Diät. Da Kinder von Lithium-Müttern häufiger Mißbildungen (bes. am Herz) haben, ist Frauen zusätzlich ein Verhütungsmittel zu verschreiben. Bei erwarteter Schwangerschaft 4 Monate lang kein Lithium. Vor Wehenbeginn, Narkose oder Operation Absetzen des Lithium. Vorsicht bei höherem Alter, schlechtem Allgemeinzustand und bei Krampfbereitschaft.

Lithium-Präparate: 1. Lithium-Acetat (Quilonum), zu Beginn 3 × 1 Tabl.; 2. Lithium-Carbonat (Hypnorex, Quilonum retard), zu Beginn 2 × 1 Tabl. Diese Retard-Form ist für die Dauereinnahme günstiger. Dasselbe gilt 3. für Lithium-Sulfat (Lithium-Duriles), beginnend mit 2 × 2 Tabl. Für ältere Menschen liegt die erste Tagesdosis um 1 Tabl. niedriger bis zur ersten Serum-Kontrolle.

6 Andere Psychoanaleptika sowie Psychodysleptika

Wegen ihrer Gefahren besteht keine Indikation mehr für andere anregende Mittel wie Aufputschmittel (Psychostimulantien). Ausnahme: Ritalin statt des üblichen Ephedrin bei Narkolepsie. Auch die Indikation für Euphorika ist weggefallen, von denen die Opiate Pantopon und Neurophillin früher bei depressiven, hirnorganischen und Altersstörungen gegeben wurden.

Endlich gibt es auch keine Indikation mehr für Psychodysleptika (= Psychomimetika, Halluzinogene, psychedelische Drogen). Früher wurde z. B. mit LSD eine „psycholytische Therapie" erprobt. Auch glaubten die Psychiater der 20er Jahre, im Selbstversuch z. B. mit Mescalin eine „Modellpsychose" herstellen und das Wesen schizophrener Psychosen imitieren zu können.

7 Andere psychiatrisch wichtige Pharmaka

a) Chlormethiazol (Distraneurin, 1963)

Chemisch ähnlich dem Aneurin (Vitamin B_1); wirkt dämpfend, schlafmachend und antikonvulsiv.

Indikationen: 1. Alkohol- oder andere Delire. 2. Erregungs- und Verwirrtheitszustände, wenn Nl versagen. 3. Status epilepticus. 4. Alters-Schlafstörungen, ausnahmsweise.

Wegen der Gefahren Anwendung *nicht ambulant* und *höchstens über 5–10 Tage*, dann Absetzen bzw. Wechsel auf ein Nl. Bei einem leichten oder zu erwartenden Delir eher Haldol.

Dosierung: 2–4 Kapseln oder Tabletten zu Beginn. Bei den schneller resorbierten Kapseln nach $^1/_2$ Std., bei Tbl. nach $1^1/_2$ Std. stündlich 2 Kps. oder Tabl. bis zur ausreichenden Dämpfung, höchstens 8 g täglich. Als Alters-Schlafmittel auch 10–15 ml als Mixtur. Nur bei lebensbedrohlichen Deliren parenteral: anfangs u. U. 40–100 ml *langsam* i. v., sonst als Tropf-Infusion (0,8 %ige Lösung) mit 60–150 Tr. pro Min., bis oberflächlicher, leicht-weckbarer Schlaf eintritt, der durch Tropfen-Regulation zu erhalten ist. Auch hier 8 g täglich nicht überschreiten.

Nebenwirkungen: Die Infusion ist pflegerisch sorgfältigst nach Blutdruck, Puls, Atmung und Schlaftiefe zu regulieren, da sonst Blutdruckabfall, Atemdepression und Bewußtlosigkeit immer wieder zu Todesfällen führen. Aber auch die orale Gabe ist – bes. bei Älteren – gut zu überwachen! – Seltene Nebenwirkungen: Magenbeschwerden, Exanthem, Nies- und Hustenreiz. Wegen der außerordentlich großen Suchtgefahr ist Verordnung von Distraneurin als Dauerschlafmittel oder als vorbeugendes Mittel gegen erneutes Trinken ein *Kunstfehler!*

Kontraindikation: obstruktive Lungenerkrankungen und Kombination mit anderen hirnwirksamen Substanzen (incl. Alkohol). Verkehrstüchtigkeit ist beeinträchtigt.

b) Disulfiram (Antabus)

1948 als Aversionstherapie bei chronischem Alkoholismus eingesetzt, aus Resignation fast vergessen, jetzt als nützlich wiederentdeckt – aber nur im Rahmen einer therapeutischen Beziehung!

Vorgehen: 1. 1 Woche lang 2 Tabl. á 0,5 g morgens. 2. Probetrunk (z.B. 200 ml Bier) erzeugt toxische Unverträglichkeitsreaktion: Flush-Syndrom (Hitzegefühl, Blutdruckabfall, Tachycardie, Atembeschleunigung, Dösigkeit), dann nach 1 Std. Übelkeit, Brechreiz, Erbrechen, Kopfschmerzen; Unwohlsein noch einige Stunden. Kreislaufkontrolle notwendig. Bei zu starker Reaktion 1 g Ascorbinsäure oder als Antihistaminikum 50 mg Atosil i.v. Je nach Therapieplan Verzicht auf den Probetrunk. 3. Langzeit-Einstellung: tägl. 0,1 g (keine Nebenwirkung) bis 0,5 g (garantiert ausreichende Reaktion für mehrere Tage), für mindestens $^1/_2$ Jahr.

Nebenwirkungen: Magen-Darmbeschwerden, Miktionsstörung, Müdigkeit, Impotenz, selten psychotische Episode. Gelegentliche Leber- und Nierenkontrolle notwendig.

Kontraindikation: mangelnde Motivation des Patienten und Therapeuten; Leber- und Herzkrankheiten, Epilepsie, Hormonstörungen, Gravidität.

Alternative: Apomorphinkur, s. dort.

c) Cyproteronacetat (Androcur)

Seit 1973 im Handel, Steroidhormon mit antiandrogener, gestagener und antigonadotroper Wirkung, führt beim Mann zu Verminderung des Sexualtriebs, der Ejakulatmenge und der Spermiogenese. Jetzt auch als Depot-Präparat zur Injektion erhältlich.

Indikation: gefährliches und mit Strafe bedrohtes hypersexuelles oder sexualdeviant-hypersexuelles Handeln, nur im Rahmen einer therapeutischen Beziehung. Beeinflußt wird meist nur die Triebstärke, nicht die -richtung.

Dosierung: Beginn mit 2 × 50 m/tägl., bei mangelhafter Wirkung nach 4 Wochen bis 2–3 × 100 mg. Nach Wirkungseintritt als Erhaltungsdosis meist 2 × 25 mg, u.U. über mehrere Jahre im Rahmen der Therapie.

Begleitwirkungen: reversible Hemmung der Spermiogenese, zu Beginn Müdigkeit, Antriebsverlust, dysphorische Verstimmung, eingeschränkte Verkehrstüchtigkeit, später Gynäkomastie und Gewichtsschwankungen.

Kontraindikation: Motivationsmangel des Patienten oder Therapeuten. Dabei heißt die (unechte) Alternative oft Freiheitsentzug oder Kastration. Ferner keine Anwendung bei aktiver Tbc. oder Leberkrankheit, bei bösartigen Tumoren, Thromboseneigung, Neigung zu Depressionen. Vorsicht bei chronischen Leberstörungen, Diabetes, Stoffwechsel- und Hormonstörungen. Regelmäßiger Alkoholkonsum verringert die Wirkung. Keine Anwendung bei Frauen, männlichen Jugendlichen (Längenwachstum-Beeinflussung) und Psychosen. Vorsicht vor Ausweitung des Begriffs „Hypersexualität“.

d) Antiparkinsonmittel

Biperiden (Akineton), Trihexyphenidyl (Artane) und Benztropin (Cogentin) wirken zentral-anticholinerg und antihistamisch, erzeugen euphorische und delirante Zustände (letztere bei Älteren, hirnorganischen Störungen und Kombination mit mehreren Nl). Bei längerem Gebrauch Abhängigkeitsgefahr. Vegetativ wirken sie wie die anticholinergen Ad.

Indikation: bei neuroleptisch bedingten Frühdyskinesien z. B. Akineton i. v. (2,5–5 mg) und bei neuroleptisch bedingten Parkinson-Syndrom (6–10 mg Akineton oral).

Kontraindikation: Glaukom, Prostatahypertrophie, Harnsperre, Herzkreislauf-Komplikationen, aber auch neuroleptisch bedingte Akathisie und Spätdyskinesie. Bei Nl-Therapie sind die Mittel auch nicht präventiv zu geben sowie bei notwendiger Gabe stets Absetzversuchen zu unterziehen, da sie die antipsychotische Wirkung der Nl verringern, die Wahrscheinlichkeit für Spätdyskinesien aber vergrößern.

e) Psychogeriatrische Mittel

Es werden zahlreiche Mittel angeboten: z. B. Stutgeron, Helfergin, Ronicol, Encephabol, Nootrop, Normabrain. Ihre hirndurchblutungs- und stoffwechselfördernde Wirkung ist jedoch zwar experimentell, aber nicht klinisch erwiesen. Sie sind nur nach der internistischen Basistherapie und zur Einplanung eines Placebo-Effektes ein- und nach einiger Zeit abzusetzen.

II Andere körpertherapeutische Techniken

1 Elektrokrampftherapie (EKT)

= künstliche elektrische Auslösung eines epileptischen Krampfanfalls, also dasselbe Prinzip wie bei der Pharmako-Therapie: Wir verwandeln den seelischen leidenden vorübergehend in einen hirnorganisch kranken Menschen, bei der EKT nur globaler, dafür kürzer als bei der Pharmako-Therapie. Entsprechend der Ernüchterungsphase in der Pharmakotherapie wird die EKT wieder häufiger angewandt (USA, England, DDR). Begründet wird dies mit der schnelleren Wirkung sowie selteneren Komplikationen und Dauerschäden. Die EKT wurde 1937 von Bini und Cerletti eingeführt. Dagegen ist die chemische Krampfauslösung (1934 Cardiazol-Schock durch Meduna) veraltet.

a) Wirkungsweise

Sie ist unbekannt. Mehr aus Verlegenheit spricht man von zentral-vegetativer Umstimmung oder globaler Temperamentstherapie. Laienhaft, aber vielleicht treffender kennt jeder psychiatrisch Tätige und Angehörige das naive

Bedürfnis: „Ich möchte den Herrn X mal richtig von Grund auf durchschütteln, damit er endlich wieder zu sich kommt!" So entspricht die EKT-Wirkung einer der ältesten psychiatrischen Erfahrungen überhaupt: hirnorganische oder andere körperliche Krankheiten führen u. U. zu Abschwächung, Unterbrechung oder Abbruch des psychotischen Handelns. Sie entziehen ihm den Boden (v. Baeyer), die Angst, die Aufmerksamkeit, den Antrieb: Lebens- oder Körperangst kann psychotische Angst erübrigen.

Indikation: 1. bei sehr qualvoll erlebten akuten schizophrenen oder depressiven Krisen, wenn ich als Therapeut unfähig zu einer ausreichend wirksamen therapeutischen Beziehung und pharmakotherapeutischen Hilfe bin. 2. Bei der nicht anders abwendbaren Gefahr schizophrener oder depressiver Chronifizierung. Und 3. als vitale, u. U. lebensrettende Indikation bei der selten gewordenen hochfieberhaften akuten katatonen Krise. – Zumindest fühlt sich der Patient nach der EKT fast immer kurzfristig freier und selbständiger. Diese Zeit ist zu nutzen: a) für die Herstellung einer tragfähigeren Beziehung und b) für das erwiesene bessere Ansprechen auf kleinere Dosen Nl bzw. Ad. Genauere Indikationen zwischen Pharmakotherapie und EKT fehlen noch. – *Kontraindikation:* organische Hirnschäden und schwere Körperkrankheiten, besonders des Herz-Kreislauf- und des Hormonsystems. Bei hochdosierter Phenothiazin-Therapie (und Reserpin!) ist vor der EKT eine Pause von einigen Tagen erforderlich. Wir haben seit 2 Jahrzehnten die EKT nicht mehr benötigt, sind uns aber nicht sicher, ob wir nicht doch noch mal in eine so verzweifelte Lage kommen, daß wir auf diese gewalttätige Technik zurückgreifen würden, zumal auch die Technik der Neuropharmaka ihre eigene Gewalttätigkeit hat.

b) Therapeutischer Umgang

- Einwilligung des Patienten: sie ist mit ihm zu erarbeiten, von ihm zu unterschreiben und/oder unter Benennung eines dritten Gesprächspartners im Krankenblatt zu protokollieren. Bei Ablehnung des Patienten sollte die Einrichtung einer Behandlungspflegeschaft nach § 1910 BGB vermieden werden. Nur bei vitaler Indikation ist die EKT auch ohne Einwilligung „aus übergesetzlichem Notstand" sofort statthaft.
- Vorbereitung des Patienten: internistische Untersuchung. Information über den Ablauf. Die Angst ist dem Patienten nicht auszureden, sondern zu teilen (gemeinsames Gefühl der Ohnmacht „auf beiden Seiten"!). Am Vorabend ist ihm der Zeitpunkt der EKT für den nächsten Morgen mitzuteilen und ihm allenfalls ein niedrig dosiertes schlafförderndes Neuropharmakon (kein Barbiturat) zu geben. Am EKT-Tag bleibt der Patient nüchtern, entleert die Blase, kann zur Speichelsekretionshemmung 25 mg = 1 ccm Atosil subcutan 30 Min. vor der EKT bekommen. Er legt beengende Kleidung, Schmuck, Uhr, Prothesen, Haarklammern ab. Dasselbe Team-Mitglied bleibt vor, während und nach der EKT bei dem Patienten.

• Vorbereitung des Raumes: in einem ruhigen Zimmer der Station steht das flachgestellte, mit Gummituch und Laken versehene Bett so, daß es von allen Seiten zugänglich ist. Bereitstellung der Injektionsmittel und -Instrumente, Zungentubus, weicher Mundkeil, Sauerstoff-Flasche, manuelles Beatmungsgerät, Intubationsbesteck, Absauggerät, Zungenzange, Kiefernsperrer, zentrale und periphere Kreislaufmittel (Micoren, Novadral). Der EKT-Apparat (z. B. Konvulsator 622/Siemens) arbeitet mit gleichgerichtetem Impulsstrom (senkrechter Anstieg, sinusförmiger Abfall), 60–130 V, 200–900 mA Stromstärke, Durchlaufzeit 0,1–3 Sek. Die Elektroden werden an beiden Schläfen (bitemporal) angesetzt. Unilaterales Ansetzen auf der Seite der nicht dominanten Hemisphäre verringert die Nebenwirkungen. Der Apprat wird 5 Min. vor der EKT eingeschaltet, überprüft und auf die Standard-Dosis eingestellt: 80 V, 500 mA, 1 Sekunde Durchlaufzeit. Bei Wiederholung werden Durchlaufzeit und/oder Stromspannung (auch je nach individueller Toleranz) meist erhöht.

• Durchführung der EKT: a) Patient liegt flach auf dem Rücken. b) Kurznarkose (z. B. Evipan i. v.) durch den Anästhesisten. c) Nach dem Einschlafen kurzwirkendes Muskelrelaxans (z. B. Succinyl i. v. 0,5 mg/kg Körpergewicht). d) Schläfengruben anfeuchten, Leinenläppchen auflegen. e) Zungentubus und Mundteil einführen. f) Elektroden ansetzen. g) Stromauslösung 30–60 Sekunden nach Relaxans-Injektion. Bei dieser Vorbereitung kommt es nicht mehr – wie früher – zu einem generalisierten tonisch-klonischen Anfall, sondern nur noch zu einer peripheren Atemlähmung, die die meist leichten motorischen Krampfreaktionen um einige Minuten überdauert. h) Mundkeil nach Ablauf des Krampfanfalles entfernen. i) Oberkörper leicht erhöhen, Kopf seitlich lagern. j) manuelle Beatmung bis zum Einsetzen der Spontanatmung.

• Nachbetreuung des Patienten: Überwachung von Puls und Atmung. Erwachen des Patienten meist nach 20–60 Minuten. Ist der Patient klar, bekommt er sein Frühstück und (erst dann!) seine laufende Morgenmedikation. Das betreuende Team-Mitglied bleibt auch als Gesprächspartner bei ihm. Nach dem Frühstück kann der Patient das Bett verlassen, sollte aber an diesem Tag die Station nicht ohne Begleitung verlassen.

Die EKT wird heute zunehmend in Intubationsnarkose durchgeführt. Die Wirkung ist oft günstiger, wenn die EKT als Krampfblock (3–4 Krämpfe in 2–3 Tagen) eingesetzt wird.

c) Begleitwirkungen und Komplikationen

Durch die Muskelrelaxion kommt es nicht mehr zu Frakturen von Wirbelkörpern oder Extremitäten. Die anästhesistisch durchgeführte Methode der EKT macht auch die andere bedrohliche Komplikation, die verlängerte Atemlähmung selten und praktisch immer beherrschbar. Besonders nach einem Block kann einige Zeit Bewußtseinstrübung, ein Durchgangssyndrom bzw. ein amnestisches Syndrom mit Merkschwäche, Desorientiertheit und Gefühlslabilität bestehen. Die Amnesie kann retrograd sein. Dauer und Intensität des reversiblen akut-organischen Psychosyndroms hängt vom Lebensalter des Patienten sowie von Zahl und Dichte der Krämpfe ab.

2 Insulin-Therapie

Die *große Insulin-Kur* (Sakel 1935) hat durch künstliche Herstellung eines hypoglykämischen Schockzustandes (nicht etwa eines diabetischen Komas!) ebenfalls das Ziel einer umfassenden vegetativen Umstimmung. Da sie anderen Methoden nicht mehr überlegen ist, hohen personellen und technischen Aufwand erfordert und große Risiken hat (Nachschock, verlängerter Schock, apallisches Syndrom, Sterblichkeit früher 1 %), sollte sie nicht mehr angewandt werden.

In einigen psychiatrischen Einrichtungen wird hingegen noch die *kleine Insulin-Kur* durchgeführt: kleine Dosen Alt-Insulin (8–40 E i.m. am Tag) langsam steigernd, bis zu leichter Hypoglykämie, die höchstens zu einer meist wohlig empfundenen Schläfrigkeit führen soll. Sorgfältige Überwachung ist auch hier notwendig. Für körperlich gesunde Patienten kein Risiko. Abbruch bei Insulin-Überempfindlichkeit. Indikation: Depressions-, Versagens- und Erschöpfungszustände, wenn mit körperlicher Auszehrung und berechtigtem Regressions-Nachholbedarf verbunden. Dabei kann die intensive Zuwendung „wie zu einem bettlägerig Kranken" und die Gewichtszunahme als entlastend und stabilisierend erlebt werden.

3 Operative Eingriffe

Da sie immer die letzte Möglichkeit („ultima ratio") sind und unwiderrufliche Veränderungen schaffen, ist hier ganz besonders darauf zu achten, daß sie nur innerhalb einer fortdauernden therapeutischen Beziehung erfolgen!

a) Operative Kastration

Sie kann einem Menschen mit gefährlichen und strafbedrohten Sexualstörungen gewährt werden, wenn die Indikation (s. dort) besteht, Psychotherapie und hormonelle Kastration nicht wirken und der Eingriff für ihn als nicht zu gefährlich und als erfolgversprechend ärztlich-gutachterlich befürwortet wird. Die Fragwürdigkeit der Entscheidungsfreiheit bei drohendem oder schon laufendem Freiheitsentzug ist dabei abzuwägen. Libido und Erektionsfähigkeit gehen nicht immer ganz verloren. Von den negativen Folgen verlangen Depressionen und schwere Selbstwertkrisen kontinuierliche Betreuung. Der Eingriff ist gesetzlich geregelt.

b) Operative Sterilisierung

Unerwünschte Schwangerschaften sowie deren illegale und legale Unterbrechungen produzieren gemeinsam unermeßliches psychosoziales und körperliches Elend für Mütter, Kinder, Familien und Allgemeinheit. In den Entwicklungsländern behindert u.a., das Bevölkerungswachstum das Erreichen erträglicher Bedingungen für alle. Arzt und Beratungsstellen (in der BRD z.B. „Pro Familia") haben für Empfängnisverhütung, Sexualität, Partnerbeziehung und Familienplanung präventive Hilfe anzubieten. Daß „bewußte Planung" auch die Angst vor spontanem Handeln in einer lebendigen Beziehung erhöhen kann, muß heute schon eigens erwähnt werden! Oder können/wollen Sie Ihre Partnerbeziehung in den entscheidenden Fragen immer „bewußt planen"? Präventive Techniken sind hier vor allem die Verhütungsmittel. Zuverlässig sind nur hormonelle Kontrazeption, evtl. intrauterine Mittel und Sterilisierung des Mannes oder der Frau. Letztere ist – als operativer Eingriff – auch hier nur „letztes Mittel", wenn psychiatrische, soziale, eugenische und körpermedizinische Aspekte der Person sowie die wirksame Freiwilligkeit ihres Wunsches (und des Partners) und ihre Fähigkeit, das zukünftige Leben verantwortlich zu überblicken, ärztlich-gutachterlich geprüft sind. Eine gesetzliche Regelung besteht – im Gegensatz zur jetzt erweiterten Indikation der Schwangerschaftsunterbrechung – noch nicht, während es die Opfer des Nazi-Sterilisierungsgesetzes gerade erst geschafft haben, eine symbolische Entschädigung von 5000,– DM zu bekommen und somit halbwegs als Verfolgte anerkannt zu werden.

c) Präfrontale Leukotomie (Lobotomie)

Mit diesem von dem Chirurgen Moniz 1936 eingeführten Eingriff wurde operativ ein Teil des Stirnhirns zerstört, die Abschwächung schizophrener und zwangsneurotischer Symptome beabsichtigt und eine Unzahl schwerer hirnorganischer Persönlichkeitsdefekte erreicht. Die 20jährige Leukotomie-Ära ist ein besonders düsteres und warnendes Beispiel für idealistisch-perfektionistischen Therapiewillen „um jeden Preis" und für Verantwortungslosigkeit gegenüber den Patienten in der Psychiatrie. Die erschütternden Folgen für diesen Fall der Verselbständigung einer Technik und der Behandlung und Bekämpfung von Menschen als Sachen hat E. Koch beschrieben.

d) Stereotaktische Operationen

Wie die Pharmakotherapie, so ist auch die Hirnchirurgie mit psychiatrischer Indikation den Weg von der globalen Hirnrindenbeeinflussung zur gezielteren Veränderung subkortikaler Zentren gegangen: Mittels einer Gehirnsonde werden ein- oder beidseitig winzige mm-große Felder ausgeschaltet. In der BRD wird die Technik seit über 10 Jahren (neben neurologischer Indikation wie Parkinson oder Schmerzzustände) auf Menschen mit so verschiedenen

Problemen angewandt wie: Sexualstörungen, Zwängen, Depressionen, Schizophrenie, Fettsucht oder Alkoholabhängigkeit. Wie bei fast allen neuen Techniken waren die ersten Ergebnisse z. T. so eindrucksvoll, daß die beteiligten Operateure und Psychiater alsbald begeistert zur Ausweitung der Indikation schritten. Die Verführung – auch für die Patienten – ist hier groß: jemand hat sich jahrelang vergeblich mit Depressionen, Zwängen, Alkohol oder mit seiner pädophilen Neigung herumgeschlagen, unterzieht sich einer so eindrucksvollen Veranstaltung wie einer Gehirnoperation, steht auf und ist sein Elend los, ohne etwas davon gemerkt zu haben und ohne sich langwierigen und anstrengenden medikamentösen oder psychotherapeutischen Hilfen zur Selbsthilfe auszusetzen. 1976 haben nun – eingedenk der Leukotomie-Katastrophe – die „Deutsche Gesellschaft für Sexualwissenschaft" und die „Deutsche Gesellschaft für Soziale Psychiatrie" auf die Gefahren einer wiedermal sich verselbständigenden Technik hingewiesen: es gibt keine klaren Indikationen; der therapeutische Rahmen für die Technik ist oft nicht gewährleistet; es fehlen Untersuchungen über Folgeschäden; das Verfahren ist unkontrolliert und dem Mißbrauch offen. Dies hat zu einer Kommission beim Bundesgesundheitsamt geführt, die – gerade um der möglichen Vorteile willen – Kriterien für die Anwendbarkeit der Methode zu entwickeln hat. Und doch zeigt sich auch hier nur das Grundproblem jeder Technik! In den meisten Ländern besteht z. Z. ein Verbot. Auch in der BRD ist die Modewelle gebrochen.

III Psychiatrische Notfalltherapie

Auch wo Gefahr besteht, die schnelles Handeln fordert, wirke ich zwangsläufig zunächst durch meine Person, habe ich zu der mir und der Situation gemäßen Grundhaltung zu finden, um das Bedrohliche in eine Be-gegnung einzulenken, etwa, indem ich dem Anderen mitteile, daß er mir Angst macht, was oft genügt. In anderen Fällen habe ich dies durch einen sofortigen körperlichen (meist pharmakotherapeutischen) Eingriff zu ergänzen, um dem Notfall gerecht zu werden.

Die wichtigsten Notfälle:

1 Epileptische Notfälle

a) Status epilepticus

Valium (10–20 mg langsam i.v., mehrfach alle 30 Min.) oder Clonazepam (Rivotril): 1 Amp. (= 1 mg) langsam i.v., wiederholbar i.v., i.m. oder in Infusion. Alternative: Phenhydan bzw. Epanutin (1 Amp. i.v. und 1 Amp. i.m., Wiederholung nach 1–2 Std.). Bei Kindern auch Paraldehyd (10 ml i.m.). Bei Mißerfolg: Distraneurin-Infusion (evtl. Entwässerung mit Lasix) oder Barbiturate (Somnifen i.v.) oder Lumbalpunktion mit Luft-Liquor-Austausch oder Kurznarkose mit Trapanal i.v.. Nie Distraneurin und Barbiturate gemeinsam!

b) Dämmerzustand

Reduktion der Antiepileptika, stattdessen Haldol (5–10 mg i.v.), Truxal, Valium oder Phenytoin i.v. oder i.m. sowie Entwässerung. Sonst Distraneurin-Infusion oder Trapanal.

2 Delir und Prädelir

a) Alkoholdelir

Sofortiger Entzug, Sofortmaßnahme Haldol (5 mg i.m. oder i.v.), dann Klinikeinweisung zur Haldol- oder Distraneurin-Therapie.

b) Bei Medikamentensucht

Bei Opiaten sofortiger Entzug. Bei Mitteln vom Barbiturat-Typ allmählicher Entzug über 10 Tage (auch bei Distraneurin-Sucht). Medikamentös: Haldol oder Distraneurin).

c) Bei Rauschmittelsucht

Sofortiger Entzug sowie Haldol.

d) Bei Neuropharmaka-Therapie

Absetzen oder Reduktion des Pharmakons, evtl. kurzfristig Distraneurin.

e) Bei Allgemeinkrankheiten

In erster Linie Therapie des Grundleidens, evtl. zudem Haldol.

3 Alkoholintoxikation

a) Pathologischer Rausch

Haldol (5 mg i.m.) oder Truxal (15–30 mg i.m.), Vorsicht bei Valium.

b) Schwere akute Intoxikation (Koma)

Infusion in Intensivstation (z.B. Laevulose 10% 1000 ml mit Vit. B6 und Polyvitaminen), Digitalisierung bei Schockzeichen Plasmainfusion, prophylaktisch Antibiotika. Bei zentralen Analeptika (Micoren, Coramin) Anfallsgefahr.

4 Akute Syndrome bei Rauschmittelgebrauch

Ist die Mittelzusammensetzung unklar: Valium. Sonst gilt:

a) Aufputschmittel und Cocain

Bei Intoxikation sofortiger Entzug und Neurocil (3–4 × 50–100 mg i. m.) oder Valium (2–6 × 20 mg i. m., anfangs 1–2 × i. v.), sonst Distraneurin-Infusion.

b) Opiate (Morphin, Heroin)

Bei Intoxikation (Atemlähmung, extreme Pupillenverengung) Lorfan 2 mg i. v., Wiederholung alle 10 Min. 1–2 mg i. v., bis Atmung und Pupillenweite normal bleiben. Entzug: sofort.

c) Halluzinogene und Cannabis

Bei Intoxikation Valium, vgl. a). Entzug: sofort.

d) „Schlaf-“, Schmerzmittel, Tranquilizer

Bei akuter Intoxikation Intensivstation mit forcierter Diurese und Reanimation. Entzug: über 10 Tage, bei Entzugssyndrom Haldol, Atosil (+ Truxal).

5 Erregungszustände

Haldol *immer*, wenn Ursache unklar und bei Älteren oder Kreislaufgefährdeten! Geringste Komplikationsgefahr! Haldol: 1 Amp. (= 5 mg i. m oder i. v., Wiederholung nach 30 Min., in der Regel nicht mehr als 4 Amp. am 1. Tag.

Je nach den Bedingungen der Erregung:

- bei *Alkoholrausch:* Haldol. Keine dämpfenden Mittel, kein Valium.
- Bei *allen hirnwirksamen Pharamaka* („Schlaf-“, Schmerzmittel, Tranquilizier, auch Rauschdrogen): Haldol. Keine dämpfenden Mittel, kein Valium. Ausnahme: bei LSD-*Horror-Trip* ist Valium (1–3 × 10–20 mg i. m., anfangs i. v.) dem Haldol überlegen.
- Bei *Situationskrisen* (reaktive, psychogene Erregung, Konfliktausdruck): Die Erregung hat ihren Sinn. Also nach Möglichkeit den Ausdruck der Aggression fördern. Nicht um jeden Preis beruhigen! Wenn aber Fremd- oder Selbstgefährdung überwiegt, Valium.
- Bei *alten Menschen:* Haldol, beginnend mit mehrfach 5–20 Tr., sonst i. m./ i. v.; vor allem aber Herz-Kreislauf-Therapie.
- Bei *akut-organischem Psychosyndrom* (Körperkrankheiten, akute Hirnerkrankung): internistische Therapie, Haldol oder Truxal (50–100 mg i. m.) + Atosil (25–50 mg i. m.) oder Valium 5–10 mg i. m.

• Bei *chronisch-organischem Psychosyndrom* (Erregungs- oder Verwirrtheitszustände bei Minderdurchblutung, Hirngefäßleiden): dämpfende Mittel wie bei e) oder Paraldehyd (5–10 mg i. m.), vor allem aber Herz-Kreislauftherapie (nachts Novadral retard), evtl. Infusion (Laevosan 5% oder Tutofusin B 1000–1500 ml).
• Bei *Kontusionspsychose:* Dämpfung wie oben: Haldol, Paraldehyd, Truxal + Atosil. Jedoch muß die Bewußtseinslage gut beobachtbar bleiben! Bei Hirnödem Entwässerungsinfusion (Rheomacrodex 10%ig mit Sorbit 20%ig 1000 ml in 2 Std. mit Lasix) bei Flüssigkeits- und Elektrolytausgleich (1500–2000 ml tägl.).
• Bei *Schizophrenie:* 5 mg Haldol i.v. oder i.m., Wiederholung, sonst Neurocil (bis 300 mg tgl.). Bei *katatonem Stupor:* Haldol oder Glianimon; bei Mißerfolg und Austrocknung zusätzlich Infusion. Bei der *lebensbedrohlichen Katatonie* (hohe Temperatur und/oder Tachycardie) Intensivstation, Haldol, notfalls EKT.
• Bei *Manie:* Neurocil und/oder Haldol wie h) oder Glianimon 2–4 mg i. m. Sind bei schwerster Erregung Neuroleptika-Höchstdosen notwendig, ausnahmsweise Akineton von Anfang an.
• Bei *agitiert-depressiven Patienten:* dämpfende Antidepressiva wie Saroten, 25–50 mg i. m. (bis 150 mg am 1. Tag), bei schwersten Zuständen eher Neurocil wie h). Wegen der Kreislaufbelastung bei abruptem Beginn mit Antidepressiva in den ersten Tagen Bettruhe, Depot-Novadral, evtl. Infusion (Macrodex 6%ig).
• Bei *Kindern:* Wenn überhaupt Medikamente, Paraldehyd (2–5 ml i. m. oder als Klysma).

6 Suizidgefahr

Auch hier ist zunächst die Person des Therapeuten entscheidend. Sonst Sofortdämpfung wie bei 5: Schizophrenie).

7 Depressiver Stupor

Haldol, sonst Tofranil- oder Anafranil-Infusionskur mit Bettruhe und Kreislaufkontrolle. Es ist wichtig, die Medikamenten-Vorgeschichte zu erfahren: die Depression könnte pharmakogen sein!

8 Bewußtseinstrübung

Alle hirnwirksamen Mittel, bes. dämpfende Mittel, kontraindiziert, wenn nicht ein Erregungszustand einen Kompromiß erzwingt. Entscheidend: diagnostische Klärung sowie Stützung der Atmungs- und Herzkreislauf-Funktionen.

9 Notfälle durch Pharmakotherapie

Sie nehmen mit dem Umsatz an Neuropharmaka zu. Deshalb bei jedem Notfall: Medikamenten-Vorgeschichte!

Im einzelnen:

a) Extrapyramidale Syndrome (s. dort)

- Frühdyskinesien (dramatische hyperkinetisch-dystone Syndrome bei Neuroleptika): Akineton 2,5–5 mg i. v., provisorisch aud Koffein.
- Parkinson-Syndrom (durch Neuroleptika oder Antidepressiva): Akineton 6–10 mg tägl. oral.
- Akathisie (Bewegungsunruhe, auch bloße innere Unruhe oder Grübeln, ebenfalls durch Neuroleptika oder Antidepressiva): hier hilft nur Reduktion oder Absetzen des Mittels.
- Spätdyskinesie (Hyperkinesien nach langem Neuroleptika-Gebrauch): Absetzen oder Erhöhung der Neuroleptika, Melleril, kein Akineton

b) Neuropharmaka-Intoxikation

Bei Neuroleptika wie Antidepressiva Bewußtseinsstörung bis Koma, Kollapszustände, hypertone Krisen (bei Antidepressiva): Infusionen im Sinne der allgemeinen Intoxikationstherapie. Adrenergika und Analeptika kontraindiziert.

c) Pharmakogene Depressionen (mit Suizidgefahr)

Kommt mit und ohne Parkinson-Syndrom bei Neuroleptika wie Antidepressiva vor. Reduktion oder Absetzen des Mittels. Beachtung der Suizidgefahr. Später Versuch mit anderen Mitteln.

d) Pharmakogener Erregungszustand (bei Neuroleptika und Antidepressiva)

Absetzen des Mittels, allenfalls sofort Dämpfung mit Neurocil.

e) Pharmakogenes Delir oder *akut-organisches Psychosyndrom* (mit Desorientiertheit und Antriebsminderung)

Kommt ebenfalls bei Neuroleptika wie Antidepressiva vor, bes. bei Kombination mehrerer Mittel (und Akineton). Vorgehen: Absetzen der Mittel und beim Delir evtl. Distraneurin.

LITERATUR

BENKERT, O. u. H. HIPPIUS: Psychiatrische Pharmakotherapie, Berlin, Springer 1980

BREGGIN, P. R.: Elektroschock ist keine Therapie, München Urban u. Schwarzenberg 1980

DEGKWITZ, R. u.a.: Therapeutische Risiken bei Langzeitbehandlung mit Neuroleptika und Lythium. Nervenarzt, 47:81–87, 1976

FINZEN, A.: Medikamentenbehandlung bei psychischen Störungen, Bonn, Psychiatrie-Verlag 1987

HAASE, H.J.: Therapie mit Psychopharmaka und anderen psychotropen Medikamenten, Stuttgart, Schattauer 1972

KEINLE, G.: Notfalltherapie neurologischer und psychiatrischer Erkrankungen, Stuttgart, Thieme 1968

KOCH, E.: Chirurgie der Seele, Stuttgart, 1976

PETERSEN, P.: Psychiatrische und psychologische Aspekte der Familienplanung bei oraler Kontrazeption, Stuttgart, Thieme 1969

SCHICKE, R.: Sozialpharmakologie, Stuttgart, Kohlhammer 1976

18 Psychotherapeutische Techniken (Der systematische Zugang zur Seele)

I Die Landschaft

1 Voraussetzung

Bei der Beschreibung des – therapeutischen – Handelns in den klinischen Kapiteln ist unsystematisch, ins Alltägliche übertragen, psychotherapeutisches Wissen schon angewandt worden.

Es muß angestrebt werden, alltags-psychiatrisches Handeln und psychotherapeutisches Handeln nicht als zwei unterschiedliche „Behandlungs"-Weisen zu sehen. Vielmehr hat ein ständiger Austausch zwischen den beiden Erfahrungsbereichen – alltägliches psychiatrisches Handeln und systematisch angewendete Psychotherapie – stattzufinden. In psychiatrischen Kliniken, in denen es psychotherapeutische Abteilungen oder Stationen gibt, findet oft kein Dialog zwischen diesen und den allgemein – psychiatrischen Abteilungen und Stationen statt. Sehr leicht geschieht sogar, daß die psychotherapeutisch arbeitenden Einheiten sich von der Psychiatrie wegentwickeln wollen. Dem sollte man – auch administrativ – entgegenwirken.

In diesem Kapitel ist nur der systematische Kern der einzelnen psychotherapeutischen Methoden dargestellt.

Auf eine weitere Voraussetzung, die unbedingt zur Landschaft, zum Ökosystem der Anwendung von Psychotherapie dazugehört, soll hingewiesen werden: Ursprünglich sind die psychotherapeutischen Methoden als Methoden der Einzeltherapie entwickelt worden. Angehörige waren Objekte der Reflexion des therapierten Individuums. Oft erhielten sie die „Schuld", und wenn nicht ausdrücklich die Schuld, so wurden sie doch zu den „pathogenen Faktoren" gezählt. Erst seit kurzem werden Angehörige sowohl als beteiligte als auch gleichzeitig als unabhängige Menschen gesehen. Sie nehmen in irgendeiner Weise an der Krankheit oder Krise, an der Entwicklung eines zu ihnen gehörenden Menschen teil, sei es ablehnend, sei es stützend, sei es versteckend, leugnend, sei es fördernd. Jedoch gehört es zu der Vollständigkeit der Wahrnehmung, daß sie auch ein Recht auf eine eigenständige, unabhängige Wahrnehmung haben. Im Grunde sollte in der Arbeit mit jeder psychotherapeutischen Methode auf die Begegnung mit den Angehörigen nicht verzichtet werden.

In der Regelversorgung sollten Gruppen für Angehörige angeboten werden. Diese Gruppen wären der Ort, an dem die Angehörigen ihre Bedürfnisse, Behinderungen, Geneigtheiten entdecken könnten. Bei besonderen Indikationen ist an die Anwendung von Familientherapie zu denken.

Natürlich gehören auch Arbeitsplatz, Kollegen, Vorgesetzte, Freunde, Wohnumgebung zum Ökosystem des Therapierten. Auch die politische Situation in der wir uns zurechtfinden müssen. Das wird bei der Anwendung von Einzeltherapie oft vergessen. So verstand z. B. die Psychoanalyse das Nachdenken über die Angst vor dem Krieg in einer psychoanalytischen Behandlung bis vor zwei Jahren als Ausdruck intrapsychisch sich strukturierender Aggressivität. Erst seither ist anerkannt, daß die Angst vor dem Krieg eine Wirklichkeit ist, so daß das Nachdenken darüber als Ausdruck der Auseinandersetzung mit einem bestimmten Aspekt des Ökosystems verstanden wird. So ist sicher die Angst vor dem Tod der Natur nicht (nur)Ausdruck depressiver Grundstimmungen, sondern auch der Versuch, sich der Lebensbedingungen bewußt zu werden und eine Einstellung zu finden. Sowohl in der Verhaltenstherapie als in der Gesprächspsychotherapie gibt es den Versuch, eine Problemsicht individueller Störungen von der Gemeinde her zu gewinnen. Es ist zu überlegen, inwieweit man jede psychotherapeutische Methode von daher reformieren kann.

2 Begrenzung

Wir sprechen von Psychotherapie, wenn Änderungen im Handeln eines Menschen aufgrund psychischer Einflüsse erzielt werden. Allerdings sind die Grenzen gegenüber der Pädagogik und bestimmten Methoden medikamentöser Behandlung offen. Dennoch scheint es sinnvoll, die Frage nach der Psychotherapie so zu formulieren: Lassen sich Änderungen der (Seelen) – Erlebnisse, Denkinhalte, Einstellungen, Gefühle, Handlungen eines Menschen mit gestörten Handlungen, mit kranker Seele durch psychische Einflußgrößen fassen? Wichtig ist dabei der psychosomatische Zusammenhang. Immer! Da kein Ereignis aus dem Ökosystem entweder nur auf die Seele oder nur auf den Körper wirkt, sind diese beiden als Äußerungsformen des Gleichen zu sehen. Menschen lernen, sich in Bezug auf ihre Umwelt mehr über den Körper oder mehr über die Seele zu sehen. Wir sehen in solchen Ausdrucksweisen wie: jemandem geht etwas an die Nieren, jemandem schlägt etwas auf den Magen, fährt etwas in die Knie, geht etwas unter die Haut sprachlich solche Erfahrungen gebündelt, die sowohl das seelische Erleben als die körperliche Empfindung beschreiben. Psychotherapie ist ein wissenschaftlicher Versuch, der Rat- und Hilflosigkeit von Menschen zu begegnen. In dem Maße, in dem Psychotherapie organisiert wird und verwissenschaftlicht, erfährt man mehr und mehr über die Möglichkeiten der Kontrolle und Manipulation von Menschen. In dem Maße, in dem im Zeichen der Wissenschaft stehende Produkte hohes Ansehen genießen, haben Psychotherapeuten eine Chance, von Menschen, die ratlos sind, um Rat gefragt zu werden. Das Wissen um Psychotherapie darf nicht nur in den Händen derer bleiben, die eine Ausbildung darin erlangen können, vielmehr sollte jeder psychiatrisch Tätige psychotherapeutische Anteile in seinem Handeln wahrnehmen und wahrmachen lernen. Das heißt, daß neben dem Spezialisten Psychotherapeut alle anderen ihre psychotherapeutischen Möglichkeiten entdecken können. So können Psychotherapie und Psychiatrie als grundsätzlich identisch gesehen werden.

Die größte Gefahr der Psychotherapie ist die häufige Verwechslung von Psychotherapie mit der Hoffnung des Patienten, einen Sinn fürs Leben zu finden. Die notwendige Aufklärung und damit Selbstbeschränkung der Therapie würde eine neue gesellschaftliche Dimension der Prävention eröffnen.

3 Hintergrund

Jeder, der sich mit Psychotherapie beschäftigt oder selbst therapeutisch tätig werden will, muß zur Kenntnis nehmen, daß Helfen erst in unserem Jahrhundert und in unserer Gesellschaftsstruktur öffentliches Handeln geworden ist. Früher war gerade dieses Helfen ganz privates, heimliches, an Familien und Nachbarschaften gebundenes oder in verborgenen gesellschaftlichen Räumen auffindbares Tun.

Lange, ehe die Bemühungen um eine wissenschaftliche Psychotherapie begannen, um eine systematisierte und in der Systematik überprüfbare Psychotherapie, wurden psychiatrische Mittel eingesetzt, um Störungen zu beseitigen: z.B. das Gesundbeten, das Besprechen, das Austreiben von bösen Geistern. Wir haben diese Art von Therapieversuchen, die ja auch heute noch existieren, durch unsere wissenschaftlichen Systeme ersetzt.

Die Tradition allerdings wurzelt in der griechischen Philosophie. Platon hielt das systematische philosophische Gespräch für ein Heilmittel. Die erste wissenschaftliche Therapie ist der von Messmer (1734–1815) begründete Magnetismus. Für die weitere Entwicklung der Psychotherapie waren vor allem die Versuche mit Hysterie und Hypnose von Charcot (1825–1893) bedeutsam. Zu seinen Schülern zählte vor allem Sigmund Freud (1856–1939). Freud entwickelte die analytische Psychotherapie. Neue Möglichkeiten der Therapie sind in den vierziger und fünfziger Jahren durch die Gesprächspsychotherapie und die Verhaltenstherapie entstanden.

In den letzten Jahren gibt es einen Boom von sich therapeutisch nennenden Verfahren, die Menschen von Zwängen und anderen Übeln befreien wollen. Manche sehen in der Anwendung von Psychotherapie geradezu ein Mittel zur Lösung der sozialen Frage. Da werden gesellschaftliche zu privaten Problemen gemacht und umgekehrt; dann wieder wird behauptet, daß es der Gesellschaft besser gehe, wenn es den Individuen besser geht. Die Gefahr, daß der Versuch politischer Lösungen durch eine solche Haltung verdrängt wird, ist sehr groß.

Auf dem Schnittpunkt der Linien, Helfen zunehmend mehr zu öffentlichem Handeln werden zu lassen und es gleichzeitig bei psychotherapeutischen Hilfen nicht auf psychische und psychosomatische Existenzkrisen zu beschränken, sondern ins Beliebige zu verallgemeinern, werden die Psychotherapie und vor allem die Psychotherapeuten zu kritikwürdigen Objekten der Überprüfung.

II Psychotherapeutische Haltung

Beispiel: Eine Patientin beginnt ihre erste Stunde Psychotherapie damit, daß sie die Psychotherapeutin fragt, ob sie der Meinung sei, daß die Therapie auch helfe. Auf die Frage der Psychotherapeutin, was sie denn erwarte, sagt die Frau, sie habe jetzt schon eine ganze Reihe von Therapien ausprobiert, habe Gruppentherapie, Psychoanalyse und Verhaltenstherapie versucht, habe Selbsterfahrung betrieben, und keine dieser Methoden habe ihr geholfen, so daß sie jetzt nicht glauben kann, daß eine neue Methode „ihr etwas-bringen" kann.

Psychotherapie wird häufig als etwas wahrgenommen, das Hilfe „bringen" muß. Wenn dann eine Methode versagt hat, wird die nächste versucht und die nächste, immer mit der Erwartung, daß eine Methode doch endlich mal besser sein muß, und mit der Erwartung, daß es eine „wahre" Methode geben muß.

Übung: Wenn Sie sich ändern wollen, oder besser verstehen wollen, wie machen Sie das?

---

1 Was charakterisiert einen Psychotherapeuten?

Jüngere Therapeuten entsprechen in ihrem Handeln meistens dem, was die Schule, in der sie gelernt haben, von ihnen erwartet. Ältere erfahrene Psychotherapeuten unterschiedlicher Schulen werden sich über die Jahre in Arbeit immer ähnlicher. Der Schuleinfluß läßt nach, die Erfahrung nimmt zu.

Was ist das Gemeinsame im Handeln?

● Alle Psychotherapeuten legen viel Wert auf die Güte der therapeutischen Beziehung, d. h. auf Toleranz, Verständnis, Respekt, Interesse, Anteilnahme, Beständigkeit, Reife und Takt.

Zusammengefaßt: Psychotherapeuten handeln wie „gute Eltern", „ein guter Freund", „anständige Menschen". Sie unterscheiden sich von „anständigen Menschen" jedoch durch die Systematik, die Kontrolle und damit Disziplin ihrer Ausbildung und ihres Vorgehens. Dies hat einen Sinn:

Früher waren Tante Minna oder Onkel Franz die „anständigen Menschen", an die man sich in der Hilflosigkeit gewandt hat. Sie waren jedoch bekannt und standen unter unmittelbarer Kontrolle der Familie. Dies oder jenes konnte als Marotte abgetan werden, da lächelte die ganze Verwandtschaft drüber; aber bei bestimmten Äußerungen konnte unbedingt vertraut werden.

Diese unmittelbare Kontrolle ist wegen der Professionalisierung und der damit verknüpften Anonymität der helfenden Personen nicht mehr möglich. Als Patient hat man jetzt zwei Möglichkeiten der Kontrolle: entweder man fragt überall rum, ob dieser oder jener ein guter Psychotherapeut sei, oder man überprüft, welcher Schule er entstammt und ob man mit den Grundlagen dieser Schule übereinstimmen kann. Damit dient die Lehre, die der Therapeut vertritt, nicht nur dazu, den Patienten auf bestimmte Äußerungen festzulegen, sondern es ergibt sich tatsächlich für den Patienten die Möglichkeit einer Überprüfung.

- Alle Psychotherapeuten beeinflussen Patienten mit Mitteln, die auch in Propaganda und anderen Bereichen sozialpsychologischer und pädagogischer Einflußnahme angewendet werden.

Wichtig ist, daß jeder Psychotherapeut sich seiner manipulierenden Anteile bewußt ist: a) *Suggestion:* Alle Situationen der Hilflosigkeit führen dazu, daß ich anfällig werde für beschwörende, rationale wie irrationale, „Signale" aus der Umwelt, von denen ich eine Verminderung meiner Hilflosigkeit, Angst, Unsicherheit bzw. eine Strukturierung erhoffe. b) Der Patient wird angeregt, *offen, echt, er selbst, ehrlich* zu sein und sich selbst zu überprüfen. c) Er wird auf zerstörerische Haltungen in seinen Beziehungen zu sich und Anderen, auf Wünsche und Phantasien und auf verzerrte Vorstellungen hingewiesen: *Konfrontation* bzw. *Interpretation.* d) Er soll sein Leben nach Gesichtspunkten der *Selbststeuerung, Selbstkontrolle* und *Selbstverantwortung* leben, wahrnehmen und interpretieren lernen. e) Durch ihre Art des Handelns und des Anregens von Handlungen sind Psychotherapeuten beispielgebend *(Lernen am Modell).* f) Die *Wertskala* von Patienten bzw. ihre subjektiven Belohnungen und Bestrafungen werden überprüft und neubestimmt. g) Psychotherapeuten versuchen auch durch *Informationen* Änderungen herbeizuführen, wenn auch selten

Oft werden Bereitschaft und Fähigkeit zur Psychotherapie nur in dem Patienten gesucht. Es wird verkannt, daß als erstes der Psychotherapeut bereit und in der Lage sein muß, mit den Patienten eine tragfähige, vielleicht Jahre währende Beziehung einzugehen. Es gibt Psychotherapeuten, die geschulter sind, lang anhaltende Beziehungen einzugehen, während andere gerade aus der Kürze der Beziehung die Bestätigung ihrer Funktionstüchtigkeit holen. Es ist gesichert, daß Patienten mit hohen Angst- und Depressionswerten zu Beginn einer Psychotherapie mit großer Wahrscheinlichkeit etwas von der Psychotherapie haben. Starke gefühlsmäßige Erschütterungen auf seiten des Patienten sind also für eine Psychotherapie prognostisch günstiger. Gleichzeitig lautet aber die entsprechende Bedingung auf Seiten des Therapeuten:

es ist leichter, einen Menschen, der unter seiner „Unvernunft" leidet, zur Vernunft zu führen (auch ist es normaler), als jemanden, der schon vernünftig ist, noch vernünftiger zu machen, oder – was leider sehr oft als Möglichkeit übersehen wird – zu größerer Unvernünftigkeit zu helfen.

2 Selbst- und Menschenbild des Psychotherapeuten

Alle Ausbilder von Psychotherapeuten finden es wichtig, die zu lernende Methode an sich selbst zu erproben: Man macht eine Lehranalyse, Selbsterfahrung oder modifiziert nach den Regeln der Verhaltensmodifikation irgendein – unerwünschtes – Verhalten von sich. Diese Anwendung auf sich selbst begünstigt nicht nur das Lernen und eine größere Überzeugung (Identität), sondern gibt auch Einsicht darein, was man mit dem Anderen macht. Zur Selbstwahrnehmung gehört auch, die Bedingungen zu kennen, unter denen ich selbst lerne und unter die ich die Patienten stellen werde; natürlich auch, was es mir bedeutet, psychotherapeutisch tätig zu sein.

Beispiel: Für mich heißt psychotherapeutisch tätig sein nur zu einem Teil, daß ich Menschen helfen kann, aus leidvollen Situationen herauszufinden. Neben dem Hilfsaspekt steht, daß ich in Psychotherapien gleichzeitig meine Möglichkeiten der Einflußnahme erfahren kann. Ich erfahre sie als Originalität, als Anwendung von Regeln, auch darin, wie wenig nötig ist, um dem Anderen viel möglich zu machen. Dann ist Psychotherapie für mich eine Risikosituation: es muß klappen. Endlich ist Psychotherapie für mich auch eine Lernmöglichkeit, geduldig zu werden.

Zur Selbstwahrnehmung gehört weiter die Wahrnehmung des Menschenbildes, nach dem ich handele. Von Erich Fromm stammt das Zitat: „Die Analyse war und ist sehr kostspielig und deshalb immer nur für eine bestimmte Klasse greifbar gewesen, das ist ihr Hauptnachteil. Aber es ist nicht nur das. Die Analyse entspricht einfach nicht mehr dem Geist unserer Zeit – dem industriellen Geist. Sie widerspricht der industriellen Methode, ... die fragt: wie ist das Verhältnis zwischen Kosten und Effekt... Freud hatte die geniale Idee zu sagen, es lohnt sich, mit einem Menschen unzählige Stunden zu sprechen – weil ein einziger Mensch so wichtig ist! Der heutigen Gesellschaft und ihrer Auffassung klingt das lächerlich – das sind handwerkliche Prinzipien und keine industriellen Prinzipien und sowohl die Professionellen wie die Kunden wehren sich dagegen – das ganze System ist veraltet. Heute arbeitet man industriell, d.h. möglichst schnell und effizient. Wie kann man mit den geringsten Mitteln den größten Erfolg erzielen. Das hat den wesentlichen ökonomischen Vorteil, daß man damit mehr Patienten erfassen kann, wenn man billigere und raschere Methoden anbieten kann, dann erweitert man den Patientenkreis ungeheuer"... In diesem Zitat sind einige Kriterien enthalten, anhand derer ich überprüfen kann, welches Bild vom Menschen in das psychotherapeutische Verfahren einfließt, das ich bevorzuge, das der Patient, das mein Kollege bevorzugen: Wie wertvoll ist mir der Mensch? Welches Gewicht lege ich ökonomischen Gesichtspunkten bei? Arbeite ich in Serie oder von Fall zu Fall? Was entspricht unserer Zeit? Wo enthält die eine Methode Elemente der Kritik für eine andere?

Zu den sichtbaren Kriterien des Handelns gehört die Beschreibung der Empfänger meines Tuns. Folgende Gesichtspunkte sollen berücksichtigt werden.

- Viele Psychotherapeuten bevorzugen (immer noch) jüngere Klienten. Bei Menschen über 45 ist entweder die Distanz zu groß oder es herrscht die veraltete Vorstellung, daß die Persönlichkeit nach diesem Alter nicht mehr wandelbar sei. Obwohl auch ältere in tiefe Persönlichkeitskrisen geraten können.
- Immer noch bevorzugen Psychotherapeuten den Umgang mit neurotischen und gesünderen Patienten. Das bringt mehr Geld. Es gibt jedoch das alte Vorurteil, daß Psychiatrie und Psychotherapie nicht miteinander verbunden sind. Es ist dasselbe!
- Es besteht immer noch die Neigung, Psychotherapie sozial ungerecht anzubieten. Psychotherapeuten siedeln am liebsten in Mittelschicht-Gegenden und arbeiten mit ihresgleichen. Es gab eine Bewegung in die Unterschicht und Randgruppen hinein. Untersuchungen in den nächsten Jahren werden zeigen, inwieweit die Psychotherapeuten-Generation, die sich unter dem Gesichtspunkt der Chancengleichheit hat herausfordern lassen, standgehalten hat.
- Geistig behinderte und wenig begabte Menschen erhalten immer noch wenig systematische therapeutische Zuwendung.
- Da für angestellte Psychotherapeuten das Geldverdienen geregelt ist, haben bei ihnen ärmere Patienten eher eine Chance. Es hat sich gezeigt, daß besser zahlende Patienten länger in ambulanter Therapie sind, und zwar nicht in Abhängigkeit von der Schwere ihrer Erkrankung. Und es ist eine Binsenweisheit, daß in den Einrichtungen, die Patienten nicht weiterschieben können, a. mehr arme Menschen sind und b. Psychotherapie so gut wie nicht vorkommt.

Die bevorzugte Art, Psychotherapie zu betreiben als Einzelbehandlung, hauptsächlich auf's Nachdenken und Reden festgelegt, kann nur eine kleine Gruppe bedürftiger Menschen erreichen. Will man allen Menschen gerecht werden, so müssen andere Institutionalisierungen geschaffen werden. Für alle therapeutisch Tätigen ist es bedeutsam, eine kritische Distanz zu dem Wahrnehmungsfilter zu erwerben, der durch die jeweilige Technik gegeben ist. Dies wird z.B. deutlich, wenn man lernende Gesprächspsychotherapeuten hört, wie schwer sie sich mit Träumen oder Kindheitserlebnissen tun, oder wenn man sich anguckt, wieviele Bücher die Auseinandersetzung zwischen Analytikern und anderen Psychotherapeuten füllen, wo es um den

Streit geht, ob es z.B. so etwas wie Übertragung gibt oder nicht. Statt solche Auseinandersetzungen zum Mittel der Selbstwahrnehmung, d.h. auch der Selbstkritik und damit der Befreiung zu machen, werden sie eher als Kampfmittel gegen den Psychotherapeuten der anderen Schule, gegen den ich mich abgrenzen muß, mißbraucht.

III Psychotherapeutische Techniken

Wir stellen nur solche psychotherapeutischen Techniken dar, die über lange Zeit in der Psychotherapie angewendet worden sind bzw. deren Wirksamkeit wissenschaftlich nachgewiesen ist.

1 Klientenzentrierte Gesprächspsychotherapie (GT)

1942 wurde die GT von dem amerikanischen Psychologen Carl Rogers begründet. Seither ist in zahlreichen Untersuchungen der Nachweis ihrer Wirksamkeit erbracht worden. Rogers hat in seiner ersten Veröffentlichung nicht nur beschrieben, wie er sich die psychotherapeutischen Gespräche vorstellte, sondern auch deutlich gemacht, was GT nicht sein sollte: interpretative Psychotherapie und Beratung. Für die GT galt und gilt, daß die in ihrem Namen Handelnden einem Prozeß unterliegen, d.h. daß trotz zahlreicher Verführungsversuche und trotz heftiger Kritik weder für die einzelne therapeutische Begegnung noch für Handlungsanweisungen ein geschlossenes System, eine gefügte Theorie formuliert bzw. den Handelnden übergestülpt wurde. Kontrolle bezieht sich auf den *Rahmen der Handlung:* Die Vorstellung des Prozesses, des Werdens und Wachsens, des Geschehens und damit eines *offenen* Systems, ist grundlegende Voraussetzung für die GT.

Die Autonomie des Klienten war von vornherein ein hoher Wert. Untersuchungen am Anfang der GT erbrachten den Nachweis, daß der Gesprächspsychotherapeut nur ein Drittel der im Verlauf einer Sitzung gesprochenen Wörter sprach, während in einem Beratungsgespräch der Ratsuchende wenig zu Wort kam. In der weiteren Entwicklung der GT wurde von der strengen Forderung nach Objektivität und Zurückhaltung zugunsten größeren Engagements abgewichen. Die Erwägung, daß eine für den Psychotherapeuten zu stark strukturierte Situation nicht gleichzeitig den Patienten befreien könnte, führte in die zweite Entwicklungsphase der GT. Während die erste Phase vorwiegend unter dem Kennwort „*nicht-direktiv*“ stand, steht die nachfolgende Phase vor allem unter dem Kennwort „*klientenzentriert*“. Der Begriff „klientenzentriert“ beschreibt viel akurater, daß der Inhalt psychotherapeutischer Gespräche die *unmittelbare Erfahrungswelt* des Klienten zu sein hat. Es ist die Aufgabe des Psychotherapeuten, soweit wie möglich den inneren Bezugsrahmen des Klienten wahrzunehmen und anzunehmen, die Welt so zu sehen, wie der Klient sie sieht, den Klienten so zu sehen, wie er selbst sich sieht, alle Wahrnehmungen, die unter dem Gesichtspunkt eines äußeren Bezugsrahmens gemacht werden, zur Seite zu stellen und darüber hinaus dem Klienten etwas von diesem einfühlenden Verständnis mitzuteilen. (Um die stärkere Betonung der Selbständigkeit des Menschen zu beschreiben, wurde der Name „Klient" von Rogers dem Namen „Patient" entgegengesetzt.) Die stärkere Hervorhebung des klientenzentrierten Vorgehens, brachte während der zweiten Phase die Formulierung einer Persönlichkeitstheorie mit sich. Diese Theorie sollte es ermöglichen, die Persönlichkeitsveränderung, die im Laufe der Psychotherapie geschieht, zu verstehen. Die klientenzentrierte Persönlichkeitstheorie befaßt sich damit, wie sich das Selbst entwickelt. Der Theorie zufolge entwickelt das Individuum aufgrund seiner Erfahrungen ein relativ stabiles und überdauerndes Gerippe von selbstbetreffenden Einstellungen. Diese Struktur wird Selbstkonzept genannt. Selbstkonzept ist nicht gleich mit Selbstbeschreibung, sondern auch Antriebskraft und Gestaltungskraft für das Handeln eines Individuums. Jemand, der sich selbst erfahren und akzeptieren und der seine Erfahrungen und Selbsterfahrungen seinem Selbstkonzept zuordnen kann, ist als gesunde Person zu bezeichnen. Gestört ist jemand, der sein Selbstkonzept durch Auswahl bestimmter Erfahrungen und durch Verleugnung anderer erhalten hat. Diese Person hat im Verlauf ihrer Entwicklung gelernt, daß bestimmte Wahrnehmungen und Erfahrungen „gefährlich" für das Handeln sein können. Sie erhalten keinen Platz im Selbstkonzept, sondern werden geleugnet, dadurch entsteht der Konflikt: der Kampf, die Person intakt, handlungsfähig zu erhalten, dafür aber einen Teil seiner selbst durch Verleugnung aufzugeben. Eine Konsequenz einer solchen Entwicklung wäre Spannung und Angst; eine zweite, in gleicher Weise beeinträchtigend: die Person lernt, sich selbst und den eigenen Erfahrungen als Maßstab für Handlungen zu mißtrauen. Die Alternative besteht darin, sich abhängig zu machen, d.h. in der Umwelt Hinweise zu finden, die als sicher bewertet werden.

Daraus ergibt sich für das Handeln des Psychotherapeuten: Er hat zunächst dem Klienten zu helfen, die integrativen Fähigkeiten, die durch die Entwicklung gestört sind, zu entfalten. Er muß eine Atmosphäre herstellen, in der der Klient seine geleugneten Gefühle sehen und ertragen lernen kann (Wahrnehmen). Unter der Voraussetzung einer solchermaßen sicheren Atmosphäre kann der Klient Seiten an sich entdecken und erfahren, die vorher zu schmerzhaft für das Selbstkonzept waren. Dieser Vorgang des Sichselbstentdeckens wird mit dem Begriff *Selbstexploration* gemeint. Dabei ist ein hohes Maß von Selbstentdeckung dann möglich, wenn der Klient überwiegend von seinen Gefühlen berichtet, wobei ein Ansatz zu bemerken sein muß, daß er bemüht ist, seine Gefühle tiefer zu klären, etwa, sie in Zusammenhängen zu sehen, sich zu fragen, woher gewisse Einstellungen kommen und ähnliches. Der Psychotherapeut kann dadurch hilfreich sein, daß er diese vorsichtig geäußerten Gefühle versteht, wobei dieses Verständnis in der phänomenalen Welt des Klienten wurzelt. Drei grundlegende Bedingungen des Psychotherapeuten-Handelns sind: a) einfühlendes Verständnis, b) positive Wertschätzung und emotionale Wärme des Psychotherapeuten für den Klienten und c) Echtheit und Kongruenz des Psychotherapeuten.

Zu a): Wie gut der Psychotherapeut in der Lage ist, einfühlendes Verständnis zu zeigen, zeigt sich an der Verbalisierung persönlich-emotionaler Erlebnisinhalte des Klienten durch den Psychotherapeuten: er äußert sprachlich die persönlich-emotionalen Inhalte des Erlebens des Klienten, wie sie vom Klienten in der unmittelbar vorhergehenden Äußerung ausgedrückt wurden. Mit persönlich-emotionalen Inhalten des Erlebens sind gemeint: Gefühle, gefühlsmäßige Bewertungen von Ereignissen, Wünsche, Interessen, Erleben der eigenen Person und Erleben der Wirkung der eigenen Person auf Andere. Mit anderen Worten: Der Psychotherapeut sucht die innere Welt des Klienten mit ihren Bedeutungen und Gefühlen, wie Verwirrung, Furcht, Freude, so, wie der Klient sie erlebt, wahrzunehmen und zu verstehen, so, als ob er sie selber erleben würde (jedoch ohne diese Verwirrung, Furcht oder Freude selber zu empfinden); und er teilt diese dem Klienten in angemessenem sprachlichen Ausdruck mit. Wenn der Psychotherapeut so handelt, besteht die Auswirkung darin, daß die Selbstexploration des Klienten sich vertieft.

Zu b): Positive Wertschätzung und emotionale Wärme lassen sich folgendermaßen beschreiben: die Wertschätzung einer Person soll nicht an Bedingungen gebunden sein. Sie ist dann in hohem Maße vorhanden, wenn der Psychotherapeut mit Wärme das, was der Klient erlebt und äußert, akzeptiert, ohne die Akzeptierung und Wärme von Bedingungen abhängig zu machen. Ein niedriges Ausmaß liegt vor, wenn der Psychotherapeut den Klienten oder dessen Gefühle wertet, Abneigung oder Mißbilligung ausdrückt oder Wertschätzung und Wärme in selektiver, bewertender Weise äußert. Die Forderung geht also dahin, ohne Zorn und Eifer zugewandt sein zu können, eine tiefe Achtung vor dem Klienten als einer Person von Wert und vor seinen Rechten als freies Individuum zu haben. Hierbei ist der Klient frei, er selbst zu sein, auch wenn das bedeutet, daß er in der Psychotherapie Rückschritte macht, Verteidigungshaltungen zeigt, den Psychotherapeuten nicht mag oder ablehnt. Wenn der Psychotherapeut so handeln kann, wirkt sich das vor allem in einer Verminderung der Ängste des Klienten aus: der Klient wird fähiger, bereitwillig seine Probleme darzustellen.

Zu c): Echtheit und Kongruenz: Der Psychotherapeut kann in der therapeutischen Beziehung er selbst sein, er ist offen für Erfahrungen und Gefühle aller Art, sowohl erfreulicher wie verletzender Natur, ohne sich verteidigen oder in seine Berufsrolle zurückziehen zu müssen. Es ist wichtig, daß der Psychotherapeut sich nach Möglichkeit zu jeder Zeit nach seinen eigenen subjektiven Bedeutungen und Gefühlen fragen kann, jedoch ist es nicht nötig, daß er persönliche Gefühle ausdrückt. Die Echtheit des Therapeuten hat Modelleffekt für den Klienten: er kann lernen, sich angstfreier selbst zu entdecken.

Bewertung: In der GT findet eine Systematisierung dessen statt, was eingangs als psychotherapeutische Grundhaltung, die allen Psychotherapien eigen ist, beschrieben wurde. Kennzeichnend für die GT ist zudem das konzentrierte Wahrnehmen der Gefühle als subjektive Wahrheit eines Menschen und deren Klärung, was ihm helfen kann herauszufinden, was die Welt für ihn subjektiv bedeuten kann und soll.

Klientenzentrierte Psychotherapeuten sind oft kritisch gefragt worden, wie sie vom Wahrnehmen zum Wahrmachen von Änderung kommen. Dem ist zum einen zu antworten, daß in jedem Wahrnehmen ein Handlungsansatz bereits enthalten ist, denn sonst ist nicht *wahr*genommen worden; zum anderen ist der Rahmen des psychotherapeutischen Geschehens so gesteckt, daß hohe Selbstexploration nicht nur das Nachdenken über neue Möglichkeiten, sondern auch die Beschreibung von erlebten Gefühlen beim Ausprobieren neuer Handlungen umfaßt. Von daher haben Psychotherapeuten und Klienten die Möglichkeit, innerhalb des Bezugsrahmens der GT vom Wahrnehmen zum Wahrmachen zu gelangen.

2 Psychoanalyse

Psychoanalyse heißt wörtlich Seelenzergliederung. Es geht darum, Handlungen, Äußerungen, die sich in Symptomen zusammengeballt haben, Konflikte, die entweder psychisch oder psychosomatisch gebunden werden, dahin zergliedern, welche frühkindliche Störung der psychosexuellen Entwicklung sich wie verfestigt hat. Kommt der Mensch unter den schützenden Bedingungen der Behandlung an seinen ursprünglichen Konflikt heran, kommt es zur Katharsis, der ursprünglichen Gefühlsentladung, die nicht mehr versteckt (verdrängt) zu werden braucht. Danach ist der Mensch in der Lage, die frei gesetzte Energie zu nutzen, seine Persönlichkeit zu bestimmen. Als Sexualität (Libido, Psychosexualität) werden alle deutlich positiven Körper- und Handlungsgefühle verstanden, d.h. die Lust und der spürbare Wunsch oder Drang zum körperlich-sinnlichen Lustgewinn. Die Psychoanalyse wurde ab etwa 1895 von dem Wiener Psychiater Sigmund Freud gegründet und von vielen seiner Schüler weiterentwickelt oder abgewandelt. Als Abwandlung ließe sich Adlers Individualpsychologie oder Jungs komplexe Psychologie bezeichnen. Auf der Grenze zwischen Abwandlung und Weiterentwicklung ließe sich die Neoanalytische Schule, die zur Entwicklung der Ich-Psychologie beigetragen hat, einordnen: hierher gehören etwa Hartmann, Fromm, Horney und Sullivan.

Im psychoanalytischen Verständnis werden neurotisches Handeln und andere Störungen aus unbewußten psychischen Zusammenhängen hergeleitet, z.B. aus Konflikten, Komplexen, Fixierungen, Gehemmtheiten –

und zwar als deren Wiederkehr oder pervertierter Ausdruck, als Ersatz oder Kompromiß mit anderen Regungen oder als Preis für eine Vermeidung. Zum Beispiel kann ein *Konflikt* entstehen, wenn meine libidinösen Anteile unmittelbar auf Befriedigung drängen, in meiner Umgebung (Realitätsprinzip) aber keine Möglichkeiten zur Bedürfnisbefriedigung gegeben sind, so daß eine Aufschiebung nötig wird. *Komplexe* sind Ergebnis psychischer Traumen (Verletzungen): tabuierte und stark affektiv besetzte Erlebnisinhalte, wie die Liebe zum gegengeschlechtlichen Elternteil werden verdrängt und bilden im Unbewußten Komplexe, die zumeist in symbolisierter Form wieder auftauchen: z. B. kann ein Schuldkomplex im depressiven Handeln später wieder auftauchen. In Kap. 4 wurden bereits die *Abwehrmechanismen* dargestellt. Es werden z. B. unerwünschte Sexualimpulse verdrängt, bedrohliche Erfahrungen abgespalten oder gefährliche aggressive Impulse in ihr Gegenteil verkehrt. Der Psychoanalyse verdanken wir die Theorie der *Triebentwicklung*, besonders der Schwierigkeiten der Sexual- und Aggressionsentwicklung. Dabei spielen die Komplikationen der frühkindlichen Entwicklung eine besondere Rolle. Die Beschreibung erfolgte im Kapitel 3. Endlich entwickelte die Psychoanalyse die Theorie der *psychischen Instanzen:* Es, Ich und Über-Ich. Das Ziel psychoanalytischer Bemühungen ist die Arbeits- und Genußfähigkeit von Patienten: wo Es war, soll Ich werden.

Die psychoanalytische Psychotherapie findet meist so statt, daß der Patient, vom Psychotherapeuten abgewendet, entspannt auf der Couch liegt. Er soll alles, was ihm in den Sinn kommt, auch Unwesentliches und Peinliches, unsortiert und unverfälscht aussprechen. Auch seine Träume und lebensgeschichtlichen Früherinnerungen soll er berichten und durch freies Assoziieren, also durch Äußerung spontaner, oft nur indirekt und ganz subjektiv dazugehöriger Einfälle, ergänzen (Verpflichtung auf die Grundregel). Durch diese Instruktion wird erreicht, daß die Orientierung am Realitätsprinzip allmählich nachläßt, so daß in diesem gelockerten Zustand bis dahin unbewußtes oder verdrängtes psychisches Material zum Ausdruck kommt und daß Gefühle, die früher anderen Personen (Eltern) galten, auf den Psychotherapeuten *übertragen* werden. Der Psychotherapeut nimmt durch Deutungen sprachlich Stellung, wobei er die beim Patienten als vorhanden angenommenen unbewußten Zusammenhänge bewußt zu machen versucht. Die Deutung gewinnt er aus einer Verknüpfung von dem vom Patienten gelieferten Material und der psychoanalytischen Theorie. Die Deutung ist Interpretation der Äußerung des Patienten. Wegen ihrer beunruhigenden Wirkung lösen Deutungen bei dem Patienten oft Widerstand aus, wobei der Psychotherapeut durch die Aufforderung, den Widerstand zu bearbeiten, den Patienten langsam an die von ihm vermiedenen Erlebnisinhalte heranführt. Durch Interpretation und Widerstandsarbeit werden frühkindliche Fixierungen behoben, Fehlhaltungen aufgelöst und Wiederholungszwänge überflüssig gemacht. Gleichzeitig wird einsichtiges Lernen ermöglicht.

Ursprünglich ist die Psychoanalyse eine langwierige Technik, so daß nur wenige und privilegierte Menschen in den Genuß dieser Behandlung kamen (und kommen). Neuere Entwicklungen der analytischen Psychotherapie bemühen sich um die Anpassung der Methode an andere psychische Erkrankungen, an andere soziale Bedingungen (siehe z. B. die Bücher von Richter) und um einen strafferen und geplanteren Verlauf. Dazu ist es nötig, einen bestimmten Konflikt als Störherd (Focus), eine bestimmte umschriebene Fehlhaltung oder eine fehlentwickelte Teilstruktur zu erfassen und nur sie gezielt zu bearbeiten, während andere Aspekte der Persönlichkeit unberücksichtigt bleiben.

Bewertung: Gegen das psychoanalytische Vorgehen sind folgende Einwände vorgebracht worden: das zugrunde gelegte Menschenbild hat mechanistische, biologische und triebmythologische Komponenten. Es verpflichtet das Individuum zu sehr, seine Entwicklung unter dem Aspekt frühkindlicher Sexualität zu sehen. Die Dauer einer Psychoanalyse ist zu lang, d. h. zuwenig Patienten können davon profitieren (Effizienzkriterium). Das Hier und Jetzt wird zuwenig beachtet. Die Psychoanalyse ist eine eher auf das Individuum zentrierte Theorie, umgreift zuwenig Zusammenhänge zwischen Individuum und Gesellschaft. Zu bewundern ist, daß der Psychoanalytiker sich viel Zeit für den einzelnen Menschen nimmt, auch daß durch die Psychoanalyse die dynamischen Aspekte menschlichen Handelns betont werden, und daß sie vor allem zur Selbstwahrnehmung der im psychosozialen Bereich Handelnden entscheidend beiträgt (Balint-Gruppen). Psychoanalytiker drängen wenig auf Veränderung des Handelns, sondern fördern mehr die Einsicht in Zusammenhänge von Denken, Handeln und Fühlen. In der Abgeschiedenheit der psychotherapeutischen Zweiersituation wird die Alltagswirklichkeit eher als Störvariable angesehen, nicht aber als das Feld, in dem der Patient täglich mit den in der Therapie gewonnenen Einsichten umgehen muß. Handlungsfern empfehlen manche Psychoanalytiker ihren Patienten, während der Analyse keine wichtigen Änderungen in den Lebensbedingungen vorzunehmen. Zum Handeln eines Menschen besteht häufig eine zwiespältige Einstellung, weil die Unterscheidung zwischen Handeln und Agieren schwer ist. Die Psychoanalyse kann als Verfahren entscheidend dabei helfen, Tabus aufzudecken.

3 Verhaltenstherapie (VT)

Beispiel: Es stellt eine fast mutistisch-katatone Patientin dar, die seit 16 Jahren nur noch aß, wenn sie von einer Schwester in den Speisesaal geführt wurde, Teller, Besteck und Essen vorgesetzt bekam und man ihr gut zuredete. Gelegentlich ließ sie sich auch füttern. Diese Eßgewohnheiten sind eine erhebliche Belastung für die Station. Eine Beobachtungszeit legte die Vermutung nahe, daß die Eßschwierigkeiten der Patientin dadurch aufrechterhalten wurden, daß die Schwestern so handelten, wie sie handelten, nämlich die

Patientin in den Saal führten, ihr das Essen zurichteten und sie gelegentlich fütterten (Aufrechterhalten des Problemverhaltens durch soziale Zuwendung). Dementsprechend wurden die Schwestern zunächst aufgefordert, die Patientin nicht mehr in den Saal zu führen, sie aber dann, wenn sie den Raum allein betreten hatte, genauso wie früher zu unterstützen. Diese Veränderung der Bedingungen führte dazu, daß die Patientin 4 Tage lang während der Mahlzeiten auf ihrem Stuhl sitzen blieb und nichts zu essen bekam. Allmählich näherte sie sich vom 5. Tag an dem gewünschten Verhalten, und man erreichte in 7 Wochen, daß die Patientin den Speisesaal ohne jede Hilfe aufsuchen konnte. Im nächsten Abschnitt des Programms sollten ihre Eßgewohnheiten im Speisesaal verändert werden. Entsprechend wurden die Schwestern wieder angehalten, ihr nichts vorzusetzen, sondern sie dann zu bekräftigen, wenn sie selbständige Handlungen unternahm. Holte die Kranke ihren Teller selbst, wurde sie mit einer Süßigkeit belohnt. Es gelang mit der Zeit, daß die Patientin selbständig essen und den Speisesaal pünktlich aufsuchen konnte (Ayllon, 1960).

Verhaltenstherapeuten haben eine enge Beziehung zur Lernpsychologie, aber auch zur Sozialpsychologie, der Psychophysiologie u.a. Der Bezug zur Lernpsychologie ist folgendermaßen: a) Störungen (sowohl neurotische als psychotische) werden aufgefaßt als unter Belastung erlernte Fehlverhaltensweisen. Das Ausmaß und die Dauer ihres Fortbestehens hängen von denselben Bedingungen ab, wie es bei anderem erlernten Verhalten der Fall ist. Dies ist ein wichtiger Satz, der vor allem zur Diskussion des Krankheitsmodells führt. Er besagt, daß störendes Verhalten weder ein Symptom für zugrunde liegenden Konflikt ist, noch eine vom Gesunden abweichende Krankheit, sondern ein in bestimmten Situationen erworbenes Handeln, das den gleichen Lerngesetzen wie anderes Handeln auch unterliegt. b) Wenn man, wie im obigen Beispiel ersichtlich, durch die Verhaltensanalyse herausfindet, durch welche Bedingungen Verhalten kontrolliert wird, lassen sich therapeutische Konsequenzen ableiten. Werden, auch wie im obigen Beispiel, die Umweltbedingungen geändert, die die Symptome aufrechterhalten bzw. ihre Einprägung fortsetzen, oder wird ein Umlernprozeß in Gang gesetzt, d.h. das Verlernen von Fehlverhalten und das Neulernen angepaßteren Verhaltens, wie im 2. Teil des Beispieles, so verschwinden die Symptome und somit die Neurose bzw. die Krankheit. c) Zur Klärung sowohl der Entstehung (Pathogenese) wie der Veränderung (Modifikation) werden Theoreme aus Lerntheorien herangezogen. Für die Neurosenentstehung in traumatisierenden Situationen werden mehr die Theorien aus der klassischen Konditionierung benutzt. (Gemeint ist das klassische Bedingen nach Pawlow: wird z.B. einem Tier unmittelbar vor der Futterverabreichung regelmäßig ein bestimmtes Signal geboten, so löst nach einer Reihe von Wiederholungen bereits das Signal allein eine Speichelsekretion aus. Übertragen heißt das: treten Schwindel, Schwitzen, Herzjagen und Kopfschmerz häufiger beim Überqueren von Straßen auf, so wird das Überqueren der Straßen allein, oft auch schon die Vorstellung der Überquerung von Straßen – Generalisierung – zum angstauslösenden Reiz.) Zur Erklärung des Überdauerns von Neurosen werden vorrangig Theorien aus der operanten bzw. instrumentalen Konditionierungstheorie herangezogen (Skinner). Gemeint sind damit Gesetze, die das Lernen am Erfolg bzw. am Mißerfolg beschreiben, auch das Lernen am Modell bzw. am Erfolg oder Mißerfolg eines Modells.

Beispiel: Wenn ein Patient mit ausgeprägter Angst und Ekel vor Schmutz beobachtet, wie ein von ihm akzeptiertes Modell, z.B. eine Schwester mit Schmutz umgehen kann, ohne sich davor zu ekeln oder mögliche Konsequenzen zu fürchten, hat der Patient es leichter, sich eben auch ohne Angst und Ekel dem Schmutz anzunähern.

Die konditionierte reaktive Hemmung durch Aktivierung eines Symptomes bis zur Erschöpfung (Überflutung = Flooding) ist in der Wirksamkeit und Nutzbarkeit als Psychotherapeutikum noch umstritten und möglicherweise durch andere Lernformen zu ersetzen. Die Aversionstherapie, d.h. die Ermöglichung des Umlernens durch Bestrafung bringt mehr ethische als psychologische Probleme mit sich.

Verhaltenstherapeutische Methoden werden für viele psychische Störungen entwickelt. Phobien sind am ehesten zu beseitigen mit systematischer Desensibilisierung (langsames Heranführen an hierarchisch geordnete Darbietung der Angstreize) entweder in der Vorstellung, besser in realen Lebenssituationen. Ferner wurden Behandlungsmodelle entwickelt für psychosomatische Beschwerden, für Bettnässer, für Mutismus und schizophrenen Autismus, für Süchtige und Perversionen, für Zwangshandlungen und Ticks sowie für sexuelle Störungen. Ein wichtiges Mittel ist die Reizkontrolle, für den Umgang mit Arbeitsstörungen, Schlafstörungen oder depressiven Anteilen. Die Berücksichtigung der Subjektivität ist eine Entwicklung, die zunächst von Verhaltenstherapeuten nicht angestrebt wurde: vielmehr wollten sie eigentlich Techniken liefern für den Umgang mit Schwierigkeiten. Dies zeigt sich in übermäßiger Kritik am methodischen Vorgehen der Psychoanalytiker und an der Art ihres Umgangs mit Theorie, wobei z.B. jedes Interesse am Lebenslauf eines Menschen, d.h. an der Lerngeschichte bestritten wurde. Inzwischen ist man vorsichtiger geworden. Zur Verhaltensanalyse gehört zwar nicht notwendig, aber oft eben doch die Lerngeschichte einer gestörten Handlungsweise, und zwar, weil dies dem Psychotherapeuten hilft, die Hypothesen hinsichtlich der subjektiven Bedeutung der Störung zu formulieren.

Bewertung: In der Entwicklung der Verhaltenstherapie geht man immer mehr von der Kontrolle der Bedingung zum Verfahren der Selbstkontrolle über. VT ist nicht mehr nur das manipulierende Handeln eines Psychotherapeuten am Objekt; sondern Verhaltenstherapeuten gehen dazu über, Hilfe bei der Selbsthilfe zu leisten, indem sie Klienten oder Patienten ein Mittel an die Hand geben, Handlungsweisen bei sich zu beobachten und zu ändern. Schließlich ist VT eine sehr handlungsnahe psychotherapeutische Methode; d.h. im Verlauf des therapeutischen Prozesses folgt dem Wahrnehmen auf jeden Fall das Wahrmachen. In der vergleichenden Psychotherapieforschung zeigt sich freilich, daß in den nachtherapeutischen Phasen auf die Dauer kein Unterschied zwischen diesen handlungsnahen und handlungsferneren Verfahren besteht. Zu diskutieren bleiben ferner die Folgen, die sich aus der Gegenüberstellung von Verhalten und Handeln ergeben.

4 Rollenspiel

Es wird vielfältig eingesetzt, und zwar sowohl im Umgang mit Patienten als in Lernsituationen im Umgang mit psychiatrisch Tätigen. Das Rollenspiel dient dazu, in aktiver Form innere Konflikte darzustellen und zu lösen sowie neue Handlungsweisen zu lernen. Vorteilhaft ist beim Rollenspiel, daß ich nicht nur meine Rollen spielen und ändern kann, sondern durch das Spielen der Rollen meiner jeweiligen Handlungspartner (Patient–Krankenschwester, Krankenschwester–Arzt, Vorgesetzter–Arbeitnehmer, Mutter–Kind, Ehemann–Ehefrau) z.B. auch Einsicht darein gewinnen kann, wie ich auf diese wirke, wie diese auf mich wirken und wie ich damit umgehe. Auf diese Weise kann ich in der geschützten Situation des therapeutischen Raumes verändertes Handeln ausprobieren, bin aber dem wirklichen Handeln schon sehr nahe. Rollenspiel kann als isoliertes psychotherapeutisches Verfahren angewandt werden, aber auch innerhalb anderer psychotherapeutischer Prozesse sowohl gedanklich, als real.

Bewertung: Das Rollenspiel bewährt sich vor allem in jeder Art Lernsituation hervorragend, da die Lernenden bald merken, daß sie sich spielend veränderte Handlungsmöglichkeiten erarbeiten können. Das Rollenspiel ist zur Zeit die einzige Psychotherapie (und Pädagogik), die keine Einschränkungen für Nichtakademiker kennt.

5 Gestalttherapie

Es ist auffallend, daß in der Psychiatrie wenig Gestalttherapie betrieben wird, wenn auch oft gestalt-therapeutische Elemente in ein psychiatrisches Konzept – auch in unseres – mit Sinn aufgenommen werden, z.B. in Lengerich wird mit geistig Schwerstbehinderten so gearbeitet. Gleichwohl sind es hauptsächlich die Psychotherapeuten selbst, die die Gestalttherapie für sich in Anspruch nehmen. In vielem bezieht sich die Gestalttherapie auf die Psychoanalyse, nimmt jedoch für Erklärungen die Gestaltgesetze zu Hilfe. So heißt es, daß jede Figur einen Grund hat, daß zu Enge Weite, zu Nähe Distanz, zu Erkennen Nichterkennen gehört usw. Mit der Aufforderung, hier und jetzt zu handeln (jedoch auch Vergangenes, Geträumtes, Gedachtes, Gewünschtes, Phantasiertes zu handeln, was stark in die Nähe des Als-Ob rückt), versuchen Gestalttherapeuten, ihren Klienten die Vielfalt ihrer Möglichkeiten nahezubringen. Die Gestalttherapie eignet sich mehr als die anderen Verfahren dazu, zur Weltanschauung umfunktioniert zu werden. Ein total umfassender Ganzheitsanspruch und ein z.T. gewaltsam zwingendes Vorgehen dem Individuum gegenüber erklären die Indoktrinationswirkung. Da für uns der Bezug zum gegebenen Alltag und zu den Menschen, die einem wichtig sind, wesentliches Bewertungskriterium ist, verhilft Gestalttherapie nicht sehr zu Selbsthilfe, da nicht die Auseinandersetzung mit der gegebenen Wirklichkeit das Ziel ist, sondern die Loslösung (Entrückung) von der bisherigen Wirklichkeit und das Hineinwachsen in eine neue Wirklichkeit. Für Menschen, bei denen kranke Anteile überwiegen, seien es neurotische oder psychotische, vor allem aber süchtige und suizidale, ist die Gestalttherapie als solche wegen des stark agierenden Elementes gefährlich.

6 Gruppentherapie

Wir möchten sie so darstellen, daß nach Möglichkeit ein Leitfaden entsteht, der für den Alltag der psychiatrisch Tätigen brauchbar ist. Dabei können die aufgeführten Punkte nicht nur zur Gruppentherapie, sondern auch zur Gruppenarbeit benutzt werden. Gruppentherapie ist für uns nicht nur ein mögliches, sondern ein notwendiges Mittel im Umgang mit psychisch kranken Menschen. Die Gruppe garantiert größere Unabhängigkeit vom Therapeuten, macht Selbsthilfe wahrscheinlicher (denn die Gruppenmitglieder erfahren, daß sie voneinander lernen, einander hemmen und fördern können), sowie solidarisches Handeln. Die Vereinzelung der Einzeltherapie ist eher eine künstliche Situation, wenn oft auch notwendig. Die gesündere und normalere Situation ist die Gruppensituation. Die Möglichkeit zur Vielfalt der Wahrnehmung: ich vergleiche mich mit Anderen, wo bin ich ähnlich, wo bin ich anders, wo kann ich etwas übernehmen, wo kann ich so bleiben wie ich bin, ist nur in Gruppen möglich. Der Mensch ist auf soziales Handeln angelegt, so daß die Gruppe seiner Wirklichkeit, d.h. seiner Natürlichkeit mehr entspricht. Möglicherweise klafft die krankmachende Wirklichkeit des Alleinseins und der Isolation mit dieser ursprünglichen auseinander, so daß in der Gruppentherapie der einzelne auch wahrzunehmen lernt, wieweit er sich von Anderen schon wegentwickelt hat und wie er wieder zu Anderen kommen kann.

In der folgenden Darstellung beziehen wir uns besonders auf das von L.D. Yalom 1970 geschriebene Buch über Theorie und Praxis der Gruppentherapie. Die 10 Bedingungen haben sich als geeignet erwiesen, das Entstehen von Gruppenprozessen, die Entwicklung der Gruppe und die Herstellung befriedigender zwischenmenschlicher Beziehungen zu fördern. Diese Bedingungen sind Handlungsweisen, wie wir sie alle im Alltag anwenden, nur in der Gruppentherapie erfolgt die Anwendung, je nach dem Ziel der Gruppe, systematisch und kontrolliert. Die Reihenfolge der Bedingungen ist so gewählt, daß die ersten vor allem für beginnende, die späteren mehr für fortgeschrittene Gruppen wichtig sind.

- *Weitergeben von Informationen:* Egal ob eine einzelne Gruppenstunde oder eine beginnende Gruppentherapie: der Anfang ist unstrukturiert. Unstrukturiertheit erhöht Unsicherheit, Unsicherheit erhöht Angst. Daher ist genaue Information wichtig, die entweder an die einzelnen Gruppenmitglieder vor Beginn der Gruppentherapie gegeben wird oder zu Beginn der Gruppe: falsche Erwartungen sind abzubauen, äußere Ängste zu mindern, und der Rahmen ist zu bezeichnen, in dem die Gruppentherapie stattfindet. Darüberhinaus kann das Informieren zur Gefahr werden, da gerade Leute, die in medizinischen Bereichen arbeiten, eher gewohnt sind, die Dinge in die Hand zu nehmen und nicht, sie laufen zu lassen. Es nutzt nur eine Erkenntnis oder Problemlösung, die die Gruppe selbst erarbeitet hat. Der Arzt, der sich verteidigt „aber ich habe auf die Frage des Patienten doch nur eine Information gegeben", muß sich oft nachweisen lassen, daß er damit das gefühlsmäßige Problem des Gruppenmitgliedes zugedeckt oder eine Vermeidungsreaktion noch bestärkt hat. Häufig kommen auch gerade Ärzte, die als Gruppentherapeuten arbeiten wollen, mit ihrer Rolle in Konflikt: denn sie sind es gewohnt, Anweisungen zu geben und Entscheidungen zu fällen, während sie in Gruppensituationen äußerste Zurückhaltung üben müssen. – Wenn Gruppenmitglieder sich gegenseitig Informationen oder Ratschläge geben, gibt es zwei Möglichkeiten des Umgangs: a) Sie bestärken die Tatsache des Ratgebens, aber nicht unbedingt den konkreten Rat, fragen vielmehr den Beratenen, ob der Rat ihm genützt habe, bzw. den Ratgebenden, warum er gerade diesen Rat gibt; oder b) Sie machen die Bitte um Information oder Rat zu einem allgemeinen Problem der Gruppe: „Welchen Rat kann die Gruppe geben." Dann entsteht statt eines zufälligen Rates das Modell einer Gruppe, die sich gemeinsam anstrengt, Unsicherheit mitträgt und kooperiert, um die Lösung für ein Problem zu finden. Möglichkeit a) bestärkt die Bindung zwischen einzelnen Gruppenmitgliedern, Möglichkeit b) die Solidarisierung der Gruppe.
- *Eine hoffnungsvolle Atmosphäre herstellen:* Die Gruppe soll die Erfahrung machen können: „Wir können etwas machen, wir kommen ein Stück weiter, Veränderung ist möglich." Es ist erwiesen, daß dort, wo Hoffnung besteht, Therapie eher anschlägt, als dort, wo Hoffnungslosigkeit überwiegt. Es ist ein Vorteil der offenen Gruppe (d.h. die Mitglieder fangen nicht geschlossen gleichzeitig an, sondern kommen zu unterschiedlichen Zeiten in die Gruppe

und gehen, wenn ihre Ziele erreicht sind), daß in ihr zu jeder Zeit noch schwer leidende Neuankömmlinge mit schon gebesserten Mitgliedern zusammenarbeiten. So können sie sich ihrer eigenen Hoffnung versichern (Lernen am Modell). Ein Beispiel für solche Gruppen sind die Anonymen Alkoholiker, die wirksam sind durch die Teilnahme von Ex-Alkoholikern als Modellen. In diesem Zusammenhang sollten Sie Ihre Aufmerksamkeit richten auf die Äußerung oder den Ausdruck jeder noch so kleinen positiven Veränderung. Positiv heißt in diesem Fall, daß es jemandem gelungen ist, statt seines bisherigen unbefriedigenden oder von Anderen abgelehnten Handelns ein Handeln herzustellen, das ihn mehr zufriedenstellt oder von Anderen weniger abgelehnt wird. Hoffnungsvolle Atmosphäre fördern Sie auch so, daß Sie nicht andauernd die Schwächen, Störungen, Krankheiten, Beschwerden von Gruppenmitgliedern zum Thema machen, sondern daß Sie die Aufmerksamkeit auf Stärken oder gesunde Anteile lenken.

- *Herstellen von Allgemeinheit, von Öffentlichkeit:* Die meisten Menschen, die neu in eine Gruppe kommen, haben das Gefühl großer Isolierung. Sie haben die Erfahrung gemacht, daß sie von ihren Alltagspartnern wenig verstanden werden, so daß sie das Gefühl entwickelt haben, daß ihr Problem oder Leiden einzigartig ist. Es ist daher bedeutsam, das Gefühl der Einzigartigkeit und der Isolierung abzubauen. Dieses gelingt dadurch, daß Sie die Gruppenmitglieder aufmerksam machen, daß der eine oder andere sich in den Äußerungen des einen oder anderen wiederfindet, daß es Ähnlichkeiten zwischen den Gruppenmitgliedern gibt. Dieses Aufmerksamwerden auf Ähnlichkeit führt zur Erleichterung und Entspannung bzw. Entlastung des Einzelnen, damit aber auch zu größerer sozialer Nähe und zu einem stärkeren Gefühl der Gruppenzusammengehörigkeit.
- *Altruismus-Egoismus:* Viele Menschen haben sich seit langem daran gewöhnt, daß sie anderen Leuten nicht helfen und nichts geben können. Dieses Gefühl verdichtet sich, wenn es einem schlecht geht, wobei man dann gerade die Erfahrung macht, daß die Anderen einem nicht helfen können. Das trägt manchem den Vorwurf ein, egoistisch zu sein. Es ist daher bedeutsam, in der Gruppe die Aufmerksamkeit darauf zu lenken, wenn einer dem anderen geholfen oder eben etwas gegeben hat, z. B. Verständnis. Es ist entscheidend, daß die Gruppe dies wahrnehmen und offen anerkennen kann. Das Gefühl, nicht egoistisch zu sein, sondern den Anderen etwas geben zu können, führt bei Anerkennung zu einem besseren Selbstwertgefühl. Das ist eine Voraussetzung dafür, dann auch eigene Interessen vertreten zu können, d. h. berechtigt egoistisch zu sein und von Anderen sogar dafür anerkannt zu werden.
- *Bisherige Erfahrungen korrigieren:* In ihrer allerersten Gruppe, in der Primärfamilie (wo man selbst das Kind ist), haben die meisten Gruppenmitglieder schlechte Erfahrungen für die Aufnahme sozialer Beziehungen gemacht. Oft liegt im kindlichen Lernen schon der Kern für das spätere Mißlingen von Bindungen. So kommt es, daß viele Gruppenmitglieder die Gruppe ähnlich wie die eigene Primärfamilie auffassen, mit Eltern und Geschwistern. Sie

wiederholen hier das, was sie schon in der Primärfamilie falsch gemacht haben, z. B. Abhängigkeit von bzw. Bewunderung des Vaters, Rivalität zu den Geschwistern, der Wunsch nach unbegrenzter Zuwendung durch die Mutter. Entscheidend ist nun, daß die Gruppenmitglieder lernen können, daß die Anderen tatsächlich nicht die Eltern bzw. die Geschwister sind, sondern andere Menschen, so daß sie sich den Anderen gegenüber nicht wie ein Kind oder wie Geschwister benehmen müssen, sondern eigenständig handeln können. Diese Erfahrung führt zu größter Freiheit und zu der Möglichkeit, neue Handlungsweisen auszuprobieren. Darauf zu achten ist, wenn die Gruppe anfängt oder einzelne Gruppenmitglieder anfangen, die Primärfamilie als Entschuldigung zu benutzen: „Ich kann nichts dafür, daß ich nicht zurechtkomme. Das liegt nicht an mir, sondern meine Familie ist schuld." Dies ist eine Haltung, die sicher nicht nur in der Gruppe, sondern auch am Arbeitsplatz oder in anderen sozialen Beziehungen auftaucht. Um so wichtiger ist die Erfahrung für das einzelne Gruppenmitglied, daß sich in der Gruppe nicht die Familie widerspiegelt, sondern daß es sich um andere Menschen handelt.

- *Neue soziale Umgangsweisen werden entwickelt:* Oft haben Gruppenmitglieder jahrelang nur bemerkt, daß ihnen soziale Kontakte immer wieder mißlingen, aber niemand hat ihnen gesagt, warum. Die Offenheit der gegenseitigen Kritik in der Gruppe macht es möglich, daß jemand auf Fehler aufmerksam gemacht wird, die man ihm im Alltag nie gesagt hätte, weil man es peinlich findet, z. B. wenn jemand seinen Partner im Gespräch nicht anzugucken wagt oder sein Gegenüber ständig mit Details langweilt. So kann man Dinge lernen wie: ausreden lassen, zuhören, deutlich sprechen, die Gruppe nicht zu lang für sie in Anspruch nehmen, aber auch offenes Mitteilen von Gefühlen, Echtheit, gleichbedeutender Ausdruck des sprachlichen und des nicht-sprachlichen Handeln. In solchen Situationen kann es hilfreich sein, wenn Sie ein Modell für mögliches Handeln sind.
- *Nachahmungslernen:* Die Nachahmungsvorgänge in einer Gruppe sind ebenso kompliziert wie wichtig. Die Wahrnehmung dafür muß geschärft werden. Jeder kann zu einem Modell für einen anderen werden und zwar nicht nur mit seinen gesunden, sondern auch mit seinen kranken Anteilen. Jedem muß hier die Frage bewußt werden, und vor allem Sie müssen sich in dieser Frage klar sein: „Was empfehle ich eigentlich durch mein eigenes Handeln Anderen, mit und ohne Worte, wie wirke ich auf Andere und wie reagieren sie darauf?" Es ist erwiesen, daß manche sich nur dadurch ändern, daß sie zuschauen, wie jemand während der Therapie für sich Änderung herbeiführt. Das ist bei Gruppenmitgliedern wie bei Therapeuten, je nach Temperament und Erfahrung verschieden. Nach diesen Modellchancen richtet es sich, mit welchem Ausmaß an Offenheit Sie Ihre eigenen Probleme und Problemlösungen in die Gruppe einbringen können. Wenn es z. B. darum geht, daß ein Gruppenmitglied Angst äußert, können unter dem Gesichtspunkt der Offenheit zwei Extreme falsch sein: Sie bestätigen dem Gruppen-

mitglied, es habe Angst, Sie aber nicht, oder Sie bestätigen ihm nur, Sie haben auch Angst. Beides würde die gruppentherapeutische Struktur aufheben. Wichtig ist eine Einstellung, die Ihnen zuläßt, Ihre Ängste nicht zu leugnen, gleichzeitig das Gruppenmitglied zu ermuntern, daß es sich seine eigenen Ängste in Ruhe angucken kann. Wenn die Gruppe mit der Situation eines Mitgliedes oder mit der Situation der Gruppe selbst einmal offensichtlich nicht weiter kommt, kann es richtig sein, daß die Therapeuten nicht nach, sondern während der Gruppenstunde sich eine Zeitlang gegenseitig fragen, womit die Schwierigkeit der Situation (z.B. das Stocken, die Spannung, das Unverständliche) zusammenhängen könnten. Sie geben damit ein Modell für Problemlösung.

- *Katharsis:* Darunter versteht man die Verdichtung der kritischen Gefühle, so daß plötzlich etwas aufbricht und eine Einsicht über neues Handeln möglich wird. Die Gruppe hat eine Verstärkerwirkung auf die Gefühle der Mitglieder. Es ist sogar gesagt worden, daß eine therapeutische Gruppe nur so viel taugt, wie sie emotionale Spannungen hervorzubringen vermag. Die Offenheit in der Gruppe führt dazu, daß Gefühle so „überlaufen" oder sich entladen, daß der Gruppe daran deutlich wird, welches besonders verletzende oder wichtige Ereignis der Kindheit oder Gegenwart von dem „explodierenden" Mitglied gerade bearbeitet wird. Damit können die Mitglieder ihr im Alltag gewohntes Abwehrverhalten aufgeben oder mindern. Die Bedingung für die Katharsis ist, daß die Mitglieder bereits einiges Sicherheitsgefühl und eine bejahende Einstellung zur Gruppe haben. Besonders wichtig ist hier Ihre Aufmerksamkeit: denn kathartische Gefühlsentladungen geschehen häufig gerade in Auseinandersetzung mit dem Therapeuten und sie gelingen nur, wenn Sie nicht Ihrerseits jeden Angriff gegen sich abwehren.
- *Zwischenmenschliches Lernen:* Durch Beachtung des Wechselspiels zwischen den Gruppenmitgliedern, d.h. durch die Offenheit des Gesprächs und die ständige Kritik erfolgt zwischenmenschliches Lernen. So wird Einsicht auf vier Ebenen möglich: Ich lerne 1. wie die Anderen mich sehen, 2. wie ich mit Anderen umgehe, 3. warum ich so mit Anderen umgehe und 4. wie mein gegenwärtiges Handeln in der Vergangenheit entstanden ist und sich entwickelt hat. In diesem Zusammenhang haben Sie eine besonders wichtige Aufgabe: die Übersetzung von Symptomen in eine Sprache zwischenmenschlichen Handelns. Statt Gruppenmitglied A hat eine Depression, ist ängstlich, ist paranoid, müßte es heißen: engt sich in bestimmten Situationen ein, handelt in bestimmten Situationen ängstlich, fühlt sich verfolgt. Gefühle die bisher geheim blieben, weil sie zu viel Angst oder Wünsche darstellen, können geäußert werden, ohne daß die bisher stets befürchtete Katastrophe eintritt. Wichtig für Sie ist, die Gruppe als Mikrokosmos wahrzunehmen und darauf zu achten, daß in der Gruppe gemachte Erfahrungen mit der Alltagswirklichkeit verknüpft werden und daß Berichte über die Alltagswirklichkeit in der Gruppe angeregt werden oder bestärkt werden.
- *Gruppenzusammengehörigkeit:* In einer Gruppentherapie ist die Gruppen-

kohäsion entscheidend. Unter Gruppenkohäsion ist verstanden das Gemeinsame aller Kräfte, die auf alle Mitglieder wirken, die in der Gruppe bleiben. Durch die Attraktivität einer Gruppe für ihre Mitglieder ist Gruppenbewußtsein ihr Bewußtsein von Solidarität. Gruppenkohäsion ist nicht so sehr in sich ein therapeutischer Faktor, jedoch eine notwendige Bedingung für eine wirksame Therapie. Gruppenkohäsion hat also zu tun mit der Häufigkeit des Miteinandersprechens oder -Tuns in der Gruppe und mit dem Ausmaß des gegenseitigen Verstehens und Akzeptierens. Dabei ist das Verstehen und Akzeptieren zwischen den Mitgliedern für den Therapieerfolg wichtiger als zwischen den Mitgliedern und Ihnen. Gruppenkohäsion fördert den Ausgleich zwischen Selbsteinschätzung und Gruppeneinschätzung (Fremdeinschätzung). Wichtig: Gruppenkohäsion ist nicht zu verwechseln mit ausgeglichener Gruppenstimmung. Kohäsive Gruppen zeigen zwar mehr emotionale Nähe, mehr Intimität, mehr Verstehen und Akzeptieren; jedoch erlauben sie auch mehr Äußerung von feindseligen und aggressiven Gefühlen, mehr Wahrnehmung von Spannungen, mehr Austragen von Konflikten. Gerade die Kommunikation zwischen Mitgliedern, die sich ablehnen oder hassen, ist für alle Mitglieder und die Gruppe therapeutisch besonders wirksam. Gruppenkohäsion erleichtert es auch, Feindseligkeit gegen den Therapeuten (als Modell für alle Autoritäten) zu äußern. Sie haben dann ein Modell zu geben, an dem das angreifende Mitglied und die Gruppe lernen, daß man offen feindselig sein kann, ohne daß der Angegriffene sich gleich verteidigt oder gekränkt abwendet. Der Angriff gegen den Therapeuten oder Gruppenleiter hat oft den Vorwurf zum Inhalt, man bekomme keine Hilfe vom Leiter. In diesem Fall vermittelt die Bedingung der Gruppenkohäsion der Gruppe die wichtige Erfahrung, daß die offene Äußerung gerade auch aggressiver Gefühle weiter hilft als alle von außen angebotene Hilfe, vermittelt also die Erfahrung: fähig zu sein zur Selbsthilfe.

Diese 10 Bedingungen charakterisieren den gruppendynamischen Prozeß; sie bestehen z.T. gleichzeitig, z.T. nacheinander.

Übung: Vergleichen Sie zum Verständnis der Bedingungen den gegenwärtigen Stand Ihrer eigenen Arbeitsgruppe bzw. Lerngruppe. Welche Bedingungen sind erfüllt, welche waren dran, welche werden sein?

Mehr als in der Einzeltherapie wirken die Psychotherapeuten oder Gruppenleiter in der Gruppentherapie indirekt, sind nur für den Kontext der Gruppe zuständig, damit die Patienten umso besser selbst die therapeutischen Bedingungen zum Tragen bringen können. Zu den Aufgaben des Gruppentherapeuten gehört die Aufrechterhaltung der Gruppe: Wesentliches hierfür passiert schon vor Beginn der Gruppe, z.B. bei der Auswahl nach Alter, Geschlecht, nach Gruppengröße und den Problemen der Einzelnen und bei der Beachtung günstiger äußerer Umstände, räumlich und zeitlich.

Die Einführung von Gruppennormen: Das Bewachen der Gruppennormen, welche und wie sie entstehen, liegt in Ihrer Verantwortung. Die Normen (Regeln) müssen zwei Bedingungen gleichzeitig erfüllen: die Mitglieder müssen sich darauf einigen können, und sie müssen dem Gruppenziel dienlich sein; z. B. freie Interaktion, Offenheit, nicht verurteilen, das Akzeptieren der Patientenrolle (das ist: Bereitschaft zur kritischen Selbstprüfung), Äußern von Gefühlen und Konflikten. Sie haben darauf zu achten, daß sich nicht solche Normen wie „du sollst, du mußt, das geht doch nicht" einschleichen; dies ist sehr leicht und schnell möglich. Auch Fehlen, Zuspätkommen, Untergruppenbildung verlangen Ihre Aufmerksamkeit und Ihr Eingreifen (Intervention des Therapeuten) ebenso wie die Entwicklung antitherapeutischer Normen, wie z. B. Verschlossenheit („ich sag dir nichts"), Abhängigkeit, Erwartung von Hilfe („das müssen Sie doch schließlich machen"), Verurteilungen („du spinnst, so geht das doch nicht"), Intellektualisierung von Gefühlen. Diese Verantwortung nimmt Ihnen niemand ab. Ihr Handeln als Therapeut ist wesentlich durch zwei Rollen bestimmt. Zum einen sind Sie technischer Experte, dazu gehört die Art, wie Sie die beschriebenen Aufgaben erfüllen. Das geschieht auch, indem Sie gewünschtes Handeln der Gruppenmitglieder bestärken (Aggressionen gegen den Therapeuten) oder Äußerungen gegenseitigen Interesses, oder indem Sie bestimmte Handlungsweisen der Gruppe oder der Gruppenmitglieder herauskristallisieren (warum ungewohnte Offenheit auch Angst macht). Entscheidend für den Erfolg des technischen Experten ist es, daß Sie sich nicht *nur* als technischer Experte einführen, sondern daß dabei gleichzeitig ein *Gruppenstil* entsteht, der eine zunehmende Unabhängigkeit von Ihnen möglich macht. Dieser Handlungsaspekt ist für Sie wesentlich riskanter als der des technischen Experten, weil in Ihrem Tun Offenheit nicht nur eine Norm sein darf, sondern Sie z. B. Spontanität, Fehlbarkeit, Getroffenheit oder Unwissen auch handeln können müssen. Gerade in diesem Zusammenhang ist eine Supervisionsgruppe für Sie wichtig. Die gegenseitige Aussprache mit anderen Therapeuten erst setzt Sie in die Lage, die eigenen Schwächen, Stärken oder auch Besonderheiten kennenzulernen, als Voraussetzung dafür, sie als Modell einzusetzen. Auch zu wissen, in welcher Weise das Handeln der Mitglieder der Gruppe Reaktion auf das eigene Handeln ist. Sie müssen sich allerdings vor der Illusion hüten, daß Sie je Vollmitglied der Gruppe werden. Die Öffnung des Therapeuten wird nie Ziel, bleibt stets Mittel. So müssen Sie auch wissen, daß die Gruppe einige Sicherheit schon gewonnen haben muß, bevor Sie z. B. ein Modell für das Ertragen von Unsicherheit setzen können. Für das Handeln des Therapeuten ist die Berücksichtigung folgender Gesichtspunkte wichtig:

• *Die Berücksichtigung des Hier-und-Jetzt-Prozesses:* Die Aussage eines Gruppenmitgliedes zu einem anderen: „Mach das Fenster zu, möchtest du nicht das Fenster zumachen, ist dir nicht kalt, mir ist kalt, warum ist das Fenster offen", gibt nicht nur einen Inhalt wieder, sie enthält zugleich Wichtiges über die Beziehung zwischen den Kommunikationspartnern, über die Gefühle zwischen beiden. Diese Information über die Art des Miteinanderumgehens muß von Ihnen aufgegriffen und geäußert werden. Nur so kann es zu einem Verständnis des Gruppenprozesses kommen. Wann sagt wer etwas, wie und warum zu wem? Was sagt eine Folge von Äußerungen über die Beziehung Mitglied–Gruppe, Gruppe–Therapeut oder über die Gruppenentwicklung und ihre Aufgabe? Das konkrete Umgehen der Gruppenmitglieder miteinander (hier und jetzt) ist das einzige, was für alle Mitglieder gleich gut greifbar ist, d.h. wo einer den anderen beobachten und sich verantwortlich mit ihm auseinandersetzen kann. Äußerungen der Mitglieder über Geschehen außerhalb der Gruppe (irgendwo) oder aus der früheren Lebensgeschichte (irgendwo und irgendwann) können zwar den Eindruck von Einvernehmen fördern, für Sie bleibt es wichtig, wahrzunehmen und damit umzugehen, wohin die Gruppe jetzt die Situation der Therapie verschleppt. Daher ist ein Eingriff von Ihnen (Intervention) dann hilfreich, wenn Sie die Aufmerksamkeit der Gruppe für die Hier- und Jetzt-Kommunikation erhöhen oder deren Vermeidung verhindern. Wenn die Gruppe sich z.B. über eine langweilige Party aufhält, fragen Sie, ob die Gruppe damit die Langeweile der gegenwärtigen Stunde meint.

- *Den Gruppenprozeß kommentieren:* Sie haben den ganzen Gruppenprozeß vor Augen, d.h. die Geschichte und die Perspektive. So werden Sie gelegentlich sich und die Gruppe mit früheren Stadien konfrontieren oder an die Aufgaben erinnern. Sie verbinden verschiedene Situationen miteinander, äußern, was einzelne Mitglieder unausgesprochen mitteilen, z.B. Mißtrauen, Zuwendung, Entspannung für die Gruppe, Kritik an der Gruppe. Sie übersetzen das nichtsprachliche Handeln in sprachliches. Sie können auch ein offensichtliches Gruppendilemma zu Ihrem eigenen machen, etwa: „Ich zögere jetzt, etwas zu sagen, aus Angst, daß eine Partei in der Gruppe sich dann zurückzieht." Sie müssen auch wissen, in welchem Stadium der Gruppenprozeß sich befindet. Die Hier-und-Jetzt-Regel würde eine in einem frühen Entwicklungsstadium stehende Gruppe verwirren: z.B. „Allgemeinheit" kann eher durch Beispiele erreicht werden, die von außerhalb der Gruppe kommen. Besonders gut kann das Stadium der Gruppe erkannt werden durch das, was ausgelassen oder vermieden wird (z.B. Sie werden nie attackiert). Die Gruppe muß aufmerksam für ihre Vermeidungen werden.
- *Interpretation:* Damit sind alle Eingriffe des Therapeuten gemeint, mit denen er entweder eine Beziehung zwischen einzelnen Mitgliedern klären hilft (z.B. Spiegelreaktion: ein Mitglied ärgert an anderen, was ihm selbst eigen ist und was er bei sich selbst nicht bekämpfen kann) oder eine Beziehungsstruktur der ganzen Gruppe (z.B. die Gruppe macht jemanden zum Sündenbock). Solche Eingriffe sind notwendig, wenn der Gruppenprozeß gehindert ist a) durch Gruppenangst, erkennbar an Vermeidung oder Flucht (auch Schweigen oder Intellektualisierung) und b) durch Entwicklung einer antitherapeutischen Gruppennorm.

Die Gruppe ist ein Handlungsfeld (Übungsfeld), ohne das volle soziale Risiko. Allerdings muß man berücksichtigen, daß ein Patient nicht in jedem Fall für den Mitpatienten ein therapeutisch positives Wirkungsquantum ist. Er kann in Passivität ausweichen, beginnende Entfaltung hemmen, Klarheit wieder verwirren oder verletzend scharf sein. Auch bei solchen Vorkommnissen ist es wichtig, im Auge zu behalten, daß die Gruppe auch für den Umgang mit negativen Erfahrungen ein Übungsfeld ist. Es fällt Ihnen zu, gleichzeitig das Hier und Jetzt, d.h. das aktuelle Handeln der Gruppe, zu unterstützen und gleichzeitig den Charakter als Übungsfeld aufrechtzuerhalten und für die Gruppenmitglieder wahrnehmbar zu machen. Eine Gefahr der Durchführung von Gruppentherapie liegt darin, daß häufig nicht nur die Mitglieder, sondern auch die Therapeuten dazu neigen, das hier und jetzt Stattfindende für das Normale und das Alltägliche zu halten und das Hergestellte der Situation zu vergessen. Es hat was mit dem Umgang des Therapeuten mit sich selbst zu tun, ob er es nötig hat, die Erfahrungen, die die Gruppe während der Gruppentherapie macht, für die Wirklichkeit auszugeben oder für das Alltägliche, oder ob er es sich leisten kann, durchsichtig bleiben zu lassen, daß es sich hier um eine hergestellte Situation handelt.

IV Grenzen

Psychotherapie kann nie Therapie sein, die einen Krankheitsprozeß heilt. Sonst müßte es eine umschriebene Krankheit geben, die mit dem Ende der Psychotherapie zu Ende ist, wo dann das Kaputte, das Kranke heilgemacht wäre. Dies ist absurd, weil unhistorisch. Psychotherapie wirkt vielmehr so, daß jemand lernt, was ihm begegnet, anders zu sehen und neu zu ordnen, sie wirkt nicht wie eine Salbe, die man absetzt, wenn die Wunde geheilt ist. Psychotherapie, so verstanden als zu lernende Methode, sich und sein Handeln zu bedenken und zu ändern, muß aus der Abhängigkeit vom Therapeuten zur Selbsttherapie führen. Bei einer nächsten Krise, einer nächsten Kränkung oder einer nächsten Schwierigkeit hat der Patient dann eine Methode, die er für sich anwenden kann. Er sollte aber eine Methode richtig lernen, nicht viele Methoden halb. Sonst lernt er eher Abhängigkeit als Unabhängigkeit. Nicht, daß wir nahelegen wollen, jemand solle eine Psychotherapie um jeden Preis bis zum bitteren Ende durchhalten. Jeder Patient hat schon die Psychotherapie zu suchen, die ihm entspricht. Jedoch sollte spätestens der 3. Therapeut so selbstkritisch sein, den Patienten mit dieser seiner Suche nach der „richtigen“ Psychotherapie zu konfrontieren und ihn fragen, wieso er denkt, daß gerade er ihm helfen könne.

Um Hilfe bei der Selbsthilfe zu ermöglichen, müssen folgende Bedingungen gewährleistet sein: 1. müssen Psychotherapeuten lernen, Patienten so kurz wie möglich und so lang wie nötig zu therapieren; 2. ökonomische Vorteile darf nicht der Psychotherapeut haben, der einen gutzahlenden Patienten länger behält, und 3. müßte das Menschenbild des Psychotherapeuten und damit die Art, wie er seine Technik anwendet, dem gesetzten Ziel entsprechen: Wer dem Patienten hilft, sich selbst zu helfen, oder den Patienten untereinander hilft, sich selbst zu helfen, wird nicht nur therapeutische Kapazität freisetzen, sondern sich auch davor bewahren, immer mehr und immer genauer kontrollieren zu wollen.

Beispiel: Eine Gruppe phobischer Patienten erarbeitet morgens mit zwei Psychotherapeuten für jeden einzelnen die angstauslösenden Situationen, das Vermeidungsverhalten und die Möglichkeiten, sich den angstauslösenden Situationen und Reizen zu nähern. Im Rollenspiel wird unter Anleitung der Psychotherapeuten das erwünschte Verhalten geübt. So wird jedem Mitglied der Gruppe deutlich, wo die Fähigkeiten, aber auch die Schwierigkeiten des Anderen liegen, seine Angst zu überwinden. Am Nachmittag geht die Gruppe ohne die Psychotherapeuten in die vereinbarten unterschiedlichen Angstsituationen hinein, so daß die einzelnen Gruppenmitglieder zum Psychotherapeuten für die je anderen Gruppenmitglieder werden. Jeder einzelne hat zugleich Unterstützung und Kritik, kann sich geborgen fühlen und kann erfahren, was er selbst Anderen geben kann. Im Verlauf der Gruppenarbeit machen sich die Psychotherapeuten immer überflüssiger, die Gruppe wird immer mehr selbst aktiv; und am Ende der gemeinsamen Gruppenarbeit, die unter der Anleitung der Psychotherapeuten erfolgte, tauschen die Gruppenmitglieder ihre Telefonnummern aus, um sich bei Wiederauftauchen der Ängste gegenseitig zu konsultieren.

Übung: Diskutieren Sie, welchen Einfluß Institutionen auf Gruppen haben: in einer Arztpraxis, in Beratungsstellen, psychiatrischen Abteilungen, großen psychiatrischen Krankenhäusern. Welches sind die spezifischen Gefahren.

Die Befähigung zur Selbsthilfe ist der wichtigste Maßstab für die Wirksamkeit meiner Therapie. Sie ist nicht gegeben, wenn ein Patient mein Denksystem nur nachzusprechen lernt. So gibt es psychoanalytisch anbehandelte Patienten, die sehr wohl die Wörter Ödipuskomplex, Schuldgefühle, orale Bedürfnisstruktur u.ä. vor sich hertragen, ohne je darüber erschrocken gewesen zu sein oder dieses Erschrecken so zuzulassen, daß neue Handlungen möglich werden. Ähnlich gibt es in der Gesprächspsychotherapie Klienten, die sich „echt" verstanden fühlen, oder „echt" offen sein können oder denen die vorherige Behandlung „echt etwas gebracht" hat. In beiden Fällen sind nur Wörter gelernt worden, mit denen der Patient sein Problem wieder anders formulieren, aber wieder vermeiden kann, es zu lösen. Erst wenn ich Selbsthilfe anstrebe, die Anstrengung, die damit zusammenhängt, nicht vermeide, zwinge ich mich und den Patienten, nicht nur eine neue Selbstwahrnehmung anzustreben, sondern das, was wahrgenommen wird, auch wahrzumachen.

Psychotherapeuten müssen fähig zum Abschied sein. Der Unterschied und das Gemeinsame von Trennung, Lösung und Abschied ist zu lernen. Gerade in einer Zeit großer Verfügbarkeit und (oft oberflächlicher) Beziehungsvielfalt im Alltag ist ein Widerstand zu setzen.

In der Psychotherapieforschung wird die Klärung methodischer Fragen betrieben. Dabei ist in den letzten Jahren vor allem unter dem Gesichtspunkt größerer Erfizienz geforscht worden. Die Vor- und Nachteile und die Möglichkeiten dieses Kriteriums sind nicht einer Diskussion unterzogen worden. Ein wichtiger Forschungsbereich ist der der Indikationsforschung, d.h. welche Methoden sind bei welchen Störungen angezeigt bzw. welche Methodenkombinationen können empfohlen werden. Weitere Bereiche der Psychotherapieforschung sind Erforschung des Therapieverlaufes, auch die Frage, wie Persönlichkeitseigenschaften von Patienten und Psychotherapeuten den Therapieverlauf unterschiedlich beeinflussen. Es wird nach dem Veränderungsgrad und nach der Veränderungsstruktur gefragt. Bei der Bewertung von psychotherapeutischen Verfahren bzw. bei der Bewertung von wissenschaftlichen Untersuchungen über die Wirkung von psychotherapeutischen Verfahren sollte immer bedacht werden, daß die Aussage, eines ist besser als das andere, nicht ausreicht, um eine differenzierte Bewertung zu ermöglichen. Erst der Fragenkomplex: Welches therapeutische Verfahren bewirkt was bei wem und wie? macht eine genauere Bewertung möglich. Dazu gehört auch, daß man die Kriterien, nach denen die Aussagen gemacht werden, genau unter die Lupe nimmt. Die wissenschaftstheoretische Diskussion in der Psychotherapieforschung läßt ebenfalls Rückschlüsse auf das ziehen, was die psychotherapeutischen Verfahren zu tun beanspruchen. So haben sich Psychoanalytiker lange gesträubt, sich empirisch-wissenschaftlichen Verfahren zu stellen, während die verhaltenswissenschaftlich orientierten Psychotherapeuten das den Psychoanalytikern zum Vorwurf gemacht haben. Inzwischen gibt es zahlreiche Psychoanalytiker, die eine empirische Erforschung auch der Abläufe der Psychoanalyse für notwendig und möglich erachten.

Abzuschließen ist mit dem warnenden Hinweis: Auch die Tatsache, daß jemand überhaupt Psychotherapie erhält und nicht eine andere Art des Umgangs mit Problemen lernt, wird sein Handeln in der Zukunft beeinflussen. Ist sie in seinem Sinne erfolgreich, wird er etwa die Einstellung übernehmen, daß mehr Dinge in seiner Verantwortung liegen, als er es vorher geglaubt hat. Sein Denken wird auch weniger mechanistisch, sondern dynamischer sein. Eine Gefahr bei der Anwendung von Psychotherapie überhaupt liegt aber darin, daß die Seite der Seele ein Übergewicht erhält und daß körperliche Aspekte eher als der Seele untergeordnet oder beigeordnet empfunden werden, nicht aber aus demselben System kommend. Wie jemand bei medikamentöser Behandlung nicht lernt, sich nach seinen seelischen Anteilen zu fragen, könnte jemand, der nur psychotherapeutisch behandelt wird, verlernen oder nicht lernen, sich nach körperlichen Anteilen zu fragen. Damit ist aber jeweils die andere Seite derselben Medaille ausgeblendet. Und noch eine Gefahr: wie ein als hypochondrisch zu bezeichnender Mensch lernt, seine körperlich empfundenen Beschwerden als Panzer vor sich herzutragen, und verlernt, ernste Informationen aus dem Körper von unernsten zu trennen, kann ein psychotherapeutisierter Mensch verlernen, sich nach der Gewichtigkeit von Problemen zu fragen, „Problemchen" und existentielle Erschütterungen zu unterscheiden, und damit verlernen, mit den Möglichkeiten der Psychotherapie ernstzumachen. Auf diese Weise hätte er nur gelernt, immer neue Probleme bei sich und/oder bei anderen zu entdecken, aber nicht gelernt, Handlungskonsequenzen zu ziehen. Das ist auch etwas von dem, was wir meinen, daß dem Wahrnehmen das Wahrmachen folgen muß, dem Sich-Wahrnehmen das Sich-Wahrmachen. (Ähnliches ist von den italienischen Psychiatern in Arezzo gemeint, wenn sie von der Forderung nach „Verifica" sprechen.)

Literatur

Bastine, R. (Hrsg.): Grundbegriffe der Psychotherapie. Weinheim, edition psychologie 1982

Blöschl, L.: Grundlagen und Methoden der Verhaltenstherapie. Bern, Huber 1972

Corsini, R.J.: Roleplaying in Psychotherapy. Chicago, Aldine 1966

Freud, S.: Abriß der Psychoanalyse. Frankfurt, Fischer 1963

Grawe, K.: Differentielle Psychotherapie I. Bern, Huber 1976

Jaeggi, E.: Wir Menschenbummler, Autobiographie einer Psychotherapeutin. Weinheim, Beltz, 1983

Kayser, H. u.a.: Gruppenarbeit in der Psychiatrie, Erfahrungen mit der therapeutischen Gemeinschaft. Stuttgart, Thieme 1973

Meyer, V. E. S. Chesser: Verhaltenstherapie in der klinischen Psychiatrie. Stuttgart, Thieme 1971

Moreno, J.L.: Gruppentherapie und Psychodrama. Stuttgart 1959

Nischk, P.: Kursbuch für die Seele. München 1976

Pirella, A. (Hrsg.): Sozialisation der Ausgeschlossenen. Reinbek, Rowohlt 1975

Plog, U.: Differentielle Psychotherapie II. Bern, Hubert 1976

Polster, E. u. M.: Gestalttherapie. München, Kindler 1975

Popper, L.R., Eccles, J.C.: Das Ich und sein Gehirn. München, Piper 1982

Rogers, C.R.: Die klient-bezogene Gesprächstherapie. München, Kindler 1973

Rogers, C.R.: Encounter-Gruppen. München, Kindler 1974

Strotzka, H. (Hrsg.): Psychotherapie: Grundlagen, Verfahren, Indikationen. München, Urban & Schwarzenberg 1975

Watzlawick, P.: Die Möglichkeit des Andersseins. Bern, Huber 1977

Wyss, D.: Die tiefenpsychologischen Schulen von den Anfängen bis zur Gegenwart. Göttingen, Vandenhoek & Ruprecht 1970

Yalom, I.D.: Theorie und Praxis der Gruppentherapie. München 1974

Grundlegende Literatur

I. Zeitschriften

Sozialpsychiatrische Informationen. Bonn, Psychiatrie-Verlag (hier findet zwischen Autoren und Lesern aller psychiatrischen Berufe ein besonders reger Erfahrungsaustausch statt, ist also für unsere Psychiatrie-Auffassung besonders wichtig).
Der Nervenarzt. Berlin, Springer (hier erscheinen wichtige Arbeiten, besonders der klinischen Psychiatrie).
Psychiatrische Praxis. Stuttgart, Thieme (hier sind wichtige Arbeiten, vor allem zur therapeutischen Praxis und zur Versorgung, zu finden).
Sozialpsychiatrie. Berlin, Springer (besonders Arbeiten zur Epidemiologie und Prävention).

II. Handbücher

Psychiatrie der Gegenwart. Berlin, Springer 1972/78 (es ist das wichtigste deutschsprachige Handbuch; alle Bereiche der Psychiatrie sind ausführlich dargestellt und werden auf dem Laufenden gehalten).
Handbuch der Neurosenlehre und Psychotherapie. München, Urban & Schwarzenberg, 1959.
ARIETI, S. (ed.): American Handbook of Psychiatry. New York–London, Basic Books 1975 (2. Aufl.) (es ist das wichtigste englisch-sprachige Handbuch).
Bericht über die Lage der Psychiatrie in der BRD. Bundestagsdrucksache 7/4200, 1975 (ist zwar kein Handbuch, wird aber für die nächsten Jahre ähnliche Bedeutung haben, da hier alle für die Versorgung wichtigen Daten gesammelt sind; Kurzfassung s. Finzen).

III. Lehrbücher

BARZ, H. (ed.): Praktische Psychiatrie für Schwestern und Pfleger. Bern, Huber 1972
BAUER M., G. BOSCH u.a.: Psychiatrie – Psychosomatik – Psychotherapie. Suttgart, Thieme 1976
BLEULER, M.: Lehrbuch der Psychiatrie. Berlin, Springer 1972
HUBER, G.: Psychiatrie. Stuttgart, Schattauer 1974
RAVE-SCHWANK, M., C. WINTER-V. LERSNER: Psychiatrische Krankenpflege. Stuttgart, G. Fischer 1976
REDLICH, F. C., D.X. FREEDMAN: Theorie und Praxis der Psychiatrie. Frankfurt, Suhrkamp 1970
SCHULTE, W., R. TÖLLE: Psychiatrie. Berlin, Springer 1975
WEITBRECHT, H.J.: Psychiatrie im Grundriß. Berlin, Springer 1973

IV. Reihen

Fortschritte der Sozialpsychiatrie. München, Urban & Schwarzenberg, ab 1975
Forum der Psychiatrie. Stuttgart, Enke ab 1961

Werkstattschriften zur Sozialpsychiatrie. Bonn, Psychiatrie-Verlag (erscheinen seit 1971, anfangs in Tübingen, enthalten eigene Arbeiten, teils Übersetzungen wichtiger ausländischer Veröffentlichungen).

V. Bücher und Aufsätze

(Hier sind nur solche Arbeiten aufgeführt, die für die ganze Psychiatrie und/oder ihren Zusammenhang Bedeutung haben und die für die weitere Entwicklung der Psychiatrie Anstöße erwarten lassen.)

ARENDT, H.: Vita activa oder Vom tätigen Leben. Stuttgart 1960
BAEYER, W. v., H. HÄFNER, K.P. KISKER: Psychiatrie der Verfolgten. Berlin, Springer 1964
BANDURA, A.: Principles of behavior modofication. London 1971
BASAGLIA, F. u.a.: Die abweichende Mehrheit. Die Ideologie der totalen sozialen Kontrolle. Frankfurt, Suhrkamp 1972
BATESON, G.: Ökologie des Geistes. Frankfurt, Suhrkamp 1983
BAUER, M.: Sektorisierte Psychiatrie. Stuttgart, Enke 1977
BUBER, M.: Die Schriften über das dialogische Prinzip. Heidelberg 1954
BUBER, M.: Das Problem des Menschen. Heidelberg 1955
CAPLAN, G.: Principles of preventive psychiatry. New York–London: Basic Books 1964
CIOMPI, L.: Affektlogik. Stuttgart, Klett–Cotta 1982
COOPER, B. u. H.G. MORGAN: Epidemiologische Psychiatrie. München, Urban & Schwarzenberg 1977
CRANACH, M. u. A. FINZEN (Hrsg.): Sozialpsychiatrische Texte. Berlin, Springer 1972
DEVEREUX, G.: Angst und Methode in den Verhaltenswissenschaften. Frankfurt, Ullstein 1976
DÖRNER, K.: Bürger und Irre. Frankfurt, EVA-Syndikat 1984
DÖRNER, K.: Diagnosen der Psychiatrie. Frankfurt, Campus 1975
DÖRNER, K.: Psychiatrie und Gesellschaftswissenschaften, in: Psychiatrie der Gegenwart. Berlin, Springer 1978
DÖRNER, K. u.a.: Freispruch der Familie. Bonn, Psychiatrie-Verlag Neuausgabe 1987
DÖRNER, K. u. U. PLOG: Sozialpsychiatrie. Neuwied, Luchterhand 1972
DOUGLAS, J.D.: The social meanings of suicide. Princeton, N, J. Princeton Paperback Printing 1970
DÜHRSEN, A.: Psychogene Erkrankungen bei Kindern und Jugendlichen. Göttingen 1962
FINZEN, A.: Tags in die Klinik – abends nach Hause, Bonn, Psychiatrie-Verlag 1986
FINZEN, A., H. SCHÄDLE-DEININGER: Die Psychiatrie-Enquête – kurzgefaßt. Werkstattschriften zur Sozialpsychiatrie. Wunstorf, Psychiatrie Verlag 1976
FREUD, S.: Gesammelte Werke. Studienausgabe in 10 Bänden. Frankfurt, Fischer, ab 1969
GEHLEN, A.: Der Mensch. Bonn, Athenäum 1955
GOFFMAN, E.: Das Individuum im öffentlichen Austausch. Frankfurt, Suhrkamp 1974
GOODMAN, P.: Aufwachsen im Widerspruch. Darmstadt o.J.
HABERMAS, J.: Thesen zur Theorie der Sozialisation. Stichworte zur Vorlesung SS 1968
HABERMAS, J.: Legitimationsprobleme im Spätkapitalismus. Frankfurt, Suhrkamp 1973
HOHM, H.: Berufliche Rehabilitation von psychisch Kranken. Weinheim, Beltz 1977
HOLLINGSHEAD, A.B., F. REDLICH: Der Sozialcharakter psychischer Störungen. Frankfurt, Fischer 1975
HORKHEIMER, M., T. ADORNO: Dialektik der Aufklärung. Frankfurt, Suhrkamp 1972
JASPERS, K.: Allgemeine Psychopathologie. Berlin, Springer 1973

KANFER, F.H., J.S. PHILLIPS: Learning Foundations of Behavior Therapy. New York 1970
KAPAPA, P.: Der Mensch und seine Landschaft. Sozialpsych. Informationen Heft 2/84
KEUPP, H.: Psychische Störungen als abweichendes Verhalten. München, Urban & Schwarzenberg 1972
KIND, H.: Leitfaden für die psychiatrische Untersuchung. Berlin, Springer 1973
KRETSCHMER, E.: Körperbau und Charakter. Berlin, Springer 1967
LONDON, P.: Der gesteuerte Mensch: Über die Möglichkeit einer Verhaltenskontrolle. München 1973
LUHMANN, N.: Vertrauen. Stuttgart, Thieme 1973
MEAD, M.: Der Konflikt der Generationen. Freiburg 1971
MERLEAU-PONTY, M.: Phänomenologie der Wahrnehmung. Berlin, de Gruyter 1966
MERLEUA-PONTY, M.: Humanismus und Terror. Frankfurt 1966
PFEIFFER, W.M.: Transkulturelle Psychiatrie. Stuttgart, Thieme 1971
PINDING, M. (Hrsg.): Krankenpflege in unserer Gesellschaft. Stuttgart, Enke 1972
PIRELLA, A.: Sozialisation der Ausgeschlossenen. Praxis einer neuen Psychiatrie. Reinbek, Rowohlt 1975
PLESSNER, H.: Conditio humana. Pfullingen, Neske 1964
PÖRKSEN, N.: Kommunale Psychiatrie. Reinbek, Rowohlt 1974
PORTMANN, A.: Vom Lebendigen. Frankfurt 1973
PRIGOGINE, I. u. I. STENGERS: Dialog mit der Natur. München, Piper 1981
ROGERS, C.R.: Die klient-bezogene Gesprächstherapie. München, Kindler 1973
RUESCH, J., G. BATESON: Communication: the social matrix of psychiatry. New York, Norton 1951
SCHWARZ, G. (Hrsg.): Wort und Wirklichkeit – Beiträge zur allgemeinen Semantik. Darmstadt o.J.
SELBSTHILFE und ihre Aktivierung durch die soziale Arbeit. Dt. Fürsorgetag Dortmund 1976. Schriften des Dt. Vereins f. öff. u. priv. Fürsorge. Frankfurt, Eigenverlag 1977
SMYTHIES, J.R.: Biologische Psychiatrie. Stuttgart, Thieme 1979
STOFFER, H.: Die Echtheit – in anthropologischer und konfliktpsychologischer Sicht. München 1963
SWOBODA, H.: Die Qualität des Lebens. Frankfurt, Suhrkamp 1974
TAYLOR, C.: Erklärung und Interpretation in den Wissenschaften vom Menschen. Frankfurt, Suhrkamp 1975
TROJAN, A.: Psychisch krank durch Etikettierung? München, Urban & Schwarzenberg 1978
WATZLAWICK, P. u.a.: Lösungen. Zur Theorie und Praxis menschlichen Wandels. Bern, Huber 1974
WATZLAWICK, P.: Kommunikation und Interaktion in psychiatrischer Sicht, in: Psychiatrie der Gegenwart. Berlin, Springer 1978
ZUTT, J.: Auf dem Wege zu einer anthropologischen Psychiatrie. Berlin, Springer 1963

Personenregister

Sachregister